北京大学出土文献与古代文明研究丛刊

吐鲁番的典籍与文书

荣新江　著

图书在版编目（CIP）数据

吐鲁番的典籍与文书 / 荣新江著. —上海：上海
古籍出版社，2023.11（2024.7重印）
（北京大学出土文献与古代文明丛刊）
ISBN 978－7－5732－0963－4

Ⅰ.①吐… Ⅱ.①荣… Ⅲ.①出土文物–文书–研究
–吐鲁番地区 Ⅳ.①K877.94

中国国家版本馆CIP数据核字（2023）第210300号

北京大学出土文献与古代文明研究丛刊
吐鲁番的典籍与文书
荣新江 著
上海古籍出版社出版发行
（上海市闵行区号景路 159 弄 1-5 号 A 座 5F 邮政编码 201101）
（1）网址：www. guji. com. cn
（2）E-mail：guji1 @ guji. com. cn
（3）易文网网址：www. ewen. co
浙江新华数码印务有限公司印刷
开本 635×965 1/16 印张 34.5 插页 11 字数 497,000
2023 年 11 月第 1 版 2024 年 7 月第 2 次印刷
印数：2,301—3,400
ISBN 978-7-5732-0963-4
K·3515 定价：158.00 元
如有质量问题，请与承印公司联系

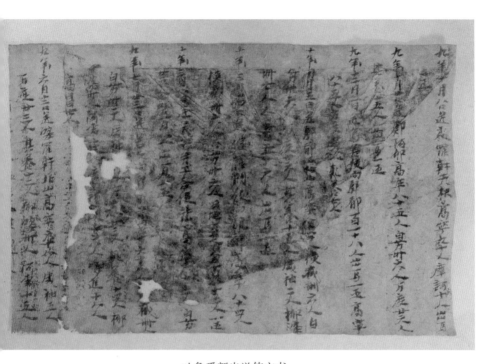

吐鲁番新出送使文书

前秦建元二十年（384）三月高昌郡高宁县都乡安邑里籍（拆后展开图）

《且渠安周碑》照片（1907 年）

《康居士碑》缀合图

唐开元二十三年（735）西州高昌县顺义乡籍现状（Ch.2405）

BD11884v

悟真理將俗反安心無為形隨運轉萬有斯空無所顧樂功德黑闇

常﹍﹍逐三界﹍猶如火宅有身皆苦誰得而安了達此處故於

諸﹍﹍有求皆苦無求皆樂判知無求真為道

﹍﹍﹍善性淨之理目之為法此理眾相斯空無著無

﹍﹍﹍眾生雖垢故無我離我垢故智無染無著無

無悋於身命財行檀捨施心無悋惜達

攝化眾生而不取相此為自利復能利他

﹍五亦然為除妄想修行六度而無

所﹍﹍此行是達﹍則弟子曇林記師言行集成一卷名之

達摩﹍﹍釋楞伽要義一卷有十二三亦名達

摩論也此兩本﹍自外更有人﹍論三卷

繁理散不堪行﹍

大師又指事問義但指一物喚作何物眾物皆問之 迴﹍

此身有不身是何身又云空中雲霧終不能染污虛

不得明淨涅槃經云無內六入無外六塵內外合

第三齊朝鄴中沙門惠可承達摩禪師後其﹍俗姓姬武

牢人年十四遇達摩禪師遊化嵩洛奉事六載精究一乘附於

BD09933v

《楞伽师资记》（BD11884v+BD09933v）

《汉书》残片

《史记》残片

《大唐开元礼》（周字 70A 号）

吐鲁番出土《弥勒下生经》刻本残片

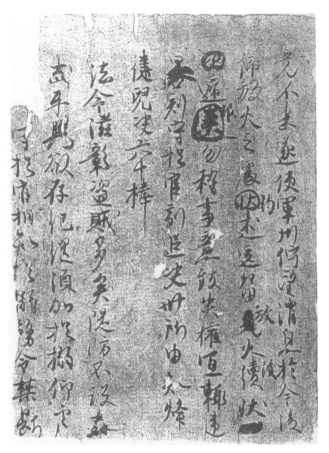

唐烽堠文书（周字 51 号）

《楞伽师资记》（LM20-1454-05-18）

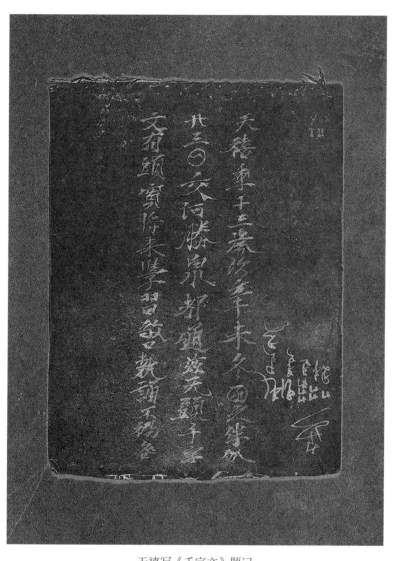

天禧写《千字文》题记

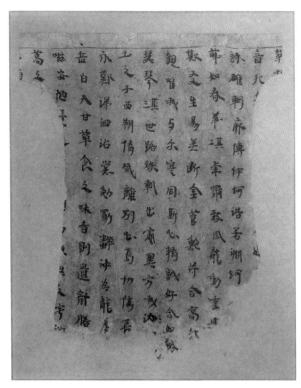

"潘岳书札"

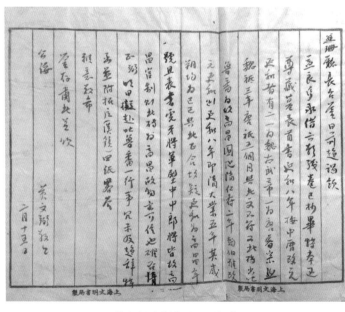

黄文弼致徐谦（益册）信

唐如意元年（692）学生高待义习字

序

　　这是我历年来撰写的有关吐鲁番学研究的论文和书评，分为"历史与地理""文书与碑刻""群书与佛典""调查与报告""综述与书评"五个门类，以便读者了解我在吐鲁番学方面研究的主要问题和关涉的领域。文章内容多样，字数长短不一，发表的时间跨度有几十年之久。为何这样零散？这需要从我做吐鲁番研究的阶段性给读者一个交代。

　　20 世纪 80 年代初我在上大学期间开始接触吐鲁番文书，王永兴、张广达先生在"敦煌吐鲁番文书研究"课上，极力鼓动大家利用新出吐鲁番文书资料来做研究。当时唐长孺先生主编的《吐鲁番出土文书》平装本从 1981 年开始陆续出版，每出一册，我都是第一时间购买翻阅的。但这套书出得很慢，特别是有关唐代的部分都在后面，所以一时间不能获得系统的史料，只就有关西域史的文书写了一两篇个案研究文章。1984—1985 年我到荷兰莱顿大学汉学院进修，导师许理和（Erik Zürcher）教授让我写一篇介绍新出吐鲁番文书的文章给《通报》（*T'oung Pao*），我花了不少力气写完英文初稿，但觉得资料不全，所以没有拿出去发表。我第一轮吐鲁番文书研究虽然花了不少工夫，但没有太多成果。1987 年第一次去吐鲁番考察，受胡戟先生之命，撰写了一篇通俗性的长文《吐鲁番的历史与文化》，按照全书体例没有加注，日友关尾史郎与他的学生把这篇文章大半部译成日文发表，加了详细的注释，但其实我自己的稿子原本都是有注的，可见我当时对吐鲁番的历史和文献是花过力气的。

1995 年我曾在敦煌吐鲁番研究的课程中，与几位年轻教师和研究生一起会读吐鲁番出土的碑刻，希望找出吐鲁番研究的新路径。我收集了八方现存的碑文，觉得它们要比墓志和文书更能反映高昌历史上的大事。但当时只读到第五块《姜行本碑》，课就结束了，我后来已读的《且渠安周碑》和未读的《康居士碑》写了文章，其他已读的一直没有来得及整理，未读的碑也没有继续下去。

我的第二轮吐鲁番研究的起因是 1996 年 6—8 月在柏林讲学，有机会把柏林收藏的吐鲁番汉文非佛教文献检出，并做相关的考释文章。因为德藏吐鲁番文书出自寺院和石窟，比较零碎，而且典籍类居多，我陆续就其中的《史记》《汉书》《春秋后语》，道教文献，以及《开元二十三年户籍》写过一些短文，也把一些材料，如晋史毛伯成诗卷、《幽通赋注》、《一切经音义》等交给朋友或学生进行研究。这些工作包括我对中国国家图书馆善本部藏德国吐鲁番文献旧照片的调查所得，对德藏吐鲁番典籍与文书的初步编目工作等，最后成为我主编的《吐鲁番文书总目（欧美收藏卷）》和《吐鲁番出土文献散录》的基础。可以说，这第二轮的吐鲁番学研究虽然因为材料的关系成果比较零碎，但感觉收获蛮多，也是我比较集中的一段对吐鲁番文献的研究。

到了 2004 年我接受吐鲁番文物局的邀请，从事"新获吐鲁番出土文献"的整理工作，也就开启了我的第三轮吐鲁番学研究。这次面对的主要是新发现的墓葬出土文书，从高昌郡到唐西州都有，有些是此前没有见过的吐鲁番文书，极富挑战性。我就自己主要负责整理的《前秦建元二十年（384）三月高昌郡高宁县都乡安邑里籍》《阚氏高昌永康九年、十年（474—475）送使出人、出马条记文书》《唐龙朔二年、三年（662—663）西州都督府案卷为安稽哥逻禄部落事》，撰写了三四篇文章，在吐鲁番最早的户籍及其渊源、阚氏高昌国的郡县城镇、高昌与柔然汗国及西域的关系、唐高宗时期哥逻禄部落的迁徙安置问题等，都发表了具有创新意义的成果，是我多年来研究吐鲁番文书的最得意之作，也体现了我一直主张的在整理文书的同时进行历史学研究的理念。

2015 年开始，我和旅顺博物馆王振芬馆长、中国人民大学国学院孟宪实教授共同主持"旅顺博物馆藏新疆出土汉文文献"的整理项目，这是我第四轮披挂上马，从事吐鲁番学研究。面对旅顺博物馆藏两万多件残片，虽然其中的典籍和道经可以延续我对德藏吐鲁番文献的研究话题，但我主要的工作是把握好图录和目录编纂的每个环节，研究工作几乎全部交给年轻学者和研究生们去做了。回眼望去，我自己大概只写了有关《康居士碑》的再研究以及对新出《楞伽师资记》残片的考订，其他乏善可陈，不免有些汗颜。2020 年 10 月，我们共同主编的《旅顺博物馆藏新疆出土汉文文献》32 册，由中华书局以八开全彩版印刷出版，并附《总目索引》3 册，旅博的项目算是圆满完成。但我在此后的一段时间中，仍然想把自己没有时间探讨的《契丹藏》、礼忏文、疑伪经等问题再弄一把。随着时间的推移，这些也很难着手，有些已经交给学生去做了。

敦煌与吐鲁番，是我学术研究的两个重要方面，相对来讲，我在敦煌方面历史研究多于文献整理，在吐鲁番方面整理工作多于历史研究，这和我最初的想法是有很大出入的。我整理校录过敦煌地志与行记、归义军史料，据原件抄录了所有 S.6981 后的非佛教文献，稿本岂止盈尺，但都没有出版，只出版过与邓文宽学长合著的《敦博本禅籍录校》一书。而我一直想研究的吐鲁番地域社会史，却还没有深入下去。

以上大体按时间顺序总结一下自己的吐鲁番学研究历程，以便读者在阅读这本文集中不同年份写成的文章时参考。三十余载吐鲁番，有苦也有甜，是为序。

荣新江

2023 年 7 月 30 日

于蓝旗营寓所

目 录

03 群书与佛典 *281*

04 调查与报告 *353*

05 综述与书评 *477*

Contents

图版目录

01

历史与地理

吐鲁番的历史与文化

一、姑师与车师前王国时期

（新石器时代—公元 5 世纪中叶）

姑师人

　　包括吐鲁番盆地在内的天山东部地区，很早就有了人类的活动。在紧邻盆地的哈密县七角井村一带，有一处距今约一万年的细石器文化遗址，这里宛如一个石器加工场，人们可以在数平方公里的范围内，采集到用硅质岩、石英、燧石打制而成的细石镞、石钻头和刮削器类，标志着当时是处在中石器晚期或新石器早期阶段。这种与狩猎、畜牧生产相适应的细石器工艺，在距今约四千年的吐鲁番阿斯塔那村北、交河古城沟西等遗址出土的石刀、石矛、石镞上表现得更加成熟。同时，陶器的出现表明它们的主人已逐渐从采集、狩猎为主的生活方式，进入农业、畜牧业兼营的社会，并且在盆地中渐渐定居下来。

　　据《史记》《汉书》的记载，天山东部地区的土著居民是姑师人（姑师，后来固定称作车师），他们"庐帐而居，逐水草，颇知田作。有牛、马、骆驼、羊畜。能作弓矢"。距今两千年左右的考古材料表明，当时的居民已普遍使用了彩陶器皿，并且和铜器甚至铁器共存。在公元前 3 世纪以前，人们在从事畜牧业的同时，扩大了农业的经营，而且还出现了毛纺织、木器制作、冶炼等工艺。墓葬中出土的漆器、丝织品、铜镜和海贝等物，说明这里已和中原地区有着密切的联系和广泛的交往。

五争车师

公元前 3 世纪初，姑师人广泛分布在东部天山南北两麓，中心就在吐鲁番盆地。它的东面是定都长安（今西安）的汉朝，西面、南面是土著的西域城郭诸国，北面是拥有"控弦之士三十余万"的匈奴。当时匈奴的势力最强，不仅连年侵扰汉朝的北部边境，还以蒲类海（今巴里坤湖）为根据地，在西边日逐王部下，设僮仆都尉，居焉耆、危须、尉犁之间，征收赋税，役使西域各国。吐鲁番盆地则是匈奴进出西域的通道和粮食供给地。

汉朝经过七十余年的休养生息，在汉武帝即位后，开始反击匈奴，除了正面进攻外，武帝还派遣张骞通西域，联合西域各国，以断匈奴的"右臂"。当汉朝列四郡，据两关，在河西走廊站稳脚跟后，汉、匈开始在西域地区较量，而争夺的焦点就是车师人所在的吐鲁番盆地。西汉时期，汉与匈奴为争夺车师交战五次，史称"五争车师"。

汉武帝天汉二年（前 99），以匈奴降者介和王为开陵侯，率楼兰国兵击车师。匈奴派遣右贤王率数万骑兵救援，汉军败归。这是第一个回合。到征和四年（前 89），汉又派开陵侯率楼兰、尉犁、危须等六国兵击车师，车师王投降汉朝。这是第二个回合。汉昭帝时，匈奴重新占领其地，派四千骑兵在此屯田。至本始三年（前 71），汉宣帝发兵十五万，由五将军率领，分道出击匈奴。在盆地屯田的匈奴惊惧逃走，车师重又与汉朝通好。这是第三回合。但是，由于匈奴的压力，车师太子乌贵为王以后，即与匈奴缔结婚姻，袭击汉朝派往乌孙的使节。地节二年（前 68），汉将郑吉等率军再度攻占车师交河城，几经反复，车师王逃到乌孙，汉军三百人留在此地屯田。这是第四个回合。吐鲁番土地肥美，是匈奴必争之地，因此频频派骑兵来攻扰，汉军不得已，只好在元康四年（前62）放弃其地。不久，匈奴内乱，西边日逐王于神爵二年（前60）率众降汉，车师之地也随之归属汉朝，而且"僮仆都尉由此罢，匈奴益弱，不得近西域"。这是第五个回合。至此，汉朝的势力终于在吐鲁番盆地站住了脚。

车师前王国

由于匈奴的投降，汉朝控制了车师之地，于是就在神爵二年，"分以为车师前后王及山北六国"，把原来车师人的领地按地理形势划分为八国，目的是分而治之。其中，车师前王国就在吐鲁番盆地。从此，吐鲁番盆地开始成为一个独立的王国和政治实体。

车师前王国，又称前部，都城在交河城（即今交河故城），因"河水分流绕城下，故号交河"，今天仍然可以看出这一形势。车师王下，设有侯、将、都尉、君等各级官吏。西汉时有700户人家，共6050人，其中兵士共1865人。东汉时有1500余户，4000余人，兵士2000人。除了土著的车师人外，境内还有屯田的汉人。自西汉元帝初元元年（前48），汉朝在车师前王国设戊己校尉，驻高昌壁（今高昌故城），率数百名士卒在此屯田。

车师前王国在汉戊己校尉的保护伞下没有安稳多久，因王莽篡汉，西域诸国纷纷叛离，戊己校尉被杀，匈奴的势力重新占据了吐鲁番盆地。到东汉明帝永平十六年（73），汉取伊吾庐（今哈密），车师重新附属于汉。后来虽几经易手，随着北匈奴的西迁，车师前王国基本处于汉、魏所设戊己校尉的镇抚之下。汉族屯戍兵不断增加，屯垦区也在一步步扩大，从内地特别是河西一带迁来的汉户，与土著的车师人混居在一起，魏晋之际盆地内出现的一种"高昌土兵"，很可能就是由车师人和屯垦的汉人联合组成的地方军。至西晋灭亡，凉州独立，张骏于咸和二年（327）击擒"叛将"戊己校尉赵贞，高昌由屯戍区发展成郡，盆地的东部成为前凉高昌郡的辖地，西部以交河城为中心，仍属车师前王所辖。高昌郡虽数易其主，车师国却一直独立存在，直到北凉残余势力沮渠无讳、安周兄弟占据高昌后，终于在承平八年（450）被安周引柔然攻破交河城，车师王车伊洛及子歇东入北魏代京，车师前王国至此灭亡。

戊己校尉

西汉元帝初元元年（前48）设置戊己校尉，是吐鲁番历史上的一件大事，它标志着中原来的汉族开始在这里定居下来，与土著的车师人共同生产、生活。

戊己校尉的基本职责是屯田积谷，为汉朝在西域的军队和过往的汉使提供粮草。同时，还要帮助驻扎在乌垒（今轮台）的西域都护，北抗匈奴，安抚西域诸国，保证丝绸之路的畅通无阻。为何叫"戊己校尉"呢？这是因为汉朝人相信五行方位之说，天干中甲乙、丙丁、庚辛、壬癸各配东、西、南、北四方，只有戊己寄治他方。所以，就把寄治在车师前王国的屯田校尉，称作"戊己校尉"。西汉时，戊己校尉的治所在高昌壁，初设此官时只有一人。到成帝时因形势需要，分为戊校、己校两部，以后时有分合。其大本营基本在高昌壁，东汉初曾一度驻扎在柳中城（今鲁克沁）。

戊己校尉率汉军在车师前王国的屯田，给这里带来了中原先进的生产技术和文化，此后，盆地东部以高昌城为中心的区域比交河城一带发展更快。三国时期和西晋末年，中原大乱，河西大族时有迁入，魏晋以来的戊己校尉，也多由河西大族出任，高昌地区逐渐成为凉州地方官的下属，而且初步具备了郡的规模和作为郡的各项军政制度。

高昌郡

公元317年，西晋灭亡。凉州形成张氏割据政权，但仍用西晋建兴年号。建兴十五年（东晋咸和二年，327），张骏擒获叛将戊己校尉赵贞，占据高昌，始设高昌郡，下辖高昌、田地二县。从此，戊己校尉名存实亡，吐鲁番盆地东部由屯垦区发展成一个郡，从属于凉州地方政权，高昌的命运也就随着河西地方政权的变化而变化。

前凉在高昌的统治持续了五十多年。376 年，前秦苻坚攻破凉州姑臧城，前凉灭亡。苻坚以梁熙为凉州刺史，高昌人杨干（一作翰）为高昌太守，高昌郡归属建都长安的前秦，但实际上仍归凉州刺史指挥。384 年，淝水战败的前秦被鲜卑慕容垂、慕容冲和羌人姚苌等势力瓦解。奉命西讨龟兹的大将吕光于 385 年入据姑臧，建后凉王朝，高昌郡的宗主权又转后凉手中，因这里地据西陲形胜之地，394 年，吕光特遣子吕覆为西域大都护，镇守高昌。但为时不久，建康（今酒泉西南）太守段业于 397 年自称凉州牧、建康公，改元神玺，占据高昌。吐鲁番出土有神玺三年（399）写《正法华经·光世音品》和《仓曹贷粮文书》，补充了这一史实。翌年，敦煌太守李暠自称凉公，改元庚子，创西凉政权。随后，卢水胡沮渠蒙逊攻杀段业，占据张掖，建号永安，是为北凉。姑臧的后凉也亡于后秦。这段时间，高昌一直处在西凉的控制下。421 年，沮渠蒙逊攻灭西凉，高昌易主北凉。北凉在玄始十二、十三年（424—425）向夏主赫连勃勃称臣，吐鲁番地区也使用夏真兴年号。435 年，在柔然的扶植下，阚爽自立为高昌太守，脱离北凉的控制。自此，高昌郡出现了独立于河西的倾向。439 年，北魏攻围姑臧，沮渠牧犍投降。北凉残部在牧犍弟酒泉太守无讳率领下，西据鄯善。442 年，又北攻阚爽，爽奔柔然，无讳占据高昌，于翌年改元承平，号凉王，在高昌形成一个独立的地方王国，高昌郡的时代至此完结。

高昌虽远在西陲，但作为河西各地方政权的一个郡，不论在行政制度上，还是在军事设施上，与汉魏以来中原的设官立职基本相同。另外，作为戊己校尉的后身，这里的军民没有严格的区分，通过召募和谪发来的高昌郡兵，执行着戍守边界、道路以及渠水等任务。

佛教的初传

高昌郡是从戊己校尉率汉军屯田的基础上发展起来的，诸凉王朝的统治，又源源不断地把带有河西色彩的汉魏文化传播到这里。阿斯塔那古墓中，曾出土过北凉时期的《毛诗关雎序》，表明了儒家文化的传习。汉文化对高昌郡的影响既深且广，就连西来的佛教也不例外。

日本大谷探险队在吐峪沟发现的《诸佛要集经》写本，是目前所能确知的最早的吐鲁番出土佛典。该写本的尾题记载：

> 元康二年正月廿二日，月支菩萨法护手持 胡本 ，口授聂承远和上，弟子沙门竺法首笔口。口令此经，布流十方，戴佩弘化，速成 正 口。
>
> 元康六年三月十八日写已。
>
> 凡三万十二章，合一万九千五百九十六字。

据此可知，这是当时著名的译经僧竺法护在西晋惠帝元康二年（292）译出的经；译经地点是洛阳城。这件元康六年（296）的抄本在此后不久由中原或河西传入高昌，说明了法护所译大乘经典对吐鲁番地区的影响。高昌郡设立后，汉译佛典更是与日俱增，目前还能够看到的写经残卷或残片，就有前秦甘露二年（360）沙门静志写《维摩经义记》卷二（吐峪沟出土）、后凉麟嘉五年（393）王相高写《维摩诘经》（上海博物馆藏）、北凉神玺三年（399）道人宝贤写《佛名经》、又同年张施写《正法华经·光世音品》、北凉承玄二年己巳岁（429）令狐岌为贤者董毕狗写《妙法莲华经·方便品》（吐峪沟出土）、承玄三年庚午岁（430）写《金光明经》卷第二（安乐城出土）、北凉缘禾三年（434）比丘法融供养的《大方等无想大云经》以及《优婆塞戒经》卷六、七等。这些汉译佛典的传写，反映了大乘佛教在这里的流行。佛教文献还记载，当时的高昌郡不仅抄经供养，还有一些大德沙门在组织译经。《出三藏记集》卷二记："《方等檀持陀罗尼经》四卷……晋安帝时（397—418）高昌郡沙门释法众所译出。"同书又记载，北凉王沮渠蒙逊从弟安阳侯沮渠京声，曾在高昌国求得《观弥勒菩萨上升兜率天经》和《观世音观经》各一卷，并且就在高昌郡译为汉文。

吐鲁番盆地处于丝绸之路的干线上，除了汉译佛典的传译外，印度或西域其他国家传来的梵文佛典也在盆地内的车师前部和高昌郡辖境内流传。《出三藏记集》卷八记载：前秦建元十八年（382），车师前部王的国师鸠摩罗跋提将一部梵本《大品般若经》献给苻坚。同书卷九还记载，梵本《四阿含经》也在车师前部境内流布。同书卷八又记载，释智猛于甲子岁（424）从天竺（印度）带回高昌《大涅槃经》的胡本，河西王沮渠蒙逊遣使到高昌取此胡本，命昙无谶译出。20 世纪初，德国探险队曾在吐鲁番的交河故城、高昌故城、胜金口等地发现了一大批梵文写本，其中有《相应阿含》《比丘尼戒本》《法集颂》《俱舍论本颂》《大般涅槃经》《妙法莲华经》等，除个别大乘经典外，多是属于说一切有部的经论，反映了小乘佛教也在此流行。随着佛教思想的传播，佛教造像艺术也在此时初步兴起，被劫往柏林的北凉宋庆及妻张氏所造塔，与酒泉、敦煌出土北凉石塔形制相同，上刻佛像及《佛说十二因缘经》文。吐峪沟石窟（唐人称丁谷寺）也开始凿出第一批石窟，内涵与石塔一样，主要反映了小乘禅法的流行。

高昌郡时期佛教的盛行是有一定限度的，当我们参观阿斯塔那或哈拉和卓的高昌郡时期的墓葬时，很少看见有关佛教的迹象，记载死者姓名籍贯和入葬年月日的《随葬衣物疏》中，也只有"左青龙、右白虎，前朱雀、后玄武"等道教色彩的词语，而没有麹氏高昌国时期《衣物疏》中"大德比丘""佛弟子"等称呼，表明在社会风俗方面，当地的汉族吏士仍然受中原汉文化的强烈影响和支配。

《凉王大且渠安周功德碑》

公元 5 世纪中叶的吐鲁番盆地，有两件重要的事情发生：一是北凉残余势力在此独立称王；二是车师前王国的破灭，盆地终归一统。

442 年，北凉王沮渠牧犍弟无讳从鄯善经焉耆东入高昌，高昌太守阚爽拒之。九月，无讳派遣将军卫兴奴诈称降爽，夜袭高昌，爽败，投奔柔然。沮渠无讳遂占据高昌，奉表于南朝刘宋。443年，无讳改元承平，号称凉王，在高昌郡的基础上，首次建立了独立于河西的地方割据政权。承平二年夏，无讳死，弟安周立。安周不断向盘踞交河城的车师前部发动进攻，终于在承平八年（450），借助了柔然的帮助，攻陷交河城。车师王车伊洛父子经焉耆东入平城，车师国灭亡，沮渠氏的大凉政权统一了整个吐鲁番盆地。从此，吐鲁番盆地一直作为一个政治实体不断演进，直到高昌回鹘王国破灭之后，才又分作许多"地面"。

沮渠安周在位共十六年，他南联刘宋，东拒北魏。当时北魏内部斗争激烈，除妥善安置车师亡国君主等外，也无力西进，去歼灭北凉余部。安周偏安一隅，但为时不久，终于在承平十八年（460）为强悍的北方柔然部消灭。柔然立阚伯周为高昌王。

北凉王族的进据高昌，对吐鲁番地区的文化发展也起了促进作用。从当地盛行的佛教来看，承平三年（445）建造了《凉王大且渠安周功德碑》，由中书郎中夏侯粲撰文，法师法铠与典作御史索宁监督制造。碑文作者精通内外典籍，文笔娴熟典雅，标志着当地的文化水平，其中这样描写造碑的功德主：

> 凉王大且渠安周，诞妙识于灵府，味纯猷而独咏。虽统天理物，日日万机，而谳讼之心，不忘造次□□，□□之寄逆旅，犹飞轩之伫唐肆。罪福之报行业，若影响之应形声。一念之善，成菩提之果；瞬息之恶，婴累劫之苦。

碑原立在高昌城中央，即今"可汗堡"旁佛寺址的东南角，然而我们今天到此参观，已无法找到原碑了。1902年冬季碑石被来此考古的德人格伦威德尔（Albert Grünwedel）运到柏林，藏在民族学博物馆，毁于第二次世界大战末期柏林的战火，现在只能看到早年刊布的照片。1905年入欧考察宪政的端方带回的全拓孤本，由北京中国历史博物馆收藏。

吐峪沟等地出土的写本说明，沮渠安周不仅立碑以为功德，还供养了许多写经。日本东京书道博物馆收藏有《持世经》持世第一，为南方来的"吴客丹杨郡张然祖写"，时在己丑岁（449）。又有承平十五年（457）书吏樊海写《佛说菩萨藏经》卷一、《十住毗婆沙论》卷七和《佛华严经》卷二八。引人注意的是，这四种佛典，前三种是鸠摩罗什在5世纪初的新译，后一种是佛陀跋多罗（觉贤）于421年在建康（今南京）译毕。这些远在长安、建康新译出的佛典，在几十年内就传到高昌，成为凉王大沮渠安周供养之经，说明沮渠安周对吐鲁番佛教的发展确实起了推动作用。

除了佛教铭刻、写本外，1972年新疆考古工作者在阿斯塔那177号墓中发掘出石质墓表一方，文字如下：

> 大凉承平十三年岁
> 在乙未四月廿四日
> 冠军将军凉都高昌
> 太守都郎中大且渠
> 封戴府君之墓表也

从墓表形制和书法风格来看，显然是中原地区丧葬习俗的反映，墓表的形制从此在高昌地区发展起来，这不能不说是沮渠氏入据高昌所带来的社会风俗上的变化。

二、高昌国时期
（公元 460—640 年）

阚、张、马氏政权与柔然、高车

柔然，又称蠕蠕、芮芮或茹茹，是继匈奴、鲜卑之后在蒙古高原兴起的一个强大的游牧民族，在和中原的北魏王朝相互斗争的同时，也把势力伸进西域地区，而吐鲁番盆地则首当其冲。

435 年前后阚爽自为高昌太守，应当就是在柔然的扶植下上台的，所以，442 年伊吾唐契率众西攻高昌，柔然就遣部帅阿若率骑兵救援。同年九月，高昌被沮渠无讳攻占，阚爽就北投柔然避难。沮渠氏的大凉国也曾一度与柔然联兵，击灭车师前王国，但十年后，却又被柔然消灭。460 年，柔然立阚伯周为高昌王，阚伯周或许就是阚爽的后人。从阚伯周开始，吐鲁番盆地进入高昌国时期，但阚氏高昌国基本上是一个柔然的傀儡政权，阚伯周及其子义成、首归都奉柔然受罗部真可汗予成的永康年号，吐鲁番出土过永康五年（470）所写《妙法莲华经》和永康十七年（482）残文书。

高车是柔然北部的一支游牧民族，最初臣服于柔然。485 年，柔然可汗予成死，其子豆仑可汗初立，国势衰微，高车族的副伏罗部乘机于 487 年叛离，西迁至吐鲁番盆地西北，建高车国。高昌的阚氏大概也由此脱离了柔然的控制，在 489 年自建年号为"建初"，吐鲁番哈拉和卓古墓出土有《建初二年庚午岁（490）功曹书佐奏文》。但高昌国的独立只不过是昙花一现，高车很快就代替了柔然在这里的角色。491 年，高车王阿伏至罗杀阚首归兄弟，立敦煌人张孟明为高昌王。

张氏的统治只维持了数年，就被国人杀了，马儒被立为高昌王。由于不断受到高车的压迫，马儒曾在 497 年遣使北魏，要求举国内徙，引起高昌旧人的不满。不久，他们杀掉马儒，立麹嘉为高昌王。从此，开始了麹氏高昌国的统治。

麹氏高昌

麹氏高昌王国虽然不断受到北方游牧民族的侵扰和国人的反对，但总算摇摇晃晃地走过了 139 个年头。麹氏王统世系，经过学者们多年来的精心考订，现在基本上已理出了一个眉目，如下表：

世次	王名	在 位 时 间			备 注
		年 号	起止（公元）	年数	
1	麴 嘉	承平（1—8） 义熙（1—16）	502—509 510—525	24	昭武王
2	麴 光	甘露（1—5）	526—530	5	
3	麴 坚	章和（1—18）	531—548	18	
4	麴玄喜	永平（1—2）	549—550	2	
5	麴□□	和平（1—4）	551—554	4	
6	麴宝茂	建昌（1—6）	555—560	6	
7	麴乾固	延昌（1—41）	561—601	41	
8	麴伯雅	延和（1—12）	602—613	12	献文王
	（政变者）	义和（1—6）	614—619	6	疑有政变，不知何人执位。
8	麴伯雅	延和（18—19） 重光（1—4）	619—620 620—623	5	
9	麴文泰	延寿（1—17）	624—640	17	光武王
10	麴智盛	延寿（17）	640	1	

　　麴嘉在位时，仍然受到柔然或高车族的压迫，所以也曾数次向北魏要求迁往内地，但始终未能成行。6世纪中叶，柔然被突厥所灭，突厥成为漠北的霸主，高昌又臣服于突厥，7世纪初，突厥一度衰弱，又依附于铁勒，并与隋朝通好，极力推行汉化，引起不满，曾发生政变，政变者赶走国王麴伯雅，建号"义和"，维持了六年的统治。在高昌大族张氏的帮助下，麴氏王室才平定了叛乱，重新统治了高昌王国。唐朝建立后，麴文泰感到了威胁，联合天山北部的西突厥，与唐为敌，最后在公元640年被唐朝灭亡，高昌国至此终结。

　　近代考古学的成果，特别是1949年以来新疆考古工作者在阿斯塔那、哈拉和卓等处辛勤劳动的收获，使我们今天对麴氏高昌国的认识大大地丰富起来了，细致地了解麹氏高昌国的各个侧面，会使您在漫游高昌故地时，品味历史的风风雨雨。

顾名思义，麹氏高昌国的都城就在高昌，应即今天的高昌故城。从十六国时期的高昌郡发展到高昌国都，高昌城已经初具规模。我们从高昌城北公共墓地出土的文书中得知，当时的高昌城中至少有四个坊，按照它们所在的位置，分别叫作东南坊、西南坊、东北坊和西北坊。高昌城垣上，四面都开城门，文书中保留下来七个城门的名字，即东面的青阳门和建阳门，西面的金章门和金福门，北面的玄德门和武城门，南面的横城门。有趣的是，有些城门的名字和汉、魏、晋以及北魏洛阳城或十六国时期姑臧（武威）城的城门名称相同，显然，高昌城门的命名，是在中原文化的影响下，以五行学说为依据的。

在地方行政制度上，麹氏高昌在高昌郡的基础上，仍然奉行与中原相同的郡县制，而且为了笼络从中原、河西陆续迁入盆地的各个大姓士族，郡县的设置也达到泛滥的地步，目前知道的郡县数共有四个郡和二十一个县，它们相继出现在盆地各处。这些郡县城址，有些还保留至今，有些则只能指出一个大致的方向。我们不妨先匆匆地浏览一番。

在高昌城北 10 公里左右，有新兴县和宁戎县，大致分别相当于今天的胜金（Singim）和胜金口（Singim-aghiz），它们是高昌城北面的屏障，扼守着两个山口。宁戎县北的宁戎谷（今木头沟），又是高昌的一大佛教胜地，谷中的宁戎寺即今柏孜克里克千佛洞，在此时开始兴建起来。出高昌城东行 10 公里，就是酒泉县城，其地可能在今天的洋海（Yangkhi）附近。洋海北面的吐峪沟乡，推测应是高宁县治。今天的鲁克沁（Lü kchün）是高昌国田地郡、田地县的治所，这里从十六国时期就是仅次于高昌的大城之一，麹氏高昌王封王子为田地公，镇守此地。保留至今的残墙，还多少能说明它昔日的荣光。在今鲁克沁和斯尔克普（Sirkip）之间，可能就是威神县的所在地。斯尔克普北面的连木沁（Lamjin），从读音的符合，可以说是临川县的县治。高昌国东北部的政治、军事中心横截郡、横截县治，被认为是在今天的汉墩（Khando），横截郡太守的职位，长期掌握在高昌王族麹氏的手中，说明了此地在高昌国的重要地位。高昌国东部的门户是白艻县，又称东镇城，是高昌东境的大镇，其地即在今鄯善县治（Pichan）。

高昌国的西半边，大致可以分成南北两区。南部以南平郡为中心，按照近年在吐鲁番县城南约 7.5 公里处发现的墓志指示的方位，南平郡、南平县治应在今工尚（Gunshang）古城遗址。其东面的让步城（Lampu）可能是柳婆县治，而西面的帕克拉克城（Paka-bulak）可能是安昌县治。由此再向西就是位于布干土拉（Bogen-tura）的无半县和位于窝额梯木（Oi-tam）的始昌县了。始昌西距今托克逊县治（可能是高昌国时的笃进城）十余公里。高昌国末期，玄奘法师西行时，就是沿着这几个城，由高昌城到焉耆去的。

盆地西北地区的中心是原车师前王国的首都交河城，高昌国在此设交河郡、交河县，其地即今交河故城。交河郡又名镇西府，是高昌国西部最重要的城镇，和东部的田地郡一样，是由高昌王子亲自镇守的，号称交河公。交河城东 10 公里是安乐县城，也就是今吐鲁番市东约 2 公里处苏公塔东的古城址，残存的建筑遗址与交河城的古老建筑形制十分相似。永安县城可能在安乐县南，今红旗公社先锋三大队一带。安乐故城北的葡萄沟（Bulayiq），可能是洿林县的所在地，这里出产的皮薄味美的葡萄，在高昌国时期就名闻南朝的梁国。交河城南面的也木什（Yamshi）应是盐城县所在。龙泉县顾名思义应在一处泉水汇集的地方，可能在今马勒恰西约 5 公里处，也可能在更北的夏普吐勒克（Shaftalluk）。永昌县的位置还没有找到落脚点，出土文物中有从高昌城派人到"永昌谷"的记载，表明永昌县应位于高昌北部某山谷附近。

高昌国四郡二十一县的分布，大致是以高昌城为中心，分成四区，东北区以横截郡城为中心，东南区以田地郡城为中心，西北区以交河郡城为中心，西南区以南平郡城为中心。高昌国的辖境，东到今鄯善县境，西抵托克逊县境，北以火焰山为界，南以艾丁湖为限。到麹氏有国时期，吐鲁番盆地的各个绿洲被充分地开发出来，许多中原或河西的大族迁徙至此，支配着地方上的行政权，形成与中原相类似的门阀社会。

五经与历代史

随着中原和河西的士家大族迁入高昌，麹氏高昌国的汉文化得到进一步发展。高昌王室来源于金城郡（今兰州附近），与中原南北诸王朝的文化往来十分密切。第一代高昌王麹嘉就曾向北魏王朝求借五经、诸史，而且还请国子助教刘爕前来任博士，以教授学生。第三代高昌王麹坚还在自己的坐室中，绘"鲁哀公问政于孔子之像"，作为仁政的象征。史书上说，高昌国的语言、文字与中原略同，国中有《毛诗》《论语》《孝经》等儒家经典，还有历代史甚至各种文集。这些记载的准确性被出土的文书证明，在阿斯塔那古墓中，就曾发现过《毛诗郑笺》《孝经》《孝经解》《论语》等。另外，1980—1981 年柏孜克里克千佛洞出土的古写本《汉书·西域传》残片，1924 年在鄯善县境和 1965 年在吐鲁番安乐城址分别出土的《三国志·吴志》残卷，1972 年阿斯塔那 151 号墓出土的孙盛《晋阳秋》残卷等，都证明了高昌国内"历代史"的存在。此外，文书中还见有《谥法》、诗文稿、《书仪》和学童学习汉文时所写的《千字文》《乘法诀》和《急就章》。

《毛诗》《论语》和《孝经》是后魏、北周两朝最流行的儒家经典，备受这两朝统治者的重视。通过高昌国与魏、周的文化交往，这种学风也影响到高昌国，史籍和文书都一致说明了这三部经典在高昌国的地位。高昌王大力提倡儒学，目的是利用汉文化的影响力，淳化风俗，借助"尊王攘夷"的思想，来巩固他在这个多民族地区的统治。麹氏高昌时期，汉文化占据着统治地位，儒家思想也是统治阶层的主导思想，高昌国不仅公文用语使用汉文，甚至连文书格式、用词也都来源于中原汉魏之制。

造寺与修窟

高昌国汉文化的发展，使中原固有的道教也在高昌发展了自己的势力。阿斯塔那 303 号墓主人——明威将军民部参军赵令达，就是一个道教信徒。他的后人把一纸道教符箓随葬入墓，企求保护他早归道山。

但是，不论是道教，还是儒学，都没有阻止住 4 世纪初以来迅速发展的佛教势力，到麴氏高昌国时期，除了经典的传写外，随着士家大族势力的膨胀，造寺和修窟成了一时的风尚。吐峪沟千佛洞自十六国时期开凿以来，至此时达到了全盛时期。柏孜克里克千佛洞也开始兴修。保存下来的高昌国时期的两块造寺碑铭，更能说明当时的情况。

一块是《高昌新兴令麴斌芝造寺施入记》碑，碑阴刻《高昌绾曹郎中麴斌造寺铭》。该碑在 1911 年 5 月被吐鲁番三堡的农民发现，运到迪化（乌鲁木齐）荷花池，又移到将军署，立碑亭保护。但后来却被盛世才当作奠基石，埋在乌鲁木齐一座楼房的下面，现在只有拓本流传。立碑人麴斌芝（一名斌）出自高昌王室，是第三代高昌王麴坚的孙子，也即第六代高昌王麴宝茂的从兄弟。他十九岁就被任命为高昌东境横截县的县令，后转为高昌北新兴县令。他曾主持对抗新兴起的突厥族的入侵，并亲自作为使节，到突厥汗庭，缔结婚盟，因功授振武将军民部长史。他在建昌元年（555）十二月二十三日，发愿为报已亡双亲的恩德，特别划出一区田地，在新兴县城西造寺一所，永充供养，并且撰写了《造寺施入记》，刻碑立铭，高昌诸大僧人和高昌王麴宝茂、高昌令尹麴乾固以下各级官吏都名标碑上，以防"不肖子孙，内姓外族，依倚势力，□侵寺物"。麴斌去世后，其子麴亮在麴乾固延昌十五年（575）撰《造寺铭》，叙说了造寺人的生平和造寺缘由，连同麴斌一家的男女供养人像，一起刻于碑阴。这是高昌王族捐地建寺的一个典型例证。

另一块是《高昌主客长史阴尚□造寺碑》。原碑和《且渠安周功德碑》一起，被普鲁士探险队带到柏林，现已不知所在。高昌的阴姓是源出武威，经敦煌迁来的大姓。阴尚□作为高昌国的主客长史，应当住在高昌城内，他捐出一所旧宅院，建立了一座伽蓝，并立碑纪念这一功德。

像麴斌、阴尚□这样捐出田地或宅院，建立一所伽蓝的事，在高昌国时期应当是大有人在。吐鲁番出土文书为我们提供了一个长长的麴氏高昌国佛寺表，其中一个显著的特征就是以姓命名的寺非常多，据学者初步统计，就有阴寺、史寺、冯寺、善（鄯）寺、康寺、许寺、杨寺、侯寺、赵寺、韩寺、白寺、苏寺、张寺、索寺、麴寺、令狐寺、阚寺、司马寺、元寺、竺寺、黄寺、范寺、卜寺、左寺、员寺、曹寺、田寺、牛寺、樊寺、氾寺、裴寺、周寺、解寺、程寺、刘寺、画寺、隗寺、王寺、孔寺、安寺、郑寺等四十余寺。这种有些家寺性质的佛寺的大量出现，应是高昌门阀士族统治在佛教界的反映，而佛教的势力也正是借助上行下效，迅速地膨胀起来。了解了以上事实，我们在高昌、交河城内显要之地看到宏伟的寺塔建筑，就不足为奇了。

高昌王与佛教

前几代高昌王如麴嘉、麴坚都标榜儒学，极力从中原搜求儒家经典。随着高昌地区佛教的迅猛发展，后几代高昌王也加入了供养人的行列，大做起功德事来了。

第七代高昌王麴乾固就是一位虔诚的佛教徒，他曾在延昌三十一年（591）让人抄写了一百五十部《仁王般若经》，其中四件不同的抄本残片分别在芬兰马达汉（Carl Gustav Emil Mannerheim）收集品、德国格伦威德尔和勒柯克（Albert von Le Coq）收集品、日本大谷探险队收集品中找到。另外，英国斯坦因（Marc Aurel Stein）收集品中，还有此王在延昌三十九年（599）让人抄写的鸠摩罗什译本《大般若波罗蜜多经》残片，据题记，此经共抄八部。德国收集品中，还有他在延昌三十七年（597）十月十六日让人抄写的《金光明经》残片。可想而知，在麴乾固长达四十一年的统治期间，他不知动用了多少人力、物力，也不知到底抄了多少部大乘经典，真可谓"功德无量"了。

与麴乾固相比，他的孙子——第九代高昌王麴文泰的佞佛程度有过之而无不及。唐玄奘法师的弟子慧立、彦悰所写的《大慈恩寺三藏法师传》，讲述了一个绘声绘色的真实故事。

那是在唐太宗贞观元年或二年（627、628），也就是高昌王麴文泰的延寿四年或五年，唐佛教法师玄奘为了解决佛性问题的争论，西行去印度求取真法。他只身一人，靠着老马识途，渡过了上无飞鸟、下无走兽的莫贺延碛，来到伊吾（今哈密）。他本打算从伊吾向西北，经可汗浮图城（今吉木萨尔县北庭故城）向西前进。恰好当时有高昌国的使人从伊吾回国，将玄奘在伊吾的情况告诉了国王。高昌王麴文泰立即派贵臣带着数十匹好马赶到伊吾，请玄奘到高昌。玄奘推托不掉，只好随使者而去。经六天的旅行，来到高昌界内的白芳城。这时已是黄昏时分，玄奘想在此停留，但使者受命在身，声称都城已经不远，换了良马，继续前进。半夜时分才到了高昌城，被隆重地接入王宫后院。麴文泰和王妃都未入睡，一面读经，一面敬候玄奘法师的到来。见面后，国王拜问甚周，直到天将破晓，才告辞还宫。天刚刚亮，疲惫不堪的玄奘法师还没休息一会儿，高昌王就率王妃以下众人前来礼问，请法师移住在王宫旁的道场中，派人侍卫，又让高昌国的佛教大师前来相见，并劝说法师不要再往西天取经，法师谢绝不应。

十几天以后，玄奘法师想辞行，高昌王执意挽留，要以弟子身份终身供养法师，并说让全国人都成为法师的弟子，请法师讲经，数千弟子都作法师的听众，劝法师不要再念念不忘西行了。玄奘坚决不允，表示即使死了，骨头可以留下，但神智也不会留的。两人相持不下，高昌王虽然倍加供养，每天亲自捧盘送食，但法师水浆不进，用绝食来表示西行的决心。到第四天，玄奘已气息奄奄，高昌王只好答应玄奘的请求，条件是和法师约为兄弟，等法师取经回来时，到高昌国住三年，受国王弟子供养。并且让法师再停一个月，讲《仁王般若经》。每次讲经，麴文泰都亲自执香炉来迎接法师入帐，并在三百余听众面前，跪在地上当凳子，让玄奘踩着他的背，坐到法座上去。

高昌王麴文泰还为玄奘的西行准备了丰厚的行装，总共有四个侍候法师的小和尚；法服30套，防寒的面衣（脸罩）、手衣（手套）、靴袜等数十件；黄金100两、银钱30 000，绫和绢等丝织物500匹，作为法师往返二十年的费用；马30匹，仆役25人；又写了二十四封书信，每封信附有大绫一匹，请高昌以西龟兹等二十四国让玄奘顺利通过；最后，又带上绫绢 500 匹、果味 2 车，献给当时西域的霸主西突厥叶护可汗，并致书请可汗护送玄奘到印度求经。对于高昌王来说，这应当就是他所能办到的最丰厚的行装了。玄奘走的那天，高昌城的僧侣、大臣以及百姓倾城送出，国王麴文泰抱法师恸哭不已，亲自送了数十里才回。

这个真实故事的生动性，并不比几百年后吴承恩的《西游记》逊色多少，一心向佛的高昌王麴文泰的形象跃然纸上。

胡天与萨薄

高昌是*丝绸之路*上的重要城镇，不仅是东西方各种文化往来的孔道，而且是北方游牧民族南下的咽喉之地，因此，这里的民族成分十分复杂。在高昌国时期，至少就有中原、河西来的汉族大姓士家、汉魏时从中原谪发来的戍卒后代、土著的车师人和从中亚经商来此留居的粟特人。多民族的聚居使得这里的文化也是异彩纷呈，除了中原传来的汉文化和起源印度的佛教文化之外，西亚、中亚流行的琐罗亚斯德教（中国称祆教），也早就传到吐鲁番地区。

祆教应当是随粟特商人一起东来的。粟特人的故乡在中亚阿姆河和锡尔河之间的泽拉夫珊河流域，这一地区以撒马尔干（今玛拉干达）为中心，分布着大小十余个由操粟特语的民族建立的城邦王国，其中有些早就和中国有所交往，中国史书上称他们是康、安、曹、石、米、何、史等"昭武九姓"国。粟特人以善于经商闻名于世，利之所在，无远弗届，他们长期在丝绸之路上进行国际间的转贩贸易，足迹遍及欧亚内陆。来到中国的粟特商胡，都用本国名作为姓，他们有些留居下来，成为当地的居民。从吐鲁番出土文书了解到，高昌国界内就居住着不少曹姓、康姓的粟特人。

这些奔波在丝路上的粟特商胡不仅经商，而且还把他们信奉的传统宗教如祆教传播到东方。1965 年安乐城出土的《金光明经》题记文字如下："庚午岁八月十三日，于高昌城东胡天南太后祠下，为索将军佛子妻息合家，写此《金光明》一部，断手讫竟。"庚午岁应当是 430

年，胡天可能就是指的祆神，这说明早在高昌郡时代，祆教已进入吐鲁番盆地。到了高昌国时期，胡天和其他诸天神一起，仍然受到供奉。祆教的信徒恐怕主要还是那些来自中亚的粟特商人，但高昌国官制中设有"萨薄"一职，与传统的汉魏职官有所不同，却和北齐、隋、唐官制中负责祆教事务的萨甫、萨保、萨宝等读音相近，应来源于突厥语的Sarbov或中古波斯文的Saopāv或叙利亚文sābā。由此可知，高昌国也设有掌管祆教事务的官员，说明这里的祆教徒还不在少数。祆教虽然不如佛法那样弘大发扬，但它在高昌国的存在，构成了这个多民族国家多种文化中的一个元素。

突厥与铁勒

在了解汉文化、佛教和祆教在高昌国流布情况的同时，不应忘记北方游牧民族的影响力。

高昌郡末期和高昌国初叶，吐鲁番盆地成为柔然、高车两大游牧势力争夺、控制的对象，这里王朝迭立，战乱频仍，到了麴氏高昌国建立以后，一度受制于高车，但高车、柔然间的反复征战，使他们两败俱伤，衰弱下去，最初几代高昌王的推崇儒学，鼓吹尊王攘夷，大概就是乘着这一时机。高车在公元541年归降了后魏，取代柔然称雄北方的是新兴的突厥民族。

突厥起源于阿尔泰山，最初臣服于柔然，是柔然的锻奴——打铁匠。522年，突厥首领土门独立，一举击溃柔然。其子木杆可汗彻底歼灭柔然，而后，"西破嚈哒，东走契丹，北并契骨，威服于塞外诸国"，成为北方各游牧族的霸主。不久，突厥就侵入偏安吐鲁番盆地的高昌王国。高昌王麴宝茂曾派新兴县令麴斌率军反击，攻入突厥境内。但高昌国的兵力当然不是突厥的对手，刚一交锋，就退避三舍。于是，为了永固邦疆，高昌王见机行事，化敌为友，派麴斌充使，来到突厥汗庭，订立合约，缔结婚姻，高昌王麴宝茂娶突厥可汗女为妻，成为突厥汗国的附庸。自麴宝茂以下，历代高昌王的称号中，除中原王朝授予的称号外，又都有一长串突厥官号，如《高昌新兴令麹斌芝造寺施入记》中麹宝茂的头衔是"使持节骠骑大将军、开府仪同三司、都督瓜州诸军事、侍中、瓜州刺史、西平郡开国公、希董、时多浮跌、无亥、希利发、高昌王"，其中突厥语可以还原为 erkin šadapyt bagha ïltäbir。又如斯坦因收集品中的《大般若经》题记所列麹乾固的头衔是"使持节大将军、大都督瓜州诸军事、瓜州刺史、西平郡开国公、希近、时多浮、跛弥砲、伊离地、都芦梯、陁豆、阿跛、摩亥、希利发、高昌王"，其中的突厥语可以还原为 erkin šadapyt bulmis ildi turdi tarduš apa bagha ïltäbir。这标志着突厥成为高昌的监护国，高昌每年要向突厥汗庭进贡。突厥势力控制了高昌，使王国内部的一些风俗习惯也随之改变。麹伯雅即位之初，突厥让他按照突厥族的习俗，娶其后母突厥可汗女为妻，伯雅虽曾长期不从命，但最后被逼无奈，终于就范。国王尚要遵从突厥的风俗，民间也就可想而知了。

7世纪初，突厥在高昌的统治地位一度动摇。605年，西突厥处罗可汗为报父仇，设计坑杀铁勒各部酋长数百人。铁勒各部起而反抗，大败处罗可汗，拥立俟利发俟斤契弊歌楞为易勿真莫何可汗，居贪汗山，伊吾、高昌、焉耆等国都归属于他。铁勒在高昌派驻大臣，收取商税。吐鲁番文书中还残留着一些招待铁勒各部使臣的记载。大概正是在高昌新旧主人交替之际，麹伯雅乘机来中原朝见隋炀帝，隋炀帝将宗女宇文氏封为华容公主，嫁给他。伯雅回国后，大力推行汉化，革除"被发左衽"等突厥习俗。但因此而引起国内动乱，麹伯雅被政变者赶出首都，六年以后，才在大族张氏的帮助下，重返高昌为王。与此同时，西突厥汗国复兴。619年，射匮可汗赶走铁勒人，重新控制了高昌，新即位的高昌王麹文泰又和西突厥可汗确立了君臣父子关系。唐朝建立后，麹文泰与唐朝保持着密切的关系，不断遣使进贡方物。贞观以后，一旦唐朝的势力开始向西发展，威胁到高昌国时，麹文泰就和西突厥紧密联合，与唐为敌。

高昌国的灭亡

建都长安（今西安）的唐王朝，开始时主要力量是对付隋末天下大乱以来割据各地的群雄和整治内部的各项制度，还无力西顾。唐太宗贞观初年，乱局渐渐平定下来，中原地区逐渐统一在唐朝的旗帜下面，贞观四年（630）二月，唐朝一举歼灭了北方最大的威胁——东突厥汗国。同年九月，原属东突厥的伊吾七城也在首领昭武九姓胡石万年的率领下称臣内附。唐朝随即在此设置了西伊州，下辖伊吾、柔远、纳职三县。伊吾的内属影响了西域各国，同年十二月，高昌王麴文泰就亲自来长安朝贡，而且，其他许多西域王国也都想随麴文泰之后遣使入朝。但由于当时朝中主要的谏臣魏徵和经营西域的凉州都督李大亮反对直接管辖西域，这种影响被限制在一定的范围之内，就连新设的西伊州，从名称上看也是属于羁縻性质的。

贞观六年（632），唐朝改西伊州为伊州，使之完全成为等同于内地的州县，这充分表明了唐朝向西推进的意图。唐朝在伊州的立足，首先感到威胁的是紧挨在西边吐鲁番盆地的麴氏高昌国。高昌王麴文泰虽然在贞观四年入朝觐见唐太宗，但回国后就与西突厥的叶护联兵，东攻伊吾，企图封堵这个唐朝进入西域的门户；又西向攻陷与唐和好的焉耆所属五座城镇，掠男女一千五百人，焚烧屋舍而去；还劫掠西域前往唐朝进贡的使臣。于是，唐太宗以此为借口，于贞观十三年（639）十二月，派吏部尚书侯君集为交河道行军大总管，带领薛万备、薛孤吴儿、牛进达、姜行本等将领，率兵进攻高昌。

高昌王麴文泰与屯驻可汗浮图城的西突厥欲谷设约定，有急相救，互为表里，企图凭借着大患鬼魅碛的天险，负隅顽抗。唐军从伊吾出发，分兵几路前进，其中姜行本曾由伊吾北上天山，砍伐林木来制造攻城的冲梯，并在这里竖立了《纪功碑》，记录唐朝这次远征高昌的壮举。另一支唐军经赤谷，越过天山，进击可汗浮图城，西突厥守将欲谷设望风而逃，叶护投降了唐朝。高昌失掉了西突厥的支援，当听说唐军主力已进到碛口时，麴文泰惶恐骇怕，无计可施，发病而死，子麴智盛嗣立。唐军自柳谷而下，先攻破田地郡城，进逼高昌城。贞观十四年八月八日，麴智盛开门出降，麴氏高昌国经过十代一百三十九年，至此终于灭亡。

三、唐西州时期

（公元 640—792 年）

西州的设立

侯君集率军攻下高昌各城镇后，把王族麹氏和高昌大族权贵带回中原，安置在长安和洛阳居住。究竟如何处置高昌故地，唐太宗与宰臣魏徵、褚遂良等人之间存在着立州县还是羁縻之的分歧。在贞观十四年（640）八月八日平定高昌后立即设置的西昌州，应属于羁縻州性质。但由于太宗的坚持，八月二十八日就改西昌州为西州，下辖五县，即以高昌城为高昌县，作为西州的治所，田地郡城为柳中县，交河郡城为交河县，白芳县城为蒲昌县，始昌县城为天山县。西州五县是按唐制在高昌国原有的郡县城基础上设立的，以它们的位置来看，除高昌县城是自古以来盆地的政治、经济、文化中心外，其他四座县城都设在扼守交通要道的古老城址上，在军事上意义重大。

随着州县制的推行，唐朝又陆续把一整套与中原相同的地方军政体制贯彻到西州地区。阿斯塔那 78 号墓出土的《唐贞观十四年九月西州高昌县李石住等户手实》共有八断片，是唐灭高昌国后，让当地百姓按唐朝的手实计帐制度，申报当户的人口和占有土地情况，由某乡里正联写而成的文书，说明乡里村坊等基层组织，也和州县一起按照唐制设立起来了。哈拉和卓 1 号墓出土的《唐西州某乡归朝后户口帐》证明，唐朝的州、县、医学制和府兵制也都推行到吐鲁番盆地。西州一共设有四个折冲府，即前庭府、岸头府、天山府、蒲昌府，分别驻扎在高昌、交河、天山、蒲昌和柳中县境，统属于中央的右领军卫（一度称右玉钤卫）。

包括均田制、租庸调法等一系列唐制的推行，使吐鲁番地区真正成为唐朝的州县，除了边疆上的一些特点外，西州在政治、经济、文化等各方面，与唐朝内地各州没有多大的不同。作为唐朝的边州，西州和同在贞观十四年于可汗浮图城设置的庭州，是唐朝经营西域的基地。

安西都护府

唐初，天山南北等广大西域地区主要是西突厥的势力范围。唐朝为了对付西突厥，进一步经营西域，灭高昌的第二个月——贞观十四年九月，就在西州设安西都护府，这一方面是派兵镇守刚刚夺取的西、庭二州之地，保住已有的胜利果实；更重要的一方面是以此为基地，统一部署伊、西、庭三州的军事行动，向更西的地区推进。一般来说，安西都护都兼西州刺史，统一部署包括吐鲁番盆地在内的西域地区政治、军事行动。第一任安西都护是唐高祖的驸马乔师望，他在贞观十四年九月至十六年九月任职期间，主要是分配田地，授给高昌国的旧官人和首望大姓骑都尉以下勋官，安定社会，巩固这个根据地。

贞观十六年九月，凉州都督郭孝恪代替乔师望，任安西都护兼西州刺史，他曾率军沿乌骨道越过天山，击退西突厥乙毗咄陆可汗派遣的侵袭伊州之兵，保障了伊、西、庭地区的安全。贞观十八年（644）九月，因焉耆与西突厥勾结，不向唐朝进贡，郭孝恪率军出银山道，一举攻下焉耆，擒获国王龙突骑支。但唐朝此时并没有在焉耆做到有效地占领，所以唐军一撤，焉耆就自立国王，仍然附属于西突厥。

唐朝从西州向西推进的另一重要步骤是攻占龟兹。贞观二十二年（648），以左骁卫大将军阿史那社尔为昆丘道行军大总管，与右骁卫大将军契苾何力、安西都护兼西州刺史郭孝恪等一起，率蕃汉兵进攻龟兹（今库车）。这一战役，唐朝取得了巨大的胜利，先是擒斩了附属西突厥的焉耆王薛婆阿那支，重立了焉耆王；继而攻拔龟兹都城以下总共七百余城，俘虏龟兹国王和大相；兵锋所至，远及于阗（今和田），于阗王也随军入朝；西突厥叶护阿史那贺鲁望风归属，唐朝设瑶池都督府，任命贺鲁为瑶池都督，让他来招讨那些没有服属唐朝的西突厥各部。唐朝这次昆丘道行军对西突厥在塔里木盆地的统治给予了沉重的打击，但唐朝也付出了相当大的代价，安西都护郭孝恪战死在龟兹城。接替郭孝恪任安西都护兼西州刺史的，是唐高祖李渊第三女平阳公主的长子、谯国公柴哲威。

贞观二十三年（649），唐太宗去世，唐朝西进的步伐受阻。唐高宗永徽二年（651）正月，阿史那贺鲁听到太宗去世的消息，举兵反叛，占领了西域广大地区，并威胁着西、伊、庭三州的安全。同年十一月，唐朝把迁到内地的原高昌国大姓遣送回西州，并让前高昌王弟、尚舍奉御、天山县公麹智湛接替柴哲威，为左骁卫大将军兼安西都护、西州刺史，镇抚高昌故地，抵抗阿史那贺鲁的进攻。永徽二年和显庆元年（656），唐朝又先后两次出兵讨伐，都无功而还。显庆二年，伊丽道行军大总管苏定方率军直捣贺鲁的牙帐，一举歼灭了阿史那贺鲁的势力，擒获贺鲁，西突厥各部及其所控制的葱岭东西各城郭王国都归降唐朝。可以说，显庆二年伊丽道行军的胜利，基本扼制了唐朝在西域地区的最大敌对势力——西突厥，是唐朝进入西域以来的一次全面性胜利，西域各国、各部族的宗主权正式从西突厥转移到唐朝手中。为了适应这一新的形势，唐朝在显庆三年五月，把安西都护府从西州交河城迁到龟兹都城，下设龟兹、于阗、焉耆、疏勒（今喀什）四镇，并在天山南北、葱岭东西，广泛设置羁縻州、府，在西域初步建立军政两套统治体制。安西都护府迁到龟兹后，西州也升为都督府，仍由麹智湛任西州都督，统治吐鲁番盆地。

唐蕃争夺与西州府兵

唐朝在西域以及河西陇右的统治秩序，很快就受到来自南部青藏高原的吐蕃人的挑战。吐蕃王国兴起于6世纪下半叶，在其英主松赞干布（约581—649年）统治时期，势力迅猛发展，统一了高原上的各个部族以后，就向外扩张。松赞干布死后，其孙即位，吐蕃朝政被宰臣禄东赞家庭控制。在此期间，禄东赞和他的几个儿子亲率吐蕃军队，东侵吐谷浑，西击大、小勃律，势力进一步膨胀，很快就登上了西域历史的舞台。唐高宗龙朔二年（662）十二月，吐蕃军队经勃律（今巴尔蒂斯坦和吉尔吉特地区），走帕米尔道进入西域，在疏勒南面与唐军相遇。唐军准备不足，只好用军资贿赂吐蕃，约和而还。不久，吐蕃在弓月和疏勒两国的勾引下，于麟德二年（665）侵袭于阗。唐朝派西州都督崔知辩和左武卫将军曹继叔，率领以西州府兵为主力的部队，救援于阗，取得了胜利。

可见，在显庆三年安西都护府迁到龟兹以后，西州仍然是唐朝经营西域的前进基地，西州的府兵和百姓是许多次重要战役的主力军；与此同时，西州还是龟兹的安西都护府受到威胁时的退守之地。咸亨元年（670），吐蕃在西突厥余部阿史那都支和李遮匐的支援下，一举攻陷西域十八州。唐朝罢龟兹、于阗、焉耆、疏勒四镇，把安西都护府撤回西州。唐先派阿史那忠为西域道安抚大使兼行军大总管，收拾残局。继而又遣萧嗣业在咸亨四年（673）率领西州等地的府兵，讨伐弓月和疏勒，取得了胜利。同年底，两国国王来唐朝请降，到上元二年（675），唐朝已经基本恢复了在塔里木盆地的统治。

但是，与唐对敌的西突厥阿史那都支和李遮匐的势力不断增长，与吐蕃联合，在仪凤初年（676—677）再次攻占安西四镇。唐朝这次采用裴行俭的计谋，以护送流亡唐朝长安的波斯王泥涅师师回国为名，在西州悄悄组织兵力，佯装打猎，向西进军，出其不意，在碎叶城（今苏联托克玛克南阿克·贝希姆城）附近，一举擒获阿史那都支和李遮匐。调露元年（679），唐朝重设安西四镇，并用碎叶取代焉耆为四镇之一，目的是切断吐蕃和西突厥的联合。唐军主力从碎叶撤回，波斯王则由西州的府兵经护蜜（今阿富汗瓦罕）送到吐火罗国。

武则天执政初年，东突厥在阿史那骨咄禄及其子默啜可汗的率领下，在漠北复兴，南下侵扰。吐蕃也乘机进攻安西四镇。吐鲁番出土的一些征镇名籍和户籍记载，垂拱二年（686），唐朝曾分兵四路，以金山、金牙、疏勒、昆丘为行军道名，救援碎叶、龟兹、疏勒和于阗的驻军，大批西州的府兵和应征入伍的百姓奔赴前线，抵抗吐蕃。到十一月底，唐军终于支撑不住，武后下诏，放弃安西四镇。永昌元年（689），反击吐蕃的安息道行军，惨败在弓月城西南的寅识迦河，彻底失掉了安西四镇。武后把行军大总管、文昌右相韦待价流放到岭南的绣州，斩副大总管安西大都护阎温古，安西副都护唐休璟贬为西州都督。唐朝的势力再次退回西州。

长寿元年（692），在西州都督唐休璟的建议下，唐朝开始反攻，由右鹰扬卫将军王孝杰为武威道行军大总管，带领西州都督唐休璟、左武卫大将军阿史那忠节等率军进攻吐蕃，又重新收复失地，设龟兹、于阗、疏勒、碎叶四镇，安西都护府在龟兹重新设立，并征发汉兵三万人镇守西域。这一措施虽然在朝廷中引起争议，宰相狄仁杰上疏反对，但它的施行，无疑收到了预期的效果，从此以后，四镇由中原调来的汉军亲自镇守，增强了抵御外敌入侵的能力，从长寿元年到贞元六年（790）将近一百年里，虽然西域个别地区不同程度地受到过一些其他势力的侵扰，而唐朝安西四镇的建置，在安西都护府和长安二年（702）设置的北庭都护府以及当地驻军的保护下，始终没有动摇。

西州作为唐朝经营西域的基地，发挥着重要的作用，西州的府兵和百姓都为唐朝的统一大业贡献了力量。可以说，唐朝在西域的每场大的战役都有西州的府兵或募人参加，甚至在开元二、三年间（714—715），当吐蕃大举进攻陇右时，西州各折冲府的府兵，还组成"西州营"，随郭知运到达陇西县一带，与陇右道的军队一起，击退了吐蕃的进攻。此外，还有不少西州人在西域一些地方任文职官员，他们名不见经传，是吐鲁番文书告诉了我们他们的行踪。

西州商行与丝绸之路

唐朝从高祖、太宗一直到武后时期，逐步建成了一个统一的多民族的封建王朝，唐玄宗开元、天宝年间（713—756），达到中国封建社会前所未有过的繁荣局面。地处中原和西域之间丝绸之路上的西州、交河郡（天宝年间一度改称），在往来贸易和本地手工业、商业方面，都比以前有了显著的发展，成为丝绸之路上一个重要的商品贸易中心。

早在高昌国初期，中原的纺织技术就传播到吐鲁番盆地及其以西地区，在高昌国时代的文书中，就有关于丘慈（龟兹）锦、疏勒锦、钵（波）斯锦的记载，当地群众已知道养蚕和织绢织锦了。到了唐代，除了吐鲁番地区本地的产品外，大批外地特别是唐朝内地的各种产品，通过丝绸之路上的转贩，涌入西州的市场。吐鲁番出土过一份《天宝二年（743）交河郡市估案》，是当年的市司上报交河郡仓曹司有关各商行每种商品价格的文书，虽然已残断成许多条，但仍然保留了九个商行的名字：谷麦行、米面行、帛练行、果子行、□布行、彩帛行、瓦器行、铠釜行、菜子行等。经营的商品近二百种，有粮食、蔬菜、果酱、水果等各种主、副食品，有各种质地的衣料、鞋靴，有碗、盘、刀、斧等生活用具，也有锄、驼、牛、马等生产工具，还有各种各样的药品，可以说是品种繁多，应有尽有了。明确标明来源的商品有北庭的面、陕州（今三门峡西）的绵、河南府（今洛阳）的生绵、常州的布、益州（今成都）的半臂、新兴的苇子、波斯的敦父驼、突厥的敦马等，那些没有标明来源的，大部分也应当来自外地，说明西州交河郡的商市，是当时东西各地、各国、各族生产品的集散地。

这些商品中，丝织品显然是大宗货物，其中有不少来自中原，当然也应有吐鲁番本地的产品。有些产品相当昂贵，如一段紫高布的最高价格是一千四百文，并非一般人所能购置得起。考古工作者还在吐鲁番墓葬中，发掘出许多丝织品的实物，其中有锦、绮、绫、罗、纱縠、绨、纨、绢、缣、绵、刺绣和染缬等，有些至今仍保持原色，十分精美。

另外一项引人注目的商品是突厥马。当时，在天山北草原上游牧的处月、沙陀以及三姓葛逻禄等突厥部族，都时常来西州进行"绢马交易"，用强劲的突厥马来换取本民族生活的必需品，其中一部分突厥马被官府收购，在西州马坊中，饲养着大批良马，为唐朝在西域的军事行动作了充分的准备。

西州商业的繁荣和东去西来的商人活动有关。这里有中原来的汉族远行商客，当时叫作"行客"，也有粟特地区来的九姓商胡，当时称作"兴胡"。特别是后者，他们结成团体，有的在西州住下来，有的则到更远的地方贸易。吐鲁番出土过一件《开元二十一年（733）西州百姓石染典买马契》，买主石染典就是昭武九姓之一石国出身的商胡，当时已经附贯为西州百姓，这年正月五日，他在西州市场上，用大练十八匹，从另一位康国出身的兴胡康思礼处买了一匹六岁骝敦马，作保的人是出身吐火罗国的兴胡罗也那、出身安国的兴胡安达汗和出身石国的西州百姓石早寒。这件契约是粟特商胡在西州交易的形象写照。

西州和内地、中亚、北方游牧族之间频繁的交往带来的商业繁荣，是在唐朝统一了西域，丝绸之路畅通无阻的情况下出现的；西州市场上商品种类繁多，主要是建立在唐朝本身经济发展的基础上的。另一方面，西州商品的丰富多彩标志着当地社会的繁荣，价格昂贵的商品在西州市场上的出现，也是西州比以前富裕了的表现，唐朝开元、天宝时期的西州，无疑是吐鲁番有史以来最繁盛的时代。

卜天寿写本《论语郑氏注》

西州各项军政体制都按照唐令来实施，文化教育也不例外。西州及其属县在贞观十四年灭高昌国后，就立刻建立了与内地一样的州、县、医三种学校，以儒家经典为主的汉文化教育，在这里正式推行起来。不论是当时学童所写的《千字文》《开蒙要训》，还是官学讲授的儒家典籍如《毛诗》《尚书》《礼记》《论语集解》等，都有一些残本保存下来，其中最引人注目的是景龙四年（710）卜天寿写《论语郑氏注》。这件文书陈列在吐鲁番市博物馆，写本长 538 cm，残存《八佾》《里仁》《公冶长》三篇和《为政》"何为则民服"章以下 15 行。郑注《论语》在北宋时就已失传，只是在 20 世纪初，才在吐鲁番和敦煌两地发现了若干断片。这里说的写本出于年龄仅有十二岁的私塾学生卜天寿之手，应当是他在私塾读书的课本。南北朝时，北方盛行郑注《论语》，南方则用王肃的注本，隋唐统一南北经学，主要行用何晏的《论语集解》，这在敦煌、吐鲁番两地都有发现。卜天寿写本郑注《论语》的发现，说明当时的西北地区受北朝一系儒学传统的影响，在唐朝初年的一段时间里，私家教授《论语》，仍然采用郑氏的解说。有趣的是，在《论语》抄本的后面，卜天寿又抄写了一些当时流行的曲子词和打油诗，其中有一首诗写着：

> 他道侧书易，我道侧书难。
>
> 侧书还侧读，还须侧眼看。

无独有偶，敦煌文书 P.3189《开蒙要训》后，学郎所写的一首打油诗和这首大致同出于一个来源：

> 闻道侧书难，侧书实是难。
>
> 侧书还侧立，还须侧立看。

这种东唱西和，说明西州的汉文化教育和敦煌没有任何差别。

北庭之战与西州陷蕃

开元天宝年间唐朝歌舞升平的局面，在渔阳鼙鼓声中结束。天宝十四载（755）十一月，备受唐玄宗宠信的平卢、范阳、河东三镇节度使安禄山，在河北范阳郡（今北京西南）举兵反叛。他率领步骑精锐十余万大军，烟尘千里，鼓噪南下。唐朝地方郡县毫无战争准备，铠甲兵器都锈得不能使用，河北各县望风瓦解。唐玄宗仓皇布置防务措施，又听信宦官的诬告，临战杀掉在西北为唐屡建战功的高仙芝、封常清等名将，终于抵挡不住安军的进攻，洛阳、长安两京先后失守，唐玄宗逃到四川避难，太子李亨逃到灵武即位为肃宗，组织抗战。

为了对付安禄山，唐朝把河西、陇右甚至安西、北庭所属的劲旅全都调回中原保驾，又借助了击败突厥第二汗国而称雄漠北的回纥（后改称回鹘）的兵力，动员全国的力量，经过七年的反复征战，终于在代宗宝应元年（762），把安禄山及其后继者安庆绪、史思明、史朝义的叛乱平定下去。

"安史之乱"虽然平定，唐王朝也从此走向衰落。一些安史部将名义上归降了唐朝，实际上仍然割据一方，不时举兵与唐廷对抗，更严重的是西北地区，吐蕃乘唐军主力入援内地，陆续占领了陇右、河西各州县，并且向西域挺进。与此同时，漠北回纥也在两次助唐平叛中得到不少好处，牟羽可汗（759—779 年在位）还从洛阳带回了粟特摩尼教徒，将摩尼教奉为国教，回纥汗国在粟特商人的帮助下，国势益强，势力扩展到天山北路。当时孤悬在外的安西、北庭守军与唐朝中央联系，都是向东北走"回鹘路"，经外蒙古的回鹘汗庭去长安。

吐蕃在 786 或 787 年占领河西最后一个堡垒沙州后不久，就对唐朝在西域的各个据点发动了总攻，其中争夺最激烈的要数北庭了。贞元五年（789）冬，吐蕃与葛逻禄、白服突厥等部联合，以三十万大军的兵力攻击北庭都护府城。北庭节度使杨袭古在回鹘宰相颉干迦斯的援助下顽强抵抗，但终因寡不敌众，回鹘宰相也因国内动乱而半途退兵，北庭被吐蕃攻占，杨袭古与麾下两千余人退保西州。唐军虽曾与回鹘联兵，企图收复北庭，但大败而归，杨袭古也反被回鹘宰相谋杀，到贞元八年（792），西州也陷于吐蕃之手。至此，唐朝在西域的统治彻底崩溃，唐西州的历史阶段也告终结。

四、回鹘高昌和高昌回鹘时期
（约 794—866 年，866—约 1283 年）

回鹘高昌

吐蕃一时取代了唐朝成为西域的主人，但好景不长，天山东部地区很快就又落入回鹘人手中，吐蕃只是在塔里木盆地南沿站稳了脚跟。

795 年，出身跌跌氏的骨咄禄取代药罗葛氏，成为回鹘可汗，唐朝封他为怀信可汗。据 1890 年在回鹘故都哈喇巴尔哈逊发现的《九姓回鹘毗伽可汗碑》的记载，怀信可汗即位之前，就是与众不同的权相，大概就在 794 年前后，他率军收复北庭，势力甚至到达南疆的龟兹以西，吐鲁番盆地应当也在此时归入漠北回鹘汗国的势力范围，回鹘把这里叫作 Qočo，即吐鲁番的古名"高昌"的音译，在此以后的一段时间里，吐鲁番盆地也可以说是处在"回鹘高昌"时期。柏林收藏的一件古突厥文写本记载，怀信可汗曾在 803 年亲自来到高昌，邀请这里的三位摩尼教慕阇（大师）到蒙古高原去传教。吐鲁番还发现过一卷用中古波斯文写的《摩尼教赞美诗集》，其题记写于回鹘保义可汗在位时期（808—821 年），里面提到北庭、高昌、焉耆、龟兹等地的许多摩尼教高级神职人员，其中有些是回鹘族出身，住在高昌的摩尼师甚至是出身于原回鹘汗族药罗葛氏。这些摩尼教师在祝福祈祷，祈求得到神圣的回鹘可汗的保护。

回鹘作为铁勒部的一支很早就曾有部分民众活跃在天山东部，到了 8 世纪末叶，他们则成为这里的统治民族，为 9 世纪中叶漠北回鹘汗国破散时，大批回鹘人西迁来此开了先声。

回鹘西迁

保义可汗去世后，回鹘开始衰落。836 年以后的四年中，蒙古高原疾病流行，大雪覆没，牛马羊群纷纷倒毙，人民处在饥饿之中，部族开始流亡离散，内部的动乱也越来越多。粟特胡人安允合与柴革（一作草）特勒联合，企图杀掉彰信可汗（832—839 年在位），但阴谋败露，反被可汗杀死。安允合一派的大相掘罗勿，就勾引了沙陀部的酋长朱邪赤心，攻打彰信可汗，可汗走投无路，自杀身亡。将军句录莫贺反对新立的䴔驳可汗，就在 840 年，引来北方的黠戛斯人，以十万骑兵攻下回鹘都城，杀死可汗和大相掘罗勿，焚毁了回鹘的牙帐，回鹘各部四散逃亡，漠北的回鹘汗国至此灭亡。

逃散的回鹘部众，一支南下到河套地区，归降唐朝；一支向西南到河西走廊立足，后来建立了甘州回鹘王国；主要的部众在庞特勤的率领下向西迁徙，来到天山东部地区，寻求新的立脚点。西迁的十五部回鹘很快就在焉耆建立了新的根据地，庞特勤称叶护，有众二十万，派兵经略天山东部地区，并且和唐朝取得联系。大中十年（856），唐朝曾派使臣王端章前往西域，册立庞特勤为怀建可汗，但因半路遭到另一支回鹘的劫掠，没有能够到达庞特勤住地。

当时的西北地区，形势发生了很大变化。842年，吐蕃赞普郎达磨遇刺身亡，国内大乱，河陇一带，洛门川讨击使论恐热与鄯州节度使尚婢婢相攻不已，吐蕃势力遽衰。各地纷纷起义，推翻吐蕃的统治。848年，沙州张议潮率众起义，驱逐吐蕃守将，并以沙州为基地，且耕且战，陆续收复了肃州、甘州、伊州等地。大中五年（851），唐朝任命张议潮为归义军节度使、十一州观察使。在庞特勤来到焉耆时，东面有沙州张议潮和零散逃窜、盗劫诸蕃的回鹘；南面有吐蕃的残余势力和吐谷浑人；北面是劲敌黠戛斯；西面是宿敌葛逻禄。庞特勤就是在这样的环境下，在天山东部地区逐渐形成了一个新的回鹘势力，占据了焉耆、西州等城镇。

吐鲁番盆地自古以来就是天山东部的政治中心，也是兵家必争之地，所以，当时不论是东面的沙州归义军，还是南面的吐蕃余部，都想占有这块宝地。经过一番争夺，咸通七年（866），北庭出身的回鹘首领仆固俊攻占了西州、北庭、轮台、清镇等地。此后，天山东部地区的回鹘就以西州、北庭为中心，形成一个统一的政体，史书上常称之为"西州回鹘"或"高昌回鹘"。

高昌回鹘

回鹘建立了政权以后，势力逐渐强盛起来，一件敦煌文书记载，唐僖宗乾符三年（876），仆固天王从沙州归义军手中夺取了伊州。到10世纪上半叶，伊州、北庭、焉耆甚至一直到龟兹地区，都是西州回鹘的直接领地，西州回鹘基本继承了漠北回鹘汗国在这里的全部遗产，并作为天山东部的主体居民发展起来。

开始时，西州回鹘可能采取的是北方游牧民族常用的双都制，把西州作为首府，把北庭作为夏都。所以，当北宋使臣王延德在 984 年到达高昌时，回鹘狮子王正在北庭避暑，让舅舅阿多于越监国。据王延德的报告，当时的西州回鹘统辖着南突厥、北突厥、大仲熨（仲云）、小仲熨、样磨、割禄（葛逻禄）、黠戛斯、末蛮、格多族、预龙族等许多民族，势力强盛，国家富裕。

10 世纪的西州回鹘与周围的小王国如沙州归义军、甘州回鹘、于阗等基本保持着友好的交往，对于东北的辽朝和中原的宋朝，都维持着朝贡的关系。回鹘商人沿着丝绸之路，大批地来到辽朝的都城上京临潢府（今内蒙昭乌达盟巴林左旗东南波罗城）和北宋都城开封府做生意，是丝路上一批活跃的商贩。

11 世纪初，高昌回鹘在西部曾与皈依伊斯兰教的喀喇汗王朝有过冲突；在东方，因河西走廊的甘州回鹘、沙州归义军相继受到西夏的侵扰，西州回鹘也曾乘机把边境扩展到酒泉一带。12 世纪初，占据中国北方的辽王朝在女真人的打击下灭亡。1123 年，辽宗室耶律大石率领一部分残余的契丹人向西迁徙，从蒙古高原，且战且行，历尽十余年的千辛万苦，来到中亚楚河流域，打败当地的喀喇汗王国的军队，在八拉沙衮（即虎思斡尔朵）建都立国，成为西辽（西方文献称哈喇契丹）的开国君主。12 世纪上半叶的中亚，原先一度强盛的萨曼王朝、哥疾宁王朝、塞尔柱帝国等都已相继衰弱下去，喀喇汗王朝也处在分裂之中，刚兴起的花剌子模也还无力统一中亚，这就为西辽的蓬勃发展提供了有利时机。在不到二十年的时间里，耶律大石东征西讨，建立起领地纵横各达六七千里的大帝国，东部的喀喇汗朝、葛逻禄部、康里部、吉尔吉斯（即黠戛斯）部和西州回鹘，都成了西辽的附庸，由西辽派遣官吏来"监国"。

畏兀儿王国

13 世纪初，蒙古族兴起，成吉思汗统一了蒙古各部，在斡难河源附近建立了大蒙古汗国。当时处在西辽统治下的高昌回鹘亦都护（高昌王称号）巴而术阿儿忒的斤，听说了蒙古兴起的消息，就在宰相伽理普华的帮助下，于 1208 年前后，杀死西辽派驻在高昌回鹘国的"少监"，投奔到新兴的蒙古大汗的麾下。成吉思汗看到远道而来朝觐的亦都护高昌王十分高兴，把巴而术阿儿忒的斤认作第五个儿子，给予了特别的荣誉。当成吉思汗征服了中亚、西亚各王国以后，把蒙古汗国的领地分封给四个亲生儿子：长子尤赤分到花剌子模、康里、钦察等国的故地；次子察合台分到东从伊犁河流域的阿力麻里，西到撒马尔罕和布哈拉的西辽故地；三男窝阔台分到阿尔泰以西、横亘额敏河流域的乃蛮国故地；四男拖雷分到了蒙古本土。高昌回鹘王国亦都护的辖地，作为第五子的封地没有受到损害。从此，高昌回鹘成为蒙古或元朝的附庸国，在当时被叫作"畏兀儿王国"。

窝阔台继任蒙古大汗时期（1229—1241 年），巴而术阿儿忒的斤去世，子怯失迈因即位，不久也死去，其弟撒连的即位。1251 年，蒙哥即位为蒙古大汗，作为拖雷系对窝阔台系进行清洗的牺牲品，撒连的在蒙古大汗的指令下被送上断头台，其弟斡根赤继为亦都护高昌王。与此同时，蒙古大汗为了加强对蒙古帝国各部的统治，在当时畏兀儿国的首都别失八里（北庭）设置了行尚书省，加强对畏兀儿地区的控制。

1259 年，蒙哥汗死在南征宋朝四川合州的军营里。翌年，在东南一线作战的忽必烈和南宋宰相贾似道议和，回军北方，在开平府（今内蒙正蓝旗东北）召开忽里勒台大会，继承了大汗的宝位。他的弟弟阿里不哥不服，一个月后也在蒙古国都哈拉和林西郊即位为汗。忽必烈虽然击败了阿里不哥的叛乱，但 1266 年，属于窝阔台系的海都在巴尔喀什湖东南海押立举起叛旗，向忽必烈进攻。海都的进攻起初受挫，但却在 1268 年得到西北诸王的承认，被推举为大汗，然后和察合台汗笃哇联合，更猛烈地进攻忽必烈。

畏兀儿王国正处在两股敌对势力之间，亦都护高昌王火赤哈儿坚定地站在忽必烈一边，畏兀儿王国的首都别失八里就成为首当其冲的地方。至元七年（1270）前后，笃哇率军袭击了别失八里，人民离散，亦都护火赤哈儿迁到火州（高昌城），增修城池，矢志坚守。至元十二年（1275），笃哇与卜斯巴率军大举入侵，包围了高昌城。笃哇劝降，亦都护昂然答道："吾闻忠臣不事二主。且吾生以此城为家，死以此城为墓，终不能尔从！"围城达六月之久，笃哇把信射入城中，引用成吉思汗曾许配公主给巴而术阿儿忒的斤的故事，对亦都护说：如果你能嫁女给我，我就罢兵，否则就急攻此城。亦都护看看城中粮食将尽，慷慨地对百姓说："吾岂惜一女而不以救民命乎？"稳住了民心，把自己心爱的女儿别吉，用绳索缒到城下，送给笃哇，笃哇解围而去。

由于当时沙州宗王火忽大王的叛乱，元世祖忽必烈的援军没有赶到高昌。当重围解去，火赤哈儿来大都（北京）朝觐时，忽必烈把贵由汗的女儿巴巴哈儿嫁给他，并且恩赐宝钞十二万锭，来赈济畏兀儿领地内的人民。但是，畏兀儿人民已经被战争弄得精疲力竭，再也无力阻挡外敌的进攻。至元十七年（1280）前后，高昌城终于为笃哇占领，亦都护退守哈密力。至元二十年（1283）前后，哈密力失守，火赤哈儿战败身亡。幼子纽林的斤入大都朝觐，忽必烈把甘肃武威西北的永昌作为封地，安置亦都护及其流亡的臣民，畏兀儿王国至此名存实亡。从此以后，高昌王室就在永昌扎下了根，亦都护高昌王虽然名义上仍遥领西边的畏兀儿之地，但实际上他们已经是作为地地道道的元朝内地封建王侯而一代一代传袭下去，他们高官厚禄，而且历代与蒙古王室通婚，十分显贵，特别是帖睦儿补化更是显赫一时，历任元朝的丞相、御史大夫等要职，元文宗（1328—1331年在位）为了表彰他的功劳，下令修建了《亦都护高昌王世勋碑》，上面用回鹘文和汉文两种文字，记述着畏兀儿民族的历史进程。该碑已残，其中下半截保存在今武威县文管所。

摩尼教

回鹘西迁到吐鲁番盆地以后，从骑马游牧生活部分地转变成定居农耕生活，在10世纪前后曾经有过一段繁荣强盛的时代。回鹘民族作为丝绸之路上的一个活跃角色，具有强大的吸收能力，使这里融汇了多种文化要素，形成异彩纷呈的高昌回鹘文化。王延德《使高昌记》记载，高昌回鹘境内不仅有《唐韵》《玉篇》等中原传统汉文化的代表，而且有摩尼寺、波斯寺各持其法，当然最多的还是佛寺，而且还有佛教《大藏经》保存在寺中。

摩尼教早在漠北回鹘汗国牟羽可汗时就在蒙古高原被立为国教，与此同时，粟特商胡也早就把摩尼教带进吐鲁番盆地，甚至怀信可汗就曾在803年来到高昌，请求摩尼教大师前往漠北传教。回鹘西迁到这里后，摩尼教在亦都护高昌王的保护下，更加兴盛起来，甚至被认为是9—12世纪世界摩尼教的实际中心。

摩尼教是公元3世纪由摩尼在古代伊朗创立，其原始教义对现实世界采取否定、消极的态度，认为这样的世界越快毁灭越好，所以很快被萨珊王朝的统治者斥为异端并遭禁止，摩尼本人也被处死。然而，高昌回鹘的摩尼教团却把当时的统治者当作圣徒来颂扬和崇拜，把他们的画像绘制在旗帜上面，插在高昌城中摩尼教寺院中。而且，高昌摩尼教徒还抄写了大量的经书，作为奉献给王室的功德，吐鲁番曾出土过许多用中古波斯文、粟特文或回鹘文写的摩尼教文献，有些图文并茂，彩色如新。高昌故城摩尼教寺院遗址还出土过摩尼教壁画，画着教主摩尼为徒众环侍的场面。这座摩尼教寺院位于城中"可汗堡"的南部，也显示着摩尼教在高昌回鹘国中的地位。

景教

基督教聂斯脱利派在唐代就传到中国，被称为景教。景教什么时候传入吐鲁番盆地还不清楚，但高昌回鹘时期，它是和摩尼教、佛教同时流行的。在高昌故城东门附近，曾发掘出一块比较完整的景教壁画，画的是"棕枝主日"（Palm Sunday）的情景：一组具有回鹘人面部特征的信徒，手执棕枝，虔诚地站在那里，迎接耶稣最后一次进入耶路撒冷。除此之外，过去在葡萄沟废寺址墙壁中，发现过大批用叙利亚文、新波斯文、粟特文、回鹘文所写的景教文献，如叙利亚文和新波斯文写的《圣咏集》（Psalms），粟特文、回鹘文写的《圣乔治殉难记》等。今天来此参观，人们只知道这里的葡萄最有名，没想到这里还曾是一处基督教的圣城。

佛教

漠北时期的回鹘不信奉佛教。回鹘西迁到天山东部地区以后，受到当地高度发达的佛教文化的影响，逐渐接受了佛教的教义，到后来，甚至王室也成为虔诚的佛教徒。近年在北庭故城附近一座佛寺遗址中，就发现过回鹘狮子王亦都护的供养人像。

在回鹘到来之际，吐鲁番地区流行着三种文字的佛典，即梵文、所谓"吐火罗文"（一称焉耆、龟兹文）和汉文佛典，随着回鹘人的到来，这些佛典陆续被译成回鹘文，如高昌故城和胜金口遗址就发现过用婆罗谜文字写的梵语和回鹘语对照的《法集颂》《杂阿含经》和《律》文书残片。译自吐火罗语的则多是些譬喻故事或本生赞，内容大多出自《十业道譬喻鬘》一书。译自汉文的有《金光明最胜王经》《方广大庄严经》《妙法莲华经·普门品》《华严经·普贤行愿品》《观无量寿经》《大慈恩寺三藏法师传》《天地八阳神咒经》《梁朝傅大士颂金刚经》等，这里不仅有汉译佛典，还有曾在高昌讲经的玄奘法师的传记，甚至还有中原和尚的著作和伪经等。看来王延德说西州有《大藏经》并非妄言。

还值得一提的是回鹘文《弥勒会见记剧本》。这是从"吐火罗语"译成回鹘文的，每幕开头都用红笔写出演出的场地，这表明回鹘人通过佛典的传译，还学会了来源于印度的戏剧表演，王延德到北庭晋见高昌狮子王时，就被招待看了当地演出的"优戏"。能歌善舞的回鹘族，很快就知道用戏剧的形式宣扬佛教的教义了。

除了译经、传写外，修造石窟就是主要的功德事了。柏孜克里克千佛洞在高昌回鹘时期达到全盛期，这是和高昌王室的提倡和恭行分不开的。柏孜克里克第37窟就曾绘有一位回鹘王子的供养像，像旁的题记是说："此为阿波阿厮兰王子如神之像。"这件壁画残片现收藏在西柏林西德国家博物馆中。在以第9窟为主的一些洞窟中，绘有一类誓愿画，反映了小乘根本说一切有部的思想。这些誓愿画和《弥勒会见记剧本》

都证明吐鲁番地区在高昌回鹘时代，仍然还是大小乘并行。

由于高昌回鹘王国奉行一种宽松的宗教政策，允许各种不同的宗教和教派在境内传播，使这一时期的宗教文化达到了一定的水平，产生过僧古萨里、迦鲁纳答思、安藏等一大批回鹘族学者。蒙元时期，许多畏兀儿学者在哈拉和林汗廷或元大都供职，对蒙元的文化作出了巨大的贡献。

五、蒙古统治时期
（约 1283—1756 年）

元朝的统治

从大约公元 1283 年亦都护高昌王东迁永昌，直到清朝进疆，吐鲁番盆地一直处在不同部落、不同系属的蒙古族的统治之下。

当亦都护高昌王火赤哈儿被赶出吐鲁番盆地后，笃哇曾占领火州，并另立了一个亦都护。1302 年，海都被元朝打得大败，不久死去。1306 年，海都之子察八儿向元朝投降，吐鲁番归元朝直接管辖。元朝在火州设立总管府，征收赋税，吐鲁番地区每年都供御用葡萄酒送到元朝的大都。元朝灭亡（1368）后，察合台汗国占据了这一地区。

察合台汗与伊斯兰教

10 世纪中叶，占据喀什噶尔的喀喇汗王朝改宗伊斯兰教，新疆开始有了穆斯林。元初马可·波罗来华时，除喀什噶尔外，鸭儿看（叶尔羌）、忽炭（和田）、培因州、车尔城（且末）、罗卜等地都信仰了伊斯兰教，高昌回鹘王国成为西域佛教徒的最后堡垒。

1383 年，黑的儿火者即位为别失八里察合台汗，他是一个虔诚的穆斯林，亲自率军对吐鲁番地区进行了"圣战"，占据了火州城和吐鲁番城，强迫当地居民改宗伊斯兰教，在他的推动下，虽然佛教还保存了一段时间，但大部分居民都慢慢成为伊斯兰教徒，结果，这一地区被称作"伊斯兰地区"。

明朝初年，火州城的地位逐渐被新兴起的吐鲁番城（旧安乐城）取代，察合台汗国的后王们以吐鲁番为都城，在15世纪中叶，吞并了盆地内火州、柳城等"地面"，势力渐强。1473年，吐鲁番速檀阿力率军攻占哈密，并且寇掠明朝的肃州、甘州等地。但总的来讲，吐鲁番王国对明朝表示臣属，并且朝贡不绝，与明朝中央政府保持着密切的往来。明王朝中央政府机构中专门设有高昌馆，负责翻译吐鲁番王的进呈文书，并编有回鹘文和汉文对照的分类词汇表，以便翻译，今北京图书馆等处珍藏的《高昌馆课》和《高昌馆杂字》，就是这项工作的结果，也是当时吐鲁番与中原王朝密切往来的真实写照。

16世纪初，吐鲁番王国内部分裂，势力渐渐衰落下去。1679年，西蒙古的准噶尔部控制了吐鲁番，察合台系蒙古的统治至此结束。

清朝统一与额敏和卓

清朝定都北京、立足中原以后，开始经营西北。1720年，清军首先进军吐鲁番，大阿訇额敏和卓以鲁克沁城降清。但由于准部的侵扰，1734年，额敏和卓率鲁克沁的维吾尔族八千余人内迁到瓜州定居。乾隆年间，清朝讨伐准部，额敏和卓前往招降吐鲁番的维族，并从征到伊犁地区。1756年，额敏和卓率瓜州维吾尔人返回鲁克沁。清朝确定了吐鲁番的境界，让额敏和卓统治其地，实际上，吐鲁番从此归属北京的中央政府直接管辖。此后，额敏和卓又在清朝平定南疆大、小和卓时，屡立战功，被封为镇国公。乾隆四十二年（1777），额敏和卓病逝。翌年，其子苏赉满建成了今吐鲁番城东2公里处的额敏塔，俗称"苏公塔"，我们的历史巡礼至此到达了终点。

（原载胡戟、李孝聪、荣新江《吐鲁番》，三秦出版社，1987年，26—85页。原文有插图性质的图片16幅，今删去。）

历史时期的胡汉葬俗：吐鲁番的例证 *

　　由于气候干燥，新疆发现了许多保存状况良好的干尸和同出的考古资料，它们为我们研究历史时期的新疆提供了丰富的素材。在这一领域，近年来，由于梅维恒（Victor H. Mair）教授的推动，取得了相当丰富的研究成果，如已经结集出版的《东部中亚铜器时代和早期铁器时代的人种》①。中国新疆文物考古所的王炳华教授，也将出版有关新疆古尸的专著，除了提供大量的第一手资料外，他也贡献给我们一份比较清晰、全面的研究论文。作为一个中国中古史的研究者，在此我想以吐鲁番地区所发现的一些墓葬和不同的葬俗为例，来谈谈这些考古发现在我们描述中国历史丰富多彩的画面时的特殊价值。

　　在我们会场的书展台上，摆放着《泰东》（Asia Major）的最新一期（vol.11, Part 2），其中有张广达教授和我给英文读者写的一篇《吐鲁番绿洲及其探险简史》②，主要是依据中国历史文献记载和吐鲁番出土的

---

* 本文是笔者 2000 年 3 月在美国圣迭戈（San Diego）举行的第 52 届亚洲学会年会"新疆人种研究对中国史研究的意义"（The Meaning of the Xinjiang Mummies for Understanding the Development of Chinese History）分组会上的发言稿"Funeral Rites of Chinese and Local Peoples in Historic Times: a stuty of Turfan case"，现将中文稿略加整理，以求方家指正。

① V. H. Mair ed., *The Bronze Age and Early Iron Age Peoples of Eastern Central Asia*, Washington D.C. & Philadelphia, 1998.

② Zhang Guangda and Rong Xinjiang, "A Concise History of the Turfan Oasis and Its Exploration", *Asia Major*, third series, XI.2, 1998, pp. 13–36.

文书来概述吐鲁番的历史。的确，在19世纪末20世纪初的吐鲁番考古探查和发掘以前，我们对于吐鲁番历史的认识主要来源于传统的汉文文献，而这些出自中原王朝知识精英手中的有关记录，往往是片面的，甚至是极富偏见的。感谢20世纪初叶以来的吐鲁番考古发掘工作，特别是50年代以来在高昌故城北面的阿斯塔那、哈拉和卓以及交河故城沟北、沟西等地的考古发掘，使得我们今天对吐鲁番历史的认识，除了石窟、文物、文书外，还有墓葬形制、葬俗和木乃伊。吐鲁番出土文书已经使我们摆脱了中原王朝单独的历史记载的偏颇，可以从本地的原始文献来讲述本地的历史，而考古资料更进一步补充了文字史料（written materials）的不足，甚至可以说明一些文字史料所不能说明的问题，比如一些不同民族的信仰问题，下层民众的生活实态问题，等等。以下分几个方面说明我们根据葬俗和古尸的研究，得出的对吐鲁番历史的新认识。

一

从公元前1世纪中叶到公元5世纪中叶，吐鲁番盆地大体上分作两部分，西面是以交河城为中心的车师（或姑师）王国，东面是以高昌城（原本是壁、垒）为中心的中原王朝士兵屯垦区。但是，由于车师王国只有中国正史中有少量记载，而新出土的一些简牍和文书使我们对汉魏以来，特别是高昌郡时期（公元327—442年）的高昌历史有比较清楚的认识。所以，学者们在研究这一时段的吐鲁番历史时，不免受材料的局限，把吐鲁番的地理概念局限在吐鲁番盆地的东面，即狭义的高昌城周边地域范围之内，这种研究偏向在使用汉文史料为主的中国学者当中尤甚。如最近出版的王素《高昌史稿·统治编》，第一章讲先秦到西汉中期的姑师和车师前国，其后第二、三、四章，分别讨论从西汉中期到5世纪中叶的高昌壁垒和高昌郡的历史，其间再没有给车师王国任何位置，从题目看，似乎车师前国自西汉中期以后就不复存在了。其实车师王国一直存在到大约 450 年才最终被高昌的沮渠安周灭掉，此前它仍然支撑着吐鲁番盆地的半边天。因为交河故城周围的考古新发现，这种吐鲁番史研究中重高昌而轻车师的情况将得到改变。

1994 年，王炳华先生率领的新疆文物考古研究所的考古队，在交河沟北一号台地清理了 55 座竖穴墓，其中 2 座（M16 和 M01）的墓主当为车师贵族甚至王者，各有殉马驼坑 25 和 23 个，殉马 70 多匹，骆驼 5 峰，还有少量殉人，出土文物 360 余件。其中有西汉早期的 10 枚五铢钱和汉式星云纹铜镜残片，可以推测墓葬的年代为西汉中晚期。文物包括中原的漆器、织物和北方游牧民族形态的金器、青铜器和陶器，表明车师文化受东西方影响的情况。其中的 8 件金器最值得注意，包括项或头箍、镶嵌青金石的耳环、动物头饰的戒指等，表明车师本民族文化的游牧色彩，与北亚和南西伯利亚有许多共同之处[1]。

吐鲁番早期的竖穴墓，在交河沟北二号台地发现过 8 座，在交河沟西四号台地发掘过 23 座，在阿斯塔那和哈拉和卓发掘过 12 座，埋葬方式基本相同，年代一般认为在西汉至西晋（前 2 世纪至 4 世纪），它们和吐鲁番史前（西汉以前）诸遗址（前 6 世纪到前 2 世纪早期），如洋海墓地、喀格恰克墓地、艾丁湖墓地、阿拉沟墓地、三个桥墓地、鄯善苏贝希墓地的葬式相同，尤其直接承袭了苏贝希遗址的文化特征。苏贝希遗址共三处，位于吐峪沟沟口东西台地上。I 号墓地共 52 座，II 号共 40 余座，III 号共 30 座，以竖穴土圹墓为主，出土石器、陶器、木器、角器和毛织物，还有完整的鞍鞯、虎纹金牌、包金虎纹铜牌饰。从保存的古尸看，多为黄、棕色头发，狭长脸，深目高鼻，具有典型的欧洲人种特征，但同时也有蒙古人种和两者的混合型。其年代为考古学上的早期铁器时代。这些汉晋时期竖穴墓的葬俗，表明早期吐鲁番居民文化的一致性，这一地域的居民应当就是历史记载中的车师人。竖穴墓的终止时间和车师人被沮渠氏高昌击败而迁出吐鲁番盆地的时

---

[1] 正式考古报告见《交河故城——1993、1994 年度考古发掘报告》，东方出版社，1998年。参看 Wang Binghua 的简报："New Finds in Turfan Archaeology", *Orientations*, April 1999.

间大体相合。车师人的语言很可能是后来仍然在吐鲁番、焉耆、库车一带流行的吐火罗语（Tocharian），这从古尸表现的印欧人特征上或许可以看出来。我们相信，随着交河考古材料的进一步公布和考古事业的继续深入，作为吐鲁番史的重要组成部分的车师历史，必将引起人们的更多关注。

二

以阿斯塔那出土的西晋太始九年（273）二月九日汉文买棺契约为标志，高昌城南的阿斯塔那、哈拉和卓和交河沟西两地，成为汉族民众埋葬的主要地点。自20世纪初以来，这两处都发掘出数以百座的墓葬，大小不等，基本形式是斜坡墓道型的墓，与甘肃、陕西所见北方中原地区的墓葬形式相同。在交河沟西，早在30年代，黄文弼先生就发掘过一批墓葬，获得汉文墓志124方[1]。1956年，新疆考古培训班又发掘26座墓，在曹茔和氾茔出土汉文墓志4方[2]。1994—1996年，新疆文物考古所与早稻田大学合作，清理墓葬45座，其中斜坡墓道墓22座，出土汉文墓砖7方[3]。在阿斯塔那和哈拉和卓，英国的斯坦因曾发掘过一批墓葬，日本的大谷探险队也发掘过，但比较有科学价值的发现是1959年以来所发掘的466座墓，时间从3世纪后半到8世纪后半，墓主人则主要是这一时段里吐鲁番的统治民族汉族人。目前，这些墓葬出土的文书已经编成《吐鲁番出土文书》四卷本[4]，可惜的是考古报告还没有出版，

---

[1] 黄文弼《高昌砖集》，科学出版社，1951年。

[2] 新疆首届考古专业人员训练班《交河故城、寺院及雅尔湖古墓发掘简报》，《新疆文物》1989年第4期；新疆文物考古研究所编《新疆文物考古新收获》，新疆人民出版社，1995年，496页。

[3] 赵静等《1996年新疆吐鲁番交河故城沟西墓地汉晋墓葬发掘简报》，《考古》1997年第9期，55页；新疆文物考古研究所编《新疆考古发现与研究》第1辑，《新疆文物》编辑部，1996年，2页。

[4] 唐长孺主编《吐鲁番出土文书》壹至肆，文物出版社，1992—1996年。

而这里出土的三百多具古尸，大多已经重埋土中，个别标本展示在新疆博物馆和吐鲁番博物馆中。

汉族有着久远的埋葬制度和习俗，从墓地的次序安排、墓室形制、随葬品的内容、墓碑和墓志的制作，等等，逐渐形成比较完整的一套制度，虽然有贫富差别和厚葬薄葬的不同做法，但基本的埋葬方法是相同的。

在墓地制度方面，东汉以来大族势力的增强和庄园经济的发展，影响到埋葬习俗上，出现了几代人尊卑有序地埋葬在一个家族墓地当中。由于历代的盗墓贼破坏，近高昌城的阿斯塔那和哈拉和卓墓地地表的坟园式茔域现在有的已经无法看出，但交河沟西的各个家族坟院却清晰可见。我们可以根据墓室出土的墓志，清楚地判定这些家族的姓氏和长幼关系，也可以得知拥有这类坟院的家族，往往是中原迁徙而来的当地大姓人家，如张氏、曹氏、氾氏等，他们大多数是从敦煌或者经过敦煌而来到高昌落户的，而他们的坟院也正好和敦煌保存的坟院形式相同。新疆考古所和早稻田大学合作，已经测绘了交河沟西墓葬的详细分布图，但还没有发表。

由于墓葬中有墓志和随葬衣物疏以及相关文书，我们对于这些墓主的了解，要比其他古尸多得多。墓志可以告诉我们他们的姓名、生卒年月、籍贯、身份或者社会地位，生平事迹等。通过随葬衣物疏和墓葬文物的对比，我们可以对晋、唐间吐鲁番居民的物质文化和生活有比较透彻的了解，可以说，大多数人的随葬品表明当地居民的生活水准是比较低的。同时，我们也可以从随葬品看出，吐鲁番汉族民众的早期信仰是以中国的传统文化为主，以后受到佛教的影响，到 7 世纪中叶，又受到唐朝皇帝极力推行的道教的影响。我曾讨论过唐代吐鲁番的道教流行的问题[①]，有一个没有弄明白的问题，即在唐朝吐鲁番的葬俗中，阿斯塔那506 号墓墓主张无价不是使用通常的木棺，而是用废纸糊成一个纸棺。

---

① 荣新江《唐代西州的道教》，《敦煌吐鲁番研究》第 4 卷，北京大学出版社，1999 年，127—144 页。

一般人们都认为这是吐鲁番贫困的反映，但从同墓出土文书可知，墓主恐怕并非置备不起一个木棺，其用纸作棺是否是"羽化登仙"的道教信仰的反映？所以说，不论是上层精英，还是下层民众，不论是战士，还是妇女，各个阶层的物质文化和精神文化面貌，都展现在吐鲁番的墓葬当中。

三

吐鲁番位于丝绸之路的干道上，其住民除了原住民车师人（Tocharain？）、汉唐时期迁来的汉人之外，还有东西方经过此地的各种各样的人，其中包括中古时期丝绸之路上的贸易担当者——粟特胡人（Sogdians）。对吐鲁番粟特人葬俗的考察，有助于我们加深对吐鲁番地区民族间的文化交流的理解。

粟特人是来自中亚河中地区（Transoxania）的移民群体，信奉源自波斯的琐罗亚斯德教。根据吐鲁番出土文书，至迟到430年，高昌城东已经有了一个粟特聚落和供奉他们崇拜的胡天神的祠宇。以后，不断有粟特胡人进入吐鲁番地区，有的聚族而居，有的则逐渐融入汉人社会当中。但是，与文书中大量出现粟特人的情况形成鲜明对照的是，我们统计了20世纪初以来所发现的所有吐鲁番汉文墓志，最早的粟特人墓志，是黄文弼所获《唐麟德元年（664）翟那宁昏母康波蜜提墓志》，此外，也只有更晚的《唐神龙元年（705）康富多夫人康氏墓志》表明墓志是粟特人，其余的墓主都是汉人，这清楚地表明粟特人另有自己的葬地和葬俗。

事实上，在琐罗亚斯德教的支配下，粟特人的葬俗与汉人或车师人完全不同，他们去世后要被送到城外的高崖或静谧塔（dakhma）中实行天葬。在尸体被狗吃掉以后，经过火烧后，把剩余的骨头装入盛骨瓮（ossuary），掩埋起来。粟特人的掩埋地当然不会在汉人的坟院里，他们的葬地还有待进一步的考古调查。值得注意的是鄯善吐峪沟沟口紧邻吐峪沟玛扎（伊斯兰圣地）处，1981 年曾发现两个盛骨瓮[①]，经日本学者影山悦子考证是粟特式的骨瓮，她指出"这些骨瓮表明粟特人在西域居住下来以后，仍然保持着他们自己的丧葬习俗"[②]。我们相信这类盛骨瓮还会进一步发现。从整个北部中国散布的粟特人聚落来看，除了早年安阳出土的粟特石棺因为没有考古学记录而无法确认其年代外，目前所知最早的土葬粟特人是西安发现的大象元年（579）埋葬的安伽。自此以后，按照汉人葬俗土葬的粟特人渐渐多了起来，吐鲁番最早的例证是664 年，比中原还要晚得多，或许是当地粟特人的势力较大，粟特聚落的存续时间较长的缘故。

不同民族的葬俗不同，也就不埋在一处，也就没有文化的认同问题，这是民族隔阂和民族矛盾的根源。入华粟特人后来融于汉人，葬于汉族墓地，表明了其文化与汉族文化的逐渐统一。当然，吐鲁番的粟特人也会与当地的其他民族同化，只是我们没有汉人墓地中这样清楚的材料。从另一个角度讲，汉人墓地中的古尸是否都是同样的种族特征，仍然需要测定和研究，只可惜上述两方粟特人墓志的墓主，都是 20、30年代发掘的，他们木乃伊可能早已不存了。

以上根据吐鲁番的考古发掘资料，考察了车师、汉人和粟特人的不同葬俗，说明了不同葬俗反映的不同种族和文化，这有助于我们理解吐鲁番历史乃至中国历史的复杂性。

（2003 年 10 月 30 日完稿，原载余太山编《欧亚学刊》第 4 辑，中华书局，2004 年，177—181 页。）

[①] 简报见柳洪亮《新疆鄯善县吐峪沟发现陶棺葬》，《考古》1986 年第 1 期，87—89 页。

[②] 影山悦子《東トルキスタン出土のオッスアリ（ゾロアスター教徒の纳骨器）について》，《オリエント》第 40 卷第 1 号，1997 年，73—89 页。

吐鲁番新出送使文书与阚氏高昌王国的郡县城镇[*]

1997 年，吐鲁番地区文物局在洋海墓地抢救性地清理发掘了一座墓葬，编号为 97TSYM1，其中出土了相当丰富的文献材料，本文所探讨的送使文书，就是其中的一件。文书年代在阚氏高昌王国时期，文字虽短，但内容丰富，涉及阚氏高昌王国郡县体制、城镇分布、赋役制度、对外关系等方面。本文主要目的是判定文书的年代、性质，并对文书内容加以分析，在此基础上，探讨阚氏高昌王国郡县城的建立过程和城镇分布特征。至于文书另一个重要方面，即阚氏高昌与柔然、西域的关系问题，限于篇幅，将另文发表，请读者参看①。

一、文书简介和录文

这件送使文书的正面为《易杂占》②，《易杂占》共存三纸，送使

---

* 文中所引新获吐鲁番文书录文，系"新获吐鲁番文献整理小组"集体校录的结果，文章并经小组集体讨论指正，在此感谢小组成员的帮助。另外，王素先生对本文初稿多有指正和建议，在此表示感谢。

① 荣新江《阚氏高昌王国与柔然、西域的关系》，《历史研究》2007 年第 2 期，4—14 页。

② 关于此写本的详细研究，见余欣、陈昊《吐鲁番洋海出土高昌早期写本〈易杂占〉考释》，《敦煌吐鲁番研究》第 10 卷，上海古籍出版社，2007 年，57—84 页。

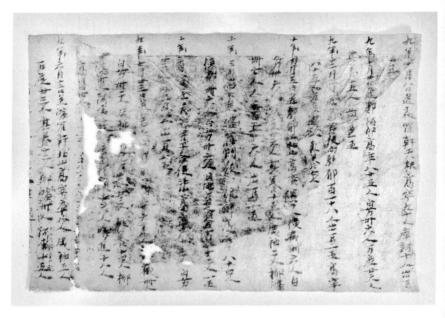

图 1　吐鲁番新出送使文书

文书只抄在其中的两纸上，其中编号为 97TSYM1:13－5 一纸的背面
全部是送使文书，下接 97TSYM1:13－4 背面，纸缝上也有一行文字，
少半在 13－5 上，多半在 13－4 上，13－4 只抄此行文字即止（图 1）。
背面文字与正面文字方向一致，第一行背面对应于正面《易杂占》最
后两行文字："扶奴婢，忧逃亡；扶财，忧寇贼、亡遗；扶身，亦忧
病鬼在内。□□ 宫 之鬼贼，若□（有）□，坤宫之鬼。"背面最后
一行对应于正面"离化为坎，愁忧太息，男欲亡，女欲兆（逃）走，
内有阴私，他人见之，光怪"。背面的文字略大于正面。第 16—17
行处，纸有破碎，中间有阙字。文书出土时叠放在墓室的西南角，应
当是作为《易杂占》而保存下来的。送使文书的字面上原有极浓的墨
迹，遮住大部分文字，经过吐鲁番文物局修复室技术人员的努力，做
了成功的清理，我们才得以看到上面的大部分文字，在此特别向从事
清理工作的吐鲁番学研究院技术保护室的买艳古丽女士和杨华先生表
示感谢。

现将"新获吐鲁番出土文献整理小组"的录文转录于下①，再做讨论。

1　九年十月八日送处罗幹无根，高宁九十人、摩诃演十人；出马

2　　　一匹。

3　九年十月廿日送郑阿卯，高宁八十五人、白芳卅六人、万度廿六人、

4　　　其养十五人；出马一匹。

5　九年十二月二日送乌苌使向鄢耆，百一十八人；出马一匹。高宁

6　　　八十五人、万度廿六人、乾养七人。

7　十年闰月五日送鄢耆王北山，高宁八十四人、横截卅六人、白

8　　　芳卅六人、万度廿六人、其养十五人、威神二人、柳婆

9　　　卅七人，合二百五十六人；出马一匹。

10　十年三月十四日，送婆罗门使向鄢耆，高宁八十四人、

11　　　横截卅六人、白芳卅六人、田地十六人，合百八十二人；〔出马〕一匹。

12　十年三月八日送吴客并子合使北山，高宁八十三人、白芳

13　　　廿五人，合百八人；出马一匹。

14　九年七月廿三日送若久向鄢耆，高宁六十八人、横截卅人、

15　　　白芳卅二人、威神□□、万度廿三人、乾养十四人、柳

16　　　婆卅人、阿虎十二人、磨诃演十六人、喙进十八人、

17　　　高昌七人。

18　九年六月十二日送婆罗幹北山，高宁六十八人、威神五人、

19　　　万度廿三人、其养十二人、柳婆卅人、阿虎十五人、

20　　　磨诃演十三人、喙进十人、横截卅人；出马一匹。

① 图版和录文见荣新江、李肖、孟宪实主编《新获吐鲁番出土文献》，中华书局，2008年，162—163页。

二、文书的年代和性质

1. 文书年代

本文书是某个年号的"九年""十年"内高昌送使的记录。洋海1号墓所出唯一一件有明确纪年的文书是《永康十二年张祖买奴券》（97TSYM1:5），背面是年代应当晚于《买奴券》的一件《无名随葬衣物疏》①。这里的永康为阚氏高昌王国所奉柔然受罗部真可汗的年号，据《魏书》卷一〇三《蠕蠕传》，永康元年当北魏和平五年，即公元464年②，但学界一般均遵从吐鲁番当地出土《妙法莲华经》卷一〇题记"永康五年岁在庚戌"，以466年为永康元年③，则这里的永康十二年为477年。从洋海1号墓所出纪年文书来推测，送使文书的九年、十年，应当是永康九年、十年，即474、475年，而文书中记有"永康十年闰月"，与刘宋历该年的闰三月相当。另外，在已经出版的吐鲁番文书中，哈拉和卓90号墓所出文书与这件送使文书密切相关，而该墓所出明确的纪年文书为永康十七年文书，也可以作为本文书之九年、十年为永康九年、十年之证④。

2. 阚氏高昌王国的来龙去脉

吐鲁番盆地原为车师人所居，汉朝与匈奴争夺西域，在高昌屯田，盆地东半部以高昌壁垒为中心发展起来，盆地西半则以车师王国都城所

---

① 柳方《吐鲁番新出的一件奴隶买卖文书》，《吐鲁番学研究》2005年第1期，123页。另请参见荣新江撰，清水はるか、关尾史郎译《新出トゥルファン文书に见えるソグドと突厥》，《环东アジア研究センター年报》第1号，新潟大学，2006年，6页。

② 《魏书》卷一〇三《蠕蠕传》，中华书局，1974年，2295页。

③ 王树枏《新疆访古录》卷一，聚珍仿宋印书局印本，23叶；池田温《中国古代写本识语集录》，东京大学东洋文化研究所，1990年，88页。

④ 详细论证，见陈昊《吐鲁番洋海1号墓出土文书年代考释》，《敦煌吐鲁番研究》第10卷，上海古籍出版社，2007年，11—20页。此文经"新获吐鲁番出土文献整理小组"集体讨论而定稿。

在交河为中心。东晋咸和二年（327），前凉张骏建高昌郡，下辖高昌、田地等县。此后，高昌先后隶属前凉、前秦、后凉、西凉、北凉。439年北魏灭北凉，北凉王族沮渠无讳、沮渠安周兄弟由敦煌经鄯善，于442年北上占领高昌，高昌太守阚爽奔柔然。沮渠兄弟建立高昌大凉政权，并且于450年攻占交河城，车师国灭，大凉政权统一了吐鲁番盆地，为此后近二百年的高昌王国奠定了基础。

460年，漠北游牧汗国柔然杀沮渠安周，灭高昌大凉政权，立阚伯周为高昌王。阚氏高昌王国建立，并奉柔然永康年号，以柔然为宗主国。大约477年，阚伯周卒，子义成即位，仍用永康年号。大概在478年，义成为从兄首归所杀，首归即位。至488年，阚首归为高车王阿伏至罗所杀，阚氏高昌灭亡。高车立张孟明为高昌王，开始了张氏高昌王国时代[1]。

把我们目前讨论的送使文书镶嵌到这样的历史脉络中去，永康九年、十年，也就是阚伯周在位的第十四、十五年，高昌的宗主国为漠北的柔然汗国。

3. 文书的性质

我们先来看看文书的格式。从上面的录文一眼就可以看出，这件文书的大部分条目的基本格式应当是：先记某年某月某日的时间，然后是送某使者，再后是记载各个城镇等单位分别出多少人，后面是总计多少人，最后记"出马一匹"（实际应是人各出马一匹，详下）。每一条是按时间为单位划分的，记录顶着纸叶的边缘书写，一行写不完时，下面都退二字的间距再写，所以年份都显露在外，一目了然。每个年份旁，都有墨笔点记，似乎是表明这件事情已经完成。

我们注意到，虽然这件文书文字整齐，格式颇为严谨，但似乎不是正式的官文书定本。原因有三：第一，目前每一条的时间记录并不是按

---

[1] 关于阚氏高昌灭亡及其相关的高车阿伏至罗西迁的年代，史料记载不一致，学者间也有不同意见，本文采用大多数学者关于高车西迁年代的意见，而高车灭阚氏的年代则采用王素的观点，见所著《高昌史稿·统治编》，文物出版社，1998年，270—275页。

照实际的时间顺序排列，前面三条是九年十月、十二月的记录，然后十年闰月和三月的三条记录，最后两条又变成九年七月、六月的记录，因此可以说不是按年月日顺序记录的文书正本。第二，上面根据大多数条目归纳了记录的顺序，即先记时间，然后是送某使者，再后记各城镇等分别出多少人，后面是总计人数，最后记出马一匹。但也有的条目并不按此顺序记录，如第三条（5—6行）先合计人数，记出马一匹，然后再分列各城镇出人数字。另外，第一条（1—2行）、第二条（3—4行）、第七条（14—17行）、第八条（18—20行）都没有合计人数一项，而正式官文书中，像合计这样重要的内容是不可或缺的。第三，文书上没有任何印鉴的痕迹。由此我们认为，这件文书不是正式的官文书，很可能是制作最后文案前的一个记录稿。

我们可以把这件文书的内容表格化，这样更容易看出文书内容的特征。

从表一（见下页）我们可以比较清楚地看到，每一次送使，高昌王国出动的人数，动员的地域都不相同，我们可以把每一次送使出人的单位数、总人数、马匹数检出，按总人数多少顺序列出。

从表二可以看出，高昌王国送使的总人数和动员出人出马的城镇数是大体有个对应关系的。我们目前还不知道在麹氏高昌国眼里这些使者的轻重，焉耆王应当是一个判断的坐标点，他本人的出现，应当表明这个使团的分量。那么，比送焉耆王出动的人力更多的一次，所送使者"若久"我们还不明其意，但应当是从柔然向焉耆的重要使者，因此高昌才会动员260人以上（其中威神部分残破，多出的人数不详），送走这批使者。

如果我们把这件送使文书中各次送使不论出人多少，却都按出马一匹来理解的话，是比较困难的，而且如此多的城镇这么多人共出马一匹也是难以想象的。因此，更合理的解释是所谓"出马一匹"指每个人出马一匹，因此每次送使出马的总数和合计的出人总数是相等的①。我们的

① 感谢孟宪实先生对此的提示。王素先生进一步认为："出马一匹"前或许原来均应有一"、"号，即"出马一匹"前面的"人"的重文符号，意为"人出马一匹"，但均缺漏或省略了。虽然全部缺略有些难以相信，不过这一看法是很有见地的。

表一　送使人马数统计

时间	所送使者	各城镇送使人数											人数总计	出马
九年十月八日	送处罗斛无根	高宁90人	摩诃演10人										100	100
九年十月廿日	送郑阿卯	高宁85人	白艻36人	万度26人	其养15人								162	162
九年十二月二日	送乌苌使向鄯耆	高宁85人	万度26人	乾养7人									118	118
十年闰月五日	送鄯耆王北山	高宁84人	横截46人	白艻36人	万度26人	其养15人	威神2人	柳婆47人					256	256
十年三月十四日	送婆罗门使向鄯耆	高宁84人	横截46人	白艻36人	田地16人								182	182
十年三月八日	送吴客并子合使北山	高宁83人	白艻25人										108	108
九年七月廿三日	送若久向鄯耆	高宁68人	横截40人	白艻32人	威神□□	万度23人	乾养14人	柳婆30人	阿虎12人	磨诃演16人	喙进18人	高昌7人	260+	
九年六月十二日	送婆罗斛北山	高宁68人	威神5人	万度23人	其养12人	柳婆30人	阿虎15人	磨诃演13人	喙进10人	横截40人			216	216

表二　每次送使城镇出人、出马数

时　间	所送使者	城镇数	总人数	马匹数
九年七月廿三日	送若久向鄢耆	11	260+	
十年闰月五日	送鄢耆王北山	7	256	256
九年六月十二日	送婆罗幹北山	9	216	216
十年三月十四日	送婆罗门使向鄢耆	4	182	182
九年十月廿日	送郑阿卯	4	162	162
九年十二月二日	送乌苌使向鄢耆	3	118	118
十年三月八日	送吴客并子合使北山	2	108	108
九年十月八日	送处罗幹无根	2	100	100

这种解说，可以举两条材料来作为旁证。

一是吐鲁番出土《北凉缘禾六年（437）阚连兴辞》（79TAM382:5-2）称："缘禾六年二月廿日阚连兴辞：所具赍马，前取给房使。使至赤尖，马于彼不还。辞达，随比给贾（价）。谨辞。"[1] 这里是说阚连兴按官府规定，把具赍所养的马用来送使，可是马却被房使骑走不还，因此阚连兴打报告，要求官府赔偿马价钱。拿这件文书所述事实来对比我们的送使文书，正好可以说明高昌送使的人每人要出马一匹，这匹马在送使后应当由马主带回，但阚连兴的马却被使者骑走。

二是在麴氏高昌王国后期，当玄奘法师从高昌出发去印度取经时，高昌王"为法师度四沙弥以充给侍……给马三十匹、手力二十五人"，"遣殿中侍御史欢信送至叶护可汗衙"[2]。如果把送使的首领欢信（很可能出自高昌王族麴氏）、沙弥四人和手力二十五人合计，恰好人数和马数完全相合。这里的送使人员身份不同，因此数字的相合可能是一种偶然，但这仍然可以作为高昌国送使人数和马匹数大体相同的佐证。虽然

---

[1] 柳洪亮《新出吐鲁番文书及其研究》，新疆人民出版社，1997年，9页。"比"字系据原卷所补。

[2] 《大慈恩寺三藏法师传》卷一，中华书局，1983年，21页。

这条史料晚于我们的文书，但高昌的制度应当有一定的延续性。

阚连兴的马显然是按照北凉"按赀配生马"的制度征发而来的，高昌王麹文泰供给玄奘的马，可能是官府支出，也可能征自民间。

除了马匹外，高昌送使也出骆驼，见吐鲁番哈拉和卓 90 号墓出土《高昌时期高宁、威神、田地诸县驼马文书》[①]：

这个断片出自有永康十七年文书的墓葬，与我们的送使文书同属于阚氏高昌时期。第 1 行的"北"字前可能是"山"字，"山北"之"山"应即送使文书中的北山，多见于本文书，正是许多使者要经过之地。文书保留的"那迦"显然是外族使者的名字，可能是来自柔然，也可能是西域人，或是佛教徒，他们乘往北山的坐骑，有高宁提供的驼一头，马若干匹，某地提供的马二匹，威神提供的驼一头，田地提供的驼两头等。

由此看来，这件送使文书主要是官府条记送使时各城镇出人数、合计总人数以及出马匹数，因此我们可以将其定名为"阚氏高昌永康九年、十年（474—475）送使出人、出马条记文书"，简称"送使文书"。

4. 本文书所记与"按赀配生马"制度的可能联系

应当指出的是，我们在整理这件文书的初期，曾经把"合二百五十六人出马一匹"这样的句子连读，以为这件文书是按照某种制度出马送使

---

① 唐长孺主编《吐鲁番出土文书》壹，文物出版社，1992 年，120—121 页；唐长孺主编《吐鲁番出土文书》二，文物出版社，1981 年，13 页。

的，并且认为这种制度可能和北凉的"按赀配生马"制度有关。据朱雷先生在《吐鲁番出土文书中所见的北凉"按赀配生马"制度》一文中考证，北凉时期（包括高昌大凉政权时期），高昌的官马是按照官、民的赀产情况，配给官、民饲养的，实际上就是官、民自己出赀买马并准备鞍辔及饲料，如果一户因贫穷无法饲养，则有两户"合赀"配养的情况。官马由官府随时调用，如果民户不按要求提供马匹，则被处以"阅马逋"的罪名加以处罚，文书中有罚至边远的白芳去戍守的记录。北凉高昌政府官马的用途，主要是供军队乘骑和"驿乘"之用。至于配养马匹数与赀合额的关系等问题，尚不清楚[1]。

具体到本文书，如果理解为"合计多少人出马一匹"的话，那么每一次送使都只出马一匹，而所出来自高昌城镇等许多人口，最少者 100 人，最多者在 260 人以上（原文有残缺），表明所征收的并不是马匹本身，而应当是这些人合赀出马一匹，所纳是钱是物，尚不明了。从现存的大概属于高昌大凉政权时期的《赀簿》得知，高昌民户的赀产有"二百廿八斛五〔斗〕""二百五十七斛""二百五十七斛""二百六十三斛""二百卅三斛五斗""二百一（下缺）""八十斛""十二斛""廿八斛""廿斛""廿六斛""廿斛""二百廿一斛五斗""八十斛""百三斛""三斛""百（下缺）""百（下缺）"[2]，除了一户只有三斛外，其他多在二十，甚至百斛以上。而目前所见"按赀配生马"的相关文书中，最高赀合数不过六斛。因此，从现存的《赀簿》所见民户来看，许多家庭是可以养得起一匹官马的。即使本文书明记为按人征收，而不是按户征收，这样上百人才出马一匹也是说不通的，它和高昌按户赀养马的制度无法对应。

如果按照我们现在的理解"合计多少人，各出马一匹"，并把这些人理解为代表户而出马的话，才能够和"按赀配生马"制度相吻合。阚

---

① 《文物》1983 年第 1 期，35—38 页；收入氏著《敦煌吐鲁番文书论丛》，甘肃人民出版社，2000 年，25—30 页。

② 朱雷《吐鲁番出土北凉赀簿考释》，氏著《敦煌吐鲁番文书论丛》，17—24 页；关尾史郎"北凉年次未详（5 世纪中顷）赀簿残卷"的基础的考察》（上），《西北出土文献研究》第 2 号，2005 年，51—55 页。

氏高昌王国存续的时间不长，其制度应当上承北凉高昌郡及大凉政权而来，所以不排除可能这里就是"按赏配生马"的制度，也可能阚氏高昌有按人头出马服役的新制。

三、阚氏高昌王国的郡县城镇

关于高昌王国时期的城镇，前辈学者已经做了很多研究，集大成者为王素先生《高昌史稿·交通编》①，为我们今天讨论阚氏高昌时期的城镇问题，奠定了相当好的基础。

《魏书》《北史》的《高昌传》记高昌"国有八城"，时间在"沮渠蒙逊据河西"与"世祖（太武帝）时有阚爽者"之间②。王素先生认为，高昌郡时期（327—449年），高昌是一郡五县，即高昌郡，高昌、田地、横截、白芳、高宁县③。按，《初学记》卷八"陇右道车师国田地县"条注引顾野王《舆地记》载："晋咸和二年（327），置高昌郡，立田地县。"咸和二年即前凉张骏建兴十五年，目前大多数学者已经基本上认同这个高昌郡的设置年代④。按道理，高昌郡建立之时，就应当有附郭的高昌县。吐鲁番出土《西凉建初十四年（418）韩渠妻随葬衣物疏》（63TAM1:11）⑤，也印证了高昌县早已存在。从《舆地记》的语气

① 王素《高昌史稿·交通编》，文物出版社，2000年。孟宪实对其有总体评价，见所撰《书评：王素〈高昌史稿·交通编〉》，《敦煌吐鲁番研究》第5卷，北京大学出版社，2001年，398—401页。

② 《魏书》卷一○一《高昌传》，2243页。按，今本《魏书·西域传》系后人据《北史·西域传》补，《北史·西域传》则据《隋书·西域传》成文，本文引《魏书·西域传》，实亦表示《北史·西域传》同。

③ 《高昌史稿·交通编》，34—35页。

④ 孟凡人《楼兰新史》，光明日报出版社，1990年，327—328页；余太山《关于"李柏文书"》，《西域研究》1995年第1期，84页。收入所著《魏晋南北朝与西域关系史研究》，中国社会科学出版社，1995年，274页；山口洋《高昌郡设置年代考》，《小田义久博士还历纪念东洋史论集》，真阳社，1995年，29—50页。

⑤ 《吐鲁番出土文书》壹，5页；唐长孺主编《吐鲁番出土文书》一，文物出版社，1981年，14页。

来推测，当时的高昌郡可能只有高昌县和田地县。至于其他县是何时设立的，唐长孺先生早在 1978 年撰写《吐鲁番文书中所见高昌郡县行政制度》时就指出："《魏书》卷四三《唐和传》提到高昌境内横截、白力（白芳）、高宁三个城和高昌，那已是 442 年的事了。城不一定置县，《唐和传》所称三个城是否立县，仍不清楚。这批文书中明确称为县的有四，即高昌、田地、横截、高宁，可知北凉时期高昌郡所属至少有此四县。"[1] 王素先生把白芳加入沮渠氏北凉和阚爽政权时期高昌地区一郡五县的范围中，从他所列举的文书材料来看，确实没有一件正式提到白芳是县[2]。其中《兵曹条往守白芳人名文书一》，同时提到高宁、横截、白芳三个地名，但意思是把高宁、横截等地人发往白芳守卫，白芳是一个戍守的边地，和另外两个地名不能同等视之[3]。因此，到北凉时期白芳是否已经增设为县，目前还没有肯定的材料。关尾史郎先生最近讨论到高昌《赀簿》的年代时，也只是认定高昌、田地、横截、高宁四县[4]。但是，因为吐鲁番出土《北凉某年下二部督邮、□县主者符》（75TKM91:24）的缺字很像是"五"[5]，因此北凉时高昌下有五县似乎是可以成立的，但余下的一个未知的县是否白芳，王素先生的推测应当是最有道理的看法，但尚有待直接的史料记载来确定。

王素先生认为，到了大凉政权至阚、张、马氏高昌王国时期（450—501），高昌有三郡八县，即高昌、田地、交河三郡，高昌、田地、交河、横截、白芳、高宁、威神、酒泉八县。这一说法，显然是从《魏书》《北史》的《高昌传》所记高昌"国有八城"并总结前人研究成果而来的。对此，我们还应当对前人的成果加以检验。周伟洲先生

① 原载《文物》1978 年第 6 期，15—21 页；此据作者《山居丛稿》，中华书局，1989 年，356—357 页。
②《高昌史稿·交通编》，35 页。
③ 文书载《吐鲁番出土文书》壹，72 页；《吐鲁番出土文书》一，142—143 页。年代依王素《吐鲁番出土高昌文献编年》，新文丰出版公司，1997 年，105 页。
④ 关尾史郎《"北凉年次未详（5 世纪中顷）赀簿残卷"的基础的考察》（上），51—55 页。
⑤《吐鲁番出土文书》壹，73 页；《吐鲁番出土文书》一，147—148 页。

认为"八城"可考者有高昌、田地、交河、白芳、横截、高宁六城①。朱雷先生在讨论据考为大凉政权时期的高昌《赀簿》时，指出当时有高昌、田地郡的明确记载，增置郡县的原因，可能是北凉王族流亡到高昌并建立大凉政权后，凉王的位号下面只有一个高昌郡是不相称的，而且人口增加，承平六年（448）沮渠安周又占领交河，所以他认为"田地、交河二郡均在承平年间（443—460）设置，田地似更设置在前"②。侯灿先生则认为"八城"有高昌、交河、田地三郡及横截、高宁、白芳、威神四城③。王素先生接受这一看法，并补充认为"交河郡应有附郭的交河县"④。另外，王素较前人的看法多补了一个酒泉县，这大概受到郑炳林先生关于此县"或是北凉残部以酒泉西迁的人建立的侨治县"说法的影响⑤。吴震先生在讨论高昌的酒泉城的来历时也抱有同样的看法，但他指出其地置县在麹氏高昌国时期，出土文书中有"酒泉令"⑥。对于设置的原因，王素认为沮渠无讳曾封酒泉王，设置此县是为了纪念，因此设置的时间可能在450年以前⑦。按，沮渠无讳卒于444年，如果酒泉县真的是无讳所立，则应当在443—444年无讳任高昌大凉王的期间。

我们讨论的阚氏高昌时期的送使文书中，提到了送使时出人的一连串城镇名，除了从未见于高昌地名的万度、其养/乾养、阿虎、磨诃演/摩诃演（这些名称的考证详下）之外，排除重复，总共正好是八个地名：高宁、横截、白芳、威神、柳婆、喙进、高昌、田地，我们将这些地名对应排列成表三。

---

① 周伟洲《试论吐鲁番阿斯塔那且渠封戴墓出土文物》，《考古与文物》1980年第1期，99—102页。
② 朱雷《吐鲁番出土北凉赀簿考释》，《敦煌吐鲁番文书论丛》，8页。按，沮渠安周占领交河的年代，现在一般认为在承平八年（450）。
③ 侯灿《麹氏高昌王国郡县城考述》，《中国史研究》1986年第1期；此据作者《高昌楼兰研究论集》，新疆人民出版社，1990年，75页。
④《高昌史稿·交通编》，36页。
⑤ 郑说见所撰《高昌王国行政地理区划初探》，《西北史地》1985年第2期，70页。
⑥ 吴震《敦煌吐鲁番写经题记中"甘露"年号考辨》，《西域研究》1995年第1期，20—21页。
⑦ 王素《高昌史稿·统治编》，文物出版社，1998年，261页；《高昌史稿·交通编》，36页。

表三　阚氏高昌送使文书中的地名对照

时间	所送使者	各城镇、部落送使人数											
九年十月八日	送处罗干无根	高宁90人								摩诃演10人			田地16人
九年十月廿日	送郑阿卯	高宁85人		白艻36人		万度26人	其荞15人						
九年十二月二日	送乌苌使向鄢耆	高宁85人				万度26人	乾荞7人						
十年闰月五日	送鄢耆王北山	高宁84人	横截46人	白艻36人	威神2人	万度26人	其荞15人						
十年三月十四日	送婆罗门使向鄢耆	高宁84人	横截46人	白艻36人		万度26人	其荞15人	柳婆47人					
十年三月八日	送吴客并子合使北山	高宁83人		白艻25人									
九年七月廿三日	送若久向鄢耆	高宁68人	横截40人	白艻32人	威神□□	万度23人	乾荞14人	柳婆30人	阿虎12人	磨诃演16人	喙进18人	高昌7人	
九年六月十二日	送婆罗干北山	高宁68人	横截40人		威神5人	万度23人	其荞12人	柳婆30人	阿虎15人	磨诃演13人	喙进10人		

对比前人所说的八城，这里没有交河和酒泉。

交河虽然是历史悠久的一座城池，但它是车师王国的首都，在450年沮渠安周灭车师国，占领交河城之前，交河不可能成为高昌的郡县。我们知道，高昌的郡县体制是从吐鲁番盆地东部以高昌城为中心发展起来的，上面所说的高昌郡时代（327—449）已知的一郡四县，即高昌郡及高昌、田地、横截、高宁县，全部都在盆地的东部地区，西部的郡县制的发展，要远远落后于东部。因此，交河被大凉政权占领后，是否设立为郡、县，现在看来是大有疑问的了。事实上，我们还没有发现早到大凉政权和阚氏高昌王国时期交河不论作为郡还是县的材料，大概因为战后不久，破坏较烈，因此还没有建立郡县。交河郡的设立要到麹氏高昌时期才实现，目前所见最早的交河郡记载是《麹氏高昌章和十一年（541）都官下交河郡司马主者符为检校失奴事》[①]，知其时已有交河郡，也应当有附郭的交河县。

关于酒泉，上面已经提到，沮渠无讳设置酒泉县的说法只是推测，目前我们没有见到任何大凉政权至阚、张、马氏高昌王国时期酒泉立县的材料。王素先生所列麹氏高昌王国前期（502—561年）酒泉县的材料，是甘露元年（526）三月十七日写经题记。此件为书道博物馆藏卷，原文只是"酒泉城"，并非"县"[②]。吴震先生从吐鲁番出土《高昌某年传始昌等县车牛子名及给价文书》（72TAM155:37a）中检出"酒泉令阴世皎"[③]，这件文书所出之阿斯塔那155号墓出土文书的年代在麹氏高昌重光二年（621）至延寿十年（633）间[④]，可见年代较晚，但这大概是目前所见最早的酒泉为县的材料。

送使文书所记阚氏高昌时期的八城中，高宁、横截、白艻、威神、

---

① 《吐鲁番出土文书》壹，128 页；《吐鲁番出土文书》二，28 页。
② 池田温《中国古代写本识语集录》，76 页，附图 2。
③ 《吐鲁番出土文书》壹，428 页；《吐鲁番出土文书》三，文物出版社，1981 年，291—292 页。吴震上引文，26 页。
④ 《吐鲁番出土文书》壹，422 页。王素《吐鲁番出土高昌文献编年》294 页定在延寿十年前。

高昌、田地此时立为县是没有问题的。其中，田地郡、田地县、横截县见于大凉承平年间（443—460）的《赀簿》[1]，田地县、高宁县、威神县见于哈拉和卓 90 号墓出土《阚氏高昌时期高宁、威神、田地诸县驮马文书》[2]，白苏地名也见于同墓出土的文书中[3]，王素先生认为北凉时高昌郡五县中有白苏，我们认为其说可以成立，因此，这里的白苏也可以看作是阚氏高昌延续北凉的县名。高昌是附郭的县，应当没有问题。

对于送使文书所涉及的高昌城镇的基本情况和地望，前人多有考证，有些尚不能确定今地，这里简要讨论如下，并略补阚氏高昌时期的一些情况。

（1）高昌

阚氏高昌王国的都城，同时也应当是高昌郡、高昌县的所在地，这是吐鲁番盆地东半部的政治中心，在交河的车师王国灭亡后，也成为整个盆地，也就是高昌王国的政治中心，其地在今天的高昌故城的位置上。

（2）田地

高昌大凉政权时期立郡，阚氏高昌王国时为郡、县城，麴氏高昌同，唐代改为柳中县，在今鲁克沁，城墙尚存一小段。

（3）高宁

据新出户籍，前秦时已经立县，是高昌、田地之外重要的行政区划。阚氏高昌王国时期应当也是重要的县城，我们目前还不清楚这件送使文书各城镇所出人数的原则是什么，但从目前所存的部分看，高宁出人、马最多，而且每次都有。在与送使文书同墓出土的帐历中，有"致高宁茨（苜）宿（蓿）"的记录；上述哈拉和卓 90 号墓出土有《阚氏高昌时期高宁、威神、田地诸县驮马文书》；似乎都表明高宁的重要。麴氏高昌仍置县于此。唐灭高昌，废县为乡，属柳中县。大谷文书 2389

---

[1] 朱雷《吐鲁番出土北凉赀簿考释》；关尾史郎《"北凉年次未详（5 世纪中顷）赀簿残卷"的基础的考察》（上），51—55 页。

[2]《吐鲁番出土文书》壹，120—121 页；《吐鲁番出土文书》二，13 页。

[3]《吐鲁番出土文书》壹，121 页；《吐鲁番出土文书》二，14 页。

《唐西州高昌县给田文书》记："〔高昌〕城东廿里高宁城。"①《唐西州高昌县授田簿》："城东卅里高宁渠。"②嶋崎昌氏认为在丁谷，即今吐峪沟③，荒川正晴氏同意其说④。吐峪沟距高昌城大概十多公里，与唐代文书所记道里数基本吻合，但吐峪沟一般指沟内的地方，因此，我以前在考虑这个问题时，在嶋崎、荒川两氏论证的基础上微调，把高宁指为洋海（Yankhi）北面吐峪沟乡⑤。

（4）横截

北凉时已经立县，是高昌早期重要的行政区划，麹氏高昌时期应当也是十分重要的县城，在送使文书中该县出人、马数仅次于高宁，或许说明了这一点。麹氏高昌时期曾立为郡。唐灭高昌，降为普通一城，隶属蒲昌县。大谷文书 2604《唐西州高昌县给田文书》记："〔高昌〕城东六十里横截城阿魏渠。"⑥《唐上元二年（761）蒲昌县界长行小作具收支饲草数请处分状》有"山北横截等三城"语⑦。嶋崎昌氏认为在汉墩（Khando, Khandu）⑧，荒川正晴氏、笔者、王素先生均采用此说⑨。其地在高昌故城东约 60 里，和唐代文书记载大体相当。另外，钱伯泉先生认为高昌正东 60 里为火焰山，因此横截城当在火焰山北、今吐峪沟北口偏东的苏巴什⑩。从地理位置上来讲，苏巴什守在吐峪沟北口，是军事要

① 小田义久编《大谷文书集成》壹，法藏馆，1984 年，94 页。
② 唐长孺主编《吐鲁番出土文书》叁，文物出版社，1996 年，128 页；唐长孺主编《吐鲁番出土文书》六，文物出版社，1985 年，244 页。
③ 嶋崎昌《隋唐时代の东トゥルキスタン研究——高昌国史研究を中心として》，东京大学出版会，1977 年，120 页。
④ 荒川正晴《麹氏高昌国における郡县制の性格をめぐって——主としてトゥルフアン出土资料による》，《史学杂志》第 95 编第 3 号，1986 年，40 页。
⑤ 荣新江《吐鲁番的历史与文化》，载胡戟、李孝聪、荣新江《吐鲁番》，三秦出版社，1987 年，40 页。
⑥ 《大谷文书集成》壹，101 页。
⑦ 唐长孺主编《吐鲁番出土文书》肆，文物出版社，1996 年，556 页；唐长孺主编《吐鲁番出土文书》十，文物出版社，1991 年，252 页。
⑧ 嶋崎昌《隋唐时代の东トゥルキスタン研究》，121 页。
⑨ 荒川正晴《麹氏高昌国における郡县制の性格をめぐって》，40 页；荣新江《吐鲁番的历史与文化》，40 页；王素《高昌史稿·交通编》，62 页。
⑩ 钱伯泉《高昌国郡县城镇的设置及其地望考实》，《新疆大学学报》1988 年第 2 期，39 页。

地，其说也有道理，只是这里没有任何古城遗迹发现[①]。

（5）白芳

此为高昌王国东部重镇，自北凉时其地位逐渐显现，很可能当时已经立为县，阚氏高昌继承之。到麴氏高昌时期，因为是高昌国东部边镇，又名"东镇城"。唐时立为蒲昌县，即今鄯善县治，学者间没有疑问。

（6）威神

其名见上述哈拉和卓90号墓出土《阚氏高昌时期高宁、威神、田地诸县驮马文书》，当为县名。我们讨论的这件送使文书所出的洋海1号墓，墓主人张祖的墓表写在一块木板上，有些模糊不清，但大致可以看出他生前所任官职或即威神城主。唐灭高昌后废县，属柳中县（？）。荒川正晴认为在鲁克沁（Lükchüng）至斯尔克普（Sirkip）之间，即五代时成文的于阗文《钢和泰杂卷》中所记西州回鹘王国城镇 Īšumä[②]。笔者也曾表示赞同[③]。另外，钱伯泉认为在汉墩或火焰山北，可备一说。这两种说法都是和横截的今地相联系的，都还无法当作定论。

如果我们把《魏书》《北史》的《高昌传》所记高昌"国有八城"理解为阚氏高昌时期的"八县"的话，那么对比送使文书上所记的地名，只有柳婆和喙进（即笃进，详下）是另外两个县的最佳候补，虽然在已知的吐鲁番出土文书和文献材料中，都还没有直接的证据。以下分别申说。

（7）柳婆

柳婆立县的最早记录是吐鲁番出土《麴氏高昌章和十一年（541）都官下柳婆无半盐城始昌四县司马主者符为检校失奴事》（75TKM89:2）[④]，此后在吐鲁番文书中很少见到。柳婆和笃进（喙进）

---

① 巫新华《吐鲁番唐代交通路线的考察与研究》（青岛出版社，1999 年，66—67 页）采用钱氏观点而略有申说，据其考察结果，没有古城遗迹。

② 荒川正晴《麴氏高昌国における郡县制の性格をめぐって》，40、68 页。

③ 荣新江《吐鲁番的历史与文化》，40 页。

④ 《吐鲁番出土文书》壹，128 页；《吐鲁番出土文书》二，29 页。

都作为镇名见于《梁书》卷五四《诸夷传》高昌国条[①]，高昌遣使于梁在梁大同年间（535—546），因此，《梁书》柳婆的记载可以和文书相印证。

柳婆今地的比定，目前尚无被大家接受的一致看法。陶保廉《辛卯侍行记》卷六认为吐鲁番厅（今吐鲁番市）东南十余里的勒木丕（Lampu）应当是柳婆的转音[②]，黄文弼先生、荒川正晴氏都表示赞同[③]。笔者曾经按照今吐鲁番市南约 7.5 公里处发现的墓志指示的方位[④]，认为麹氏高昌国时期的南平郡、南平县治应在今工尚（Gunshang）古城遗址，其东面的让步城（Lampu）可能是柳婆县治[⑤]。这一说法受到王素先生的批评，他根据岑仲勉先生以来的看法，认为勒木丕、让步都是南平的转音，让步、工尚实为一城，都是南平城[⑥]。

然而，柳婆、南平也可能是一地二名。目前所见的出土文书和史籍记载，"柳婆"一名最晚记载约在 546 年；关于"南平"的地名，最早见于《麹氏高昌建昌三年（557）令狐孝忠随葬衣物疏》（73TAM524:28），墓主生前为"南〔平〕主簿"[⑦]，则其时南平已立为县。到麹氏高昌国末期，南平甚至立为郡，见《麹氏高昌延寿十七年（640）屯田下交河郡、南平郡及永安等县符为遣麹文玉等勘青苗事》（73TAM519:19/2–1）[⑧]。唐代南平降为乡，属天山县，见《唐开元二十九年（741）天山县南平乡户籍》[⑨]。我们可以这样认为，"柳婆""南平"其

---

① 《梁书》，中华书局，1973 年，811 页。

② 《辛卯侍行记》，甘肃人民出版社，2002 年，396 页。

③ 《黄文弼历史考古论集》，文物出版社，1989 年，168 页；荒川正晴《麹氏高昌国における郡县制の性格をめぐって》，40 页。

④ 此即 1979 年 1 月吐鲁番县五星公社出土的《唐永徽五年（654）十月令狐氏墓志》，参看柳洪亮《唐天山县南平乡令狐氏墓志考释》，《文物》1984 年第 5 期，78—79 页。

⑤ 荣新江《吐鲁番的历史与文化》，41 页。

⑥ 王素《高昌史稿·交通编》，62—64 页。

⑦ 《吐鲁番出土文书》壹，131 页；《吐鲁番出土文书》二，37 页。

⑧ 唐长孺主编《吐鲁番出土文书》贰，文物出版社，1994 年，71 页；唐长孺主编《吐鲁番出土文书》四，文物出版社，1983 年，124 页。

⑨ 荣新江《〈唐开元二十九年西州天山县南平乡籍〉残卷研究》，《西域研究》1995 年第 1 期，33—43 页。

实都是一个胡语地名的不同音译,"柳婆"更接近原来的胡语(应当是 Lampu 的原语),之所以麹氏高昌改用"南平"的译音,这可能是同时取汉语"南部平定"的意思,因为柳婆一地在高昌王国的南境,故此用"南平"这样一个音、义两通的地名取代汉语意思不甚佳的"柳婆"。当然,柳婆作为一个传统的地名,不一定会依高昌官府的意愿而退出历史舞台,它也可能会在民间继续使用下去。

另外,冯承钧认为柳婆在爱丁湖东大、小阿萨(Chong-hassar、Kichik-hassar)之一[①];而钱伯泉则指为交河东南 15 里,吐鲁番市西南 15 里之柳城[②]。这些说法都有待验证。

(8)喙进

"喙"字当是"啄"字的俗体繁写。"啄"字的本义是鸟用嘴取食(《说文》:"啄,鸟食也。"),又以音同于"噣"(《广韵》啄、噣均音"竹角切,入觉知,屋部"),而有鸟嘴的名词义。而"噣"就是喙,《说文》:"噣,喙也。"因此,"啄""喙"在名词意义上可以通假。"啄"字的本音在中古又有"丁木切,入屋端,屋部"(《广韵》),与笃字(《广韵》:"冬毒切,入沃端,沃部。")的反切上字均属三十七声母的端(t)类,它们的反切下字则同为入声,而属于"通摄合口呼一等"的邻韵(uk,uok),它们在古体诗和词韵上可以通押,可见其接近。因此在对吐鲁番地区一个其他语言的地名进行汉字音译时,"啄""笃"的发音没有本质上的区别,是对同一个外来词的音译异书。由以上的俗体繁写和音近异写原则,可知喙=啄=笃,喙进即笃进[③]。

如上所述,"笃进"一名,始见于《梁书·高昌传》,是梁大同年间(535—546)遣使南朝的麹氏高昌使者讲述的,反映的是麹氏高昌时期的叫法,这要比本文书的"喙进"一名晚。由此让我们得知此地最早的地名本名"喙进",后来到麹氏高昌时期,可能是嫌其不雅,遂改

---

① 冯承钧《高昌城镇与唐代蒲昌》,《西域南海史地考证论著汇辑》,中华书局,1957 年,87 页。

② 前揭《高昌国郡县城镇的设置及其地望考实》,40 页。

③ 这一段喙进即笃进的论证是整理小组成员朱玉麒所写。

作"笃进"。从行政区划来看，阚氏高昌时期可能喙进已立为县，麹氏
延之，只是改名"笃进"。唐灭高昌后仍立为县，不过改"笃进县"为
"天山县"了。玄奘贞观初年从高昌出发西行，"从是（高昌城）西行，
度无半城、笃进城后，入阿耆尼（焉耆）国"[①]。其用"笃进"，正是麹氏
高昌王国时的正名。笃进不论从对音还是地望，都和今吐鲁番地区的托
克逊县完全吻合。

　　和后来同属天山县的柳婆一样，喙进最初也是一个当地胡语的音
译，后来在麹氏高昌时，大概就像柳婆改南平一样，喙进改成了笃进。
柳婆和喙进在吐鲁番盆地的西南，最初这一区域应当属于车师王国所
有。《魏书·西域传》记："（太平）真君十一年（450）车师国车夷洛遣
使琢进薛直上书……"[②] 这里所谓"琢进"应当就是本文书的"喙（啄）
进"，则这里应当理解为车夷洛派遣琢进的薛直上书北魏。就在同一年，
车师国被高昌的沮渠安周破灭，喙进进入高昌大凉政权的范围。柳婆和
喙进这两个音译地名，与下一节我们讨论的万度、其养等音译地名大概
都是原车师国的旧名，但万度、其养等地名没有再现于麹氏高昌时期，
而柳婆和笃进则被记录在《梁书·高昌传》里，还有文书证明柳婆在麹
氏早期被立为县，因此，我们倾向于把柳婆和喙进看作是阚氏高昌时期
的"八城"的组成部分，它们很可能已经立县。如果把八城仅仅理解为
城的话，那么当时交河虽然不是县，但早已是一座城，因此把柳婆和喙
进看作是县可能更容易理解。从地理上来考虑，这两个地区位于盆地西
南部，后来均属唐天山县界，与交河为中心的车师国旧地有一定的区
分，因此便于高昌郡的控制，所以在阚氏时期首先进入高昌国的郡县体
制当中。

　　由此看来，我们比较倾向于把阚氏高昌时期的八城，看作是本送使
文书所记的八座城镇：高宁、横截、白芳、威神、柳婆、喙进、高昌、
田地。参考其他相关资料，这些地名可能都是当时的县名。我们是否可

---

① 《大慈恩寺三藏法师传》卷一，23 页。
② 《魏书》卷一〇二《西域传》，2264 页；按《魏书》标点本在"琢进"与"薛直"间加
　顿号，以为是二人；《北史·西域传》不断开，画一专名线，则似看作一个人。

以由送使文书的完整记录，得出这样的结论：阚氏高昌王国时期，高昌共有两郡八县，即高昌、田地郡，高昌、田地、高宁、横截、白苃、威神、柳婆、喙进八县。

从地理位置来看高昌国当时的郡县分布，高昌、田地、白苃、笃进的今地分别在高昌故城、鲁克沁、鄯善县城、托克逊是没有任何疑问的。高宁笼统地说在吐峪沟或吐峪沟乡，地点也相差无几。横截在汉墩还是苏巴什，威神在鲁克沁与斯尔克普间还是在火焰山北，都还难以确定，但它们都是位于高昌、田地、白苃三者之间应当是没有问题的。柳婆的争议较大，从整个高昌城镇布局来看，还是放在让步城（Lampu）比较合适，地名的对音也非常合适。现将上述考证结果，绘制阚氏高昌时期郡县城地图（地图 1）如下：

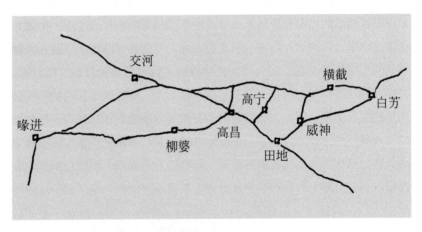

地图 1　阚氏高昌王国的主要城镇与交通

从地图上所标识的阚氏高昌王国时期的八座郡县城位置来看，明显的是东部远远多于西部，究其原因，我觉得有两点应当特别指出：

第一是高昌王国的郡县体制是以高昌郡为中心发展起来的，前凉立高昌郡，下面设置高昌、田地二县；到北凉王族占领高昌建立大凉王国时，又增加了田地郡，增设横截、高宁县，甚至还有白苃（这二、三县的设立也可能提前到北凉时）。阚氏高昌王国继承了高昌大凉王国的高昌、田地两郡体制，在高昌、田地、横截、高宁、白艻之外，增设威神、柳婆、喙进三县，其中柳婆位于盆地偏南地区，喙进则在最西边，这两地在唐朝西州的地方行政区划中都是属于天山县的范围。这里最值得注意的就是交河及其管辖范围内没有郡县的记录，这或许是交河管辖的范围一直是半畜牧半农耕的车师王国控制地区，虽然450年为大凉王国所灭，但要建立新的郡县体制并非一时可以完成，因此，到阚氏高昌时期，我们还看不到这里有关郡县的记录，即使是如此重要的交河城，也没有这样的记载，交河地区郡县体制的建立恐怕要到麹氏高昌王国时期了。

第二是东部郡县体制早于西部的建立，这可能和高昌地区，特别是北凉、高昌大凉政权控制下的高昌与漠北柔然汗国、中原北魏等政权的关系有密切联系，文书中有许多关于到白艻戍守的记载，也有关于戍守田地郡东南通向河西走廊的大海道的记录，高昌大凉政权是被北魏从河西走廊赶出来的，而且和北方的柔然汗国的关系也不好，因此对于盆地东北、东南方向的守备是保存国家的重要一环，一些原本的镇戍地位上升，逐渐成为郡、县城，像田地立郡、白艻变县可能都是军事需要的原因所促成。相对来讲，盆地西北、西南地区的外寇压力不大，因此其郡县建制也发展缓慢。

我们清理了阚氏高昌时期的郡县体制和郡县城的分布特征，再来分析送使文书中所记各县出人、马数。这里先把各县出人总数统计如下（表四）：

表四　各县出人总数统计

高宁	横截	白艻	威神	柳婆	喙进	高昌	田地
647	172	165	7+？	107	28	7	16

依出人、马数的多少，依次为高宁、横截、白艻、柳婆、喙进、田地、高昌，其中威神因为一次数字有残，不明其数，但在7人以上，至少在高昌前面。

根据以上的统计，我们不清楚派人、马的原则，因此也就无法得知各县出人、马多少的缘故。从统计结果看，作为郡县一体的高昌、田地，应当是出人、马最少的地方；其次是柳婆、㖷进这两个偏在西南地区的县城；而出人、马最多的是高宁、横截、白芳，而且多出的数量很大，这难道是这些县城更接近多数送使的方向——北山吗？不过，送往西南方向的焉耆时，高宁出人、马数仍是第一；反之，送往北山时，柳婆、㖷进也要出人、马；看来送使人、马数的多少，和送使的方向没有关系。或许高昌、横截、白芳是最早立县的城镇，因此是高昌王国的大城，所以出人、马较多；柳婆、㖷进是后来建立的，故此人、马少。我们不强作解人，这个问题还是留给方家，或者等待新材料的出土。

四、其他送使出人、马的地名

在送使文书中，与我们非常熟悉的高昌城镇名称并列提供送使人、马数的其他几个名称，从来没有在高昌郡县或城镇的名单中出现，但在此它们确实是和其他城镇的名字一样，应当是具有同等地位的地方行政单位。从字面上看，这些名称显然是音译，它们到底代表的是高昌的什么样的行政单位？以下略加考察。首先列出这些名称和送使的总人数（表五）：

表五　其他城镇出人总数统计

万度 124	其养/乾养 63	阿虎 27	磨诃演 39

（1）万度

这个名称会让人想到北魏成周公万度归，他在阚氏高昌成立前不久的448年，曾经率北魏军队征伐焉耆、龟兹，当时高昌的车师王车伊洛曾率兵助战[1]。但万度归姓"万"，为鲜卑姓[2]，"度归"是名，"万度"在

① 《北史》卷九七《西域传》，中华书局，1974年，3208页。
② 姚薇元《北朝胡姓考》（中华书，1962年）258—260页以万度为东胡契丹姓；陈连庆《中国古代少数民族姓氏研究》（吉林文史出版社，1993年）133—134页以为鲜卑姓。

此不成词。因此，送使文书中的"万度"，不是万度归的"万度"。按西安出土《郁久闾伏仁砖志》云："君讳伏仁，本姓茹茹。高祖莫洛纥盖可汗，曾祖俟利弗，祖吐万度吐河入弗，父车朱浑。太和之时，值魏南徙，始为河南洛阳人，改姓郁久闾。君即公长子也……以开皇六年（586）岁次丙午十月戊申十三日庚申，葬于长安城西七里□村西。"① 其祖名字"吐万度吐河入弗"中有"万度"一词，似乎表明柔然语中有"万度"这样的词汇。更值得注意的是《晋书》卷八九《忠义传》："车济，字万度，敦煌人也。"② 车济原本应当是车师国人，移居敦煌，而成为敦煌人。他的字"万度"，不排除是保留了原来车师的语汇，因为在汉语里，"万度"不是一个有意义的词。至少车济的车师渊源，和他的字与送使文书中"万度"一名的相重，可以让我们把万度看作是一个原车师国境内的地名。

（2）其养 / 乾养

由于送使文书大致上名称的先后是比较固定的（见表三，除第4、8 条外，次序未动），因此按照其养和乾养在文书中出现的位置，两者应当勘合。"其养"应当是"乾养"速读的结果。

（3）阿虎

与送使文书同墓所出《阚氏高昌供物、差役帐》第二十八件第 13 行有"赵阿虎"名，但送使文书里并非人名，只能说明阿虎是当时人们熟悉的一个名词。

（4）摩诃演

又作"磨诃演"。按摩诃是梵文 mahā 的音译，有"大""多""胜"之意。如果按照梵文来解释，摩诃演是 mahāyāna，即"大乘"的意思③，这里当然不会是大乘佛教的"大乘"，从字面上理解，也可以理解

---

① 赵万里《汉魏南北朝墓志集释》，图版 599；中国科学院历史研究所史料编纂组编《柔然资料辑录》，中华书局，1962 年，59—60 页。

② 这条材料是读书班上陈磊同学提示给我的，谨此致谢。

③ 关于此词来历的辨析，参看辛岛静志《法华经中的乘（yāna）与智慧（jñāna）——大乘佛教中 yāna 概念的起源与发展》，李铮、蒋忠新编《季羡林教授八十华诞纪念文集》下，江西人民出版社，1991 年，623 页。

为"高大的车子"。高昌是佛教盛行之地，从吐鲁番出土的梵文写本的年代来看，阚氏高昌时期梵文已在这里流行，我们也不排除这个词是从梵文音译的可能性。

这一系列名称我们目前无法从汉语来理解，它们更可能是从吐鲁番当地流行的某种（也可能不止一种）胡语那里音译过来的。根据上述车济字万度的材料，这些音译名称最可能是来自车师人自己所用的语言（很可能就是当地发现过的吐火罗语），当然也包括吐火罗语所借用的梵语词汇。如果这种推测成立，那么这些名称原来是车师王国境内的一些当地地名，阚氏高昌继承大凉政权的衣钵，虽然继续占领交河及其周边的车师故地，但还没有来得及将这里郡县化。尽管如此，车师故地作为高昌王国所属的行政地理单位，仍然要按照王国的指令派人出人、出马来送使，因而在送使文书中仍然使用车师人的地名来称呼。我们看送使文书中所记明确的高昌县城都不在后来交河郡管辖的范围内，更反证这些音译的地名应当在交河一带。这些胡语地名以后随着交河一带的郡县化，到麴氏高昌时期大概改成了纯粹汉译的一些名称，目前所见麴氏高昌在这一地区所立县的名称，除涝林外，如安乐、龙泉、永安、盐城，都是纯汉语意义的地名，它们很可能是从原车师人的胡语地名改变的，或者是原语的意译，这是很值得思考的一个现象。

总起来看，送使文书中这几个名词目前尚无法给予一个满意的解说，故只作如上推测，一定有不妥之处，此纯属学术探索，不作定说。

五、小　结

吐鲁番洋海 1 号墓出土的《阚氏高昌永康九年、十年（474—475）送使出人、出马条记文书》，是一件非常珍贵的历史文献，它所记录的阚氏高昌时期的城镇名称，其中高宁、横截、白芳、威神、柳婆、喙进、高昌、田地八个地名，应当就是当时的八个县，也就是《魏书》《北史》的《高昌传》所记的高昌"国有八城"。至于另外四个城镇名称，即万度、其养 / 乾养、阿虎、磨诃演 / 摩诃演，可能是原车师王国遗留下来的地名，作为阚氏高昌王国的一级地方行政单位，它们也同样出人、出马来送客使。从这件送使文书所记录的阚氏高昌城镇名称，我们可以看出最重要的特征是交河当时还没有立郡、县，由此我们可以这样来认识高昌郡县制的发展，即高昌郡县的体制是从吐鲁番盆地东半边发展起来的，以高昌城为核心，最先在北凉时发展出来的郡县是东部的田地郡、县以及高宁、横截、白芳，到阚氏高昌时期，增加了威神、柳婆、喙进，分别在高昌城的东南、南面、西南，这是高昌王国有意识的安排，以构成比较整齐的防御外敌和征收赋税的体系，而此时车师故地由于刚刚占领，还未及建立郡县，其行政地理单位仍然依据旧的车师地名体系，大概到了麹氏高昌时期，这些胡语音译的地名才被带有褒义的汉语地名取代。

（2006 年 10 月 25 日初稿，2008 年 12 月 20 日改定。原载《敦煌吐鲁番研究》第 10 卷，上海古籍出版社，2007 年，21—41 页。）

高昌居民如何把织物当作货币
（公元 3—8 世纪）

不向冰天炼奇骨，

哪能雪地作红霞。

——冯其庸先生《赠王炳华二首》

　　我们两人是王炳华先生的忘年交，在我们探索吐鲁番历史文明的过程中，分别得到过王先生的教诲。1996—1998 年间，我们共同主持耶鲁大学历史系与北京大学中国中古史研究中心合作的"重聚高昌宝藏"（Reuniting Turfan's Scattered Treasures）研究项目，得到他的很多帮助，并与王先生一道走访吐鲁番古迹。现在欣逢王先生八十华诞，我们一起把一篇合作的文章奉献给他，对他在西域文明研究上的贡献，表示敬意。

　　织物、谷物和钱币，这三种东西都曾被生活在丝绸之路上的绿洲之一——高昌的人们在公元 273—769 年之间当作货币使用[1]，那里位于今新疆乌鲁木齐市东南 160 公里。高昌城（今吐鲁番市东约 40 公里）是塔克拉玛干沙漠北道最重要的城镇之一，她的许多居民埋葬在毗邻的阿斯塔那和哈拉和卓墓地，这里干燥的气候使得许多 640 年唐朝征服该城

---

[1] 关于丝绸之路上钱币的详细阐述，见 Helen Wang, *Money on the Silk Road: the Evidence from Eastern Central Asia to c. AD 800*, London, 2004.

前后的大量纸本文书保存了下来①。高昌居民用上面写有文字的纸张来制作鞋、腰带、帽子和衣服，并随遗体下葬，这些文书提供给我们无法类比的观察资料，让我们知道生活在丝绸之路上的人们是如何把织物当作货币的。

契约是反映当时地方经济运转的最富信息的史料之一②。生活在汉文所说的西域地区、也就是今天的新疆维吾尔自治区的私人个体，在购买或租赁土地、家畜、奴隶和小件物品时都使用契约。阿斯塔那墓地保存下来非同寻常多的契约文书：迄今已发现的数千件非佛教文书中有250余件，表明契约的使用之频繁。1987年，两位日本学者山本达郎和池田温将吐鲁番出土契约分成几个不同的类别："买卖、交换券契"，用于一件特殊物件的所有者要彻底转换它的时候；"举赁、贷借、租佃券契"，或者说把某物临时租用；"雇佣、承包券契"，是某人雇佣其他人工作或有时候代他服役；以及"遗书、诸杂、未详券契"③。

汉文私人契约（以及汉文格式影响的其他语言的契约）往往在两个地方提到钱币：首先是当说到买卖、租赁或转移物件的价格时，其次是说到惩罚条款时。这个条款通常特指某人如果没有能够完成契约规定的项目，他或她将受到一定数量的处罚。处罚条款未必反映了真正的生活实态：正像我们今天社会上发生的那样，人们有时只是用超现实的大额钱币或者他们从来没有实际见过的钱币来相互恐吓。

私人个体也把衣物疏埋入他们的坟墓。墓葬中的随葬衣物疏也反映了真实世界的价值观念。我们从吐鲁番获得了61件这样的清

---

① 王炳华先生是参加吐鲁番考古发掘的重要成员，他有关高昌历史文化的全面论述，见所撰《访古吐鲁番》（新疆人民出版社，2001年）一书。

② Valerie Hansen, *Negotiating Daily Life in Traditional China: How Ordinary People Used Contracts, 600-1400*, London, 1995.（韩森《传统中国日常生活中的协商：中古契约研究》，鲁西奇译，江苏人民出版社，2009年。）

③ 除了对499件契约加以命名外，山本和池田给出它们的录文并将它们分成不同类别，见 Yamamoto Tatsuro and Ikeda On, *Tun-huang and Turfan Documents Concerning Social and Economic History III Contacts (A) Introduction and Texts*, Tokyo, 1987.

单：15 件年代早于 500 年，35 件在 500—640 年间，3 件属于唐朝时期（还有 8 件无年份）[①]。这些衣物疏与实际随葬品（通常是衣物）、冥器和想象物有关，但不必特指哪件是哪件。如果人们想把衣物疏与某一特定墓葬的物品一一核定，那只可能在不同类别的遗物中加以区分。遗憾的是，因为阿斯塔那墓地早已被盗墓者破坏，以及在这处遗址抢救性发掘的仓促性，这种做法只在两个墓葬中可以进行：丁爱博（Albert E. Dien）研究的 86TAM386 号墓[②]和赵丰、王乐讨论的 72TAM170 号墓[③]。此外，如果正像吐鲁番墓葬大多数的情形——没有文物而仅有衣物疏遗存的话，学者就只能根据书写的文书来研究了。早期衣物疏较少，绝大多数属于高昌国时期（502—640），其时麴氏国王统治着高昌。

唐朝的征服把各种类型的丝绸和其他织物作为巨额的军饷从中央政府带到西北的边军，织物在不同时期作为高昌地区的货币来使用。7 世纪中叶以后，唐朝控制了整个西域地区，织物作为钱币的制度在天山南北的西域广大地区普遍通行。吐鲁番文书记录了在塔里木盆地唐朝军队的买卖活动、各种唐朝官员俸禄的发放、旅行的补贴，以及北庭地区提供使者住宿的帐历。

当值的军官要写好支出的账单以备之后报销（见附录文书 1）。官员们列出那些需要支付罚金的商人的名字，因为他们非法藏匿了赃物（见附录文书 2）。还有，《唐律》规定官员要对地方市场出售的所有物品确定价目单，特别是这些价格以铜钱或织物的匹段来确定的时候更是如此。丝绸之路上的其他城镇，如段晴讨论的于阗和童丕（Eric

---

① Albert E. Dien, "The Inventory Lists of Tomb 86TAM386 at Astana, Turfan", *Journal of East Asian Archaeology*, vol. 4, 2002, pp. 183–200，现存衣物疏的编号见 p. 188；Dien, "Turfan Funereal Statements", *Journal of Chinese Religions*, vol. 30, 2002, pp. 23–48.

② Dien, "The Inventory Lists", "Turfan Funereal Statements."

③ Zhao Feng and Wang Le, "Reconciling Excavated Textiles with Contemporary Documentary Evidence: A Closer Look at the Finds from a Sixth-Century Tomb at Astana", *Journal of the Royal Asiatic Society, series 3*, 23/2, 2013, pp. 197–221.

Trombert）讨论的敦煌[1]，也保存有同类的材料，但吐鲁番文书的年代更早一些。从640年开始作为征服者的唐朝官府将均田制及税收体制推行到高昌地区，并且持续了一百多年的统治，吐鲁番文书让我们得以对这个绿洲的经济做非常细致的观察。

吐鲁番绿洲的人口十分复杂：500年前后，由于中原动乱而迁徙来的汉人成为地方人口的重要组成部分，其他居民则包括作为车师王国原住民后裔的当地民众，以及从康国（撒马尔干，今乌兹别克斯坦）周边地区移民而居留下来的粟特人。在640年之前，多个王朝，包括麹氏高昌王国（502—640年）统治着这个绿洲。吐鲁番文书形象地告诉我们不同的商品，包括地毯、丝绸、棉花、谷物，以及波斯萨珊帝国（224—651年）的银币，都日复一日地承担着交易的职能。最早期的文书数量较少而且时间相距很远，无法构建出任何价值等级。然而，从600年开始，更多的文书保存下来，它们表明萨珊银币在相当大的范围内流通。与此同时，高昌居民使用谷物作为较低水平的交互媒介，而使用银币购买较为贵重的物品，织物只是在非常有限的场合使用。

640年，唐朝势力进入吐鲁番盆地并且引入均田制度。唐朝统治者是从他们的前辈，即北魏王朝（386—536年）的鲜卑人那里吸取这种赋税制度的。7世纪20年代编纂而成的《唐律》特别详细地规定租庸调制度发挥什么样的作用：作为国家分配土地的交换条件，每一户的丁男都要向官府缴纳一定数量的"租"或谷物、"庸"即劳役或以绢代役、"调"或说布帛[2]。纳税人有时以缴纳布帛来代替他们的谷物或劳役负担。

[1] Duan Qing (tr. by Helen Wang), "Were Textiles used as Money in Khotan in the Seventh and Eighth Centuries?" *Journal of the Royal Asiatic Society, series 3*, 23/2, 2013, pp. 307 –325; Eric Trombert, "The Demise of Silk on the Silk Road: Textiles as Money at Dunhuang from the Late Eighth Century to the Thirteenth Century", *Journal of the Royal Asiatic Society, series 3*, 23/2, 2013, pp. 327–347.

[2] 关于吐鲁番发现的庸调布，参看王炳华《吐鲁番出土唐代租庸调布研究》，《文物》1981年第1期，56—62页；收入作者《西域考古历史论集》（中国人民大学出版社，2008年），348—359页；又 Helen Wang 的英文翻译：Binghua Wang, "A Study of the Tang Dynasty Tax Textiles (Yongdiao Bu) from Turfan", *Journal of the Royal Asiatic Society, series 3*, 23/2, 2013, pp. 263–280. 英文著作中关于这种制度的最佳解说，见 D. C. Twitchett, *Financial Administration Under the T'ang Dynasty*, 2nd edition, Cambridge, 1970, pp. 24–48, 特别是 pp. 24–25.

租庸调制度在高昌地区有效实行到 755 年，此时唐朝军队撤回都城长安一带以抗击安禄山的叛乱。（正如徐畅在她的文章中解说的那样 [1]，在中原地区，这种制度一直延续到 780 年，此时唐朝开始采取两税法。）

在均田制度下，唐朝官府收取多种货币：纺织品（包括绵、绝、绢）、谷物、钱币。官府必须已认可某些物品的定价，否则这些物品无法作为货币流通（见汪海岚和盛余韵的论文 [2]）。640 年以后，绝大多数流通的织物都是标准尺寸的一匹匹绢和麻布：绢是 40 唐尺为一匹，麻布 50 尺为一端。随着时间的推移，钱币日益缺少，唐朝政府运送大量税收的织物到西北地区，用来购买谷物并支付军人的兵饷。甚至在唐朝征服之后，高昌地区的民众继续使用萨珊银币，直到 700 年前后被唐朝制作的铜钱所取代 [3]。

640 年以前：来自吐鲁番（以及所选其他地区）的证据

从很早开始，高昌地区的织物就作为货币使用了。考古发掘的最早的文书是公元 3 世纪的，那时属于出自交河的车师王统治之下，不同的中原王朝也在这里设置了军事堡垒。现存最早的汉语契约是 273 年的，记录了由一位操汉语的移民用练二十匹买棺一口的交易 [4]。高昌居民在使用丝绸作为钱币的时候，与生绢或绢相比，一直更加看好练，因为绢没

---

[1] Xu Chang (tr. by Helen Wang), "Managing a Multicurrency System in Tang China: The View from the Centre", *Journal of the Royal Asiatic Society, series 3*, 23/2, 2013, pp. 223–244.

[2] Helen Wang, "Textiles as Money on the Silk Road?" *Journal of the Royal Asiatic Society, series 3*, 23/2, 2013, pp. 165–174; Angela Sheng, "Determining the Value of Textiles in the Tang Dynasty In Memory of Professor Denis Twitchett (1925–2006)", *Journal of the Royal Asiatic Society, series 3*, 23/2, 2013, pp. 175–195.

[3] Jonathan Karam Skaff, "Sasanian and Arab-Sasanian Silver Coins from Turfan: Their Relationship to International Trade and the Local Economy", *Asia Major*, 3rd series XI.2, 1998, pp. 67–115.

[4] 66TAM53:9, Yamamoto and Ikeda, *Tun-huang and Turfan Documents*, p. 3, No. 1.

有经过练，所以更重一些（正如盛余韵在她的文章中解说的那样）[①]。这份契约或许没有记录一个现实世界中的实际交易：在阿斯塔那墓地工作多年的考古学家吴震推测，这份契约所说的价格用来交换一具真实的棺木似乎过于便宜[②]。即便是一种象征意义的，这件契约仍然表明高昌居民使用练绢来作为支付手段。

327年以后，高昌成为以河西为基地的一系列短命的地方王国控制下的一个分离在外的中心区域，这些王国包括前凉（317—376年）、前秦（350—394年）、后凉（386—403年）、西凉（400—421年），以及北凉（397—439年）[③]。一件367年的契约记录了一次骆驼的交换，因为这只是一个交换，所有没有钱币的转手，但如果悔过，则同意罚毯十张[④]。这里缺少有关这些毯子大小的细节，表明在支付时使用的是同样规格的毯子。早期吐鲁番契约中也有以布匹为交易货币的记录，有的时候会详细记录布帛的大小、织物的形态、样式，其他场合则给出标准的长度而根本不做详细的说明。细节的缺失表明在支付时使用布帛的标准长度，一般都以匹计算。

公元3—4世纪的尼雅还是丝绸之路南道一个独立的绿洲王国，其居民也使用毯子进行交换。一些尼雅文书记录了相类似的以绢匹来处罚和支付，但这些往往是村民之外的人做的，他们常常是王家使者，而不是村民本身[⑤]。在高昌，丝绸也是毯子的替代物。一件年代为423年的早

[①] Cf. Éric Trombert and Étienne de la Vaissière, "Le prix de denrées sur le marché de Turfan en 743", in Jean-Pierre Drège et al. (eds), *Études de Dunhuang et Turfan*, Paris, 2007, pp. 1–52, reference on p. 29.

[②] 2006年3月29日韩森在乌鲁木齐与吴震的交谈。

[③] Zhang Guangda and Rong Xinjiang, "A Concise History of the Turfan Oasis and its Exploration", *Asia Major*, 3rd series XI.2, 1998, pp. 13–36, 特别是 pp. 14–15；又参看王素《高昌史稿·统治编》，文物出版社，1998年，该书提供了张广达、荣新江文章中没有说明的有关5世纪的有用信息。

[④] 65TAM39:20，图版和录文见唐长孺主编《吐鲁番出土文书》壹，文物出版社，1992年，2页。四卷本图文对照的《吐鲁番出土文书》（文物出版社，1992—1996年）的注解要比更早出版的十册本更可信赖。

[⑤] Valerie Hansen, "The Place of Coins—and their Alternatives—in the Silk Road Trade", 载上海博物馆编《丝绸之路古国钱币及丝路文化国际学术讨论会文集》，上海书画出版社，2011年，83—113页。

期的《辞》，记载了用一匹大绢支付给所雇进行农活的人 ①。同一年的一件衣物疏登记了残掉名称的某物"百匹"，很可能是某种织物，因为只有织物以匹来计算 ②。首次指称某种织物的记录"色绢千匹"，见于 437 年的一件衣物疏中，这显然是一种象征，因为该墓葬不可能容纳得下这样大量的丝绸 ③。后来的墓葬衣物疏甚至提到更大体量的丝绸，如 99 999 匹，这当然是一种想象 ④。

439 年，在北魏王朝（386—534 年）灭掉北凉政权后，覆灭的北凉王族的两个兄弟，沮渠无讳与沮渠安周从敦煌逃到鄯善王国（罗布泊南），然后在 442 年北上征服了高昌。被他们赶走的阚爽逃到蒙古高原的柔然汗国。沮渠兄弟建立了高昌大凉政权，并与柔然汗国竭诚联盟。450 年，沮渠安周的军队征服了交河（雅儿和卓），这里是与中原的北魏联盟的车师王国的大本营。至此，吐鲁番盆地归于一统。随后不知何因，沮渠安周与柔然汗国为敌，柔然在 460 年进攻高昌，灭掉大凉王国 ⑤。根据《北史·西域传》的记载，高昌"和平元年（460）为蠕蠕（即柔然）所并，蠕蠕以阚伯周为高昌王"⑥。作者强调高昌为柔然所并的事实表明，尽管阚伯周统治下的王国是第一个以"高昌"作为王国的实际名称的，但它不过是柔然汗国控制下的一个傀儡政权 ⑦。而且，阚伯周虽然作为高

---

① 支付的总额部分已经残失。66TAM59:4/1(b)，录文和图版见《吐鲁番出土文书》壹，16 页。参看 Helen Wang, *Money on the Silk Road*, pp. 78, 86.

② 66TAM59:2，《吐鲁番出土文书》壹，12 页。

③ 63TAM2:1，《吐鲁番出土文书》壹，85 页。虽然有更早的衣物疏保存下来，但上面没有提到绢匹。

④ 见吐鲁番地区文物保管所《吐鲁番北凉武宣王沮渠蒙逊夫人彭氏墓》，《文物》1994 年第 9 期，75—81 页。

⑤ 关于 439—460 年间吐鲁番的历史，参看荣新江《〈且渠安周碑〉与高昌大凉政权》，《燕京学报》新 5 期，北京大学出版社，1998 年，65—92 页；Rong Xinjiang, "Juqu Anzhou's Inscription and the Daliang Kingdom in Turfan", D. Durkin-Meistererernst et al. (eds), *Turfan Revisited—The First Century of Research into the Art and Cultures of the Silk Road*, Berlin, 2004, pp. 268-275 and plates. 1-3 + figures. 1-2.

⑥ 李延寿《北史》卷九七，中华书局，1974 年，3213 页。

⑦ 生活在北魏的人就把高昌看作是柔然的一部分。葬于东魏兴和二年（540）十月的闾伯升的《墓志铭》称："高祖即茹茹（柔然）主第二子，率部归化，锡爵高昌王，仕至司徒公。"见赵万里《汉魏南北朝墓志集释》，科学出版社，1956 年，（转下页）

昌王，但却采用柔然的年号，这清楚地表明其政治归属。约477年，阚伯周卒，其子阚义成即位。然而，转年他就被从兄阚首归所杀，首归成为高昌王。487年，高车副伏罗部背叛其原来的宗主柔然，从蒙古高原西迁到高昌北部一带。488年或稍晚一点，高车取代柔然成为高昌的宗主国，高车王阿伏至罗杀高昌王阚首归兄弟，以敦煌人张孟明为王[①]。

在这段政治不明朗的时代里，高昌居民仍然使用绢（有时是练）、毯和绵来作为货币。"行緤"（棉布）首次见于477年的一份契约，买家用137匹行緤从一个粟特商人那里购买一个30岁的胡奴[②]。历史文献记载提到棉布与尼雅发现的考古实物相结合，可以证明它传入西域地区的时间是在3或4世纪时[③]。

一件大约是482年的文书记录了高昌政府官员们不同的支出，提供了同时使用不同形态钱币的最早证据（见附录文书1《高昌主簿张绾等传供帐》）。这件文书发现于哈拉和卓墓地第90号墓，因为文书的正面没有写完，所以在背面接着书写，它是一份高昌王国主簿张绾安排给使节供应的帐历。因为在同一墓葬中发现了另一件年代为永康十七年（482）的文书，所以学者也推想这件帐历的年代也大致在同时[④]，也就是

（接上页）图版591；中国科学院历史研究所史料编纂组编《柔然资料辑录》，中华书局，1962年，54页。北魏朝廷把柔然国主的儿子赐以高昌王的称号这一事实，似乎证明了这一点。

[①] Zhang Guangda and Rong Xinjiang, "A Concise History", pp. 16-17. 关于阚氏统治高昌的终止时间及其相关的高车阿伏至罗西迁的年代，因为史料相互抵触，学者之间还没达成一致的看法，这里采用王素的观点，并接受大多数学者认可的高车西迁和阚氏高昌灭亡年代。见王素《高昌史稿·统治编》，270—275页。

[②] 97TSM1:5，录文和图版见荣新江等主编《新获吐鲁番出土文献》上，中华书局，2008年，125页。

[③] 王炳华《从考古资料看古代新疆植棉及棉纺织业发展》，氏著《西域考古历史论集》，328—335页；É. Trombert, "Une trajectoire d'ouest en est sur la route de la soie: La diffusion du cotton dans l'Asie centrale sinisée", in *La Persia e l'Asia Centrale: Da Alessandro al X secolo,* Rome, 1996, p. 212, notes 25 and 27；李昉等编《太平御览》卷八二〇，中华书局，1960年，3652—3653页，"白緤（棉布）"条。

[④] 其中的两个人名左首兴和得钱，也见于1997年高昌城东洋海墓地1号墓发现的一件《阚氏高昌永康年间供物、差役帐》（97TSYM1）中，见《新获吐鲁番出土文献》上，129—145页。左首兴见130、139页，得钱见130、140页。

说大致在阚氏统治高昌王国的时期。在这件文书中，有一些柔然汗国的称号和名字，如若慜提勤、乌胡慎、作都施摩何勃、秃地提勤无根、处论无根、鍮头〔发〕①。高昌官府命令它的官员向从蒙古高原来的柔然使臣支付织物，或者是赋税，或者是贡礼。《高昌主簿张绾等传供帐》（附录文书 1）虽然残缺，但记录了 17 笔税或礼物供帐，包括毯、行緤、赤纬、疏勒（今喀什）锦，有一笔支付包括不同的三种物品："行緤一匹、毯五张、赤纬□枚（具体数额残）"②。

还有几件毯和绢匹的残帐虽然年代不明，但大体上在 460—488 年之间，也都证明不同织物同时作为钱币在使用③。我们可以推想这些官员把特殊的物品，即行緤（棉布）、毯、赤纬（皮革）贡献给柔然，因为这些都是作为赋税从地方居民那里收取上来的。

比较难得的是有两件来自中原的契约保存下来，其年代也大体上同时，它们表明创立均田制度的北魏王朝治下也使用织物作为钱币。一件是甘肃灵台出土的北魏太和元年（477）的契约，记录了用谷 40 斛来购买 35 亩地④。这个数额单位显然不太为人所熟知，因此契约又给出了等同的重量价值为 50 斤，也相当于布 40 尺。这对我们的研究更有意义，使我们了解到，在这个较早的时期，中原的人们是知道如何用布匹来计算一定量的谷物价值。另一件是来自河北涿州（也可能来自长安，出土地不明）的北魏正始四年（507）的契约，记录了用绢 9 匹买了一块墓田⑤。正像上文提到的买棺的契约一样，这里也可能是一个虚构的交易，但是，如果布帛在阴间都被看作具有货币功能，那它在人世间也一定是同样的。

① 见罗新《高昌文书中的柔然政治名号》，《吐鲁番学研究》2008 年第 1 期，38—41 页。
② 75TKM90:20(a), 20(b)，《吐鲁番出土文书》壹，122—123 页。
③ 例如 97TSYM1:10-1 和其他一些残文书，图版和录文见《新获吐鲁番出土文献》上，146—149 页。
④ 录文见 Yamamoto and Ikeda, *Tun-huang and Turfan Documents*, p. 2, 参考 10；英译见 Hansen, *Negotiating Daily Life*, p. 26.
⑤ 录文见 Yamamoto and Ikeda, *Tun-huang and Turfan Documents*, p. 2, 参考 11；英译见 Hansen, *Negotiating Daily Life*, pp. 26-27.

　　高昌地区经过一段动荡时期之后，麹氏在 502 年登基成为高昌王国的统治者，麹氏高昌王国一直延续了一百多年。银币在吐鲁番的首次露面是在 543 年的一件随葬衣物疏中，记作"银钱百枚"，早于最早提到银币的现实世界所用契约计 41 年[①]。有意思的是这件文书罗列了六种不同形态的衣物：波斯锦十张、魏锦十匹、合蚕大绫十匹、石柱小绫十匹、白绢四十匹、布叠二百匹。把波斯锦和中国锦在用词上加以区分，表明当地人清楚两者的区分，也清楚不同宽窄的绫的大小区分。这是一个非常奢华的衣物疏，好像制作者想象着在这个世界上所有最有价值的物品，然后将它们或它们的冥物带到墓中以备在来生所用。

　　正像随葬衣物疏所明确的那样，织物是被当作钱币进入死后的王国，而在现实世界人们使用非单一的织物进行交易，有几件麹氏高昌国时期的契约记录了锦的使用情况。高昌承平五年（506），一位僧人的弟弟从一位名叫翟绍远的人那里举借锦一张，翟姓表明他是吐鲁番本地的高车人。这份借契特别提示这是一张"高昌所作黄地丘慈（龟兹）中锦（汉锦）"，是"绵（锦）经绵（锦）纬"，长九尺五寸，广四尺五寸[②]。高昌义熙五年（514），翟绍远又借给另一位佛僧半张锦，这里契约同样特别强调锦的大小，指出所借的是一张特殊的织物，而不仅仅是一张普通的锦[③]。而且，在这两笔交易中，佛教僧人承诺，如果借贷人不能按期归还这些特别的织锦，那他们将会支付锦价。一般的标准做法是，归还价值时都是使用原始借贷时所用的货币形式，很显然这里的锦也是作为一种货币形式来使用的。当翟绍远在高昌承平八年（509）购买一个女婢时，他支付了丘慈锦三张半[④]。一件高昌和平元年（551）的契约证明，以尺为单位的锦（还特别说明是一个柏树叶纹的锦）来作为货币支付借

---

① 72TAM170:9，《吐鲁番出土文书》壹，143 页。参看 François Thierry, "Entre Iran et Chine, la circulation monétaire en Sérinde de Ier au IXe siècle", in *La Sérinde, terre d'échanges: Art, religion commerce du Ier au Xe siècle. XIVes Rencontres de l'Ecole du Louvre*, Paris, 2000, pp. 121–147, esp. p. 128.

② 75TKM88:1(b)，《吐鲁番出土文书》壹，89 页。

③ 75TKM99:6(b)，《吐鲁番出土文书》壹，94—95 页。

④ 75TKM99:6(a)，《吐鲁番出土文书》壹，92—93 页。

贷,并附加上行叠六十匹（没有特别形制）[1]。这些交易表明锦在某些时候是有货币职能的,但在其他场合,则是另一些不同的织物。

这些早期资料没有反映出当地百姓更加看好哪一种形式的货币,只是到了 6 世纪末和 7 世纪初才有比较确切的材料说明这一问题。吐鲁番阿斯塔那墓地 84 号墓出土的一只纸鞋拆出六件文书,其书写形态相同,内容相近,表明它们原本是属于同一组文书。其中第 2 件《高昌延昌十四年（574）残奏》与第 4 件《高昌条列入官臧钱文数残奏》两件文书的背面纸的接缝处,都有同一个人的签署"暄"字[2],也证明这些残卷都是同一组文书,年代均在延昌十四年或其后很近的年份里（附录文书 2）。

"臧钱"一词中的"钱"的意义是什么引起学者间的争议,因为基本上没有特别说它们的金属属性。卢开万说:"这里没有标明是银钱,或是铜钱;如果是'高昌吉利'银钱,这笔收入就很可观了。"[3]郑学檬认为这里的钱都是指银钱,提示注意第 6 和 8 行文字"提婆锦一匹,平钱五十〔文〕……匹,平钱五十一文","提婆锦三匹,平钱一百五……"似表明提婆锦 1 匹值 51 文,3 匹为 153 文;他又引第 9 行文字"红锦二匹,平钱九十文",知红锦 1 匹 45 文;他指出合理的钱是银钱,"平钱"也称"平银钱"[4]。姜伯勤也认为臧钱往往以银钱交纳,因为《高昌康鸡□等入银钱帐》中有"官藏银钱拾叁文半"[5]。

那么,什么是"臧钱"呢？过去有些学者以为它是百姓在高昌国

[1] 60TAM326:014,唐长孺主编《吐鲁番出土文书》贰,文物出版社,1992 年,249 页。以上 506、514、551 三件契约的录文也见于 Yamamoto and Ikeda, *Tun-huang and Turfan Documents*, pp. 15-16（36、37、38 号）,年代我们均据此书。其内容的概说,见 Helen Wang, *Money on the Silk Road*, p. 97, Table 32.

[2] 67TAM84:20《吐鲁番出土文书》贰,1、3 页。

[3] 卢开万《试论麹氏高昌时期的赋役制度》,唐长孺主编《敦煌吐鲁番文书初探》,武汉大学出版社,1983 年,97 页。

[4] 郑学檬《十六国至麹氏王朝时期高昌使用银钱的情况研究》,韩国磐主编《敦煌吐鲁番出土经济文书研究》,厦门大学出版社,1986 年,301 页。

[5] 60TAM337:11/37 号文书的讨论,见姜伯勤《敦煌吐鲁番文书与丝绸之路》,文物出版社,1994 年,182 页。

进行商品交易时所交纳的商税，非定居的粟特商胡也被要求交纳这种税①。然而，卢向前经过细致的研究后得出结论，"臧钱"实际上是原本的"赃钱"的同音替代词，是高昌官府对盗窃、窝赃等罪过惩罚而收取赎金的名色。他考证文书中的张阿苟和商胡握畿延都是从犯（作从）②，其所窝藏的财产按当时的比价评估以后，地方官府罚其总数的一半为臧钱，这就是为什么张阿苟"出臧钱五十半"，而商胡握畿延"出臧钱一百五十七文"③。我们接受卢向前对文书内涵的解说，在附录的文书录文中把他复原的文字补入方括号中。

高昌是东西贸易通道上的一个中转站，不论是本地人张阿苟，还是粟特商胡握畿延，他们是从龙遮之棕处获得提婆锦的。后者的名字表明应当来自塔里木盆地北沿焉耆王国（今喀喇沙尔）。焉耆和高昌关系紧密，因此有不少焉耆人寓居高昌，或为居民，或为寄居，或为行商④。

在这段时期里，大量的萨珊银币进入高昌地区，在许多交易的场合里它们似乎取代了织物。在584—640年间，有另外的35件租赁土地的契约保存下来，租价是用谷物（15例）、银钱（11例）和不明物品（6例）来计算的⑤。同样的用谷物或钱币而不是织物来支付的做法，也见于565—637年间的六件雇劳动人手的契约中⑥。总体上来说，吐鲁番发现的高昌国时期的契约表明，人们使用谷物或萨珊银币来买卖、借钱、雇佣劳力。在600年前后的大约十年中，当地人偶尔使用织物来作支付手段。

---

① 朱雷《麹氏高昌王国的"称价钱"》，氏著《敦煌吐鲁番文书论丛》，甘肃人民出版社，2000年，81页；姜伯勤《敦煌吐鲁番文书与丝绸之路》，181—182页；É. de la Vaissière, *Sogdian Traders. A History*, translated by James Ward, Leiden, 2005, pp. 133-134.

② 商胡名字的第二个字不能确定。

③ 卢向前《论麹氏高昌臧钱》，《北京大学学报》1991年第5期，83—90页；又收入其《敦煌吐鲁番文书论稿》，江西人民出版社，1992年，201—216页。

④ 关于高昌地区的焉耆人，参看荣新江《龙家考》，《中亚学刊》第4辑，中华书局，1995年，145—146页。

⑤ 见 Helen Wang, *Money on the Silk Road*, pp. 83-85, Table 33.

⑥ 见 Helen Wang, *Money on the Silk Road*, p. 86, Table 34.

　　织物作为货币这种有限的使用情况，也可能是因为契约所记录的交易都是很小规模的（许多史料表明只有织物被用作大的供应物品），以及在契约上画押的人往往对应于那些社会地位较低的阶层。一个绝对是最高社会等级的供应例证发生在 630 年，正好是唐灭高昌之前十年。那一年，当高昌王向僧人玄奘（约 596—664 年）道别时，给他准备了二十四封介绍信给屈支（龟兹）等二十四国，每一封信附大绫一匹为信，还有充足的钱币：黄金一百两、银钱三万、绫及绢等五百匹^①。这么庞大的礼品表明高昌王国并不像后来的唐朝那样受到钱荒的困扰，很可能这是因为有充足的萨珊银币在高昌地区流通^②。或许可以想象，丝绸占据的是中间一层：僧侣可以使用银币来做小规模的买卖，丝绸则用来进行中层的一头牲畜和一个奴隶的买卖，而金子则是支付更大的供给。

　　还有一个来自较高社会等级的例子是阿斯塔那发现的独一无二的粟特语契约，它记录了一桩 639 年用 120 个"非常纯正"的银币购买一个女婢的买卖活动^③。在撒马尔干附近地区粟特人的故乡，很少有关于把织物作为钱币的信息，大量的艺术品上表现着中国风格的丝绸，但这些织物没有被理所当然地当作钱币使用^④。当 712 年撒马尔干城向大食哈里发的军队投降时，该城居民同意马上支付 200 万银迪拉姆（dirham）以及此后每年 20 万迪拉姆，他们付出的有价物品包括奴隶（200 迪拉姆）、很可能是锦织成的大型外衣（100 迪拉姆）、小型外衣（60 迪拉姆）、一捆捆的丝绢（28 迪拉姆）^⑤。这条难得的材料提示我们，7—8 世纪的粟特

---

① 慧立《大慈恩寺三藏法师传》卷二，中华书局，1983 年，31 页；Huili, *A Biography of the Tripitaka Master of the Great Ci'en Monastery of the Great Tang Dynasty*, translated by Li Rongxi, BDK English Tripitaka 77, Berkeley, 1995, p. 33.

② Skaff, "Sasanian and Arab-Sasanian Silver Coins from Turfan", pp. 67-155.

③ Yoshida Yutaka, "Appendix: Translation of the Contract for the Purchase of a Slave Girl Found at Turfan and Dated 639", *T'oung Pao* 89, 2003, pp. 159-161.

④ Kageyama Etsuko, "Use and Production of Silks in Sogdiana", in Matteo Compareti, Paola Raffetta, Gianroberto Scarcia (eds), *Ērān ud Anērān: Studies presented to Boris Ilich Marshak on the Occasion of His 70th Birthday*, Venice, 2006, pp. 317-332.

⑤ de la Vaissière, *Sogdian Traders*, pp. 268 -271; Trombert and de la Vaissière, "Le prix de denrées sur le marché de Turfan en 743", pp. 29-32 提供了一个 8 世纪高昌、敦煌、粟特地区某些物品价格的初步分析。

世界基本上是用银币而不是织物来作为钱币的，而与此同时，高昌和中原则钱币、谷物、织物一起流通。

总之，吐鲁番的契约表明，一方面在 640 年以前当地人更多地使用谷物和银钱而不是织物来作为他们日常生活花费时的支付手段；另一方面织物的确也作为钱币使用，但不是在最低的社会阶层中流通，阿斯塔那的资料记录了谁使用钱币以及和谁交易的情况。因为 640 年以前的文书没有提供给我们钱币和织物之间的交换率，我们必须把现存的证据汇集在一起来形成一个货币等级。玄奘旅行的花费表明最富有的人使用金、银钱和丝绸，后者是绢或绫。而相同时期的一般百姓，则使用谷物和银币来进行大多数的日常交换，把织物留给仅有的几次真实世界的交换，而且在他们的随葬衣物疏中把它们夸张地罗列出来。

唐朝统治下西州（吐鲁番）的经济

贞观十四年（640），唐朝军队打败高昌王国，将该绿洲与北庭（吉木萨尔）和哈密一起置于直接统治之下。显庆三年（658）以后，唐朝设立安西都护府，将军政统治延伸到西域地区。认识到谷物、钱币、织物的作用，唐朝官府采用统一的单位，即匹、端、屯、贯、石，来计量政府的全部收入和支出[1]。随着王朝的迈进，钱币变得不敷使用。保存在《唐会要》中的一篇 734 年的唐《格》，显然来自更早的一个文本，但已经佚失，其中特别强调所有购买房屋、奴隶和牲畜者，都必须使用布帛来支付[2]。政府的逻辑很清楚：如果使用织物去购买较贵的物品，则可保证市场上有更多的流通钱币。

---

[1] Masahiro Arakawa (tr. by Valerie Hansen), "The Transportation of Tax Textiles to the North-West as part of the Tang-Dynasty Military Shipment System", *Journal of the Royal Asiatic Society, series 3*, 23/2, 2013, pp. 245–261.

[2] 王溥编《唐会要》卷八九，中华书局，1955 年，1627 页。参看 Trombert and de la Vaissière, "Le prix de denrées sur le marché de Turfan en 743", p. 29.

　　唐朝政府支付大量的织物以供给驻扎在西北地区的军队。一个名叫左憧憙（约 616—673 年）的单身府兵的墓葬出土文书，清楚地展示了西州地区这些补给的影响①。府兵平时是农民，战时则应征为卫士。碰巧左憧憙是个富裕的府兵，他的墓葬中保存有内容相同的一个帐历的两个抄本，记录了他在一次经过据史德（Gyāźdi，今图木舒克）②、拨换（阿克苏）、安西（库车）③往于阗（和田）征行的途中所花费官府钱款的情况。两个抄本都是部分地保存下来，相互间不同的部分有所残失。因为现在已经不可能通过对比两个残本而完满地复原全部残缺的部分，所以我们在附录的第 3 件文书（《唐支用钱练帐》）中分别给出每个抄本的录文和翻译。

　　在左憧憙墓出土的文书中，有一件西域道征人赵丑胡向高昌县前庭府卫士左憧憙贷练的契约，我们知道在麟德二年（665）八月十五日前后，唐朝在西域曾有过一次军事行动。唐朝派遣部队到西北地区是想把于阗从吐蕃手中夺回，这次征行是由西州都督崔知辩及左武卫将军曹继叔指挥。从《唐支用钱练帐》中提到的地名如据史德、拨换、安西来看，这个文书应当是整个西域道行军所用钱帛支付帐历，因为它们出自曾参加西域道行军的左憧憙的墓，似可推定它就是麟德二年这次西域道行军时所用的帐历④。

　　左憧憙日复一日地记录着他的支出。正像后来的法律条文所要求的

---

① 左憧憙的墓葬编号 64TAM4，其所出全部文书都是唐朝的，见《吐鲁番出土文书》叁，文物出版社，1992 年，208—229 页。它们又见于 Wang, *Money on the Silk Road*, Charts. 31, 32, 33. 关于此墓更详细的讨论，见 Valerie Hansen, *Negotiating Daily Life in Traditional China*, pp. 33–39 以及她的 "Why Bury Contracts in Tombs?", *Cahiers d'Extrême-Asie* 8, 1995, pp. 59–66.

② 关于这个地名，参看荣新江《所谓图木舒克语中的 "gyaźdi-"》,《内陆亚细亚语言研究》VII，神户，1992 年，1—12 页；Rong Xinjiang, "The Name of So-called 'Tumshuqese'", *Bulletin of the Asia Institute*, new series 19 (Iranian and Zoroastrian Studies in Honor of Prods Oktor Skjaervo), 2005 (2009), pp. 119–127.

③ 关于这后两个地名，参看 P. Pelliot, "Notes sur les anciens noms de Kučā, d'Aqsu et d'Uč-Turfan", *T'oung Pao* XXII, 1923, pp. 126–132.

④ 见荣新江《新出吐鲁番文书所见西域史事二题》，北京大学中国中古史研究中心编《敦煌吐鲁番文献研究论集》第 5 辑，北京大学出版社，1990 年，339—354 页。

那样，左憧熹用练（而不是钱）来购买马匹和羊（第1、5行）。当他购买一个奴婢时，他没有完整的一匹练，所以不得不更用钱（价格已佚）（第6行）。他用半匹或整匹练来购买钞、米、白毡、马鞯。每当他花费较少的时候，如他支付作斋（第10行）、买苜蓿（第12行）、买肉（第7行），他都用钱支付。帐历中既提到银钱，也提到铜钱（大概是铜合金，而不是纯铜）。银钱是萨珊银币，铜钱则是唐朝的钱币或地方制币。在西州地区，唐朝铜币取代萨珊银币的时间大概在700年前后，但左憧熹从军任职，所以肯定会遇到这些铜钱①。

虽然左憧熹在任职期间的帐历反映了他的支出，但埋入他的墓葬的14份完整的契约则证明了他放高利贷的活动。这些完整的契约之埋葬本身也是不寻常的，因为几乎所有其他吐鲁番出土契约都是因为用来制作死者鞋底鞋面或衣物的其他部件而重新使用的，左憧熹或他的亲戚把这些契约埋葬，是希望他在阴间法庭上可以把没有归还的债务讨回，这些他在有生之年没有来得及收回②。这些记录了各种各样交易的契约引发我们探讨一个问题，即当时人们如何选择货币：为什么左憧熹在与别人的交易中这么多地使用钱币，却很少用织物？

六件契约是很简明的银币借贷（数额从10到48文），规定的利息是每月10%（有时候可以延缓一个10天的期限）。其他四件契约记录了土地租借，其中三件左憧熹只付出钱币，而第四件支付的是谷物和钱币。第十一件契约是用银币买草。此外该墓出土的完整文书是一封书信，不是契约，透露出左憧熹在自家房子里囤积了大量的钱币。一个家内奴仆为了要澄清自己的名声（或者是防止左憧熹在阴间法庭上惩罚他），他写了一封信给已故的左，否认偷盗了银钱500文。

有三件契约要求以织物支付，都涉及较大的数目。左憧熹曾借了两笔绢帛给人：一个是30匹练（每月生利息4匹，以练支付），另一个是

---

① Skaff, "Sasanian and Arab-Sasanian Silver Coins from Turfan".

② Hansen, "Why Bury Contracts in Tombs?"

练3匹而在回西州十日内不必生息①。当他购买一个年十五的奴隶（名申得，可能是个男孩）时，他支付了水练6匹、钱5文。为什么用钱和练结合起来购买？因为唐朝政府颁布法令规定，购买奴隶属于大的消费，所以要使用绢帛。一匹练被当作大额整钞使用，而五文钱则是零头。

墓葬中还有几件其他文书表明左憧熹的消费形态，他的随葬衣物疏表现了这样一个意思，即他（或他的后人）想把这些物品用于另一个世界：白练一万段、谷物五万石、白银钱三斗（在此银钱是以重量而不是以钱数来衡量的）。这里我们不必惊奇于使用这些想象的货币：丝绸、谷物、银恰好是唐朝西州均田制下所使用的三种货币类型。这件文书还提醒阴间官府，左憧熹还支付了一笔不定数额的银币给五百僧人，请他们为其念经。

左憧熹墓出土的材料为我们认识唐朝统治时期西州的经济提供了栩栩如生的画面，作为一个付出了的府兵，左憧熹从官府那里获得成匹的绢帛，以偿付他在军事征行中所付出的，他用这些帛练去购买马匹和羊。他把它们变换成钱币来支付小笔的开支（也支付购买奴隶和在没有绢帛时使用），他在自己的户内使用钱币，我们知道至少有一次他遭了盗窃，那时他的房子里有500文钱，而且他在大多数借贷和购买时使用钱币。只有一次他在租赁土地时既用谷物也使用钱，他用练购买了一个奴隶和进行两次借贷。

虽然左憧熹墓出土材料没有提供给我们有关交换率的任何信息，但几件较晚一些的吐鲁番文书却特别提到。据《武周如意元年（692）里正李黑收领史玄政长行马价抄》记载："银钱贰文，准铜钱陆拾肆文。"②表明692年时银钱和铜钱的比价是银钱1＝铜钱32文。又据《唐和籴青稞帐》（一）记录："绵壹屯准次沽直银钱伍文。两屯当练壹匹。"③本墓葬的年代在高宗、武则天时期（649—705年），其时银钱与练的比价是银钱10

---

① 第二件契约用"帛练"一词指"练"。据王乐2010年12月5日的私人通信，"帛"在这里的上下文中是"白"的意思。

② 64TAM35:28号文书，《吐鲁番出土文书》叁，517页。

③ 73TAM214:148(a)号文书，《吐鲁番出土文书》叁，163页。

文＝练1匹，可见在唐朝军队行进在西域的征行途中，他们使用丝绸、铜钱、银币来购买东西，其中练显然是三种货币中最贵的等价物。

根据上述两件文书中的交换率，我们可以计算出692年时一匹练等于10文银钱或320文铜钱。这种情况大概到731—732年时也没有改变，因为另外一组文书记录了300文铜钱等于大练一匹的比率（见附录文书4第18—19行）。1973年阿斯塔那506号墓出土一批唐开元十九年（731）到二十年（732）领料钱抄等文书残卷，详细地记载了唐代官吏月料、程料及客使停料等料钱的支领情况。附录中的两件文书中的一件有开元十九年的纪年，另一件虽然没有直接的纪年，但依日月排比，也是开元十九年文书。两件文书都包含很长的支付帐历，一条写完，有时接写下一条记录[①]。

韩国磐先生曾用这两件文书讨论铜钱与丝绸之间的关系问题，他统计了总计领钱为22次，领练为21次，若将名为领钱实际付练的一次计入领练，则领练22次，领钱21次。前一文书记领练48匹，后一文书更多。总计两件文书中以钱支付的只有1 390文，因为一匹练等于300文，显然用练支付的价值相对来说要高得多。他以此来说明即使在唐朝铜钱已经广泛流行的8世纪上半叶，仍然是钱练并行或说钱帛并行[②]。

近来，黄楼在一篇文章中对这些文书做了详细的专题研究，他根据文书中提到的官衔和军事单位，指出这组文书虽然发现于吐鲁番，但却是北庭地区的文书，后来流入西州。他对于本文书所记录的每一项，都做了详细的考察，他把文书中所说"料钱"分为三种：（1）"月料"（月工资）是唐前期外官俸禄中俸料的组成部分，包括

---

① 73TAM506:4/11 和 73TAM506:4/12 号文书，《吐鲁番出土文书》肆（文物出版社，1992年），402—408、409—411页。由于相关文书中出现的人名可以互证，所以我们可以据此补足一些省略的人名的全称。

② 韩国磐《高昌西州四百年货币关系补缺》，朱雷主编《唐代的历史与社会——中国唐史学会第六届年会暨国际唐史学会研讨会论文选集》，武汉大学出版社，1997年，320—325页。

"课钱"（这是获取官位的官员们在不同任职地从百姓那里收取的职务工资）、"杂给"（各种各样的收入）；（2）"程料"是出使者及其随从人员在完成出使任务返回时由沿途官府递给的差旅补贴；（3）"客使停料"有时也被省称为"客使料"或"停料"，约相当于客使住客馆的住宿费，"停"为"住宿"之意[1]。林晓洁最近对于这件文书中提到的月料支出，也做了专题研究[2]。本文书提供给我们唐朝官府在北庭地区用练而不是铜钱来支付工资、差旅补贴、旅馆住宿费等各种料钱的情况。

有关交换率的最好信息来自天宝二年（743）夏交河郡（吐鲁番）市场的两个物价单（市估案），池田温最先对它们做了研究，更近的是童丕和魏义天（Étienne de la Vaissière）的研究[3]。按照《唐律》的规定，官员要给出所列每件物品的三个价格（上、次、下）。马和骆驼的价格是用宽匹大练来标出的，其他任何物品（奇怪的是包括与官府规定相反的牛）都是用钱来标价（743 年时的钱肯定是唐朝的铜钱，在西州交河郡没有人会继续使用萨珊或阿拉伯—萨珊银币了）。这个价目单列出350 余种商品，包括 33 种不同的织物，用匹、端、屯、尺来度量出售。官员们以大练开头，三级的价格分别是每匹钱 470、460、450 文。生绢一匹的价格和大练一匹的价格完全一致（钱 470、460、450 文），但其他丝织品的价格则非常不同。价格最高的是用非常细的纤维制成的河南府生绔，每匹钱 630、620、610 文。最低价的是用小型织机纺织的梓州（在四川）小练，每匹 390、380、370 文。

---

① 黄楼《吐鲁番所出唐代月料、程料、客使停料文书初探——以吐鲁番阿斯塔那 506号墓开元十九年料钱文书为中心》，《敦煌吐鲁番研究》第 11 卷，上海古籍出版社，2009 年，249—267 页。

② 林晓洁《唐代西州官吏日常生活的时与空》，《西域研究》2008 年第 1 期，79—82 页。

③ 池田温对文书的排序和录文见所著《中国古代籍帐研究》，东京大学东洋文化研究所，1979 年，447—462 页；Trombert and de la Vaissière, "Le prix de denrées sur le marché de Turfan en 743"; Éric Trombert, "Produits Médicaux, aromates et teintures sur la marché de Turfan en 743", in Catherine Despeux (ed.), *Médicine, religion et société dans la Chine Médiévale: etude de manuscrits chinois de Dunhuang et de Turfan*, vol. II, Paris, 2010.

一些丝织物的类型，如绵、缦绯、练、绢，也出现在天宝四载（745）的 P.3348 号文书上，它登记了运往敦煌军镇的织物（见荒川正晴文章的讨论）。敦煌距吐鲁番 550 公里，很可能西州的镇守军也同样从中央政府获得同样的、至少是相类似的多种织物。来自中央官府的支付是巨额的：一万匹丝绸的两笔支付使得吐鲁番文书所记个体的交易相形见绌，后者只涉及数百匹丝绸交易[①]。对于军队的供给可能规模更大：729—737 年任河西节度副使的牛仙客曾提到，一次供应 20 万匹丝绸，比 P.3348 所记每年供给敦煌军镇的量要高出十倍[②]。

吐鲁番文书展现出，当这些供给进入地方经济以后，到底发生了什么。中央官府把这些织物发放给地方官的目的有多种：给予像左憧熹那样的单身士兵，给予使者以支付他们的各种消费，购买谷物让他们供职军镇，支付他们的工资俸禄。一旦政府官员支付了匹段，他们就使得地方经济循环起来，这就是为什么有 33 种不同的织物会在天宝二年交河郡的市场上出售。

结　论

制度历史学家杜佑（735—812）在他的《通典》中说，742 年和 755 年之间唐朝国家的赋税收入是：粟则二千五百余万石，布绢绵则二千七百余万端屯匹（包括布一千六百万余端，绢约七百四十余万匹，绵一百八十五万余屯），钱则二百余万贯[③]。唐朝政府没有选择余地：当

---

① 比如李绍谨和曹禄山之间关于 275 匹借贷的官司，《吐鲁番出土文书》叁，242—247 页，对此文书的讨论和部分英译，见 V. Hansen, "How Business was Conducted on the Chinese Silk Road during the Tang Dynasty", in William Goetzmann (ed.), *Origins of Value*, Oxford, 2005, pp. 43-64.

② 张九龄《唐丞相曲江张先生文集》（四部丛刊本）卷一二，叶 72a；董诰编《全唐文》卷二八七，中华书局，1983 年，2909 页。

③ Michel Cartier, "Sapèques et Tissus à l'époque des T'ang (618-906): remarques sur la circulation monétaire dans lat Chine Médiévale", *Journal of the Economic and*（转下页）

他们持有的钱币不多，却又囤积了大量的纺织品和谷物时，就不得不以这些物品作为支付。

还有，织物有一定的优势，这一点往往不被现代观察者注意到，因为我们太过熟悉我们自己的货币体系。在那些掂量过钱币和织物之优劣的早期经济史学家中，Michel Cartier 发表了两个统计表，来说明钱币和织物价值的变动，由此得出结论说，玄宗时期（712—755 年）的物价，无论是与他在位之前还是退位之后相比，都更加稳定[①]。童丕在 Cartier 著作的基础上提出一个有说服力的例证，说明织物比钱币更好地担当了交换的中介，织物比钱币和谷物要有很大的优势，因为钱币可能会贬值或降低成色，而谷物则容易腐败变坏。最重要的一点是，织物要比钱币轻很多，一串钱币可能比四公斤还重。而且，织物比钱币更少波动，可以保存其质地[②]。当铜钱的铜本身比它表面价值更值钱的时候，它们就会被熔化成铜本身。如果人们严格按照官方定价使用铜钱，则会导致伪币或是私铸铜钱的大量流通。织物则有另一个优势：如果有必要，人们可以把一匹布裁剪制成一套衣服。正如盛余韵在她的文章中所解说的那样，确定的 40 汉尺的长度正好与唐朝税收规定的绢一匹相应，用来制作一套衣服恰好略有富裕。

甚至在 640 年唐朝统治的税收制度推行之前，各种契约文书表明高昌居民使用多种共存的货币形式（谷物、毯、丝织品、钱币）。550 年以前，较小的交易用毯、谷物和钱币，大的则用丝绸。在接近 600 年的时候，萨珊银币流入地方经济，很少文书记录用织物交易，但织物仍然是有分量的重要货币，正像 630 年高昌王给予玄奘的那份丰盛的礼物：绫及绢等五百匹，外加黄金一百两和银钱三万。

（接上页）*Social History of the Orient*, vol. 19, No. 3, 1976, p. 338; 杜佑《通典》卷六，中华书局，1988 年，110—111 页; Twitchett, *Financial Administration Under the T'ang Dynasty*, pp. 153-156 翻译并解说了这段史料。

[①] Cartier, "Sapèques et Tissus", pp. 323-344, charts on pp. 327, 340.

[②] Éric Trombert, "Textiles et tissus sur la Route de la soie", in *La Serinde, terre d'échanges*, pp. 107-120, reference on p. 108.

　　不同类型的织物的价格也是非常不一样的，这一点我们可以从吐鲁番出土的天宝二年交河郡市估案中了解到。虽说记住每种货币的价值以及与其他货币的汇率是件很不容易的事，但当时的人们仍然适应了这一复杂的货币系统。

　　使用不同的媒介可以造成一些挑战，因为一匹绢要比一枚钱币（不论萨珊银币还是唐朝铜钱）或一定数额的谷物要价值大得多，所以花掉一匹织物有些困难的，正像今天使用 100 美元的支票或 100 欧元的票据一样。因此，左憧憙使用钱币来做大多数的买卖，而交河郡市估案所列举的绝大多数价格都是以钱来计算的。

　　当我们阅读吐鲁番文书的时候，我们希望获得更多的信息，或者把文献中的缺环神奇地弥补起来，但我们也不否认从遗址得到的超乎寻常的细节的价值。它们与如此丰富的中国历史典籍相比，官修正史、类书、不同官员所写的文集从国家观念的角度描写了货币体系，从吐鲁番发现的材料的价值恰恰在于，它们让我们看到了庞大的货币体系在现实生活中是如何运作的。简单说来，吐鲁番是整个中华帝国的一个区域，我们可以见到唐朝征服前后多元的货币体系的存在。

附录文书 1：《高昌主簿张绾等传供帐》①

　　（前缺）

1　□□□□□匹，毯六张半，付索 寅 义，买厚绢，供 涞 □。

2　□□□□半斤，付双爱，供□涞。

3　□ 出 行緤卅匹，主簿张绾传令，与道人昙训。

4　□ 出 行緤五匹，付左首典（兴），与若愍提勤。

5　□ 出 赤违（纬）一枚，付爱宗，与乌胡慎。

6　□□□□阿钱条用毯六张，买沾缲。

7　□□□□ 匹 ，付得钱，与吴儿折胡真。

8　□□□□□ 赤违（纬）一枚，付得钱，与作都施摩何勃。

---

① 《吐鲁番出土文书》壹，122—123 页。

9 ［　　］緤一匹，赤违（纬）一枚，与秃地提勤无根。

10 ［　　］月廿五日，出緤二匹，付□富买宍（肉）供□□。

11 ［　　］出毯一张［　　］

12 ［　　］出行緤［　　］

13 ［　　］行緤［　　］

14 ［　　］行緤三匹，赤违（纬）三枚，付隗已隆，与阿祝至火下。

15 ［　　］张绾传令，出疏勒锦一张，与处论无根。

16 ［　　］摩何□□

17 ［　　］緤一匹，毯五张，赤违（纬）□枚，各付已隆，供鍮头［　　］

（后缺）

附录文书 2:《高昌条列出臧钱文数残奏》①

（前缺）

1 ［　　］布二匹半，平〔钱〕［　　］

2 ［　　］半文。张申武［　　］（出臧钱）百文［　　］

3 ［　　］泮作人秋富二人［　　］蒲桃中赵武〔尊〕［　　］

4 ［　　］所藏绫十三匹，〔平钱〕一（二）百廿一文［　　］

5 ［　　］〔出〕臧钱一百一十文半。［　　］出臧钱一百一十文〔半〕，［　　］

6 ［　　］〔张〕阿苟作从，藏龙遮□□（之棕）提婆锦一匹，平钱五十〔文〕［　　］

7 ［　　］匹，平钱五十一文。张阿苟出臧钱五十半文。次传［　　］

8 ［　　］〔商胡握畿〕延作从，藏龙遮之棕提婆锦三匹，平钱一百五〔文〕；［　　］

9 ［　　］红锦二匹，平钱九十文；祁守义提婆锦一〔匹，平钱五十文；〕［　　］

10 ［　　］〔平钱二十四〕文。商胡握畿延出臧钱一百五十七文，

① 《吐鲁番出土文书》贰，2 页。

```
┌──────┐
│      │
└──────┘
```

11 `┌─────────────────────────┐`臧尽。赵武`尊` `┌──────┐`

　　（后缺）

附录文书 3-1：《唐支用钱练帐一》①

　　（前缺）

1 `┌──────┐`三将去，五匹校尉买去，二匹用买何堨马。练`┌─────┐`

2 □`职`城下。用练一匹籴马蹹。更钱八文亦用籴。胡乍城更用练一`匹`

3 `┌────┐`用钱拾文，憧〔熹〕`┌──────────┐`籴麦，用麦造粮。据史德
　　城用`钱`│　　│

4 □文，校尉用四文籴蹹。用钱二文买弦。更练一匹曹师`边`用籴`蹹`。
　　`┌────┐`

5 `匂`浑。用练一匹籴麨。回来河头。用一匹曹愿住`处买`羊。更用`钱`
　　`┌────┐`

6 □□住内（买肉）。拨换城用练半匹籴米。买婢，阙练一匹。`更`用
　　`钱`│　　│

7 □□买宾（肉）。更用一匹买白毡。用练半匹尾乳处买毡。用钱三文
　　`┌────┐`

8 □`安`西。`用`钱三文籴蹹。更用钱一文买草。更用同（铜）钱贰拾二
　　文〔买〕麨`┌────┐`

9 `┌──────┐`〔苜〕蓿。更用同（铜）钱六文籴麨。更用同（铜）
　　钱十四文籴`┌────┐`

10 `┌──────────┐``钱`一十八文籴麨。更用同（铜）`钱`│　　│

11 `┌──────────┐``蹹`。用银钱二文买`一脚宾`。`更用`钱廿一文买麨。`┌──┐`

12 `┌────────────┐``练`│　　│

13 `┌──────┐`□`钱`│　　　　　　　　　　　　　　　│作用□

14 □□`正`一文`索``┌────────────────────┐`用练一

────────────

① 《吐鲁番出土文书》叁，225—226 页。

匹与 作□ 。用

15　钱壹拾三文，更钱 ———————————————— 校尉下。银钱六

　　文，铜钱六十文。

16　安校尉下，银钱六文，铜钱卅一文。韩校尉下，银钱六，铜钱伍十

　　文。赵师下，

17　银钱十文，铜钱六十文，更铜钱廿十（衍文）六文。张师下，银钱

　　七文，铜钱卅文。

　　（后缺）

附录文书 3－2：《唐支用钱练帐二》①

　　（前缺）

1　————————————二匹用买何墌

2　————————————匹伞马踏。更钱

3　——————练——马踏。更用钱十

4　————————粮。据史德城用钱四文，与

5　索————用钱二文买弦。更用练一匹

6　曹师边用伞————————回来河

7　头，用练一匹曹愿住处买羊。□用钱———还买肉。

8　拨换城用练半匹伞米。买婢，阙————二文，

9　愿住处买肉。拨换更用练一匹买白□，□用□柬（练）———

10　用钱三文作斋。更到安西，用钱三文伞踏。——

11　用同（铜）钱廿二文买籹。用同（铜）钱六文买苜——

12　更用同（铜）钱八文买四□苜蓿。更————

13　用钱六文买三束苜蓿。更用同（铜）————

14　文买一脚。更用铜钱□————

　　（后缺）

———————

① 《吐鲁番出土文书》叁，227页。

附录文书 4–1：《唐开元十九年（731）康福等领用充料钱物等抄》①

（前缺）

2—3	伊吾军[子]□（将）权截等[壹]拾捌人，十五日料钱壹[阡]叁伯伍[拾]文。九月二日康福领八月料。

4　　营田副使僳亓思岌加勋赐壹匹。梁悉悍领。

5—6　　□曹司造裆子，锦綢伍拾肆尺，直准钱贰[阡]贰伯文。九月四日付主安莫。安（下为"莫"的粟特文署名 Mâk）②

7—8　　支度使典陆人，九月料钱壹[阡]漆伯肆拾文。开十九年九月八日，□□领。

9—10　　麹庭训领得钱陆伯叁拾文，充九月已后料。九月十二日麹〔庭〕训领。

11—12　　大练叁匹，充中馆玖月客使停料。九月十五日吕□领。

13—14　　大练拾匹，充中馆□□（客使）玖月停料。九月十六日吕□领。

15　　樊令诠领阴嗣璟料钱□□□□□□□（九月）十七日樊〔令〕诠领。

16　　樊令[诠]□□□□□□□□

17　　同日更领罗忠钱壹伯文。樊〔令〕诠□（领）。

18—19　　大练拾匹，充中馆客使十九年玖□（月）[停]料，匹估叁伯文。九月十七日吕□领。

20—22　　使西州市马官天山县尉留事（？）、典壹人、兽医壹人、押官壹人，伍日程料领得伯钱贰伯伍拾文。开元十九年九月十九日典赵宝领。

23—25　　吕璿傔贰人、仵马富（？）、麹星星、赵如真、王义宾等各捌日程料，共计陆伯肆拾文。九月十九日付.〔吕〕璿领。

26—27　　伊吾军市马使权截等壹拾捌人九月料，且领大练玖匹。九月十九日，康福领。

---

① 《吐鲁番出土文书》肆，402—408 页。

② 关于此处的粟特文署名，参看吉田豊《Sino-Iranica》，《西南アジア研究》48，京都大学，1998 年，38—39 页。

28—29 九月廿一日樊令诠请阴〔嗣〕瓛傔一人料钱贰伯玖拾文。樊〔令〕诠。("诠"押署)

30—31 陇右市马使傔叁人，各捌日程料，共计贰伯肆拾匹（文）。九月廿一日付魏仵□领。

32—33 九月廿一日安通领八月料钱陆伯捌拾文。九月廿一日，〔安〕通领。

34—35 杜泰八日程料，并典，共贰伯肆拾文。九□（月）□（廿）五日〔杜〕泰。

36—37 ＿＿＿＿嘉琰、翟滔辉、康元庄等叁人捌日程料，□（九）月廿五日翟滔〔辉〕领，计叁伯贰拾文。滔。

38—39 九月廿五日，麹使、张判官并典、傔等料钱，领大练贰匹。阚二朗领。

40—42 折冲卫神福傔贰人，权太虚等肆人各捌日程料，计陆伯肆拾文。九月廿七日付将〔权〕泰虚领。

43—45 折冲朱耶彦傔壹人，麹〔嘉〕琰傔壹人，卫神子壹人，各捌日程料，计陆伯肆拾□（文）。□（九）月廿七日付将〔权〕泰虚领。

46—48 梁既、□神易并傔贰人，各捌日程料，□（计）叁伯贰拾文。九月廿七日付傔人□□易领。

49—50 丁（？）钱（？）□得（？）料捌拾文，同日付＿＿＿＿陆＿＿＿＿

51—52 大练壹匹□陆匹＿＿＿＿十月二日□易领。便＿＿＿＿

53—54 十月三日＿＿＿＿＿＿赵处各取大练贰匹，充十一月料。

55—56 伊吾军子将权截等一十五人十二人白身三人品官各八日程料，计钱壹阡肆伯肆拾文。十月三日康福领。

57—58 耶勒供进马苏①壹斗，胜别卌八文估，计肆伯捌拾，十月四日卢琛领。

59—60 骆意并典、傔、押官等肆人□州程料。十月四日骆意领。

---

① "苏"有时指一种植物（Perilla），但这种用法很少见（2011年2月8日童丕邮件）。

61	安神愿领十一月料钱叁伯文。愿
62—63	石处默并傔各捌日程，共计钱 壹 伯文。十月四日付向〔辅〕麟领。
64—65	折〔冲？〕杨仙等料，计大 □□□□ 日付向〔辅〕麟领。
66—67	大练贰匹，十月十日付 支 度典张藏充月料。付王庭领。
68—69	大练两匹，□（十）月 十日付馆家 充 杨□ 等 □（月）料。付 向辅麟领。
70—71	□□□□□ 贰丈伍尺 □□□□梁□价十月

（后缺）

附录文书 4-2：《唐开元十九年（731）蒋玄其等领钱练抄》[1]

（前缺）

1—4	大练贰伯叁拾伍匹贰丈肆尺，充药直。十月十二日行人药主蒋玄其领。玄。见人王无感。
5—6	大练两匹，十月十九日付充十月客料。付向辅麟领。
7	安神愿领十月料大练壹匹。愿
8	樊令诠领阴〔嗣〕瓓料钱叁伯柒拾。诠领。
9—10	大练伍匹，充客使停料。十月廿六日付向辅麟领。
11—12	大练壹匹，十一月一日付安〔神〕愿充十一月料。付傔安神相领。
13—15	大练壹匹，十一月分付向辅〔麟〕，充杨乔诠料，余充别使料。十一月五日付向辅麟领。
16—17	大练五匹，充客使料。十一月十二日向〔辅〕麟领。
18—19	安神愿领十一月料大练叁匹。愿
20—21	大练叁匹，充大漠（幕）叁顶，张赏十二月二日付踏实力。（画押）
22—24	安神愿领拾贰月料钱叁伯文。其月九日付傔邵芬领。
25—26	阴〔嗣〕瓓十二月料钱肆伯贰拾文，并傔。十二月廿日樊

① 《吐鲁番出土文书》肆，409—411 页。

〔令〕诠领。

27—28　安〔神〕愿料钱叁伯文，付□（练）□（壹）匹，付家生送，
　　　　十二月廿日付。

　　　　（后缺）

　　（与韩森合撰，本文英文稿初刊 Journal of the Royal Asiatic Society, series 3, 23/2〔2013〕，2016 年 3 月 8 日翻译成中文，略有调整和补充。感谢陈元博士对中文译稿的部分订正。中译本载孟宪实、朱玉麒主编《探索西域文明——王炳华先生八十华诞祝寿论文集》，中西书局，2017 年。）

唐代西州的道教

在吐鲁番研究中，备受关注的首先是佛教。近年来，随着吐鲁番墓葬文书的大量出土，人们开始注意到吐鲁番地区的道教信仰问题，但关注的焦点是高昌郡至高昌国时期的随葬衣物疏和一件符箓。本文从比较严格的意义上来讨论道教在吐鲁番地区的传播史，特别是讨论人们较少谈到的唐朝西州的道教信仰问题。

一、西州道教之渊源

在公元 640 年唐朝占领吐鲁番盆地以前，也就是高昌郡和高昌国时期（327—640 年），学者们曾举出一些道教信仰在这里流行的证据，但这些资料所记是否是真正的道教，还有些不同的看法。现把有关的资料归纳起来，主要有四个方面，以下略作讨论。

第一，随葬衣物疏。在唐朝占领以前的高昌地区，几乎没有见到内地从两汉以来墓葬中流行的买地券，而是使用衣物疏。目前所见吐鲁番地区有文字材料的墓葬最早只到高昌郡时期（327—442 年），已经普遍使用衣物疏，但尚不知此前的情形如何。衣物疏与内地战国至西汉时期的"遣册"相似，有过所的性质，罗列各种随葬的衣物，以便死者能顺利到达"东海"。这种衣物疏反映了受巫术影响的信仰，其宗教色彩带有东汉的风貌，较同时代的内地要原始得多。这种延续自战国秦汉以来遣册的随葬衣物疏，反映的是中国传统的方术思想，不能指实为道教[①]。到了麴氏高昌国时期（502—640 年），高昌衣物疏开始有"比丘果愿敬移五道大神，佛弟子某某持佛五戒，专修十善"等语句，表明受到了佛教的影响[②]。

　　第二，符箓。吐鲁番阿斯塔那 303 号墓，出土一件符箓，朱书黄纸，上绘持戟幡武士，下大字写"黄"，再下为三行小字，接写的第四行字顶格，与武士齐。符文称："天帝神符：役煞百子死鬼，斩后必道鬼不得来近，护令达，若（著）头上，急急如律令。"[③] 黄烈在《略论吐鲁番出土的"道教符箓"》一文中做了详细考证，径指为"道教符箓"[④]。但索安士（Anna Seidel）则认为，严格地讲，其文字和图像的内涵仍然是道教以前的汉代宗教信仰，咒语所示黄帝所遣的使者仍是个恶魔[⑤]。

---

① 关于高昌衣物疏的讨论，见池田温《中国古代墓葬の一考察》，《国际东方学者会议纪要》第 6 号，1960 年，51—60 页；马雍《吐鲁番的白雀元年衣物券》，《文物》1973 年第 10 期；小田义久《吐鲁番出土の随葬衣物疏について》，《龙谷大学论集》第 408 号，1976 年，78—104 页；又《吐鲁番出土随葬衣物疏の一考察》，《龙谷史坛》108 号，1997 年，1—22 页；白须净真《随葬衣物疏付加文言（死者移书）の书式とその源流》，《佛教史学研究》第 25 卷第 2 号，1983 年，72—99 页；又《吐鲁番出土葬送仪礼关系文书の一考察》，《东洋史苑》第 30、31 号，1988 年，41—82 页；郑学檬《吐鲁番出土文书〈随葬衣物疏〉初探》，《敦煌吐鲁番出土经济文书研究》，1986 年，414—444 页；A. Seidel, "Traces of Han Religion in Funeral Texts Found in Tombs"，秋月观暎编《道教と宗教文化》，平河出版社，1987 年，21—57 页；侯灿《吐鲁番晋—唐古墓出土随葬衣物疏综考》，《新疆文物》1988 年第 4 期，35—44 页；陈国灿《从葬仪看道教"天神"观在高昌国的流行》，敦煌吐鲁番学新疆研究资料中心编《吐鲁番学研究专辑》，敦煌吐鲁番学新疆研究资料中心，1990 年，126—139 页；孟宪实《吐鲁番出土随葬衣物疏的性质及其相关文题》，《吐鲁番学研究专辑》，192—208 页；刘昭瑞《关于吐鲁番出土随葬衣物疏的几个问题》，《敦煌研究》1993 年第 3 期，64—72 页。这里主要依据钟国发《也谈吐鲁番晋—唐古墓随葬衣物疏》，《新疆师范大学学报》1995 年第 3 期，3—5 页。

② 除了注 1 所引研究文献外，还可参看韩森《中国人是如何皈依佛教的——吐鲁番墓葬揭示的信仰改变》，《敦煌吐鲁番研究》第 4 卷，北京大学出版社，1999 年，17—37 页。

③ 彩色图版见新疆维吾尔自治区博物馆编《新疆出土文物》，文物出版社，1975 年，图 70。又见唐长孺主编《吐鲁番出土文书》壹，1992 年，129 页；唐长孺主编《吐鲁番出土文书》二，文物出版社，1981 年，33 页。

④ 《文物》1981 年第 1 期，51—55 页。

⑤ Seidel 上引文，38—39，46 页。但她的录文与本文略有不同，因此理解也有些差异。

按本墓墓主名赵令达，有和平元年（551）一月三日的墓表，王素据此读出符文中的"令达"，并判定其年代为和平元年①，可以信从。这件符篆年代属于高昌国时期，是最有可能的一件道教资料，但它属于一个个体，不能说明当时有道教寺院的存在。

第三，桃人墓牌。发现于阿斯塔那336号墓，墓主人为高昌郡时期的张龙勒。此系守墓防鬼的符咒文书，是否为道教性质，陈国灿和钟国发先生有不同看法②。用桃人或用桃木制作的其他弓、剑、板之类的东西，都是中国传统的驱鬼辟邪的做法，似不能作为道教在吐鲁番传播的依据。

第四，佛教石塔上的八卦符号。德国探险队曾在高昌城发现两个佛教小石塔，与敦煌、酒泉发现的小石塔相同。塔的上方刻佛教《十二因缘经》，下方刻佛像，并有八卦符号。据河西石塔的年代，这些石塔均属北凉时期③。有的学者认为这类石塔反映了佛教向道教借鉴的情形④，但仅仅从八卦符号，还难以说就是道教，因为八卦不是道教的专利。

上述材料多属于高昌郡时期，其时高昌在政治上隶属于河西王国，文化上也当受其影响。张龙勒从其名字来看，应当出自敦煌的张氏（龙勒为敦煌地名）。而北凉石塔的传入，或与且渠王族入据高昌有关。但正是且渠氏的到来，由上而下掀起了一场兴佛运动，使佛教在吐鲁番地区得到迅猛发展，道教的信仰渐渐被佛教所取代⑤。

---

① 王素《吐鲁番出土高昌文献编年》，新文丰出版公司，1997年，156—157页，No.329。
② 陈国灿《从葬仪看道教"天神"观在高昌国的流行》，128—129页，钟国发《也谈吐鲁番晋—唐古墓随葬衣物疏》，4—5页。
③ *Along the Ancient Silk Route*, New York 1982, 64-65. 参看 H. Durt, K. Riboud et Lai Tunghung, "A propos de 'stûpa miniatures' votifs du Ve siècle découverts à Tourfan et au Gansu", *Arts Asiatiques*, XL, 1985, pp.92-106；殷光明《北凉石塔上的易经八卦与七佛—弥勒造像》，《敦煌研究》1997年第1期，81—89页。
④ 参看姜伯勤《道释相激：道教在敦煌》，《敦煌艺术宗教与礼乐文明》，中国社会科学出版社，1996年，283—285页。
⑤ 参看姚崇新《北凉王族与高昌佛教》，《新疆师范大学学报》1996年第1期，68—77页；荣新江《〈且渠安周碑〉与高昌大凉政权》，《燕京学报》新5期，1998年，65—92页。

高昌郡时期的丧葬习俗所表现的民间信仰，基本是中国传统的方术，其中有些被后来的道教所吸收，但还不能把高昌郡时期的有关方术的一些资料确定为道教的性质。麴氏高昌国时期的出土文书材料更多一些，但未见有特别的道教资料，而有关佛寺记载的大量增加，反映了事实上当时占据统治地位的无疑已经是佛教，连墓葬中的一些传统民间信仰也让位给佛教。这时的佛教已经有了严密的教团组织和充实的经济实力，当时即使有道教信徒，似乎也还没有其所依附的道观，只是个别人和个别家庭的信仰而已。迄今为止已经发表的研究文献中，探讨唐朝以前吐鲁番道教问题的论文较多，这或许会给人一个深刻的印象，以为其时道教颇为盛行。依我看来，当时流行的主要是中国传统的民间信仰，特别表现在丧葬习俗方面，道教作为一种宗教，即使存在，也远远不能与早期的祆教和后来居上的佛教相比①。

位于西域佛教环境中的高昌王国，固然是以佛教为其王族和民众的主要信仰，但因为麴氏高昌国是以汉人为中心建立的地方王国，在文化上自然受到许多中国传统文化的影响，其中传统的方术和民间信仰为道教在吐鲁番地区的传播打下了基础。

二、西州道观的建立及其活动

李唐在创业时得到道教图谶的帮助，并且因为与老子同姓李，故以老子为远祖，尊崇道教，令道士女冠在僧尼之前。贞观十四年（640），唐太宗灭高昌，迁徙高昌国王室麴氏和一些大家族如张氏到长安和洛阳，同时设立西州，使之同于内地的州县，并很快将唐朝的一整套政治

① 关于高昌国时期的祆教和佛教的情形，参看王素《高昌火祆教论稿》，《历史研究》1986 年第 3 期，168—177 页；荣新江《祆教初传中国年代考》，北京大学传统文化研究中心编《国学研究》第 3 卷，1995 年，335—353 页；张广达《吐鲁番出土汉语文书中所见伊朗语地区宗教的踪迹》，《敦煌吐鲁番研究》第 4 卷，1—16 页；姚崇新《试论高昌国的佛教与佛教教团》，《敦煌吐鲁番研究》第 4 卷，39—80 页。

军事制度推行到吐鲁番盆地。从目前所见文书中有关佛寺的记载，一些家庙形式的佛寺名称不见了，代之以规范的两个字命名的寺院，这大概是唐朝对高昌国佛教教团的整理结果，即王延德所谓"佛寺五十余区，皆唐朝所赐额"[①]。虽然李唐王室极力尊崇的道教，但迄今尚未见到吐鲁番文书中有关唐初道观的记载，所以估计在佛教势力强盛的高昌，要迅速改变人们的宗教信仰并非易事，所以道观并没有随着唐朝势力的到来而马上建立。

反映唐前期西州道教信仰的文书材料，是 TAM332 墓出土的唐写本《五土解》及《祭五方神文》，年代在龙朔元年（661）前后[②]。这些文书的内容根据的是汉代的谶纬学说，所反映的是东汉时流行的醮宅仪和醮墓仪[③]。这种道教醮仪和汉唐时期的国家礼祭有共通之处[④]，它反映了唐朝统治吐鲁番盆地的初期，道教仍保留着较为原始的风貌。

目前所见吐鲁番文书中最早的提到道观的纪年文书[⑤]，是阿斯塔那189 墓出土的《唐开元四年（716）籍后勘问道观主康知引田亩文书》，残存文字三行[⑥]：

---

① 《宋史》卷四九〇《外国传》"高昌"条。参看小田义久《西州佛寺考》，《龙谷史坛》第 93·94 号，1989 年，1—13 页。

② 唐长孺主编《吐鲁番出土文书》叁，1996 年，152—158 页；唐长孺主编《吐鲁番出土文书》六，文物出版社，1985 年，285—300 页。

③ 饶宗颐《老子想尔注校证》，上海古籍出版社，1991 年，150—151 页；刘昭瑞《吐鲁番阿斯塔那 332 号墓方术文书解说》，《文物》1994 年第 9 期，54—57 页。

④ 参看姜伯勤《敦煌艺术宗教与礼乐文明》，308—310 页。

⑤ 小笠原宣秀氏曾从大谷文书 1212 和 3361《佃人文书》中，辑出"□汤观""周楼观"两个名字，认为是道观，见小笠原宣秀《吐鲁番出土的宗教生活文书》，《西域文化研究》第 3 卷，法藏馆，1960 年，260 页。但因缺少前后文，尚难定论。

⑥ 唐长孺主编《吐鲁番出土文书》肆，1996 年，109 页；唐长孺主编《吐鲁番出土文书》八，文物出版社，1987 年，237 页。按 72TAM225 出土一件《唐合计僧尼道士女官数帐》，其正面是《武周长安三年（702）史宋果牒》，则背面的帐也大体同时，见唐长孺主编《吐鲁番出土文书》叁，410 页；唐长孺主编《吐鲁番出土文书》七，文物出版社，1986 年，232 页。但同墓出土文书均来自敦煌，所以陈国灿先生认为本件也是自敦煌携来者，见陈国灿《武周时期的勘田检籍活动——对吐鲁番所出两组敦煌经济文书的探讨》，《敦煌吐鲁番文书初探二编》，武汉大学出版社，1990 年，370 页。

1 ☐☐|上|件观，开元四年籍，有孔进渠

2 ☐☐|拾|柒亩有实者，依问观主康知引，

3 ☐☐一十七亩，|就|中十亩，西|畔连|

此文书当在开元四年后不久写成，最晚不会晚于开元八年再造籍时。文书没有留下道观的名字，未免遗憾。但观主姓康，是个粟特人的后裔，颇耐人寻味。

西州道观的建立始于唐玄宗时期并不偶然，这一方面是因为，在唐朝诸帝中，以玄宗崇道最为积极。另一方面的原因是，开元天宝时期，唐朝在西域已站稳脚跟，而且在西州的统治已经半个多世纪，新王朝的思想意识也渐渐输入并慢慢流传。

西州道观的建立，是道教在吐鲁番盆地确立的重要标志，因为有了道观，就有了出家道士，也有了教规和正式的经典，是名副其实的道教了。

以下把迄今所见西州道观材料辑录出来，并参考其他有关文书，就道观的建立及其活动做些分析。

（1）总玄观

阿斯塔那 184 墓出土《唐开元八年麴怀让举青麦契》前两行文字为[1]：

1 |开元|八年九月五日，麴怀让于总

2 玄观边举取青麦壹硕捌斗。（后略）

同墓文书中有"道士梁玄忠"名[2]；又阿斯塔那 193 墓文书有"道士张潼"名[3]；表明西州道观和道士渐渐多了起来。

---

① 《吐鲁番出土文书》肆，130 页；《吐鲁番出土文书》八，287 页。
② 《吐鲁番出土文书》肆，135 页；《吐鲁番出土文书》八，295 页。
③ 《吐鲁番出土文书》肆，242 页；《吐鲁番出土文书》八，503 页。

（2）龙兴观

《唐会要》卷四八记神龙元年（705）敕："其天下大唐中兴寺、观，宜改为龙兴寺、观。"吐鲁番阿斯塔那 509 墓出土《唐西州高昌县出草帐》第 4 行，记有"龙兴观柒束"。这件文书所列前三行是个人纳草数，从龙兴观开始为寺观纳草数，龙兴观以下为大宝寺、崇宝寺、龙兴寺、遵戒寺、证圣寺、开觉寺，再后是个人和佛寺混书，以个人为主[①]。虽然这里只见到一个道观的名字，势力远较佛寺为弱，但它位居寺观的首位，似表明其为西州高昌县官立道观。《吐鲁番出土文书》整理者的解题据上引《唐会要》卷四八的记载，认为此帐必在神龙之后，并姑置于开元前[②]。按同上整理者对本墓出土文书的描述，这件文书系拆自开元二十五年（737）入葬的张君之纸鞋，拆自同一只鞋的其他二十二件文书多在开元十九年以后[③]。所以年代似亦应当在开元十九年以后。唐玄宗开元十七年写《龙角山庆唐观纪圣铭》，开始特别尊崇"我远祖玄元皇帝，道家所号太上老君"。开元十九年，令五岳各置老君庙。玄宗由此开始大力崇道[④]。龙兴观作为官立道观，它的出现，或与玄宗兴道运动有关，不过官立寺观尚未改称"开元"（开元二十六年改），仍以"龙兴"为号。

（3）安昌观

大谷文书《唐开元十九年（731）正月十三日西州天山县到来符帖目》第 102 行记[⑤]：

功曹符，为修安昌观，勒自□□□□

　　这是西州天山县收到西州功曹（？）下达的符文抄目，内容是让当地修缮安昌观。这里透露了两个信息，第一是在西州五县最西边的天山县，在开元时也有道观存在。第二，这所道观在开元十九年以前已经存在，但却失修，到这一年正月十三日，西州下符令天山县加以修缮。如上所述，开元十九年正是玄宗大力崇道之后不久，则西州天山县获得修观指令并不是偶然的，这很可能是具有普遍意义的修缮各地道观的诏令。

　　（4）紫极宫

《长安志》卷八唐京城南进昌坊条记[①]：

　　　太清宫：《礼阁新仪》曰：开元二十九年始诏两京及诸州各置玄元皇帝庙一所，依道经醮□。天宝元年正月，陈王府参军田同秀上言，玄元皇帝见于丹凤门之通衢，以天下太平，圣寿无疆之言传于玄宗，仍告赐灵符尹喜之故宅上。遣使就桃林县函谷关令尹台西得之。于是置庙于太宁坊，东都于积善坊。九月，改庙为太上玄元皇帝宫。二年正月，加号大圣祖。三月，敕西京改为太清宫，东都太微宫，诸州为紫极宫。

天宝二年三月的这道圣旨，在西州也有反响。吐鲁番阿斯塔那 506 墓出土《唐天宝某载□仙牒为本钱出举事》，文字如下[②]：

　　1　━━━━━━ 上件本钱征，去载八月已后，
　　2　随时续辩，并已纳足讫。未经陈请公 验 ，恐后
　　3　载月深久，官典改易，无有凭据，□□朱牒者。辛

① 参看《唐会要》卷五〇，中华书局，865—867 页；《旧唐书》卷二四《玄宗纪》，中华书局，925—926 页。关于长安之太清宫，详参 Victor Xiong, "Ritual Innovations and Taoism under Tang Xuanzong", T'oung Pao, LXXXII.4-5, 1996, 258-316.
② 《吐鲁番出土文书》肆，571 页；唐长孺主编《吐鲁番出土文书》十，文物出版社，1991 年，283 页。

4　奉玄等请纳　　紫极宫□□□到，召主出举，
5　□牒知者。牒至准状，故牒。
6　　　　　　　天宝□□正月廿六日□□□□　仙牒
7　　　　　　　　　　　典李□□□□

本件年份部分残，但"天宝"年号仍在，是为天宝年间（742—756）的文书无疑。文书是有关交纳公廨本钱后要求官府给予凭据的牒文，其中提到辛奉玄等人请纳紫极宫的什么东西，惜文字已残，未得其详。但此处的紫极宫名前留有二字阙格，表明当时所立平阙式中，规定在文书中要对崇奉老子的紫极宫加以阙字处理，可见其皇帝的地位在地方上得到严格遵从。

紫极宫的位置，据德藏吐鲁番文书 Ch.1046（T II 4042）《唐安西坊配田亩历》，在安西坊。现将笔者 1996 年据原卷所抄该《历》残存文字如下①：

1　安西坊
2　四月廿一日康日进下壹段□□□□
3　　崇宝寺又壹段　董寺家□□□□
4　　刘孝忠下半段　范七娘半段□□□□
5　　索嘉晟半段　　女妇大娘子半段　曾□□□□
6　　孙虔晟壹段　　王太宾壹段　　　白□□□□
7　　紫极宫壹段　　崇宝寺僧遁□□□□
8　□□□□壹段　　计贰拾□段典杨□□□□
9　□□□□□□下半段□□□□

这是唐朝西州高昌县官府规定安西坊内人户或寺观的按日分配田亩数，后有典杨某的合计记录，但其性质不甚明了，年代必在天宝二年三月以

① 此据德国国家图书馆藏原卷抄录。

后。可贵处在于，它告诉我们紫极宫在安西坊。按照唐制，供奉太上玄元皇帝的紫极宫应当立于州治所在县，在西州，即应当在高昌城内。

西州道观并不是虚设，而是在唐朝的官方支持下，从事各种斋醮活动。

敦煌文书 S.2703《唐天宝八载（749）十二月敦煌郡典王隐牒为分付合郡应遣上使文解总玖道事》，现将有关部分录出 [1]：

1　合郡廿三日应遣上使文解总玖道

2　一上北庭都护府为勘修功德使取宫观斋醮料事

3　一牒交河郡为同前事　一牒伊吾郡为同前事

4　一牒中书门下为勘修功德使墨敕并驿家事

5　一上御史台为同前事　一上节度使中丞衙为同前事

　　（中略）

9　　右各责得所由状，具上使事

10　　目如前。

11　牒件状如前，谨牒。

12　　　　　　　十二月　日，典王隐牒。

13　当郡应上使及诸郡文牒共玖道，附

14　长行坊取领如牒，常乐馆检领递过

15　讫□□□□

第 9 行以前是敦煌郡上报给河西节度使或周边各郡府的牒文抄目，其中有勘修功德使取宫观斋醮料事一项，总共三道，分别牒北庭、交河郡、伊吾郡。另外，为勘修功德使墨敕并驿家事，分别上中央政府即中书门下、京师御史台、河西节度使中丞衙各一道。修功德使是唐朝中央政府派出的使者，负责诸郡修佛道功德事。由此牒文可以看出敦煌郡为修功

---

① 《英藏敦煌文献》第 4 册，四川人民出版社，1991 年，202 页。菊池英夫《唐代敦煌社会の外貌》，《讲座敦煌》第 3 卷《敦煌の社会》，大东出版社，1980 年，119—120 页有录文，惜略有误录。

德使相关的事宜与北庭、交河、伊吾、长安、凉州（河西节度使驻地）的联络情形，并反映了诸郡宫观在官方派的修功德使的监督下进行斋醮的情况。

（5）唐昌观

吐鲁番阿斯塔那 509 墓出土《唐唐昌观申当观长生牛羊数状》如下 [1]：

1　唐昌观　　　状上
2　　当观长生羊大小总二百卅八口
3　　　一百五十二口白羊
4　　　卅八口羧羖
5　　　羔子卌八口（圈掉）
6　　　卅八口今年新生羔子
7　牒：当观先无群牧，三、五年诸家
8　布施及续生，零落离合，存得上件
9　数。具色如前，请处分。

《吐鲁番出土文书》整理说明云："本件正面为《宝应元年五月西州使衙榜文》，本件当在其后。"实际上，这件文书可能即与正面文书有关，现将正面文书《唐宝应元年（762）五月节度使衙榜西州文》抄录如下 [2]：

1　使衙　　　　榜西州
2　　诸寺观应割附充百姓等
3　　右件人等，久在寺观驱驰，矜其勤劳日久，遂与僧道
4　　商度，并放从良，充此百姓。割隶之日，一房尽来，
　　　不能有愧

---

① 《吐鲁番出土文书》肆，338 页；《吐鲁番出土文书》九，144 页。
② 《吐鲁番出土文书》肆，328 页；《吐鲁番出土文书》九，126—127 页。

5　　于僧徒。更乃无厌至甚，近日假托，妄有追呼。若信此流，

6　　扰乱颇甚。今日以后，更有此色者，当便决然。仍仰所由

7　　分明晓喻，无使踵前。榜西州及西海县。

8　以前件状如前。

9　　　　　　建午月四日。

10 使御史中丞杨志烈。

关于此文书的年代和发布者，唐长孺先生已经有专门的考证[①]，整理说明应即据唐先生说，定建午月为宝应元年（762）五月，时虽已改元，但西州路远不知，故仍用肃宗上元二年去年号后的计月法[②]。这次伊西北庭节度使要求寺观将奴婢和家人放良，除了一般的扩大税收交纳人口外，还有面对吐蕃入侵而征集保卫西州的兵员的缘故[③]。伊西北庭节度使放榜前，应当首先对寺观人口和经济状况有所了解，榜文背面的唐昌观文书，大概就是回答这种调查的报告。从唐昌观的报告看，其所拥有的群牧只是近三、五年来有的事，且数量不大。唐昌观从其名字来看，也有浓厚的唐朝色彩，但它不是西州的大观，所以经济实力不强。

道教的实力因政治而增强，关于此点，阿斯塔那 509 墓出土的《唐西州道俗合作梯蹬及钟记》最值得吟味。现转录如下，再做讨论[④]：

（前缺）

1　腹。县令王□（韶？）、丞王□等，□□□□□□

2　簿马琼、尉卫综、阮玉等，寮彩（采）咸

① 唐长孺《敦煌吐鲁番史料中有关伊西北庭节度留后问题》，《中国史研究》1980 年第 3 期，6—8 页。

② 《吐鲁番出土文书》肆，328 页；《吐鲁番出土文书》九，126 页。

③ 参看姜伯勤《唐五代敦煌寺户制度》，中华书局，1987 年，336—337 页。

④ 《吐鲁番出土文书》肆，335 页；《吐鲁番出土文书》九，137—139 页。

3　斯水镜，群司仰其朱绳。清风入百姓

4　之怀，令誉传耆旧之口。衙官将军

5　赵献璋、张承晖、王休升等，溢气雄

6　图，怀奇妙略，行资孝悌，文翰芳

7　猷。乡官折冲张无价、中郎麴淑、张景

8　阳、曹玄仲、张游鹤、麴嘉忠、麴从一、麴琦、杨雅俗、

9　马龙、竹楷、麴惊等道门领袖，助施虔诚。

10　大德僧清朝、惠超、法朗、明远、惠想、法善等

11　法主桥梁，常行不二。道门威仪氾栖

12　霞、链师阴景阳等道体清虚，逍遥

13　物外。当观道士张真、张岩、范仙、苏虚、申

14　屠甚、康鸾、苏熹、索名等仰凭四辈，共结

15　良缘，不惮劬劳，作斯梯蹬。观主张驾

16　鹤龀岁参玄，龆年入道，真元湛寂，抱

17　一无亏，建造鸿钟，救拔黎庶。闻声

18　者九幽罢对，息向者六府停酿。

19　俱沐此恩，咸登乐道。

20　　斋

《吐鲁番出土文书》的解题云："本件纪年已缺，文中张无价为天宝、大历间人，已见前件解题。又张游鹤亦见于本件正面《宝应元年（762）康失芬行车伤人案卷》。据此知本件应在宝应、大历间。今列于前件之后。"按前件即同墓所出《唐西州天山县申西州户曹状为张无疡请往北庭请兄禄事》，其解题云："纪年已缺，张无价见于阿斯塔那506号墓所出《唐天宝十载（751）张无价告身》及《唐大历四年（769）张无价买阴宅地契》，本件当在天宝、大历间。"[1]其年代的考订大体不误，但文书定名未提是西州何县文书。文书中的关键人物是张无价。按阿斯

---

① 《吐鲁番出土文书》肆，334 页；《吐鲁番出土文书》九，135 页。

塔那 506 号墓即张无价墓，所出《唐大历四年张无价买阴宅地契》，明确记载这位郡望为南阳的张府君是"西州天山县"人。又据上面提到的《唐西州天山县申西州户曹状为张无瑒请往北庭请兄禄事》和《唐天宝十载张无价告身》，张无价在天宝十载以前任"行官昭武校尉行左领军卫燉煌郡龙勒府右果毅都尉员外置同正员"，这是他的员外官，实职是北庭乾坑戍主，但被吕将军（吕休琳，开元十七年任安西节度使）奏充四镇要籍，在安西四镇效力①。天宝十载，因在安西四镇平石国及破九国胡并背叛突骑施等贼的战役中立功，改任"游击将军守左威卫同谷郡夏集府折冲都尉员外置同正员"。在本文书中，张无价是"乡官折冲"，即以员外官的折冲衔致仕，回乡任乡官，是地方绅士一类的闲职。他卒于大历四年，其任乡官的时间必在晚年，而《买地契》说他是天山县人，其弟张无瑒往北庭一事也是天山县处理，所以张无价无疑是天山县的乡官。因此，本文书应当是写于宝应元年至大历四年（762—769）间的天山县文书。

文书前缺，但主体部分仍在。前面是对天山县县令及属下丞、主簿、尉及衙官将军等人的颂词，以下依次赞颂乡官折冲张无价、中郎魏淑等道门领袖，清朝等大德僧人，以及道门威仪氾栖霞、链师阴景阳等，最后是当观道士张真等作梯蹬，观主张驾鹤造鸿钟的记录。虽然文中提到了天山县官吏和大德僧人的名字，但实际造作梯蹬和钟者是某道观的道士们和观主一人，所以把道教领袖放在大德僧人前面，发愿的文词也完全是道教的语言，如"九幽""六府"云云，而且最后一行大书符文"䲳"字，处处都是道教的本色。

这件文书不仅使我们看到偏远的西州天山县道教徒众的活动，而且可以从有关人物的分析中，看出道教在当地的实力。

文书中提到的道门领袖多是地方豪族，为首的张无价前面已经谈到，是当地有势力的乡官父老一类人物，而且他出身南阳张氏，是高

---

① 《吐鲁番出土文书》肆，334 页；《吐鲁番出土文书》九，135—136 页；《吐鲁番出土文书》肆，392—393 页；《吐鲁番出土文书》十，2—5 页。

昌国王后张太妃和大臣张雄的后裔①。以下麹氏、曹氏、杨氏、马氏均是高昌地方大姓，而麹氏人物最多，他们出自麹氏高昌王国的王族当无疑义。麹氏并未因高昌灭亡而衰落，唐朝虽把高昌王掳到长安，但不久就派其弟麹智湛出任西州都督，因此麹氏在高昌的势力一直存续下来，这也可以从柏孜克里克出土的《贞元六年（790）麹上人修功德记》碑看出②。有趣的是到了唐朝中期，这么多的麹氏王族后裔成为道门领袖，要知道他们本是吐鲁番佛教的最有力推动者。张游鹤又见本件正面所写《宝应元年康失芬行车伤人案卷》，是有关粟特胡人史拂那两个孩子在张游鹤店门前坐时，被另一粟特人康失芬辗伤一事的案卷文书③。张游鹤店，应当是张游鹤经营的某种店铺，虽未得其详，但知其必为当地殷实人家。张游鹤与观主张驾鹤只有一字之差，两人应是兄弟关系，一在家植业，为在家道士；一入道为观主，为出家道士，由此可知张驾鹤亦出富裕人家。杨雅俗见 506 墓出《唐天宝七载（748）杨雅俗与某寺互佃田地契》，因为他要寄住南平城，所以把在高昌郡城樊渠的一块田与在南平城南某寺的一块田互换耕种④，表明他是土地拥有者。竹楷又见 509 墓出《唐某人与十郎书牍》，提到竹真楷（一作竹楷）的文状坊正、里正、横催等不肯署名⑤，视其语气，竹楷必为有势力者。此外，道士申屠甚又见同墓出《唐书牍稿》，称："昨日索隐儿去，附乾元钱一千，还七娘子、申屠（即申屠甚）边钱。"⑥表明这位道士也颇有财力。

如前所述，开元十九年时西州官府曾令天山县修安昌观，我们不知道张驾鹤所主持的道观是否就是安昌观。但与当年失修的安昌观相比，这些家富财力的道门领袖及当观道士、观主等合力造作梯、钟，表明道

① 参看吴震《麹氏高昌国史索隐》，《文物》1981 年第 1 期，38—46 页。
② 此据笔者在当地所录原碑文字。
③《吐鲁番出土文书》肆，329 页；《吐鲁番出土文书》九，128—134 页。
④《吐鲁番出土文书》肆，567 页；《吐鲁番出土文书》十，275—276 页。
⑤《吐鲁番出土文书》肆，336 页；《吐鲁番出土文书》九，140—141 页。
⑥《吐鲁番出土文书》肆，337 页；《吐鲁番出土文书》九，142—143 页。

教势力的发展已经今非昔比。虽然吐鲁番文书留给我们的是天山县的一个例子，但可以从中透视出整个西州的情形。

《册府元龟》卷五四帝王部尚黄老门载："天宝六载诏：天下诸观道士等，如闻人数全少，修行多阙，其欠少人处，度满七人，并取三十以上灼然有道行经业者充。"同卷同门又载："天宝八载闰六月，两京并十道于一大郡亦宜置一观，并以真符玉芝为名，每观度道士七人，修持香火。"七人似是唐朝道观的法定人数，即使是大郡也是如此。但上述文书中的当观道士竟有八位之多，这从一个方面表明了西州道教势力的迅猛发展。

在此还应当指出的是，文书中把天山县官吏放在最前面，表明这里的道教活动是在官府的监督下进行的。而道教活动中把佛教大德僧列入，也体现了唐朝政府调和三教争论的方针。事实上，即使唐朝官府如何崇道，西州道教的势力从未能超过佛教。更有意思的是，道门领袖张无价的女儿，却出家为尼，是拥有较多田产的马寺上座尼，法名法慈[①]。阿斯塔那 506 墓出有《唐大历七年（772）马寺尼法慈牒为父张无价身死请给墓夫赙赠事》[②]，她在主持其父葬仪时，大概遵照其父的嘱咐，按道教的方式写了《买阴宅地契》，其内容完全是道教的[③]。在唐朝地方上，佛道之争大概不像长安皇宫内的佛道论衡，双方的关系是比较和平的。

从开元中到宝应、大历间，不过二十多年，道教在如此远离唐朝统治中心的西州发展起来，不能说不是唐朝的成功。而且上面讨论的文书表明，西州道观有观主、威仪、链师和道士，组织已很完善，另外还有不出家的道士们，即地方的道门领袖，他们对道教的推动作用可能更为重要。

---

① 《吐鲁番出土文书》肆，559—562、575—579 页；《吐鲁番出土文书》十，258—264、290—312 页。参看町田隆吉《唐西州马寺小考——八世纪后半的一尼寺の寺院经济をめぐって》，《驹泽史学》第 45 号，1993 年，167—194 页。

② 《吐鲁番出土文书》肆，396 页；《吐鲁番出土文书》十，8—9 页。

③ 《吐鲁番出土文书》肆，395 页；《吐鲁番出土文书》十，6—7 页。关于张无价墓，参看 Valerie Hansen, *Negotiating Daily Life in Traditional China. How Ordinary People Used Contracts 600–1400*, New Haven and London: Yale University Press, 1995, p.159.

三、吐鲁番出土的唐抄本道教经典

吐鲁番墓葬中尚未见到有随葬的道教经典，但盆地其他遗址的出土物中，已知有不少道经及有关道教的文献残片保存下来。特别是德藏吐鲁番文献与墓葬出土者不同，所以存有更多的道典，只是这批写本残片没有图版或缩微胶卷公布，尚未得到充分的研究。这些道典是来自佛寺还是道观遗址尚不明了，但其中肯定有原为西州道观的藏书。

以下先把目前已经比定的吐鲁番出土道教典籍目录列出，其他尚有不少有待比定的残片：

《道德经序诀》，大谷 8111 号，吐峪沟出土，残存四行[①]。

《道德经河上公注》，出口常顺藏卷，残存八行及若干残块[②]。

《太上洞玄灵宝无量度人上品妙经》，残存 17 行，德国印度艺术博物馆藏 MIK III 7484 / T III S 96 号（图 1）[③]。

《太上业报因缘经》救苦品第十五，吐峪沟出土，存七行，大谷文书，现不知所在[④]。

《太上业报因缘经》，出口常顺藏卷，残九行[⑤]。

《太上洞玄灵宝升玄内教经》卷二，残存二行，德国国家图书馆藏 Ch.935 / T III 2023 号[⑥]。

《太上洞玄灵宝升玄内教经》卷七中和品，残存 12 行，德国国家图

---

① 香川默识《西域考古图谱》，国华社，1915 年，经籍（8）-（7）题"唐钞神仙传断片"。比定见大渊忍尔《敦煌道经目录编》，福武书店，1978 年，248 页。
② 藤枝晃编《高昌残影》，法藏馆，1978 年，图 237。
③ 此为笔者 1996 年调查德国藏卷结果，MIK III 7484 是刘屹学兄据我的抄本比定的。
④ 《西域考古图谱》佛典（48）。参看《敦煌道经目录编》94 页。
⑤ 《高昌残影》图 236。
⑥ Ch.935 是笔者比定的，其卷次依万毅《敦煌本升玄内教经试探》（荣新江主编《唐研究》第 1 卷，北京大学出版社，1995 年）171—173 页的考订结果而定。

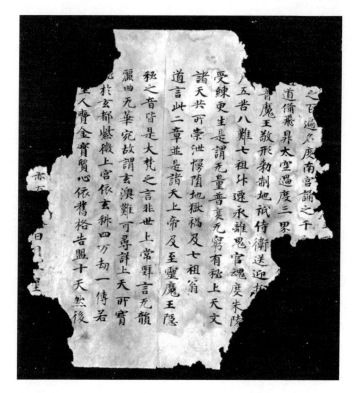

图 1　德国印度艺术博物馆藏 MIK III 7484

书馆藏 Ch.3095v / T II T 1007 号 [1]。

《洞渊神咒经》卷六，大谷 8103—8105，残存十行 [2]。

此外，大谷文书 3289 号背，是属于《灵宝经》类的经典；大谷文书 3315 号提到"仙人请问本行因"，或指《仙人请问本行因缘经》 [3]。日本静嘉堂文库藏梁玉书（素文）旧藏卷中，也有所谓"灵宝斋愿文" [4]。

① Ch.3095v 是西胁常记氏比定的，见西胁《ベルリン所藏トルフアン文书二则》，《名古屋学院大学外国语学部论集》第 6 卷第 2 号，1995 年，45—47 页。

②《西域考古图谱》经籍（7）a，b，c。比定见《敦煌道经目录编》，273 页。

③ 图版见小田义久编《大谷文书集成》第 2 卷，法藏馆，1990 年，图版七九。参看大渊忍尔《敦煌道经目录编》，361 页。

④ 见该残片上的段永恩题记，参看荣新江《海外敦煌吐鲁番文献知见录》，江西人民出版社，1996 年，184 页。

德藏吐鲁番文书中，有更多的道经残片有待比定①。

唐玄宗先天、开元间，玄宗曾命两京诸道学大德们编《一切道经音义》，又发使诸道搜访道经，加以校勘，辑为《道藏》，其目录名《三洞琼纲》，共著录三千七百四十四卷（一说五千七百卷）②。《册府元龟》卷六四〇贡举部记："天宝元年五月中书门下奏：调灵等三经，望付所司，各写十本，校定讫，付诸道采访使颁行。"玄宗开始把官本道经颁发各地。《唐大诏令集》卷九载：天宝八载闰六月丁酉大赦天下，制曰："今内出一切道经，宜令崇玄馆即缮写，分送诸道采访使，令管内诸郡转写。其官本留采访使郡太一观，持诵圣人垂训。"③敦煌写本中有一大批道教经典，年代以玄宗时最多，推测其中当有天宝所颁官本道经，但没有直接的证据。《俄藏敦煌文献》第7卷收有 Дх.0111+Дх.0113《老子道德经》写本，其背面纸缝间，钤有"凉州都督府之印"④。凉州为敦煌郡所属之河西道采访使驻地，唐朝法令文书例由凉州颁下，如P.4634+S.1880+S.11446+S.3375《永徽东宫诸府职员令》、P.2819《公式令》、P.4745《吏部格》或《式》残卷，均钤有同一印鉴⑤。这件《道德经》和其他唐朝令式一样，也是官颁文本无疑。幸运的是，保存文字只有17行的 MIK III 7484《度人经》，其背面纸缝处，恰恰也钤有"凉州都督府之印"⑥。由此可以推知，吐鲁番出土的这些楷书精写的道教典籍，其来源很可能是天宝年间的官颁写经。

---

① 参看荣新江《德国"吐鲁番收集品"中的汉文典籍与文书》所附《柏林藏吐鲁番汉文残卷（佛经以外部分）草目》，饶宗颐编《华学》第3辑，紫禁城出版社，1998年，313—325页。
② 参看陈国符《道藏源流考》上册，中华书局，1963年，114—122页。
③ 又见《全唐文》卷四〇玄宗《加天地大宝尊号大赦文》，1983年，432页。《混元圣纪》卷九系在天宝七载。
④ 《俄藏敦煌文献》第7册，上海古籍出版社，1996年，319—320页。
⑤ 见 T. Yamamoto, O. Ikeda & K. Okano, *Tun-huang and Turfan Documents concerning Social and Economic History*, I. Legal Texts (A), Tokyo, 1980, 22, 29, 46; M. Soymie (ed.), *Catalogue des manuscrits chinois de Touen-houang*, V-2, Paris, 1995, 351.
⑥ 1996年8月，笔者在调查完柏林所藏吐鲁番文书后，道经巴黎回国，曾将此印原大摹本与法国国立图书馆藏敦煌卷子上的同一印钤对照，可以勘同。

《隋书·经籍志》道经序称："大业中，道士以术进者甚众，其所以讲经，由以《老子》为本，次讲《庄子》及《灵宝》《升玄》之属。"《灵宝》类经典的流行是隋唐以来的风气，这从敦煌道典大量保存《灵宝经》即可证实。

在上举诸道经中，《灵宝度人经》列为《道藏》之首，是中国中世纪最神圣的经典之一，道教徒认为，只要诵念《度人经》，就能得到超度[①]。《升玄内教经》是《灵宝》类道经中影响最大的经典。此经产生于北周以前，思想渊源于主道性清静的南朝，在《升玄经》中，扬弃了服御之术、阴阳妙道，转变为"理贯重玄，义该双遣"，使真一达到"非有亦复非无"的大智境界，直接影响了唐朝最为流行的道经《太玄真一本际经》的思想[②]。

《升玄经》《度人经》《业报因缘经》《本际经》等灵宝教法在西州的流传，必然影响到当地民众的思想，上节引用的《唐西州道俗合作梯蹬及钟记》中，称"道门威仪氾栖霞、链师阴景阳等道体清虚，逍遥物外"，观主张驾鹤"真元湛寂，抱一无亏"，正是从《升玄》到《本际》的思想。

小　结

唐玄宗开元以来，在唐朝政府的支持下，道教势力在西州得到迅速发展，有了道观和圣典。由于西州道门领袖和出家道士多来自殷实人家，为道观的发展注入了活力。另外，民间的道教信仰仍持续不断，而且在官方崇道的鼓舞下，得以更广泛地传布。德藏吐鲁番出土文书中，有不少占卜书残片，字体一般不佳，多是民间行用的实用杂占书，其中可见受道教影响的痕迹。值得特别指出的是，在唐朝势力退出吐鲁番盆

[①] 参看康德谟《关于道教术语"灵宝"的笔记》，杜小真汉译文载《法国汉学》第 2 辑，清华大学出版社，1997 年，1—27 页。福井康顺《灵宝经の研究》（东京书籍文物流通会，1960 年）中，也有对《度人经》的特别分析，可以参看。

[②] 参看姜伯勤《论敦煌本〈本际经〉的道性论》，《道家文化研究》第 7 辑，上海古籍出版社，1995 年，221—243 页。

地，回鹘人渐渐成为这里的主人后，道教的影响并没有消失。一些译自汉文的回鹘文占卜书和一些属于高昌回鹘时期的道教资料，即为明证。此已溢出本文范围，暂且不论。

（1998 年 7 月 3 日完稿，原载《敦煌吐鲁番研究》第 4 卷〔吐鲁番研究专号〕，北京大学出版社，1999 年，127—144 页。）

02

文书与碑刻

新获吐鲁番出土文献概说（增订本）*

吐鲁番位于今新疆维吾尔自治区的东北部，古代称高昌。丝绸之路干道从长安出发，经河西走廊到敦煌，从敦煌可以直接到吐鲁番盆地，也可以经过楼兰或伊州（哈密）到达吐鲁番。再由吐鲁番西行，经焉耆、龟兹（库车）、疏勒（喀什），翻越帕米尔高原，进入中亚、南亚、西亚地区。因此，古代吐鲁番地区是东西文化交流的通道，佛教、琐罗亚斯德教（祆教）、道教、摩尼教、景教（基督教）等，都曾在此流行。公元 327 年，河西王国前凉在此设立高昌郡。443 年，北凉余部在此建立王国。从 460 年开始，先后为阚、张、马、麴氏统治的高昌国。640 年，唐太宗灭麴氏高昌，设立和内地州郡体制相同的西州，吐鲁番成为唐朝的一个组成部分。9 世纪初叶唐朝势力退出后，这里被蒙古高原的回鹘汗国所控制。9 世纪末，回鹘汗国瓦解，部众西迁，在吐鲁番盆地建立高昌回鹘王国（或称西州回鹘、畏吾儿王国，今人或称西回鹘王国）。本书所刊文献所属的时代范围，主要是从高昌郡到唐西州时期（公元 4—8 世纪）。

吐鲁番地区为山间盆地，气候干燥，除了交河地区比较潮湿之外，大多数遗址的古代文物能够保存下来，不论是埋藏在佛教寺院、洞窟中

---

* 本文初稿曾刊《文物》2007 年第 2 期，内容比较简略，随着文书整理研究的深入以及新文书的出土，这次增订，内容增加近半。本文将作为《新获吐鲁番出土文献》的前言之二收入该书，这里先予发表，目的也是向吐鲁番地区文物局、吐鲁番学研究院以及《吐鲁番学研究》的广大读者做个汇报。

的，还是民居、墓葬内的，即使是在中原地区容易腐蚀的丝绸、纸张，都能因此保存下来。从 19 世纪末叶以来，吐鲁番盆地就是考古学者的乐园。俄国的克莱门兹（D. A. Klementz）、奥登堡（S. F. Oldenburg）、德国的格伦威德尔（Albert Grünwedel）、勒柯克（Albert von Le Coq）、英国的斯坦因（M. A. Stein），日本的大谷探险队，都在这里发掘到大量的古代文物和文书。1959—1975 年，新疆考古工作者配合当地农田水利建设，在阿斯塔那（Astana）和哈拉和卓（Khara-khoja）古墓区进行了十三次发掘，获得大量从高昌郡到唐西州时期的古代文书。以后，吐鲁番地区文物局又有少量的发掘。

吐鲁番盆地是个聚宝盆，古代文物和文书仍在不断出土。1997 年，吐鲁番地区文物局考古工作者清理了洋海 1 号墓，出土一批阚氏高昌王国时期（460—488 年）的珍贵文书。2004—2006 年，吐鲁番阿斯塔那、巴达木、木纳尔、洋海等墓地又相继出土了一批文书。同时，吐鲁番地区文物局又陆续征集了近十多年来从吐鲁番地区流散出去的古代文书，其中除了一组来自台藏塔之外，大多数应当也是来自吐鲁番的古代墓葬。

2005 年 10 月，北京大学中国古代史研究中心、新疆维吾尔自治区吐鲁番学研究院、中国人民大学国学院西域历史语言研究所三个单位达成合作协议，由荣新江、李肖、孟宪实三人负责，组成了一个"新获吐鲁番出土文献整理小组"①，开始从事整理工作。这项工作也是教育部人

---

① "新获吐鲁番出土文献整理小组"成员的组成具有流动性，因为有的学者一度出国，有的学生毕业分配到另外的工作岗位，同时小组成员也不在一地，所以参加整理工作的时间也不一样，以下名单大体依年龄和工作量来排序，括号中为现在的本职或学习单位。组长：荣新江（北京大学中国古代史研究中心）、李肖（吐鲁番学研究院）、孟宪实（中国人民大学国学院）；组员：张永兵（吐鲁番学研究院）、张铭心（中央民族大学民族学与社会学学院）、朱玉麒（新疆师范大学人文学院）、汤士华（吐鲁番学研究院）、史睿（中国国家图书馆善本特藏部）、雷闻（中国社会科学院历史研究所）、余欣（复旦大学历史系）、姚崇新（中山大学人类学系）、毕波（中国人民大学国学院西域历史语言研究所），游自勇（北京大学历史系）、王媛媛（中山大学历史系），裴成国（北京大学历史系）、陈昊（北京大学历史系）、文欣（北京大学历史系）、丁俊（中国人民大学历史系）。

文社科重点研究基地北京大学中国古代史研究中心"新出土及海内外散藏吐鲁番文献的整理与研究"项目、新疆维吾尔自治区吐鲁番学研究院"新获吐鲁番出土文献的整理与研究"项目、中国人民大学国学院西域历史语言研究所"西域出土文献的整理与研究"项目的组成部分。

一、整理经过

前人对吐鲁番文献的整理已经取得了很多成果。20 世纪 50 年代以来日本学者对大谷文书的整理，池田温先生对敦煌吐鲁番社会经济文书的整理，特别是 70、80 年代以唐长孺先生为首的"吐鲁番文书整理小组"对 1959—1975 年吐鲁番出土文书的整理工作，以及陈国灿先生对英藏吐鲁番文献、宁乐美术馆藏蒲昌府文书的整理，沙知先生对英藏吐鲁番文书的整理工作等，为我们今天的工作奠定了基础，而且提供了一个合理的整理模式。这些前辈的业绩对于我们今天的整理工作给予了巨大的帮助，不论从文书性质的确定，还是文字的校录，我们都从《敦煌吐鲁番社会经济资料》[①]《中国古代籍帐研究》[②]《吐鲁番出土文书》[③]《斯坦因所获吐鲁番文书研究》[④]《日本宁乐美术馆藏吐鲁番文书》[⑤]《大谷文书集成》[⑥]《斯坦因第三次中亚考古所获汉文文献（非佛经部分）》[⑦] 等著作中得到启发和帮助，所以我们首先要对这些前辈学者的功绩表示敬意和谢忱。

由于大多数墓葬经过盗扰，所以新出土的文书比较零碎，无法和

---

① 西域文化研究会编《西域文化研究》第二、第三，法藏馆，1959—1960 年。

② 池田温《中国古代籍帐研究》，东京大学出版会，1979 年。

③ 唐长孺主编《吐鲁番出土文书》壹至肆，文物出版社，1992—1996 年。

④ 陈国灿《斯坦因所获吐鲁番文书研究》，武汉大学出版社，1994 年。

⑤ 陈国灿、刘永增《日本宁乐美术馆藏吐鲁番文书》，文物出版社，1997 年。

⑥ 小田义久主编《大谷文书集成》壹至叁，法藏馆，1984—2003 年。

⑦ 沙知、吴芳思《斯坦因第三次中亚考古所获汉文文献（非佛经部分）》1—2 册，上海辞书出版社，2005 年。

1959—1975 年间出土的文书相比。但这次的文书除了出自阿斯塔那墓地外，还有出自高昌城东北巴达木墓地、鄯善县吐峪沟乡洋海墓地、吐鲁番市东郊苏公塔东北 2 公里处的木纳尔墓地、交河故城等处，也有一些文书从类型或内容方面和过去所见吐鲁番文书都有所不同。因此，出土地点的扩大和文书性质的丰富，是本次吐鲁番文献新的特色之一，预示了吐鲁番文献研究新的增长点。

我们的工作方式是根据吐鲁番地区文物局提供的彩色照片或经网络传输过来的图片，先在北京大学以读书班的形式会读，做释读和录文工作。然后再利用假期到吐鲁番博物馆核对原卷，做拼接工作。其中2006 年 1 月寒假期间，我们到吐鲁番博物馆据原卷做了第一次整理。4月底、5 月初"五一"长假期间，整理小组的大多数成员都到吐鲁番博物馆工作，对于文书的拼接、复原取得重大进展。同时，我们也在乌鲁木齐市的新疆博物馆，考察了《吐鲁番出土文书》收录的与新出文书相关的文书，特别是出版物上不够清晰的文书上的朱印痕。通过"五一"劳动节的劳动，我们基本上形成了全部文书的录文稿本，并开始根据小组成员的研究特长，撰写相关的论文，因为只有做深入的研究，才能发现录文中存在的问题。8 月 22 日至 9 月 1 日，部分小组成员到吐鲁番参加"唐代与丝绸之路——吐鲁番在丝绸之路上的地位和作用"学术研讨会，提交给会议四篇有关新出吐鲁番文书的研究论文，同时我们在吐鲁番博物馆据原件整理未确定的文书残片次序，其间得以向对吐鲁番文书研究有深厚功力的陈国灿、朱雷先生当面请教释读中的部分问题，还和陈国灿先生一起到鄯善县，校录了鄯善县文化馆征集的一组文书。

11 月中旬，文书的定名、解题、录文等整理工作基本结束，形成了《新获吐鲁番出土文献》的书稿。17 日至 21 日，在"唐研究基金会"的资助下，我们邀请武汉大学朱雷、陈国灿、冻国栋、刘安志，北京故宫博物院王素（以上是整理吐鲁番文书的专家），浙江大学张涌泉、南京师范大学黄征（以上是释读难字、俗字的专家），中华书局徐俊、于涛（以上是出版社代表）先生，在北京召开"《新获吐鲁番出土文献》定稿会"，大家对照图版，一起讨论我们的书稿，改正了一些解题和录文中的错误，使书稿更加完善。为了让北京的中古史和敦煌吐鲁番学界尽早了解这批文书的内容和我们的初步研究成果，由"唐研究基金会"主办，北京大学中国古代史研究中心、新疆维吾尔自治区吐鲁番学研究院、中国人民大学国学院西域历史语言研究所三家合作，于11月22日在北京大学举行了一场报告会，整理小组的9位成员向与会者汇报了新出文书的考古发掘和整理研究过程，以及文书的主要内容和一些个案研究成果，引起与会者的极大兴趣。

2007年初，吐鲁番地区文物局按照我们书稿拼接的文书顺序进行拍照。4月间，我们对文书图版和录文对照编排。4月底、5月初，部分整理小组成员又到吐鲁番，一方面确定排版格式，另一方面整理2006年10月新清理的两个墓葬的文书，这批文书在"五一"节前刚刚被技术人员从纸鞋和纸帽中拆出。从5月到8月，我们对照图版，对书稿做最后的核对工作。

我们在整理过程中，既遇到许多难点，也有一些有利的条件。不利的方面是这些新出文书一般都经过盗扰，大多数是碎片，相互之间的关系不明。在最初整理时，许多文书尚未清洗、展平，给释读造成很大困难。有些文书在发掘之后就用早期整理的方式托裱了，使一些重要信息遮蔽在裱纸中，无法正常显现，透着灯光才能依稀看到。此外，文书的数量不是很多，但时间和内容的跨度很大，给释读和研究都带来困难；有的文书所涉及的方面很难找到合适的研究者，因此性质也很难确定。这也和近年来吐鲁番文书的研究不太景气有关，一些训练有素的学者转向吴简和中原传统课题的研究。与敦煌文书的研究相比，吐鲁番文书的研究总体上不够深入[①]。

与此同时，和前辈学者相比，我们的整理工作也有不少有利条件。如上所述，此前吐鲁番出土文书基本上都已经整理出版，并且有很多研究成果可供参考。特别是唐长孺先生为首的"吐鲁番文书整理小组"整

---

① 参见孟宪实、荣新江《吐鲁番学研究：回顾与展望》，《西域研究》2007年第4期，51—62页。

理出版的《吐鲁番出土文书》，为我们的整理工作确立了标本，我们基本上是按照这本书的体例来做，许多具体问题的处理方法我们也采用他们的方法，一些难以释读的相同字形的文字录文也遵循他们的成果。另外，最近二十年，整个敦煌吐鲁番文献的整理工作取得很大进步，这包括敦煌吐鲁番文献图录的影印、敦煌文献分类录文集的出版，以及相关的研究成果，都为我们的整理工作提供了方便。目前，中国学术界虽然玉石混杂，但整体上还是有许多进步，许多问题都有人在研究，可供参考，也可以请教一些专家。最后，计算机技术的进步和电子文献的大量增加，给我们比定、缀合文书提供很大帮助。在这些有利条件的支持下，我们得以在比较短的时间里，基本上完成了这一批文书的整理工作。

二、内容概说

以下大体按年代顺序，来提示新出吐鲁番文献中一些富有研究意趣的内容。

1. 高昌郡时期

2006 年 10 月，吐鲁番地区文物局在洋海墓区 1 号台地上，抢救清理了一座被盗过的墓葬，编号 2006TSYIM4，发掘出土了一些纸本文书，有衣物疏、诉辞等。2007 年初，文物局聘请的修复专家从女性死者纸鞋上拆出白文《诗经》《论语》写本残片和前秦建元二十年（384）户籍残片；4 月，文物局技术室修复人员从男性死者的帽子上拆出一批北凉义和三年（433）、缘禾二年（433）官文书。其中女性墓主左脚的鞋底和两层鞋面都是用户籍剪成的，鞋底的一张和其中一层鞋面可以完全缀合，另一层鞋面不能缀合，但属于同一件户籍是没有问题的，背面写白文《论语》。这件我们定名为《前秦建元二十年（384）三月高昌郡高宁县都乡安邑里籍》（2006TSYIM4:5-1、2006TSYIM4:5-2）的文书，是目前所见纸本书写的最早的户籍，换句话说，即敦煌吐鲁番文书中现在所知最早的户籍。该户籍保存造籍的年份，也有人户所在的郡县乡里名称，内容保存了五户人家的基本情况和田地、奴婢等财产异动的情况，为我们认识十六国时期高昌郡的户籍实际面貌提供了极其直观的实物资料，也将为深入探讨中国古代籍帐制度的发展演变提供不可或缺的材料①。

同墓所出《北凉缘禾二年（433）高昌郡高宁县赵货母子冥讼文书》（2006SYIM4:1）是一份珍贵的史料。它模仿阳世官文书的格式进行书写，带有浓厚的佛教色彩，为我们认识阎罗信仰在中国中古时期的流衍提供了新的材料，同时使我们对于五凉时期高昌佛教在民间的发展水平有了新的估计。与墓券材料强调"生死永隔"的冥界观不同，这件冥讼文书透露出的祖灵观念呈现出了更为复杂的情境，死去的先人与阳世的家庭仍然保持了紧密的联系，甚至可以对阳世的家庭纠纷进行裁决。因此，这是深入认识中古前期民众冥界观念发展的鲜活而生动的个案②。

在征集文书中，有一组六件官文书，初步研究的结果显示，这批文书是北凉高昌郡下某县的官文书。在出土文物中，西域汉简之后，纸文书中首次出现了"交河"，能够说明北凉占据交河之初，以及高昌郡转轨进入王国体制之初的当地官府状况。对于县一级地方机构的官员设置等，这组文书也给出了新的资料③。

另外，在征集的文书里，有一组从纸鞋上拆出的若干残片，可以判定为北凉时期的计赀出献丝和计口出丝两组帐，为此前研究非常薄弱的北凉时期的赋税制度提供了宝贵的新资料。由此文书可知，北凉时期的

---

① 荣新江《吐鲁番新出〈前秦建元二十年籍〉研究》，《中华文史论丛》2007年第4辑，1—30页。
② 参见游自勇《吐鲁番新出〈冥讼文书〉与中古前期的冥界观念》，《中华文史论丛》2007年第4辑，31—63页。
③ 参见孟宪实《吐鲁番新出一组北凉文书的初步研究》，《西域历史语言研究所集刊》第1辑，科学出版社，2007年，1—12页。

计赀出献丝帐征收的是户调，而其依据就是赀簿[①]。计赀出献丝帐的发现，进一步证明北凉时期的赀簿确实是只计土地的情况而不及其余的资产，这也是北凉的户调征收的特殊之处。计口出丝帐征收的则是一种口税，当时的北凉政权具备严格掌握当地户口和土地情况的能力，客观上使得口税的征收成为可能。此外，北凉时期的田租也纳丝。可见这一时期的租调、口税征收都以丝为主，这是由当时的纺织品为本位的货币形态和丝绸之路的贸易形势所决定的[②]。

吐鲁番阿斯塔那古墓群西区 408 号墓出土了一件完整的随葬衣物疏（2004TAM408:17），衣物疏主名叫令狐阿婢，登录的内容十分丰富，是研究高昌郡时期吐鲁番物质文化的重要参考资料。该墓墓室不大，可是随葬衣物疏记载的内容却比较丰富，可惜的是墓葬已被盗掘破坏，随葬品不全，但还是有不少资料可以对比。还值得提到的是，该墓北壁绘有一幅庄园生活图，反映了高昌郡时期当地富有人家的日常生活景象[③]。这幅壁画所表现的墓主家境情况，是可以和随葬衣物疏相印证的。

2. 阚氏高昌王国时期

460 年，柔然杀高昌大凉王沮渠安周，立阚伯周为高昌王。阚氏虽然开启了"高昌王国"的新纪元，但由于阚氏为柔然所立，故此采用柔然受罗部真可汗的"永康"纪年。据《魏书·蠕蠕传》，永康元年为北魏和平五年（464），岁在甲辰。但据清末吐鲁番出土《妙法莲华经》卷一〇题记，永康五年岁在庚戌（470），王树枏据此推算永康元年应岁在

---

① 关于赀簿，参见朱雷《吐鲁番出土北凉赀簿考释》，《武汉大学学报》1980 年第 4 期；收入作者《敦煌吐鲁番文书论丛》，甘肃人民出版社，2000 年，1—24 页。

② 参见裴成国《吐鲁番新出北凉计赀、计口出丝帐研究》，《中华文史论丛》2007 年第 4 辑，65—103 页。

③ 李肖《吐鲁番新出壁画"庄园生活图"简介》，《吐鲁番学研究》2004 年第 1 期，126—127 页，封底。

丙午,相当于 466 年 ①,学界多遵从此说 ②。新出资料也印证了这一看法。

过去有关阚氏高昌时期的文书很少,吐鲁番哈拉和卓第 90 号墓出土有永康十七年（482）残文书,同墓出土的其他文书,可能也属于永康年间 ③。但总的来说,有关阚氏高昌王国的史料很少,使得这一时段的许多问题无法弄清 ④。

1997 年清理的洋海 1 号墓（97TSYM1）⑤,为我们认识阚氏高昌王国提供了许多新的资料。此墓是一个名叫张祖的官人的墓,他的墓表写在一块木板上,文字不够清楚,其生前的官职可能是"威神（？）城主",这在当时应是一个重要的职位。大概由于张祖的官人身份,而他又是一个通经义、会占卜的文人,所以在他的墓中,出土了一批富有研究价值的文书和典籍。

张祖墓出土一件属于女性的《随葬衣物疏》,只有四行文字,非常简略,它是用一件契券的背面书写的,所以上面还有属于契券的文字"合同文"三个大字的左半边。正面的契券文书,可以定名为《阚氏高昌永康十二年（477）闰月十四日张祖买奴券》（97TSYM1:5）,是张祖用"行缧百叁拾柒匹",从一位粟特人康阿丑那里买一个年三十的胡奴的契券 ⑥。这件文书既说明了张祖生活的时代在永康十二年前后,同时也证明了进入高昌的粟特人及其贩运奴隶的事实 ⑦。这件契券也是这座出土了丰富文献的墓葬中所留存的唯一带有明确纪年的文书,它为我们判定

---

① 王树枏《新疆访古录》卷一, 23 叶。此卷现藏东京书道博物馆。

② 参见池田温《中国古代写本识语集录》, 东京大学东洋文化研究所, 1990 年, 88—89 页。

③ 《吐鲁番出土文书》壹, 116—127 页。

④ 参见王素《高昌史稿·统治编》, 文物出版社, 1998 年, 266—281 页。

⑤ 张永兵《吐鲁番地区鄯善县洋海墓地斜坡土洞墓清理简报》,《敦煌吐鲁番研究》第 10 卷, 上海古籍出版社, 2007 年, 1—9 页。

⑥ 柳方《吐鲁番新出的一件奴隶买卖文书》一文, 录出这件契券的文字, 并对年代、格式、所反映的经济和社会面貌做了分析, 文载《吐鲁番学研究》2005 年第 1 期, 122—126 页。但个别文字和标点与我们的录文略有不同。

⑦ 荣新江《新出吐鲁番文书所见的粟特》,《吐鲁番学研究》2007 年第 1 期, 29—31 页。

同墓出土的其他文书的年代提供了重要的根据[1]。

张祖大概与当时高昌国的税役衙门有关，或许当时的城主有着征税派役的职责，在他的墓里，出土了一批百姓供物、差役的帐，如"某人薪供鄥耆王（有时写作耆鄥王）""某人致苜宿""某人致高宁苜蓿""某人薪入内""某人薪付某人供某人""某人烧炭"等，这为我们提供了阚氏高昌时期难得的收税和派役的材料。

同墓出土的一件《阚氏高昌永康九年、十年（474—475）送使出人、出马条记文书》，提供给我们当时高昌送往迎来的信息，以及高昌派各城镇出人、出马的记录，内容异常珍贵。这件文书反映了阚氏高昌对外的交往，往来的使者有从南朝刘宋来的吴客，也有从塔里木盆地西南山中来的子合国使、焉耆国王，还有从遥远的西北印度来的乌苌国使，以及更为遥远的南亚次大陆来的婆罗门使者，大大丰富了这一时期东西交往的历史内容。5世纪下半叶，正是中亚历史上最为混乱的时代，周边各大国都把势力伸进中亚，力图控制那些相对弱小的国家。在嚈哒的压力下，中亚、南亚的一些小王国寄希望于柔然或者北魏，我们过去从《魏书》本纪中看到过许多中亚王国遣使北魏的记载，现在我们又从吐鲁番出土送使文书中看到他们越过北山，奔赴柔然汗廷的身影，由此不难看出柔然汗国在5世纪后半中亚政治生活中的重要地位。而送使文书所出自的高昌，再次向人们展示了它在东西南北各国交往中的咽喉作用，也说明阚氏高昌作为柔然汗国的附属国，在柔然汗国控制西域、交通南北时所扮演的不可替代的角色[2]。

另外，这件文书记录了一批阚氏高昌时期的城镇名称，其中高宁、横截、白芳、威神、柳婆、喙进、高昌、田地八个地名，应当就是当时的八个县，也就是《魏书》《北史》的《高昌传》所记的高昌"国有八城"。从这件送使文书所记录的阚氏高昌城镇名称，我们可以看出最重

---

[1] 关于张祖墓出土文献年代的考证，见陈昊《吐鲁番洋海1号墓出土文书年代考释》，《敦煌吐鲁番研究》第10卷，11—20页。

[2] 荣新江《阚氏高昌王国与柔然、西域的关系》，《历史研究》2007年第2期，4—14页。

要的特征是交河当时还没有立郡、县，由此我们可以认识高昌郡县制发展的历程，即高昌郡县的体制是从吐鲁番盆地东半边发展起来的。以高昌城为核心，最先在北凉时发展出东部的田地郡、田地县以及高宁、横截、白芳诸县，到阚氏高昌时期，增加了威神、柳婆、喙进县，分别在高昌城的东南、南面、西南。这是高昌王国有意识的安排，以构成比较整齐的防御外敌和征收赋税的体系。而此时车师故地由于刚刚被占领，还未及建立郡县，大概到了麹氏高昌时期，交河郡及其下属各县才陆续建立[①]。

张祖不仅是一个处理俗务的官人，也是当地一个颇有学识的文人，在他的墓中发现的一件典籍写本残叶，一面写《论语》注（很可能是郑玄注），另一面写《孝经义》，都是现已失传的古书[②]。既然两面抄写的都是典籍，可能是作为书籍而陪葬的，那么这个写本或许是张祖生前所读之书。另外，这个墓中还出土了一件相对于一般的吐鲁番文书而言是比较长的卷子，大约有三张纸的篇幅保存下来，内容是有关易杂占的，或许可以填补战国秦汉简帛文献和敦煌文献记载之间的某些空白[③]。占卜书的背面，有关于历日和择吉的文字，虽然内容不多，但年代较早，因此也是十分珍贵的历法史和术数史的资料[④]。张祖墓出土的这组典籍类文献，可以帮助我们理解北凉及阚氏高昌时期学术文化的渊源，特别是与南、北方文化的联系问题。《论语》古注和《孝经义》本身是十分珍贵的佚书，有助于我们理解儒家典籍及其传播的历史。

总之，虽然只有一座墓葬出土了阚氏高昌时期的文书，但这些信息异常丰富，为我们研究高昌王国时期的早期历史提供了多方面的资料。

[①] 参见荣新江《吐鲁番新出送使文书与阚氏高昌王国的郡县城镇》，《敦煌吐鲁番研究》第 10 卷，21—41 页。

[②] 朱玉麒《吐鲁番新出〈论语〉古注与〈孝经义〉写本研究》，《敦煌吐鲁番研究》第 10 卷，43—56 页。关于《论语》注，还请参见王素《吐鲁番新出阚氏王国〈论语郑氏注〉写本补说》，《文物》2007 年第 11 期，70—73 页。

[③] 参见余欣、陈昊《吐鲁番洋海出土高昌早期写本〈易杂占〉考释》，《敦煌吐鲁番研究》第 10 卷，57—84 页。

[④] 见上引陈昊《吐鲁番洋海 1 号墓出土文书年代考释》，17—20 页。

3. 麹氏高昌王国时期

新发现的文书中，属于麹氏高昌时期的文书相对来讲不多。2004
年发掘的巴达木 245 号墓出有一件《麹氏高昌延寿九年（632）六月十
日康在得衣物疏》（2004TBM245:1），其书写中可见解除（解注）方术
的痕迹[①]。在新征集的文书中，还有一些斛斗帐、僧尼籍、遗嘱、雇人
券、田籍等。

新出的《麹氏高昌延昌十七年（577）道人道翼遗书》是一件佛教
僧人的遗嘱，对身后的各种财产进行了使用、支配和所有权的分配。根
据遗书内容，僧人道翼将自己最重要的不动产——田产留给了他的世俗
本家。这是高昌时代特有的社会现象，僧人与俗人一样拥有财产，于是
僧人的社会角色也呈现出不同的面貌。由于高昌国僧尼基本没有脱离世
俗亲缘关系的纽带，所以僧尼的社会身份是双重的。因而高昌国僧尼的
社会角色也始终呈现出两面性：既有宗教的一面，又有世俗的一面[②]。

2004—2005 年发掘的交河沟西康氏茔院，总共有四十余座墓，其
中包括一些麹氏高昌国时期的墓志：《延昌三十年（590）十二月十八
日康□钵墓表》（2004TYGXM4:1）、《延昌三十三年（593）三月康蜜乃
墓表》（2004TYGXM5:1）、《延昌三十五年（595）三月二十八日康众
僧墓表》（2004TYGXM6:1），但这里比较潮湿，墓中没有文书留存下
来[③]。在巴达木的一些墓葬中，也有一些墓志保存下来，如《延昌十四
年（574）二月二十一日康房奴母墓表》（2004TBM201:1）、《延昌十四
年（574）二月二十三日康房奴及妻竺买婢墓表》（2004TBM202:1）、

---

① 参见陈昊《汉唐间墓葬文书中的注（疰）病书写》，荣新江主编《唐研究》第 12 卷，
　北京大学出版社，2006 年，267—304 页。
② 参见冻国栋《麹氏高昌"遗言文书"试析》，武汉大学三至九世纪研究所编《魏晋南
　北朝隋唐史资料》第 23 辑，2006 年，188—197 页；姚崇新《在宗教与世俗之间：从
　新出吐鲁番文书看高昌国僧尼的社会角色》，《西域研究》2008 年第 1 期，45—60 页。
③ 吐鲁番地区文物局《吐鲁番交河故城沟西墓地康氏家族墓清理简报》，《吐鲁番学研
　究》2005 年第 2 期，1—14 页。

《延寿七年（630）十二月二十四日康浮图墓表》（2004TBM212:1）。木纳尔墓地也有高昌墓志出土，如《延和八年（609）五月二十六日张容子墓表》（2005TMM203:1）、《延和九年（610）十一月二日张保悦墓表》（2005TMM208:1）、《延寿四年（627）十月二十九日宋佛住墓表》（2004TMM103:1）、《延寿九年（632）五月七日宋佛住妻张氏墓表》（2004TMM103:2）。这些墓志对于高昌王国的纪年、官制、婚姻、外来移民等方面的研究，都提供了新的资料①。

4. 唐西州时期

和已经刊布的吐鲁番文书一样，新出吐鲁番文书中有大量属于唐朝西州官府各级衙门的官文书，从政府的角度来看，内容涉及官制、田制、赋役制、兵制等方面；如果从社会的角度来观察，则可以看作是研究官员生活、百姓负担、日常生活等社会史的材料。其中也有一些与此前发表的吐鲁番文书有所不同的材料。以下择其重要者略作说明。

巴达木113号墓出土了此前从来没有见过的一件文书（2004TBM113:6-1），钤有"高昌县之印"，文书登记高昌县思恩寺三个僧人的僧名、法龄、俗家出身、剃度年份、至今年数及诵经名数，年代为龙朔二年（662）。据新近公布的天一阁藏《天圣令·杂令》所复原"唐令"的相关条目②，这件文书应当是《唐龙朔二年（662）西州高昌县思恩寺僧籍》的原本，所著录的内容较令文规定为详，异常珍贵。而且，文书作于唐朝的西州时期，但把僧人出家的时间追溯到高昌国时期，表现了唐西州

---

① 荣新江《新出吐鲁番文书所见的粟特》，《吐鲁番学研究》2007 年第 1 期，32—35 页；张铭心《吐鲁番交河沟西墓地新出土高昌墓砖及其相关问题》，《西域研究》2007 年第 2 期，56—60 页；李肖《交河沟西康家墓地与交河粟特移民的汉化》，《敦煌吐鲁番研究》第 10 卷，85—93 页；高丹丹《吐鲁番出土〈某氏族谱〉与高昌王国的家族联姻——以宋氏家族为例》，《西域研究》2007 年第 4 期，86—89 页。
② 戴建国《唐〈开元二十五年令·杂令〉复原研究》，《文史》2006 年第 3 辑，108 页；中国社会科学院历史研究所天圣令整理课题组、天一阁博物馆《天一阁藏明钞本天圣令校证·附唐令复原研究》，中华书局，2006 年，746 页。

佛教教团的延续性，以及唐西州官府对于高昌僧尼人口的承认①。

吐鲁番巴达木 207 号墓中，出土了一些有关考课和铨选的文书，其中包括《唐调露二年（680）七月东都尚书吏部符为申州县阙员事》（2004TBM207:1-3+2004TBM207:1-7+2004TBM207:1-11g），钤有"东都尚书吏部之印"，为过去所未见，异常珍贵。据《资治通鉴》，这一年唐高宗一直在东都洛阳及其附近的离宫中，所以用"东都尚书吏部之印"来发送文书。这件文书是唐代前期铨选制度发展的一件标志性文献，可能标志着唐代铨选程序中全国范围内常规性阙员统计的开端，可以填补相关文献记载的缺失，对于我们深入认识唐代前期铨选制度的演进，具有十分重要的意义。同时，这件文书也使我们认识到，唐代前期铨选制度演进过程中，统计技术所发挥的至关重要的作用②。同墓还有一些文书，涉及西州官府一些官员的乖僻、负犯等事的调查，应当也和考课有关。这组文书展现了唐朝地方铨选、考课的一些具体过程。

巴达木 207 号墓还有一些残片，登录"晚牙到"的官吏名字。另外，吐鲁番阿斯塔那墓葬中，出土了若干件《更薄（簿）》，是高昌县夜间在官府内值班人的名籍，按日期记录每夜当值的各乡里正和典狱的名字。这些资料补充了唐代地方官吏当值的制度规定和具体实施情况③。

2004 年木纳尔 102 号墓出土了一些非常零碎的文书残片，经过整理小组仔细拼接，我们获得了唐高宗永徽五年（654）九月和永徽六年某月的两组文书，这两组文书都是西州折冲府低级将官申请让人代替"番上"的牒文，后有长官批文。虽然文书保存文字不多，但其中关键的词汇却让我们得以重新解释唐朝府兵"番上"的内涵④。

---

① 孟宪实《吐鲁番新发现的〈唐龙朔二年西州高昌县思恩寺僧籍〉》，《文物》2007 年第 2 期，50—55 页。

② 史睿《唐代前期铨选制度的演进》，《历史研究》2007 年第 2 期，32—42 页；史睿《唐调露二年东都尚书吏部符考释》，《敦煌吐鲁番研究》第 10 卷，115—130 页。

③ 参见张雨《吐鲁番文书所见唐代里正的上直》，《西域文史》第 2 辑，科学出版社，2007 年，75—88 页；林晓洁《唐代西州官吏日常生活的时与空》，《西域研究》2008 年第 1 期，61—83 页。

④ 孟宪实《唐代府兵"番上"新解》，《历史研究》2007 年第 2 期，69—77 页。

征集文书中有一组残片，我们定名为《唐永徽五年至六年（654—655）安西都护府案卷为安门等事》，其中包含的完整关文，有助于我们细致解读关文的成立与用印制度之关系、关文所反映的录事司与各曹关系，以及县衙各司之间关文的使用情况，对关文格式与运行的研究也有助于加深我们对唐代地方政府内部政务运行机制的理解①。

阿斯塔那 607 号墓出土了一组粮食帐残片，基本上都可以缀合，是武则天后期和唐中宗时期的西州勾征文书②。唐代勾征制度，此前有所研究，但是如此大规模的勾征原始文书，还是第一次发现。各个机构，因故欠下或多用的粮食，或多或少都要追索讨还，这显示了在律令制时代各项制度的严格规定和认真执行。

还有一件与唐朝制度有关的文书不能不提，即交河故城一所唐代寺院遗址发现的残片（2002TJI:042），据考内容是有关中央十六卫将军袍服制度的规定，而此抄本很可能就是开元二十五年（737）的《礼部式》③。唐代的律令格式文书非常珍贵，这件写本也是吉光片羽，它也说明虽然有关中央十六卫将领的袍服规定与西州地方社会毫无关系，但作为唐朝的令式仍然要颁布到边远的城镇。这件文书后来废弃，被寺院的僧人当作废纸，在背面绘制了佛教图像。

在这批新出吐鲁番文书中，有一些我们很感兴趣的有关西域史的材料。其中在新征集的文书中，有一组文书残片，计36件，经缀合、释读，使之连缀成一个唐龙朔二、三年（662—663）西州都督府处理哥逻禄部落破散事宜的案卷，加之另外一件相关的粟特语文书（2004TBM107:3-2），我们从中可以获知史籍中没有记载过的一件西域史上的重要史事：大概在龙朔元年十一月以前，唐朝得到金满州刺史沙

---

① 雷闻《关文与唐代地方政府内部的行政运作——以新获吐鲁番文书为中心》,《中华文史论丛》2007 年第 4 辑，122—154 页。

② 参见丁俊《从新出吐鲁番文书看唐前期的勾征》,《西域历史语言研究所集刊》第 2 辑，科学出版社，2008 年，待刊。

③ 雷闻《吐鲁番新出土唐开元〈礼部式〉残卷考释》,《文物》2007 年第 2 期，56—61 页。

陀氏某人的报告，说哥逻禄步失达官部落被贼人（漠北以回纥为主的铁勒部落）打散，有一千帐百姓从金山（阿尔泰山）南下，到金满州地域（今乌鲁木齐乌拉泊古城北方）停驻。十一月某日，唐朝自东都尚书省分别给漠北的燕然都护府、哥逻禄部落发下敕文，令燕然都护府将此事与西州都督府相知会，发遣步失达官部落百姓返回金山西侧大漠都督府原居地。西州随即差遣柳中（今鲁克沁）县丞□客师充使前往金满州，与金满州刺史一起处理发遣事宜。龙朔二年三月，燕然都护府得到□客师报告，哥逻禄首领咄俟斤乌骑支陈状，说部落百姓在奉到敕令之前，已在有水之地种了麦田，且放养的羊马因遭风雪，没有充足的草料，瘦弱不能度山入碛，无法返回大漠都督府原地。所以，部落百姓希望朝廷安排他们到河西的甘州地方居住，那里的条件当然要比金山地区好。十月中旬以后，西州又派遣使人□慈训前往金满州，并与燕然都护府、金满州等相知会，希望迅速发遣哥逻禄部落返还大漠都督府。但哥逻禄部落以通往大漠都督府的道路有贼人阻拦、暂且不通以及所种麦田尚未收获为由，希望在金满州界内继续停驻。到龙朔三年正月，由于铁勒部落已被击败，哥逻禄部落百姓收麦之后，由首领六人率五十帐移向金山。其他帐的首领都已入京，所以需要等待首领们回来，才能返回。尽管文书以下缺失，但整个哥逻禄部落破散和唐朝处理的情况，仍得以基本完整地呈现出来[①]。

在阿斯塔那395号墓中，出土了几件残片拼接而成的《唐垂拱二年（686）西州高昌县征钱名籍》，一些户主的名字被列在"金山道行"或"疏勒道行"的后面，应是西域行军时唐西州高昌县武城乡的一次按户临时差科的征钱记录。我们知道，在大谷文书和《吐鲁番出土文书》刊布的材料中，也有涉及金山道行军和疏勒道行军的记载，有的也同时出现在一件文书上，据阿斯塔那184号墓出土的《唐开元二年（714）帐

---

① 荣新江《新出吐鲁番文书所见唐龙朔年间葛逻禄部落破散问题》，《西域历史语言研究所集刊》第1辑，13—44页。关于粟特文文书，参见 Yutaka Yoshida, "Sogdian Fragments Discovered from the Graveyard of Badamu",《西域历史语言研究所集刊》第1辑，45—53页。

后西州柳中县康安住等户籍》，金山道和疏勒道分别是唐朝在垂拱元年（685）和垂拱二年（686）派往西域的行军。其时吐蕃大军进攻西域，唐朝命令拔安西四镇，并派金山道和疏勒道行军前往救援[①]。其战事激烈，除了已经见到的文书所提到的从西州发白丁往前线外，现在又有文书证明当时还按户征钱以助军需[②]。

在这批新出吐鲁番文书中，还有一组唐朝天宝十载（751）交河郡客馆往来使者的记录，其内容包括住宿客人比较详细的身份信息、到来和离开的时间、方向以及随行人员等。由于文书所记往来交河郡的使者中有宁远国（Ferghana）王子、安西四镇将官、中央朝廷派出的中使等诸多重要人物，因此是我们今天考察 8 世纪中叶西域政治、军事形势的重要史料。综览整组文书可知，天宝十载交河客馆接待的客使，除了安西四镇将官、中央朝廷派出的中使等诸多重要人物外，还有至少八个般次的宁远国使臣，包括三个宁远国王子，其中一位叫"屋磨"，恰好我们在《册府元龟》读到过他的名字[③]。这些王子的到来，和同一文书所记"押天威健儿官宋武达"和新出天宝十载交河郡长行坊文书中提到的"天威健儿赴碎叶"，均提供了关于唐朝用兵西域的非常重要的信息，即天宝十载唐廷在发大军前往怛逻斯迎战大食、诸胡联军的同时，也派遣"天威健儿赴碎叶"，以防制那里的黄姓突骑施夹击唐军。这一文书使得我们对于在唐朝和阿拉伯历史上都具有重要意义的怛逻斯之战的前前后后有了更多的了解[④]。另外，这件文书也是我们了解唐朝客馆制度各个方面情况的重要参考文献，有助于我们深入探讨般次、客使的类别、客馆的接待等问题[⑤]。

---

① 参见黄惠贤《从西州高昌县征镇名籍看垂拱年间西域政局之变化》，唐长孺主编《敦煌吐鲁番文书初探》，武汉大学出版社，1983 年，396—438 页。

② 文欣《吐鲁番新出唐西州征钱文书与垂拱年间的西域形势》，《敦煌吐鲁番研究》第 10 卷，131—163 页。

③ 《册府元龟》卷九七一《外臣部·朝贡》天宝八载（749）八月条；《宋本册府元龟》，中华书局，1989 年，3853 页。

④ 毕波《怛逻斯之战和天威健儿赴碎叶》，《历史研究》2007 年第 2 期，15—31 页。

⑤ 毕波《吐鲁番新出唐天宝十载交河郡客使文书研究》，《西域历史语言研究所集刊》第 1 辑，55—79 页。

最后，还有一些实际应用的文献材料，如可能是初唐西州当地学生所写的《千字文》，同时也发现了更早的高昌王国时期的《急就篇》写本，可以看出高昌地区习字文本的演变。还有一件学生习字，抄的是隋朝岑德润的《咏鱼》诗和一首佚诗，颇为难得①。另外，还有从唐朝官府颁下的《永淳三年（683）历日》，这件历日是台藏塔出土的，原本已经撕成碎纸条，但保存了唐代官方颁布的正式历本的格式，并钤有官印，所以非常珍贵②。出土文献中还包括一些书信残片，但有一件开元七年的《洪奕家书》，却有幸完整地保存下来③。最后不能不提到的是，这次新出土的唐代丧葬文书中，首次发现了明确标作"移文"的文书，证明了随葬衣物疏向移文的转变，这对于今后我们判定许多衣物疏的性质和名称，提供了坚实的证据④。

以上主要是根据我们"新获吐鲁番出土文献整理小组"的初步研究写成的，有些问题只是相关文书反映的一个方面。吐鲁番出土文献的史料价值是多方面的，相信随着《新获吐鲁番出土文献》的出版，一定能够推动许多相关课题的研究。

（与李肖、孟宪实合撰，2006 年 10 月 17 日完稿，初稿曾刊《文物》2007 年第 2 期，41—49 页，日文版《新获トルフィン出土文献概说》[张娜丽译]，发表于《西北出土文献研究》第 4 号，2007 年，5—15 页；2007 年 7 月 25 日增订，刊《吐鲁番学研究》2008 年第 1 期，1—11 页，并作为《新获吐鲁番出土文献》[中华书局，2008 年]前言之二收入该书。）

---

① 李肖、朱玉麒《新出吐鲁番文献中的古诗习字残片》，《文物》2007 年第 2 期，62—65 页。
② 陈昊《吐鲁番台藏塔新出唐代历日研究》，《敦煌吐鲁番研究》第 10 卷，207—220 页。
③ 韩香《吐鲁番新出〈洪奕家书〉研究》，《西域文史》第 2 辑，科学出版社，2007 年，101—116 页。
④ 参见刘安志《跋吐鲁番新出〈唐显庆元年（656）西州宋武欢移文〉》，《魏晋南北朝隋唐史资料》第 23 辑，2006 年，198—208 页。

《且渠安周碑》与高昌大凉政权

吐鲁番盆地没有石山，因此造碑的石材需从外地运入，非有力者难成其事。而且，随着时间的推移，许多石碑湮没无闻。清代开边，不少文人墨客有机会亲旅其地，西陲石刻拓本始传入内地，为收藏家所重视。随后，西方考古学者和探险家开始在吐鲁番地区从事考古工作，一些石碑陆续出土。作为文字史料，石碑与同时出土的纸本文书和砖石墓志有所不同，因为石碑都是由王家或大族为庆祝某件大事而镌刻的，反映的历史内涵远较文书和墓志丰富。且石质坚硬，存字较多，所含信息量往往也比文书和墓志要多。但由于种种原因，与文书和墓志相比，前人对吐鲁番碑铭的研究尚不充分，且多为个案研究。

笔者近年来留意于此，收集了一些资料，并以此为题在1995年的一个学期里，与一些研究生就现存吐鲁番出土石碑进行了会读，其后又有若干重要资料公布。现仅就高昌史上第一碑——《且渠安周碑》及其反映的高昌史事，略作整理考释。

一、《安周碑》的发现、传拓与研究

《且渠安周碑》（以下简称《安周碑》）的碑名部分已残，据其残迹，原名很可能是"凉王大且渠安周造祠碑"，立于大凉承平七年（449）。

《安周碑》最初的出土情形不详，至于它的出土时间，也只是在近年出版的柯昌泗《语石异同评》中，才讲到是"光绪壬午"出于火州故城 ①，即 1882 年出土于吐鲁番高昌故城。石碑的出土地点，即德人所编 M 寺址，惜当时没有引起注意，而为挖宝人所有。1902 年冬，格伦威德尔（Albert Grünwedel）领导的德国第一次吐鲁番探险队在胜金口进行发掘时，听到高昌故城出土石碑的消息，于是回到吐鲁番，从当地挖宝人手中把它买下，运回柏林，存放在民俗学博物馆（Museum für Völkerkunde）中。因为当时 M 寺址中有积水，格伦威德尔除了找到一些碑石碎块外，没有作进一步的发掘 ②。估计此碑上部残石仍在遗址当中。在运往柏林途中，碑石又不幸断裂为二。第二次世界大战以后，此碑与德国探险队所获《主客长史碑》一样，不知所在。1996 年 6—8 月我在柏林考察吐鲁番收集品时，特别留意此碑，在印度艺术博物馆（Museum für Indische Kunst）库房中，只看到此碑碑座还在，而碑石无存。

此碑运回柏林后，由汉学家福兰阁（Otto Franke）考释。1907 年，他发表了详细的研究报告，即《吐鲁番亦都护城出土的一方汉文寺院碑铭》，有汉字录文和德语翻译注释，且附有清晰的图版 ③。文章出版后，法国的沙畹（Éd. Chavannes）和伯希和（P. Pelliot）先后撰写书评，对录文翻译有所订正 ④。福兰阁的录文是根据原碑石移录的，所以有些录自残块和断裂处的字在图版上是看不到的，因此他的录文虽然有误，但值得重视，而且他所发表的图版，在碑石佚失的今天，是我们目睹原碑真

---

① 柯昌泗《语石异同评》，中华书局，1994 年，98 页。柯昌泗没有说明此说的根据，但他的老师罗振玉、父亲柯劭忞、弟弟柯昌济都是金石学家，说当有本。

② Albert Grünwedel, *Bericht über archäologische Arbeiten in Idikutschari und Umgebung im Winter 1902-1903*, München, 1906，pp. 27-28.

③ O. Franke, "Eine chinesische Templinschrift aus Idikusahri bei Turfan (Turkistan)", *Abhandlungen der Preussischen Akademie der Wissenschaften aus dem Jahre 1907*, 1907, pp. 1-92.

④ Éd. Chavannes, "Dr. O. Franke: Eine chinesische Tempelimschrift aus Idikusahri bei Turfan (Turkistan)", *T'oung Pao*, 1908, pp. 121-124; P. Pelliot, "O. Franke: Eine chinesische Tempelimschrift aus Idikušahri bei Turfan (Turkistan)", *Bulletin de l'Ecole Française d'Extrême-Orient*, IX, 1909, pp. 164-166.

貌的唯一根据。福兰阁把碑文的年代定在 469 年，显然有误。沙畹在书评中花费一定的笔墨考证年代在 454 年，可惜失之毫厘。

1906 年初（光绪三十二年三月），清朝赴欧洲考察宪政的大臣，同时也是金石收藏家的端方，在柏林民俗学博物馆中见到此碑，诧为瑰宝，随即与博物馆馆长相商，请求拓留墨本，得到允许。但因急忙中没有好拓工，拓了一整张后，庖人用力过猛，损坏了碑字，被馆方拒绝再拓，所以第二张只得四分之一[1]，且拓本质量不佳，最重要的承平纪年部分也没有拓上。端方以为此碑是"北凉沮渠安周造佛寺颂功德刻石"[2]，又是孤拓，所以对此收获非常得意。回国后，他先后请当时达官学士以及外国学者二十一人在孤拓本周边题跋，最早者是况周颐在丙午小除夕所题，即 1907 年春；较晚者为法人伯希和 1909 年 6 月 9 日从河内去北京途中路过南京端方幕府时用法文题的跋文和邓邦述宣统纪元十二月的题记[3]。诸家题跋，有的只是简单的拜观记录，如梁鼎芬、罗振玉、宗舜年、章钰、邓邦述、张謇、原口要；有的以诗文纪事，歌颂端方收集古物之功，提示此碑之重要，如郑孝胥[4]、金焕章、张曾畴、张之洞、俞廉三、柯逢时、沈瑜庆、俞陛云等；较详细地讨论碑文者，为况周颐[5]、缪

---

[1] 柯昌泗《语石异同评》，98 页。

[2] 见端方在刘拙东响拓本上的题跋："光绪三十二年岁次丙午三月，方奉使至德都柏林，游博物馆，见此碑，识为北凉沮渠安周造佛寺颂功德刻石。……德人亦护古刻，不听人捶拓，方再三与博物院长言，乃拓得一整本一未完本（未完本赠艺风老人）。"响拓本现存北京图书馆善本部。按，史籍中"沮渠"和"且渠"互用，因《安周碑》原文作"且渠"，所以本文行文一律用"且渠"，但引文原作"沮渠"者照旧。

[3] 全拓图版见史树青编《中国历史博物馆藏法书大观》第 5 卷碑刻拓本一，柳原书店，1994 年，151—174 页，诸家题跋见 232—245 页，伯希和跋在 225 页，惜不够清晰。参看蒋文光《谈清拓孤本北凉且渠安周造佛寺碑》，《社会科学战线》1979 年第 4 期，1979 年，207—210 页；又《北凉且渠安周造佛寺碑》，《人民中国》1981 年第 9 期，149 页；又《孤本〈北凉沮渠安周造寺碑〉研究》，《新疆文物》1989 年第 2 期，55—74 页的录文和说明。

[4] 郑孝胥日记中也有记载："丁未年二月十五日（1907 年 3 月 28 日），观午帅自柏林拓得凉王且渠安周造像刻石，文凡二十二行，碑首断缺二字，跋者杨守敬、况周颐、缪荃孙、黄绍箕，题者张之洞、柯逢时、俞廉三、梁鼎芬。"见中国历史博物馆编，劳祖德整理《郑孝胥日记》第 2 册，中华书局，1993 年，1082 页。

[5] 又见况周颐《香东漫笔》卷一，《蕙风丛书》本，中国书店，1925 年，叶 21，文字略有不同。

荃孙[①]、杨守敬[②]、黄绍箕四氏的跋语，均作于 1907 年。由于拓本年号不清，所以杨守敬等虽努力考证，但均未得实。

罗振玉在拓本上只书"光绪丁未（1907）四月上虞罗振玉敬观"，其实他当时作了录文，并且用写真法把拓本缩印下来。戊申十二月（1908 年 12 月至 1909 年 1 月），罗振玉把拓本用珂罗版影印在《神州国光集》第六集中，后附跋文，对碑文所涉史事、年代和别字有所考证，其中将年号读作"泰（太）安"，与黄绍箕说相同，实为误解[③]。1914 年，罗振玉在《西陲石刻录》中，发表了他的录文。1920 年，在《雪堂金石文字跋尾》中修订旧跋，据王树枏所得承平纪年写经，把年号确定为"承平"[④]。另外，罗振玉把影印原拓的副本送给方若一份，方若据以录文，刊入《校碑随笔》卷三[⑤]。日本学者大村西崖《支那美术史雕塑篇》的录文，即据《西陲石刻录》和《校碑随笔》转录[⑥]。

端方回国后，把残拓本送缪荃孙，缪氏日记丁未（1907）十二月十三日记："送魏沮渠安国（周）颂德碑与陶垒，求补足。"[⑦]端方让刘拙东用响拓法补足。缪氏日记戊申（1908）四月十八日又记："裱高昌士民诵沮渠伪王德政碑，匋帅赠。"[⑧]端方与缪荃孙分别死于 1911 年和 1919 年，其后，全拓归李介如，残拓本辗转经张钫（字伯英）手亦

---

① 参看缪荃孙《艺风老人日记》第 6 册，2145 页：己酉（1909）二月六日，"撰沮渠安周功德颂跋"。北京大学出版社，1986 年影印本。

② 杨守敬《北凉且渠安周造寺功德碑》，《丁戊金石跋》，1908 年，叶 13—15 所录跋文同。

③ 罗振玉《凉且渠安周造象记跋》，《神州国光集》第六集，国学保存会，1908 年。按罗氏观拓在丁未四月，黄绍箕在丁未毂日，识两人所书跋语位置，罗氏似未见黄跋。

④ 按罗振玉《凉王大且渠安周造象修寺碑跋》，《雪堂金石文字跋尾》卷二，《永丰乡人稿》丙，1920 年，叶 12—13 所录跋文，前后与 1908 年跋文完全相同，但中间已将有关"□（太）安"年号的论证，改为有关"□（承）平"年号的确定。罗氏虽然没有提到前后两跋不同的原因，但显然是看了王树枏书以后改正的。

⑤ 方若《沮渠安周造像碑》，《校碑随笔》，西泠印社，1914 年；王壮弘《沮渠安周造像碑增补》，《增补校碑随笔》，书画出版社，1981 年，211—212 页。

⑥ 大村西崖《支那美术史雕塑篇》，1915 年，177—178 页。

⑦ 《艺风老人日记》第 5 册，2027 页。

⑧ 《艺风老人日记》第 5 册，2085 页。

归李氏。李氏为此特建碑馆曰"北凉碑馆"，全拓本上有李氏钤章，曰"江夏李钦原名清字介如亦字慎""江夏李氏北凉碑馆""李介如鉴定章"，并有己巳（1929）三月萧方骏题记一行，这是1909年以后的唯一题记[①]，可见李氏极为珍视，不轻易示人。李氏去世后，其孙李章汉于1976年将两本一并捐赠中国历史博物馆[②]。

除了端方拓自原石的全拓本和残拓本外，刘拙东还用响拓法拓得一全本，上有端方、张钫、樊增祥等人题跋，此本今归北京图书馆善本部[③]，尚未刊布。据笔者检视原本，其题跋以端方一则最早，前引端方在刘拙东响拓本上的题跋文字之后，接着写道："拙东吾友见而爱之，因用响拓法摹成此本，能令全神毕现，亦可谓好古而有强力者矣。戊申（1908）四月即望，端方题记。"最晚的一则为张伯英跋："陶斋赠艺风之本，卓冬响拓补完者，往岁曾藏予家，后与陶斋全拓同归李介如。此卓冬自存者，今卓冬衰老，不复能拓，当与原石墨本同为世间稀有之迹，伯英以获一读为幸。戊辰（1928）嘉平廿四日。"此跋使我们得知响拓本为刘拙东自存。笔者执原碑照片与响拓本对校，发现此响拓本并非如端方所说是"全神毕现"，个别文字勾勒有误，如第19行47字"华"误作"革"，又如第7行42—44字"运四摄以"误作"运四以摄"[④]。笔者未见历博所藏补足残本的响拓本，不知是否有此同误。江左所刊历博藏拓照片，第5行33—34字"日慧"，与照片及全拓本对比，"慧"上一字空缺[⑤]，疑所刊为响拓。而况周颐《香东漫笔》卷一所刊录文，此处作"□慧"[⑥]，知也是同一来源。

早期中国学者对此碑的研究和录文，凡是根据端方的拓本或刘拙

---

① 蒋文光《孤本〈北凉沮渠安周造寺碑〉研究》，73页；史树青编《中国历史博物馆藏法书大观》第5卷碑刻拓本一，240、244页。

② 蒋文光《孤本〈北凉沮渠安周造寺碑〉研究》，55—56页。

③ 徐自强《沮渠安周造象碑》，《北京图书馆藏石刻叙录》，书目文献出版社，1988年，116—117页。

④ 笔者是在北京图书馆善本部李际宁先生安排下，和他一起校出这一结果的。

⑤ 江左《北凉且渠安周造佛寺碑》，《书法丛刊》第2辑，1981年，36页。

⑥ 况周颐《香东漫笔》卷一，《蕙风丛书》本，叶22。

东的响拓本者，于造碑年代都争论不清，因为端方拓本只能依稀看出"平"字，也有读作"安"字者，所以有"永平""永安""承安""太安"等说法①。"平"字和残半的"承"字在福兰阁发表的照片上本来是清晰可见，惜中国学者见到他的著作稍迟一步。事实上，1909 年 6 月经过南京并在端方全拓本上写有题跋的伯希和，大概手中即携有一册福兰阁的书。伯希和从南京到北京后，曾向中国学者展示其所获敦煌写本精品，其时罗振玉、王仁俊等人都往伯希和寓所抄录敦煌写卷。王仁俊"顷从友假得德人法兰基（即福兰阁）氏调查是碑专书，内景照之本较为明善"，因据以移录入他的《敦煌石室真迹录》，并在跋文中对安周史事略加考订②。王氏应当是从伯希和处见到《安周碑》的，其书于己酉（1909）九月四日印行，惜其中"承平"年号仍付阙如。当时同往伯希和寓所看敦煌卷子的恽毓鼎，也曾见过《安周碑》照片，此事载在北京图书馆藏《六朝北凉写经残叶》跋文中："近二十年，新疆吐鲁番一带，土人掘沙，往往从沙中得古人写经残卷。新城王晋卿方伯所收颇多，检其一以赠予。方伯为予言：卷中常有承平某年年号，概沮渠安周王高昌时物也。己酉年，予从法兰西人伯希和许，见沮渠安周造寺功德刻石，其末署承平三年，知方伯之言确也。考史，北凉沮渠牧犍永和七年（439）为魏所灭，其弟无讳西渡流沙，击降鄯善，据高昌自王。无讳卒，安周代立，至宋大明四年（460）为蠕蠕所灭，距姑臧之亡，已二十二年，北凉至是始绝。魏宋二书于沮渠西徙后，纪载殊略。无讳、安周都高昌，其故城正在今吐鲁番东附近四十里。沮渠氏自蒙逊以来，世奉佛法，造寺写经，乃其国俗，安知今之沙碛，非即安周时佛寺旧址，故经卷多埋压沙中欤！……乙卯（1915）春，澄斋恽毓鼎识。"③

---

① 杨守敬《北凉且渠安周造寺功德碑》；罗振玉《凉且渠安周造象记跋》；又《凉王大且渠安周造象记》，《西陲石刻录》，京都：罗氏东山侨舍，1914 年，叶 4—5；又《凉王大且渠安周造象修寺碑跋》，叶 12—13；方若《沮渠安周造像碑》；况周颐《香东漫笔》卷一，叶 21—23。

② 王仁俊《北凉且渠安周造寺功德刻石》，《敦煌石室真迹录》附，1909 年，叶 1—6。

③ 北京图书馆善本部藏 5177 号，此系李际宁先生检示。

当北京和南京的学者主要据拓本考订《安周碑》时，王树枏（字晋卿）正在新疆任布政使，并且大力收集吐鲁番等地出土的古代写本。他很快见到王仁俊《敦煌石室真迹录》中的《安周碑》录文，据以录入所撰《新疆稽古录》中，并写跋文。根据他本人所获吐鲁番出土《佛说菩萨藏经》尾署"大凉王大且渠安周所供养经，承平十五年岁在丁酉"，断定碑文年代为承平，而非永平或泰安。此即恽毓鼎上引跋文中所说的王氏看法。《新疆稽古录》刊布在壬子年（1912）北京出版的《中国学报》，但流传不广。1918 年，又印入《新疆访古录》卷一，并转载于1923 年出版的《新疆图志》金石一中[①]。

在西方，20 年代中期，查赫（E. von Zach）在沙畹和伯希和书评的基础上，对福兰阁录文有所订正[②]。伯希和又利用罗振玉和王树枏的研究和校录成果，对年代和录文都有所补正[③]。在中国，1929 年，周肇祥经德国民俗学博物馆东方美术部长曲穆尔手，直接获得照片一帧（与福兰阁所刊同），因撰跋文，连同照片印入《艺林旬刊》第 6 期，才把承平年代最终定谳[④]。

20 年代以后，专论此碑者较少。1979 年以来，蒋文光先生对中国历史博物馆所藏端方孤拓本陆续加以介绍，并从历史、书法等角度阐明了此碑的价值。文中所录孤拓上的诸家题跋，是我们认识此碑早期研究史的主要依据[⑤]。1985 年，池田温在充分利用前人研究成果的同时，以

[①] 王树枏《新疆访古录》，聚珍仿宋印书局，1918 年，叶 4—6；1923，叶 5—7。参看顾燮光《梦碧簃石言》，聚珍印书局，1925 年。

[②] E. von Zach, "Einige Bemerkungen zur Tempelinschrift von Idikutsahri (im Museum für Völkerkunde, Berlin)", *Asia Major*, II, 1925, pp. 345−347.

[③] P. Pelliot, "L'inscription chinoise d'Idiqut−sahri", *T'oung Pao*, XXIV, 1926, pp. 247−251.

[④] 周肇祥《北凉且渠安周造佛寺碑跋》，《艺林旬刊》1929 年 1 月 21 日。蒋文光《谈清拓孤本北凉且渠安周造佛寺碑》，210 页转录跋文。

[⑤] 蒋文光《谈清拓孤本北凉且渠安周造佛寺碑》；又《北凉且渠安周造佛寺碑》；又《孤本〈北凉沮渠安周造佛寺碑〉研究》；又《举世瞩目的瑰宝——北凉沮渠安周造佛寺碑拓本》，《收藏家》1995 年第 2 期，30—31 页。史树青《中国历史博物馆藏法书大观》第 5 卷碑刻拓本一，232、241—245 页解题与释文也是蒋氏执笔。以下所引蒋氏说法和录文，据蒋文光 1989 年一文。

福兰阁所刊图版为依据，校录出迄今为止最佳的录文①。1995年，贾应逸先生也发表了校录和注释②，但排印错误颇多。

二、《安周碑》的校录与简注

以上简要介绍了前人对《安周碑》的校录和考释，其中以池田温先生所作录文最佳。我们以池田先生录文为底本，作了精心的会读。以下是我们校录的结果，先按碑文原式录出（见附录），再加标点整理录文如下③（图1，见下页）：

□□□□□□□□□□□（涼王大且渠安周造祠碑）[一]

中書郎中[二]夏侯粲作[三]

□□□□□□，□□□□形，原始興於六度，考終著乎慈悲。然望欞理翰者，罕[四]遊其方。悕宗研味者，莫究其極。豈玄扉沖邃，□□□□□□，□□（我）見[五]頹其城塹，无明鄣其神慧。故使陵天之舉，不出於三界。希夷之韻，莫闡於域中。非夫拔迹緣起之津，□□□□□□□□□。覺滯寢於昏夢，拯弱喪於炎墟[六]。爰有含靈獨悟之士，軿日月於方寸，具十號以降生。顧塵海之飄[七]濫，懼□□□□□□。□□櫂於駭浪，望道流而載馳。朝飢思膳，雨甘露以潛貸。幽夜莫曉，明慧日以啓旦。二邊稟正，遍以洞照。四倒□□，□□□□[八]。何[九]懼化功之不建[一〇]，道世之或淩？故虛懷不請之友，以隆法施之弘。彌勒菩薩，控一乘以

① 池田温《高昌三碑略考》，《三上次男博士喜寿记念论文集历史编》，平凡社，1985年，102—108页。池田温《〈且渠安周功德碑〉拓本及临模解说》，《吐鲁番古写本展》解说，朝日新闻社，1991年，录文有订正。

② 贾应逸《〈且渠安周造寺功德碑〉与北凉高昌佛教》，《西域研究》1995年第2期，35—36页。承蒙作者以自校复印本见贻，谨此致谢。

③ 本文书为首次校录，故按原式繁体校录，行文则以简体加以说明。

图 1 《且渠安周碑》照片（1907 年）

莨驅[一一]，超二漸而玄詣。□□□□，□□左右。虛空藏積苦行於十地，隨所化而現生。功就寶莊，來爲郢匠。法王震希音以移風，大士運四攝以護持。□□□□嚴土，三塗革爲道場[一二]。斷起滅以離盡，入定窟以澄神。深心幽扣，則儀形目前。乃誠孟浪，則永劫莫睹。斯信敬者，所□（以）□□。□慢者，所以自惕。

　　涼王大且渠[一三]安周，誕妙識於靈府，味純猷而獨詠。雖統天理物，日日萬機，而謙讓之心，不忘造次□□。□□之寄逆旅，猶飛軒之佇唐肆。罪福之報行業，若影響之應形聲。一念之善，成菩提之果。瞬息之惡，嬰累劫之苦。殖□□□之中，不弘解脫之致。隨巨波以輪迴，受後有而不息。雖抗轡於天衢，終頓[一四]駕於無擇。乃虛懷潛思，遠惟冥救。構常住□（之）□，□不二之韻，圖法身之妙，證无生之玄。謙束教迷方者，覩真容以遐興。離本逐末者，守清篤以致極。規謨存於兼拯，經□□□□（有）成[一五]。兆庶欣然，咸發道心。於是隆業之右，惟一匱之不倦，熙神功以悟世。爰命史臣，載藉垂訓。有鄙之微，思不愧類。□□□之有幸，遇交泰於當年。目睹盛美，心生隨喜。嗟嘆不足，刊石抒懷。

　　□□□邃[一六]，扣[一七]之者尠。實際無崖，曠代莫踐。妙哉[一八]正覺，朗鑒獨晬[一九]。不退之輪，不二而轉。彼岸之遐，超昇其巘。既昇其巘，又釣其□。□在中流，濟彼二邊。我見不斷，我疾弗閑。果而不證，滅而无刊。隨化現生，壹變大千。道不孤運，德必有鄰。乾乾匪懈，聖敬□□[二〇]。不請之友，自遠而臻。補處之覺，對揚清塵。拯隊三塗，弘道交淪。雖曰法王，亦賴輔仁。於鑠彌勒，妙識淵鏡。業以行隆，土[二一]□□□。始覆惟勤，一匱彌兢。道與世興，負荷顧命。恢恢大猷，弘在嗣正。藹藹龍華，寂斤俟聘。名以表實，像亦載形。虛空無際，□□□名。功就寶莊，來踐法庭。玄珠一曜，億土皆明。何得何證，利益我生。有感斯應，无求不盈。邈矣哲王，寔天修讚。覽彼華□，□□樸散。澡流洗心，望欂理翰。稽式兜率，經始法館。興因民願，崇不終旦。有蔚其麗，有炳其煥。德輶難舉，剋在信心。須達□□，應供虛衿[二二]。沖懷冥契，古亦猶今。豈伊寶蓋，發意華簪。英右遐興，齊高等深。□（顧）憑斯致，永闡法林。俾我億兆，翻飛寸陰。

□（大）□（涼）[二三]承平三年歲次大梁[二四]，月呂无射[二五]，量功興造。龍集星紀[二六]，朱明啓辰[二七]，都竟。監造□（法）師[二八]法鎧，典作御史索寧。

碑文校注：

上文所说诸家录文，因为所据材料和校录时间的不同，优劣悬殊。其中罗振玉录文较忠实原本，保存文字原貌。池田温录文（1985，1991）后出转精，且因其论文全文译成中文[①]，所以为学界普遍用为依据。以下校注目的旨在澄清文字问题，而不作全面的校勘，一般情况下，凡池田温录文正确而前人误者不再出校。

[一] 碑名：此碑为 1.48 米 × 0.92 米的长方形石碑，底有莲花座。碑上部已残，右侧题名处尤甚，首二行约缺 10 字，原名当在其中。前人拟名，有"北凉且渠安周造佛寺颂功德刻石"（端方）、"北凉且渠安周造寺功德碑"（杨守敬）、"北凉且渠安周造佛寺功德刻石"（况周颐、王仁俊）、"凉王大且渠安周造象记"（罗振玉 1914）、"凉王大且渠安周造象修寺功德刻石"（罗振玉 1920）、"北凉且渠安周造功德刻石"（王树枏）、"北凉且渠安周造佛寺碑"（周肇祥、蒋文光）、"凉王大且渠安周功德碑"（池田温）。称"刻石"者，文字在 10 字以上，不足取。而称"北凉"者，必非原名。所余只有罗振玉和池田温的拟名，后者录文首行补 10 个阙字号，表明已考虑了原名应为 10 字。罗氏定性为"造象"，但碑文记此功德从承平三年（445）量功兴造，"龙集星纪"即承平七年（449）都竟，前后用了四年时间，因此所记应是造寺，而非仅仅造像。此寺当即碑文的出土地——德国编号 M 寺址，推测应当在且渠安周王宫附近。池田氏定性为"功德碑"，正合《语石》所说"释

---

① 谢重光译载《敦煌学辑刊》1988 年第 1—2 期，146—161 页。

家建寺造象，亦可称功德"①。但就今所知北朝前期诸石刻，尚未见有称"功德碑"者。按，吐鲁番地区文书表明，460年以前的佛寺皆称作"祠"②。据此，并参考前人拟名，我们推测原碑名很可能是"凉王大且渠安周造祠碑"。其中"凉王大且渠安周"为碑中文字，可视作原文；"造祠碑"则为拟名，当然也可拟作"造祠记"。

[二]**中书郎中**：此职未见同时代的史籍。按，自西汉以来，郎中主要是尚书各曹的负责人，又称尚书郎。魏晋以来，中书省职权渐重，其主要官员有监、令、侍郎、舍人，而无郎中。《初学记·职官》上记魏晋以来，"妙选文学通识之士为之（中书监、令，掌王言）"。东晋至宋、齐，中书侍郎掌起草诏书，任此职者皆当时文学名士，如谢灵运、袁淑、颜延之、谢朓等③。且渠大凉的中书郎中一职，或许是由中原魏晋官制发展而来，其职掌与魏晋中书之"掌王言"相同。《安周碑》即代凉王所撰文字。又吐鲁番 TAM177 墓出土《大凉承平十三年（455）且渠封戴墓表》记墓主人为"寇军将军、凉都高昌太守、都郎中"，梁宝唱《比丘尼传》卷四为《伪高昌都郎中寺冯尼传》，知大凉有都郎中之职，也不见于史籍记载，但为大凉政权中央最重要之官职当无疑义④。中书郎中或为都郎中下负责文秘的官员。

[三]**夏侯粲**：此名未见史籍。夏侯氏为中原大族，粲当系原仕北凉的中原士人，随北凉王族逃到高昌，成为大凉政权的载笔之士。

[四]**罕**：原作闰，王树枏（1918）、罗振玉、方若照录原型。王树枏（1923）、蒋文光、池田温作"罔"，况周颐作"网"。张涌泉认为："罕字上从网，网字《隶辨》（清顾蔼吉撰）卷三引《汉张寿碑》作'冈'。汉印中'罕'字或作'闰'。罗振玉等《增订碑别字》'罔'字

① 叶昌炽《语石》，中华书局，1994年，181页。
② 王素《高昌佛祠向佛寺的演变》，《学林漫录》第11集，1985年，137—142页。
③ 参看祝总斌《两汉魏晋南北朝宰相制度研究》，中国社会科学出版社，1990年，322—385页。
④ 侯灿《大凉且渠封戴墓表考释》，《高昌楼兰研究论集》，新疆人民出版社，1990年，103—104页。

引《北凉且渠安周碑》以'罕'字为'罔'字，误。"按"罔"字俗写作"冈"，见《龙龛手鉴》二"冈"部。同部："罘、罦，希也。"又《玉篇·网部》："罕，稀疏也。俗作罕。"今从张说。参看张涌泉《敦煌俗字研究》，上海教育出版社，1996年，468页。

　〔五〕□（我）见："我"字据16行"我见不断"补。

　〔六〕拯弱丧于炎墟："弱"当作"溺"。《说文》："出溺为拯。"《文选·头陀寺碑》："凭五衍之轼，拯溺逝川；开八正之门，大庇交丧。""墟"，池田温录文误排作"虚"。

　〔七〕飘：原作"飇"，俗体。

　〔八〕四倒□□，□□□□：按《别译杂阿含经》卷十六有："四倒邪惑，皆悉灭尽。"（《大正藏》第2卷）阙文似可据补"邪惑皆悉灭尽"六字。

　〔九〕何：王树枏作"仃"，池田温作"斤"并加问号，蒋文光作"行"，视原碑残画及上下文意，参考19行二"何"字，当作"何"。

　〔一〇〕建：池田温《高昌三碑略考》作"逮"，《〈且渠安周功德碑〉拓本及临模解说》已订正为"建"。

　〔一一〕苌驱："苌"当作"长"，池田温已指出。"驱"原作"駈"，俗体。

　〔一二〕□□□□岩土，三涂革为道场：按吐鲁番出土建昌元年（555）《高昌新兴令麹斌芝造寺施入记》第3—4行有"五浊处成岩□（土），泥梨革为道场"（池田温《高昌三碑略考》，111页），或系模仿《安周碑》之作。据此，阙字似可补"五浊处成"四字，而"岩"字上部的"山"残，前人多作"严"，亦可据《施入记》补足。

　〔一三〕且渠：史籍记北凉王姓多作"沮渠"，此处及吐鲁番出土《且渠封戴墓表》《且渠封戴追赠令》[①]、王树枏所获且渠安周供养经四种[②]，均作"且渠"，当为正字。

① 新疆博物馆编《新疆出土文物》，文物出版社，1975年，图五二，33页。
② 池田温《中国古代写本识语集录》，东京大学东洋文化研究所，1990年，No. 82，89，90，91；图版第15页。

［一四］顿：福兰阁疑作"倾"，王仁俊、池田温从之。罗振玉、王树枏作"顿"，是。

［一五］□（有）成："有"字据 20 行 34 字补。

［一六］□□□邃：阙字似可据第 2 行文字补"玄扉冲"三字。

［一七］扣：字右半残，福兰阁作"拟"，蒋文光作"指"，罗振玉、王树枏、池田温《〈且渠安周功德碑〉拓本及临模解说》作"扣"，视残画，罗、王可从。

［一八］哉：福兰阁、王树枏、池田温作"夫"，罗振玉照录，蒋文光作"哉"，并举魏《崔敬邕碑》《郑义碑》为证，蒋说是。

［一九］眄：罗振玉、王仁俊、王树枏（1918）照录作"盻"，方若、王树枏（1923）作"眄"，池田温作"盼"，蒋文光作"盼"，并称"眄、盼互通，碑文应作盼字，押韵"。按《玉篇》目部："眄，俗作盻。"《龙龛手镜》四目部："眄、盻，二俗；盼，通；眄，正。"详参张涌泉《敦煌俗字研究》405 页。知原文系"眄"之通假字。又，碑文"灭而无刊"以上押元真韵，作"盼"失韵。

［二〇］□□：福兰阁作"日跻"，但碑文照片已不可见，池田温不取。"跻"字失韵，存疑。

［二一］土：王树枏、池田温 1985、蒋文光作"士"，王仁俊、罗振玉、池田温《〈且渠安周功德碑〉拓本及临模解说》作"土"。按原文作"圡"，"土"俗字，详参张涌泉《敦煌俗字研究》103 页。

［二二］衿：况周颐、蒋文光作"衿"，池田温作"於"。"衿"同"襟"，"虚衿"，虚怀也。又，"克在信心"以下押侵部韵，当作"衿"。

［二三］□□（大凉）：池田温补"大凉"，至当。按承平十三年所立《且渠封戴墓表》即作"大凉承平十三年岁在乙未四月"，与此用法正同。王树枏所获吐鲁番出土《佛说菩萨藏经》第一题记亦记"大凉"国号。

［二四］承平三年岁次大梁：大梁对应的地支为酉，当为乙酉，公元 445 年。

［二五］月吕无射：季秋九月。

[二六]**龙集星纪**：对应地支为丑，即承平七年己丑，公元449年。

[二七]**朱明启辰**：夏季。

[二八]**□（法）师**：《佛说菩萨藏经》卷一题记有"法师　第一校"。

三、大凉政权的建立与且渠安周造祠立碑的背景

公元439年，北魏攻占北凉首都姑臧（武威），凉王且渠牧犍降魏，但其诸弟仍在河西西部进行抵抗。441年，且渠牧犍弟无讳据守敦煌，并遣弟安周率五千人西击鄯善。鄯善王比龙拒之，安周不能克。442年，无讳自率万余家撤离敦煌，西渡流沙，未至鄯善而比龙已率众西奔且末，其世子降安周，无讳兄弟占据鄯善。时占据伊吾的北凉叛臣唐契，进攻依附柔然的高昌太守阚爽。阚爽遣使诈降无讳，想让无讳与世仇唐契相互攻击，渔翁得利。八月，无讳留从子丰周守鄯善，自率家口经焉耆入高昌。与此同时，柔然遣部帅阿若率骑救阚爽，唐契战死。唐契弟和收拾余众，奔车师前部。无讳至高昌，唐契已死，阚爽遂拒无讳。九月，无讳遣将卫兴奴诈降爽，夜袭高昌，阚爽败，奔柔然。无讳遂据高昌，此前所遣入宋的使者氾儁回到高昌，刘宋册封无讳为"持节、散骑常侍、都督凉河沙三州诸军事、征西大将军、领护匈奴中郎将、西夷校尉、凉州刺史、河西王"，基本上继承了北凉王且渠蒙逊和牧犍的所有名号①。

443年，且渠无讳改元承平，标志着北凉王族在原高昌郡的基础上，首次在吐鲁番建立了独立于河西的地方割据政权，其所称国号，当即上举《且渠封戴墓表》《大凉承平十六年大且渠武宣王夫人彭氏随葬

---

① 关于且渠无讳、安周西占高昌事，见《魏书》卷九九《沮渠蒙逊传》、《宋书》卷一〇〇《氐胡传》等，诸史于史事年代或有歧异，唐长孺《高昌郡纪年》有详考，文载《魏晋南北朝隋唐史资料》第3期，1981年，34—35页。

衣物疏》《佛说菩萨藏经》第一题记中所记之"大凉"[①]。

此时，大凉政权夹在北方柔然、交河车师、伊吾西凉王后裔李氏等势力当中，立足未稳。承平二年（444）夏，无讳死，安周代立，又起内讧。《魏书》卷三〇《车伊洛传》记载：

> 时无讳卒，其弟安周夺无讳子乾寿兵，规领部曲。伊洛前后遣使招喻，乾寿等率户五百余家来奔，伊洛送之京师。

据此可知，按照北凉旧制，无讳卒后，理应由其子乾寿继承王位，但无讳弟安周夺取乾寿所统的部曲兵，逼乾寿及其追随者五百余家出逃。这表明安周虽然代立为王，但其统治地位并不稳固。

同时，因为大量人口随北凉王族涌入高昌，引发饥荒。《高僧传》卷一二《宋高昌释法进传》记载：

> 释法进，或曰道进，或曰法迎，姓唐，凉州张掖人。幼而精苦习诵，有超迈之德，为沮渠蒙逊所重。逊卒，子景环（即无讳）为胡寇所破，问进曰："今欲转略高昌，为可克不？"进曰："必捷，但忧灾饿耳。"回军即定。
>
> 后三年，景环卒，弟安周续立。是岁饥荒，死者无限。周既事进，进屡从求乞，以赈贫饿，国蓄稍竭，进不复求。乃净洗浴，取刀盐，至深穷窟饿人所聚之处，次第授以三归。便挂衣钵著树，投身饿者前云："施汝共食。"众虽饥困，犹义不忍受。进即自割肉，和盐以啖之。两股肉尽，心闷不能自割，因语饿人云："汝取我皮肉，犹足数日，若王使来，必当将去，但取藏之。"饿者悲悼，不能取者。须臾弟子来至，王人复看。举国奔赴，号叫相属，因舆之

---

① 侯灿《大凉且渠封戴墓表考释》，《高昌楼兰研究论集》，新疆人民出版社，1990年，103—104页。池田温《中国古代写本识语集录》，No. 82, 89, 90, 91；图版第15页。吐鲁番地区文物保管所《吐鲁番北凉武宣王沮渠蒙逊夫人彭氏墓》，《文物》1994年第9期，76页图三，77页录文。

还宫。周敕以三百斛麦以施饿者，别发仓廪以赈贫民。至明晨乃绝，出城北阖维之。烟炎冲天，七日乃歇。尸骸都尽，唯舌不烂。即于其处起塔三层，树碑于右。[1]

法进原是北凉开国之主且渠蒙逊所尊重的高僧，凉州破灭后，他随无讳西行，实为无讳的重要谋士，并预示了无讳的唯一立身之地就是高昌。但原属北凉的高昌郡，只是吐鲁番盆地的东半，西半则由以交河为中心的车师前王国所占据。高昌虽然是从汉代戊己校尉率卒屯田积谷发展起来的居民点，但当地的农耕全凭天山每年流出的固定限量的雪水，所能承受的人口也是有限的，法进也预想到北凉余众到高昌的后果必然是饥荒。据史籍记载，安周入高昌所率有五千余人，而无讳接着率万余家入主高昌，乾寿出走也只带走五百余家。随北凉王族而西徙的人户，应当有不少凉州的大家族，如《安周碑》的作者夏侯氏家族，这类家族从魏晋以来就有大量荫户和宗族依附他们，所以这样的一户不同于一般的五口之家。法进等高僧的随之迁移，也表明河西地区寺院僧侣及依附人口的随同行动。还有像北凉王族本身，也带有大量人口，如史籍所记乾寿有部曲兵，其他王族也应同样拥有。1979年吐鲁番阿斯塔那383号墓发现北凉武宣王且渠蒙逊夫人彭氏墓[2]，也说明了北凉王族拉家带口西逃高昌的情形。这样大量的人口涌入高昌，不出法进所料，必然引起饥荒。法进先后为无讳、安周敬重，而饥荒在安周代立后开始严重起来。法进先是代饥民向安周求乞，国蓄稍竭。接着自割已肉以施众，用自杀来感化安周。当法进的自杀行为引起"举国奔赴，号叫相属"后，安周才不得不以三百斛麦施舍饿者，并且开仓廪以赈贫民。

法进的行动，虽然是佛教所讲的"王子投身，功逾九劫；剜肌贸鸟，骇震三千"[3]，但也具有代民请愿的性质。且渠安周被法进所感化，终于开仓赈民，渡过了难关。

---

[1] 释慧皎撰，汤用彤校注《高僧传》卷一二《法进传》，中华书局，1992年，447页。
[2] 《文物》1994年第9期，75—81页。
[3] 《高僧传》卷一二《亡身》论，457页。

安周代立后，照理要遣使南朝的宋廷，报告无讳之死，请求册封。所以《宋书》卷五《文帝纪》元嘉二十一年（444）九月甲辰称："以大沮渠安周为征西将军、凉州刺史，封河西王。"[1] 同书卷九八《氐胡传》载有宋文帝诏书：

> 故征西大将军、河西王无讳弟安周，才略沈到，世笃忠款，统承遗业，民众归怀。虽亡土丧师，孤立异所，而能招率残寡，攘寇自今，宜加荣授，垂轨先烈。可使持节、散骑常侍、都督凉河沙三州诸军事、领西域戊己校尉、凉州刺史、河西王。[2]

唐长孺先生已经指出，这次宋廷授予安周的官爵与授与无讳的相比，是以"领西域戊己校尉"换去了"领护匈奴中郎将、西夷校尉"，因为此时宋廷已经了解到安周实是"孤立异所"的高昌地方政权首脑[3]。除了"领西域戊己校尉"远较"领护匈奴中郎将、西夷校尉"名义要小之外，《本纪》所记安周的"征西将军"的军号，还少了"大"字，而正式诏书上却完全未提[4]，这恐怕不是简单的遗漏，而是反映了宋廷的态度。

宋廷下诏在九月，使者要经益州、吐谷浑、鄯善，才能到达高昌，时间当在同年末或下一年初。无论如何，宋廷的册封对于处在内忧外患夹击下的且渠安周大凉政权，特别是对于在佛教代表人物法进自杀请命之后的且渠安周，都具有极大的帮助。且渠安周正是在接到宋廷的册封后，为了安定内部局面，为了平稳法进之死带来的社会不安心理，在承平三年（445）秋季开始造祠立碑。

且渠氏在高昌建立政权，对占据盆地西部的车师国是巨大的威胁，

---

① 《宋书》卷五《文帝本纪》，中华书局，1974年，92页。
② 《宋书》卷九八《氐胡传》，2417页。
③ 唐长孺《南北朝期间西域与南朝的陆道交通》，《魏晋南北朝史论拾遗》，中华书局，1983年，170—171页。
④ 唐长孺《高昌郡纪年》，35页。

所以，车师前部王车伊洛在 444 年招引安周的敌手且渠乾寿，随后又率部众二千余人伐高昌。445 年，北魏遣万度归发凉州以西兵击鄯善，执其王真达送代京。承平六年（448），北魏万度归继续西进，攻击焉耆，同时诏令车伊洛助攻焉耆。车伊洛留子歇守交河城，与唐契弟唐和一起率军会万度归于焉耆东境。且渠安周乘虚引柔然兵分三路围攻交河。八月，万度归大破焉耆军，其王卑失鸠那奔龟兹。十二月，万度归进击龟兹，大获驼马而回。而车歇率众固守，连战久之。最后在承平八年被安周攻破交河城。车歇西奔焉耆依其父伊洛，翌年入代京，而伊洛在 452 年初也入代京[①]，两汉以来的车师国最终灭亡。

至此，北凉王族不仅在吐鲁番盆地首次建立了独立于河西的地方政权，还首次统一了整个盆地。从此开始，吐鲁番盆地作为一个政治实体而不断演进，特别为麹氏高昌立国一百余年打下了基础，而这种统一的政治格局，直到元代高昌回鹘王国破灭后，才又分作许多"地面"。

且渠安周在位共十六年，他南联刘宋，东拒北魏。当时北魏内部斗争激烈，除了妥善安置车师王国君主等外，也无力西进去歼灭北凉余部。安周偏安一隅，好景不长，最终在承平十八年（460），被强悍的柔然部消灭。柔然立阚伯周为高昌王。

北凉且渠氏占据高昌时间不长，但他们建立了独立的政权，并统一了盆地，应当说是吐鲁番历史上具有重大意义的两件事。

四、《安周碑》与凉州文化西渐高昌

吐鲁番盆地原是农牧兼营的车师人居地，由于这里土地肥美，成为北方匈奴汗国和中原汉王朝的必争之地。西汉时，双方交战五次，史称"五争车师"。公元前 60 年，汉朝控制车师。前 48 年，西汉在吐鲁番的

---

① 以上史事参看《魏书》卷三〇《车伊洛传》，《北史》卷九七《西域传》车师、焉耆、龟兹条。

车师前王国境设戊己校尉，率数百士卒屯田于高昌壁（今高昌故城）。汉代以来，汉族戍卒不断增加，屯垦区也在日益扩大。至西晋灭亡，高昌隶属于河西诸王国，并且在前凉张骏咸和二年（327）被立为高昌郡。

高昌是由屯戍区发展起来的居民点，相对于内地来讲，虽然农业生产技术有所进步，但总体的文化水平比较落后。327 年立郡后，中原的军政制度经凉州传入高昌，个别儒家经典也开始传入，特别是佛教得到较快发展。然而，从已出土的相当数量的高昌郡时期文献来看，文化的传播只局限在很少的人中间，一些当地出土的同时代抄写的佛典也可能是后来传入的，可以说文化水平还是比较落后的。

北凉王族的入据高昌，带来了一批原来供职于北凉中央政府的士人，也带来了一批河西各地的高僧，当然一些包含有较高文化水平的书籍也应一同播迁高昌。大凉政权存在时间不长，留下的材料更为有限，但我们仍可以从《且渠安周碑》及其他一些出土资料中，看出当时凉州文化西渐高昌的一些情形。以下仅就佛教和文学两个方面加以申述。

第一，佛教方面。

如上所述，《安周碑》记载了且渠安周在承平三年至七年间的一次造祠活动，这所寺院即石碑出土地——M 寺址。格伦威德尔在他的《1902—1903 年亦都护城及周边地区的考古工作报告》中，留下了有关 M 寺址的较详细描述。遗址位于所谓可汗堡（Khan's Palast，编号 E）的东南面（图 2），在一残高约 5 米的土台上。土台北、东、南三面被耕地包围，北面最低，有积水和淤泥。土台中部有一殿址，东西两面墙尚高 7 米，厚 1.28 米，入口所在的南墙已残，厚不到 1 米，北墙则完全坍塌，但可辨识。殿内宽 5.67 米，长约 8 米，靠北墙为佛像，残存坐佛的脚还可看到，像前废墟中有被毁佛像头和肩的碎块。《安周碑》原立在殿堂西壁近南墙处，是最便于采光阅读的地方。西壁相隔的是另一间殿堂，其西墙保存较好，厚度也相同，北墙亦毁。殿内宽 6.70 米，长 6 米，但已空无一物。中间殿堂东墙外，有自西向东的三道墙隔成的两间房，北面一间较窄，南面较宽，但东面已完全毁坏，情况不明。另外，土台南面还可见狭窄的阶梯（图 3）。格伦威德尔认为《安周碑》上部是被坍塌的

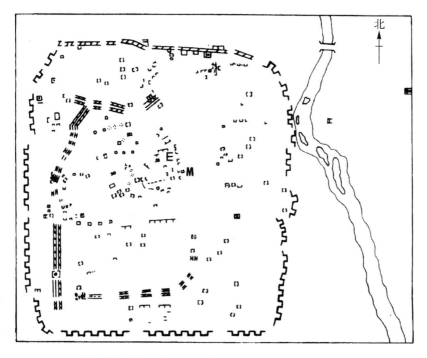

图 2 《且渠安周碑》出土地 M 寺位置图（根据格伦威德尔图绘制）

屋顶砸坏，所以在碑前的废墟中略加翻检，找到一些碑的残片，回到柏林后发现，其中有碑文纪年的残片，另一些残片则属于另一块碑石[1]。

根据格伦威德尔的描述和他绘制的遗址草图，我们大体上可以看出1902—1903 年时该遗址的大致情况。《安周碑》中说到"于铄弥勒，妙识渊镜"，"稽式兜率，经始法馆"，表明所造之祠的主尊像应是弥勒。文中也特别称扬"弥勒菩萨，控一乘以袤（长）驱，超二渐而玄诣"。根据河西地区留存的早期弥勒造像，多为交脚菩萨装的形象[2]，所以遗

① Grünwedel, *Bericht über archäologische Arbeiten in Idikutschari und Umgebung im Winter 1902−1903*, pp. 27−28.

② 关于十六国和北朝早期河西石窟的弥勒造像，参看王静芬《弥勒信仰与敦煌〈弥勒变〉的起源》，《1987 敦煌石窟研究国际讨论会文集　石窟考古编》，辽宁美术出版社，1990 年，290—313 页；张学荣、何静珍《论莫高窟和麦积山等处早期洞窟中的交脚菩萨》，同上书，273—287 页；肥冢隆撰，刘永增译《莫高窟 275 窟交脚菩萨像与犍陀罗的先例》，《敦煌研究》1990 年第 1 期，16—24 页。

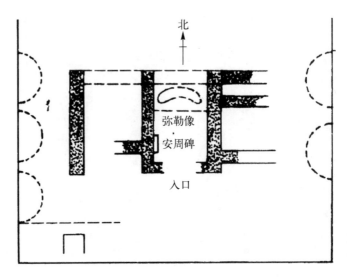

弥勒像
·
安周碑

入口

北

图 3　M 寺址平面图

址中间殿堂正壁（北壁）残存脚部的主像，当是碑中所说的弥勒菩萨无疑，而土台上的这组建筑，也应当就是且渠王家祠寺了。

我们知道，北凉且渠蒙逊"素奉大法，志在弘道"[①]，在凉州（武威）南山中开凿窟寺（即天梯山石窟），有丈六石像。且渠牧犍即位前，"为酒泉太守，起浮图于中街，有石像在焉"[②]。宿白先生总结了新疆以东以武威为中心的最早佛教石窟模式——凉州模式的特征，其一是有设置大像的佛殿窟，较多的是方形或长方形平面的塔庙窟；其二是主要佛像有释迦、交脚菩萨装的弥勒；其三是窟壁主要是画千佛；其四为边饰用两方连续式的化生忍冬；其五是佛、菩萨的面相浑圆，身躯健壮，形体较大[③]。尽管目前我们只能从格伦威德尔的记述中对安周所造祠略知一二，

①《高僧传》卷二《昙无谶传》，77 页。

②《太平御览》卷一二四引《十六国春秋·北凉录》。

③ 宿白《凉州石窟遗迹与"凉州模式"》，《中国石窟寺研究》，文物出版社，1996 年，39—51 页。关于凉州石窟的讨论，可参看张学荣《凉州石窟及有关问题》，《敦煌研究》1993 年第 4 期，47—60 页；张学荣、何静珍《论凉州佛教及沮渠蒙逊的崇佛尊儒》，《敦煌研究》1994 年第 2 期，98—110 页；暨远志《武威天梯山早期石窟分期试论》，《敦煌研究》1997 年第 1 期，42—56 页；殷光明《北凉石塔分期试论》，《敦煌研究》1997 年第 3 期，84—94 页。

但此祠为长方形，主尊像为交脚菩萨装的弥勒两点，可以说是凉州模式的典型特征。另外，由于德国吐鲁番探险队许多收集品尚未发表，有些已发表的材料原始编号也不明确，所以，迄今为止，笔者只见到一件明确标为 M 寺址出土的木板立佛像。此件现收藏在柏林印度艺术博物馆，编号 MIK III 4745，高 1.12 米。木板呈椭圆形，上部稍宽，外有一圈联珠装饰，在凹进的椭圆中浮雕出立佛像。佛像肉髻为半圆卷发式，面相浑圆，眉、眼、鼻、口已残，但尚留有三个小孔，表明原来的位置，双耳下垂。佛正面直立，着双领下垂的僧祇支服装，两袖刻入弯曲的线条，正是早期犍陀罗风格。

佛右手作施无畏印，左手下垂，体态健壮，并腿而立。佛像双耳下和双膝间有三个洞，是为了固定在墙上用的穿孔（图 4）①。关于这件木板雕像的年代，帕塔卡娅（Chhaya Bhattacharya）女士定为约 8 世纪，但没有说明理由，大概是依据周边一圈联珠纹与吐鲁番出土丝织品上联珠纹相似而据后者断代②。其说不足取，此件出自且渠安周所立祠中，且其佛像面相浑圆，身体健壮，着僧祇支服，刻纹具犍陀罗风格，样样皆可与凉州模式相合。因此，笔者以为这件木板雕像应是安周造祠的遗物，反映了当时的造像风格。

从《安周碑》和 M 寺址出土木

图 4　M 寺出土佛像（MIK III 4745）

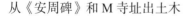

① Ch. Bhattacharya, *Art of Central Asia (with special reference to wooden objects from the Northern Silk Route)*, Delhi, 1977, pp. 48-49, No. 9, pl. 9. 许建英汉译本《中亚艺术》，载许建英、何汉民编译《中亚佛教艺术》，新疆美术摄影出版社，1992 年，162 页，图版 9。
② 同上英文本 49 页，汉文本 162 页。

雕像所表现出的主题和特征，都可以明显地看出凉州佛教对大凉时期的高昌佛教的影响。

此外，《安周碑》称"断起灭以离尽，入定窟以澄神"，则反映了北凉重禅法的佛教思想的影响。且渠安周这次兴佛运动，还应当包括集译佛经、开窟造像、抄写佛经等事，其中不少写经，即由河西传入。有关北凉王族在高昌写经、译（集）经、开窟造像及其与河西地区的关系问题，已详姚崇新《北凉王族与高昌佛教》一文，此不赘述[①]。

从佛教方面着眼，可以说北凉王族的入居高昌，使高昌地区的佛教得到迅猛发展，《安周碑》也成为吐鲁番佛教史上的一座里程碑。

第二，文学方面。

从《安周碑》作者夏侯粲的名字来看，他当出自中原士人家族。从碑文本身来看，更可以坚定这一看法。碑文前为骈句，后为韵语，文词高古，典雅娴熟。作者精通内外典籍，并且融会贯通，文中许多词句出自《诗》《书》《易》《老子》《庄子》和《涅槃》《法华》《维摩》等经典。我们在精读此碑时，详细对比了与之同类的萧齐王简栖（名巾或中）所撰《头陀寺碑文》，发现两者从文路到辞藻都有共通之处，今试比较两段如下：

> 《安周碑》：原始兴于六度，考终著乎慈悲。然望橺理翰者，罕游其方。悕宗研味者，莫究其极。……□□□（玄扉冲）邃，扣之者尠。实际无崖，旷代莫践。妙哉正觉，朗鉴独晒。不退之轮，不二而转。彼岸之嶬，超升其嶬。既升其嶬，又钓其□。□在中流，济彼二边。

> 《头陀寺碑》：然爻系所筌，穷于此域；则称谓所绝，形乎彼岸矣。彼岸者引之于有，则高谢四流；推之于无，则俯弘六度。名言不得其性相，随迎不见其终始，不可以学地知，不可以意生及，其涅盘之蕴也。[②]

---

① 《新疆师范大学学报》1996 年第 1 期，68—77 页。此文也是我们"敦煌吐鲁番文献读书班"的研究成果之一，敬请参考。

② 《文选》卷五九，上海古籍出版社，1986 年，2528—2529 页。

两者开头都是讲佛教涅槃思想，所用词汇如终始、六度、彼岸完全相同，唐人李善《文选注》为后者作注所引文献，大都可以直接帮助我们理解《安周碑》文，如其注引《涅槃经》曰："心无退转，即便前进。既前进已得到彼岸，登大高山，离诸恐怖，多受安乐。彼岸山者，喻于如来；受安乐者，喻于常住。大高山者，喻大涅槃也。"可为一例。

两碑接下去都是讲如来出世后的情形，《安周碑》接着讲弥勒和虚空藏，而《头陀寺碑》则以马鸣和龙树为护法巨匠。现节引相关段落如下：

> 《安周碑》：觉滞寝于昏梦，拯弱丧于炎墟。爰有含灵独悟之士，韬日月于方寸，具十号以降生。顾尘海之飘溢，惧□□□□□。□□棹于骇浪，望道流而载驰。朝饥思膳，雨甘露以潜贷。幽夜莫晓，明慧日以启旦。

> 《头陀寺碑》：是以如来利见迦维，托生王室。凭五衍之轼，拯溺逝川；开八正之门，大庇交丧。于是玄关幽捷，感而遂通；遥源浚波，酌而不竭。行不舍之檀，而施洽群有；唱无缘之慈，而泽周万物；演勿照之明，而鉴穷沙界；导亡机之权，而功济尘劫。……于是马鸣幽赞，龙树虚求，并振颓纲，俱维绝纽。荫法云于真际，则火宅晨凉；曜慧日于康衢，则重昏夜晓。[①]

这里讲如来法力，两碑的意思也是相同的，即拯溺丧于炎墟，曜慧日于康衢。

以下讲造祠寺的施主，《安周碑》称颂的是大凉王大且渠安周，而《头陀寺碑》则依次称扬释慧宗、孔觊、蔡兴宗、勤法师、刘暄等先后兴修头陀寺的功德主，并且说到修造寺院时，"民以悦来，工以心竞"，与《安周碑》的"功就宝庄，来为郢匠"，也是同样的意思。从总体规模上来讲，《安周碑》当然比不上《头陀寺碑》，但从文辞和构思来看，

---

① 《文选》卷五九，2530—2533 页。

则毫不逊色。这一比较，可以使我们明了《安周碑》在文学上的成就之高，也可以说以夏侯粲为代表的北凉最高文学水平，随北凉王族来到吐鲁番，并且在战乱频仍的年月里，仍然写出了如此娴雅的佳篇。

《头陀寺碑》虽然晚于夏侯粲的《安周碑》，但因为被萧统编入《文选》而广为流传，甚至成为学生习字的课本，文人撰述的楷模[①]。《安周碑》僻在西陲，大概不为中原士子所知，但它肯定是高昌地区文人的典范。试比较《安周碑》的"希夷之韵，莫阐于域中"和麹氏高昌延昌十五年（575）《绾曹郎中麹斌造寺铭》中的"至韵希夷，乃为众谈之本"；又前者的"虽统天理物，日日万机，而谦讯之心，不忘造次□□"，和后者的"虽躬宰时务，而志存静默；身羁俗纲，而心游物表"[②]；又《安周碑》的"〔五浊处成〕严土，三涂革为道场"，和高昌建昌元年（555）《新兴令麹斌芝造寺施入记》中的"五浊处成岩□（土），泥梨革为道场"[③]；都可以一一对应，说明了《安周碑》对高昌后世文人的影响。

且渠大凉时期的高昌，留存下来的资料很少[④]。除上述在佛教和文学方面北凉对高昌的影响外，在书法风格上[⑤]，在丧葬习俗上[⑥]，都可以看出以且渠氏家族的播迁高昌为契机，北凉较为高层次的文化直接进入了吐鲁番盆地，并且影响深远。因此可以说，北凉王族的入居高昌，使吐鲁番的文化登上一个新的台阶，而且是一次巨大的飞跃，且渠安周所立

---

① Cf. Richard B. Mather, "Wang Chin's 'Dhuta Temple Stele Inscription' as an example of Buddhist Parallel Prose", *Journal of the American Oriental Society*, 83, 1963, pp. 338–359; Antonino Forte, "A Literary Model for Adam. The Dhuta Monastery Inscription"; Paul Pelliot, *L'inscription Nestorienne de Si-Ngan-Fou*, edited with supplements by Antonino Forte, Kyoto & Paris, 1996, pp. 473–487.

② 池田温《高昌三碑略考》，112—113 页。

③ 同上，111 页。

④ 王素《吐鲁番出土高昌文献编年》，新文丰出版公司，1997 年，129—135 页所列大凉时期的文献材料仅 12 件而已。

⑤ 施安昌《"北凉体"析——探讨书法的地方体》，《书法丛刊》1993 年第 4 期，1—8 页。

⑥ 侯灿《大凉且渠封戴墓表考释》，104—107 页。

的造祠碑正是大凉政权在文化建树上所留存下来的一座丰碑。

附记：感谢"敦煌吐鲁番文献读书班"的孟宪实、姚崇新、许全胜、蒋洪生、史睿、刘屹、暨远志诸位对本文提供的宝贵意见，读书班对本碑所作的详细注释将另行刊布。

（原载《燕京学报》新 5 期，北京大学出版社，1998 年，65—92 页。）

附录：

（涼王大且渠安周造祠碑）

中書郎中夏侯粲作

1 □□□□□□□□□原始興於六度考終著乎慈悲然望橺理翰者竽遊其方悕宗研味者莫究其極豈玄扉沖邃

2 □□□見其城壅无明鄞其神慧故使陵天之舉不出於三界夷之韻莫闡於域中非夫拔迹緣起之津

3 □□□覚滯寝於昏夢拯弱喪於炎墟爰有含靈獨悟之士輅日月於方寸具十號以降生顧塵海之飄溢懼

4 □□□権於駿浪望道流而載馳朝飢思饍雨甘露以潛貸幽夜莫曉明慧日以啟旦二邊稟正遍以洞照四倒

5 □□□何懼化功之不建道世之或凌故虛懷不請之友以隆法施之弘彌勒菩薩控一乗以葛驅超二漸而玄詣

6 □□□左右虛空藏積苦行於十地隨所化而現生功就寶莊未爲郢匠法王震希音以移風大士運四攝以護持

7 □□□嚴土三塗革爲道場斷起滅以離盡入定窟以澄神深心幽扣則儀形目前乃誠孟浪則永劫累劫之苦殖

8 □□□慢者所以自惕肆軒之佇唐肆罪福之報行業若影響之應形聲一念之善成菩提之果瞬息之惡賭斯信敬所

9 □□□之寄逆旅猶飛軒之忙唐誕妙識妙識統天理物日日万機而誚譏之心不忘住次

10 □□□之中不弘解脱之致隨巨波以輪迴受後有而不息雖抗彎於天衢終頓駕於无擇乃懷潛思遠惟冥救構常住

11 □□□不二之韻圖法身之妙證无生之玄諦方本觀真容以退寐本逐末者以致極規謨存於兼濟經

12 □□□成兆庶欣然咸發道心於是隆之右惟一亹之不倦熙神功以悟世爰命史臣載藉垂訓有鄙之微思不觭類

13 □□□之有幸遇交泰於當年目睹盛美心生嗟嘆不足刊石抒懷

14 □□□遽扣之者勘實際无崖曠代妙哉正覚朗鑒眄不退之輪不二而轉彼岸之遐超昇其蠟既昇其蠟又釣其

15 □□□在中流濟彼二邊我見不斷我疾弗果而不證滅而无刊隨化現生壹襲大千道不孤運德必有鄰乾乾匪懈聖敬

16 □□□不請之友自遠而臻彌處之覺對揚清塵拯隧三塗弘業交淪雖曰法王亦賴輔仁於鑠彌勒妙識淵鏡業以行隆土

17 □□□始覆惟勲一匱兢道與世同負荷顧命恢恢大猷弘在嗣正藹藹龍華寢斤侯聘名以表實像亦載形虛空无際

18 □□□名功就寶莊來踐法庭玄珠一曜億土皆明何得何證利益我生有感斯應无求不盈逸矣哲王寔天修讚覽彼華

19 □□□模散澡流洗心望橺理翰稽式兜率始法館興因民願崇不終旦有蔚其麗有炳其煥德輶難舉剋在信心須達

20 □□□應供虛衿沖懷冥契古亦猶今豈伊寶蓋發意華簪英右退興齊高等深憑斯致永闡法林俾我億兆翻飛寸陰

21 □□□承平三年歲次大梁月呂无射量功興造龍集星紀朱明啟辰都竟監造□師法鎧典作御史索寧

22 □□□

吐鲁番新出《前秦建元二十年籍》研究[*]

2006 年 10 月，吐鲁番文物局在洋海一号台地上，抢救清理了一座被盗过的墓葬，编号 2006TSYIM4，发掘出土了一些纸本文书，有衣物疏、诉辞等。2007 年初，文物局聘请的修复专家从女性死者纸鞋上拆出《诗经》《论语》写本残片和前秦建元二十年户籍残片；4 月，文物局技术室修复人员从男性死者的帽子上拆出一批官文书。本墓出土文书有纪年者为前秦建元二十年（384）、北凉义和三年（433）、缘禾二年（433）文书，都是非常珍贵的资料^①。我们受吐鲁番文物局、吐鲁番学研究院委托整理这批文书，为此，我和孟宪实先生带领部分"新获吐鲁番出土文献整理小组"成员，利用 2007 年"五一"劳动节的长假，到吐鲁番博物馆，据原卷做整理工作。在吐鲁番文物局李肖局长和相关工作人员的积极配合下，把许多碎片拼接起来，并做了仔细的录文。本文即是在"新获吐鲁番出土文献整理小组"录文的基础上，对于其中的前秦

---

* 文中所引新出吐鲁番文书录文属"新获吐鲁番出土文献整理小组"的集体研究成果，在此谨向小组成员表示感谢。本文初稿完成后，得到王素、孟宪实、罗新、张荣强、侯旭东诸位先生的指正，游自勇、裴成国、陈昊诸君也有很好的建议，在此一并表示感谢。

① 关于此墓葬的考古报告还在撰写当中，本文有关考古发掘的描述，参考了吐鲁番文物局《鄯善洋海一号墓地清理简报》（初稿）。吐鲁番文物局聘请揭取纸鞋文书并做纸鞋复原工作的故宫博物院于子勇、徐建华两位先生发表了工作报告《阿斯塔那古墓出土的纸鞋的修复》，《鉴藏》2007 年第 7 期，72—73 页。文章关于纸鞋的出土地点和文书的年代均有错误，但所记修复过程值得参看。

建元二十年高昌郡高宁县的户籍文书作深入的探讨。由于这件前秦的户籍文书对于汉简、吴简和敦煌吐鲁番文书中相关籍帐的研究都有参考价值，因此本文的目的主要是将这件学术价值极高的文书早日公布，故所论容有未备，敬乞方家指正。

一、文书的整理与录文

洋海一号台地 4 号墓是一座竖穴双偏室墓，南北两侧各有一个偏室，分别埋葬男女墓主人。女性死者位于南偏室，其脚上原本穿着一双漂亮的鞋子，已被盗扰至墓道中和北偏室附近。鞋面为紫红色的丝绢，上面有均匀的白色小圆圈，口沿缝一圈蓝底上有白色圆点的丝带。鞋面的下层和鞋底，都由纸质文书剪成，其中左脚的鞋底和两层鞋面都是用户籍剪成的（图 1），户籍的另一面是白文《论语》。鞋底的一张和其中一层鞋面可以完全缀合，另一层鞋面不能缀合，但属于同一件户籍是没有问题的，背面的《论语》也是一样。吐鲁番文物局把单独的一层鞋面编作 2006TSYIM4:5-1 号，计有 13 行文字，即我们的录文（一），尺寸为 25.2 cm × 16.7 cm；把鞋底与鞋面缀合的一件编作 2006TSYIM4:5-2 号，计有 19 行文字，即我们的录文（二），尺寸为 24.8 cm × 25 cm（图 2）。前者背面倒书的《论语》系《公冶长》篇，从"天道不可得闻"至"吾大夫崔子违之一邦则"一段，计 9 行；后者背面倒书的系《雍也》篇的"子曰回也其心三月不违"至"中人以下不可以语上也"，计 16 行；因为正背面文字方向是倒着的，所以两者的前后顺序是一致的，即背面是《公冶长》的一件，正面的户籍也在前面。据《论语》白文本的字数计算，两者之间，大致缺少《论语》写本约 20 行的尺幅，即大约缺失了两层鞋面的样子。另外，还有一张小纸片也是属于同一件户籍，根据《论语》的文字，我们把它放在 2006TSYIM4:5-2 鞋面空缺的部分，但四面都不和鞋面连接。

图 1　出土后的鞋面和鞋底（未拆前）

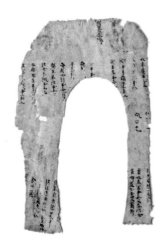

图 2　前秦建元二十年（384）三月高昌郡高宁县都乡安邑里籍（拆后展开图）

以下是我们"整理小组"的录文（用繁体释录，行文按简体加以说明）①：

---

① 荣新江、李肖、孟宪实主编《新获吐鲁番出土文献》，中华书局，2008 年，176—179 页。

（一）

（前缺）

1　奴妻扈年廿五　　　　　　　小男一
2　奴息男郋年八　　　　　　　凡口七

得孫喬塢下田二畝
虜奴益富年卅入李洪安
虜婢益心年廿入蘇計
舍一區
建元廿年三月籍

（二）

（前缺）

3　郋女弟蒲年一　新上
4　賀妻李年廿五　新上
5　高昌郡高寧縣都鄉安邑里民崔喬年
6　弟平年
7　喬妻□年
8　平妻郭年廿
9　喬息女顏年廿一從夫
10　顏男弟仕年十四
11　仕女弟訓年十二
12　平息男男年三　新上
13　生男弟麹（?）年一　新上

（後缺）

建元廿年三月籍
舍一區
得李虧（?）田地桑三畝
得江進鹵田二畝以一畝爲場地
得闞高桑菌四畝半
□□田□□畝

（二）

（前缺）

1　女々弟素年九　新上
2　□　　凡口八　　□三

埽塢下□
得猛季常田四畝

178

3　素女弟訓年六新上　　西塞奴益富年廿入李雪

4　勳男弟明年三新上　　虜婢巧成年廿新上

5　明男弟平年一新上　　舍一區　建元廿年三月籍

6　高昌郡高寧縣都鄉安邑里民張晏年廿三

7　叔聰年卅五物故　　奴女弟想年九

8　母荊年五十三　　晏妻辛年廿新上

9　叔妻劉年卌六　　桑三畝半

10　晏女弟婢年廿物故　丁女三　丁男一　城南常田十一畝入李規

11　婢男弟隆年十五　次丁男三　沙車城下道北田二畝

12　隆男弟駒年　次丁女一　率加田五畝

13　駒女弟□年　小女一　舍一區

14　隆息男□奴年　凡口九　建元廿年三月籍

15　高昌郡高寧縣都鄉安邑里民□□年

16　妻朱年五十　丁男一　埔塢下田十畝入趙□

17　息男隆年卅三物故　丁女一　埔塢下桑二畝入楊撫

18　隆妻張年廿八還姓　小女一　埔塢薗二畝入□□

19　隆息女顏年九　小男一　舍一區

20　顏男弟□年　凡口四　建元廿年三月籍

（後缺）

179

户籍文字用带有隶意的楷体，与高昌郡时期的其他官文书书法基本一致。由于 2006TSYIM4:5-1 的户籍一面原本对粘在 2006TSYIM4:5-2 背面《论语》文字的上面，所以有部分文字，如第 5 行"高昌郡高宁县"下面的"都乡安邑里民崔裔"，仍然正面朝里粘贴在《论语》写本的表面，无法揭开，但我们根据原卷，可以肯定这两者的位置和文字内容。在 2006TSYIM4:5-2 户籍文字的空白处，有 5 个后来所写的较大的文字，既不规范，又不成词，推测是学生的习字之类，所以不录。还应提醒读者注意的是，在作为鞋底的一张纸上面，沿纸边有表示针眼的墨笔标记，影响文字释读，但和户籍文字无关。

二、户籍的年代和地点

这是一件有明确年代、地点及内容相对完整的户籍，是迄今发现的敦煌吐鲁番户籍文书中最早的一件，可谓价值极高。有关造籍和年代、地点，以下略作具体解说。

户籍（二）第 5 行是一户户籍的最后一行，下栏有"建元廿年三月藉"。中国中古时期，"竹""艹"在作为字头时，往往不分，"藉"亦即"籍"，此前发现的敦煌吐鲁番十六国时期的户籍都写作"藉"。第 6 行保存了一户人家开头部分的完整内容："高昌郡高宁县都乡安邑里民张晏年廿三"，清楚地表明这是前秦建元二十年三月高昌郡高宁县都乡安邑里的户籍，因此，按照吐鲁番文书定名的规则，我们将其定名为《前秦建元二十年（384）三月高昌郡高宁县都乡安邑里籍》（以下简称《建元二十年籍》）。"建元"是前秦苻坚的年号。苻坚于建元十二年八月灭前凉。九月，以梁熙为凉州刺史、领护羌校尉，驻守姑臧，而以"高昌杨干为高昌太守"[①]，高昌地区从此纳入定都长安的前秦统治范围，而实

---

① 《资治通鉴》卷一〇四东晋孝武帝太元元年九月条，中华书局，1956 年，3276 页。参看唐长孺《高昌郡纪年》，《魏晋南北朝隋唐史资料》第 3 辑，1981 年，24 页。

际是在凉州刺史的直接统辖之下。吐鲁番阿斯塔那 305 号墓曾出土《前秦建元二十年三月廿三日韩瓮辞为自期召弟应见事》①，与本文书年代同时，可见其时前秦有效地统治着高昌。虽然由于苻坚在前一年的十一月被东晋大败于淝水，此时前秦在中原的统治已经开始瓦解，但这个反叛苻坚的浪潮冲击到河西乃至高昌地区，要相对迟一些，我们从吐鲁番出土的《姚苌白雀元年（384）九月八日随葬衣物疏》可以推测，高昌太守杨干可能是在春夏之交，随凉州刺史梁熙政治态度的转移而奉羌人姚苌的新纪元的②。从我们所讨论的户籍规整的格式来看，建元二十年三月的高昌郡地区，完全没有受到中原动荡的影响，而是按照郡县官府的常规来制作户籍。

文书明确记载，这是"高昌郡高宁县都乡安邑里"的户籍。据顾野王《舆地记》："晋咸和二年（327），置高昌郡，立田地县。"③可知高昌郡初立时，应当只有高昌、田地二县。高宁立县的时间没有明确的记载，过去出土的文书只能证明高宁县最早见于北凉文书，《建元二十年籍》则可以把高宁立县的年代提前到前秦建元二十年。我在《吐鲁番新出送使文书与阚氏高昌王国的郡县城镇》一文中曾经指出，高宁大致位于今鄯善县吐峪沟乡，从整个高昌地区的行政地理区划来看，这里处在高昌郡城的东面，是高昌郡县体制发展最快的地方④。洋海墓地的部分墓葬可能就是属于高宁县城居民的长眠之地，所以这件高宁县的户籍得以发现于此。与这件户籍同墓出土了一件《北凉缘禾

① 唐长孺主编《吐鲁番出土文书》壹，文物出版社，1994 年，4 页；唐长孺主编《吐鲁番出土文书》一，文物出版社，1981 年，11 页。

② 关于白雀纪年学界有不同看法，这里采用以下论文的看法：史树青《新疆文物调查随笔》，《文物》1960 年第 6 期，28—29 页；吴震《吐鲁番文书中的若干年号及其相关问题》，《文物》1983 年第 1 期，27—28 页；关尾史郎《"白雀"臆说——〈吐鲁番出土文书〉札记补遗》，《上智史学》第 32 号，1987 年，66—84 页；王素《高昌史稿·统治编》，文物出版社，1998 年，137—145 页。

③《初学记》卷八"陇右道车师国田地县"条注引，中华书局，1962 年，181 页。"舆地记"原作"地舆志"，今正之。

④《敦煌吐鲁番研究》第 10 卷，上海古籍出版社，2007 年，33 页。

二年（433）高昌郡高宁县赵货母子冥讼文书》[1],称这位冤枉而死的赵货即是"高昌郡高宁县都乡安邑里民",则户籍所记居民的实际居地应当距离洋海墓地不远。

过去我们在敦煌吐鲁番文书中所见到的最早的户籍,是收藏在英国图书馆的 S.113《西凉建初十二年（416）正月敦煌郡敦煌县西宕乡高昌里籍》（以下简称《建初十二年籍》),相关的研究论著很多[2]。近年来,关尾史郎先生又比定出两件高昌郡时代的户籍残片,一件是德藏吐鲁番文书 Ch.6001 残片背面的《北凉承阳二年（426）十一月籍》（以下简称《承阳二年籍》),残存 10 行文字;另一件是俄藏 Дх.8519 背,也应当是吐鲁番出土文书,残存 1 行文字,是高昌郡高昌县都乡某里的户籍,年代也应当是高昌郡时期[3]。过去有关十六国时期户籍文书格式的研究,主要依据的是《建初十二年籍》,现在我们拥有了更早的《建元二十年籍》,对于我们探讨这一时期的户籍格式有着重要的意义。

三、《前秦建元二十年籍》的内容分析

由于《建元二十年籍》已经被剪成鞋样,所以现存的五户人家的记录都有残缺,我们根据户籍的格式和体例,以及前后的空格、残存的户

① 关于此文书的详细研究,参看游自勇《吐鲁番新出冥讼文书与中古前期的冥界观念》,《中华文史论丛》2007 年第 4 辑,31—63 页。

② 《英藏敦煌文献》第 1 册,四川人民出版社,1990 年,50 页下—51 页上。参看池田温《中国古代籍帐研究——概观·录文》,东京大学出版会,1979 年,34—37、146—148 页;龚泽铣汉译本,中华书局,1984 年,94—101 页;T. Yamamoto and Y. Dohi (eds.), *Tun-huang and Turfan Documents concerning Social and Economic History* II, Census Registers (A), The Toyo Bunko, 1985, pp. 1–3, 17–18 及所注引的研究论著;(B), 1984, pp.1–2.

③ 《俄藏敦煌文献》第 14 册,上海古籍出版社,2000 年,60 页上。参见关尾史郎《从吐鲁番带出的"五胡"时期户籍残卷两件——柏林收藏的"Ch6001v"与圣彼得堡收藏的"Дx08519v"》,新疆吐鲁番地区文物局编《吐鲁番学研究——第二届吐鲁番学国际学术研讨会论文集》,上海辞书出版社,2006 年,180—190 页。

口统计、人与人的亲属关系等，对残缺的内容加以推补，部分比较肯定的文字已经在录文中括注在方括号中。下表就是我们对各户人口的情况所作的最大限度的推补，凡推补的文字用楷体表示：

户	姓名	身份	年龄	丁中	注记	考 证
第1户	□奴	户主	约30	丁男		姓名均残，据户内其他人名推补
	□贺	户主弟	约27	丁男		据下"贺妻"及其年龄推补
	□氏	户主母		丁女		据奴、贺均有妻室推补
	扈氏	户主妻	25	丁女		
	□郍	户主男	8	小男		
	□蒲	户主女	1	小女	新上	
	李氏	户主弟妻	2⑤	丁女	新上	据所在位置，推补下缺"新上"
本户：丁男2，丁女3，小女1，小男1，凡口7。						
第2户	崔奋	户主	约50	丁男		其年龄据其女年21推测
	崔平	户主弟	约40	丁男		其年龄据其兄、妻年龄推测
	□氏	户主妻	约45	丁女		其年龄据其女年21推测
	郭氏	户主弟妻	⑳	丁女		其年龄部分残，也可能是30
	崔颜	户主女	21	丁女	从夫	
	崔仕	户主男	14	次丁男		
	崔训	户主女	12	小女		
	崔生	户主弟男	③	小男	新上	
	崔麹（？）	户主弟男	1	小男	新上	

户	姓名	身份	年龄	丁中	注记	考　证
本户：丁男 2，丁女 3-1=2，小女 1，小男 3，凡口 8。						
第 3 户	□□	户主		丁男		全残
	□氏	户主妻		丁女		全残，推测
	□勋					身份不明，暂置此
	□女					素姐女排列第 4 位，或为户主妹
	□素	户主妹	9	小女	新上	
	□训	户主妹	6	小女	新上	
	□明	□勋弟	3	小男	新上	
	□平	□勋弟	1	小男	新上	
本户：丁男？，丁女？，小女？，小男 2，凡口 8。						
第 4 户	张晏	户主	23	丁男		
	张聪	户主叔	35	丁男	物故	
	荆氏	户主母	53	丁女		
	刘氏	户主叔妻	46	丁女		
	张婢	户主妹	20	丁女	物故	
	张隆	户主弟	15	次丁男		因本户有次丁男三，故以下三男性都是次丁男
	张驹	户主弟	13—15	次丁男		见上
	张□	户主妹	13—15	次丁女		因其夹在次丁男间，当为次丁女
	张奴	户主叔男	13—15	次丁男		见上
	张想	户主叔女	9	小女		

户	姓名	身份	年龄	丁中	注记	考　证
	辛氏	户主妻	20	丁女	新上	
本户：丁男 2-1=1，丁女 4-1=3，次丁男 3，次丁女 1，小女 1，凡口 9。						
第 5 户	□□	户主	50 以上	丁男		
	朱氏	户主妻	50	丁女		
	□隆	户主男	33	丁男	物故	
	张氏	户主男妻	28	丁女	还姓	
	□颜	户主男之女	9	小女		
	□□	户主男之男	9以下	小男		
本户：丁男 2-1=1，丁女 2-1=1，小女 1，小男 1，凡口 4。						

　　本户籍上所见的姓氏，有扈、李、崔、郭、张、荆、刘、辛、苏、阚、江、猛、赵、杨、孙（？）等，显然是以中原的大姓为主，似乎说明高昌郡高宁县都乡安邑里的居民主要是从内地迁来的，很可能主要是从河西走廊移民而来的。距离洋海墓地很近处有一座酒泉城，从城的名称来看，这里应当是从河西走廊的酒泉迁徙而来的侨民建筑的城镇[1]。虽然酒泉城的资料目前最早只到麹氏高昌国时期，不过酒泉这个名字提示我们，高昌郡县制首先发展起来的盆地东部，有不少移民是从内地，特别是从河西走廊迁徙过来的，另外一部分移民的来源是更早的汉魏时期的屯田民，他们应当也是以河西移民为主。

　　这些移民有一定规模的数量，《建元二十年籍》所记录的五户分别有口 7、8、8、9、4，平均一户 7.2 口。关尾史郎先生曾利用《承阳二

---

[1]　郑炳林《高昌王国行政地理区划初探》，《西北史地》1985 年第 2 期，70 页；吴震《敦煌吐鲁番写经题记中"甘露"年号考辨》，《西域研究》1995 年第 1 期，20—21 页。

年籍》《建初十二年籍》以及吐鲁番出土的《北凉蔡珲等家口籍》《北凉魏奴等家口籍》加以考察，得出"5世纪前期至中期西凉和北凉统治下的敦煌、吐鲁番两个地区，平均每户口数为3口、4口的小规模户是一般的"这样的结论[1]。据统计，新出吐鲁番文书《北凉计口出丝帐》所记三十家的平均口数为5.57，其中13%左右的大家庭有12口以上[2]。本户籍的人口数字为我们理解高昌郡东部地区的家庭规模，以及人口年龄的比例等具体情况提供了新的资料，而且这个资料反映的是北凉末年河西大规模人口移入高昌、而后又经过饥荒和动乱之前的情况。

现存户籍所见的丁中制度表明，前秦至少将每户当中的人划分为丁男、丁女、次丁男、次丁女、小女、小男六类，总计每户人口时丁男在前，然后是丁女、次丁男、次丁女；最后是小女在前，小男在后，后一点记载方式有点违背中国古代重男轻女的观念，不知何故。由于文书太残，我们现在所能在本户籍中直接得到的丁中制的信息是：丁男16—35岁，丁女20—53岁，次丁男、次丁女在13—15岁之间，小女6—9岁，小男1—8岁。我们知道西晋丁中制的一般情况是：小男1—12岁，次男13—15/61—65岁，丁男16—60岁，老男66岁以上[3]。由此看来，前秦的丁中制与西晋相仿，推测可能是：丁男、丁女为16—65岁，次丁男、次丁女为13—15岁，小女、小男为1—12岁。

文书中对于人口变动的情况，有四种注记文字，词义较明，这里略作提示。① 物故：和文献中的用法应当相同，即死亡的意思[4]。长沙走马楼吴简中也这样表示人口死亡。② 还姓：本义是"恢复原姓"，这里应当是指妇女在丈夫去世以后回到本家，具体到本户籍（二）第17—18行的例子，即某隆年三十三岁不幸去世，其妻子张氏二十八岁，还

---

① 关尾史郎《从吐鲁番带出的"五胡"时期户籍残卷两件》，186页。

② 裴成国《吐鲁番新出北凉计赀、计口出丝帐研究》，《中华文史论丛》2007年第4辑，92—93页。

③ 《晋书》卷二六《食货志》。参看高敏《魏晋南北朝徭役制度杂考》，氏著《魏晋南北朝社会经济史探讨》，人民出版社，1987年，333—334页。

④ 关于汉代文献和简牍中"物故"的用例和解释，参看邢义田《读居延汉简札记》，简牍学会编辑部主编《劳贞一先生九秩荣庆论文集》，兰台出版社，1997年，55—56页。

归本姓。③ 从夫：意思应当是出嫁，见本户籍（一）第9行，崔崙女崔颜年二十一，正是出嫁的年龄。户籍中有物故、还姓、从夫三种记录的人，就不再统计到当户的总户数中。④ 新上：应当是"新登记入籍"的意思，其中包括刚刚出生的婴儿，还有娶进来的女妇，还有一些并非新生婴儿，可能是新括出的人口，也可能是从他乡乃至外地移民而来的新口，如第3户中同时有九岁、六岁、三岁、一岁新上者，应当是新移到该里的结果，而不像是新括出的户口。在第三栏中，新上还用来指新买入的奴婢。

四、关于土地、奴婢转移记录的分析

《建元二十年籍》和《建初十二年籍》相同而和唐代户籍最大的不同点，是户籍中没有每一户所占有的土地面积及四至的记载，但是却有财产（田地、奴婢）的转移情况。以下先讨论田地问题（有关奴婢的引文从略），然后再讨论奴婢问题。

第一户（户主□奴）："得孙崙坞 下田二亩。""坞"指坞壁或坞垒，是魏晋时期地方为自保而筑的小城堡，这种防御式建筑方式也传到吐鲁番 ①。《章和五年（535）取牛羊供祀帐》〔73 TAM524:34(a)〕有"次取孟阿石儿羊一口，供祀大坞阿摩"的记录 ②。大坞应当是比普通的坞堡大的坞 ③。坞应当是人集中居住的地方，所以坞下田应当是比较宜于耕种的田地。

---

① 王素认为高昌地区的坞是汉代高昌壁垒的遗留，见所撰《高昌诸壁、诸垒的始终》，朱玉麒主编《西域文史》第1辑，科学出版社，2006年，121—133页。
②《吐鲁番出土文书》二，文物出版社，1981年，39页；《吐鲁番出土文书》壹，132页。
③ 关于"大坞"，姜伯勤说："此'大坞'之坞为一种设防的城堡或庄坞。"（《敦煌吐鲁番文书与丝绸之路》，文物出版社，1994年，240页。）吴震说："坞是壁垒，即小城堡。"（《北凉高昌郡府文书中的"校曹"》，《西域研究》1997年第3期，12页。）孟宪实说："'大坞'似地名，很可能是古代建筑遗址。"（《汉唐文化与高昌历史》，齐鲁书社，2004年，226页。）

第二户（户主崔奇）："得阚高桑菌四亩半；得江进卤田二亩，以一亩为场地；得李亏（？）田地桑三亩。""桑菌"即种植桑树的园子，桑树的种植是为了养蚕织丝[1]，而丝作为货币，在北凉高昌时期是户调、口税、田租的征收对象[2]，因此桑树在吐鲁番地区早就大面积种植。"卤田"是指盐碱地[3]，品质较差，所以崔奇买到以后，把其中一亩作了场地。"田地桑"当指田地郡田地县的桑园，田地在高宁南面，即唐代柳中，今之鲁克沁，因为本户籍是高昌郡的户籍，所以提到田地郡下辖的地方，即以地名加以区别，这种写法和北凉赀簿是相同的。

第三户（户主名缺）："得猛季常田四亩。""常田"意为"常稔之田"，即常年可以耕种的良田[4]。

第四户（户主张晏）："桑三亩半、城南常田十一亩入李规；得张崇桑一亩、沙车城下道北田二亩、率加田五亩。"该户田地的转移是两三块田地合并起来注记的，与北凉《赀簿》的记录方式相同，前者如赵星缘旧藏（一）（a）第2—4行："□张琐常田强三亩、常田强一亩半赀五斛、卤田二亩入盖□。"[5]后者如北京大学图书馆藏 D214 号□预一户的第13—15行："得贯得奴田地卤田三亩半、田地沙车田五亩、无他渠田五亩。"[6]此处"城南常田"之"城"，应指高宁县城。"沙车城下道北

---

① 关于高昌郡到唐西州时期当地的丝织业，参看唐长孺《吐鲁番文书中所见丝织手工业技术在西域各地的传播》，《出土文献研究》，文物出版社，1985 年，146—151 页；陈良文《吐鲁番文书中所见的高昌唐西州的蚕桑丝织业》，《敦煌学辑刊》1987 年第 1期，118—125 页；武敏《从出土文看古代高昌地区的蚕丝与纺织》，《新疆社会科学》1987 年第 5 期，92—100 页。

② 裴成国《吐鲁番新出北凉计赀、计口出丝帐研究》，《中华文史论丛》2007 年第 4 辑，101 页。

③ 朱雷《吐鲁番出土北凉赀簿考释》，《武汉大学学报》1980 年第 4 期，此据所著《敦煌吐鲁番文书论丛》，甘肃人民出版社，2000 年，13 页。

④ 朱雷《吐鲁番出土北凉赀簿考释》，10—11 页；卢向前《部田及其授受额之我见——唐代西州田制研究之四》，《敦煌吐鲁番研究》第 1 卷，北京大学出版社，1996 年，196 页。

⑤ 王素《吐鲁番出土北凉赀簿补说》，《文物》1996 年第 7 期，76 页。

⑥ 朱雷《吐鲁番出土北凉赀簿考释》，17 页。图版见北京大学图书馆、上海古籍出版社编《北京大学藏敦煌文献》第 2 册，上海古籍出版社，1995 年，238 页。

田"，北凉《赀簿》中有"沙车田"的说法，朱雷先生认为沙车田只见于田地县，该县东南有大沙碛，沙车田即是沙碛边沿地带开发出来的田。从《建元二十年籍》来看，"沙车田"或许是"沙车城下田"（见下户注记）的简称，沙车城可能就是位于田地县沙碛旁的一个城镇，古代高昌地区有许多城，沙车城或即其一。"率加田"的说法他处未见，"率加"或许是田地类别的称呼。

第五户（户主名缺）："沙车城下田十亩入赵□；埽坞下桑二亩入杨抚；埽坞薗二亩入□□。""埽坞"的"埽"指用埽做成的挡水之物，泛指堤岸。"埽坞"系指河岸旁之坞。

显然，《建元二十年籍》中有关土地转移"得""入"的注记方式以及用语，是和北凉《赀簿》中的标注格式和文字完全一样的，应当像朱雷先生解说的那样，分别表示"买得"和"出卖"[1]。

在高昌郡时期，高昌地区的土地买卖是非常频繁的，我们这里举和《建元二十年籍》年代接近的一个例子，即俄藏 Дx.02947 背《前秦建元十四年买田券》[2]：

1 □元十四年七月八日，赵迁妻随□□□□□□

2 □□苏息黑奴，买常田十七亩，贾（价）交

3 □□□□张，贾（价）即毕，田即蹑，□□

4 □□□□□开□□，西共王泄分畔

---

① 朱雷《吐鲁番出土北凉赀簿考释》，15 页。

② 《俄藏敦煌文献》第 10 册，上海古籍出版社，1998 年，136 页下；关尾史郎《ロシア、サンクト＝ペテルブルグ所藏敦煌文献中のトゥルファン文献について》，《敦煌文献の综合的・学际的研究》（平成 12 年度新潟大学プロジェクト研究成果报告），2001 年，45—46 页；*Tun-huang and Turfan Documents concerning Social and Economic History*, Supplement (A), Tokyo, 2001, p.130;(B), p.43；徐俊《俄藏 Dx.11414+ Dx.02947 前秦拟古诗残本研究——兼论背面券契文书的地域和时代》，《敦煌吐鲁番研究》第 6 卷，北京大学出版社，2002 年，209—211 页；关尾史郎《トゥルファン将来，"五胡"时代契约文书简介》，《西北出土文献研究》第 1 号，2004 年，71—74 页；陈国灿《〈俄藏敦煌文献〉中吐鲁番出土的唐代文书》，《敦煌吐鲁番研究》第 8 卷，中华书局，2005 年，111—112 页。

5 ▭▭▭▭▭▭▭▭▭▭▭▭▭▭▭□更□

（后缺）

这份契约记录了常田十七亩的转移，而《建元二十年籍》张晏一户"桑三亩半、城南常田十一亩入李规"，数量也相当可观，可见高昌郡百姓之间土地转移的规模还是很大的。

《建元二十年籍》第三栏除田地转移的记载外，就是有关奴婢的记载。此前所存十六国时期户籍中，都没有关于奴婢的记载，从《建元二十年籍》来看，奴婢是不作为一户人家的正式人口列名的[①]，也不计入"凡口几"的一户人口总计中，因为奴婢作为财产是随时可以转手买卖的。

关于户内奴婢的转移情况，目前保存了两户人家、四个例子：第一户（户主□奴）："虏奴益富年卅入李洪安；虏婢益心年廿入苏计。"第三户（户主名缺）："西塞奴益富年廿入李雪；虏婢巧成年廿新上。"

我们注意到，除了一个奴被称作"西塞奴"外，其他奴婢都被称作"虏奴"或"虏婢"。"虏"字本来是战争或掠夺而得的战俘，被降服的人也称作"虏"，这种战俘在古代社会往往变成奴隶，受主人役使。"虏"还指敌人或叛逆者，还有就是对北方民族的蔑称。《建元二十年籍》中的这些"虏奴""虏婢"，不可能是主人劫掠来的，这是违法的行为，那么这个"虏"字更可能是一种对北方少数民族的蔑称。这些奴婢的名字也很有意思，"益富""益心""巧成"都是汉语里面非常好听的名字，对比中古时期的其他材料，我们不难得知这种佳名往往是汉人给

---

① 《建元二十年籍》（一）1—2 行的"奴"，（二）10—11 行的"婢"都是该户良民的名字，而不能看作是"奴婢"的"奴"和"婢"。古人常常起贱名，洪艺芳指出敦煌写本中所见人名以"奴"字最多，见所撰《敦煌写本中人名的文化内涵》，《敦煌学》第 21 辑，1998 年，86—87 页；王子今、王心一先生统计走马楼竹简中女子以"婢"为名者有 52 例，频度为 4.990%，见所撰《走马楼竹简女子名字分析》，《吴简研究》第 1 辑，崇文书局，2004 年，266 页；收入王子今《古史性别研究丛稿》，社会科学文献出版社，2004 年，291—292 页。

胡族奴婢起的汉名，比如吐鲁番洋海 1 号墓出土《阚氏高昌永康十二年（477）张祖买奴券》（编号 97TSYM1:5），记高昌当地人张祖从粟特人康阿丑手边购买的胡奴就名"益富"[①]，与本户籍中的"虏奴益富"和"西塞奴益富"的名字一模一样；吐鲁番出土唐代契约中所记粟特人倒卖给汉人的女婢有名叫"绿珠""绿叶"者[②]，阿斯塔那 35 号墓出土《武周先漏新附部曲客女奴婢名籍》中，所记胡婢有"云树""松叶""香叶""沉香""明月""柳叶""小叶""采香""真檀""胜胜"等[③]，都属同类名字。因此，可以把这里的"虏奴""虏婢"看作是当地百姓购买的外族奴婢，从高昌的地理位置来说，这些虏奴、虏婢主要来自西北地区。

"西塞奴"显然是一种区别于"虏奴"的奴隶，"西塞"在此似乎不是一个地名，而是指"西边塞外"，"西塞奴"可能是指西边塞外出生的奴隶，以区别于主要是北方出生的"虏奴"。到高昌国时期，我们没有看到"虏奴"或"西塞奴"的记载，西北塞外而来的奴隶似乎都被称作"胡奴"了。

《建元二十年籍》所记录的四个奴婢，年龄都是二十至三十，是具有劳动能力的贱口，其中虏婢巧成年二十，标注为"新上"，应当是该户人家新买入的婢女，她和新出生的良民男女及新娶来的女妇一样，登记在案，表明官府对于贱口的出入是要记录备案的。

吐鲁番出土的契约文书，也可以证明当时奴婢买卖的情况。与俄藏 Дx.02947《前秦建元十四年（378）买田券》可以缀合的 Дx.11414 背

---

① 荣新江、李肖、孟宪实主编《新获吐鲁番出土文献》，中华书局，2007 年，待刊。参看荣新江《新出吐鲁番文书所见的粟特人》，《吐鲁番学研究》2007 年第 1 期，即刊。

② 见 73TAM509 出土《唐开元二十年（732）薛十五娘买婢市券》《唐开元二十一年（733）唐益谦、薛光泚、康大之请след过所案卷》，《吐鲁番出土文书》九，文物出版社，1990 年，29—34 页；《吐鲁番出土文书》肆，文物出版社，1996 年，266—271 页。

③ 《吐鲁番出土文书》七，文物出版社，1986 年，455—463 页；《吐鲁番出土文书》叁，文物出版社，1996 年，525—529 页。关于本文书所记女婢为胡人的论证，见吴震《唐代丝绸之路与胡奴婢买卖》，敦煌研究院编《1994 年敦煌学国际研讨会文集·宗教文史卷》下，甘肃民族出版社，2000 年，129、138—139 页。

《前秦建元十三年（377）买婢券》，文字如下 ①：

> 1 □元十三年十月廿五日，赵伯郎从王□买小
> 2 幼婢一人，年八，愿贾（价）中行赤毯七张，毯即
> 3 □（毕），婢即过，二主先相和可，乃为券□（约）。
> 4 □券后，有人仍（认）名及反悔者，罚□（赤）
> 5 毯十四张入不悔者。民有私约，约当
> 6 □□（二主）。□书券侯□奴共知本约。□□
>   （后缺）

稍晚一些的例子，是吐鲁番哈拉和卓 99 号墓出土的《北凉承平八年（450）翟绍远买婢券》，这里只摘引相关文字如下 ②：

> 承平八年岁次己丑九月廿二日，翟绍远从石阿奴买婢壹人，字绍女，年廿五，交与丘慈锦三张半，贾（价）则毕，人即付。
> （后略）

石阿奴很可能就是来自中亚粟特石国（Chach）的粟特人 ③，他所倒卖的女婢，虽然名字很汉化，但可能也是一个胡婢。由此可见，奴婢的买卖是自由的，但买卖而得的奴婢是要在户籍上记录的。

从《建元二十年籍》来看，户籍中并没有关于土地面积、四至的详细记录，奴婢也没有像家内良人那样列名记载，但户籍中有土地和

---

① 《俄藏敦煌文献》第 15 册，上海古籍出版社，2000 年，212 页下；徐俊《俄藏 Dx.11414＋Dx.02947 前秦拟古诗残本研究》，211—213 页；关尾史郎《トウルフアン将来，"五胡"时代契约文书简介》，71—74 页。

② 《吐鲁番出土文书》壹，92—93 页；《吐鲁番出土文书》一，187 页。

③ 陈国灿《魏晋至隋唐河西胡人的聚居与火祆教》，原载《西北民族研究》1988 年第 1 期；此据作者《敦煌学史事新证》，甘肃教育出版社，2002 年，81 页；陈海涛《从胡商到编民——吐鲁番文书所见魏氏高昌时期的粟特人》，《魏晋南北朝隋唐史资料》第 19 辑，2002 年，200 页。

奴婢的异动情况记录，为我们提供了前秦户籍的标准形态，也就是说没有田地和奴婢的具体登记，但有相关买卖的记载。这中间的原因，应当是田地和奴婢作为一户的财产是可以随时转手的，处于不稳定的状态下。土地和奴婢作为户籍内容的固定项目而被详细登记，应当是北魏推行均田制和三长制的结果。不过，有关前秦户籍的渊源流变问题，牵涉较广，限于篇幅，在此不作详细探讨，笔者当另文探讨。

五、《前秦建元二十年籍》的格式
——兼与其他十六国时期户籍比较

以下先整理《建初十二年籍》的格式，并复原《承阳二年籍》的录文，再描述《建元二十年籍》的格式，并附以和其他户籍格式的比较。

对于《建初十二年籍》和《承阳二年籍》的格式，池田温先生和关尾史郎先生都做过详细的分析和比较[1]，对于本文整理《建元二十年籍》提供了很多的帮助。我们先把《建初十二年籍》中保存完整的两户的记录移录如下，以见其格式：

（前略）
敦煌郡敦煌县西宕乡高昌里散吕沾年五十六

　　　妻赵年卅三　　　　　　　　丁　男　二

　　　息男元年十七　　　　　　　小　男　□（一）

　　　元男弟腾年七本名腊　　　　女　口　二

　　　腾女妹华年二　　　　　　　凡　口　五

　　　　　　　　　　　　居　赵　羽　坞

　　　　　　建　初　十　二　年　正　月　籍

---

① 池田温《中国古代籍帐研究》，34—37 页；汉译本，94—101 页；关尾史郎《从吐鲁番带出的"五胡"时期户籍残卷两件》，181—184 页。

敦煌郡敦煌县西宕乡高昌里兵吕德年卅五

妻唐年卅一	丁　男　二	
息男奊年十七	小　男　二	
奊男弟受年十	女　口　二	
受女妹媚年六	凡　口　六	
媚男弟兴年二	居　赵　羽　坞	

　　　　　　建　初　十　二　年　正　月　籍

（后略）

　　至于《承阳二年籍》，因是近年才被发现，相关的论述还不是很多，格式的复原也有待研究。《承阳二年籍》目前保存的文字只有一栏，因此最早刊布这件文书的西胁常记氏的录文和东洋文库出版的《敦煌吐鲁番社会经济文书集补编》的录文都只录作一栏，上下没有缺文符号[1]，显然有误。细心的关尾史郎先生发现第 7、8 行的上方有文字痕迹，因此他的录文在这两行上面补了缺字符号和上缺符号[2]。细审这件户籍的照片[3]，上面的确有文字痕迹，应当有一栏文字无疑，而下面也留有不少空白，从下沿的纸边比较平整和"承阳二年十一月籍"的名称已经出现的情况来看，籍名所在的这一栏应当就是最底下的栏了，所以我认为《承阳二年籍》只有上下两栏。《建元二十年籍》的高度是 25.2 cm，《建初十二年籍》为 24.5 cm，两者大体相当，《承阳二年籍》目前的高度残存 11.7 cm，如果上面加上一栏，则其高度也就和其他两种户籍的高度相当，于是，下面也就不太可能再容纳一栏文字了。可见，高昌地区的北凉户籍格式，在分栏数目上与西凉户籍的格式相同，但下栏的位置比

---

① 西胁常记《ドイツ将来のトルファン汉语文书》，京都大学学术出版会，2002 年，44—45 页；T. Yamamoto, et al. *Tun-huang and Turfan Documents concerning Social and Economic History*, Supplement (A), Tokyo, 2001, p. 9.

② 关尾史郎《从吐鲁番带出的"五胡"时期户籍残卷两件》，180—181 页。

③ 笔者所见最清晰的照片，是西胁常记《ベルリン・トルファン・コレクション汉语文书研究》，作者自刊本，1997 年，图版 11。

《建初十二年籍》要高，而籍名的位置则又和《建元二十年籍》相同。

根据以上讨论的结果，我们可以把《承阳二年籍》重新复原，录文于下：

（前缺）

1 ▭▭▭▭	凡 ▭▭
2 ▭▭▭▭	承阳二年十一月藉
3 ▭▭▭▭	
4 ▭▭▭	
5 ▭▭▭□	
6 ▭▭▭▭	丁　男　一
7 ▭▭▭▭	丁　女　一
8 ▭▭▭▭	小　女　二
9 ▭▭▭｜十｜	凡　口　四
10 ▭▭▭▭	承阳二年十一月藉
11 ▭▭▭	
12 ▭▭▭▭	老　男　二
13 ▭▭▭▭	凡　口　二
14 ▭▭▭▭	承阳二年十一月藉

（后缺）

新发现的《建元二十年籍》每一户是顶着纸的上沿书写"高昌郡高宁县都乡安邑里"以及户主身份、姓名、年龄，下面留空到纸的底部边沿。这种写法是和《建初十二年籍》一样的，Дx.8519户籍文书保留的"高昌郡高昌县都乡□ ▭"，应当就是这行文字的上部，因此格式也是同样的。

户主后面有关这一户的记载，是分作三栏登录的。上栏登录家族成员的具体情况，每人一行，如果第二栏的内容不多，就把第一栏的内容接着写到第二栏中，如张晏一户的例子；第二栏是总计男女丁中的合计和全家合计人口数；第三栏写家内土地、奴婢的异动情况，最后是"舍一区"和"建元廿年三月籍"的籍名。《建初十二年籍》这一部分作两栏登录，上栏是家族内部成员记录，下栏是总计男女丁中和全家合计人口数，然后是居住地的记录（居赵羽坞），最后的籍名"建初十二年正月籍"是从大致在上栏末尾的位置写到纸的底边，因为文字不多，所以字和字之间有空隙。这种分两栏以及籍名的写法与《建元二十年籍》略有不同。

对于户内家族成员的记录，《建元二十年籍》现存五户人家的情形不同，归纳起来，次序应当是按照与户主的关系，以男女、长幼的顺序加以记录，对于上一辈的顺序是叔、母、叔妻；对于同辈的顺序是弟、妻、弟妻；至于晚辈，则按年龄大小，不分男女，年龄大的在前，小者在后，后者依其与前面一人的关系而记录，并非像唐朝户籍那样按照与户主的关系，先男性、后女性地记录；最后则是"新上"的人，都放在最后，应当是制作户籍时新增加的部分。这种记录方式与《建初十二年籍》基本上是一致的，只是《建初十二年籍》现存的几户家内人口比较单纯，主要是妻和子女（核心家庭），而《建元二十年籍》则有各种未见过的成员，如叔、叔妻等（主干家庭）。

现将《建元二十年籍》所见到的前秦时期高昌郡的户籍格式的一般要素抽出，复原其常规格式如下，其中的甲、乙、丙、丁、戊、己、庚是虚拟的人名。（见197页）

六、小　结

2006年吐鲁番洋海赵货墓发现的《前秦建元二十年（384）三月高昌郡高宁县都乡安邑里籍》，是目前所见纸本书写最早的户籍，换句话说，也是敦煌吐鲁番文书中现在所知最早的户籍。该户籍保存造籍的年份，也有人户所在的郡县乡里名称，内容保存了五户人家的情况，个别人户的记载相对完整，为我们认识十六国时期高昌郡的户籍实际面貌提

高昌郡〇〇县〇〇乡〇〇里民〇甲年〇〇

叔〇年〇〇［物故］　丁男〇　　得〇〇桑〇亩

母〇年〇〇　　　　丁女〇　　田〇亩入〇〇

叔妻〇年〇〇　　　次丁男〇　虏奴〇〇年〇〇入〇〇

弟乙年〇〇　　　　次丁女〇　虏婢〇〇年〇〇新上

甲妻〇年〇〇　　　小女〇　　舍　一　区

乙妻〇年〇〇　　　小男〇　　建元廿年三月籍

甲女弟丙年〇〇［还姓］　凡口〇

丙男弟丁年〇〇

丁女弟戊年〇〇［从夫］

甲息男己年〇〇

己女弟庚年〇［新上］

‥‥‥‥

供了极其直观的实物资料。

本文在对照原卷仔细校录的基础上，对《建元二十年籍》记录的内容，逐条作了详细的考释，对于相关的注记名词做了解释，还根据其他吐鲁番文书，对户籍中的田地、奴婢等财产异动的情况加以分析，指出户籍中并没有关于土地面积、四至和奴婢的详细记载，原因应当是田地和奴婢作为一户的财产是可以随时转手的，处于不稳定的状态下。土地和奴婢作为户籍内容的固定项目而被详细登记，应当是北魏推行均田制和三长制的结果。

文章最后在整理《建初十二年籍》和《承阳二年籍》的基础上，对《建元二十年籍》的格式加以整理，并复原出前秦户籍的标准格式。我们相信，《建元二十年籍》的发现和公布，除了对敦煌吐鲁番文书研究的推动外，也将引起汉简、吴简研究者的广泛关注，从而推动相关领域的研究进步，它也将为深入探讨中国古代籍帐制度的发展演变提供不可或缺的材料。

（2007 年 9 月 13 日完稿，原载《中华文史论丛》2007 年第 4 辑，第 1—27 页。2009 年 6 月 19 日据张荣强、王素先生意见略有改订。）

吐鲁番新出《前秦建元二十年籍》的渊源

中国古代籍帐制度极其发达，在各式各样的名籍和帐簿当中，户籍一直是学者们努力探索的对象，因为户籍包含着比较丰富的内容，无论对于国家制度、地方社会，还是婚姻、家庭、阶级、性别等方面，都具有重要的研究旨趣。

"户籍"有广狭二义。凡是按户登记的各种用途的名籍都可以说是广义的户籍；而狭义的户籍是指和我们目前所见的《西凉建初十二年（416）正月敦煌郡敦煌县西宕乡高昌里籍》《北凉承阳二年（426）十一月籍》以及敦煌吐鲁番发现的唐代户籍相同，虽然狭义的户籍也有自身的发展变化，但它的性质和用于其他目的的名籍是不一样的。近年来，随着秦汉三国简牍的大量出土，学者们一直致力于在其中的大量名籍中找到真正的户籍，虽然找到一些相似的名籍，但是因为没有带有名称的确切的户籍正本留存下来，所以目前学者们所指认的一些"户籍"，到底是某种名籍，还是正式的户籍，目前尚无确凿的证据可以加以肯定。吐鲁番新发现的《前秦建元二十年（384）三月高昌郡高宁县都乡安邑里籍》（以下简称《建元二十年籍》）[1]，或许对于我们判定简牍中的一些户籍资料，能够提供一些帮助。同时，只有弄清秦汉三国户籍的具体情况，才能理解《建元二十年籍》的渊源所自，进一步讲，或许可以帮助

---

① 荣新江、李肖、孟宪实主编《新获吐鲁番出土文献》，中华书局，2008 年，176—179 页。

199

我们理解户籍从竹木简牍到纸本文书的演变过程，这当然是非常有意义的工作。此外，由于《建元二十年籍》是目前所见敦煌吐鲁番文书中最早的户籍资料，所以它的发现对于我们探讨户籍在十六国到北朝隋唐时期的演变过程，也具有非常重要的价值。

本文只就《建元二十年籍》所展现的前秦高昌郡户籍的形式和内容，对照秦汉魏晋时期简牍文书，来讨论新发现的前秦户籍的渊源问题。

一、新出《前秦建元二十年籍》及前秦户籍格式

我在《吐鲁番新出〈前秦建元二十年籍〉研究》一文中，已经把吐鲁番洋海一号台地4号墓出土的这件户籍文书做了整理[①]，此不赘述。这里仅把"新获吐鲁番出土文献整理小组"的录文移录下来（文书录文保留繁体，行文说明用简体）：（见 201—203 页）

我把《建元二十年籍》所见到的前秦高昌郡户籍格式的一般要素抽出，复原出其常规格式如下，其中的甲、乙、丙、丁、戊、己、庚是虚拟的人名：（见 204 页）

可见，前秦户籍的记载顺序，除去家内因"物故"而剔除的人口，以及登录在后面的"新上"人口，所著录的人口是按照丁男、丁女、次丁男、次丁女、小女、小男的顺序记录的。还有其具体登记小男、小女时是按每个人的年龄来依次记录，但总计时总是小女在小男之前。

前秦户籍的格式的渊源应当来自秦汉，但迄今为止，带有户籍名称的秦汉户籍原本还没发现（或公布），因为没有这样的原本留存，所以对于户籍是只登记户口，还是包括土地、赋税于其中，学者之间有不少争论。

---

① 《中华文史论丛》2007 年第 4 期，1—30 页。关尾史郎先生最近对文书的内容和格式也有补充考释，见所著《トゥルファン新出〈前秦建元廿年（384）三月高昌郡高宁县都乡安邑里户籍〉试论》，《人文科学研究》第 123 号，2008 年，1—19 页。

（一）

（前缺）

1　奴妻虒年廿五　　小男一　　得孫喬塢下田二畝

2　奴息男郍年八　　凡口七　　虜奴益富年卅入李洪安

3　郍女弟蒲年一新上　　虜婢益心年廿入蘇計

4　賀妻李年廿五新上　　舍一區

5　高昌郡高寧縣都鄉安邑里民崔喬年　　建元廿年三月籍

6　弟平年□

7　喬妻□年□

8　平妻郭年廿□　　□□□田□□畝

9　喬息女顏年廿一從夫　　得闞高桑薗四畝

10　顏男弟仕年十四　　得江進鹵田二畝以一畝爲場地

11　仕女弟訓年十二　　得李虧（？）田地桑三畝

12　平息男生年三新上　　舍一區

13　生男弟麹（？）年一新上　　建元廿年三月籍

（後缺）

201

（二）

（前缺）

　一　　　　　　　　三　　　　　　埤塢下

1　女々弟素年九新上　　凡口八　　　得猛季常田四畝

2　素女弟訓年六新上　　　　　　　　西塞奴益富年廿入李雪

3　　　　　　　　　　　　　　　　　虜婢巧成年廿新上

4　勳男弟明年三新上　　　　　　　　舍一區

5　明男弟平年一新上　　　　　　　　建元廿年三月籍

6　高昌郡高寧縣都鄉安邑里民張晏年廿三　　桑三畝半

7　叔聰年卅五物故　　　　奴女弟想年九　城南常田十一畝入李規

8　母荆年五十三　　　　　晏妻辛年廿新上　得張崇桑一畝

9　叔妻劉年卌六　　　　　丁男一 ①　　沙車城下道北田二畝

10　晏女弟婢年廿物故　　　丁女三　　　率加田五畝

11　婢男弟隆年十五　　　　次丁男三

① 按，这里第 9 行的「丁男一」原录作「丁男二」；第 11 行「次丁男三」原录作「奴丁男三」。今据王素《书评：〈新获吐鲁番出土文献〉》（《敦煌吐鲁番研究》第 11 卷）所提到的张荣强先生意见改。第 9 行原写「二」，细审图版，的确上面一横用黄色涂去，大概因为拆开纸鞋时过水而将颜色部分洗去，露出原来的文字。既然张隆、张驹、张奴都是次丁男，则夹在中间的彰驹妹张□就应是次丁女。这些确定后，第 12 行当改原来复原的「小女二」为「次丁女」；而第 13 行原本复原的「小男二」改为「小女一」。

隆男弟駒年　　次丁女一　　舍　一　□　區

駒女弟□年　　小女一　　建元廿年三月籍

聰息男奴年　　凡口九

妻朱年五十　　丁男一　　沙車城下田十畝入趙□

息男隆年卅三物故　　丁女一　　塴塢下桑二畝入楊撫

隆妻張年廿八還姓　　小女一　　塴塢菌二畝入□□

隆息女顏年九　　小男一　　舍一區

顏　男弟□年　　凡口四　　建元廿年三月籍

12
13
14
15　高昌郡高寧縣都鄉安邑里民□□
16
17
18
19
20

（後缺）

高昌郡○○縣○○乡○○里民○甲年○○

叔○年○○〔物故〕　　丁男○　　　得○○桑○畝

母○年○○　　　　　丁女○　　　田○畝入○○

叔妻○年○○　　　　次丁男○　　虜奴○○年○○入○○

弟乙年○○　　　　　次丁女○　　虜婢○○年○○新上

甲妻○年○○　　　　小女○　　　舍　一　區

乙妻○年○○　　　　小男○

甲女弟丙年○○〔还姓〕　凡口○

丙男弟丁年○○

丁女弟戊年○○〔從夫〕

丁息男己年○○

己女弟庚年○〔新上〕

建元廿年三月籍

二、战国秦的户版

"户籍"一词,最早见于《史记》卷六《秦始皇本纪》:秦献公十年（前375）,"为户籍相伍"[1]。2005年12月,湖南省考古文物研究所在湖南龙山县里耶古城北护城壕的凹坑（编号K11）中,发掘到一批秦代的户籍残简,所有家口都写在一枚简上,现举完整的一枚简文（编号K27）如下:

第1栏　　南阳户人荆不更蛮强
第2栏　　妻曰嗛
第3栏　　子小上造□
第4栏　　子小女子驼
第5栏　　臣曰聚
　　　　　伍长

整理者归纳这些户籍的格式是:第1栏为户主籍贯、爵位、姓名,"南阳"可能是郡名,"荆"指楚国,"不更"是秦爵的第四级,这一栏有的写有户主兄弟甚至儿子的名字;第2栏为户主或兄弟的妻妾名,户主妻一般直接称"妻"某,也有用"户主名＋妻某"的形式,弟妻则都是用"弟名＋妻某"的形式;第3栏为户主儿子之名（也包括户主兄弟的儿子之名）,且其前多冠以"小上造",可能是楚国原有的爵位称呼;第4栏为户主（及户主兄弟的）女儿之名,一概称之为"小女子";第5栏为有相关内容则录,无则留白,和今日档案的备注一栏相当,一般记录的是"臣"名和是否担任伍长[2]。

---

[1]《史记》卷六,中华书局,1959年,289页。

[2] 湖南省文物考古研究所编著《里耶发掘报告》,岳麓书社,2007年,203—209页。此前张春龙已有《里耶秦简校券和户籍简》一文收入《中国简帛学国际论坛（转下页）

张荣强先生做了更加详细的分析，认为这批属于迁陵县南阳里的户籍的格式为：第 1 栏为壮男，第 2 栏为壮女，第 3 栏为小男，第 4 栏为小女，第 5 栏为老男、老女并及伍长之类的备注项目，个别简的母名记录在第 4 栏，但该户内没有第 4 栏应有的小女内容，所以相当于第 5 栏的内容。户籍中"隶"（简 K4）、"妾"（简 K30/45）各 1 例，与家庭中的成年女性一起记于第 2 栏，为壮年男女奴婢。户籍简中"臣"的身份有 2 例（简 K27、K2/23），皆写于最后的第 5 栏。户籍简中没有一人标明具体年龄，因为据《史记·秦始皇本纪》，秦王政十六年（前 231）才"初令男子书年"，以法令的形式规定年龄成为户籍登记的必备项目，因此里耶户籍简的制作时间是秦灭楚国后不久。他还据里耶户籍简完整长度均为 46 cm，即秦代的二尺，宽度则视各户内容的多少为 0.9—3 cm 不等的情况，认为这就是战国文献中所说的"户版"[①]。

由此可见，秦王政十六年（前 231）的户籍只有里、爵、家口姓名，没有年龄的记载，户籍中包括臣、隶、妾等贱口的名字，还有"伍长"职役的注记。对于这批户籍简的著录格式，我们赞同张荣强先生的解释，即按照壮男、壮女、小男、小女到老男、老女及伍长等备注内容的顺序记录的。对比前秦户籍可以看出，前秦户籍总的登记格式与秦代户籍相同，只有小女在小男前这一点有所不同。前秦户籍与秦代户籍最大的不同点，是奴婢不具体登录在户内的家口中。前秦时期奴隶可以随便买卖，因此变动较快。奴隶的随时转手，从前秦户籍中第 3 栏所记录的奴婢的出入情况以及吐鲁番出土高昌郡时代的奴婢买卖契约中可以看出。

（接上页）2006 论文集》，武汉大学简帛研究中心编印，2006 年，512—521 页，笔者未见。参看邢义田《龙山里耶秦迁陵县城遗址出土某乡南阳里户籍简试探》，武汉大学简帛研究中心"简帛"网站，http://www.bsm.org.cn/show_article.php?id=744，2007 年 11 月 3 日。

① 张荣强《湖南里耶出土的秦代户版》，中国中古史中日青年学者联谊会论文，北京大学中国古代史研究中心，2007 年 8 月 25 日；又《湖南里耶所出"秦代迁陵县南阳里户版"研究》，《北京师范大学学报》2008 年第 4 期，68—80 页。

三、从张家山《二年律令·户律》看汉代的户籍

秦代祚短，制度尚不完备。汉代统一全国，作为统治地方的重要手段——户籍制度也严密起来。1983 年湖北江陵张家山 247 号汉墓所出西汉初年《二年律令·户律》涉及户籍的制作，其中有关的主要条目如下："恒以八月令乡部啬夫、吏、令史相襄案户，户籍副臧（藏）其廷。有移徙者，辄移户及年籍爵细徙所，并封。""民宅园户籍、年细籍、田比地籍、田命籍、田租籍，谨副上县廷，皆以筐若匣匮盛，缄闭，以令若丞、官啬夫印封，独别为府，封府户。""民欲先令相分田宅、奴婢、财物，乡部啬夫身听其令，皆参辨券书之，辄上如户籍。"①据此，每年八月，由乡部啬夫会同吏、令史，一同编造户籍文案，正本留在乡部，副本送到县廷收藏。如果民户有迁徙他处时，就要把户籍移到迁徙之处，并封送其名、年、籍贯、爵位等详细信息给迁徙之所。与户籍相关的还有民宅园户籍、年细籍、田比地籍、田命籍、田租籍等多种籍，都要送到县廷保存。如果民户有死亡，乡部啬夫要根据民户的遗嘱，将田宅、奴婢、财物等财产异动情况加以分辨，并"辄上如户籍"，即写入户籍当中②。

对于《户律》中所说的"辄上如户籍"，学者间有不同的理解。侯旭东先生指出，《户律》在"辄上如户籍"后又说："有争者，以券书从事；毋券书，勿听。""上如户籍"之"如"，有"从""从随"意，似指的是呈上乡，并将先令券书与户籍放在一起，故生争议时复取券书为

---

① 《张家山汉墓竹简〔二四七号墓〕》（释文修订本），文物出版社，2006 年，53—56 页。按"恒以八月令乡部啬夫、吏、令史相襄案户，户籍副臧（藏）其廷"一句，原录文作"恒以八月令乡部啬夫、吏、令史相襄案户籍，副臧（藏）其廷。"邬文玲发现"户"字下有重文符号，当补，见所撰《张家山汉简〈二年律令〉释文补遗》，《简帛研究 2004》，广西师范大学出版社，2006 年，166 页。

② 相关解释，参看张荣强《孙吴简中的户籍文书》，《历史研究》2006 年第 4 期，4—6页；杨际平《秦汉户籍管理制度研究》，《中华文史论丛》2007 年第 1 辑，12 页。

据，并未明言要将其内容写入户籍。汉代是否在户籍中记载田宅等的变动，似无强证[1]。

从《二年律令·户律》的相关记载来看，户籍只是汉代各种各样的籍之一，应当是与民宅园户籍、年细籍、田比地籍、田命籍、田租籍有所区别的籍，虽然我们还不明了"民宅园户籍"等的具体记载内容，但是从名称上可以推知一二，它们与户籍都各自有各自的功用。按照笔者的理解，户籍主要应当是有关户口的记录，其上即使有关于田宅、奴婢、财物变动情况的注记，也是比较简略的，并不是说户籍上有详细的田宅、奴婢、财物的逐项登记。

如果我们把有关汉代的相关记载和《建元二十年籍》加以对比，可以看到，《建元二十年籍》主要是家内户口的记录，有关一户财产的记录都有"舍一区"，此外就是有关田地、奴婢变动的记载，即得自哪里，入于谁家，这似乎是和我们所理解的《二年律令·户律》的说法是相符的，即户籍记录的是田宅、奴婢等财物变动的情况，而不是田地、奴婢的具体情况。如果这种理解不错，那么前秦户籍有关的记载形式和内容，应当直接渊源于汉代的户籍，只是到目前为止，我们还没有看到这种户籍的真实面貌。从《二年律令·户律》可以知道，汉代有关田地的籍有多种，田地的详细记录并不在户籍当中，这一点也是被前秦的户籍继承下来了。吐鲁番出土有高昌郡时期专门记载土地的账簿（详下），可以和《二年律令·户律》提到的有关田地的籍相对照。

还应提到的是，学者们讨论较多的居延所出汉宣帝时（前74—49）的候长礼忠简和隧长徐宗简[2]，虽然有田宅、牲畜等财产的记录，但礼忠简不载家口，徐宗简载家口又不注年龄及丁中，不能作为真正的户籍看待[3]。

---

[1] 侯旭东先生来信。

[2] 谢桂华、李均明、朱国照《居延汉简释文合校》，文物出版社，1987年，61、35页。

[3] 此为平中苓次的看法，转引自永田英正《论礼忠简与徐宗简》，原载《东洋史研究》第28卷第2、3号，1969年；此据中译文，《简牍研究译丛》第2辑，中国（转下页）

2004 年，湖南长沙市文物考古研究所在东牌楼 7 号古井发掘的东汉末期简牍中，有几件具有户籍特征的木牍，所记有"凡口五事、筹三事、訾五十"这样的字句①。王素先生认为和长沙走马楼出土吴简中被一些学者认作户籍简上的字句基本相同，两者可以肯定是有承继关系的，是"属于户籍的文书"，但又笼统地称之为"户口簿籍文书"②。对此，张荣强先生仔细分析了东牌楼简的形式和内容，认为是临湘县案比民口后做的专门簿籍，以为编造户籍的依据，但不是所谓"户籍简"③。因此，迄今为止，我们还是没有看到真正的汉代户籍文书。

四、长沙出土孙吴简牍中与户籍有关的文书

汪小烜《走马楼吴简户籍初论》一文，从吴简中大量的吏民簿中，归纳出三种可以看作是"户籍"的简牍，其中第一类他所举证的一户如下：

平阳里户人公乘朱佃年六十一

佃妻大女毕年五十八筹一

佃子男悆年九岁

悆女弟 租 （？）年七岁

……

（接上页）社会科学出版社，1987 年，35—37 页。参看张荣强《孙吴简中的户籍文书》，6—7 页。

① 参看长沙市文物考古研究所《长沙东牌楼 7 号古井（J7）发掘简报》，《文物》2005 年第 12 期，4—21 转 30 页。这些简牍已刊布于长沙市文物考古研究所、中国文物研究所《长沙东牌楼东汉简牍》，文物出版社，2006 年，107—108 页；相关文字校证，见长沙东牌楼东汉简牍研读班《〈长沙东牌楼东汉简牍〉释文校订稿》，《简帛研究2005》，广西师范大学出版社，2007 年，162 页。

② 王素《长沙东牌楼东汉简牍选释》，《文物》2005 年第 12 期，69—71 页。

③ 张荣强《长沙东牌楼东汉"户籍简"补说》，《中国史研究》2008 年第 4 期，73—84 页。

　　凡口若干事　筭若干事若干　（中）　訾若干（没有找到对应的
具体人户，而用书式表示）

他总结的书式包含三个部分：①　户主：里名＋户人公乘（无爵位的书
"户人大男""户人大女"或径书"新户"）＋姓名＋年龄＋（吏）［非吏
不注］＋健康状况①＋算（或复）；②　其他家庭成员：户主名（有些省
略）＋家属称谓＋（士伍、公乘）＋（丁中称谓）＋名字＋年龄＋（健康
状况）；③　总结：凡口若干事（若干）　筭若干事（若干或复）（中）
訾若干。他认为这一类简和《西凉建初十二年籍》的格式基本相同，应
当属于户籍。由于西凉时爵位制度已经消失，而人头税也改入其他税
目，所以《建初十二年籍》中没有同类记录②。其他两类"户籍"，此不
赘述。张荣强《孙吴简中的户籍文书》一文，对相关"户籍"多有论
说③。杨际平先生依据整理后的资料，对吴简中的"户籍"也做了分类
研究④。

　　从户主的里贯、爵位、姓名、年龄的记载，到家内人口称谓方式和
登记顺序，这类名籍和秦代户版和《建初十二年籍》大体一致籍，因此
被看作是一种"户籍"。但是，吴简"户籍"中有纳口赋和服徭役（包
括健康状况和复除与否）的情况，这是与《建元二十年籍》明显不同
的。《建元二十年籍》有些人口在年龄的后面有一些异动的注记，如
"物故""新上""从夫""还姓"，其第3栏还有关田地、奴婢买卖进出
的记载，这在吴简"户籍"和《建初十二年籍》中都没有见到。这些不
同，是因为前秦户籍不包含赋役的记录，还是目前复原的吴简"户籍"

①　"健康状况"一词实际不够准确，谢桂华先生称之为"残疾病症"，是更恰当的说法。
②　《吴简研究》第1辑，143—159页。按，汪小烜的文章是在其硕士学位论文《走马楼
　　简"吏民簿"研究》（北京大学历史系，2001年）的基础上写成的。他当时处理的吴
　　简残片，现在已经整理发表在长沙市文物考古研究所、中国文物研究所、北京大学历
　　史学系编著《长沙走马楼三国吴简·竹简》［壹］下，文物出版社，2003年，1116—
　　1117页。
③　张荣强《孙吴简中的户籍文书》，3—20页。
④　杨际平《秦汉户籍管理制度研究》，19—30页。

只是某种与赋役有关的名籍，而不是真正的户籍，这还需要治吴简的学者加以仔细地研究。

关于汉代奴婢是否入籍的问题，学界一直有争议。从上面结合《建元二十年籍》对《二年律令》的分析来看，汉代户籍似乎只有奴婢作为财产变动时的注记，而不是直接作为户籍的家口来书写的。但是，在吴简的吏民簿中，即汪小烜的第二类"户籍"简（杨际平同）上，的确有奴婢作为家口成员而记载在良人户口之下，记作"某户下奴年多少"或"某户下婢年多少"，该户记载的最后为"右某家口食若干人，訾若干"①。这样的口食记录不见于其他户籍文书，其性质尚不明了，或许这是某种按户内口口（包括奴婢）登记的口食和訾的统计账簿，用于某种特殊的用途，和正式的户籍还不相同。

从《建元二十年籍》来看，奴婢在户籍中不是像良人一样逐条记载，所以私奴婢是不应当作为国家的正式户口数字的，之所以如此，是因为奴婢作为私有财产随时可以变卖，而自家的大小男女除了新生和死亡是不会变动的。因此，吴简中这类包含奴婢的按户记录的名簿，恐怕不是正式的户籍。虽然我们不能用这样的资料来确认孙吴时奴婢已经入籍，但我们并不否认孙吴时奴婢是入籍的，当然这也需要确切的户籍文书来证明。

五、十六国时期户籍、田地籍、訾簿等帐簿的不同功能

古代籍帐制度非常发达，我们关心户籍，但也要清楚其他许多籍的存在，而且不能因为我们一直希望发现户籍，就总是想把其他的籍也当作户籍看待。从张家山《二年律令·户律》来看，汉代被一起保存在县

---

① 汪小烜《走马楼吴简户籍初论》，148、152 页；陈爽《走马楼吴简所见奴婢户籍及相关问题》，《吴简研究》第 1 辑，160—166 页；杨际平《秦汉户籍管理制度研究》，20—21、33—35 页。

廷的户籍和其他各种籍之间，应当是有着不同功能的，而且它们都和户口有关，应当是相互关联的，在内容上也应当有重复的部分。三国时吴国的情形应当也是如此，户籍和其他簿籍之间，会有许多类似或相同的地方，但各自的功用其实是不一样的[①]。

十六国时期的高昌郡也一样，应当有不同性能的籍帐。我们这里略加考察：

和拆出《建元二十年籍》的左鞋相对的女性死者右鞋的鞋底，拆出我们拟名为《前秦（？）田亩簿》的残文书，推测与建元二十年相距不远，或为前秦时期高昌郡高宁县田亩簿。前后上缺，仅存下半部。背面签署"询"，是一件正式的官文书。我们"整理小组"的录文如下[②]：

（前缺）

1 ☐☐☐☐☐桑☐亩

2 ☐☐☐☐麦六亩

3 ☐☐☐小麦十亩

4 ☐☐☐☐麦九亩

---

① 对吴简中各类名籍的分类讨论，有安部聪一郎《长沙吴简にみえる名籍の初步の检讨》，长沙吴简研究会《长沙吴简研究报告》第 2 集，2004 年，39—53 页；关尾史郎《长沙吴简中の名籍について——史料群としての长沙吴简・试论（2）》，《唐代史研究》第 9 号，2006 年，73—87 页；同作者《长沙吴简中の名籍について・补论——内译简の问题を中心として》，《人文科学研究》第 11 辑，新潟大学人文学部，2006 年，1—29 页。张燕蕊对吴简中的吏民簿、赋役簿、田籍、师佐籍的内容和书式分类做了探讨，见所撰《走马楼吴簿籍研究——以户籍书式为中心》（中国人民大学历史系硕士论文，2007 年 5 月，韩树峰先生指导）。对于吴简中个别簿籍的研究，除上文提到的汪小烜、陈爽的文章外，参看韩树峰《长沙走马楼三国吴简所见师佐籍考》，《吴简研究》第 1 辑，167—189 页；安部聪一郎《试论走马楼吴简所见名籍之体式》，《吴简研究》第 2 辑，崇文书局，2006 年，14—24 页；日文原稿见关尾史郎《长沙走马楼出土吴简に关する比较史料学的研究とそのデーダベース化》（平成 16 年度～平成 18 年度科学研究费补助金（基盘研究（B））研究成果报告书），新潟大学，2007 年，130—136 页。
② 《新获吐鲁番出土文献》，184—185 页。

5 ☐☐☐☐☐☐☐☐☐☐桑四亩

6 ☐☐☐☐蒲陶三亩

7 ☐☐☐☐平头桑一亩半

8 ☐☐☐德明蒲陶三亩

9 ☐☐☐☐雏桑二亩半

10 ☐☐☐☐蒲陶四亩

11 ☐☐☐☐麦四亩

12 ☐☐☐☐蒲陶五亩

13 ☐☐☐☐桑麦二亩

14 ☐☐☐☐桑麦三亩

（后缺）

这里都是田亩的记录，虽然上面不明，但似乎是各户人家田地的帐簿。

另外，此前朱雷先生曾发现北凉时期高昌郡高昌县都乡孝敬里所造该里的《赀簿》草稿，在每户户主名下，先登录自次造簿以来到此次造簿时没有发生转移的田地类型和数量，再登录土地产权的转移情况，每一块土地的登录都详细标注田地所在的位置、田地类型和具体数量①。对比《建元二十年籍》第三栏有关土地出入的记载，我们发现户籍文字的写法和同时代的《赀簿》几乎完全相同，现举☐预一户的文字与《建元二十年籍》对比如下②：

---

① 关于赀簿，参看朱雷《吐鲁番出土北凉赀簿考释》，《武汉大学学报》1980 年第 4 期，此据其《敦煌吐鲁番文书论丛》，甘肃人民出版社，2000 年，1—24 页；町田隆吉《吐鲁番出土"北凉赀簿"をめぐって》，《东洋史论》第 3 号，1982 年，38—43 页；王素《吐鲁番出土北凉赀簿补说》，《文物》1996 年第 7 期，75—77 页；关尾史郎《"北凉年次未详（5 世纪中顷）赀簿残卷"の基础的考察》（上），《西北出土文献研究》第 2 号，2005 年，42—56 页。

② 《北京大学藏敦煌文献》（2），上海古籍出版社，1995 年，238 页。参见朱雷《吐鲁番出土北凉赀簿考释》，17 页。

《建元二十年籍》	北凉高昌郡赀簿		
	3	□预蒲陶十亩半破三亩 半	
得阚高桑蕳四亩半	10	得道人愿道常田五亩半以四亩	
得江进卤田二亩以一亩为场地	11	得吴□卤田十亩	
得李亏（？）田地桑三亩	12	得冯之桑一①亩半赀五斛	
桑三亩半	5	无他田五亩	
城南常田十一亩入李规	6	田地桑一亩空地二亩入田地	
得张崇桑一亩	13	得贯得奴田地卤田三亩半	
沙车城下道北田二亩	14	田地沙车田五亩	
率加田五亩	15	无他渠田五亩	

由此可见，户籍和赀簿之间密切的关系，两者都记录有同样的土地转移情况，但又都有不同的内容，因而具有不同的功能。

从地方政府的管理体系来看，户籍的目的是对乡里人口的掌控，赀簿则是对每户人家所占土地的统计并折合成该户的资产，推测还有作为财产登记的专门的奴婢名籍。户籍、赀簿再加上征收赋税的《计赀出献丝帐》《计口出丝帐》《按赀配生马帐》等，才构成十六国时期高昌郡的籍帐体系，而这种籍帐制度应当是从秦汉魏晋演变而来的。

六、结　语

前秦自建元十二年（376）八月灭前凉，占领高昌郡，到我们户籍所写成的建元二十年三月后不久，前凉刺史梁熙奉羌人姚苌所建白雀年号，前秦的统治结束。在此期间，立都长安的前秦，直接统治高昌地区，这无疑为中原的制度、文化向那里的传播，起到积极的作用。

我们从《建元二十年籍》中看到的户籍形式，应当是当时前秦统治地区通行的户籍形式，这种户籍的形式大概来自西晋的制度，而远承秦

———————

① 此处朱雷、关尾史郎和町田隆吉均作"田"，其实是"一"字。

汉。我们对比现存的秦汉以来与户籍有关的文书，可以看到户籍登记人口的方式与秦汉名籍没有什么差别，但前秦户籍关于户内土地、奴婢等财产移动情况的记录，目前还没有从现存的秦汉、三国简牍中户籍类文书中见到，而家内户口先用丁中来统计，再总计凡几口这样整齐的方式，也应当是户籍逐步完善的结果。总之，我们可以从现存的秦汉、三国简牍文书中找到前秦户籍的一些因素，由此可见其渊源有自，但目前尚未见到此前有如前秦《建元二十年籍》这样完整、确定的户籍文书，这或许也说明前秦户籍在某些方面有所改革创新。

与此同时，通过对比秦汉、三国时期的各种名籍、地亩簿、赀簿、给粮帐等文书形式，并参照吐鲁番出土的高昌郡时期的《赀簿》《计赀出献丝帐》《计口出丝帐》《按赀配生马帐》等类帐簿，我们可以知道，中国古代的籍帐制度异常发达，各种帐簿具有各自的功能，国家在管理百姓、控制人口、征收赋税等方面，使用各自不同的籍帐来处理不同的事务，前秦《建元二十年籍》的发现，为我们了解十六国时期户籍的形态和功能，提供了珍贵的资料。

（2008年9月20日完稿，原载土肥义和编《敦煌·吐鲁番出土汉文文书の新研究》，东洋文库，2009年，201—212页；日文《吐鲁番新出前秦建元二十年籍の渊源》〔西村阳子译〕载同书，213—225页。同书修订版再刊，东洋文库，2013年，两篇页码相同。）

"康家一切经"考

一、"康家一切经"残片

最近一年来，笔者参加"旅顺博物馆藏新疆出土汉文文献的整理与研究"项目，与课题组其他成员一起，经眼了成千上万片佛教典籍写本，其中一件只有五个字的纸片，引起我的注意。这就是编号LM20-1454-11-07的写本（图1），其上部残缺，下部完整，左右似为纸缝，尺寸为11 cm×17 cm，正面左侧接近纸缝处写"康家一切经"五个字，工工整整，从整幅纸来看，是在一行偏下的位置，纸背无字[①]。根据敦煌、吐鲁番保存的唐朝标准写经，一纸的尺寸为26 cm×39 cm，"康家一切经"前面空白很多，不像是写经题记，倒是很可能是写经开头一纸的背面，即"外题"，但上面的题目残失，在一般写寺院或所属人的位置上，写着"康家一切经"。

我之所以特别关注这件残片，是因为我在此前研究《武周康居士写经功德记碑》时，曾在大谷探险队的收集品中，看到一件出自吐峪沟的写经题签，上面也题的是"康家一切经"（图2）[②]。现在来重新观察《图

---

① 图版见旅顺博物馆、龙谷大学主编《旅顺博物馆藏新疆出土汉文佛经选粹》，法藏馆，2006年，202页。

② 香川默识编《西域考古图谱》下，国华社，1915年，佛典附录，第5—3号。又见井之口泰淳《西域出土佛典之研究》，法藏馆，1980年，图版LXXXIX；（转218页）

图 1　LM20-1454-11-07 写本"康家一切经"外题

图 2　《西域考古图谱》刊"康家一切经"外题

谱》所刊这件残片，上部、右侧都已残失，下部似为原卷底部，而左侧整齐，当是纸缝处。"康家一切经"五个字，也是写在一纸左侧接近纸缝处的下部，和旅博的一件形制完全一样。审其字体，也似出一人之手。

二、《武周康居士写经功德记碑》再考

1996 年，我曾在讨论胡人对武周政权之态度的时候，注意到大谷探险队在吐鲁番高昌故城所获的一方石碑，碑文前列有一些佛经目录，后面是写经发愿的文字，功德主是一位康姓的居士，文字用武周新字，因此罗振玉将其定名为"武周康居士写经功德记碑"（以下简称《康居士碑》），可以信从。联系到当时从《图谱》所见"康家一切经"的题签，推测这"或许是这次写经活动留下的一点残迹"[1]。

二十年过去了，有关《康居士碑》的资料又有了一些新的知见，这里略作交代，并根据新的材料，对碑文做进一步的整理。

《康居士碑》原本应当立在吐鲁番高昌古城（喀拉和卓）城中，1912 年 6 月为大谷探险队第三次中亚考察队员吉川小一郎购得[2]，运回日本神户大谷光瑞的别墅六甲山庄。1914 年夏，罗振玉在大谷的别墅看到此碑，著录于罗氏《西陲石刻后录》，并做了录文和拓本。据罗氏的记录，此碑运回日本时已经断为十块，一大九小。罗氏录文在很长时

（接 216 页）研究册，134 页。这件文书原件后来不知所在，让人惊喜的是，真迹竟然在 2016 年 10 月 29—30 日"横滨国际 2016 秋季五周年拍卖会"上出现，图载本次拍卖会图录《中国书画》册，第 739 号"敦煌写经三"，纸有折叠。根据笔者在东京拍卖会现场目验，和《图谱》发表时相同，基本没有破损。

[1] 荣新江《胡人对武周政权之态度——吐鲁番出土〈武周康居士写经功德记碑〉校考》，原载《民大史学》第 1 期，1996 年，6—18 页；后收入拙著《中古中国与外来文明》，三联书店，2001 年，204—221 页。（以下简称"前文"）

[2] 吉川小一郎在所著《支那纪行》卷二中对获得石碑有简要描述，并推测是方唐碑。见上原芳太郎编《新西域记》下卷，有光社，1937 年，617 页。

间里一直是此碑唯一的一篇录文，但其拓本多年不知所在。我们所能见到的此碑图片，就只有 1937 年《新西域记》刊布吉川小一郎《支那纪行》时所配的一帧图版，对照罗氏录文，只有大石部分 ①。此碑的下落，据《新西域记》卷下附录二《朝鲜总督府博物馆中央亚细亚发掘品目录》No.65 号，记有"经堂碑，石、其他，一，高昌国，破片缀合成一函" ②，或许就是此碑。我曾经向负责韩国中央博物馆大谷收集品整理工作的闵炳勋先生咨询，回答说战后已不知所在。

与大石图片对照，罗氏录文要较今天我们从图版上所见到的字要多，可能是 1912 年至 1937 年间又有破损。1996 年我整理这方碑文时，就只能对照《新西域记》的图版和罗振玉录文，提供一篇按照原文格式而没有标点的录文，其他小石上的文字，也只能照录罗氏的录文。

2004 年，我与中国国家图书馆善本部的同仁们一起筹备"粟特人在中国——历史、考古、语言的新探索"国际学术研讨会，我们商量在会议期间举办一个"从撒马尔干到中国——粟特人在中国的文化遗迹"展览，陈列国图所藏的一些相关的拓本、书籍。让我感到又惊又喜的是，国图竟然保存着罗振玉的旧拓本。据记录，该拓本是 1935 年入藏国立北平图书馆的，现存国家图书馆善本部。拓本除一块大石外，右上方还有一块小石，相当于录文第 6—7 行最上方的两行四个字，这也就能让我们知道罗氏为何把这两个字孤悬到上面的缘故了。照片收入我和张志清主编的《从撒马尔干到中国——粟特人在中国的文化遗迹》，解题由我撰写，碑文录文加了标点，文字也有个别订正 ③。与此同时，陈尚君先生也据《西陲石刻后录》和《民大史学》所刊拙稿，录文并加句读，题"周康居士缮经记"，收入他所编《全唐文补编》卷一三七 ④。

学术真的是没有止境的。2009 年，余欣教授访问日本期间，在东京的

---

① 图载《新西域记》下卷 604—605 页间图版第三幅。

② 同上《新西域记》附录，4 页。

③ 荣新江、张志清主编《从撒马尔干到中国——粟特人在中国的文化遗迹》，北京图书馆出版社，2005 年，No.43，132—133 页。

④ 陈尚君辑校《全唐文补编》下册，中华书局，2005 年，1669 页。

大石

H

G

I

图 3 《康居士碑》缀合图

宫内厅书陵部找到一张此碑的拓本，钤"宫内省图书印"，上面不仅拓有大石一方，还有另外九块小石，甚至三个残字块，他知道我研究这方碑石，特别订购了照片给我，真的是感激不尽。这件保存在皇室的拓本显然来自大谷光瑞本人，因为他的夫人筹子就是大正天皇的贞明皇后的姐姐，所以把最好的拓本赠送给了天皇，得以完整保存在宫内厅书陵部①。我一直想据此拓本重新整理《康居士碑》，但长期以来未能顾及，这次整理旅博藏卷，看到"康家一切经"纸片，让我得以重新回到这方碑石的整理上来。

图 4 《康居士碑》小石块

现在我们拥有了所有《康居士碑》的拓本照片，似乎给碑石的拼接照亮了曙光。在九块小石中，有三块（前文编号 G、H、I，下同）属于碑文的功德记部分，经过缺口痕迹和文章理路的分析，我们拟将 H、I 缀合到大石的右侧（后部），H 在上，I 在下方，G 则根据内容放在大石和 H 之间（图 3）。其他小石为前面的佛经名录部分（图 4），根据图版所示的裂痕以及复原的经名，本来希望能有所拼接，但最后还是没有太大希望，只是把极小的 A 片缀合到 E 片的上方。从内容上看，这些小石块应当在大石的前部。

现在根据我们的复原结果，先按照原本形制，录出碑文现存文字。依内容顺序，先把属于佛经目录的小石录出，然后是缀合后的大石部分，佛经部分根据残字做了推补，补充的文字放在 [   ] 内，录文用繁体字，行文说明用简体字。

---

① 既然大谷光瑞曾经制作了比罗振玉更全的拓本，是否还有副本保存在西本愿寺、龙谷大学图书馆或旅顺博物馆，是今后调查的方向。

小石：

A+E.
1 □大乘三[聚懺悔經一卷]
2 □菩薩十住經一卷
3 □[甚]深大回向[經一卷]
4 □[太子慕]魄經一卷須摩提經一卷
5 □[諸佛心陀]羅尼經一卷顯無[邊佛土功德經一卷]
佛臨[涅槃記法住經一卷]

B.
1 □[十一]相思[念如來經一卷]
2 □解[深密經五卷]

C.
1 □仁王[般若波羅蜜經二卷]
2 □[孔]雀王陀羅[尼咒經二卷]
3 □[阿闍世王女無憂施]經一卷人所[從來經一卷]

D.
1 □甚深稀有經[一卷]
2 □[一切施主]①行檀波羅蜜經[一卷]
3 □[舍利弗悔過]經一卷舍利弗悔[過經一卷]

① 按，《一切施主行檀波羅蜜經》見于《大唐内典録》卷九。王振芬、孟彦弘《新發現旅順博物館藏吐鲁番經録》指出，旅順博物館藏 LM20-1494-29-03 某種經録有此經題名，其中「主」作「王」，敦煌本 P.3807 亦同。（文載孟憲實、王振芬主編《旅順博物館藏新疆出土漢文文書研究》，中華書局，2020年，172-176頁。）今本作「主」或为传抄之误。若然，则碑文此处亦当作「王」。

十卷大悲分 [陀利經八卷]

F.

4 ——十卷大悲分 [陀利經八卷]

1 ——[金][剛][般若論二卷]

2 ——[大乘][五蘊][論一卷]

3 ——[無][相][思塵論一卷]

大石：

（前缺）

1 ——[聖賢]集傳 佛[本行]集[經六十卷]

2 ——[百喻]經四卷法句集[二卷僧]伽羅[刹所集經三卷]

3 ——阿含口解十二因緣經一卷婆[藪槃豆法師傳一卷]

4 ——迦葉結經一卷四十二章經一卷十二遊[經一卷]

5 ——大般若波羅蜜多經六百卷分別緣[起初勝法門經二卷]

6 ——菩薩[　]羅尼咒經二卷離垢慧菩薩數聞禮佛法經一卷①[　]

7 ——藏經廿卷[大方廣佛華嚴經]入法界品一卷造塔功德經一卷大炬陀羅尼經廿卷[　][瑜伽師]

8 ——地[論一百卷][　]論唯識廿論一卷辯中邊論一卷品類足論十八卷集異門[足論廿卷]

9 ——[　]經□卷大般涅槃經後分二卷寶雨經十卷

10 ——[　]法師撰　法何都通

① 大石第6行「數聞」，《續古今譯經圖紀》作「所問」。

223

11 ┃滋洽於生品拯愛河而擬船栰汲□第而等輪轅祖其術而熏修可以階□

12 ┃空非有□□於真空調御資而立功謂諸佛之師也法雄佇而成德諒諸佛□

13 ┃敷十方□應言之不可已者其在於慈粵有康居士者諱德□望□

14 ┃而月滿或勁勇過捷拂龍劍而霜揮蕃捍而隆榮歸漢朝而□寵□

15 ┃□國即以高昌立名右接蔥山卻鄰蒲海八城開鎮青樓紫□煙霞

16 ┃□資□義依仁謙搆是任居士繫誠中道滌想外機煩惑稠林心□

17 ┃□之□□□□申誠之德進功于斷機方期偕老百年共卒移天之義

18 ┃□□□□□願意欲繕寫尊經奉福　　帝主黎元四生三有七

19 ┃倚□□□存禦□之危至莫賀延磧塞野□飆□拂浮雲之響荒郊苦霧

20 ┃□□□凜若斯前對□途亦宜旋彎娘都侵麥蠆海分□之常道如□奄

21 ┃□□□苦如瘳忽於□□迷津之間□墟五翕侯旬十姓日

22 ┃□□海而退食自公鍾五情會□□山列障爰茲卜宅式表豪

23 ┃□寫經論寔由福履所佑諸侯勤求十善遠乘皇

24 ┃□□侶□匡時哲人奕□□雖是病而是身終無厭而無足

25 ┃□□丹桂含芬青松□

26 ┃□□言旋梓第□

27 ┃□凝

（後缺）

224

我们先把碑文前面提到的经名列表如下，后附作者、年代和《大正新修大藏经》（简称 T）的编号：

经名卷数	译者	年代	大正藏
（A+E）大乘三聚忏悔经一卷	阇那崛多共笈多	隋	T.1493
菩萨十住经一卷	竺法护	西晋	T.283
甚深大回向经一卷	失译	刘宋	T.825
太子慕魄经一卷	安世高 / 竺法护	汉 / 晋	T.167/168
须摩提经一卷	菩提流支	唐	T.336
诸佛心陀罗尼经一卷	玄奘	唐	T.918
显无边佛土功德经一卷	玄奘	唐	T.289
佛临涅槃记法住经一卷	玄奘	唐	T.390
（B）十一相思念如来经一卷	求那跋陀罗	刘宋	无（长房录）
解深密经五卷	玄奘	唐	T.676
（C）仁王般若波罗蜜经二卷	鸠摩罗什	姚秦	T.245
孔雀王陀罗尼咒经二卷	僧伽婆罗	梁	T.984
阿阇世王女无忧施经一卷	竺法护	西晋	无（僧佑录）
人所从来经一卷	竺法护	西晋	无（僧佑录）
（D）甚深稀有经一卷	玄奘	唐	T.689
一切施主行檀波罗蜜经	失译		无
舍利弗悔过经一卷	竺法护		无
舍利弗悔过经一卷	安世高	后汉	T.1492
大悲分陀利经八卷	失译	后秦	T.158
（F）金刚般若论二卷	达磨笈多	隋	T.1510
大乘五蕴论一卷	玄奘	唐	T.1612

经名卷数	译者	年代	大正藏
无相思尘论一卷	真谛	陈	T.1619
（大石）			
佛本行集经六十卷	阇那崛多	隋	T.190
百喻经四卷	求那毗地	南齐	T.209
法句集二卷	支谦	孙吴	无
伽罗刹所集经三卷	僧伽跋澄等	苻秦	T.194
阿含口解十二因缘经一卷	安玄共严佛调	后汉	T.1508
婆薮槃豆法师传一卷	真谛	陈	T.2049
迦叶结经一卷	安世高	后汉	T.2027
四十二章经一卷	迦叶摩腾共法兰	后汉	T.784
十二游经一卷	迦留陀伽	东晋	T.195
大般若波罗蜜多经六百卷	玄奘	唐	T.220
分别缘起初胜法门经二卷	玄奘	唐	T.717
菩萨〔　　　〕罗尼咒经二卷			
离垢慧菩萨数闻礼佛法经一卷	那提	唐	T.487
大菩萨藏经廿卷	玄奘	唐	无
大方广佛华严经入法界品一卷	地婆诃罗	唐	T.295
造塔功德经一卷	地婆诃罗	唐	T.699
大法炬陀罗尼经廿卷	阇那崛多	隋	T.1340
瑜伽师地论一百卷	玄奘	唐	T.1579
唯识廿论一卷	玄奘	唐	T.1590
辩中边论一卷（今本为三卷本）	玄奘	唐	T.1600
〔阿毗达磨〕品类足论十八卷	玄奘	唐	T.1542

经名卷数	译者	年代	大正藏
〔阿毗达磨〕集异门足论廿卷	玄奘	唐	T.1536
大般涅槃经后分二卷	若那跋陀罗	唐	T.377
宝雨经十卷	达摩流支	唐	T.660

下面再按照碑文的文理，把功德记部分的文字标点录文如下：（见228 页）

笔者在前文中曾对康居士写经的背景、缘由和康居士本人略有探讨，这里根据重新拼合录写的碑文，阐释一下这篇写经功德记的内涵。

原文的标题已经失去，罗振玉推测为"武周康居士写经功德记"，可以信从。作者是某法师，可惜第 10 行名字的地方残缺。其下有小字"法何都通"，似乎是后人所加，"都通"若是"都统"的假借，则表示是吐鲁番地区的最高僧官；而这种"都僧统"的简称，是高昌回鹘时代常见的用法①，则或许是 9、10 世纪所加。

碑文先是赞颂诸佛之师威力广大，佛教法力无边。然后是对康居士的描述，这位佛教的在家信徒，名讳"德□"，后一字残失，十分可惜。"望"字罗振玉录作"印"，细审拓片，当是"望"字，是说康居士地望，所缺部分，应当提到这位粟特人的本籍康国（今撒马尔罕）。他作为一方领袖，不知何时率众归附唐朝，此即碑文所说"总蕃捍而隆荣，归汉朝而□宠"，很像是唐初康国大首领康艳典率众归朝，在石城镇一带建立殖民地一样②。不过康居士却是在高昌立足成名，这里"右接葱山（帕米尔），却邻蒲海（罗布泊）"，是笼统的高昌地理位置，"八城"

---

① 关于高昌回鹘的都统，参看张广达、荣新江《有关西州回鹘的一篇敦煌汉文文献——S.6551 讲经文的历史学研究》，原载《北京大学学报》1989 年第 2 期；收入张广达《文书、典籍与西域史地》，广西师范大学出版社，2008 年，169—170 页。

② 关于康艳典，参看荣新江《北朝隋唐粟特人之迁徙及其聚落》，收入拙著《中古中国与外来文明》，41—43 页。

10　　□法師撰　法何都通

11　□滋洽於生品。拯愛河而擬船柂，汲□第而等輪轅。

12　空非有，□於真空，調御資而立功，謂諸佛之師也。法雄伫而成德，諒諸佛

13　敷十方，□應言之不可已者，其在於茲。粵有康居士者，諱德，望□□

14　而月滿；或勁勇過捷，拂龍劍而霜揮。總蕃扞而隆榮，歸漢朝而□寵。

15　□國，即以高昌立名。右接蒠山，卻鄰蒲海，八城開鎮，青樓紫□。□煙霞

16　□資，□義依仁，謙撝是任。居士繫誠中道，滌想外機，煩惑稠林，心□□

17　□之□□□□申誠之德，進功于斷機。方期偕老百年，共卒移天之義，

18　□願，意欲繕寫尊經，奉福　帝主，黎元四生，三有七□

19　倚□□□□存御□之危，至莫賀延磧，塞野□飆，□拂浮雲之巒；，荒郊苦霧，

20　□凜□□□，前對□途，亦宜旋彎娘都。侵麥鏖海，分□之常道，如□奄

21　□□苦若瘳，忽於迷津之間，□墟五翕侯旬，十姓日

22　□海而退食，自公鍾五情，會□□山列障，爰茲卜宅，式表豪□

23　寫經論，寔由福履所佑，諸侯勤求十善，遠乘皇

24　侶□匡時哲人，奕□□雖是病而是身，終無厭而無足。

25　丹桂含芬，青松□

26　□言旋梓第

27　□凝

则是高昌的代称，《魏书》《北史》的《高昌传》都称高昌"国有八城"。康居士"□义依仁，谦撝是任"，"系诚中道，涤想外机"，是兼通儒家与释教的地方士人，同时又是胡人首领。以下"申诚之德，进功于断机"，应当是对康居士夫人的赞颂，但她未能与康居士"偕老百年，共卒移天之义"，提前离世，这应当是康居士发愿"缮写尊经"的直接原因。最后是发愿部分，和其他发愿文一样，上至皇帝，下到黎元百姓，以及他的夫人早回"娘都"，也祝愿自己病体康健。但由于残缺过多，有些文意已经不太明白了。

三、康家一切经

前文在讨论《康居士碑》所记的抄写佛经目录时，推测《图谱》所载吐峪沟出土的"康家一切经"题签，或许是这次写经活动留下的一点残迹。现在我们又发现了旅顺博物馆收藏的同样一条写经卷轴的外题，似乎表明真的有"康家一切经"的存在。

所谓"一切经"，一般是指包含了所有佛经的一处经藏。但有时按收藏的大小，也不可能经、律、论三藏俱全，即便是号称"一切经音义"的慧琳著作，也没有收全当时的所有佛典。所以，康家以一家之力集中的一切经，恐怕也不是一个全面的藏经。

从目前所见吐鲁番文书展现的高昌地区粟特人的情形来看，拥有一切经的"康家"，很可能就是这方石碑的主人康居士，碑文虽然已残，但仍然值得我们仔细分析他要抄的都是些什么经。前文主要探讨了玄奘之后新译的几种佛经，特别揭示康居士借抄写《宝雨经》这部最新译经表示对武周政权的支持。今天我们能够看到其他小石块上的文字和排列顺序，这样有助于我们进一步分析康居士所抄佛经的内涵。

目前我们很难把这几个记录经名的小石块和大石缀合，表明它们或许并不粘连，小石原本应当在大石的前面。这样说的一个原因就是，A+E、B、C、D这些小石上所列的经名，基本都是属于佛经目录中的

"大乘经"，或者是"大乘经一译"一类，是从后汉安世高到唐朝玄奘、菩提流支翻译的小经，其中只有《阿阇世王女无忧施经》一卷和《十一相思念如来经》一卷不见于唐初道宣所编的《大唐内典录》，因此我们相信这批佛典是被分作一组的，应当在碑石的最前面。

F 残片的内容如果我们的复原不误，应当是三部论的名字，那么从内容上说，它们应当是与大石上论的部分同为一组，但从碑石的文字来看，那里放不下这三部论的名字。其实这三部论，两部是陈真谛译的《无相思尘论》一卷和隋达磨笈多译的《金刚般若论》二卷，还有玄奘的《大乘五蕴论》一卷，篇幅都不大，也可能是在前面"大乘经"后面的一个小类，即"大乘论"。其中《金刚般若论》和《大乘五蕴论》见于《大唐内典录》。

然后是大石上的经录，第一行开始残存有"［圣贤］集传"，这是另一组佛典的类目，以下从《佛本行集经》到《十二游经》，正是一般佛经目录所分类的"圣贤集传"部分的佛典。其后也可能还有其他佛经名目，无疑也是属于"圣贤集传"的部分。这一部分佛典的名目，全都见于《大唐内典录》。

随后第 5 行《大般若波罗蜜多经》六百卷"的前面，明显有至少三字格的空白，表明这是又一类的开始，这三字空格的上面也可能有这一类别的名称，也可能没有，即用空格与上面"圣贤集传"类加以区分。从《大般若》开始，前面八种是经，后面五种是论，最后两种也是经。从年代上看，有隋阇那崛多译的《大法炬陀罗尼经》，大多数是玄奘译的经论，还有就是那提、地婆诃罗、若那跋陀罗、达磨流支（菩提流支）等在高宗、武后时期翻译的佛经。写在论后面的两种，前文已经指出，《大般涅槃经后分》是若那跋陀罗（智贤）在波凌国所译，仪凤初年（676）送至京城，三年（678）施行；《宝雨经》是达摩流支于长寿二年（693）译出 ①，应当都是比较晚出，可能是康居士后来得到而最后补入写经名表的。以上这组经论，基本上是唐朝的新译文本，其中只

① 智昇《续古今译经图纪》，《大正藏》第 55 卷，368、371 页。

有《大菩萨藏经》《大法炬陀罗尼经》《瑜伽师地论》三部《大唐内典录》著录，其他均无。所以，这一部分可以归类为"大唐新译经论"。

上文我们特意指出康居士所写的佛经在《大唐内典录》中是否存在，这是因为根据敦煌文书反映的情况来看，《大唐内典录》一直是高宗到晚唐时期沙州寺院经藏组织所依据的目录[1]，吐鲁番所在的西州情形应当相同，我们也在吐鲁番文书中找到了《大唐内典录》的写本残卷[2]，但没有见到过明佺的《大周刊定众经目录》和智昇的《开元释教录》。因此可以说，康居士抄写的佛经许多恐怕当时还不见于西州寺院图书馆，而是另有来历。

由此我们可以看出，康居士缮写的佛典，包括一部分传统的大乘经、大乘论以及圣贤集传，分量更大的则是唐朝新译的经论，包括六百卷的《大般若波罗蜜多经》、一百卷的《瑜伽师地论》等，现存的经目已经不全，但仅就所残存的写经卷数来统计，有 858 卷之多。按《大唐内典录》入藏录，当时一个寺院完整收藏的众经律论传总计应当是 800 部、3 361 卷，其中大乘经一译 685 卷、大乘经重翻 497 卷、小乘经一译 435 卷、小乘经重翻 114 四卷、小乘律 274 卷、大乘论 502 卷、小乘论 676 卷、贤圣集传 184 卷（统计为 3 367 卷）[3]。可以说，康居士以一人之力抄写的佛经卷数，约相当于一般图书馆的 1/4，可见此举的确是一项伟大的事业。

康居士一个人或康家一家人要写这 800 多卷写经，没有雄厚的财力是完不成的。可资对比的有敦煌文书 P.2912《丑年（821）康秀华写经施入疏》：

> 1　写《大般若经》一部，施银盘子三枚共卅五两、
> 2　麦壹佰硕、粟伍拾硕、粉肆斤。

---

[1]　方广锠《中国写本大藏经研究》，上海古籍出版社，2006 年，120—209 页。
[2]　我们已经比定出来的旅顺博物馆藏卷就有 8 片，另外，俄藏吐鲁番文献中至少也有 2 片。
[3]　道宣《大唐内典录》卷八，《大正藏》第 55 卷，302—303 页。

3　　　右施上件物写经，谨请

4　　　炫和尚收掌货卖，充写经

5　　　直，纸墨笔自供足，谨疏。

6　　　　　　四月八日弟子康秀华疏。[1]

康秀华是生活在吐蕃统治下的敦煌的一位粟特后裔，大概以经营胡粉为生，是当地的富户。他在821年佛诞日捐出银盘子三枚共35两、麦100硕、粟50硕、胡粉4斤，约相当于敦煌另一富户齐周所开两个酒店整整一年的收入（麦724石），可见康秀华的财力非一般农户可比[2]。西州的康居士在一百多年前的武周时期抄写一部600卷的《大般若波罗蜜多经》，所用的花费也应当不少，而且他所抄佛典，还不只是六百卷而已，其财力投入之大，可想而知。

还有一点值得指出，就是康居士抄写的佛经，在《功德记》中记录下经名卷数，所以可知他抄写的佛经，并非像西魏、北周时瓜州（敦煌）刺史东阳王元荣那样，一种佛经抄写多部，如永安三年（530）写《仁王般若经》300部[3]，普泰二年（532）写《无量寿经》100部、《摩诃衍经》100卷、《内律一部》50卷、《贤愚经》1部、《观佛三昧海经》1部、《大云经》1部[4]。这样的写经，只为求佛保佑，积累功德。而康居士在碑文中列出卷数，显然是一种佛典只抄一份，没有重复，表明是一种为了构建一套藏经而抄写的情形，这与我们在文书上看到的"康家一切经"，再符合不过了。

但康家毕竟不是寺院，我们看到康居士写经目录的一个重要特征，就是没有律典。因为不是佛寺，没有僧尼大众，所以律是没有实际用途

---

① 图版见上海古籍出版社、法国国家图书馆编《法藏敦煌西域文献》第20册，上海古籍出版社，2002年，37页。

② 郑炳林《〈康秀华写经施入疏〉与〈炫和尚货卖胡粉历〉研究》，《敦煌吐鲁番研究》第3卷，北京大学出版社，1998年，191—208页。

③ 北图藏殷字46号题记，池田温《中国古代写本识语集录》，东京大学东洋文化研究所，1990年，114页，No.193。

④ P.2143题记，池田温《中国古代写本识语集录》，116页，No.196。

的。康居士所要缮写的，主要是经和论。这让我们看到康居士学术的一面，他抄写这些经典，恐怕不仅仅是做功德，其实更主要的目的，还是作为自家藏书、阅读之用。

《康居士碑》出土于高昌故城，说明写经的地点应当在高昌城中。但目前所见《西域考古图谱》刊出的"康家一切经"残纸，是出土于吐峪沟佛寺遗址，虽然大谷探险队的考古训练不够，常常把出土地点标错，但我们现在也只能姑且信之，以为残纸出自吐峪沟。那么这卷原属康家的写经，很可能后来流入佛寺，被保存下来。

四、康家一切经的"遗存"

笔者在前文讨论康居士写经时，曾检索已刊的吐鲁番写卷，包括原东柏林德国科学院藏卷、英国图书馆藏卷、大谷收集品、黄文弼收集品、日本出口常顺藏卷以及未刊的德国国家图书馆、日本静嘉堂文库藏卷等[①]，结论是"除有一些《大般若波罗蜜多经》的唐朝写本外，几乎不见上列目录中的佛经抄本"，因此认为"康居士尽管有钱有势，恐怕一时也难克成"，"康居士似没能完成他的宏愿"。时间过去二十年，这中间日本大谷文书又公布了新的残片[②]，同时大部分残片也有新的定名[③]；书道博

---

① 参看 G. Schmitt & T. Thilo, *Katalog chinesischer buddhistischer Textfragmente*, I, Berlin 1975; II, Berlin 1985; H. Maspero, *Les documents chinois de la troisieme expedition de Sir Aurel Stein en Asie Centrale*, London 1953; 郭锋《斯坦因第三次中亚探险所获甘肃新疆出土汉文文书——未经马斯伯乐刊布的部分》，甘肃人民出版社，1993年；井之口泰淳《西域出土佛典之研究》，法藏馆，1980年；小田义久编《大谷文书集成》第 I、II 卷，法藏馆，1984、1990年；黄文弼《吐鲁番考古记》，中国科学院，1957年；藤枝晃编《高昌残影》，法藏馆，1980年。

② 小田义久编《大谷文书集成》第 III、IV 卷，法藏馆，2003、2010年。

③ 陈国灿、刘安志主编《吐鲁番文书总目（日本收藏卷）》，武汉大学出版社，2005年；张娜丽《西域出土文书の基础的研究——中国古代における小学书・童蒙书の诸相》，汲古书院，2006年。

物馆刊布了所有藏品的图版[1]，包晓悦对其中的大量佛典断片做了新的比定[2]；德国、俄国等欧美所藏吐鲁番文献也有新的目录[3]；旅顺博物馆收藏的大量吐鲁番出土佛典断片，也部分展现真容[4]，特别是我们目前进行的"旅顺博物馆藏新疆出土汉文文献的整理与研究"项目，又比定出大量佛典残片。因此，我们现在有必要重新核对康居士所抄佛典名目是否见于吐鲁番出土文献，这将有助于我们理解"康家一切经"的存在。

现将我们能够检索到的属于《康居士碑》所见经名的出土写卷编号列于下表的最后一栏：

经名卷数	译者	年代	出土文献编号
大乘三聚忏悔经一卷	阇那崛多	隋	无
菩萨十住经一卷	竺法护	西晋	无
甚深大回向经一卷	失译	刘宋	无
太子慕魄经一卷	安世高 / 竺法护	汉 / 晋	旅博 LM20-1459-24-10
须摩提经一卷（又名：佛说须摩提菩萨经）	菩提流支	唐	旅博 LM20-1465-04-06，LM20-1507-1090-04

---

[1] 矶部彰编《台东区立书道博物馆中村不折旧藏禹域墨书集成》，非卖品，2005 年。

[2] 包晓悦《日本书道博物馆藏吐鲁番文献目录》（上、中、下），《吐鲁番学研究》2015 年第 2 期，第 96—146 页；2016 年第 1 期，第 132—156 页；2017 年第 1 期，125—153 页。

[3] Tsuneki Nishiwaki, *Chinesische Texte vermischten Inhalts aus der Berliner Turfansammlung* (*Chinesische und manjurische Handschriften und seltene Drucke*. Teil 3), Stuttgart: Franz Steiner Verlag 2001; K. Kudara, *Chinese Buddhist Texts from the Berlin Turfan Collections*, 3 (*Chinesische und manjurische Handschriften und seltene Drucke*. Teil 4), Stuttgart: Franz Steiner Verlag, 2005; 荣新江主编《吐鲁番文书总目（欧美收藏卷）》，武汉大学出版社，2007 年。

[4] 旅顺博物馆、龙谷大学主编《旅顺博物馆藏新疆出土汉文佛经选粹》，法藏馆，2006 年。

经名卷数	译者	年代	出土文献编号
诸佛心陀罗尼经一卷	玄奘	唐	无
显无边佛土功德经一卷	玄奘	唐	无
佛临涅槃记法住经一卷	玄奘	唐	无
十一相思念如来经一卷	求那跋陀罗	刘宋	无
解深密经五卷	玄奘	唐	德藏 Ch.1576（T II D 316），Ch/ U.7253；大谷 3240，3250；旅博 LM20-1457-35-01
仁王般若波罗蜜经二卷	鸠摩罗什	姚秦	书道 SH.170-9 (B)；德藏 Ch.31（T III T 324）等 24 件；旅博 LM20-1451-11-05 等 102 件；《图谱》下佛典附录 1-2，芬兰；英藏 Or.8212/680（Toy.III.032. iii）；吐博；出口常顺藏卷
孔雀王陀罗尼咒经二卷	僧伽婆罗	梁	无
阿阇世王女无忧施经一卷	竺法护	西晋	无
人所从来经一卷	竺法护	西晋	无
甚深稀有经一卷	玄奘	唐	无
一切施主行檀波罗蜜经一卷	失译		无
舍利弗悔过经一卷	竺法护		无
舍利弗悔过经一卷	安世高	后汉	无
大悲分陀利经八卷	失译	后秦	无

经名卷数	译者	年代	出土文献编号
金刚般若论二卷	达磨笈多	隋	德藏 Ch/U.6221（T II S 69.503）
大乘五蕴论一卷	玄奘	唐	无
无相思尘论一卷	真谛	陈	无
佛本行集经六〇卷	阇那崛多	隋	德藏 Ch/U.6245r（T III M 117）等 26 片；吐博；旅博 LM20-1467-28-01 等 110 片
百喻经四卷	求那毗地	南齐	德藏 Ch/U.7555r；《图谱》下佛典 50-2；出口常顺《高昌残影》52 页；旅博 LM20-1456-11-19，LM20-1456-31-02
法句集二卷	支谦	孙吴	无
伽罗刹所集经三卷	僧伽跋澄等	苻秦	无
阿含口解十二因缘经一卷	安玄共严佛调	后汉	无
婆薮槃豆法师传一卷	真谛	陈	无
迦叶结经一卷	安世高	后汉	无
四十二章经一卷	迦叶摩腾共法兰	后汉	无
十二游经一卷	迦留陀伽	东晋	无
大般若波罗蜜多经六百卷	玄奘	唐	书道 SH.170-19 等；德藏 Ch.2r（T II T 2035）等多件；大谷 1548 等多件；英藏 Or.8212/661（Toy.II.ii.01.a.1-2）等 6 件；俄藏；吐博；旅博 LM20-1452-11-04 等
分别缘起初胜法门经二卷	玄奘	唐	无

经名卷数	译者	年代	出土文献编号
离垢慧菩萨数闻礼佛法经一卷	那提	唐	无
大菩萨藏经廿卷	玄奘	唐	无
大方广佛华严经入法界品一卷	地婆诃罗	唐	无
造塔功德经一卷	地婆诃罗	唐	旅博（2件，未编号）
大法炬陀罗尼经廿卷	阇那崛多	隋	德藏 Ch.2r（T II T 2035），Ch/U.8152r（T II Y 23.15）；吐博；旅博 LM20-1468-09-01，LM20-1499-19-02，LM20-1500-02-01，LM20-1507-1051-02，LM20-1507-1057-02
瑜伽师地论一百卷	玄奘	唐	德藏 Ch.362r（T II S 21.20）等 18 件；大谷 3812，3997；旅博 LM20-1450-38-05，LM20-1464-05-06，LM20-1460-29-13，LM20-1453-21-01、LM20-1508-1324d
唯识廿论一卷	玄奘	唐	无
辩中边论一卷（今本为三卷本）	玄奘	唐	大谷 3251，3885，4735，4739，4774；旅博 LM20-1451-32-02，LM20-1452-05-20
品类足论十八卷（又名：阿毗达磨品类足论）	玄奘	唐	书道 SH.176-43；旅博 LM20-1509-1581-04
集异门足论廿卷（又名：阿毗达磨集异门足论）	玄奘	唐	德藏 Ch/U.6583（T II Y 59.510），Ch/U.6845（T III 1004），Ch/U.6953（T III M 117）
大般涅槃经后分二卷	若那跋陀罗	唐	德藏 Ch.414（T III T 617），Tu.8v（T I α）；旅博 LM20-1451-24-02，LM20-1452-14-14，LM20-1459-18-01，

经名卷数	译者	年代	出土文献编号
大般涅槃经后分二卷	若那跋陀罗	唐	LM20-1459-33-02，LM20-1464-07-14，LM20-1464-32-06，LM20-1495-02-03，LM20-1497-25-06，LM20-1491-33-04，LM20-1503-c303，LM20-1503-c317，LM20-1506-0727-03，LM20-1507-1086-04，LM20-1508-1327b，LM20-1509-1624-01
宝雨经十卷	达摩流支	唐	德藏 Ch/U.6269（T II S 512），Ch/U.6687，Ch/U.6691，Ch/U. 7540，Ch/U.7542，Ch/U.7547，Ch/U.7750，MIK III 113（T II）；旅博 LM20-1464-31-17，LM20-1457-11-15，LM20-1451-24-07，LM20-1456-20-05，LM20-1460-38-22，LM20-1492-03-04，LM20-1506-0780d，LM20-1506-0976-01，LM20-1509-1561-01

写作前文时，由于没有见到九块小石的照片，所以经名也复原得不全。现在所得《康居士碑》残存的经名总计有 44 种，我们拿来和已知现存的吐鲁番出土佛典残片相对照，可知有 16 种见于出土残片，28 种未见。特别值得注意的是，一些大部头的经，如六百卷的《大般若波罗蜜多经》、一百卷的《瑜伽师地论》、二十卷的《大法炬陀罗尼经》、《集异门足论》、十八卷的《品类足论》都有遗存，反倒是一卷、两卷的小经，没有找到残存的写卷，最后译出的十卷《宝雨经》，前文只知道有一件吐鲁番本，这次增加了至少 12 件。虽然我们不能肯定这些遗存的残片中有属于"康家一切经"的组成部分，但这样多的残片，也不能说就没有"康家一切经"，因为带有"康家一切经"文字的两件残片，也是和其他这些佛典残片同样出土于吐鲁番佛教寺院或洞窟遗址，与其同出的，我想一定有"康家一切经"。

总结本文的讨论，我们从旅顺博物馆所藏和《西域考古图谱》所刊吐鲁番出土"康家一切经"两残片，联系到吐鲁番高昌故城出土的《武周康居士写经功德记》碑文，从碑文所列举的佛典目录的残文，复原出康居士写经的基本构成，即大乘经论、圣贤集传、唐朝新译大乘经论，从而可以看到这位入华粟特人以其雄厚的财力为支撑，为了政治和学术的目的，缮写至少858卷之多的写经，这的确不是一件简单的事情，让我们对于唐朝高昌私家写经奉佛的情况，有了相当程度的新认识。经过对比吐鲁番出土写本收藏各家目录，特别是通过"旅顺博物馆藏新疆出土汉文文献整理与研究"课题组的比定结果，我们对于《康居士碑》所列经典的情形也有了新的认识，相信其中一定包含有"康家一切经"。

（2016年11月25日完稿，原载王振芬主编《旅顺博物馆学苑·2016》，吉林出版集团股份有限公司，2017年，60—73页。）

《唐开元二十三年西州高昌县顺义乡籍》残卷跋

　　笔者近年来有机会走访海内外敦煌吐鲁番文献的收藏单位，除做全面性的普查工作外，也着意于几类富有研究旨趣的文书资料，其中户籍一项，因为其对唐朝均田制和籍帐制研究的重要性，所以特予关注。

　　现存的户籍文书大多数是残卷，池田温《中国古代籍帐研究》[①]、山本达郎和土肥义和合编《敦煌吐鲁番社会经济史文书集——户籍编》[②]，以及唐长孺主编《吐鲁番出土文书》[③]，都是集大成之作。这些文书虽残，但积少成多，大体反映了唐朝前期各个阶段造籍的情况。韩国磐先生在《唐籍帐残卷证明唐代造籍均田之勤》一文中，统计了当时所见户籍和户籍中有关籍帐的记载，来说明唐朝编造户籍，推行均田制的实态[④]。笔者在考释北京大学图书馆所藏《唐开元二十九年西州天山县南平乡籍》残片时，编成《敦煌吐鲁番发现唐代户籍文书简目》，罗列了所有 1994 年以前笔者所见已刊或未刊的户籍文书[⑤]。1996 年 6 月至 8 月，笔者又有机会走访德国所藏吐鲁番文书，现仅检出其中一件户籍残卷，略作介绍，以为韩国磐先生八十华诞颂寿。

---

① 池田温《中国古代籍帐研究》，东京大学出版会，1979 年。
② T. Yamamoto and Y. Dohi, *Tun-huang and Turfan Documents concerning Social and Economic History*, II, Census Registers, (A)(B). Tokyo, 1984－1985.
③ 唐长孺主编《吐鲁番出土文书》（10 册），文物出版社，1981—1991 年。
④ 载中国敦煌吐鲁番学会编《敦煌吐鲁番学研究论文集》，汉语大词典出版社，1990 年，97—132 页。
⑤ 拙稿《〈唐开元二十九年西州天山县南平乡籍〉残卷研究》，《西域研究》1995 年第 1 期，33—43 页。

这件文书为德国吐鲁番探险队所获，第二次世界大战后收藏在东德科学院考古学与古代史中央研究所，编号为 Ch.2405，梯娄（Thomas Thilo）博士在《柏林吐鲁番收集品中的唐代户籍残卷》一文中公布了图版并作了德译 [1]。以后录文又收入池田温《中国古代籍帐研究》和山本达郎、土肥义和编《敦煌吐鲁番社会经济文书集——户籍编》[2]。两德统一后，原东德所藏吐鲁番文书均归德国国家图书馆所有，其中汉文文书已经移到该馆。笔者 1996 年重访该馆时，得以见到这件户籍文书的原件。文书的现状与梯娄博士发表时无异，前后均残，上部亦残约四字，下部前二行不残，但后二行残半，残存本文五行，中间纸缝上尚存有"顺义乡"和"开"字，因此学者们定其名为"唐开元年间西州高昌县顺义乡籍"（图 1）。

笔者赴德国考察德藏吐鲁番文献之前，曾细心调查过国内所藏有关德藏吐鲁番文献的材料，在北京图书馆敦煌吐鲁番资料中心，找到一组德藏吐鲁番文献的旧照片，因为其中有些《切韵》残卷的照片，据周祖谟先生的记载，是王重民先生所得 [3]，当即 1935 年王先生访问柏林时所摄 [4]。使人惊喜不已的是，王重民先生所摄同一户籍文书的照片，要较梯娄博士发表者前面多出了三行文字，而且下部保存完好，纸缝处的"开元贰拾叁年籍"清晰可见（图 2）。我带着几分疑惑的心情去查看原卷，暗中希望可以在某处找到梯娄博士没有发表的部分，但在三个月通检一遍德藏吐鲁番汉文文书以后，我不得不承认这件文书的现状有可能是二战带来的创伤。所幸王重民先生为我们留下了一张恐怕是独一无二的照片，当我把它的复制件出示给德国的同行时，他们也为之赞叹不已。由于有了纸缝上的年份，我们可以很容易地把这件户籍定出完整的名字，即"唐开元二十三年西州高昌县顺义乡籍"。现将王重民照片所存文字转录于下（见 244 页）：

---

① Th. Thilo, "Fragmente chinesischer Haushaltsregister der Tang-Zeit in der Berliner Turfan-Sammlung", *Mittelungen des Instituts für Orientforschung*, XVI, 1970, S.87, Abb.3.

② 《中国古代籍帐研究》，252 页，No.40; *Tun-huang and Turfan Documents concerning Social and Economic History*, II, Tokyo 1985, (A), p. 80, (B), p. 123, No. XLV.

③ 周祖谟《唐五代韵书集存》上，学生书局，1994 年，台湾版序。

④ 参看刘修业《王重民 1935—1939 年英德意诸国访书记》，《文献》1991 年第 4 期，203—204 页。

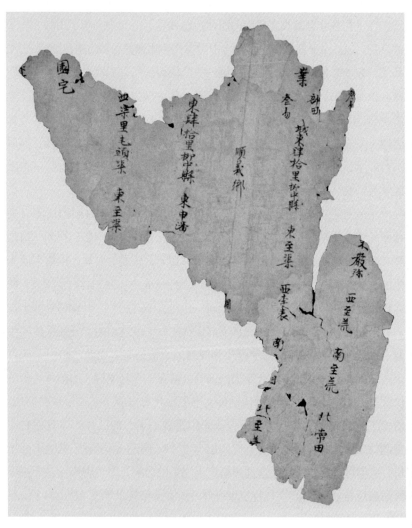

图 1　唐开元二十三年（735）西州高昌县顺义乡籍现状（Ch.2405）

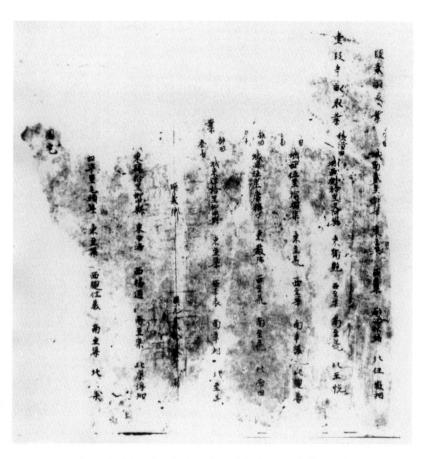

图2　唐开元二十三年（735）西州高昌县顺义乡籍旧照片

（前残）

1　□段贰亩永业常田　城南贰里樊渠　东至渠　西至渠　南氾秋绪　北任欢相

2　壹段半亩永业秋潢田　城西捌拾里交河县　东卫艳　西至渠　南至荒　北王悦

3　□田　叁易　城西伍里榆树渠　东至荒　西至渠　南辛护　北麹善

4　部田　叁易　城西伍里康德□　东严弥　西至荒　南至荒　北常田

5　业　叁部田　叁易　城东肆拾里柳中县　东至渠　西李表　南辛相　北至荒

顺义乡　　　　　开元贰拾叁年籍

6　城东肆拾里柳中县　东申潘　西杨通　南至渠　北康浮知

7　城东肆拾里柳中县　东至渠　西麹仕义　南至渠　北至渠

8　园宅　□西柒里屯头渠

（后残）

纸缝乡名和年代上，均钤"高昌县之印"，现上面一方尚可见到，尺寸为 5 cm × 5.5 cm。

这件文书的详细讨论，留给均田、户籍专家来做。这里只想指出一点，即这次新发现的"开元贰拾三年"纸缝注记的重要性。在 1983 年丘古耶夫斯基《敦煌汉文文书》第一卷出版以前，由于已刊敦煌吐鲁番文书中缺少开元十九年以后的纪年户籍，因此不明了天宝三载（744）和天宝六载户籍何以不在《唐六典》所规定的造籍年——季年。丘古耶夫斯基先生首次公布了俄藏 Дx.3820+Дx.3851+Дx.11068《唐开元二十三年甘州张掖县□□乡籍》和 Дx.9479《唐开元二十三年西州籍》，虽然前者的纸缝残存文字不全，后者根本未存纸缝文字，丘氏仍正确地断定出它们是开元二十三年籍①。这一看法得到学界的广泛赞同，并由此推断出开元二十二年（季年）没有造籍，而从开元二十三年始重又三年一造籍②。这次公布的《唐开元二十三年西州高昌县顺义乡籍》纸缝清楚无误的记录，完全肯定了据俄藏文书残卷所得出的结论。加之北京大学图书馆所藏开元二十九年籍，这一结论可以确定无疑了。

德藏吐鲁番文书大多数掘自高昌城或周边石窟寺遗址，与得自墓葬的文书相比，保存状态不佳，梯娄博士刊布的户籍残卷，多为没有年代的残片。而且，我在三个月中遍检保存在柏林德国国家图书馆、印度艺术博物馆、科学院吐鲁番研究组三处的吐鲁番汉文文献，没有找到更多的户籍文书。这里据王重民先生所获照片刊布的开元二十三年籍，就显得弥足珍贵。

（原载《中国古代社会研究》编委会主编《中国古代社会研究——庆祝韩国磐先生八十华诞纪念论文集》，厦门大学出版社，1998 年，140—146 页。）

---

① 丘古耶夫斯基《敦煌汉文文书》第 1 卷（俄文），莫斯科，1983 年，78—82，384—386 页。参看郑必俊《介绍唐开元张掖籍残卷并校释》，《敦煌吐鲁番文献研究论集》第 3 辑，1986 年，603—612 页。

② T. Yamamoto and Y. Dohi, *Tun-huang and Turfan Documents concerning Social and Economic History*, II, pp. 66–67, pp. 96–97；宋家钰《唐朝户籍法与均田制研究》，中州古籍出版社，1988 年，95—96 页。

《唐开元二十九年西州天山县南平乡籍》残卷研究

小引：1988 年，因编辑《敦煌吐鲁番文献研究论集》第 5 辑中的《北京大学图书馆藏敦煌遗书目》一文，承张玉范女史的好意，我有机会抄录了北京大学图书馆所藏属于同组的三件唐人户籍残片及背面文字，但当时未暇详考。1990 年访学东瀛，池田温先生邀我到东京大学东洋文化研究所讲演，因检出残卷录文，加以考证，比定出背面的《礼忏文》，因得恢复三残片的接合关系，并据文书登载特征，判定为唐开元二十九年西州籍。1991 年初转赴伦敦，编纂英国图书馆藏未刊敦煌汉文写本残卷目录，无暇他顾。回国后，课业繁重，东大讲演稿也就束之高阁。今夏，一次逛琉璃厂中国书店，购得天津古籍出版社重印的《艺林旬刊》，于其中不仅见到北大图书馆现藏三残片的影本，而且还有与之可以缀合的另一稍为完整的残片，上书"天山县南平乡"。此残片已不知所在，所幸前稿所考户籍出自西州不误。得此残片，颇受鼓舞，因检出旧稿，再制新篇，拾遗补阙，以求教于通人。

一、唐代户籍研究的成绩及遗留的问题

敦煌吐鲁番出土的户籍文书，是研究唐朝律令国家体制下均田、赋役、丁中等制度的基本资料，向来为中国古代史、法制史的研究者所重视，即使是片纸只字，也弥足珍贵。池田温先生在所著《中国古代籍帐

集录》①和《中国古代籍帐研究》②中,收录了仅存一个半字的大谷5162号文书,其珍视程度可想而知。目前看来,这一个半字虽然不能说明什么问题,但随着研究的深入,各残片之间存在着缀合的可能性。因此,从长远的研究观点来看,再小的残片也不应舍弃。

1984—1985年,日本东洋文库出版了山本达郎与土肥义和先生共编的《敦煌吐鲁番社会经济史文书集》第二卷《户籍编》,在池田温先生上述著作的基础上,进一步收集了世界各地收藏的敦煌吐鲁番户籍文书,做出精心的校录和解题③。此书汇集散藏各地的资料于一编,极便研究者使用。与此同时,自1983年至1990年,文物出版社陆续出版了唐长孺先生领导的整理小组编辑的《吐鲁番出土文书》第四至九册,其中收载了近四十年吐鲁番地区发现的唐代户籍文书多种,为研究者提供了丰富的新材料。由于这些资料迄今尚未辑在一起,所以我把已刊的唐代户籍文书按年代顺序编成简目,并注出处,附录于本文之后,以便参考。表中还就笔者所见未刊的英国图书馆和芬兰赫尔辛基大学图书馆藏敦煌吐鲁番文书作了补充和订正。

对于已刊的敦煌吐鲁番唐代户籍文书,学者们已经做了许多艰苦的工作,取得了富有成效的研究成果。但随着吐鲁番新出土文书的陆续公布,对于这些户籍残片之间的关联性问题,仍有待进一步考察。同时,由于户籍用纸一般质地都较优良,在官府保存一定年限后,大多被用来抄写佛经、儒家经典或制成其他材料附葬墓中。因此,相对来讲,户籍文书在佛寺遗址和墓葬中出土较多,以后仍将不断有新资料的出土,而且,还有已出土而未公布的资料有待访查。本稿拟介绍、刊布属于后一种的《唐开元二十九年西州天山县南平乡籍》,并就有关户籍文书的缀合整理工作,提出一些看法。

---

① 《北海道大学文学部纪要》第14卷第4号,1971年,173页。

② 东京大学出版会,1979年,256页。

③ T. Yamamoto and Y. Dohi, *Tun-huang and Turfan Documents concerning Social and Economic History*, II Census Registers, A‒B, Tokyo: Toyo Bunko, 1984‒1985.

二、文书的外形与内容

在 1990 年发表的张玉范女史所编《北京大学图书馆藏敦煌遗书目》中，著录了三件户籍残片：

> 二〇五户籍残片 唐开元二十九年（741）写
>
> 残存三片，纸墨相同。最大者长卅二厘米，高十二厘米。有"开元贰拾玖年籍"、"亩永业"、"拾步已受"、"贰伯步未受"、"户主大〔女〕索屯女年参拾贰岁"等字样。当是户籍簿残纸。[1]

据笔者对现存的三件残片原物的考察，从纸张、笔迹、内容来看，正面户籍文字属于同一文书无疑，背面所写的佛教文献也同样是一篇文章。第一件残片（简称 A）正面文字前后上部均残，残高 13 cm，宽 34 cm，纸缝间写"开元贰拾玖年籍"字样，残存文字九行，开首空白处，钤"北京大学藏书"印一方。第二件残片（B）前后下部均残，残高 15.5 cm，宽 5.7 cm，残存文字二行。第三件（C）前后上部均残，残高 14.4 cm，宽 11 cm，残存文字二行（图 1）。三件残片背写佛教文献一篇，A 片存十三行，B 片存二行半，C 片存五行。

1928 年 10 月 11 日出版的第 29 期《艺林旬刊》第一版上，刊出《唐天山县户籍残本》影本（图 2），下题"赵星缘君赠"，并有未署名者的跋文：

> 右唐户籍，清季出土鲁番胜金口废城。天山县，唐属陇右道西州，即今吐鲁番地。《唐六典》户部尚书职，每岁一造计账，三年

---

[1] 北京大学中国中古史研究中心编《敦煌吐鲁番文献研究论集》第 5 辑，北京大学出版社，1990 年，560 页。

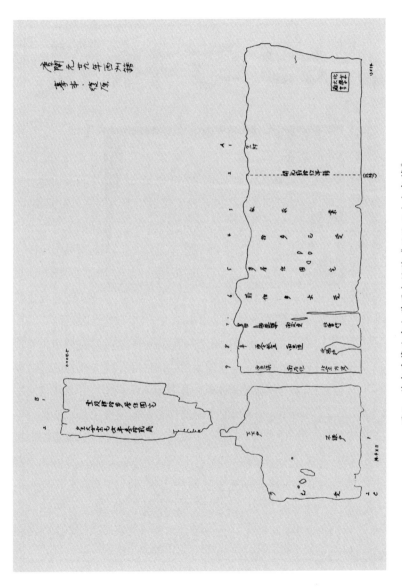

图 1　作者手摹北京大学图书馆藏《开元二十九年籍》

249

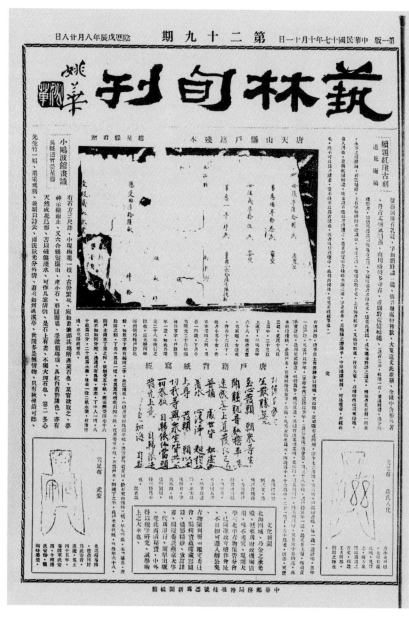

图 2 《艺林旬刊》第 29 期刊户籍残卷

一造户籍。凡定户以仲年（子卯午酉），造籍以季年（丑辰未戌）。《唐会要》开元十八年敕，诸户籍三年一造，起正月上旬，县司责手实计账，赴州依式勘造，乡别为卷，总写三通。其缝皆注某州某县，某年籍。州名用州印，县名用县印，三月三十日纳讫。此本前段残缺，必系户名，其后列母男妇等。《六典》：凡男女始生为黄，四岁为小，十六为中，二十一为丁，六十为老。《唐志》：天宝三载，更民十八以上为中，二十三以上成丁。母张氏年六十八，故书老寡。男惠顺，女法戒，皆在十六以下，故书小男小女，皆不在受田之列。男惠一四岁，下书小男开元二十六年账后新等字。户籍三年一造，知此乃开元二十八年庚辰之籍也。以大历四年河（沙）州敦煌县户籍比较，知新字下应有编附二字，此已残矣。中缝书天山县南平乡，与《唐会〔要〕》所载正同。钤有"天山县印"二颗，年久黯淡，未能摄出。唐给田之制，丁男中男以一顷，老男笃疾废疾以四十亩，寡妻妾三十亩，若为户主，则减丁之半。此户主名已缺，然母年六十八，则户主尚在丁男之列，依制受五十亩，而云应受田七十六亩，不知如何分配，边地或有异耶？《唐志》，丁中人一顷，八十亩为口分，二十亩为永业。后云一段二亩永业，前后皆残，亦莫得而考矣。

下有《唐户籍背纸写经》影本，有记者识：

此佛经中发愿之文，边地纸贵难得，乃用旧户籍背后写施。无年月，不详何人书，然笔致遒劲，非宋以后所有。

在 1929 年 7 月 1 日第 55 期《艺林旬刊》上，又刊出《唐开元户籍残本之二》的影本（图 3），亦题"赵星缘君赠"，无名氏跋云：

此唐天山县户籍残本之二，在清季出土甘肃土鲁番胜金口废城。唐朝户籍之制，已详见本刊第二十九期。前为开元二十六

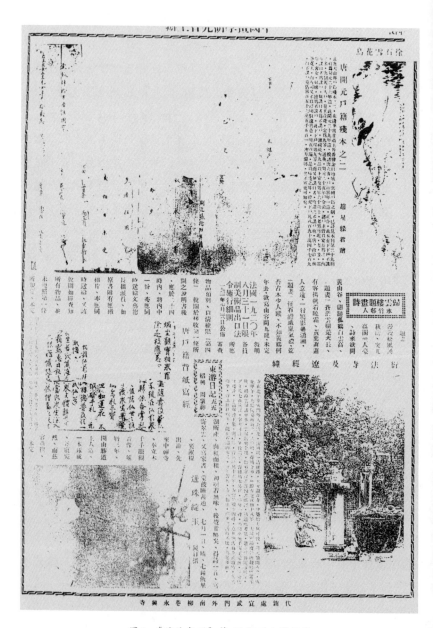

图 3 《艺林旬刊》第 55 期刊户籍残卷

年造，此开元二十九年造，揆诸《唐六典》，户籍三年一造，正合。此本有下下户不课一名，唐制天下人户，量其赀产，定为九等。《通典》开元二十五年户令云，诸户主皆以家长为之，内有课口者为课户，无课口者为不课户。诸视流内九品以上官及男年六十以上、老男废疾、妻、妾、部曲、客女、奴婢皆为不课户。此下下户系第九等，而又无课口者，故谓之不课户也。唐之政治，务望宽大，而有司又不以经□驳远为意，所在□漏，是以极盛之时，总天下户凡八百九十万四千七百九，而不课户竟占三百五十六万五千五百一，边方僻县，其不实更可知矣。

下亦为《唐户籍背纸写经》，跋云：

> 与本刊第二十九期所写，同为一种，一手所书。

这份没有署名的跋文，今天看来虽然有些内容不够确切，但它属于敦煌吐鲁番户籍研究的最初成果之一，故全录如上，以存其学术史上的价值。《旬刊》所载开元户籍残本之二，实由三件残片组成，审其内容，即北大图书馆所藏者，从照片上看三件残片已经缀合，但残片背面的佛典内容不连贯，其缀合有误。最有价值的是《旬刊》第29期上所载的一大片（简称D），其上的纸缝处写有"天山县南平乡"，使我们很容易地把它和另外三片缀合，即上述六字应当与A片纸缝上的"开元贰拾玖年籍"上下相对，背面的笔迹内容亦同。D片尺寸不明，正面户籍存字九行，背面佛典存十二行半。

由于户籍文书中各户的登录内容基本相同，仅从正面残存的文字很难看出A、B、C三件残片之间的相互关系。因此，我们首先考察背面的佛教文献，利用背面所写文献来判定正面残文书的关系，是敦煌吐鲁番文书研究中一种可行的方法。

背面所写佛教文献，提到"忏悔"一词，根据敦煌发现的《礼忏文》写本，可以判断出这篇佛教文献是属于《礼忏文》一类作品的抄本。该抄本字体较大，每行字数不统一。从内容上看，上记录文第1—6行为《忏悔文》，7—9行为《归依文》，10—12行为《发愿文》，13—14行为《梵呗文》，14—16行为《说偈文》，17—20行为《三归依文》。B片相当于录文第3—5行的上半截，第3行仅存半字。C片相当于第一行下半截。B、C两片文字完全连贯，其中第4行没有缺字。A片与B、C两片间似缺一行（第6行）。A片相当于第7—20行《归依文》以下的下半截。D片相当于8—19行的上半截，与A片上下对接。现将缀合后的四残片所存文字录出，并据敦煌《礼忏文》及其所依据的《七阶佛名经》①，把残缺部分补足，以明了四残片的缀合关系。

1 〔南无过现未来十方三世一切〕诸佛前归

2 〔命忏悔　　　　至心〕忏悔

3 〔一切业障海皆从妄〕想生若欲忏悔者

4 端坐观实相众罪如霜露惠日能消

5 除是故应至〔心勤忏〕六根罪忏悔已

6 〔归命礼三宝　　　　　　　　　　〕

7 〔众罪皆忏悔诸福〕尽随喜及净佛

8 功德愿成无〔上智去〕来现在佛于众

9 生最胜无〔量功德海〕归依合掌礼

10 至心发愿愿众等生生值诸佛世世恒

11 闻解脱音弘誓平等度众生毕竟

12 速成无上道发愿已归命礼三宝

13 普诵　处世界　如虚空　如莲花　不

14 着水　心清净　超于彼　稽首礼无

15 上尊　发愿愿以此功德普及于一

---

① 敦煌本《七阶佛名经》，见矢吹庆辉《三阶教之研究》别篇，岩波书店，1926年，177—188页；《礼忏文》，参看井ノ口泰淳《关于敦煌本〈礼忏文〉》，《岩井博士古稀记念典籍论集》，开明堂，1963年，80—89页；同作者《敦煌本〈佛名经〉的诸系统》，《东方学报》（京都）第35册，1964年，432—433页。

16 切我等与众生皆共成佛道

17 一切恭敬自归依佛当愿众生体解大道

18 发无上意自归依法当愿众生深入

19 〔经藏智〕惠如海自归依僧当愿众生

20 〔统领大众一切无碍〕

现存敦煌《礼忏文》诸写本之间存在着某些差异，执敦煌诸本与此本相比较，其文字多寡不同，顺序也略有参差，最大的差别在于此本第1行文字与敦煌本《礼忏文》不同，而同于敦煌本《七阶佛名经》。另外，在敦煌本《礼忏文》中，往往是《礼忏文》后接《发愿文》，再接《归依文》，次序与此本不同，这可能是因为此本是西州所用《礼忏文》的缘故。从文义上看，A、D片与B、C片之间应当仅缺一行文字。

将缀合的佛典断片翻转过来，我们就可以复原户籍文书原本的形态（图4），现将缀合后所存文字录出：（见257页）

此四残片共存两户的残缺记录。A、D片存某户家口、已受、未受田数及四至部分。B、C片与A、D片间仅残缺一行文字，亦当为该户四至记录，而B片首行的居住园宅地的记录，也应是该户的情况。该户应受田七十六亩的记录，为西州均田制的特性增添了一条新史料[①]。

三、文书的时间与地点

在新找到的D片纸缝上，明确记载着"天山县南平乡"字样，从《旬刊》解说中知上面还钤有"天山县〔之〕印"。1979年吐鲁番县五星公社村东北古墓发现的《唐永徽五年（654）董□隆母令狐氏诏版》，确证天山县南平乡位于唐西州州城（高昌故城）西南让布工商（Lampu-

---

① 关于西州田制的特点，参看池田温《唐代西州给田制之特征》，《敦煌吐鲁番学研究论文集》，汉语大词典出版社，1990年，59—86页。

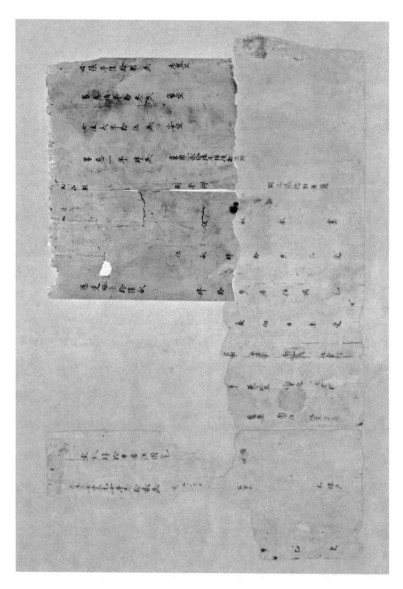

图 4 唐开元二十九年（741）西州天山县南平乡籍缀合图

（前缺）

1　母张年陆拾捌岁　老寡空

2　男惠顺年拾叁岁　小男空

3　女法戒年拾伍岁　小女空

4　男惠一年肆岁　小男开元贰拾陆年帐后新附

5　天　山　县━━━━南　平　乡━━━开元贰拾玖年籍━━━（纸缝）

6　　　　　　伍亩　　　伍亩永业

7　应受田柒拾陆亩　　肆拾肆步　拾步已受

8　　　　　　肆拾步居住园宅

9　　　〔　　〕贰伯步未受

10　壹段二亩永业　　官田　西至渠　南支贞　北曹行

11　〔　〕辛　西令狐直　南至道　北冯操

12　〔　〕　　西至渠　南左住　北索方彦

（中缺一行）

13　壹段肆拾步居住园宅

14　〔　〕丁〔　〕下下户　不课户

15　户主大女索屯女年叁拾贰岁　〔　〕步已受

（后缺）

257

gunshang）古城,即吐鲁番文书中的南平城一带[1]。即使我们没有见到 D 片，也可以根据本籍的书式看出它是西州籍，而不是沙州籍。据池田温先生归纳的两地户籍在书式方面的不同点[2]，我们可以列举出以下证据。

第一，本文书"户主"二字高出其他文字书写，是不见于沙州籍的西州籍特征。

第二，户主"大女"二字，也是西州籍特有的用词。

第三，用"应受田"而不用"合应受田"，也是西州籍而不是沙州籍的写法。

第四，计量土地的单位，本籍用到"步"，不见于沙州籍，"肆拾步居住园宅"正是西州给田制的特点之一。

天山县南平乡与西州城郭附近不同，是属于西州境内的宽乡地带[3]，因此本籍在研究西州田制上提供了不可多得的新材料。

关于文书的出土地，《艺林旬刊》称出土于"土鲁番胜金口废城"，当是胜金口佛寺遗址中。按胜金口在高昌故城北山谷出口处，非南平乡地。据背面所写《礼忏文》推测，在户籍文书废弃后，又被佛教僧人利用为抄写佛典的材料。所以，这件文书出土于佛寺遗址是不难理解的。

本文书正面纸缝上明确写有"开元贰拾玖年籍"字样，可知为唐开元二十九年籍无疑。《唐会要》卷八五籍帐条记:

武德六年三月令: 每岁一造帐，三年一造籍。

同条又载:

开元十八年十一月敕: 诸户籍三年一造。

---

[1]《文物》1984 年第 5 期，78—79 页。

[2]《中国古代籍帐研究》，65 页。

[3] 参看陈国灿《对唐西州都督府勘检天山县主簿高元祯职田案卷的考察》，《敦煌吐鲁番文书初探》，武汉大学出版社，1983 年，472 页。

《唐六典》卷三户部记：

> 每定户以仲年（子、卯、午、酉），造籍以季年（丑、辰、未、戌）。

　　根据附录表列的敦煌吐鲁番户籍文书资料，从武德到开元中叶，唐朝各州县均按令文规定，每三年一造户籍，且均在季年。由于圣彼得堡所藏《唐开元二十三年（735）甘州张掖县籍》的公布，以及天宝三载（744，申年）、六载（亥年）、九载（寅年）籍的存在，学者们已经判断出本应造籍的开元二十二年（戌年）却没有造籍，而从开元二十三年开始，产生了一个新的三年一造籍的年次，即寅、巳、申、亥年造籍[①]。这里刊布的户籍文书，纸缝上明记"开元贰拾玖年籍"，而且还有"开元贰拾陆年帐后新生附"的注记，证明了开元二十六年和开元二十九年都曾造籍，这不仅证明了池田温先生据《唐会要》卷八五、《册府元龟》卷四八六所载开元二十九年敕推断该年曾造籍帐是完全正确的[②]，而且也填补了学者们论证新的造籍年时所缺的年份材料。

四、余　论

　　在整理本文书的过程中，我们翻阅了已刊的唐代户籍文书，特别留意于户籍背面的情况。但是，大多数户籍文书背面的图版或录文都未公布，因此，对比各个户籍正背内容的工作很难进行。这里只就目前能够看到的一二文书，略加探讨。

　　如上所述，《唐开元二十九年西州天山县南平乡籍》废弃后，被佛教徒用来抄写《礼忏文》。一般来讲，《礼忏文》是从《七阶佛名经》摘抄补充而成的。根据敦煌发现的《礼忏文》和《七阶佛名经》，《开元

---

① *Tun-huang and Turfan Documents II*, A, pp. 90−91.

② 《中国古代籍帐研究》，69 页。

二十九年籍》背面现存的文字相当于《七阶佛名经》或《礼忏文》的《忏悔文》《归依文》《发愿文》《梵呗文》《说偈文》《三归依文》，次序与敦煌本不尽相同。其前面应有《香华供养文》《叹佛功德文》《敬礼七阶诸佛文》《回向文》等，其后的各项内容中，往往有《寅朝礼忏文》[①]。

丘古耶夫斯基在刊布圣彼得堡收藏的 Дx.3762 和 Дx.4094 两件《唐（8 世纪前半）西州籍》时，根据其背面所写同为《寅朝礼忏文》的事实，推测这两件残片可能原为同一件文书[②]。如上所述，《寅朝礼忏文》是《礼忏文》的一个组成部分，因此，不排除这两件《西州籍》断片同为《开元二十九年籍》的可能性。但目前无法仔细核对圣彼得堡和北京两地所藏文书的具体情况，所以还不能做出肯定的结论。

另一件值得提到的文书是大谷 8064+大谷 8065 号。《西域考古图谱》卷下史料 16（4）刊布了正面的图版，由池田温先生整理为《唐（开元年代？）西州柳中县高宁乡籍》，池田先生同时刊布了正、背两面的图版[③]。文书背面的佛教文献尚未见有人研究，据我们比定，此文实为《七阶佛名经》中《叹佛功德文》部分[④]，文字与敦煌本稍有不同。该写本宽 10 cm，高 15 cm，文字连续不断，是剪裁正面户籍文书的下半截后写成的，与上述《开元二十九年籍》背面《礼忏文》虽然内容上有关联，但不是同一件抄本。还有一种可能是，在送至西州的同一年份的各县户籍被废弃后，被同一寺院中信奉三阶教的僧人剪裁后，用来抄写《七阶佛名经》《七阶礼忏文》《寅朝礼忏文》等，因此，正面文书仍然存在着属于同一年的西州户籍的可能性。

---

① 《岩井博士古稀纪念典籍论集》，84—85 页。
② Cf. *Tun-huang and Turfan Documents II*, A, p. 78.
③ 《中国古代籍帐研究》，254 页。又见 *Tun-huang and Turfan Documents II*, A, p. 82. 按，后者对纸缝"柳中县　高宁乡"的录文位置欠妥，据我在龙谷大学图书馆审核原件的结果，"柳中县""高宁乡"是上下两个极小断片，分别贴附在大谷 8065、8064 两号上，其原先的位置应如池田《籍帐》一书所复原的情形，因为"高宁乡"下，还应写有"某某年籍"。
④ 《三阶教之研究》，179 页。

本文只是对《唐开元二十九年西州天山县南平乡籍》的初步整理，顺带检出两条可能与之相关的资料进行讨论，目的是想指出，在已经发现的户籍文书陆续公布的今天，应当特别注意对背面文书的研究，以期在文书的进一步缀合和归组上取得进展。近年来，池田温、小田义久、大津透、陈国灿诸先生在大谷文书和中国新出吐鲁番文书的缀合方面，做出了巨大的成绩①。今后，随着已知文书背面图版的刊布、吐鲁番当地和旅顺博物馆藏未刊吐鲁番文书的发表，包括户籍在内的文书缀合工作，应当是吐鲁番文书研究的重点之一。

补记：《艺林旬刊》第 29 期所刊残片后入藏中国历史博物馆（今国家博物馆），刊布于杨文和主编《中国历史博物馆藏法书大观》第 11 卷《晋唐写经·晋唐文书》，柳原书店、上海教育出版社，1999 年，182、237 页。

附录：敦煌吐鲁番发现唐代户籍文书简目②

户籍名称	原编号	籍帐	RC	文书
唐（贞观某年）西州籍	72TAM152			4/256
唐（贞观某年）西州籍	69TKM39			6/103
唐（贞观某年）西州籍	69TKM39			6/109
唐永徽元年西州籍	69TKM39			6/101

① 参看陈国灿《对唐西州都督府勘检天山县主簿高元祯职田案卷的考察》；大津透《唐律令国家的预算——仪凤三年度支奏抄 四年金部旨符试释》，《史学杂志》95 卷 1、2 合号，1986 年；陈国灿《武周瓜沙地区的吐谷浑归朝事迹》，《1983 年全国敦煌学术讨论会文集文史·遗书编》上，甘肃人民出版社，1987 年；小田义久《关于大谷文书与吐鲁番文书的关连》，唐代史研究会编《东亚古文书的历史学研究》，刀水书房，1990 年；大津透《仪凤三年度支奏抄 四年金部旨符补考》，《东洋史研究》49 卷 2 号，1990 年；陈国灿《略论日本大谷文书与吐鲁番新出墓葬文书之关联》，《敦煌吐鲁番学研究论文集》，汉语大词典出版社，1990 年；同作者《武周时期的勘田检籍活动——对吐鲁番所出两组敦煌经济文书的探讨》，《敦煌吐鲁番文书初探二编》，武汉大学出版社，1990 年。

② 简目所用缩略语：籍帐 = 池田温《中国古代籍帐研究》，录文编号；RC = Tun-huang and Turfan Documents II, A，录文编号；文书 =《吐鲁番出土文书》，册页数。原文书编号缩写字母含义，参看 RC，16 页。又，户籍名称参考上述三书定名拟定。

户籍名称	原编号	籍帐	RC	文书
唐（永徽四年以前）西州籍	59TAM302			5/38
唐（龙朔三年以前）西州交河县籍	60TAM322			6/207
唐（麟德、总章间）西州籍	64TAM5			6/339
唐咸亨二年西州柳中县籍	72TAM179			7/117
唐咸亨二年西州高昌县籍	73TAM222			7/129
唐（7世纪后半）沙州敦煌县龙勒乡籍	S.6343	3	3	
唐（7世纪后半）西州高昌县籍	S.4682	17	19	
唐（7世纪后半）西州柳中县籍	Or.8212/620	230	20	
唐（7世纪后半）西州高昌县（？）籍	Ch.1055	18	21	
周天授三年西州籍	SH	20	23	
周圣历元年西州柳中县籍	73TAM508			7/218
周大足元年沙州敦煌县效谷乡籍	P.3557，3669	4	4	
周大足元年西州籍	SH	21	24	
周大足元年西州籍	O.5059	22	25	
周大足元年西州籍	Mannerheim MS 151			
周大足元年西州柳中县籍	65TAM341			8/112
周西州籍	O.8073	23	26	
周西州籍	O.5448	24	27	
周西州籍	O.4824	25	28	
周西州籍	66TAM67			7/297
周西州天山县南平乡籍	66TAM67			7/298

续　表

户籍名称	原编号	籍帐	RC	文书
唐（7、8世纪之交）西州高昌县籍	O.5143	26	29	
唐（7、8世纪之交）西州籍	O.4454	27	30	
唐（7、8世纪之交）西州蒲昌县籍	66TAM67			7/301
唐（7世纪后半）西州高昌县籍	Ch.1815	28	31	
唐（开元以前）西州籍	75TKM102			8/5
唐（开元以前）西州交河县籍	73TAM232			8/10
唐（开元以前）西州高昌县籍	72TAM230			8/171
唐先天二年沙州敦煌县平康乡籍	P.2822，罗振玉旧藏	5	5	
唐开元四年沙州敦煌县慈惠乡籍	P.3877	6	6	
唐开元四年西州柳中县高宁乡籍	TNM，SH	30	33	
唐开元四年西州柳中县籍	72TAM184			8/280
唐开元四年西州高昌县安西乡安乐里籍	64TAM27		34	8/314
唐开元七年沙州敦煌县龙勒乡籍	Дх.476，6058，5937	11	7	
唐（8世纪前半）西州籍	O.8090	31	35	
唐（开元初年）西州籍	O.3272	32	36	
唐（开元初年）西州高昌县顺义乡籍	O.5452	33	37	
唐（开元初年）西州柳中县承礼乡籍	出口常顺藏	34	38	
唐（开元年间）沙州敦煌县神沙乡籍	Дх.528		8	

户籍名称	原编号	籍帐	RC	文书
唐开元十年沙州敦煌县悬泉乡籍	P.3898，3877	7	9	
唐（开元年间）沙州敦煌县籍	S.6298，10604	9	10	
唐开元十年沙州敦煌县莫高乡籍	P.2684	8	11	
唐开元十年西州高昌县籍	Ch.1212	35	39	
唐开元十年西州高昌县籍	Ch.3810	36	40	
唐开元十年西州籍	73TAM192			8/308
唐开元十三年西州籍	O.3291	37	41	
唐开元十三年西州籍	Ch.1433	38	42	
唐开元十六年西州籍	Or.8212/632	39	43	
唐开元十九年西州柳中县高宁乡籍	72TAM228			8/403
唐开元廿三年西州籍	Дх.9479		44	
唐开元廿三年甘州张掖县籍	Дх.3820，3851，11068		87	
唐（开元年间）沙州敦煌县籍	S.5950	10	12	
唐（开元年间）沙州敦煌县籍	S.11446			
唐（开元年间）西州高昌县顺义乡籍	Ch.2405	40	45	
唐（开元年间）西州高昌县籍	O.8069	41	46	
唐（开元年间）西州高昌县籍	S.6090	42	47	
唐（开元年间）西州高昌县籍	O.1051	43	48	
唐（开元年间）西州高昌县籍	O.1050		49	
唐（开元年间）西州柳中县高宁乡籍	O.8064，8065	44	50	
唐（开元年间）西州柳中县籍	O.8070	45	51	
唐（开元年间）西州籍	O.1404	46	52	
唐（开元年间）西州籍	O.4034	47	53	

续　表

户籍名称	原编号	籍帐	RC	文书
唐（开元年间）西州籍	O.3408	48	54	
唐（开元年间）西州籍	Mannerheim MS 12			
唐（8世纪前半）沙州籍	S.11303A			
唐（8世纪前半）西州籍	O.3409	49	55	
唐（8世纪前半）西州籍	O.4517	50	56	
唐（8世纪前半）西州籍	O.5468	51	57	
唐（8世纪前半）西州籍	O.5468	52	58	
唐（8世纪前半）西州籍	O.5162	53	59	
唐（8世纪前半）西州柳中县（？）籍	Ch.1649	54	60	
唐（8世纪前半）西州籍	Ch.468	55	61	
唐（8世纪前半）西州籍	Ch.1234	56	62	
唐（8世纪前半）西州籍	Ch.3457	57	63	
唐（8世纪前半）西州籍	O.1054	58	64	
唐（8世纪前半）西州籍	O.4046	59	65	
唐（8世纪前半）西州籍	O.5139	60	66	
唐（8世纪前半）西州籍	O.3279	61	67	
唐（8世纪前半）西州籍	O.3872	62	68	
唐（8世纪前半）西州籍	O.4942	63	69	
唐西州高昌县（？）籍	出口常顺藏	64	70	
唐（8世纪前半）西州籍	Дх.8510		71	
唐（8世纪前半）西州籍	Дх.3762		72	
唐（8世纪前半）西州籍	Дх.4094		73	
唐（8世纪前半）西州籍	Дх.7125		74	
唐（8世纪前半）西州籍	Дх.9255		75	

续 表

户籍名称	原编号	籍帐	RC	文书
唐天宝三载敦煌郡敦煌县神沙乡弘远里籍	P.t.163	12	13	
唐天宝六载敦煌郡敦煌县效谷乡籍	S.4583	13	14	
唐天宝六载敦煌郡敦煌县龙勒乡都乡里籍	P.2592，3354，罗振玉旧藏，S.3907，10603	14	15	
唐（天宝年间）交河郡籍	Дx.9334		76	
唐（天宝年间）交河郡蒲昌县（？）籍	Ch.1034	65	77	
唐天宝九载交河郡籍	O.4158	66	78	
唐（天宝年间）交河郡籍	O.8068，8063	67	79	
唐（天宝年间）交河郡籍	O.3249	68	80	
唐（天宝年间）交河郡籍	Or.8121/1078	69	81	
唐（天宝年间）交河郡籍	Or.8212/1077	70	82	
唐（天宝年间）交河郡籍	O.3822	71	83	
唐（天宝年间）交河郡籍	O.3821	72	84	
唐（天宝年间）交河郡籍	Ch.50	73	85	
唐（天宝年间）某郡籍	Or.8212/1385		89	
唐（开元、天宝年间）西州籍	72TAM216			8/477
唐（开元、天宝年间）西州籍	72TAM216			8/478
唐西州高昌县籍	68TAM105			9/172
唐沙州敦煌县籍	Дx.4020		17	

　　（1990 年 11 月初稿，1995 年 1 月订补，原载《西域研究》1995 年第 1 期，33—43 页。）

辽宁省档案馆所藏唐蒲昌府文书

一

1981 年，孙景悦同志在《辽宁省档案馆》一文中提到该馆藏有六件所谓"唐代档案"[1]。翌年，该馆又在《唐代档案》一文中刊布这六件"档案"的照片和录文。关于它们的来源，文中说明：

> 我馆现存六件唐代档案，原藏于敦煌石窟，夹杂在唐人写经之中。1909 年后，罗振玉请学部购运敦煌石窟文物，这六件唐档便落到了罗振玉手中。"九·一八"事变后，罗振玉为追随溥仪将其所藏的明清档案和这几份唐档，全部奉送给伪满洲国，在省立奉天图书馆保存。1948 年沈阳解放后，为东北图书馆（后改辽宁省图书馆）所接管。1969 年后，转至我馆保存至今。[2]

或许是由于用了较后起的名词"档案"来称唐代的"文书"，亦或是因为图版不清，录文残缺不全的缘故，这篇文章所披露的六件珍贵史料，似乎还没有引起治敦煌吐鲁番文书者的注意。笔者于这些文章发表之

---

① 《历史档案》1981 年第 3 期，124 页。

② 《历史档案》1982 年第 4 期，2 页。

日，曾作过校录，略考其来源，但因故一直没得到整理。今来欧洲访学，因介绍我国研究敦煌吐鲁番写卷成果之需，于行笈中检出旧文，重加理次，草成此文，目的仅仅是为学界提供录文及初步说明，错误之处，在所难免，敬乞方家指正。

二

由于有些文书字迹潦草，所以尽管《唐代档案》一文在录文上已经取得相当的成绩，但因不谙唐代文书的格式、固定用语和一些唐人常用的俗体字，录文还未尽人意，如唐人避太宗"世"字讳，将"牒"写作"𫰛"，而录文中常将此字识作"将"，使文意难通。现按文书年代先后为序，编号、定名，移录于下，校记按行写在每件文书之后，俗体、异体字均从正字。

一、唐开元二年二月六日蒲昌府为勘查梁成德身死事上西州户曹牒（图1）：

1　▢成德今月二日身死
2　▢得上件人男大珍辞今月二日身
3　▢差牒府下即准式者准状勘同
4　▢梁成德身死勘责不虚各
5　▢准式仍牒上州户曹者此已
6　▢讫今就牒至准状故牒
7　　　　　开元二年二月六日

校记：

1　成德：上应补"梁"。

2　得：上应补"右"。

3　差：旧录（即《唐代档案》录文）作"查"。

3　牒：旧录作"旧"。

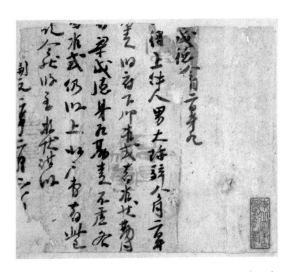

图 1　唐开元二年二月六日蒲昌府为勘查梁成德身死事
上西州户曹牒

3　即：旧录作"叩"。

4　责：旧录作"查"。

5　牒：旧录作"□"。

5　州：同上。

6　牒：同上。

6　故牒：同上。

6　至：旧录作"主"。

二、唐开元二年二月二十四日西州都督府兵曹阴达牒（图 2）：

（前缺）

1　_____今并倚团寇贼在近交

2　_____边要守捉今年请各析

3　_____牒县准状者此已牒县讫牒

4　□□开元二年二月二十四日

6　　　　　　　　府阴达

图 2　唐开元二年二月二十四日西州都督府兵曹阴达牒

  7　▢宝

  8　　　　　　　史

  9　　　　二月三十日录事麴相受

  10　　　　司马阙

校记：

  2　边：旧录无。

  3　上牒：旧录作"府"。

  3　下二牒：旧录作"将"。

  4　此行旧录无。似可补"至准状故牒"。

  7　宝：旧录作"▢▢"。上应补"兵曹参军"。

三、唐开元二年闰二月蒲昌府范何祚牒（图 3）：

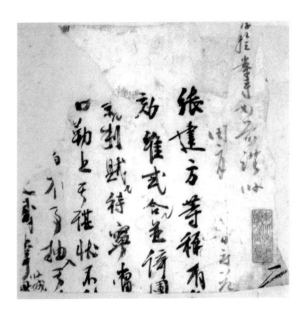

图 3　唐开元二年闰二月蒲昌府范何祚牒

（前缺）

1　□检案连如前谨牒

2　　　　闰二月　日府范□□□□

3　　　张建方等称有□□□□□

4　　　效准式并合倚团□□□□

5　　　就制待贼宁当□□□□

6　　　口勒上于谌状不□□□□

7　□□□□□□□事抽入于□□□□

8　□□□□□□□职掌牒城□□□□

（后缺）

校记：

1　连：旧录作"事"。

1　牒：旧录作"将"。

2　范：下应补"何祚"。

4　准：旧录作"维"。

4　并合：原作"合并"，因中间有颠倒符号✓，因正之。

5　待贼：原作"贼待"，同上原因更正。

6　于：旧录作"其"。

7　于：同上。

8　牒：旧录无。

四、唐开元二年三月蒲昌府司户史张义为和均补姜德游弈事牒（图4）：

（前缺）

1　申者依检姜德合闰▢▢▢▢

2　患差镇副史崇来月▢▢▢▢

3　至替德游弈讫者姜德▢▢▢

4　至来月游弈牒府速发遣▢▢

　　　　开元二年▢▢▢

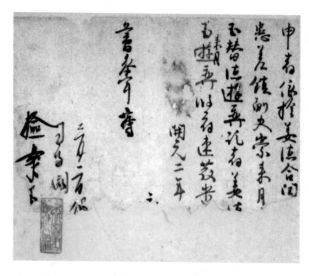

图4　唐开元二年三月蒲昌府司户史张义为和均补姜德游弈
　　事牒

史☐

7　兵曹参军宝

8　　　　　　三月二日录☐☐☐☐

9　　　　司马阙

校记：按本件应与宁二九页衔接，见下文。

　4　牒：旧录作"将"。

　6　史：旧录无。

　7　兵：旧录作"上"。

　7　宝：旧录作"□"。

　8　录：旧录无。

　10　玉：同上。

五、府兵残名籍（图5）：

1　☐白图子　白曾才　张立运　石惠仁

2　☐□元尚　樊垣海　安山海

3　☐安怀洛　杨住洛

4　☐令狐端远　安洪贤　丘君贞

5　☐身马文仁　斐文梁　孙远行

6　☐身翟超仁　康胡远　竹行子

7　☐支神通　何慈力

8　☐于谌　姜远子

9　☐君　张穆仁　康□□　周仁来　赵□□

10　☐郭晋才　卜慈通　田龙敏　小冯☐☐☐

校记：

按，本件图版太小，笔画难辨，多从旧录。

　8　于：旧录作"与"。

9 穆：旧录作"□"。

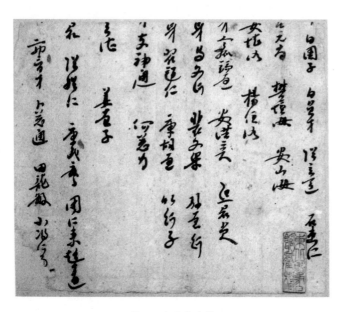

图 5 府兵残名籍

六、西州诸寺法师名簿（图 6）

（前缺）

1 追福寺麹上座 刘师 崇福寺真师 方师

2 麹师 张逸师 万寿寺竹师 恩师 刘师

3 普光寺麹素师 和都师 开觉寺张都师

4 周师 普照寺李禅 令狐师 等爱寺于师

5 证圣寺张静师 盂师 励勲寺翟师

6 永法师 法施寺贾师 大宝寺翟师

7 □□□ 黄寺主 司空禅 樊禅 吴师 麹都师

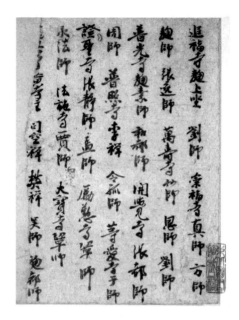

图 6 西州诸寺法师名簿

三

　　尽管文书中没有直接提供任何文书作成的地点，而且刊布者认为是出自敦煌石室，但我们有充分理由认为前五件文书是唐西州及其下属的蒲昌府间来往的公文，我们不仅把这些文书中的人名和日本公私所藏现已刊布的蒲昌府文书中的人名一一勘合，而且其中有两件分藏两处的残卷似乎可以缀合。

　　日本公私收藏的蒲昌府文书数量颇为可观，这些文书原属上海顾鳌（字巨六），金祖同先生于 1936 年在日本参加泛太平洋博览会时，恰遇这些文书在那里求售，得以见其全貌并在《唐开元二年西州屯戍烽燧残牒跋》中记其来源：

　　　　右顾鳌藏唐开元二年西州屯戍烽燧残牒凡若干纸。先生字巨六，民元与杨度等拥项城称帝，时称六君子，年来息影上海。顷属其友携来此邦，拟得善价，以谋薪米之资。予以当事者介，得展视一过，觉其重要不在汉晋木简书下，恐物终归沙叱利，因摄影存之。原牒破碎残损，杂贴一册。摄后重为割裂，稍加分类，离而复合者得数纸，因未能一律放大，致行款不免差池，惟文字顺适无间，可以释疑也。[①]

　　其后，仁井田陞和菊池英夫氏分别在文章中介绍引用了藏在日本奈良宁乐美术馆的部分文书[②]。1963 年，日比野丈夫教授在《唐代蒲昌府文书的研究》一文中，对收藏在宁乐美术馆的 156 片和另外 3 片藏在桥本氏手中的蒲昌府文书作了全面介绍，刊布了大部分文书的录文和几幅照片[③]。十年后，日比野氏又在《关于新获之唐代蒲昌府文书》一文中刊布了另外 21 件应属于同一来源的蒲昌府文书，而收藏者的名字则秘不示人[④]。可见，这批原属顾氏的文书，现分藏在日本公私收藏者手中。辽宁省档案馆（以下简称作辽馆）的六件文书是三十年代初由罗振玉带到伪满的，很可能是和日本所藏出于同一收藏来源。

　　由于日比野氏刊布的文书数量较多，内容也较完整，因此，我们可以据之断定前五件文书确属蒲昌府文书，其证据如下：

　　第一件文书中的梁成德，见日比野二五[⑤]第 7 行"州上兵梁成德……已上身死"。又日比野一二文书第 3、4 行"报兵梁成德身死不虚"。

　　第二件文书中的阴达和麹相，见日比野五、一〇、一三、一五、一九、三三等多件文书，分别为西州都督府兵曹典和蒲昌府的录事。第 7 行的"宝"，应指西州都督府兵曹参军王宝，见日比野七、一八等文书。

---

① 《说文月刊》第 1 卷第 5、6 期，1940 年，749 页。
② 仁井田陞《吐鲁番出土的唐代公牍》，《书苑》第 1 卷第 6 号，1937 年；菊池英夫《唐代府兵制度拾遗》，《史林》第 43 卷第 6 号，1960 年。
③ 《东方学报》（京都）第 33 册，1963 年，267—314 页。
④ 《东方学报》（京都）第 45 册，1973 年，363—376 页。
⑤ 以下日本藏文书，均按日比野编号。

第三件文书第 2 行"范"下应补"何祚"，他是蒲昌府的典，见日比野六、八等文书。"张建方"见日比野三六第 3 行"狼泉长探张建方"。另外，这件文书第 6 行的"于湛"应即蒲昌县境内的于堪城①。

第四件文书内的姜德见日比野九、十五、三六等、而且这件文书似可与日比野四五号下所引宁第二九页残片相缀合，其结果如下（日比野未刊此片的图版，接合情况不清。原文书字体大小不一，本录文按格录出，所以虚线仅表示两者相接处，不是原貌）：

（前缺）

1　申者依检姜德合闰 \

2　患差镇副史崇来月 \ ☐☐☐☐ 西二里和☐

3　至替德游弈讫者姜德 \ 死勘责符同牒上州

4　至来月游弈牒府速发遣 \ 者此上州并下乡讫

5　　　　开元二年 \ 二月三日

6　　　　　　史 \ 张义

7　兵曹参军宝

8　　　　三月二日 \ 录事麴相受

9　　　　司马阙 \

10　　　检案玉　 \ 示

11　　　　　　 \ 三日

第 2 行"和"，日比野作"如"，又加了问号，我们认为此字下残应为"均"字，和均替姜德事，见日比野一五"知和均既替姜德临川城防御，牒城并牒和均知。玉示"。"玉"指蒲昌府折冲都尉王温玉，见日比野六等。

以上文书纪年，均在开元二年二、三月间，也和已刊蒲昌府文书年

① 参看仁井田陞《吐鲁番出土的唐代法律史料数种》，《史学杂志》第 47 编第 10 号，85—77 页。

代相合。

第五件文书的笔迹和日比野三号文书相同。第 8 行的"于谌"表明也属蒲昌府。

第六件大概不属蒲昌府文书而另有来源。其中记载了十一个寺院的名称，相比于学者们已从敦煌文书和吐鲁番文书中分别辑出的唐代沙州和西州寺院名单^①，有一寺（普光）合于沙州，而四寺（崇福、万寿、普光、等爱）见于西州文书，因此，可以认为这是一件唐西州寺院的文书。

以上论据毫无疑问地说明辽馆所藏六件文书，五件是蒲昌府官文书，一件是西州寺院文书。

至于这些文书的出土地点，伯希和曾于 1935 年在上海顾氏处见到这批后归宁乐美术馆的文书，并作跋文一篇，称：

> 承顾先生之盛意，示余以一种残牒，颇似余曩昔在敦煌所搜集之残篇断简手抄本。此项残牒，多书开元二年，但决非发现于敦煌者也。前有人曾数次刊行郡县志一类之印刷物，出于吐鲁番地方，而此项残牒，无疑在同一区域所发现者，盖属于蒲昌府之官文书。^②

伯希和据其内容考证这些文书应出土于吐鲁番，学者多从其说。这当然是最合理的假说，我们也倾向于这种看法。但在没有得到确切出土地点的记载前，还不能立刻否定《唐代档案》的"原藏于敦煌石室"的说法，因为我们不仅在吐鲁番发现了不少敦煌文书^③，而且在敦煌写卷中

① 参见藤枝晃《敦煌的僧尼籍》，《东方学报》（京都）第 29 册，1959 年，288—289 页，小笠原宣秀《吐鲁番出土的宗教生活文书》，《西域文化研究》第三，法藏馆，1960 年，256 页。
② 金祖同上引文，749 页。又伯希和著，牧野巽译《吐鲁番出土开元二年文书考释》，《书苑》第 1 卷第 6 号，1937 年，本书未得寓目。
③ 参看唐长孺《新出吐鲁番文书发掘整理经过及文书简介》，《东方学报》（京都）第 54 册，1982 年，99 页。

也可以找到一些吐鲁番文献 [1]。

四

由于文书过于残缺，记事也多同于已刊的蒲昌府文书，除了补充一些具体情况外，没有提供具有决定意义的史料，但仍为府兵制研究增加了新的细节。从这几件文书可以看出，唐为了保证府兵制的效力，制订了详尽的军籍制度，府兵身死、得疾，都据籍行牒勘查，迅速改补。文书还反映了折冲府和州户曹、兵曹以及县的关系。

第六件文书记载了十一座寺院，除上举四寺外，都是首次出现，为唐代西州寺院经济和佛教史的研究，提供了新的材料。

（1985 年 2 月 7 日完稿于莱顿，原载《中国敦煌吐鲁番学会研究通讯》1985 年第 4 期，29—35 页。）

---

[1] 如 S.2838 高昌延寿十四年（637）写《维摩诘经》卷下，参见《敦煌遗书总目索引》，商务印书馆，1962 年，167 页。又如 P.2041 "广德二年（764）僧义琳于西州南平城之西裴家塔" 所写之《四分律删繁补阙行事钞》下卷，参见上引书，254 页。按此处录 "西州" 二字为 "霸"，误。

03

群书与佛典

《史记》与《汉书》

——吐鲁番出土文献札记之一

　　1996年夏，我有机会在德国国家图书馆通检其所藏吐鲁番出土文献，其中编号为Ch.938的残片，正面残存一纸上面部分的5行，字体在楷书与行书之间，有乌丝栏，经比定为班固《汉书》卷四〇《张良传》（图1）。背面是纸的下面部分（与正面倒书），为行书，无界栏，内容为司马迁《史记》卷六十七《仲尼弟子列传》（图2）。后检《西域考古图谱》所刊日本大谷探险队所得吐鲁番文书，其下卷经籍类图版（5）-（1）和（2）所刊写本，也是一面为《史记·仲尼弟子列传》（图2），另一面是《汉书·张良传》（图1），两相对照，字体形制全同，必为同一抄本无疑①。但两地所存抄本并不能直接缀合，Ch.938正面《汉书》残片是位于纸的右上方，大谷文书残片则位于左下方，前者的末行即后者的首行，因为《汉书》的字体较小，所以上下相差有十二字左右（图3）；与之相对应，Ch.938背面《史记》残片位于右下角，大谷文书残片在左上角，也是前者的首行和后者的末行在同一行上，中间上下约差七字左右（图4）。从字体来看，应当是唐朝前期抄本。本卷非精抄本，个别文字且有

---

① 笔者曾在《德国"吐鲁番收集品"中的汉文典籍与文书》一文中做过简单的介绍，见饶宗颐编《华学》第3辑，紫禁城出版社，1998年，312、315页。德藏写本残篇现由西胁常记（Tsuneki Nishiwaki）著录于所编德藏文献目录中，见 *Chinesische und manjurische Handschriften und seltene Drucke* Teil 3. *Chinesische Texte vermischten Inhalts aus der Berliner Turfansammlung*, Stuttgart: Franz Steiner Verlag, 2001, pp. 58-59，并附图版（Tafel 6），唯未提与大谷文书的关联，有所失检。

图 2 《史记》残片

图 1 《汉书》残片

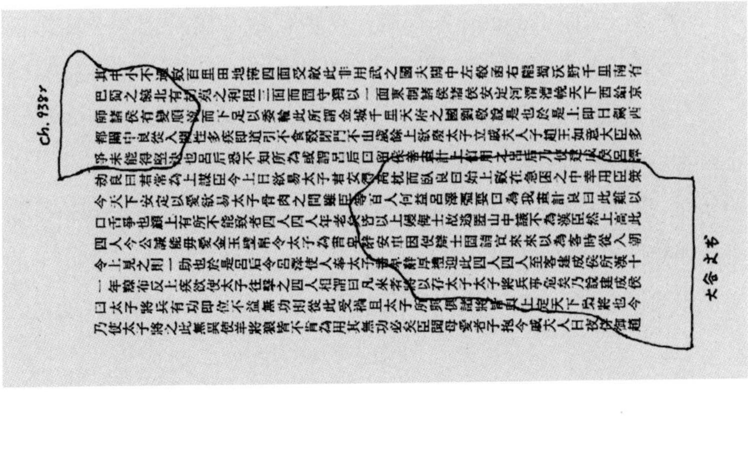
Ch. 938r
大谷文书

图 3 《汉书》残片缀合图

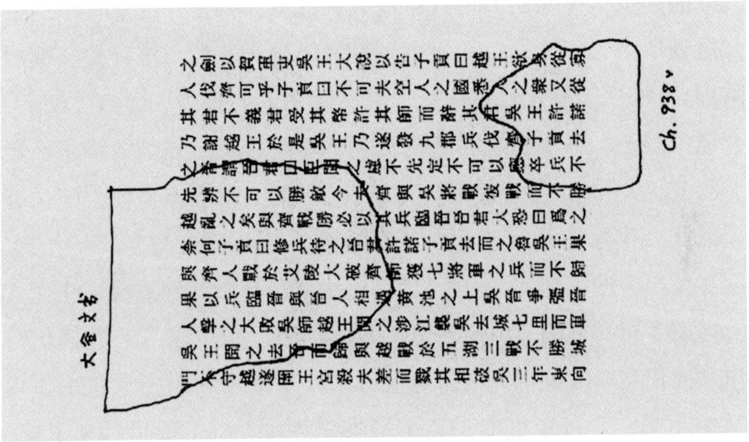
Ch. 938v
大谷文书

图 4 《史记》残片缀合图

缺漏，读者对比本文所附图版即知，在此不一一列举。

正面《汉书》抄本小字严谨，且有界栏，应当是抄写在前；背面《史记》字体较为连贯，且无界栏，抄写时间在后。这样的抄写顺序与所抄文献的产生年代先后不一致，这或许没有什么特殊的意义，但也可能与汉魏以来人们普遍重《汉书》而轻《史记》的传统有关。从魏晋到隋唐，《汉书》确实比《史记》更受读书人的重视，因为《汉书》更符合儒家思想，易为汉魏两晋南北朝的学者接受。正如《隋书·经籍志》所云："梁时，明《汉书》有刘显、韦棱，陈时有姚察，隋代有包恺、萧该，并为名家。《史记》传者甚微。"其时对《史》《汉》的重视程度有相当大的不同①。入唐以后，《史记》开始受到重视，注疏者渐多，且产生司马贞的《史记索隐》、张守节的《史记正义》这样优秀的著作，但仍然以《汉书》的研究最盛②。这种对《史记》《汉书》重视程度的不同，大概更可能是这个写本先抄《汉书》而后抄《史记》的原因。

德藏卷原编号为 T II T 1132，指德国第二次吐鲁番探险队在吐鲁番吐峪沟所得。据《西域考古图谱》，大谷队所得残片出土地标为"库木吐喇"，即库木土喇（Kumtura）石窟，在古代龟兹国范围（今库车西北）。两说不同，必有一误。不过，不论这两个残片出土于库车还是吐鲁番，都有极其重要的意义。

吐鲁番盆地自 502 年以来一直是麴氏高昌王国的地域，640 年（贞观十四年），唐太宗派兵攻占其地，设西州，由中央政府直接管辖，与内地州县无异，直到大约 803 年为回鹘所据③。这个《汉书》《史记》的抄本如果出自吐鲁番，则应当在这个范围，或许为一个西州地区的文人

① 参看杨海峥《汉唐〈史记〉研究论稿》，齐鲁书社，2003 年，1—123 页。
② 参看雷闻《唐代的"三史"与三史科》，《史学史研究》2001 年第 1 期，35—38 页；杨海峥上引书，123—240 页。
③ 关于唐朝时期的吐鲁番史，参看拙文《吐鲁番的历史与文化》，胡戟、李孝聪、荣新江《吐鲁番》，三秦出版社，1987 年，54—68 页；有关西州终止年代的最新考察，见拙文《摩尼教在高昌的初传》，收入拙著《中古中国与外来文明》，三联书店，2001 年，380—385 页。

所有。

库木土喇所在的龟兹王国，唐朝初年隶属于西突厥汗国，658（显庆三年）随着唐朝消灭西突厥汗国，龟兹国的宗主权也转移到唐朝手中。唐朝一方面保留龟兹王统的继续存在，另一方面设唐朝安西四镇之一的安西于此，并把安西都护府从西州交河城移至龟兹国都，使这里成为唐朝统治西域的核心。虽然其间有吐蕃、西突厥后裔、突骑施等短期占有其地，但790年以前，这里基本上在唐朝的势力范围内①，其中住有不少从中原去的官兵、僧侣、商人和百姓。开元十五年（727），经此地东归的新罗僧人慧超的《往五天竺国传》就记载："龟兹国，即是安西大都护府，汉国兵马大都集处……且于安西，有两所汉僧住持，行大乘法，不食肉也。大云寺主秀行，善能讲说，先是京中七宝台寺僧。大云寺都维那，名义超，善解律藏，旧是京中庄严寺僧也。大云寺上座，名明恽，大有行业，亦是京中僧。此等僧大好住持，甚有道心，乐崇功德。"②伯希和（P. Pelliot）在库车西都勒都尔·阿护尔（Douldour-aqour）遗址发现的汉文文书中，记载了中原汉族行客在龟兹的活动③。而这件写本的可能出土地之一库木土喇石窟，就在都勒都尔·阿护尔遗址不远处，而且是一座深受唐朝中原文化影响的佛教寺院④。因此，抄写《汉书》和《史记》的写本在这里出土也是正常的，它是大约658—790年间唐朝统治其地的文献印证。《旧唐书》卷一〇四《哥舒翰传》记载："哥舒翰，突骑施首领哥舒部落之裔也。祖沮，左清道率。父道元，安西副都护，世居安西。年四十，遭父丧，

---

① 有关唐代龟兹史，参看王小甫《唐吐蕃大食政治关系史》（北京大学出版社，1992年），刘锡淦、陈良伟《龟兹古国史》（新疆大学出版社，1992年）两种著作的相关部分。

② 桑山正进编《慧超往五天竺国传研究》，京都大学人文科学研究所，1992年，25—26页。

③ 姜伯勤《敦煌新疆文书所记的唐代"行客"》，《出土文献研究续集》，1989年，291—300页；有关文书均已收入 *Les manuscrits chinois de Koutcha: fonds Pelliot de la Bibliothèque nationale de France*, par Éric Trombert avec la collaboration de Ikeda On et Zhang Guangda, Paris: Institut des hautes études chinoises du Collège de France, 2000.

④ 马世长《库木吐喇的汉风石窟》，《中国石窟·库木吐喇石窟》，文物出版社，1992年，218—249页。

三年客居京师，为长安尉不礼，慨然发愤折节，仗剑之河西。……翰好读《左氏春秋传》及《汉书》，疏财重气，士多归之。翰母尉迟氏，于阗之族也。"哥舒翰少读《汉书》的地点，我曾推测在于阗，因为其父娶于阗王女，又任安西副都护，驻扎地应在于阗，所谓"世居安西"的"安西"，是广义的安西四镇的范围，不是狭义的龟兹①。这条材料证明，安西地区的胡人也读《汉书》，我们讨论的这个写本，正好可以作为一个注脚。

我们过去在敦煌、吐鲁番发现的写本中，曾经分别见到过一些《史记》和《汉书》的抄本，如《史记》的敦煌本有 P.2627、Дx.2663、Дx.2670、Дx.2724、Дx.5341、Дx.5784（其中俄藏文书的出土地点未必全是敦煌），《汉书》的敦煌本有 P.2485、P.2513、P.2973、P.3557、P.3669、P.5009、S.20、S.2053、S.10591、Дx.3131，又有 1980 年柏孜克里克石窟发现的吐鲁番本《汉书·西域传》残片（80TBI：001［a］），但所有这些写本都是单独抄写《史记》或《汉书》，目前只见到德藏这件 Ch.938 号写本是把《史》《汉》抄在同一写卷上的。

古人读书，经常是《史记》与《汉书》并重的，这在史籍中有许多记载。如《三国志·魏文帝纪》注引《典论·自叙》云："余是以少诵《诗》《论》，及长而备历五经四部，《史》《汉》、诸子百家之言，靡不毕览。"又《三国志·蜀书·张裔传》记其："治《公羊春秋》，博涉《史》《汉》。"又《隋书·儒林·包恺传》记其："从王仲通受《史记》《汉书》，尤称精究。"又《旧唐书·孝友·陆南金传》记陆士季"从同郡顾野王学《左氏传》，兼通《史记》《汉书》。"不乏其例。有的人抄书，也是把《史记》与《汉书》一起抄写，如《梁书·文学传》记：袁峻字孝高，天监六年直文德学士省，抄《史记》《汉书》各二十卷。但这些材料都不能说明所读或所抄《史》《汉》是同一个写卷，只有摆在我们面

---

① 拙文《关于唐宋时期中原文化对于阗影响的几个问题》，北京大学中国传统文化研究中心编《国学研究》第 1 卷，北京大学出版社，1993 年，416 页。

前的这个残卷，为我们提供了古人合抄《史》《汉》于一卷的例证，这从文献学角度来看，是极为有趣的现象，值得玩味。

（完稿于 2004 年 1 月 9 日，原载《新疆师范大学学报》2004 年第 1 期，41—43 页。）

德藏吐鲁番出土《春秋后语》
注本残卷考释

1996 年 6—8 月，笔者有机会游学柏林，通检了现藏德国国家图书馆、印度艺术博物馆、柏林勃兰登堡科学院吐鲁番研究组所藏"吐鲁番收集品"中的汉文文献，特别留意于其中的非佛教文献残卷。德藏吐鲁番文献大多数出土于高昌城内坍塌的废墟中，或者得自高昌城周边佛教石窟窟前、窟内的堆积物中，所以几乎都是残片，大者约略一尺长，小者只有几个字而已，所以给比定和研究工作带来极大的困难。特别是德国"吐鲁番收集品"主要来自佛寺遗址，以佛教典籍为主，特别是佛教典籍居多，而不像"大谷文书"或解放后新出土的吐鲁番文书那样，世俗文书占较大比例。这些古籍写本的比定难度较大，因为不能像文书那样可以按唐人习惯给个名字。笔者就通检原卷时所能查到的书籍，做了一些比定工作。返程经过巴黎时，又借助法国高等汉学研究所的丰富藏书和大量汉籍工具书，继续比定工作。回北京后，陆续又有所获，并撰写了《德国"吐鲁番收集品"中的汉文典籍与文书》一文，综合前人成果和笔者本人的工作，编成《柏林藏吐鲁番汉文残卷（佛经以外部分）草目》，附载文后，以供研究者参考 [1]。

在这批德藏吐鲁番汉文典籍残卷中，有几种前所未见的古佚书，值得珍视。今谨就《春秋后语》注本残卷，略作考释如下。

现编号为 Ch.734 的写本残片，是德国第二次吐鲁番探险队所得，

---

[1] 文载饶宗颐主编《华学》第 3 辑，紫禁城出版社，1998 年，309—325 页。

图 1 《春秋后语》注（旧照片）

原编号为 T II 1578，具体出土地点不明。残片只有 8.8 cm×8.8 cm 大小，和其他残片一样，用两块厚玻璃板夹住，四周用胶条固定。写本四边均残，存五行文字，字体极为工整，大字写正文，双行小字为注文，内容为商君（公孙鞅）故事。背面无字，原本为正规的书籍。在玻璃板的左上角，有一标签，上面用铅笔写"史记"（从左向右书）；左下角又有一标签，上用铅笔写"商君传"；表明最早（战前？）整理此卷的人认为是《史记·商君列传》写本残片。在北京图书馆敦煌吐鲁番学资料中心所藏旧照片中，笔者找到王重民先生 1935 年 8 月短暂访问柏林时拍回的旧照片，其中也有这件写本（图 1），残存文字相同，两个边缘为锯齿形的标签也在，只是因为铅笔字太淡，没能摄出。旧照片题此卷为"史书"，或许为王重民先生手笔，似表明他不同意《史记·商君传》的比定，但也没有提出新的看法，而谨慎地称之为史书。

残片文字不多，现转录于下：

（前缺）

291

微 无也言秦王之在　商君 不
死 岂无人杀鞅哉

告 商君反吏捕之商君

君之法舍人无验者

走 无所归还入其邑

国　　以五车各系其首
裂之 或谓之 □□

（后缺）

对比敦煌写本 P.5523 和 P.5034《春秋后语》卷一《秦语》上的相关文字，大字正文部分，完全一样。现将康世昌先生校录之 P.5523 有关文字录出，以见吐鲁番本所缺文字，粗体字者并加下划线处为吐鲁番写本所存文字①：

> 赵良曰："……君〔尚〕将贪商〔于〕之富，宠秦国之教，蓄百姓之怨，秦王一旦捐宾客而不立〔于〕朝，秦国之所以煞君者，岂其微哉！"**商君不听**。后五月，孝公卒，太子立，是为惠王。公子虔之徒**告商君反**，发**吏捕之**。**商君**亡至关下，欲入客舍，客舍不知其商君也，曰："商**君之法**，**舍人无验者**坐之。"商君叹曰："嗟呼！为法之敝，一至于此哉！"**走无所归**，**还入其邑**，公子虔之徒遂攻煞商君。惠王车裂其尸，以殉于**国**。

吐鲁番本只是在"吏捕之"之前，少一"发"字，其他文字全同。吐鲁番本正文首部"商君不"至尾部"国"之间，未见双行小注，据敦煌本计算，行与行之间，所缺均为 17—19 字。由此可见，"商君不听"至"以殉于国"之间，没有注文。但因为吐鲁番残片上下都已残缺，不能确知改行处所，因此还无法恢复这几行的原貌。

《春秋后语》为西晋孔衍撰，原书十卷，系增删《战国策》和《史

---

① 康世昌《〈春秋后语〉辑校》（上），《敦煌学》第 14 辑，1989 年，98 页。

记》而成，颇适合于一般读者所需，所以在唐代周边地域如敦煌（沙
州）、吐鲁番（西州）以及周边民族或国家如吐蕃、南诏、日本，也颇
为流行。但宋代以后，此书不被重视。大约元、明之际，已经失传。明
清以来，陆续有辑佚之作，但所得不多。敦煌写本发现以后，迄今为
止，已找到各种类型的《春秋后语》写本共十三件，今据各卷包含的内
容，列其篇目如下：

P.5034	卷一、二《秦语》上、中
P.5523	卷一、二《秦语》上、中
P.2702	卷二《秦语》中
罗振玉旧藏卷	卷二《秦语》中
P.5010	卷二《秦语》中
S.713	卷三《秦语》下
北图藏新 865 号	卷三《秦语》下
P.3616	卷四《赵语》上
P.2872	卷五《赵语》下
P.2589	卷七《魏语》
P.t.1291	卷七《魏语》藏文译本
P.2569	卷四《赵语》上、卷五《赵语》下、卷六《韩语》、卷七《魏语》、卷八《楚语》之"略出本"
S.1439	卷七《魏语》、卷八《楚语》、卷九《齐语》、卷十《燕语》之"释文本"

这些写卷中，P.t.1291 为古藏文译本，尚有待与汉文原本做详细的对
勘[1]；P.2569 是一种简写本，非《后语》原貌，今人称之为"略出本"；

---

[1] 此卷最初由今枝由郎先生考订为《战国策》，见所撰 Y. Imaeda, "L'identification de l'original chinois du Pelliot Tibétain 1291－traduction tibétaine du Zhanguoce", *Acta Orientalia (Hung.)*, 34.1－3, 1980, pp. 53－69. 王尧、陈践先生从其说，并据《战国策》《史记》文字还译为汉文，载所著《敦煌吐蕃文献选》，四川民族出版社，1983 年，82—99 页。其后，马明达先生据王、陈二位的汉译，判定其为《春秋后语》的藏译本，见所撰《P.T.1291 号敦煌藏文文书译解订误》，《敦煌学辑刊》第 6 期，1984 年，14—24 页。马氏的看法基本上为学者们所接受。

S.1439 只有释文，而没有本文，今人称作"释文本"；其他各卷皆为《后语》本文的写本①。因此，没有一种写本的形式与上录吐鲁番所出加注本《春秋后语》相同者。

王重民先生据《新唐书·艺文志》春秋类和《日本国见在书目录》杂史类的著录，指出唐人卢藏用有《春秋后语》注，和原书一样，也分为十卷，他还怀疑敦煌所出 S.1439 "释文本"即卢藏用注②。据康世昌先生的研究，今所见《后语》注文，除"释文本"外，有北宋《太平御览》所引者，有南宋绍兴间姚宏校《战国策》所引者，有元泰定、至顺间吴师道校《战国策》所引者，就中吴师道所引明确说是卢藏用注，与"释文本"相比较，知"释文本"非卢藏用注③。然而，这些古籍中引用的《春秋后语》注只有片言只语，无法看出卢藏用注的原貌。

从各家所辑《春秋后语》来看，现存的《春秋后语·秦语》有关商君的部分，只有本文，而没有注文保存下来。我们把上面所录《春秋后语》注本残存文字与辑本所录其他卢藏用注文相对照④，其用语、内容、形式都十分类似，而与"释文本"不同，应当可以判定为卢藏用注本。另外，从写本书体来看，也是唐人写本无疑。这件残片所存文字虽然不多，注文更少，但它保存了唐人所写卢藏用注本《春秋后语》的本来面貌。据《新唐书·艺文志》和《日本国见在书目录》，卢藏用注本和原书一样，也是十卷。从本残卷和《太平御览》《战国策》注所引《春秋后语》本文中散见的注文来看，知卢藏用注原来是随文出注的，而不像

---

① 康世昌和王恒杰两位先生在前人辑佚和研究的基础上，收集了除未刊北图藏卷之外的写卷，分别发表了自己的辑本，见康世昌《〈春秋后语〉辑校》（上）（下），《敦煌学》第 14—15 辑，1989、1990 年，91—187、9—86 页；王恒杰《春秋后语辑考》，齐鲁书社，1993 年。此后，李际宁先生介绍了北图藏卷，见所撰《〈春秋后语〉拾遗》，《敦煌吐鲁番研究》第 1 卷，1995 年，335—338 页。而其图版的公布，尚有待江苏古籍出版社拟刊的《北图藏敦煌文献》的出版。

② 《敦煌古籍叙录》，中华书局，1979 年，91 页。

③ 参看康世昌《孔衍〈春秋后语〉试探》，《敦煌学》第 13 辑，1988 年，117—119 页。

④ 按，日本国立历史民俗博物馆所藏南宋刊本《史记》栏外，偶有卢藏用注本《春秋后语》，为诸家辑本所未及。近见东京汲古书院目录，知该社已将此"国宝"分为十二卷，以《史记（国宝）》之名刊布，惜未得见。

是"释文本"那样，独立于原文。

由此，我们在德藏吐鲁番写本中，比定出一件卢藏用注《春秋后语》卷一《秦语》上残卷，这件编号 Ch.734 的写本，是世界各地所藏吐鲁番残卷中弥足珍贵的"孤本"，值得我们特别地珍视。

附记：感谢北京图书馆敦煌吐鲁番数据中心同意发表其所藏王重民所得旧照片。

（1999 年 3 月 14 日完稿，原载《北京图书馆馆刊》1999 年第 2 期，71—73 页。）

唐写本《唐律》《唐礼》及其他（增订本）

作者按：2000 年 5 月 20 日，笔者应池田温先生、妹尾达彦教授的邀请，在日本东洋文库以本文的题目做了一场讲演，修订后的演讲稿后来翻译发表在《东洋学报》上[①]，但汉文原本一直没有刊布。最近几年，本文所谈的《唐律》和《唐礼》写本又有一些新的讨论，笔者感到有必要在刊布汉文原稿的同时，就新的一些说法加以介绍，并略微增加一点自己的看法。以下每一节的本文为 2000 年原稿，而最新的增补，写在每节最后，以〔增订〕加以区别。

1996 年，笔者出版《海外敦煌吐鲁番文献知见录》[②]一书后，开始重点调查中国国内收藏的敦煌吐鲁番文献。与此同时，由于学术界的推动和出版界的热情，中国所藏敦煌吐鲁番写本正在以清晰的图录形式陆续刊布。在此，笔者就陆续所见到的几件尚未正式刊布的比较重要的唐代文书，简要报告其史料价值，并做考释如下。

一、《唐律》断简

1978—1980 年，山本达郎、池田温、冈野诚三位先生合著的《敦

① 荣新江《唐写本中の〈唐律〉〈唐礼〉及びその他》（森部豊译），《东洋学报》第 85 卷第 2 号，2003 年 9 月，1—17 页 + 图 1—4。
② 江西人民出版社，1996 年。

煌吐鲁番社会经济史料集》第一卷《法律文书》，刊布了大谷5098和大谷8099的缀合图版和录文，这两件《唐律·贼盗律》的断片不能直接缀合，中间只缺四个字的距离，上下可以大体上对应，共存三行残字。文书的背面是佛典，有武周新字，两残片也都相同。他们还指出，大谷4491和大谷4452缀合的《唐律·诈伪律》断片，其纸质、行间距、标准行之平均字数（21—23字）、背面佛典的武周新字，都和大谷5098+大谷8099完全相同，应当是同一写本的不同部分。从背面的武周新字反推正面的《唐律》写本年代，他们指出可能是《永徽律》或《垂拱律》[1]。刘俊文《敦煌吐鲁番唐代法制文书考释》一书转载了录文，并直接指为《永徽律》的写本[2]。

近年来，我在调查中国各地的敦煌吐鲁番收集品时，也留心访求敦煌吐鲁番文书的旧照片。在我所见到的一组旅顺博物馆藏吐鲁番文书的旧照片中，竟然有一张照片所示的图版可以和大谷5098上下直接缀合，字体和背面佛典使用武周新字以及背面的裱纸等也都完全相同，表明是一件残片被撕裂后的情形（图1、2）。现把旅博残片〔现编号LM20-1457-20-01〕和大谷5098、大谷8099缀合后的文字录出[3]：

（前缺）

1　乞卖者与同罪良亦同

2　□卖期亲卑幼及兄弟孙□□

3　流二千里卖子孙及己妾□□

4　者各减一等其□□

---

[1] T. Yamamoto, O. Ikeda, and M. Okano (co-ed.), *Tun-huang and Turfan Documents concerning Social and Economic History* I. Legal Texts, Tokyo: Toyo Bunko, 1978-1980, (A), pp. 24-25, 122-123; (B), pp. 13-14. 参看池田温、冈野诚《敦煌·吐鲁番发见唐代法制文献》，《法制史研究》第27号，1977年；高明士汉译本，载高明士《战后日本的中国史研究》（修订版），明文书局，1996年，247—248页。

[2] 刘俊文《敦煌吐鲁番唐代法制文书考释》，中华书局，1989年，94—95页。

[3] 〔增订〕可能由于篇幅的限制，《东洋学报》所刊拙文图1—2上文书残片的上下对应不够准确，请读者留意。

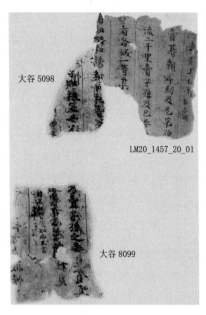 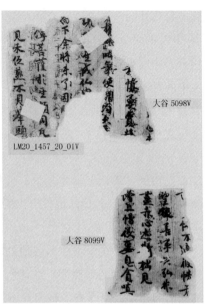

图 1 《唐律·贼盗律》（LM20-1457- 图 2 佛典（LM20-1457-20-01+大谷5098+
20-01+大谷5098+大谷8099） 大谷8099背）

5　诸知略和诱和同相卖及▭▭▭▭▭▭▭▭▭

6　　▭▭等知祖父母父▭▭▭▭及卖子孙之妾

7　▭▭▭▭▭▭▭▭▭▭┐知情而买各与初买者
　　　　　　　　　　　┘时不知买后知而不言
（后缺）

这样，我们就在前人比定的《贼盗律》"知略和诱和同相卖"条的前面，又获得两条《唐律》残文，更有意思的是，其中一条的文字与今本《唐律》的文字并不相同①。

残片第 1 行是"略和诱奴婢"条正文的最后六个字和注文的最后三个字，该条原文是：

———————————

① 参看长孙无忌等撰《唐律疏议》，刘俊文点校，中华书局，1983年，371—374页。

> 诸略奴婢者，以强盗论；和诱者，以窃盗论。各罪止流三千里。（虽监临主守，亦同。）即奴婢别赍财物者，自从强、窃法，不得累而科之。若得逃亡奴婢，不送官而卖者，以和诱论；藏隐者，减一等坐之。即私从奴婢买子孙及取者，准盗论；乞卖者，与同罪。（虽以为良，亦同。）

残片正文注文文字均同。

残片第 2—4 行，应相当于"略和诱奴婢"条后的"略卖期亲以下卑幼"条，但文字差异较多。今本作：

> 诸略卖期亲以下卑幼为奴婢者，并同斗殴杀法；（无服之卑幼亦同。）即和卖者，各减一等。其卖余亲者，各从凡人和略法。

残片第 2 行上有一点残画，似是"诸"字；"期亲"下无"以下"二字，"卑幼"后接"及兄弟"；第 3 行"流二千里卖子孙及己妾"，全不见今本；第 4 行文字虽然见于今本，但若以写本每行 21—22 字计，其前面的文字必然与今本迥异。

按《疏议》曰"期亲以下卑幼者，谓弟、妹、子、孙及兄弟之子孙、外孙、子孙之妇及从父弟、妹"，又后面的答问中曰"此文卖期亲卑幼及兄弟、子孙、外孙之妇，卖子孙及己妾、子孙之妾，各有正条"，说明今本本文用"以下"二字省略了不少内容，而《疏议》答问所引"此文"提到的文字，与残片保存的《唐律》早期的文字形态相似。笔者不是法制史专家，不敢妄做推论，希望这方面的专家能把这段文字补足，并揭示出今本所没有的"流二千里卖子孙及己妾"的意义。

残片第 5 行可以与大谷 5098 直接缀合，所存"知略和诱和同相卖"条文字虽然不全，但与今本基本相合。值得注意的是，旅博残片表明，表示律文一条开始的"诸"字，是高出本文一格书写的，因此我推测第 2 行"卖"字上也有一高出的"诸"字，这种格式与 P.3690 格式谨严的

《唐律疏议·职制律》残卷相同①。

　　旅博残片与今本《唐律》文字的差异，除了其内容所包含的新意之外，也有助于对今本《唐律》成书年代的考察。从写本的内容与今本不同，而背面文字有武周新字来看，这个残卷可以定为《永徽律》或《垂拱律》的抄本。另外，残卷内容与日本《养老律·贼盗律》相应条目文字大体相当，而《养老律》是依据《永徽律》和《垂拱律》编纂而成的，所以该断片应当是《永徽律》或《垂拱律》写本②。这样，对照这件缀合后的残片，今本《唐律疏议》所录的文字肯定不是《永徽律》的原样，这对于仁井田陞、牧野巽《故唐律疏议制作年代考》关于《唐律疏议》是开元二十五年以后续有修订的说法③，是有力的支持。

　　按旅顺博物馆藏卷原是大谷探险队收集品，在其中发现与大谷文书可以缀合的残片是不难理解的。但是，由于旅顺博物馆收藏的"大谷文书"的主体还没有整理④，这件照片所示的原件目前情形如何，尚不得而知。希望不久的将来，旅顺博物馆也能出版其全部藏品的大型图版，其中一定会有更多的唐代史料提供给学界。

〔增订〕

　　2006年3月，旅顺博物馆与日本龙谷大学合编的《旅顺博物馆藏新疆出土汉文佛经选粹》（下简称《选粹》）出版⑤，其中收录的主要是佛教经典的照片，但让我们惊喜的是后面附有若干非佛教文献的残片，

① *Tunhuang and Turfan Documents*, I. Legal Texts, (B), p. 39.
② 此为池田温、大津透两位先生在给笔者的信中所做的提示。
③ 《东方学报》第1、2册，东京，1931年。
④ 参看王珍仁、孙慧珍《旅顺博物馆藏新疆出土的汉文文书概况》，《新疆文物》1994年第4期，49—55页；王珍仁、刘广堂等《旅顺博物馆藏新疆出土文物研究文集》，龙谷大学佛教文化研究所，1993年。
⑤ 本书日文名称为《旅顺博物馆藏トルファン出土汉文佛典断片选影》，法藏馆，2006年。参看拙撰书评，载《敦煌吐鲁番研究》第10卷，上海古籍出版社，2007年，409—413页。

其中所刊 LM20-1457-20-01 号[1]，就是笔者曾经根据旧照片发表过的《唐律疏议·贼盗律》，该书解题已经根据拙文做了说明并给出录文。

更让人惊喜的是，《选粹》还发表了旅顺博物馆所藏大谷探险队所得另外两个《唐律》残片，编号为 LM20-1507-0988 和 LM20-1507-1176，该书已经指出是"唐律"，但未深究。两残片所存文字如下：

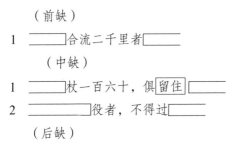

（前缺）
1 ＿＿＿合流二千里者＿＿＿
（中缺）
1 ＿＿＿杖一百六十，俱留住＿＿＿
2 ＿＿＿＿役者，不得过＿＿＿
（后缺）

今检《唐律疏议》，知两残片文字在卷三《名例律》以下一段中（以下划线表示）：

> 诸工、乐、杂户及太常音声人，犯流者，二千里决杖一百，一等加三十，留住，俱役三年；犯加役流者，役四年。【疏】议曰：此等不同百姓，职掌唯在太常、少府等诸司，故犯流者不同常人例配，**合流二千里者**，决杖一百；二千五百里者，决杖一百三十；三千里者，决**杖一百六十；俱留**住，役三年。"犯加役流者，役四年"《名例》云："累徒流应**役者，不得过**四年。"故三年徒上，止加一年，以充四年之例。若是贱人，自依官户及奴法。[2]

虽然残存的文字很少，但仍值得珍视。与已经发表的吐鲁番出土《唐

_____

① 《旅顺博物馆藏新疆出土汉文佛经选粹》，202 页。
② 《唐律疏议》，74 页，第 28 条。

律》写本对照，可知这两个残片代表着一个新的《律疏》抄本。从字体工整秀丽来看，或许是官颁的精抄写本。

2007 年 9 月，旅顺博物馆的郭富纯、王振芬两位先生出版《旅顺博物馆藏西域文书研究》，又发表了 LM20-1509-1580 号"法律文书"残片[①]，实际上也是唐《律疏》写本，而且应当是属于 LM20-1507-0988 和 LM20-1507-1176 两残片前面的部分。冈野诚先生在最近发表的《新介绍的吐鲁番、敦煌本〈唐律〉〈律疏〉断片——以旅顺博物馆及中国国家图书馆所藏资料为中心》一文中，已经做了很好的比定和考释[②]，此处不必赘述。

冈野诚先生还在同一篇文章中，详细讨论了笔者在《东洋学报》上刊布的《唐律》断片（即 LM20-1457-20-01），特别是这个断片上的文字与今本《唐律疏议》文字不同的问题，也就是永徽、开元年间唐律的修订问题[③]，这也正是笔者希望法制史专家在文献整理的基础上所做的工作。

二、《唐开元礼》残卷

在中国国家图书馆（即原北京图书馆）藏敦煌遗书中，原本用"让、国、有、虞、陶、唐、周、发、殷、汤、坐、朝"十二个千字文来编号的文书，过去没有随《敦煌劫余录》著录文书而公布缩微胶卷，也没有著录于《敦煌劫余录续编》，但是，我们早已从许国霖《敦煌石室写经题记与敦煌杂录》中，看到属于这一组文书的部分录文。遗憾的是，笔者曾据原卷核对过许氏的大部分文书的录文，错误极多。而一些十分重要的文书，也未引起许氏的注意，这里介绍的周字 70A 号文书，

① 郭富纯、王振芬《旅顺博物馆藏西域文书研究》，万卷出版公司，2007 年，179—180 页。

② 冈野诚《新たに绍介された吐鲁番・敦煌本〈唐律〉〈律疏〉断片——旅顺博物馆及び中国国家图书馆所藏资料を中心に》，土肥义和编《敦煌・吐鲁番出土汉文文书の新研究》，东洋文库，2009 年，87—91 页。

③ 同上，93—108 页。

就是其一。

现标作周字 70A 号写本的正面，抄录诗歌残文，背面有残文，经比定，与《大唐开元礼》卷三十七"皇帝时享于太庙"节"馈食"条文字相当，只有个别字不同①。现录残文如下，以下划线标识，缺文用光绪十二年洪氏公善堂校刊本《开元礼》补足（图 3）：

（前缺）

1 太祝入奠版于神坐出还罇所

2 皇帝拜讫乐止太常卿引

3 皇帝诣

4 高祖罇彝所执罇者举幂侍中取爵于坫进

5 皇帝受爵侍中赞酌泛齐讫大明之舞作太常卿引

6 皇帝进

7 高祖神坐前北向跪奠爵少东俛伏兴太常卿又引

8 皇帝出取爵于坫酌醴齐讫太常卿引

9 皇帝入诣神坐前北向跪奠爵少西讫太

10 常卿引

11 皇帝出户北向立乐止太祝持版进于

（后缺）

文字不同处有，写本"罇"刊本作"尊"，第 6 行"进"刊本作"入诣"，"坐"刊本作"座"，两"向"字刊本作"面"，第 9 行"讫"刊本做"兴"。

很显然，这是按照《唐令》规定的平阙式抄写的《开元礼》，遇"皇帝""先帝"名称都用平出，说明是唐朝的官文书无疑。抄本格式谨严，应当是初盛唐时期的产物。在已经刊布的敦煌吐鲁番文书中，目前

---

① 《大唐开元礼》（池田温解题），古典研究会，1981 年，209 页下栏 1—7 行。国家图书馆善本部的史睿学兄提醒笔者这个残片是《大唐开元礼》，在此谨表谢意。

图 3 《大唐开元礼》（周字 70A 号）

还没有发现过《唐礼》的写本，这个残片可以说填补了一项空白。残片的内容是皇帝时享于太庙的部分，在敦煌是没有实用价值的，所以这个残片所代表的典籍，或者是作为书籍抄本而流传到敦煌的，或者是作为废纸再次利用而带到敦煌。

〔增订〕

在本文交稿后出版的《大谷文书集成》第三卷，刊出大谷 4922 号残片，编者题作"大唐开元礼卷第三十八断片"，文书仅存两行五个字："大唐开元〔   〕时（下缺）"，卷数是编者推补的[①]。与大谷 4922 在同一图版上发表的大谷 8113 号，《集成》定名为"唐钞古书断片"[②]。刘

---

① 小田义久编《大谷文书集成》第 3 卷，法藏馆，2003 年，66 页，图版 45。
② 同上，241 页，图版 45。

安志先生肯定了《集成》关于大谷 4922 为《大唐开元礼》的比定，但否定其所定卷数，并进而将大谷 8113 比定为《大唐开元礼》卷六十五，又从书法和内容两方面加以考察，判定两者是前后接续的残片，内容均为《大唐开元礼》卷六十五①。刘安志随后又撰写了《关于〈大唐开元礼〉的性质及行用问题》一文，除了重复上述关于大谷文书残片的考证外，还指出周字 70A 号上的《大唐开元礼》文字，不属卷三十七"皇帝时享于太庙"节"馈食"条，而是卷三十九"皇帝祫享于太庙"节的"馈食"条。他注意到汎齐与醴齐适用场合的差异，此点非常重要，因为《新唐书·礼仪志》和《通典·开元礼纂》都没有这方面的细节。我们所据《大唐开元礼》的版本确有阙失，刘安志指出卷三十九"陈设"和"晨裸（原文误排为镈）"部分都有太祖和太宗神位，"馈食"条不容缺失，很有道理②。唯今后尚需再查阅其他明清抄本加以证明更好，毕竟《四库全书》难以全部依赖。此外，他还根据史籍的记载，认为《大唐开元礼》在唐朝基本上是行用的③。

吐鲁番本《大唐开元礼》的发现具有很重要的意义，这两个残片虽然小，但基本上保留了原书的标题。吐鲁番本和敦煌本一起，可以为《大唐开元礼》在唐朝时期的流行情况，提供给我们一些思考的空间。

三、唐烽堠文书残片

刘俊文先生在《敦煌吐鲁番唐代法制文书考释》一书中，认为北京图书馆藏周字 51 号文书是"开元职方格"断片，理由是文书形式上是分条书写，内容上是有关烽火递报的"禁违止邪"，应属于兵

---

① 刘安志《〈大谷文书集成〉古籍写本考辨》，《新疆师范大学学报》2004 年第 1 期，45—46 页。
② 这里的说法得到史睿的教示。
③ 《中国史研究》2005 年第 3 期，95—117 页。

部职方所管,故此可能是"职方格"①。这是《敦煌吐鲁番社会经济史料集》第一卷《法律文书》所没有收录的一件,但是否是"格",尚无确证。刘氏称"兹据原件迻录",但经笔者对比原件,他的录文阙字、漏字、错字与许国霖《敦煌杂录》所录完全相同②,改行处所也与原件相左,显然并没有看过原件。现据周字51号文书原件重录如下(图4):

(前缺)

1　竟不来,遂使军州伫望消息。于今后

2　仰放火之处,约述(束)逗留,放火后状(以)

3　(次)递报,勿稽事意,致失权宜。辄违

4　晷刻,守捉官副追决卅;所由知烽

5　健儿决六十棒。

6　法令滋彰,盗贼多矣。隄防不设,奸

7　贰互兴。欲存纪纲,须加捉搦。仰望

8　□□守捉官相知捉搦,务令禁断。

(后缺)

校记:

2行"约"字原写作"状",圈掉后补写于行间;"后"字写于行间,显然是取代相应处正文的"续"字,但忘记把"续"字圈掉;行末有"以"字,原已圈掉。3行首字作"次",但圈掉。4行"副"字不能确定,也可能是"别"。8行二阙字,刘氏推补"镇戍",可从。

---

① 刘俊文《敦煌吐鲁番唐代法制文书考释》,295—297页。
② 刘氏录文见上引书295页,许氏录文见《敦煌杂录》下辑,177叶a面。

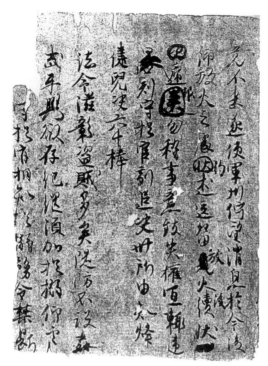

图 4　唐烽堠文书（周字 51 号）

　　这件文书没有唐朝格文书每条开始处的"一"字线或"敕"字，而且，从现存敦煌吐鲁番发现的格文原本来看，都是书写谨严，很少有误。相反，周字 51 号文书没有格文书每条开始部分的特征，而且文字有涂抹和改正，从外观上看，不像是格。

　　程喜霖《汉唐烽堠制度研究》也曾据许国霖书录文，拟名为"唐惩罚司烽火人烽健儿令"[①]，也不像唐朝官文书的名称。程氏把这件文书录于历博 8086 号《唐西州都督府下诸府主帅牒》之后，两者用词确实有类似之处。或许两件文书都是属于地方官府对所属镇戍守捉烽堠下达的牒文，其中特别申述了违制惩罚的规定。

　　总之，这两件有关镇戍守捉烽堠的文书，尽管可能是沙州、西州地

──────────

① 程喜霖《汉唐烽堠制度研究》，联经出版公司，1991 年，405 页。

方官府的文书，但所讲的内容具有普遍性，是研究唐代军事史的重要参考资料。

〔**增订**〕

除了上述专著外，刘俊文在《论唐格——敦煌写本唐格残卷研究》一文中，也将此件视作开元职方格断片，并与《武经总要》前集卷五所载唐兵部烽式加以对比，来说明格文对式文的补充[①]。但其所录周字51号文书前4行，仍然是和原件不符的，他显然没有见到这件文书的原貌，也就不知道写本涂抹的痕迹。

小　结

敦煌吐鲁番文书中包含着大量有关唐朝本身的史料，在英藏、法藏文书公布后的今天，俄藏和中国各地所藏敦煌吐鲁番文书中的新材料，虽然一般来讲没有英、法所藏的完整，但有的断简却能说明较大的问题。限于篇幅和学力，笔者这里只选择三件文书，来举例说明中国所藏敦煌吐鲁番文献在唐史研究方面的意义。在笔者所见的唐代文书或典籍写本中，还有不少值得研究的材料，如北图所藏的一件《牒文事目历》，就提到访捉逃兵、科征葱子、逃户、神泉观买婢、帖戍钱等事，就为唐史研究提出一些新的问题，有待我们探讨。

希望各地所藏敦煌吐鲁番文献早日出版，为唐史研究提供更为丰富的素材。

---

① 中国敦煌吐鲁番学会编《敦煌吐鲁番学研究论文集》，汉语大词典出版社，1990年，555—556页。

附记：以上是在笔者 2000 年 5 月 20 日东洋文库讲演稿的基础上修订而成。感谢池田先生和大津透教授的指教。

（原以日文《唐写本中の〈唐律〉〈唐礼〉及びその他》〔森部豊译〕，发表于《东洋学报》第 85 卷第 2 号，2003 年，1—17 页；后增订再刊于《文献》2009 年第 4 期，3—10 页＋封 2 图版。）

旅顺博物馆藏新疆出土佛典的学术价值

　　旅顺博物馆（简称"旅博"）藏新疆出土汉文文献与日本"大谷文书"，同属西本愿寺第 22 代法主大谷光瑞组织的中亚探险队的收集品，二者的分合情况具见前文所述。相较于史学界对大谷文书较为充分的研究而言，旅博所藏新疆出土汉文文献虽然很早就为学界所知，但由于历史原因，很少有人能真正经眼这批资料，相关研究亦多属"挖宝式"的。进入 21 世纪之后，旅博与日本龙谷大学合作，对这批文献进行了部分整理，刊布了一些资料，但对于馆藏总数来说也只是很少的一部分。2015 年 8 月以来，我们对旅博馆藏新疆出土汉文文献进行了全面的清理，在能力所及范围之内对大多数残片给出了定名和解题。在这个过程中，对这批资料的学术价值有了较为全面的认识。以下，我们根据文献的性质，分类提示一些富有研究旨趣的内容，以揭橥这批资料所蕴含的学术价值。

　　旅博的新疆出土汉文文献当中，无疑以佛典最多，数量逾两万片，其中主要部分应当来自吐鲁番盆地各个遗址，但也有一些是出自库车、和田地区。虽然因为出土于佛寺或千佛洞遗址，保存状态不佳，大多数都是残片，但经过我们的比定，其内涵十分丰富，大大推进了人们对吐鲁番乃至整个西域地区汉文佛教典籍内容的认知，有不少极具学术价值，前人常常用"吉光片羽"来形容这些残片，诚非虚言。

一、吐鲁番出土佛典概况

自 19 世纪末以来，吐鲁番盆地各个遗址出土了大量佛教典籍的残片，其中比较大宗的收集品保存在德国国家图书馆（Staatsbibliothek Preussischer Kulturbesitz）、亚洲艺术博物馆（Museum für Asiatische Kunst）、英国国家图书馆（The British Library）、俄罗斯科学院东方文献研究所（Institute of Oriental Manuscripts of the Russian Academy of Sciences）、芬兰国家图书馆（The National Library of Finland）、日本龙谷大学图书馆、书道博物馆、静嘉堂文库、中国旅顺博物馆、新疆博物馆、吐鲁番博物馆，数量少一些的收集品则分散在世界各地，其中包括中国国家博物馆、土耳其伊斯坦布尔大学图书馆（The Library of Istanbul University）、美国普林斯顿大学葛斯德图书馆（Gest Library, Princeton University）、日本大阪四天王寺出口常顺氏，等等。

多年来，通过各国学者的不懈努力，许多佛典残片都经过修复、整理、编目和比定工作，有些还有相当丰厚的研究史，在此无法一一列举。目前，我们对于已出土的吐鲁番以及西域其他地区的汉文佛典有了比较全面的认识，但与敦煌佛典的研究相比，还有相当大的距离，许多问题还有待深入探讨。以下就从几个方面，来加以阐述。由于大多数旅博藏品出自吐鲁番，但又缺乏清楚的出土地记录，所以为了叙述方便，以下多以吐鲁番出土佛典来指称旅博所藏新疆出土文献，而在最后专列一小节，讨论明确出自吐鲁番之外地区（主要是库车）的汉文佛典。

吐鲁番地区出土佛教典籍的年代延续的时间很长，西晋元康六年（296）写本竺法护译《诸佛要集经》题记是所见最早的年款[①]。经过高昌

[①] 除了《西域考古图谱》（国华社，1915 年）刊布的带有题记的写本外，属于同一写本的其他残片在旅顺博物馆藏卷中又有发现，参看三谷真澄《旅顺博物馆所藏〈诸佛要集经〉写本について》，旅顺博物馆、龙谷大学编《旅顺博物馆藏新疆出土汉文佛经研究论文集》，龙谷大学，2006 年，64—73 页。

郡时期（327—443 年）、高昌国时期（443—640 年）、唐朝时期（640—
803 年）、回鹘汗国时期（803—866 年）、西州回鹘时期（866—1283
年），高昌地区佛教一直兴盛，产生了大量的写本、刻本佛经，有的是
中原传来，有的则是当地抄写的。因为大多数写本是残片状态，所以需
要先做比定，在了解了大多数残片的内涵之后，我们才可以进而探讨这
些残片所能说明的问题。

二、凉土异经

东汉末年，以公元 148 年安世高进入洛阳为标志，正规的佛教组织
进入中国，开始译经事业。到了西晋时期，"敦煌菩萨"竺法护在河西、
长安等地译经，佛教经典大幅度增加。随后的十六国时期，特别是北凉
时期，凉州地区翻译了不少佛经，道安的《综理众经目录》中有所谓
"凉土异经录"。这些经典有些传入中原，有些则因种种原因，未必传入
内地。吐鲁番出土写经中，有不少属于高昌郡和高昌国早期的写经，其
中是否包括"凉土异经"呢？这是非常值得探讨的问题。

旅博发现的几件早期《无量寿经》（编号 LM20‐1490‐14‐01、
LM20‐1462‐29‐01、LM20‐1454‐08‐07、LM20‐1462‐35‐01、
LM20‐1453‐17‐03），与现存的早期《无量寿经》各本，如孙吴支谦
译《阿弥陀三耶三佛萨楼佛檀过度人道经》（《大阿弥陀经》）、题后汉支
娄迦谶译《无量清净平等觉经》、题曹魏康僧铠译《无量寿经》，在结
构、形态、用词、语句等方面都不相同。同类的写本也见于德国吐鲁番
探险队收集品，都来自吐鲁番地区 [1]。我们不禁要问，这些早期《无量寿

---

[1] 三谷真澄《旅顺博物馆所藏の净土教写本について》，《龙谷大学国际文化研究》第 12
号，2008 年，29—44 页；又《旅顺博物馆所藏の汉文无量寿经写本》，《宗教研究》
第 83 卷第 4 号，2010 年，409—410 页；又《ドイツトルファン队收集の初期无量寿
经写本》，《佛教学研究》第 70 号，2014 年，1—25 页；又《德国吐鲁番探险队收集
的早期〈无量寿经〉写本考释》，陆帅译，《魏晋南北朝隋唐史资料》第 32 辑，2015
年，220—241 页。

经》是不是只在包括吐鲁番地区的凉州范围内传播？它们或许就是没有进入中原的凉土异经。

早期的佛典写本，不论是否凉土异经，其实都是十分珍贵的材料，旅博所藏《菩萨忏悔文》[①]《悲华经》[②]《大般涅槃经（北本）》[③]《贤愚经》[④]《治禅病秘要法》[⑤]《道行般若经》[⑥]《维摩诘经》[⑦]，以及大量净土经类写本[⑧]，不论从佛教史还是佛典流传史的研究方面，都有重要的参考价值。

三、北朝经疏

隋唐统一中国以后，南朝系统的佛教学说被当作正统的教法而得以保存和发扬，而北朝系统的学说只是在北方的一些地区继续流传，后来就湮没无闻了。敦煌藏经洞保存的北朝写本佛典注疏的发现，可以让我们部分了解北朝系的学说，从而也部分明确了隋唐佛教思想的一些来源问题[⑨]。现在，随着吐鲁番文献的整理研究，特别是旅博馆藏大量佛典断片的比定和释录，各种北朝经疏的面貌逐渐显露出来。

---

① 王振芬《承阳三年〈菩萨忏悔文〉及相关问题》，《旅顺博物馆藏新疆出土汉文佛经研究论文集》，74—83 页；又载《敦煌吐鲁番研究》第 14 卷，上海古籍出版社，2014年，467—477 页。

② 阴会莲《旅顺博物馆藏吐鲁番出土〈悲华经〉之整理状况》，《旅顺博物馆藏新疆出土汉文佛经研究论文集》，104—117 页。

③ 王宇、王梅《旅顺博物馆藏吐鲁番出土〈大般涅槃经〉（北本）早期写本的缀残及其他》，《旅顺博物馆藏新疆出土汉文佛经研究论文集》，46—63 页。

④ 三谷真澄《旅顺博物馆所藏〈贤愚经〉汉文写本について》，《印度学佛教学研究》第 52 卷第 2 号，2004 年，236—239 页。

⑤ 包晓悦《旅顺博物馆所藏吐鲁番出土〈治禅病秘要法〉残片研究》，王振芬主编《旅顺博物馆学苑·2016》，吉林出版集团股份有限公司，2017 年，112—122 页。

⑥ 孙传波《旅顺博物馆藏新疆出土汉文〈道行般若经〉残片述略》，《旅顺博物馆藏新疆出土汉文佛经研究论文集》，160—203 页。

⑦ 王梅《旅顺博物馆藏吐鲁番出土〈维摩经〉汉文写本残片整理概述》，《旅顺博物馆藏新疆出土汉文佛经研究论文集》，135—159 页。

⑧ 郭富纯、入泽崇主编《旅顺博物馆所藏新疆出土汉文净土教写本集成》，法藏馆，2010 年。

⑨ 荣新江《敦煌学十八讲》，北京大学出版社，2001 年，226 页。

橘堂晃一对属于高昌国时期写本的《胜鬘义疏本义》《胜鬘义记》、胜鬘经双行注本,《注维摩经》僧肇单注本、《维摩义记》,《法华义记》及其他法华经注疏,慧远《涅槃义记》、其他涅槃经注疏,《文殊师利菩提经》双行注本等,做了简要的概说[①],并专门就《胜鬘义记》做了深入讨论和对比研究,以下据橘堂氏的研究略作陈述。

《胜鬘义疏本义》已知有 7 个残片(编号 LM20-1466-19-01、LM20-1468-21-05、LM20-1451-25-02、LM20-1494-20-04、LM20-1520-37-04+LM20-1460-10-18、LM20-1458-21-16),它们与敦煌本奈 93(BD0114)、玉 24(BD0113)《胜鬘义疏本义》相同[②]。据藤枝晃研究,敦煌本所代表的北朝经疏,正是日本圣德太子《胜鬘经义疏》的依据,故称"本义"[③]。

《西域考古图谱》下卷佛典附录 1-5 曾刊布《胜鬘义记》卷中写本 12 行,最后一行题记作"延昌廿七年(587)□(下残)"。橘堂氏又从旅顺博物馆现存文献中找到属于同一卷写本的 18 件残片(LM20-1452-39-09 等),我们这次又比定出一件(LM20-1468-21-05),所存文字基本涵盖了敦煌本(BD0114)第 314—375 行的内容。此卷出吐峪沟,说明作为圣德太子《胜鬘经义疏》思想来源之一的北朝《胜鬘义记》,也在吐鲁番的高昌王国流行[④]。

《西域考古图谱》下卷佛典附录 3-1 曾刊布吐峪沟出土建昌二年(556)写《维摩义记》卷四,橘堂氏又从旅博找到另一个写本的《维摩义记》,由 10 个残片缀合成几近完整的一叶(编号 LM20-1452-30-01+

---

① 橘堂晃一《旅順博物館に藏される麴氏高昌国時代の佛教注釈書概観》,《旅順博物館藏新疆出土汉文佛经研究论文集》,84—103 页。

② 旅顺博物馆、龙谷大学主编《旅顺博物馆新疆出土汉文佛经选粹》(以下简称《旅博选粹》),法藏馆,2006 年,72、77、162、168 页;橘堂晃一《旅順博物館に藏される麴氏高昌国時代の佛教注釈書概観》,87—88 页。

③ 藤枝晃《北朝における〈胜鬘经〉の伝承》,《东方学报》(京都)第 40 册,1969 年,325—349 页;藤枝晃、古泉圆顺《E 本〈胜鬘义疏本义〉敦煌本》,《圣德太子集》(日本思想大系 2),岩波书店,1975 年。

④ 《旅博选粹》,75—77 页;橘堂晃一《トゥク出土〈胜鬘义记〉について——トルファン、敦煌そして飞鸟》,《佛教文化研究所纪要》第 46 集,2007 年,266—286 页。

LM20 - 1456 - 04 - 07 + LM20 - 1462 - 16 - 01 + LM20 - 1457 - 38 - 07 + LM20 - 1470 - 23 - 01 + LM20 - 1457 - 22 - 02 + LM20 - 1497 - 13 - 04 + LM20 - 1461 - 01 - 10 + LM20 - 1462 - 16 - 02 + LM20 - 1464 - 22 - 02），与法藏敦煌本 P.2273（29 - 16）内容相同[1]。

此外，旅博还有僧肇单注本《注维摩经》、惠远《维摩义记》等[2]。

我们在旅博藏卷中，找到数十件《涅槃经》注疏残片，年代均在唐朝以前的高昌国时期。这些残片的内容与现存的萧梁宝亮等人注释的《大般涅槃经集解》、灌顶的《大般涅槃经疏》，以及敦煌发现的二十多件、内容属于数种的涅槃经疏都不相同，经与敦煌本（上博 064、BD93、BD2276 等）以词、句为单位逐个诠释的涅槃经疏书写体例对比，LM20 - 1450 - 18 - 03、LM20 - 1469 - 14 - 01 等残片应当是昙无谶《大般涅槃经》的注疏，与南方偏重义理的学说不同，可能是北方涅槃学初期的产物[3]。考虑到北凉名僧法进（又名道进、法迎）曾从昙无谶受菩萨戒[4]，后来又随沮渠无讳、安周兄弟流亡到高昌[5]，随之而来的有不少北凉僧人，因此不难设想北凉涅槃学此后在高昌传播开来，产生不少具有河西、高昌地方特色的涅槃经疏，在其他地方并不流行。

四、唐朝中原写经

唐朝于贞观十四年（640）灭高昌王国，在吐鲁番设立直辖的西州

---

① 《旅博选粹》，71 页；橘堂晃一《旅顺博物馆に藏される麴氏高昌国时代の佛教注释书概观》，94—95 页。

② 郑阿财《旅顺博物馆藏新疆出土注〈维摩诘经〉残卷初探》，《丝绸之路与新疆出土文献——旅顺博物馆百年纪念国际学术研讨会论文集》，中华书局，2019 年，171—208 页。

③ 张凯悦《旅顺博物馆藏新疆出土涅槃经注疏研究》，待刊。

④ 《高僧传》卷二《昙无谶传》，中华书局，1992 年，79 页。

⑤ 参看孟宪实《北凉高昌初期内争索隐——以法进自杀事件为中心》，朱玉麒主编《西域文史》第 1 辑，科学出版社，2006 年，135—144 页；后收入孟宪实《出土文献与中古史研究》，中华书局，2017 年，163—175 页。

后，唐朝的制度、文化很快进入到这里，佛教也不例外。中原地区流行的经典，如《金刚经》《维摩诘经》《妙法莲华经》，以及玄奘译《大般若波罗蜜多经》、义净译《金光明最胜王经》、实叉难陀译《大方广佛华严经》等，也都是西州地区最为流行的经典。我们在旅博藏卷中见到有唐太宗的《大唐三藏圣教序》（LM20-1456-28-11）和唐中宗的《大唐中兴三藏圣教序》（LM20-1505-0680、LM20-1511-0086、LM20-1486-29-10）[①]，表明敕颁的佛典，陆续送到了吐鲁番盆地的寺院。

武则天以佛教宣扬的"女主转世"说作为其上台的理论基础，因此特别重视《大云经》和《宝雨经》。过去我们曾经根据大谷探险队所得《武周康居士写经功德记碑》和德藏 MIK III 113（T II）写本，讨论《宝雨经》传播到高昌的问题[②]。现在，我们又从旅博藏卷中找到更多的《宝雨经》写本断片（编号 LM20-1464-31-17、LM20-1457-11-15、LM20-1451-24-07、LM20-1456-20-05、LM20-1460-38-22、LM20-1492-03-04、LM20-1506-0780d、LM20-1506-0976-01、LM20-1509-1561-01），说明作为武则天的政治宣传品的《宝雨经》，曾经在西州地区广泛传写[③]。

此外，还有唯识学著作[④]《俱舍论颂释序》[⑤]、多种《金刚经》注疏[⑥]等中原僧人著述，又有《大唐大慈恩寺三藏法师传》《续高僧传》等僧

---

① 王卫平《关于〈大唐中兴三藏圣教序〉——兼及旅顺博物馆藏吐鲁番出土〈大唐中兴三藏圣教序〉残片略考》，《丝绸之路与新疆出土文献——旅顺博物馆百年纪念国际学术研讨会论文集》，255—270 页。

② 荣新江《胡人对武周政权之态度——吐鲁番出土〈武周康居士写经功德记碑〉校考》，初刊《民大史学》第 1 期，1996 年，6—18 页；后收入作者《中古中国与外来文明》，三联书店，2001 年，204—221 页。

③ 荣新江《"康家一切经"考》，《旅顺博物馆学苑·2016》，60—73 页。

④ 王丁《吐鲁番出土的唐代唯识学文献小考》，《敦煌写本研究年报》创刊号，2007 年，145—164 页。

⑤ 史睿《旅顺博物馆藏〈俱舍论颂释序〉写本考》，《旅顺博物馆学苑·2016》，74—87 页。

⑥ 李昀《旅顺博物馆藏〈金刚经〉注疏小考》，《旅顺博物馆学苑·2016》，88—111 页。

传文献，以及《法苑珠林》等中土著述和灵验记、《冥报记》等佛教文学类作品。这是学界所熟知的，此不赘述。

五、疑伪经

按照佛教的正统观念，凡是非佛亲口所说的经，就是"伪经"；真伪难辨者则是"疑经"；合称"疑伪经"。目前所见，最晚到东晋道安的《综理众经目录》（简称《道安录》，已佚），已经为疑伪经单辟一目，意欲禁绝。这一传统，为历代经录所延续。

旅博馆藏新疆出土汉文文献中，也有大量的佛教疑伪经，从高昌国经唐西州到西州回鹘时期都有，大多是从中原转抄或当地重抄而得，流传于吐鲁番及西域其他地区。目前已经见到的禅宗系统之外的疑伪经，主要有[①]：

《决定罪福经》，又名《决罪福经》《慧法经》《惠法经》，《出三藏记集》即将此经列入伪经，以后诸家经录多入伪经录。敦煌写本中有6个写本，此前吐鲁番写本有3个本子（Ot.5784、出口常顺藏卷114号、Ch/U.6466）[②]。我们幸运地在旅博藏卷中找到7个编号，均为卷下。

《像法决疑经》，隋代《法经录》以下多列入伪经，但在敦煌、房山及日本藏经中都有抄本，数量也颇多[③]。我们在旅博藏卷中找到多个残片（编号 LM20-1457-07-04、LM20-1459-02-01、LM20-1459-03-03等），表明在吐鲁番的流行。

《大通方广忏悔灭罪庄严成佛经》，又名《大通方广经》，隋代《法经录》以下多列入疑伪经，敦煌写本中有多个抄本，且有藏文译本，德

---

① 刘广堂《旅顺博物馆藏新疆出土汉文佛经写本综述》对疑伪经有初步统计，《旅顺博物馆藏新疆出土汉文佛经研究论文集》，24页。目前我们又比定出更多种书，每种书的残片数也有所增加。

② 铃木裕美《〈决罪福经〉について》，《印度学佛教学研究》第46号第2号，1998年，7—10页；曹凌《中国佛教疑伪经综录》，上海古籍出版社，2011年，40—43页。

③ 牧田谛亮《疑经研究》，京都大学人文科学研究所，1976年，304—319页；曹凌《中国佛教疑伪经综录》，98—113页。

国国家图书馆、出口常顺、静嘉堂文库也藏有吐鲁番残卷①，旅博有卷中的两个写本（LM20-1522-18-14、LM20-1505-645 右）。

《观世音三昧经》，又名《观音三昧经》，隋代《法经录》以下多入疑伪经，敦煌与日本存写经有 7 个编号②。CBETA 据台北"中央图书馆"藏敦煌本录入，题"说观世音三昧经"，为潘重规先生拟名③，现应该用经录原名。旅博藏卷中有 16 个编号（LM20-1517-198 等），可见其流行程度。

《妙法莲华经度量天地品》，隋代《法经录》以下多列入伪经，敦煌有 28 号，分属两个系统④。旅博藏卷中，我们找到 6 个编号的写本。

《大方广华严十恶品经》，又名《华严十恶经》等，隋代《法经录》以下均列入伪经录，但敦煌写本中有存，也见于石刻经文，吐鲁番本有 Ot.5060 一件残片⑤。旅博藏卷中，我们找到 6 个写本。

《佛说救护身命经》，又称《救护身命济人病苦厄经》《护身命经》《救护身经》《护身经》，最早著录于《出三藏记集》卷四，入失译经录；隋代《法经录》以下，多入疑伪经录。敦煌发现的写本可分为两种系统，《大正藏》卷八五以 No.2865（以 P.2340 为底本）和 No.2866（以书道博物馆藏 173 号为底本）加以录文⑥。我们从旅博藏卷中又发

① 参看牧田谛亮《疑经研究》，290—303 页；上山大峻《敦煌出土〈大通方广经〉とそのチベット译》，《龙谷大学论集》第 445 号，1995 年，55—89 页；落合俊典编《七寺古逸经典研究丛书》第二卷《中国撰述经典（其之二）》的《大通方广经》篇，大东出版社，1996 年，351—499 页；曹凌《中国佛教疑伪经综录》，119—129 页。

② 参看牧田谛亮《疑经研究》，212—246 页；落合俊典编《七寺古逸经典研究丛书》第二卷《中国撰述经典（其之二）》的《观世音三昧经》篇，655—698 页；曹凌《中国佛教疑伪经综录》，132—135 页。

③ 潘重规编《台湾"中央图书馆"藏敦煌卷子》第 6 册，石门图书公司，1976 年，1065—1070 页。

④ 曹凌《中国佛教疑伪经综录》，149—153 页。

⑤ 徐绍强曾据敦煌本整理校录，收入《藏外佛教文献》第 1 辑，宗教文化出版社，1995 年，359—368 页。参看曹凌《中国佛教疑伪经综录》，182—186 页。

⑥ 增尾伸一郎《〈救护身命经〉の传播と〈厌魅蛊毒〉——敦煌・朝鲜の传本と七寺本をめぐって》；落合俊典编《七寺古逸经典研究丛书》第二卷《中国撰述经典（其之二）》，815—852 页；并参看同书《救护身命经》篇，501—537 页；曹凌《中国佛教疑伪经综录》，204—209 页。

现了至少 10 件残片，其中属于前一系统的有 3 片，后一系统的有 6 片，另有一件写卷的外题，说明这部疑伪经在吐鲁番地区也很流行。同时，通过两个系列的经的比对，以及对相关经录著录的考察，我们怀疑这根本是两部经，No.2865 系列是大乘疑伪经，No.2866 系列是小乘真经 ①。

《天公经》，隋代《法经录》以下入伪经录，敦煌文献中有 3 号，分属三个系统 ②。旅博藏卷中也有 3 个吐鲁番本编号（LM20-1472-04-03、LM20-1472-04-04、LM20-1472-04-06b）。

《斋法清净经》，隋代《法经录》以下都指为伪经，但敦煌文书中有 12 个写本，德藏吐鲁番文献中有 1 个写本，分属两个系统 ③。旅博所见，目前已有 7 件（LM20-1450-33-06 等）。

《佛说咒魅经》，隋代《法经录》以下列为伪经，敦煌、吐鲁番、日本颇有存本，分属六个系统，其中吐鲁番所出德藏、出口氏藏、龙谷大学藏卷计 5 件 ④。旅博藏卷中有 6 个编号。

《救疾经》，全称《救护众生恶疾经》，又名《救病经》《救疫经》《救疾病经》《救护疾病经》。隋代《法经录》已将其列为伪经，这是目前所见最早关于该经的著录。其后，《大周勘定众经目录》《开元释教录》等也将该经视作伪经 ⑤。但此经在民间社会广泛流传，抄本不胫而走，官府屡禁不绝。敦煌藏经洞保存有《救疾经》写本 43 件。《大正藏》卷八五疑似部收录了根据 S.2467、S.1198、日本大谷大学藏敦煌本整理的《救疾经》一卷。然而，该整理本卷首残损严重。王宇、王梅《〈救疾经〉补刊》一文，曾整理旅博馆藏该经 53 件，增补了部分佚

---

① 孟彦弘《旅顺博物馆所藏"佛说救护身命经"考》，《文献》2018 年第 5 期，46—58 页。

② 方广锠整理本《天公经》，载所编《藏外佛教文献》第 1 辑，369—373 页；曹凌《中国佛教疑伪经综录》，215—218 页。

③ 曹凌《中国佛教疑伪经综录》，230—234 页。

④ 参看落合俊典编《七寺古逸经典研究丛书》第二卷《中国撰述经典（其之二）》的《咒魅经》篇，699—742 页；曹凌《中国佛教疑伪经综录》，236—241 页。

⑤ 曹凌《中国佛教疑伪经综录》，250—255 页。

文 ①。我们在旅博藏卷中又新发现了 13 件，总计目前所知有 66 件，根据字体风格，大概属于 43 种写本，分属高昌国和唐朝时期。旅博所藏《救疾经》，为探索其在佛教和民间社会所充当的角色和地位，以及该伪经流行千年而不绝的原因，特别是边疆地区疑伪经流行的问题，都提供了丰富的素材 ②。

《善恶因果经》，自《大周录》以下均入疑伪经，但敦煌保存抄本甚多，日本也有传存 ③。另外，敦煌还有粟特文写本 ④。旅博目前发现有 12 个残片 ⑤，可见也比较流行。

《大辩邪正经》，又名《大辩邪正法门经》，《大周录》以下列为疑伪经。敦煌保存有 4 卷完整写本，还有 11 件残本，龙谷大学藏大谷文书有 1 个断片（Ot.4986，正背书）⑥。我们在旅博藏卷中找到 4 个残片。

《佛性海藏智慧解脱破心相经》，又名《佛性海藏经》《智慧海藏经》，《大周录》以下均作伪经。敦煌写本中有全本 1 卷、残本 6 件 ⑦，其中 S.4000 有题记："大唐宝应元年（762）六月廿九日，中京延兴寺沙门常会，因受请往此敦煌城西塞亭供养，忽遇此经，无头，名目不全。遂将至宋渠东支白佛图，别得上卷，合成一部。恐后人不晓，故于尾末书记，示不思议之事合会。愿以此功德，普及于一切，我等与众生，皆共佛道。"⑧ 可见当年流行情况。幸运的是，我们在旅博藏卷中，也找到一件此经写本，说明也传到了吐鲁番。

---

① 王宇、王梅《〈救疾经〉刊补》（一），郭富纯主编《旅顺博物馆馆刊》创刊号，吉林文史出版社，2006 年，104—109 页；收入郑炳林、樊锦诗、杨富学主编《敦煌佛教与禅宗学术讨论会文集》，三秦出版社，2007 年，225—266 页。

② 马俊杰《旅顺博物馆藏〈救疾经〉残片考》，《丝绸之路与新疆出土文献——旅顺博物馆百年纪念国际学术研讨会论文集》，230—254 页。

③ 参看牧田谛亮《疑经研究》，336—344 页；曹凌《中国佛教疑伪经综录》，322—328 页。

④ D. N. MacKenzie, *The 'Sūtra of the Causes and Effects of Actions' in Sogdian*, London, 1970.

⑤ 其中 LM20-1452-05-16 和 LM20-1455-22-01 两号收入《旅博选粹》，154 页。

⑥ 曹凌《中国佛教疑伪经综录》，338—340 页。

⑦ 曹凌《中国佛教疑伪经综录》，340—343 页。

⑧ 池田温《中国古代写本识语集录》，东京大学东洋文化研究所，1990 年，306 页。

《父母恩重经》，《大周录》以下列为伪经，但在民间极为流行，大致有四个传本系统，敦煌有大量抄本，北京房山、四川安岳卧佛院等地有石刻，黑城出土西夏写本，敦煌还出有绢画①。此前吐鲁番写本有德藏Ch.3556一件，这次我们在旅博又找到一件（LM20-1464-03-12），与敦煌本相比，要少得多。

《佛说七千佛神符经》，又名《七佛神符经》《益算神符经》《七千佛神符益算经》《益算经》，《大周录》分作《益算经》《七佛神符经》《益算神符经》，均定为伪经，以下经录亦皆入伪经录。敦煌发现13件写本，吐鲁番已知有4件（Ot.4397、Ch.989、Ch.2190、2860）②。旅博藏卷中至少有15号残片③，分属高昌国、唐、西州回鹘时期，可见流传之广。

《无量大慈教经》，又名《慈教经》《大慈教经》，《大周录》以下列入伪经。敦煌出有37件写本，分属三个系统④。我们在旅博写本中，找到6个编号的写本。

《要行舍身经》，又名《舍身经》《菩萨要行舍身经》，《开元录》《贞元录》入伪经录。敦煌保存有5件完本，24件残本⑤，可见流传之广。在旅博藏卷中，我们计找到8个残片⑥。

---

① 牧田谛亮《疑经研究》，47—60页；张涌泉《敦煌本〈佛说父母恩重经〉研究》，《文史》第49辑，1999年，65—86页；新井慧誉《敦煌本〈父母恩重经〉について》，《印度学佛教学研究》第100号，2000年，680—686页。参看落合俊典编《七寺古逸经典研究丛书》第五卷《中国日本撰述经典（其之五）·撰述书》的《父母恩重经》篇，大东出版社，2000年，3—22页；郑阿财《〈父母恩重经〉传布的历史考察》，项楚、郑阿财主编《新世纪敦煌学论集》，巴蜀书社，2003年，27—48页；曹凌《中国佛教疑伪经综录》，358—373页。
② 增尾伸一郎《日本古代の呪符木简、墨书土器と疑伪经典——〈佛说七千佛神符经〉もしくは〈佛说益算经〉の受容》，《东洋の思想と宗教》第13号，1996年，78—104页；曹凌《中国佛教疑伪经综录》，384—387页。
③ 其中LM20-1453-13-01一件，收入《旅博选粹》，182页。
④ 曹凌《中国佛教疑伪经综录》，390—394页。
⑤ 参看牧田谛亮《疑经研究》，320—335页；曹凌《中国佛教疑伪经综录》，448—452页。
⑥ 其中LM20-1467-16-02一件，收入《旅博选粹》，155页。

《示所犯者瑜伽法镜经》，又名《瑜伽法镜经》，《开元录》《贞元录》均如伪经录。此前已知敦煌文献中有 3 个写本，吐鲁番有 2 件写本（Ch/U.6981、出口常顺藏卷 233 号）[1]。我们在旅博藏卷中找到 11 个编号的残本[2]，加上已知的 2 件，数量甚至大大多于敦煌本，值得关注。

《天地八阳神咒经》，又名《八阳神咒经》，与竺法护译《八阳神咒经》内容迥异，历代经录列入伪经。但这部经典在敦煌、吐鲁番都非常流行，汉文本之外，还有相当多的回鹘文本，有写本，也有刻本[3]。我们在旅博藏卷中，又找到一批此经写本。

《佛母经》，伪经，历代大藏经不收。敦煌写本中有多个写本，分为四个系统[4]。在旅博藏卷中，存有 2 件残本，可以与 Ot.5064 缀合[5]，其文字与《大正藏》卷八五（1463 页）所刊敦煌本有些出入，或为"异本"。

《十王经》，又名《地狱十王经》《阎罗王经》《阎罗王授记经》《阎罗王授记令四众逆修生七斋功德往生净土经》，历代经录不载，大藏未收。但敦煌、吐鲁番发现有大量写本，还有插图本。汉文之外，也有回鹘文残卷[6]。今在旅博中发现残片一件（LM20-1507-1010），可以与 Ot.3325 缀合[7]。

对比曹凌《中国佛教疑伪经综录》所汇集的敦煌、吐鲁番疑伪经写

---

[1] 曹凌《中国佛教疑伪经综录》，452—457 页。

[2] 其中 LM20-1465-03-03 一件，收入《旅博选粹》，156 页。

[3] 小田寿典《佛说天地八阳神咒经一卷トルコ语译の研究》，法藏馆，2010 年。

[4] 李际宁整理本《佛母经》，载《藏外佛教文献》第 1 辑，374—391 页；相关讨论，见氏撰《敦煌疑伪经典〈佛母经〉考察》，《北京图书馆刊》1996 年第 4 期，82—89 页。

[5]《旅博选粹》，187 页；橘堂晃一《〈旅顺博物馆藏トルフアン出土佛典选影〉补遗》，《佛教文化研究所纪要》第 49 集，2010 年，95 页。

[6] 杜斗城《敦煌本佛说十王经校录研究》，甘肃教育出版社，1989 年；S.—C. Raschmann, "The Old Turkish Fragments of *The Scripture on the Ten Kings* in the Collection of the Institute of Oriental Manuscripts, RAS", *Dunhuang Studies: Prospects and Problems for the Coming Second Century of Research*, ed. I. Popova and Liu Yi, St. Petersburg: Slavia, 2012, pp. 209–216.

[7]《旅博选粹》，175 页；橘堂晃一《〈旅顺博物馆藏トルフアン出土佛典选影〉补遗》，95—96 页。

本的信息，我们可以看出：（1）旅博收藏的疑伪经在经典的数量和一部经典的写本数量上，都远远超过此前所知的吐鲁番疑伪经写本；（2）吐鲁番所有的疑伪经基本不出敦煌所存疑伪经的范围，说明这些疑伪经都是中古时期西北地区流行的经典；（3）吐鲁番的疑伪经虽然没有敦煌的疑伪经种类多，但现在已经越来越接近了，个别经典的写本数量，吐鲁番甚至超过了敦煌。

六、禅　籍

敦煌保存的早期禅宗典籍，对于中国佛教史、思想史、社会史的研究做出了非常大的贡献。随着吐鲁番文献的整理与研究，也陆续发现了一些早期禅宗的灯史、语录等类的文献，虽然较敦煌本要残，但因为出土于西域，所以从中原文化向西域传播的角度来看，又别有一番更为重要的意义[①]。我们这次对旅博馆藏新疆出土汉文佛典的整理，在禅宗典籍方面，又有不少新的收获，有些是十分重要的收获。

敦煌文献中保存有一件《观世音经赞》，尾题"观音经一卷　金刚藏菩萨注释"，现藏于中国国家图书馆（BD03351），首残尾全[②]，据伊吹敦的考证，系北宗禅的重要典籍[③]。我们这次从旅博藏品中检出《观世音经赞》残片 36 件，从龙谷大学所藏大谷文书中检出 1 件（Ot.9121r），共计 37 件，均属于同一写本，楷书，大字正文，双行小注，远较敦煌本书写谨严，十分规整，为标准的唐朝写经。其中LM20-1502-032 号写本保存"〔观〕世音经赞"的题名以及 4 行序的残文；LM20-1469-05-07 则有 4 行序文以及"金刚藏菩萨"署

---

① 参看荣新江《唐代禅宗的西域流传》，《田中良昭博士古稀记念论集·禅学研究的诸相》，大东出版社，2003 年，59—68 页。

② 田中良昭、程正《敦煌禅宗文献分类目录》，大东出版社，2014 年，214—215 页。

③ 伊吹敦《北宗禅的新资料——金刚藏菩萨撰とされる〈观世音经赞〉と〈金刚般若经注〉について》，《禅文化研究所纪要》第 17 号，1991 年，183—212 页。

名部分，系与 LM20-1502-032 上下对应，但不能直接缀合。从内容上看，吐鲁番本的大部分为敦煌本 BD03351 所缺部分，仅有四片重合。两种文本内容高度一致，但吐鲁番本较敦煌本要有所节略，或许是《观世音经赞》节抄本。无论如何，此次所获 37 件写本，对于复原《观世音经赞》的全貌以及进一步研究北宗思想，都具有很高的学术价值[①]。

禅宗系统的伪经也全面浮现在吐鲁番出土佛典当中。

《佛为心王菩萨说头陀经》是东山法门成立之前的禅宗系伪经，《大周刊定众经目录》著录为伪经。此书影响很大，本文之外，还有"五阴山室寺惠辨禅师"注释本，敦煌石窟发现属于原本的有 2 件汉文写本，1 件粟特文译本；注本有 6 件汉文[②]；其中天津艺术博物馆藏 171 和 BD15369（新 1569）分别为原本和注本的全本[③]。让人欣喜的是，我们今天在旅博也找到了 3 件《佛为心王菩萨说头陀经》（编号 LM20-1454-07-06、LM20-1457-25-08、LM20-1521-18-04），说明它也传到了高昌地区。

《佛说法王经》成书于武周时期，是禅宗系经典，《大周刊定众经目录》列为伪经，此后大藏均未收录。敦煌文献中发现有 16 件汉文写本、7 件藏文写本、1 件粟特文写本[④]，可见在敦煌流行之广，而且还译成藏文和粟特文，影响深远。过去，吉田丰氏曾在大谷文书中找到三件《法王经》的粟特文断片（Ot.2326、Ot.2922、Ot.2437）[⑤]，但却没有见到

① 严世伟《新发现旅顺博物馆藏〈观世音经赞〉》，《丝绸之路与新疆出土文献——旅顺博物馆百年纪念国际学术研讨会论文集》，304—340 页。
② 曹凌《中国佛教疑伪经综录》，343—349 页；田中良昭、程正《敦煌禅宗文献分类目录》，220—227 页。
③ 方广锠《佛为心王菩萨说头陀经（附注疏）》，同氏主编《藏外佛教文献》第 1 辑，251—328 页；荣新江《书评：方广锠〈藏外佛教文献〉第一辑》，《唐研究》第 2 卷，北京大学出版社，1996 年，465 页。
④ 曹凌《中国佛教疑伪经综录》，333—337 页；田中良昭、程正《敦煌禅宗文献分类目录》，228—233 页。
⑤ 吉田丰《大谷探险队将来中世イラン语文书管见》，《オリエント》第 28 卷第 1 号，1985 年，50—54 页题；又见百济康义等编《イラン语断片集成·解说编》，法藏馆，1997 年，72—73 页；同书《图版编》，15 页。

汉文本。后来，包晓悦在日本书道博物馆藏卷中，找到一件很残的汉文《法王经》写本，原为王树枏收藏品，裱于《北凉写经残纸册·五》叶五，据题记系 1910 年前后出土于吐峪沟^①。我们这次整理旅博文献，又找到 11 件汉文残片^②，可知此经在吐鲁番也颇为流行。

《禅门经》成书于 7 世纪末、8 世纪初，也是禅宗系经典，《开元释教录》定为伪经。此书由神秀的徒孙、禅宗北宗的高僧慧光作序，虽然《开元录》定为伪经，但仍然流传广远，敦煌写本中发现有 7 个抄本，记录蜀地禅宗灯史的敦煌本《历代法宝记》也有抄录，还有敦煌本《诸经要抄》也有摘录^③。如今我们又在旅博藏卷中找到一件《禅门经》残片（LM20-1450-09-06），这是在敦煌写本之外首次发现的《禅门经》，意义重大^④。

《佛说法句经》是唐初成立的禅宗文献，此前发现的敦煌本有 22 件，吐鲁番本 1 件（日本出口常顺氏藏 234 号），其中包括 5 种注本^⑤。我们在旅博藏卷中又找到 20 件写本，可见传播之广，与敦煌地区写本相映成趣。

净觉撰《楞伽师资记》是北宗系统的灯史，在敦煌非常流行，现在已知有 16 个编号的 14 个抄本，另外还有两个藏文本^⑥。最近，吉田豊氏在德藏吐鲁番粟特语残片中，找到三件《楞伽师资记》写本（So 10100o、So 10650(25)+So 10311）^⑦。无独有偶，我们又在旅博藏卷中找

---

① 包晓悦《日本书道博物馆藏敦煌吐鲁番"写经残片册"的文献价值》，《文献》2015 年第 5 期，42 页。

② 其中 LM20-1491-25-02 一件，收入《旅博选粹》，155 页。

③ 曹凌《中国佛教疑伪经综录》，474—478 页；田中良昭、程正《敦煌禅宗文献分类目录》，233—236 页。

④ 王典典《新发现旅顺博物馆藏〈禅门经〉考释》，《丝绸之路与新疆出土文献——旅顺博物馆百年纪念国际学术研讨会论文集》，233—236 页。

⑤ 猪崎直道《敦煌本法句经的诸本について》，《宗教研究》第 71 卷第 315 号，1998 年，268 页；曹凌《中国佛教疑伪经综录》，287—300 页；田中良昭、程正《敦煌禅宗文献分类目录》，238—249 页。

⑥ 田中良昭、程正《敦煌禅宗文献分类目录》，31—37 页。

⑦ 吉田豊《ソグド语译〈楞伽师资记〉と关连する问题について》，《东方学》第 133 辑，2017 年，31—52 页。

到一件《楞伽师资记》的写本（LM20-1454-05-18），可以与粟特文本相辉映，表明这一重要的北宗灯史，也传到吐鲁番，并且翻译成粟特文了。

旅博所藏吐鲁番文书，不仅有早期禅宗伪经以及北宗禅文献，还有属于荷泽宗的神会语录，即《南阳和尚问答杂征义》，其中旅博藏14件，龙谷大学藏18件，总计32件残片，均属于同一写本。神会此书敦煌发现了3件、北庭1件（石井光雄氏旧藏）、于阗1件（MT.b.001）①，旅博藏卷填补了此前吐鲁番本的空白，是神会思想在西域流传的又一有力证据。由该写本所存刘澄的序文，与最早集结本 S.6557 在篇章结构上比较接近，以及使用他本所不见之"磨砖"典故，说明该本为早期集结本。此本在新疆出土文献中的新发现，意义重大，弥足珍贵②。

旅博所藏禅宗类文献中，还有一种宝志禅师的《大乘赞》，据《景德传灯录》载，成书于梁，原有二十四首，盛行于世，但全书已佚，目前仅存十首，收录于《景德传灯录》卷二九。我们这次在旅博藏卷中检出两组相关写本：第一组存2件，即 LM20-1517-096-01、LM20-1523-15-143a，与龙谷大学藏 Ot.4995 为同一写本，双面书写，据字迹判断，当为西州回鹘时期写本；第二组写本包含 LM20-1459-17-01、LM20-1459-30-01、LM20-1506-0912、LM20-1507-1106-04、LM20-1508-1332-01、LM20-1520-27-05，共6件残片，均为同一写本，其中，LM20-1459-17-01 栏外存子题"第十八"，LM20-1459-30-01 存尾题"触池自生边疆　第廿一"，我们认为很可能是《大乘赞》的佚失部分，该组写本格式工整，字体遒美，属唐代写本。

①　田中良昭、程正《敦煌禅宗文献分类目录》，31—37 页。
②　李昀《旅顺博物馆藏〈南阳和尚问答杂征义〉》，《丝绸之路与新疆出土文献——旅顺博物馆百年纪念国际学术研讨会论文集》，282—303 页。

七、昙旷著作

昙旷是长安西明寺的僧人，原籍河西建康（今甘州、肃州之间）。安史之乱后，昙旷在河西讲学，遇吐蕃乘虚进攻唐朝领土，于是从凉州一步步退至敦煌城中，据 S.2436 昙旷《大乘起信论略述》题记"宝应贰载（763）玖月初于沙州龙兴寺写记"，知他在 763 年已经在沙州讲学。又据昙旷《大乘百法明门论开宗义决序》："后于敦煌，撰《入道次第开决》，撰《百法论开宗义记》（即《大乘百法明门论开宗义记》），所恐此疏旨复文幽，学者难究。遂更傍求众义，开决疏文（指撰《大乘百法明门论开宗义决》），使夫学徒，当成事业。其时巨唐大历九年岁次寅（774）三月二十三日。"可见《义记》和《义决》两书，是大历九年三月之前完成于敦煌。到贞元二年（786），沙州百姓与吐蕃"寻盟而降"，敦煌以和平方式转入吐蕃占领时期，昙旷继续在当地讲学，还应吐蕃赞普之命，撰写了《大乘二十二问》[①]。

此前吐鲁番文献中未见昙旷的著作，2005 年出版的《台东区立书道博物馆中村不折旧藏禹域墨书集成》，刊布了王树枏旧藏吐峪沟出土的《六朝写经残字册·二》，其叶一九上有一残片，经包晓悦比定，是为《大乘二十二问本》[②]。这是昙旷著作在吐鲁番文献中的首次发现。幸运的是，目前在旅博藏卷中又发现了 4 件《大乘百法明门论开宗义记》（编号 LM20-1458-04-10、LM20-1464-08-17、LM20-1466-20-09、LM20-1497-24-02）和 1 件《大乘百法明门论开宗义决》（LM20-1455-06-07）[③]。

---

① 关于昙旷的生平著作，参看上山大峻《西明寺学僧昙旷と敦煌の佛教学》，作者《敦煌佛教の研究》，法藏馆，1990 年，17—83 页。

② 矶部彰编《台东区立书道博物馆中村不折旧藏禹域墨书集成》下卷，第 103 页；包晓悦《日本书道博物馆藏敦煌吐鲁番"写经残片册"的文献价值》，40—41 页。

③ 上山大峻《敦煌·トルファン出土写本研究の现状と展望》对此做了提示，但没有深论，见《旅顺博物馆藏新疆出土汉文佛经研究论集》，33 页。

八、版刻大藏经

吐鲁番发现的佛典刻本残片，目前已经成为研究版刻大藏经，特别是早期经版的重要材料。旅博也为这项研究提供了丰富的素材，据竺沙雅章、李际宁等先生的研究，旅博藏品中有《开宝藏》1件、《金藏》17件，而最大量的是《契丹藏》，在1640件版刻残片总数中，占95%！此外还有江南地区雕刻的《毗卢藏》残片，可能还有《崇宁藏》和《碛砂藏》[①]。

九、经 录

旅博馆藏新疆出土汉文佛教文献中，有一些佛教典籍目录类的写本残片，主要是道宣的《大唐内典录》，说明西州地区的藏经也和唐朝其他地区的藏经一样，是按照《内典录》编排上架的。

但值得注意的是旅博藏 LM20-1494-29-03、LM1451-38-01、LM1451-1507-1130 中、LM20-1469-02-05、俄圣彼得堡 Kr4/654、Ot.5452v+LM1523-07-53v、Ot.5059v、书道博物馆 SH125-1v 等一组残片，都是同一写本，并不能与《大唐内典录·入藏录》勘合，却与敦煌发现的 P.3807 及 S.2079《龙兴寺藏经录》基本吻合。由此看来，此前被学界定为"龙兴寺藏经录"者，并不是龙兴寺一寺的经录，吐鲁番地区也流行着同一种经录，它应当是当时河西、西域地区据以搜集、入藏、点勘佛典的实用目录。这一经录据《大唐内典录·入藏录》编撰，其间的渊源关系应该是《大唐内典录·入藏录》→河西地区经录→敦煌

---

① 竺沙雅章《西域出土的印刷佛典》，《旅顺博物馆藏新疆出土汉文佛经研究论文集》，118—134 页；李际宁《关于旅顺博物馆藏吐鲁番出土木刻本佛经残片的考察》，《旅顺博物馆藏新疆出土汉文佛经研究论文集》，230—244 页。

经录、吐鲁番经录 ①。

十、西域汉文佛典

由于大谷探险队队员缺乏考古学训练，收集品又辗转搬运，所以旅博收藏的很多残片缺少原始的出土记录，虽然我们知道绝大多数出自吐鲁番盆地各遗址，但也有不少得自龟兹和于阗，目前有些还无法判断。

《西域考古图谱》下卷佛典 15 刊布《法华义记》第一，标为"库车"出土。橘堂晃一比定旅博有一残片（LM20-1467-28-03）与之可以缀合 ②，说明目前没有标注的残片中，还有不少属于古代龟兹地区的佛教文献。

（2017 年 9 月 13 日完稿，原载王振芬、荣新江主编《丝绸之路与新疆出土文献——旅顺博物馆百年纪念国际学术研讨会论文集》，中华书局，2019 年，24—40 页。本文也作为《旅顺博物馆藏新疆出土汉文文献》的前言组成部分，收入该书，中华书局，2020 年。）

---

① 王振芬、孟彦弘《新发现旅顺博物馆藏吐鲁番经录——以〈大唐内典录·入藏录〉及其比定为中心》，《文史》2017 年第 4 辑。
② 《旅博选粹》，209 页；橘堂晃一《旅顺博物馆に藏される麹氏高昌国时代の佛教注释书概观》，95 页。

新见敦煌吐鲁番写本《楞伽师资记》

佐之先生为忘年之交，每年一起开高校古委会评审会，虽言语不多，但往往一语中的。曾有机会陪佐之先生访火奴鲁鲁，遍寻原住民遗踪；又飞赴大岛，近观火山燃烧风貌。一路攀谈，记忆犹新。今奉佐之先生荣休之庆，华东师大有纪念文集之约，因撰小文，以应盛举。

《楞伽师资记》是净觉和尚在开元年间撰成的禅宗灯史书，前有自序，后面按祖师顺序，分篇叙述各师传灯事迹，是北宗禅的重要著作。安史之乱后，南禅宗势力兴起，北宗禅籍渐次湮灭，《楞伽师资记》也逐渐失传。20世纪初，随着敦煌藏经洞的发现，这部久已失传的禅宗灯史才又被学者们重新发现。

截止到1971年为止，总共有7个写本在巴黎的法国国家图书馆、伦敦的英国国家图书馆收藏的敦煌文献中被找到，即S.2045、S.4272、P.3294、P.3436、P.3537、P.3703、P.4564，经过胡适、金九经、矢吹庆辉、宇井伯寿、铃木大拙、筱原寿雄、田中良昭等氏的不懈努力，最后由日本学者柳田圣山氏在《初期の禅史》(Ⅰ)中做了集大成的工作，包括细致的录文、翻译、注释，成为现在学界通用的本子[1]。另外，1968年和1982年，上山大峻氏和西冈祖秀氏分别发现瓦雷·普散（Louis

---

[1] 柳田圣山《初期の禅史》(Ⅰ)，筑摩书房，1971年，47—326页。

BD11884v

BD09933v

图 1 《楞伽师资记》（BD11884v+BD09933v）

按，此抄本字体秀美，工整流畅，一行大约 28 字，所以字体稍小。与柳田氏录文对照，第 4 行上"行"字后，多一"也"字，更佳。第 8 行"菩提之道"作"菩提道"，更加简约；"檀施"作"檀度"，意思相当。

BD09934v 首尾上下俱残（图 2），其中第 2 行内容"二三纸卷名之"见于菩提达摩篇，文字略有出入（同上书 133 页 7 行），第 3—4 行内容"□□磨铜□□□□亦不度"见于求那跋陁罗篇（同上书 112 页 2、3 行）①。现照录如下：

（前缺）

1 □□□□祖□

---

① 图版见中国国家图书馆编《国家图书馆藏敦煌遗书》第 107 册，34 页。

2 ⬚⬚二三纸卷名之

3 ⬚⬚⬚磨铜

4 ⬚⬚⬚亦不度

5 ⬚⬚⬚⬚□

（后缺）

图 2 《楞伽师资记》（BD09934v）

按，求那跋陀罗篇在菩提达摩篇的前面，第 3—5 行文字不可能在第 1—2 行文字之后。仔细观察照片，2、3 行之间原本恐怕并不连缀，修复时因为茬口类似，而且都在同一编号间，故此缀合。还有，第 2 行上面的"二三纸"与下面的"卷名之"，也未必是连在一起的。从字体上看，"二三纸"很像是上面 BD11884v+BD09933v 的文字，而其第 11 行上面恰好缺"二三纸"这三个字。至于"卷名之"三字，也就在前面第 10 行下部位置，原文有"集成一卷，名之《达摩论》"，可能正是这里的"卷名之"所在。而第 3—5 行的文字与第 1—2 行不同，当属另外一个写本的求那跋陀罗篇部分。

BD10428 首尾上部俱残（图 3），所抄内容为惠可篇，始于"恒沙众中"（同上书 146 页 7 行），终于"众生生死相灭"（同上书 147 页 1 行）[①]。残存文字如下：

（前缺）

1 ⬚⬚⬚⬚恒沙众中，

2 ⬚⬚⬚内发，三世中纵

3 ⬚⬚⬚生。佛若能度

① 图版见中国国家图书馆编《国家图书馆藏敦煌遗书》第 107 册，298 页。

4 ⬜⬜⬜⬜⬜精成（诚）不内发，心

5 ⬜性犹如天下有日月，木中有火。

6 ⬜是故大涅槃镜明于日月，内外圆

7 ⬜金性不坏。众生生死相灭⬜⬜⬜

（后缺）

此本每行大概 25 字，字体规整，无界栏。与柳田氏录文本对照，第 4 行柳田录文"口"，此本作"心"，其他没有什么不同。

到目前为止，我们已经从 16 个编号的写本中，找到至少 12 种《楞伽师资记》的写本，考虑到这些写本都是在敦煌发现的，可见其在整个中国的流行之广，传抄之多。

与敦煌拥有如此多抄本不相称的是，过去我们在吐鲁番出土的汉文写本中从未找到一件《楞伽师资记》的写本。

图 3 《楞伽师资记》（BD10428）

2017 年，吉田豊氏在《粟特语译本〈楞伽师资记〉及相关联问题》，公布了他在德国柏林所藏吐鲁番出土粟特语残片中，发现三件《楞伽师资记》写本残片，都是长贝叶形写本，正背书写，每面 7 行文字。其中编号 So 10650(25)+So 10311 两件可以缀合，后者是贝叶本右侧的一角残片，内容相当于净觉序的部分，在柳田圣山《初期的禅史》（Ⅰ）67—82 页，从"后还退败也"到"非心行处"。So 10100o 是另一写本，内容相当于菩提达摩篇部分，在《初期的禅史》（Ⅰ）132—140 页，从"第二随缘行者"到"智者悟真"。两写本都来自吐鲁番高昌故城的 α 寺院遗址，从字体上来看，当抄写于 8 世纪后半

335

或 9 世纪前半叶 [1]。这个发现十分重要，不仅对于粟特人的佛教信仰，特别是他们与禅宗的关系，添加了新的、更为直接的证据；对于吐鲁番的佛教文献来说，也是很有意义的。因为固然吐鲁番的粟特语《楞伽师资记》可能是粟特人根据敦煌的汉文禅籍翻译之后带到吐鲁番的，但更有可能的是，他们就是在吐鲁番根据汉文本《楞伽师资记》来翻译的。

那么，吐鲁番的汉文本《楞伽师资记》在哪里呢？真是无独有偶，从 2015 年 8 月开始，由旅顺博物馆、北京大学中国古代史研究中心、中国人民大学国学院三家合作组成"旅顺博物馆藏新疆出土汉文文献整理小组"，系统比定旅博藏卷，大概就在 2016 年末，我们在旅博藏卷中找到了一件《楞伽师资记》的汉文写本，编号为 LM20‐1454‐05‐18。虽为极小的残片，但弥足珍贵。

LM20‐1454‐05‐18 首尾上下俱残（图 4），所抄内容为卷首净觉序，文字有所删减，始于"来清净"（柳田圣山《初期的禅史》（Ⅰ）68 页 2 行），终于"空拟本"（同上书 76 页 1 行），残文如下：

（前缺）

1 　□来清々净々□□□□
2 　□染是净无系□□□□
3 　□以性空拟本无□□□

（后缺）

按，此写本约 4.9 cm × 3.5 cm，字体较小，但文字清晰，工整流畅。据原本推测，一行有 35 字之多。写本虽残，但表明这一重要的北宗灯史，也传到吐鲁番地区，而且这件汉文残片可以与粟特文本相辉

---

[1] 吉田豊《ソグド语译〈楞伽师资记〉と关连する问题について》，《东方学》第 133 辑，2017 年，31—52 页。参看 Ch. Reck, *Mitteliranische Handschriften. Teil 2. Berliner Turfanfragmente buddhistischen Inhalts in soghdischer Schrift*, Stuttgart: Franz Steiner Verlag, 2016, Nos. 468, 556.

映。非常有意思的是，这件残片虽然只有三行，但三行内容恰好与 So 10650(25)+So 10311 粟特语文本的内容吻合，即下面一段："□来清净，清净〔之处，实不有心，寂灭之中，本无动念。动处常寂，寂即无求；念处常真，真无染着。无〕染是净，无系〔是脱。染即生死之

图 4 《楞伽师资记》（LM20-1454-05-18）

因，净即菩提之果。大分深义，究竟是空。至道无言，言则乖至。虽〕以性空拟本，无〔本可称，空自无言，非心行处。〕"（粗体为现存文字）汉文残片所存文字，都在粟特语文本的译文当中。按旅顺博物馆藏汉文佛典残片大多数都是大谷探险队从吐鲁番盆地所得，我们推测此残片也来自吐鲁番。难道这件汉文写本就是粟特文本的底本吗？目前只有这么一件汉文写本被发现，所以不排除这种可能性。

2003 年，笔者给日本驹泽大学教授、禅宗文献研究专家田中良昭先生写祝寿论文，以"唐代禅宗的西域流传"为题[1]，当时能够见到的材料不多。现在，我们不仅可以加上汉文、粟特文本北宗灯史《楞伽师资记》，而且，我们还在旅顺博物馆藏汉文写卷中，找到 35 件北宗禅的重要典籍《观世音经赞》残片，在龙谷大学图书馆藏大谷文书中找到 1 件[2]；我们还找到禅宗系伪经《佛为心王菩萨说头陀经》3 件残片、《佛说法王经》11 件残片、《禅门经》1 件残片、《佛说法句经》20 件残片，还有荷泽神会的语录《南阳和尚问答杂征义》14 件，还在龙谷大学藏

---

① 荣新江《唐代禅宗的西域流传》，原载《田中良昭博士古稀记念论集·禅学研究的诸相》，大东出版社，2003 年，59—68 页；收入拙著《丝绸之路与东西文化交流》，北京大学出版社，2015 年，173—184 页。

② 严世伟《新见旅顺博物馆藏〈观世音经赞〉复原研究》，王振芬、荣新江主编《丝绸之路与新疆出土文献——旅顺博物馆百年纪念国际学术研讨会论文集》，中华书局，2019 年，304—340 页。关于此书的意义，参看伊吹敦《北宗禅の新资料——金刚藏菩萨撰とされる〈观世音经赞〉と〈金刚般若经注〉について》，《禅文化研究所纪要》第 17 号，1991 年，183—212 页。

卷中比定出 18 件，总计 32 件神会语录残片 [①]，以及宝志禅师《大乘赞》两组 8 件写本。这些新资料，大大地丰富了唐代西州甚至西域地区禅宗文献的构成，而且增加了一些过去没有在吐鲁番发现过的禅籍，更加证明中原禅宗对西域地区影响之深远。

　　附记：首先感谢旅顺博物馆慨允发表所藏写本残片，在调查过程中也承蒙王振芬馆长多方关照，不胜感激；还要感谢旅博藏新疆出土文献整理小组成员的努力和帮助，又蒙严世伟同学帮忙找材料、录文字、查出处，均此致谢。

　　（2018 年 6 月 30 日完稿于海德堡，原载《刘永翔教授、严佐之教授荣休纪念文集》，上海古籍出版社，2019 年，468—475 页。）

　　【补记】在整理旅顺博物馆藏吐鲁番文书中，又发现一件《楞伽师资记》，编号是 LM020-1522-17-16，文字对应于柳田圣山《初期的禅史》（Ⅰ）162 页 3—4 行，又见 CBETA, T85, no. 2837, p. 1286, a18-20。录文如下：

　　　　　　（前缺）
　　1 ▢▢法中三▢▢▢▢
　　2 ▢▢正受于眼 起 ▢▢
　　3 ▢ 寂 灭道场光▢▢▢
　　　　　　（后缺）

① 李昀《旅顺博物馆藏〈南阳和尚问答杂征义〉》，王振芬、荣新江主编《丝绸之路与新疆出土文献——旅顺博物馆百年纪念国际学术研讨会论文集》，282—303 页。

柏林印度艺术博物馆藏吐鲁番汉文佛典札记

北宋太平兴国年间，宋朝使者王延德出使高昌回鹘王国，其《使高昌记》称：当地有"佛寺五十余区，皆唐朝所赐额。寺中有《大藏经》《唐韵》《玉篇》《经音》等"[①]。他的记载为20世纪初德国吐鲁番探险队的收集品所证实，我们不仅从中得知了《切韵》（TID 1015 等）、《玉篇》（TID 1013）、《一切经音义》（TII Y 60, 181）写刻本残卷的存在[②]，而且还拥有更多的出自各个寺院的佛典残卷。

第二次世界大战以后，德国吐鲁番收集品因埋藏地不同而分散在东西德国的不同图书馆和博物馆中，其中考古艺术品主要归西德国家博物馆（Staatliche Museum Preussischer Kulturbesitz, 简称 SMPK）所属的人类学博物馆（Museum für Völkerkunde）。1963年，该馆的印度部独立成印度艺术博物馆（Museum für Indische Kunst Berlin，简称 MIK），吐鲁番收集品也随之归入其中。两德统一后，东德所藏吐鲁番文献类材料合并入德国国家图书馆，印度艺术博物馆一仍其旧。

顾名思义，印度艺术博物馆所藏主要是德国四次吐鲁番探险队从新疆巴楚图木舒克（Tumschuq），库车克孜尔（Kyzil）、库木吐喇（Kumtura），焉耆硕尔楚克（Schortschuq），吐鲁番高昌古城（Chotscho）、交河古城（Yar-choto）、吐峪沟（Toyoq）、木头沟（Murtuq）、胜金口

---

① 王明清《挥麈录·前录》卷四，中华书局，1961年，37页。
② 参看周祖谟《唐五代韵书集成》，学生书局，1994年；石塚晴通《玄应〈一切经音义〉的西域写本》，《敦煌研究》1992年第2期，54—61页。

（Sängim）、柏孜克里克（Bäzäklik）、奇康湖（Tschiqqan Köl）等地攫取、发掘到的考古艺术品，但也包括相当数量的写本或刻本残片，其中以梵文写本居多，同时也有吐火罗文、回鹘文、粟特文、帕提亚文、中古波斯文、藏文、西夏文、蒙古文和汉文材料。1996 年 6 月，笔者有机会在该馆做短期访问研究，这里仅就所见几件重要的汉文佛典，略谈几点看法。

一、《正法华经》（MIK III 43）

此件原编号为 T I α，知为高昌古城 α 寺遗址出土。纸本，存 39 行文字，每行约 17 字。内容为竺法护译《正法华经》光世音品末尾部分，纸幅残存 75.7 cm×11.9 cm。书法隶意甚浓，存尾题，知为北凉神玺三年（399）写本，是德藏吐鲁番汉文文献中年代最早的一件[1]，在所有现存的敦煌吐鲁番文献中也属最早的例证之一，极为珍贵。原件曾在 1991 年 1 月送到日本东京、大阪等地展览，池田温先生在展览目录《吐鲁番古写本展》中，做了简要的解题，并录出题记[2]。同时，他又在《中国古代写本识语集录》中过录了此题记[3]。现据原件重录如下：

> 魏（巍）隆大道，玄通无津。廖廓幽微，眺睹叵闻。至人精感，魷然发真。三光俱盛，乾巛（坤）改新。□□无际，含气现民。显矣世尊，明德感神。
>
> 神玺三年七月十七日，张施于冥安县中写讫。手拙，具字而已，见者莫哂（笑）也。若脱漏，望垂珊（删）定。三光驰像，机运回度。丈夫失计，志意错虞。一计不成，亦为百虞。

---

① 最早提到此点的是 Chung Se Kimm, "Ein chinesisches Fragment des Prātimokṣa aus Turfan", *Asia Major*, 2, 1925, p. 601, 惜只举年代，未加详述。
② 《トゥルファン古写本展》，东京朝日新闻社，1991 年，No.3。
③ 东京大学东洋文化研究所，1990 年，78 页，No.48。

其中"改新"以后，池田先生未加两个缺字符号，作"无际含气，现民显矣，世尊明德感神"。细审原卷，"改新"下残破，但有缺字痕，应补□□，标点改订，方能入韵。又，末二字"百虞"间，池田先生加□号，实原抄者已将此字涂去，可以径删。最重要的一点，是池田先生录"冥安"为"宽安"，并于"宽"字旁加问号，且注明此字饶宗颐先生读"冥"，又谓"冥安县在敦煌郡"，其意似为此本出吐鲁番，不应抄自敦煌。饶先生的说法见所撰《柏林印度艺术博物馆藏经卷小记》，他主要从俗字写法来确定"冥"字读法①。其说至当，且"宽安县"于吐鲁番历史上亦无佐证。从历史背景看，北凉敦煌写经之传入吐鲁番是有其原因的，即北凉亡于北魏时，河西的北凉王族、僧侣或民众随沮渠无讳、安周迁往吐鲁番，带来了敦煌以及凉州等地的佛经写本，神玺三年写经大概就是这样流传到高昌的，它是北凉佛教影响高昌的物证之一②。

二、《金刚般若论》卷中（MIK III 114）

此卷原编号仅标"T"，即吐鲁番探险队得自吐鲁番地区。原卷两边木轴均在，但写本仅存尾部，有经论本文两个半行，其后隔行写尾题"金刚般若论卷中"，又隔行写题记：

> 大隋仁寿二年太岁壬戌四月八日，揔（总）相弟子奖率善缘，共造修多罗藏，到四年甲子之岁，始得成就。以兹福善，庄严国家，历无疆洪基永固。上至有顶，下及无间，六道四生，普入愿海。

以下隔行又写"第一藏经"四字。

---

① 《九州学刊》第4卷第4期，1992年，161—162页。
② 详见姚崇新《北凉王族与高昌佛教》，《新疆师范大学学报》1996年第1期，68—77页。

根据最后两行经论文字，可知是北魏天竺三藏菩提流支译本，见《大正新修大藏经》（以下简称《大正藏》）第 25 卷 792 页。题记用大隋仁寿纪年，且楷书精写，有乌丝栏，均表明是隋朝标准写经。按仁寿二年（602）后不久的大业五年（609），高昌王麴伯雅携子文泰往张掖朝见隋炀帝，并随炀帝入京、征高丽。八年十一月，伯雅娶隋宗女华容公主，而后返回高昌。翌年，伯雅在高昌国施行改革，解辫削衽。变夷从夏。隋炀帝下诏表彰，并赐衣冠之具，仍班制造之式[①]。这件隋代经论的写本在吐鲁番被发现似乎不是偶然的，它或者是大业八年麴伯雅使团带回的，或者是以后不久随"衣冠之具"而被隋朝使者送去的，无论如何，它都是隋朝华夏文化的代表，是麴伯雅改革的遗物。

过去，我们很少见到带有隋朝纪年的吐鲁番文书，仁寿二年《金刚般若论》的发现，有助于我们认识高昌王国与隋王朝的关系，以及麴伯雅的改革情形。而且，我们相信在大量的吐鲁番佛典残片中，仍有一些未得确认的隋朝写经存在。题记中所说的一部"修多罗藏"（即经藏）是否全部带到高昌，尚不得而知。然而"第一藏经"四字，似表明此经论写本是属于随经而写的论，放在第一藏的经中。

三、《佛说宝雨经》卷二（MIK III 113）

这是德藏吐鲁番残卷中少有的长卷，首残尾完，存 15 张又半张纸，每纸长 40.60 cm，全长 631 cm，高 26.2 cm，尾部下边略残，全卷已托裱。麻纸，有乌丝栏，共 311 行，每行 16 字，楷书精写。尾题"佛说宝雨经卷第二"，后有题记 29 行，文字与敦煌写本 S. 2278《佛说宝雨经》卷九题记及奈良东大寺圣语藏写本同书卷二题记基本相同[②]。

---

① 《隋书》卷八三《高昌传》，中华书局，1973 年，1847—1848 页。

② 《トゥルファン古写本展》，No.5。关于 S.2278，见 L. Giles, *Descriptive Catalogue of the Chinese Manuscripts from Tunhuang in the British Museum,* London: The Trustees of the British Museum, 1957, pp. 95–96, No. 3515；关于东大寺本，见《大正藏》第十六卷，292 页。

正如题记所示，《宝雨经》是达摩流支于武周长寿二年（693）译出，共十卷，系梁译《宝云经》的异译。新译本增入月光天子于支那国以女主治化正法的授记，和《大云经疏》一样，是为武则天上台作政治宣传用的佛教经典。题记中所列的许多僧人，都是这一政治宣传运动的倡导者。意大利学者富安敦（A. Forte）著有《7世纪末武周的政治宣传与思想意识》一书，专论武后利用这些佛典上台的过程，于《宝雨经》亦有详说[①]，此不赘述。

此卷天头有探险队员当年的注记："Ms. Aus Ruine am Weg Turfan-Urumtschi nale kiwdik 1/7/05."意为出土于吐鲁番和乌鲁木齐间的某一遗址，从这一带的遗址分布和德国探险队的行踪来看，此卷更可能来自吐鲁番的某个遗址，只是当时没有明确记下出土地而已。缺少明确的出土地记录，是德藏吐鲁番写本常有的现象。《宝雨经》在西州范围的发现，证明为武后登基而作的政治宣传已到达西陲之地。大谷探险队在吐鲁番高昌古城所获《武周康居士写经功德记》碑上，即有所写《宝雨经》名[②]，知此经确曾传到西州，而为当地信士们抄写流传。

该写本"年""月""日""授""天"诸字皆用武周新字。另外，印度艺术博物馆藏 MIK III 172 号残片为《武周天册万岁二年（696）一月四日关》，仅存文字二行：

> □件状如前，今□□， 至准　敕，谨关。
> 天册万岁二年壹月四日。

"天""年""月""日"诸字亦用武周新字。西州地区官文书和佛经写本中普遍使用新字，也反映了武周政权对诸地区的牢固掌握和深远影响。

---

① A. Forte, *Political Propaganda and Ideology in China at the End of the Seventh Century*, Napoli: Istituto universitario orieutale, 1976.
② 罗振玉《西陲石刻后录》，《雪堂丛刻》，1915 年上虞罗氏排印本。

四、《佛说七俱胝佛母准提大明陀罗尼经》
（MIK III 100r.）

原编号 T II S29，吐鲁番胜金口遗址出土。此为折本形式的写本，每叶 6 行字，共两叶，现已展开，无首尾。页中有上下界栏，每行14—17 字不等。书法楷中带隶，不甚整齐。原文每段有朱笔圆圈作分隔符号，又散文部分用朱笔句读。

此残片首尾无存，书名已佚，细审内容，知为唐朝开元时入华密宗大师金刚智译的《佛说七俱胝佛母准提大明陀罗尼经》[1]，写本文字相当于《大正藏》第二十卷 176 页下栏 29 行至 177 页上栏 16 行，文字略有不同，可资校勘。

五、《佛说斋经》等（MIK III 98）

原编号 T II Y 38，交河古城出土。写本为册页，用粗线缝成折本形式，残存四折，一面五页，正背书写，两面十页，每页纸幅为7.9 cm × 12.7 cm。

正面第一页第一行写：

佛说天请问经

此为尾题，前面佚失部分，当抄《天请问经》本文[2]。第二行写：

---

① Cf. Chou Yi-liang, "Tantrism in China", *Harvard Journal of Asiatic Studies*, VIII, 1945, pp. 241−332.

② 经文见《大正藏》第 15 卷，124—125 页。

佛说斋经　　吴月氏国居士支谦译

后接抄《佛说斋经》本文，共 18 行，至"伏地受斋诫为"而止，相当于《大正藏》第一卷 910 页下栏 23 行至 911 页上栏 11 行。背面第一行有经文一行："大欢喜，信受奉行。"次行写：

长爪梵志请问经一卷

即前一行经文的尾题，两行文字相当于《大正藏》第十四卷 968 页下栏 19—20 行。由此知正背面文字不连续。背面第三行空，第四行书：

佛说斋法清净经

下面抄该经开头部分 16 行，未完而断，文字相当于《大正藏》第八十五卷 1431 页下栏 1—11 行。正面页的天头，隔行有回鹘文，背面则仅第三页有之，似为数码。写本正背面字体一致，均不甚佳，而有俗别字，年代应在高昌回鹘王国时期。若以敦煌同类写本来看，当写于五代宋初。

这个折本上所抄的佛经，都是一卷的小经，有大乘经，也有疑伪经。从写本形式看，可知不是寺院的收藏，而像是个人使用的经本。它反映了高昌王国的佛教徒众，也和中原、敦煌的信徒一样，走着佛教通俗化的道路。而且当地的僧俗大众也和敦煌的一样，并不分别真伪，而是一并抄写流传。

以上是笔者调查印度艺术博物馆所藏吐鲁番出土汉文文献的初步报告，因旅行中参考书不多，有些佛典残片尚待比定，故暂不介绍。然而，仅就以上所举，一方面可以看出印度艺术博物馆藏品中不乏精品，颇有研究旨趣；另一方面也表明，王延德记载的高昌佛藏中，包括了 4 世纪到 11 世纪的写本，其中有正统的大乘佛典，有经论，有密教文献，也有疑伪经。我们相信随着各国所藏吐鲁番佛典残片的比定和刊布，一定会加深我们对吐鲁番历史上不同时期佛教发展情况的认识，特别是对高昌回鹘王国佛教寺院中佛藏构成的看法。

附：印度艺术博物馆藏汉文文献草目

按，此目原本作为一部分与德国国家图书馆藏卷一起编成草目，附载于拙文《德国吐鲁番收集品中的汉文典籍与文书》后（饶宗颐编《华学》第 3 辑，紫禁城出版社，1998 年）。因此后重编新目，附载于拙文《再谈德藏吐鲁番出土汉文典籍与文书》（《华学》第九、十辑，上海古籍出版社，2008 年），这次结集，就删掉前者草目，只存后者新目。但因为新目只取非佛教部分，所以此次结集，把以佛典为主的 MIK III 编号部分草目移到本文后面，以存当年整体翻检印度艺术博物馆藏汉文文献工作成果，参考文献缩略语不变。

MIK III 43 正法华经光世音品（池田温 1990，78；1991，No.3；荣新江 1996b，314—315）

MIK III 85 佛说摩诃般若波罗蜜经第一

MIK III 98 佛说天请问经　佛说斋经　长爪梵志请问经　佛说斋法清净经（荣新江　1996b，316—317）

MIK III 99 乙丑年十一月诸人取大麦录（池田温 1991，No.8）

MIK III 100 佛说七俱胝佛母准提大明陀罗尼经（荣新江 1996b 315；1997a，268）

MIK III 100v 刻本佛典

MIK III 113 宝雨经卷第二（池田温 1991，No.5；荣新江 1996b，315）

MIK III 114 金刚般若论卷中（荣新江 1996b，315）

MIK III 126 佛典

MIK III 127 佛典

MIK III 157 供养人题名

MIK III 171 佛典

MIK III 172 天册万岁二年一月四日关

MIK III 184 文殊菩萨五字心咒

MIK III 190 佛典

MIK III 520 文选原本（池田温1991，No.6；西胁常记1997b，33—66.pl.2—10）

MIK III 520v 变相图（池田温1991，No.6）

MIK III 554 妙法莲华经药草喻品第五

MIK III 554v 回鹘人白画

MIK III 564 佛典

MIK III 4694a 佛名经

MIK III 4694b 佛名经

MIK III 4695b 佛名经

MIK III 4938 星占书（荣新江1997b，384）

MIK III 4996 大般若波罗蜜多经第五十八帙帙条（荣新江1997a，268）

MIK III 4996v 同上

MIK III 6338 星占书（荣新江1997b，384）

MIK III 6492 造幡发愿文

MIK III 6500 佛典

MIK III 6500v 绢画

MIK III 6522 绢本佛经（池田温1991，No.4）

MIK III 6523 绢本佛经（池田温1991，No.4）

MIK III 6524 绢本佛经（池田温1991，No.4）

MIK III 6591 大悲经等帙条（荣新江1997a，268）

MIK III 6639 乙卯年昊天宫下施幡题记

MIK III 6957 佛典

MIK III 7049 佛典

MIK III 7269b 佛典

MIK III 7484 太上洞玄灵宝无量度人上品妙经（有凉州都督府之印）（荣新江1997b，384）

MIK III 7563 佛名经

MIK III 7586 残印

MIK III 7587 于阗神山等馆支粮历（池田温 1991，No.7）

MIK III 7587 白画马一匹（池田温 1991，No.7）

MIK III 7624 大般若波罗蜜多经卷第一八四

参考文献

池田温 1990.《中国古代写本识语集录》，东京大学东洋文化研
究所。

　　1991.《トルファン古写本展解说》，东京朝日新闻社。

荣新江 1996b.《柏林印度艺术博物馆藏吐鲁番汉文佛典札记》，《华
学》第 2 辑，中山大学出版社，1996 年，314—317 页。

　　1997a.《王延德所见高昌回鹘大藏经及其他》，《庆祝邓广铭
教授九十华诞论文集》，河北教育出版社，1997 年，
267—272 页。

　　1997b.《柏林通讯》，《学术集林》卷十，1997 年，380—397 页。

西胁常记 1997b.《ベルリン・トルファン・コレクション汉语文书
研究》，自刊本，1997 年。

（原载《华学》第 2 辑，中山大学出版社，1996 年，314—317 页。）

五代洛阳民间印刷业一瞥

最近，中国历史博物馆举办中国印刷术发明展，作为教学实习，我带着部分北大历史系、考古系、东语系的同学前往参观，展览内容丰富，使我们受到一次很好的直观教育。

这次展览的特色之一，是充分利用了敦煌吐鲁番出土的刻本和有关刻印书籍的写本文献资料，既有摄自英、法、日的图版，也有北京图书馆藏的原卷。敦煌和吐鲁番地区，虽地处西陲，但从北朝隋唐到宋辽金元，这里一直是中原文化波及的地方。以印刷术而言，这里不仅存有当地刻印的佛像经书，还有一些传自长安和洛阳等中原大都会的印刷品，如历日、佛经、文学作品，等等。然而，敦煌吐鲁番文献散在世界各地，收集不易，我们目前对敦煌刻本文献或图像大体了解，但对吐鲁番文献中的同类资料却未必能够充分掌握。这里仅就德国吐鲁番探险队所获得的一件佛经刻本题记，来谈谈五代后唐时洛阳的民间印刷业。

这是一件《弥勒下生经》刻本的尾部残片，原为德国吐鲁番探险队所得，出土地不详，但来自吐鲁番盆地似无疑义。第二次世界大战期间，德国吐鲁番收集品曾有流失，这件残片与其他一百余件吐鲁番写刻本残卷，为1932—1933年逗留柏林的日僧出口常顺所得，以后一直不为学界所知。1978年，藤枝晃先生应邀整理这批文献，并出版了《高昌残影——出口常顺藏吐鲁番出土佛典断片图录》，精印一百部，由出口氏分送友好和一些研究机构。

《弥勒下生经》刻本残片，即刊于《高昌残影》图版六一（图1），

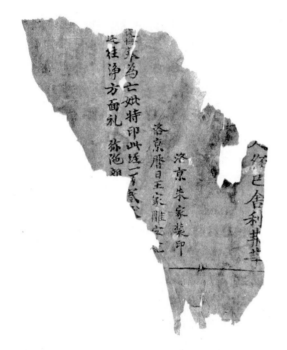

图 1　吐鲁番出土《弥勒下生经》刻本残片

编号 501。刻本经文残存最后一行，后刻写题记四行，残存下半，文曰：

1　　　　　　　　　　洛京朱家装印
2　　　　　　　　　　洛京历日王家雕字记
3　▢▢从悔奉为亡姊，特印此经一百卷，伏▢▢
4　▢▢还往净方，面礼弥陀，亲▢▢

按"洛京"是后唐时（923—936）对洛阳的专称，见《新五代史》卷六○《职方考》或《五代会要》卷一九"河南府"条。施主姓残，名从悔，他能施舍印造《弥勒下生经》一百卷，表明其出自当时颇有财力的大姓。

　　我们感兴趣的是题记的前两行记载："洛京朱家装印"，是说这部经是由洛阳一家姓朱的书铺印刷并装订的。"洛京历日王家雕字记"，则是说该经是洛阳一家姓王的书铺雕的文字，而这家书铺因为雕刻日历出名，故称"历日王家"。从唐朝后期开始，官府虽然多次禁止民间印刷历日，但屡禁不止。唐文宗太和九年（835），冯宿奏称："剑南两川及淮南道，皆以版印历日鬻于市，每岁司天台未奏颁下新历，其印历已满天下。"[①] 因为从京师到地方费时颇久，故此司天台颁发的历书不敷民用，所以四川、淮南等地民间印刷的历日无法禁绝。敦煌出土的印本历书中，就有来自剑南西川成都府樊赏家刻印的唐僖宗中和二年（882）具注历，还有一件更早的乾符四年（877）刻印的具注历[②]。历日王家是后唐洛阳专印日历的书铺，这也说明从晚唐到五代，历日的印刷已经从官府到民间，从边区到内地，成为印刷业中的重要组成部分，有了专门的印历日书铺。

更值得注意的是，题记中的洛阳朱家和历日王家两书铺，是既有分工又有合作的两家书铺。王家负责经板的雕字，这是技术要求颇高的一个方面，日历的雕字是比较难的，大家一看敦煌乾符四年（877）历本即可得知，王家有雕刻日历的丰富经验，故由他来承担刻字任务。而印刷装订也是一部书形成过程中的重要步骤，这由朱家完成，表明朱家在装裱刷印上有独到之处。这清楚地表明，后唐时洛阳的民间印刷业已经有了细致的行业分工，这既可以提高工作效率，也能够提高印刷质量。这件印本仅残下半，其为卷轴装还是册叶装不明，但刻字端正圆润，不像后代版刻佛经那样方正刻板，应当可以代表当时洛阳民间所印书籍的水平。

在敦煌资料里，除了上述成都樊赏家外，还有上都（即长安）东市大刁家、京中东市李家、西川过（一作戈）家印本或记载[③]。1994年成都望江楼唐墓出土陀罗尼咒，有"成都府成都县龙池坊卞家"，加上这里的朱家和王家，不难使人看到，从晚唐到五代，民间刻书铺都是以家

---

① 《宋本册府元龟》卷一六〇《帝王部·革弊二》，中华书局，1989年，337页。
② 均见邓文宽《敦煌天文历法文献辑校》，江苏古籍出版社，1996年。
③ 均见舒学《敦煌汉文遗书中雕版印刷资料综叙》，《敦煌语言文学研究》，北京大学出版社，1988年，280—299页。

为单元的，规模不算太大。到了宋代，虽然民间书铺仍有以家为称者，如现存日本京都真福寺宝生院的《新雕中字双金》卷首，有熙宁二年（1069）张家刊印记，但同时大官僚也开始印书，出售赢利[①]。看来，这种以家庭为单元的手工业作坊，虽然经过了五代时期战乱的破坏，还是在商业的推动下不断发展。

在中国印刷史上，后唐长兴三年（932）宰相冯道、李愚请令国子监田敏校正儒家九经，刻板印卖，朝廷从之，是很有名的事情。国子监所印书籍，当然代表了当时印刷的最高水平[②]。但官府印书有限，不敷民用，佛经、历日、占卜类书籍仍以民间印本为多，他们印刷的书籍，不仅为中原百姓所需求，还远播高昌，成为当地回鹘王国佛寺的藏书。因此，在表彰五代国子监印书事业的同时，也不应泯灭同时期民间印刷业的贡献。

（原载《文物天地》1997 年第 5 期，12—13 页。）

---

① 详参宿白《北宋汴梁雕板印刷考略》，北京大学考古系编《考古学研究》（一），文物出版社，1992 年，328—380 页。
② 参看宿白《唐五代时期雕版印刷手工业的发展》，《文物》1981 年第 5 期，67—68 页。

04

调查与报告

德国"吐鲁番收集品"中的汉文典籍与文书

一、德藏"吐鲁番收集品"的现状

俄国克莱门兹(Dmitri Klementz)在吐鲁番的发现促成了德国吐鲁番考察队的组建。1902—1903、1904—1905、1906—1907、1913—1914年,由格伦威德尔(Albert Grünwedel, 1856—1935)和勒柯克(Albert von Le Coq, 1860—1930)率领的德国四次吐鲁番考察队,除第四次未到吐鲁番外,前三次的考察队对吐鲁番盆地主要遗址都做了调查和发掘,在高昌故城(Khocho)、胜金口(Sengim)、木头沟(Murtuk)、柏孜克里克(Bezeklik)、吐峪沟(Toyok)等地,获得大量写本、刻本、绢纸绘画、雕像等,并用切割的方法剥取了大量的石窟壁画[①]。四

[①] A. Grünwedel, *Bericht über archäologische Arbeiten in Idikutschari und Umgebung im Winter 1902-1903*, München 1906. idem, *Altbuddhistische kultstätten in Chinesisch-Turkistan, bericht über archäologische Arbeiten von 1906 bis 1907 Kuca, Qarasahr und in der oase Turfan*, Berlin 1912. A.von Le Coq, "A short Account of the origin, journey, and results of the first Royal Pressian (Second German) expedition to Turfan in Chinese Turkistan", *JRAS*, 1909, pp. 299-322; idem, *Chotscho: Facsimile-Wiedergaben der vichtigeren Funde der ersten königlich preussischen Expedition nach Turfan in Ost-Turkistan*, Berlin, 1913; idem, *Auf Hellas Spuren in Ostturkistan: Berichte und Abenteuer der II. und III. deutschen Turfan Expeditionem*, Leipzig, 1926; idem, *Buried Treasures of Chinese Turkestan: An account of the activities and adventures of the second and third German Turfan expeditions*, tr. by A.Barwell, London, 1928.

次吐鲁番考察队所获资料最初入藏于柏林民俗学博物馆（Museum für Völkerkunde），大概在入藏时，给每件材料编过号码。这种旧编号以 T 开头，指吐鲁番考察队所得资料；然后空格接写罗马数字 I、II、III、IV，表明是第一、二、三、四次考察所得；后再空格写出土地的缩写词，主要有 B ＝布拉依克（Bulayiq）废寺，D ＝高昌故城，K ＝库车地区，M ＝木头沟石窟，S ＝胜金口，S ＝三堡，Š ＝硕尔楚克，T ＝吐峪沟，TB ＝吐鲁番山（？），TV ＝吐鲁番山前坡地，X ＝ Xüsüp 收集，Y ＝雅尔湖（交河古城），α ＝高昌故城中的 α 寺址；遗址缩写后空格写数字编号。这些文物和文献在第二次世界大战期间分藏在各地，二战后分别归东西德国所有。东德所藏以文献为主，后均入藏于东德科学院历史与考古中央研究所（Zentralinstitut für Alte Geschichte und Archaologie），并按文种重新编号，即 Ch ＝汉文资料，CH/U ＝汉文 / 回鹘文，U ＝回鹘文，So ＝粟特文，M ＝摩尼文，等等。西德所藏的一批文献材料，于 1947 年转移到美因茨（Mainz）收藏，约有数百卷，为 Mainz 号，后归入德国国家图书馆（Staatsbibliothek Preussischer Kulturbesitz）东方部（Orientabteilung），而藏在各处的文物资料则归印度艺术博物馆（Museum für Indische Kunst，SMPK）收藏，编号为 MIK III 接数字。

德国吐鲁番收集品在二战前后有所散失，目前已知土耳其伊斯坦布尔大学图书馆（The Library of Istanbul University）和日本大阪四天王寺出口常顺氏（Jojun Deguchi）所藏吐鲁番文献，原来都是属于德国吐鲁番收集品，在 1933 年前后由土耳其学者阿合买提·阿拉特（Reşid Rahmeti Arat）和日本大阪僧人出口常顺在柏林买到 [1]。耶鲁大学美术馆（Yale University Art Gallery）收藏的一件柏孜克里克出土画幡，则是勒柯克在柏林卖给 William H. Moore 夫人的，1937 年入藏该馆 [2]。

---

[1] 山田信夫《イスタンブル大学图书馆藏东トルキスタン出土文书类》，《西南アジア研究》第 20 号，1968 年，11—32 页。百济康义《イスタンブール大学所藏东トルキスタン出土文献》，《东方学》第 84 辑，1992 年，1—12 页。藤枝晃《高昌残影——出口常顺藏吐鲁番出土佛典断片图录》，大阪，非卖品，1978 年。

[2] George J. Lee, *Selected Far Eastern Art in the Yale University Art Gallery*, Yale University Press, 1970, pp. 42-43, No.64.

戴仁（J. -P. Drége）教授曾对原西德国家图书馆和印度艺术博物馆藏汉文文献做过调查①。1985 年，我也曾短暂走访柏林国家图书馆，浏览了从美因茨移存柏林的汉文佛典残卷。但以未能见到原东德所藏汉文文书为憾②。在拙著《海外敦煌吐鲁番文献知见录》中，只能就已刊资料，对德国所藏汉文文书做简要记录③，不无遗憾。所幸就在《知见录》刚一出版后，我应德国柏林自由大学东亚所 Von Mende 教授邀请，于1996 年 6—8 月到柏林做三个月的访问研究，有机会对德国四次吐鲁番探险队所获汉文资料做一番较为彻底的调查。

柏林"吐鲁番收集品"现分藏在德国国家图书馆、印度艺术博物馆、柏林勃兰登堡科学院吐鲁番研究组三处。

德国国家图书馆是收藏吐鲁番文献资料最丰富的机构，两德统一后，凡文献类材料一律归德国国家图书馆收藏，因此馆藏量遽增，而且资料放在一处，方便了研究者。原东德的藏卷，仍依 Ch 编号顺序收藏。大体上来说，Ch.1—3937 号，是汉文残片，都用两片厚玻璃夹在中间，个别的号码有 a、b、c……分号，所以总数要较 3937 为多。以后是空缺，Ch.5501—5556 是较长的卷子，与英法所藏敦煌卷子一样，卷好后用纸包存。这些材料都是德国四次吐鲁番探险队得自寺院遗址废墟中，与敦煌藏经洞文献有所不同，即大多磨损严重，而且残缺不完。内容主要是佛典，但也有四部书和官私文书，有些就写在佛典的背面。对于一个短期来访者来说，是很难从这数千残片中找到于自己的研究有用的材料的，科学院吐鲁番研究组藏有全部材料的缩微胶卷，并有一些非佛教残卷的编号卡片，我是通过它们的帮助才找出所有非佛教的汉文材料的。因为残片主要来自佛寺的藏书室，与来自墓葬的文书有所不同，即使是非佛教文献，主要内容也多为典籍。梯娄（Thomas Thilo）博士

---

① J. -P. Drege, "On Some Minor Collections of Chinese Manuscripts and Xylographs from Central Asia in European Libraries"，国际敦煌吐鲁番学术会议论文，香港中文大学，1987 年。

② 拙稿《欧洲所藏西域出土文献闻见录》，《敦煌学辑刊》1986 年第 1 期，125—127 页。

③ 拙著《海外敦煌吐鲁番文献知见录》，江西人民出版社，1996 年，82—83 页。

曾撰写了一些文章，并主持编写了两册《汉文佛教文献残卷目录》[1]，但现在他已转而研究唐代长安。日本学者西胁常记氏也发表过一些非佛教文献的考释文章[2]。

印度艺术博物馆（MIK）原是柏林民俗学博物馆的一部分，50 年代独立出来，同属于德国国家博物馆的一部分。该馆主要收藏文物资料，但也藏有不少写、刻本文献材料，有梵文、吐火罗文、粟特文、中古波斯文、如尼突厥文、帕提亚文、回鹘文、汉文、藏文、西夏文、八思巴文、叙利亚文写本或刻本。目前的馆长是雅尔迪斯（Marianne Yaldiz）教授，研究佛教考古。另有两位专门从事中亚资料整理。一位是桑德尔（Lore Sander）博士，负责写本编目；另一位是帕塔查娅（Chhaya Bhattacharya-Haesner）博士，她原是印度国立博物馆中亚古物部的成员，现在此负责丝麻织物的编目工作，这些材料为高昌出土的西州回鹘遗物，与敦煌绢幡绘画颇有关联。该馆所藏的十二件汉文文献，曾在1991 年送到日本展出，出版有《吐鲁番古写本展》的图录[3]。这里的写本集中放在两个柜子中，每一柜子分成大小不同的格子。总的来讲，这些残片大多数是因为另一面有绘画品，才存放在这里，但也有两面都是文字的。两面的文种不一定相同，所以汉文材料并不都放在标明为汉文

---

① T. Thilo, "Fragmente chinesischer Haushaltsregister aus Dunhuang in der Berliner Turfan-Sammlung", *Mitteilungen des Instituts für Orientforschung*, XIV, 1968, pp. 303–313; idem., "Fragmente chinesischer Haushaltsregister der Tang-Zeit in der Berliner Turfan-Sammlung", *Mitteilungen des Instituts für Orientforschung*, XVI, 1970, pp. 84–106; idem., *Katalog chinesischer buddhistischer Textfragmente* I (with G.Schmitt, BTT VI), Berlin, 1975; idem., "Ein chinesischer Turfan-text aus der Zeit der Qara-qitay", *Scholia*, Wiesbaden, 1981, 201–205; idem., *Katalog chinesischer buddhistischer Textfragmente* II (BTT, XIV), Berlin, 1985; idem., "Einige Bemerkungen zu zwei chinesisch-manichäischen Textfragmenten der Berliner Turfan-Sammlung", *Agypten Vorderasien Turfan*, eds. H. Klengel & W. Sundermann, Berlin, 1991, pp. 161–170.

② 西胁常记《ベルリン所藏トルファン文书二则》,《名古屋学院大学外国语学部论集》第 6 卷第 2 号，1995 年，45—55 页。《ベルリン・トルファン・コレクションの禅籍资料について》,《俗语言研究》4，1997 年，136—139 页。《ベルリン・トルファン・コレクション汉语文书研究》，自刊本，1997 年。

③《トルファン古写本展》，东京朝日新闻社，1991 年。

的格子中。

两德统一后，以整理研究伊朗语和突厥语材料的宗德曼（Werner Sundermann）教授、茨默（Peter Zieme）教授为主，成立了属于柏林勃兰登堡科学院（Berlin-Brandenburgische Akademie der Wissenschaften）的"吐鲁番研究组"（Turfanforschung），仍在原东德科学院的大楼内工作。他们的两位助手拉施曼（Simone-Christiane Raschmann）博士、瑞克（Christiane Reck）博士，作为哥廷根科学院（Akademie der Wissenschaften zu Göttingen）的《德国东方写本目录丛刊》（Katalogisierung der Orientalischen Handschriften in Deutschland）的成员，也在这个组中，负责编目工作。目前，所有只有汉字的材料已经从原东德科学院转到国家图书馆，而带有突厥文或伊朗文字的汉文材料，则由于工作的关系仍然暂存在吐鲁番研究组中，汉文资料主要在回鹘文写本的背面，一般编作 Ch/U. 的号码，从 Ch/U.6001—7570 号都是一面汉文另一面是回鹘文的材料，以下则是纯回鹘文写本，用 U. 编号，其他是粟特、帕提亚、中古波斯、叙利亚文写本，有些文书也有汉文 ①。

二、经史子集四部书与官私文书

相对于丰富的柏林吐鲁番收集品，三个月的时间是十分有限的。我把目标定在正统佛教藏经之外的汉文文献上，即与历史学和文献学关系密切的经史子集四部书与官私文书方面。在这三个月中，奔波在三个收藏单位间，通检了国家图书馆所藏所有 Ch 编号的汉文文献和吐鲁番研究组所藏 Ch/U 编号文献，又通过对印度艺术博物馆所藏写本的通盘翻检，抄出所有散在各种语言写本或绘画品另一面的汉文文献。至于少量

---

① 参看 S.-C.Raschmann, "Berlin's Re-united Collections", *IDP News*, No.3, 1995, pp. 1–2; idem., "A Survey of Research on the Materials from Turfan Held at Berlin", *Dunhuang and Turfan. Contents and Conservation of Ancient Documents from Central Asia*, ed. by Susan Whitfield and Frances Wood, London: The British Library, 1996, pp. 53–56.

回鹘文（U 编号）或伊朗语文（So 等编号）写本背面，有时也有汉文佛典文书，因数量极多，而无暇通检。此外，在我逗留柏林期间，国家图书馆和印度艺术博物馆正在接收从莱比锡民族学博物馆移存的一批文书和美术品，其中也有汉文文献，但因为在移存当中，除个别资料外，未得寓目，因此本文暂不涉及。

柏林吐鲁番资料以佛典为主，原东德所藏，因有两册《汉文佛教文献残卷目录》而为学界所知。这些佛典应当是高昌回鹘寺院藏经的组成部分，根据已刊和考察所见未刊佛典文献的情况，笔者撰写了《王延德所见高昌回鹘大藏经及其他》，从历史学角度来说明这些佛典残卷的价值[①]。印度艺术博物馆所藏，新见比较重要的佛典资料，笔者在《柏林印度艺术博物馆藏吐鲁番汉文佛典札记》一文中，有简要介绍[②]。这里重点介绍四部书和官私文书。

笔者赴德前，曾详细调查收集前人有关柏林吐鲁番汉文文献的研究成果，有幸在北京图书馆找到一些王重民先生于二战前从德国摄回的照片，计 21 张（除去重复）。王先生是 1935 年 8 月短暂访问柏林的，他显然主要是收集古籍类资料，并作了一些比定工作。可能是由于他重点忙于整理敦煌文献，所以没有就这些材料发表引人注目的研究成果[③]。周祖谟《唐五代韵书辑存》曾发表了其中的韵书资料。这些旧照片只有考古学编号，长时间没人注意。这次在柏林，笔者查出了大部分照片的新编号，重新确认了这些照片的价值。有些照片所摄的残卷，现已不知所在；还有三张照片所示的卷子，比原件多少不等地长出了一截，如 Ch/U.6782d《一切经音义》写本，现仅残存六行文字的上半，但照片不仅有其下半，还有前后 48 行文字，现已残失。王重民先生是北京图书馆

---

① 荣新江《王延德所见高昌回鹘大藏经及其他》，《庆祝邓广铭教授九十华诞论文集》，河北教育出版社，1997 年，267—272 页。

② 荣新江《柏林印度艺术博物馆藏吐鲁番汉文佛典札记》，《华学》第 2 辑，中山大学出版社，1996 年，314—317 页。

③ 参看刘修业《王重民 1935—1939 年英德意诸国访书记》，《文献》1991 年第 4 期，203—204 页。王重民先生撰有《刘涓子鬼方跋》，载《大公报图书副刊》119 期，1936 年 2 月 29 日，此为德国探险队自吐鲁番所得，但遍检柏林所藏，未见其书。

派遣前往法国调查敦煌写卷的，只短期走访过柏林民族学博物馆，他留给我们这么可贵的材料，真让后人感激不尽。据周祖谟书，向达先生也曾走访柏林吐鲁番文献，有抄本，但也未见发表研究文字。

由于写本或印本大多数比较残破，字数不多，比定十分困难。迄今为止，新对证出的重要古籍写本有：

《诗经·小雅》鱼藻之什第七（Ch.2254），隶书，字颇佳，为六朝写本无疑。有乌丝栏，每首诗以栏外墨点标识起始，章后无章名句数，不同于《毛诗》写本。以今本校对，文字颇多异体。卷背为《金光明经》，隶书，与《诗经》写本方向正反。

《毛诗·小雅》采薇至出车（Ch.121），楷书，字颇大，有朱笔句读。存《采薇》四残行，《出车》二行，《采薇》后有章末标题及一章句数，此系唐太宗贞观中颜师古定本格式，见《新唐书·儒学传》上及《正义》，知为唐人写本。

《尚书·虞书·大禹谟》（Ch.3698），大字正文，双行小注，有朱笔句读，墨笔改订。楷书，系孔传《古文尚书》，即隶古定本。北图藏有王重民照片。近刊顾颉刚与顾廷龙编《尚书文字合编》中，也收有此残卷照片，当系王重民提供①。

《礼记·坊记》（Ch.2068），正楷书写，大字正文，双行小注，字极精，"民"字缺笔，为唐抄本。

《春秋经传集解》昭公二十二年写本 2 件（Ch.1044，Ch.2432），楷书精写，背同为占卜书，知原为同一写本；又同书昭公三十一年至三十二年写本一片（Ch.1298v），也是楷书精写，并有朱笔句读，"经"字书于栏外，为唐抄本。

元行冲《御注孝经疏》（Ch.2547），楷书不精，大字正文，双行小注。文字相当于《五刑章》部分残文，与今本相校，注文略有不同。

《切韵》或《切韵》系的韵书残片较多，周祖谟先生《唐五代韵

---

① 《尚书文字合编》，上海古籍出版社，1996 年，168—169 页图版；又附录 475—476 页，有王重民致顾颉刚信，记应顾氏要求翻拍巴黎敦煌本《尚书》事。

书辑存》已收录一些 ①，但尚有一些残片可补其缺，如 Ch.79《切韵》、Ch.1072、Ch.1106、Ch.1150v、Ch.5555bv、Ch.1874 刻本《切韵》。

史籍有唐写本《史记·仲尼弟子列传》（Ch.938）；背为《汉书·张良传》（Ch.938v）②。检《西域考古图谱》所刊大谷探险队所得吐鲁番文书，其下卷经籍类（5）-（1）和（2）图所刊写本，也是正面为《史记·仲尼弟子列传》，背面是《汉书·张良传》，两相对照，字体形制全同，必为同一抄本无疑，两件所书文字末行相同，上下相差约 7 字或 12 字，希望将来能找到中间一片。背面《汉书》字小，故文字较多。德国吐鲁番探险队和日本大谷探险队曾经发掘过同一遗址，或者从同一挖宝人处买到过同一文书的不同残片。据《图谱》，大谷队所得残片出土地标为"库木吐喇"，即库木土喇（Kumtura）石窟，在古代龟兹国范围（今库车西北）。德藏卷原编号为 T II T 1132，指德国第二次吐鲁番探险队在吐鲁番吐峪沟所得。两说不同，必有一误。

刻本《新唐书》卷一七一《石雄传》，共 5 片，分别编为 Ch.2132、Ch.2286、Ch.3761、Ch.3903、Ch.3623 号，用作废纸，裱在刻本《增一阿含经》背。五碎片大体可复原成一页，当属某宋元版中一页，俟考。

《春秋后语注》（Ch.734），夹住此卷的玻璃板上，有旧标签二，用铅笔分别写"史记"和"商君传"，当是早期整理者所题。北图藏王重民先生照片，也有此二签，但铅笔字淡，没有摄出上述五字，有签题作"史书"，也可能是王先生谨慎的做法。经核《史记》卷六八《商君列传》，相应文字不同。卷中所残文字记商鞅事，也非《战国策》。其正文与敦煌本孔衍《春秋后语》卷一《秦语》文字正同 ③，而敦煌本无注文，此则有双行小注，当为《春秋后语注》。

道典在已知的吐鲁番写本中不多见，柏林所藏，有《太上洞玄灵宝

---

① 周祖谟《唐五代韵书辑存》，学生书局，1994 年，71，236—239，775—782 页。
② 见《史记》第七册，中华书局，2200 页；《汉书》第七册，中华书局，2032—2034 页。
③ 参看康世昌《春秋后语辑校》，《敦煌学》第 14 辑，1989 年，98 页；王恒杰《春秋后语辑考》，齐鲁书社，1993 年，26 页。

升玄内教经》写本两件（Ch.935，Ch.3095v）。又印度艺术博物馆也有一件道经写本（MIK III 7484），是《太上灵宝度人上品妙经》，楷书精写，背缝有朱印，文曰"凉州都督府之印"，显然是唐朝官颁定本①。

又有星占书 2 残片，其上有图，较大的一片（MIK III 6338）除二十八宿外，还绘有十二宫，已由艾伯华（W. Eberhard）发表在《吐鲁番突厥语文献》（Türkische Turfan-Texte）第 7 集的附录中②。较小的一片（MIK III 4938）只存二十八宿的角、亢、氐、房，但形制与前者相同，推测所残部分也有十二宫图。

属于占卜星历类的民间实用书相对较多一些，有具注历（Ch.1512，Ch.3330，Ch.3506）、《占八风图》（Ch.3316），以及星占、梦书、宅经等，还有不少年代较晚（宋元？）的符咒。

医书除马继兴先生《敦煌古医籍考释》已收者外③，还有一些医方书残片。

集部类书不多，有隶意甚浓的写本四件，属于同一写本的断片（Ch.3693+Ch.3699+Ch.2400+Ch.3865），大字正文为班固《幽通赋》，双行小字既非今本《汉书注》，也不见于今本诸家《文选注》，可能是《幽通赋》古注单行本，当然若是《汉书》古注就更有价值。

印度艺术博物馆有白文无注本《文选》，当是原三十卷本《文选》旧观。此卷因背面有图画长卷而存于博物馆，曾在 1991 年送日本展出，《吐鲁番古写本展》图录刊出全部图版，可惜太小，细部不明。我在博物馆库房中，竟一日之力，通校一过，知文字较今本为佳，文繁不录。

另外，王重民先生旧照片中，有已经比定的《文选》李善注本一叶，今查得现编号为 Ch.3164，文字在卷三五张景阳《七命》中。但有意思的是，此卷原编号为 T II 1068，正面为后写之《金刚经》，其

---

① 详参荣新江《唐代西州的道教》，《敦煌吐鲁番研究》第 4 卷，北京大学出版社，1999年，127—144 页。
② 夏鼐《考古学与科技史》图版拾叁曾转载此图，参考 46—47 页。
③ 马继兴《敦煌古医籍考释》，江西科学技术出版社，1988 年，36—37、173—175、384—387、497—498 页。

为吐鲁番出土无疑。后经检俄藏敦煌文献中，也有张景阳《七命》断片，编号为 Дх.1551，著录于孟列夫（L. N. Men'sikov）等编《苏联科学院亚洲民族研究所藏敦煌汉文写本注记目录》第一册，No.2859[1]。最近，这件写本的照片已在《俄藏敦煌文献》第八卷中发表[2]，笔者发现与 Ch.3164 背字体格式完全一样，两残片间只相差约一行文字，当是同一写本。我们知道，俄藏敦煌文书中混入许多黑水城、于阗、吐鲁番等地的文书，通过以上比定，我们以后可以把 Дх.1551 纳入吐鲁番文书的序列里来讨论。

文书类的大部分资料，日本学者嶋崎昌早在 50 年代就已摄回，收藏在东洋文库中，其中较为重要的律、令、户籍类文书，已由池田温、山本达郎等先生发表[3]，但还有一些杂帐、名籍、书信，富有研究旨趣。

印度艺术博物馆藏有天册万岁二年一月四日关（唐朝官文书一种）一件（MIK III 172），用武周新字，惜只残尾部 2 行。

梯娄博士发表的《唐开元年间西州高昌县顺义乡籍》（Ch.2405），现文书下部残断[4]，但王重民先生所摄照片竟存有下半，纸缝中清晰写着"开元贰拾叁年籍"，是我们研究唐朝造籍年份变更的最重要证据[5]。

其他官文书，如《府兵名簿》（Ch.1250），记火长康天忠以下十人名。《典周建帖》（Ch.2403）记有"山头烽"，此名未见其他吐鲁番文书。《杂帐历》（Ch.2404）记有"前贰阡文，买布送北庭张僧政"，可见

---

① Opisanie Kitaiskikh rukopisei Dun'khuanskogo fonda Instituta Narodov Azii, 1, Moscow 1963.

② 《俄藏敦煌文献》第 8 册，上海古籍出版社，1997 年，228 页。

③ 池田温《中国古代籍帐研究》，东京大学出版会，1979 年。T. Yamamoto & Y. Dohi, Tun-huang and Turfan Documents concerning Social and Economic History, II. Census Registers (A)(B), Tokyo 1985. Tun-huang and Turfan Documents concerning Social and Economic History, III. Contracts (A)(B), Tokyo, 1987.

④ T. Thilo, "Fragmente chinesischer Haushaltsregister der Tang-Zeit in der Berliner Turfan-Sammlung", Mitteilungen des Instituts für Orientforschung, XVI, 1970, p. 87, Abb. 3.

⑤ 荣新江《〈唐开元二十三年西州高昌县顺义乡籍〉残卷跋》，《中国古代社会研究——韩国磐先生八十华诞庆寿文集》，厦门大学出版社，1998 年，140—146 页。

唐朝西州与北庭间僧团往来情形。

私文书如《某人书信》（Ch.1056）中说到"被差从吕都护向拨换去"，吕都护或指开元三年任安西都护的吕休璟，或指开元十八年任安西都护的吕休琳，无论是谁，都可见开元中叶西州人士效力于西域的情况。

德藏吐鲁番文书大多数是残片，整理起来十分困难。但这些文书原本有的是完整的，由于洞窟或寺院的倒塌、挖宝人的故意撕裂、考古工作不彻底等原因，给整理工作带来很多不便。但也正是由于德藏吐鲁番文书多是出土于洞窟和寺院，可能为佛寺图书馆的藏书，因此四部典籍较墓葬文书为多，反映了吐鲁番不同时期的文化面貌，值得珍视。

附记：本文原附有拙编《德国国家图书馆藏汉文文献（非佛经部分）草目》，后来撰写《再谈德藏吐鲁番出土汉文典籍与文书》，全面更新，故此删去，请参考该文。

（1998 年 3 月 24 日完稿，原载饶宗颐编《华学》第 3 辑，紫禁城出版社，1998 年，309—325 页。）

再谈德藏吐鲁番出土汉文典籍与文书

　　饶选堂（宗颐）先生一向关心德藏吐鲁番文献中的典籍资料，曾撰文讨论过印度艺术博物馆所藏 MIK III 43 号《正法华经》卷十上的北凉神玺三年（399）题记^①，又将同馆所藏 MIK III 520 号白文《文选》收入所编《敦煌吐鲁番本文选》中^②。自 1991 年以来，笔者有机会游学香港，从选堂先生治学，深知先生于出土文献倍加关心，因此曾将 1996 年 6—8 月在柏林调查德国四次吐鲁番探险队所获汉文资料的初步结果，撰成《柏林印度艺术博物馆藏吐鲁番汉文佛典札记》和《德国吐鲁番收集品中的汉文典籍与文书》，寄请选堂先生指教，并蒙慨允发表在所主编的大型学术刊物《华学》上面^③。后一文中，附有拙编《德国国家图书馆藏汉文文献（非佛经部分）草目》，虽然是在柏林时匆匆写就，比较简略，但却为后来走访柏林的学者以及一些研究相关文献的学者提供了方便。最近十年来，有关敦煌吐鲁番出土典籍与文书的研究日新月异，笔者也曾探讨过一些德藏文献个案，如《史记》《汉书》《春秋后语》、道经、禅籍以及户籍等，并一直致力于海外所藏吐鲁番出土文献的编目工作。今又奉选堂先生九秩华诞，特将十年来陆续编制的德藏吐鲁番出土

---

① 饶宗颐《柏林印度艺术博物馆藏经卷小记》，《九州学刊》第 4 卷第 4 期，1992 年，161—162 页。
② 中华书局，22—28 页。
③ 前者见饶宗颐编《华学》第 2 辑，中山大学出版社，1996 年，314—317 页；后者载饶宗颐编《华学》第 3 辑，紫禁城出版社，1998 年，309—325 页。

土文献中的非佛教典籍、文书以及一些佛经题记整理如下，藉此以为选堂先生祝寿，兼提供给学人更多研究信息。

以下依编号顺序排列，依次著录编号、题目、简要说明、有关该号的参考论著，其缩略语所表示之论著，附于篇后。可以直接缀合的残片，中间用＋号连接；不能直接缀合但属于同一写本或刻本者，也合并著录，中间用逗号连接。原《草目》所收明确属于和田、库车出土的典籍和文书，此次不录，另详他文。

Ch.50v（ＴⅡＴ 1228）唐天宝年间交河郡籍 4行。参：Thilo 1970，88—89，图5；池田温 1979，262；TTD II，A，86，181—182；B，136；荣新江 1998b，314；Nishiwaki 2001，65。

Ch.65（ＴⅢＳ 67）兵役名籍 4行。胜金口遗址出土。参：荣新江 1998b，314；Nishiwaki 2001，84。

Ch.66（ＴⅢＳ 23.1）名籍 3行。胜金口遗址出土。参：荣新江 1998b，314；Nishiwaki 2001，84。

Ch.79（ＴⅠＤ 1038）《切韵》 正背书，正面6行，背面7行，存一纸的下半。高昌故城出土。参：荣新江 1997a，269；荣新江 1998b，312、314；Nishiwaki 2001，44—45；Takata 2004，333—335；高田时雄 2005，24—27。

Ch.82（无原编号）唐帖为遣人修渠事 4行，此或为安西都护府文书。参：荣新江 1998b，314；Nishiwaki 2001，72。

Ch.121（ＴⅡＴ 1221）《毛诗·小雅·采薇—出车》 7行，楷书，字颇大，有朱笔句读。存《采薇》4残行，《出车》2行，《采薇》后有章末标题及一章句数，此系唐太宗贞观中颜师古定本格式，见《新唐书·儒学传》上及《正义》，知为唐人写本。吐峪沟遗址出土。参：荣新江 1997b，395；荣新江 1998b，311、314；Nishiwaki 2001，35—36。

Ch.130（ＴⅢＴ 531）《道经》 7行，纸色黑褐。字体楷中带隶，有界栏。吐峪沟遗址出土。参：荣新江 1998b，314。

Ch.173（T II T 1390）残帐　3 行，与 Ch.937、Ch.3892 似为同一文书。吐峪沟遗址出土。参：荣新江 1998b，314；Nishiwaki 2001，76。

Ch.174（T II 1917）**摩尼教发愿文**　6 行，黄麻纸，残存一叶，形式颇似吐鲁番出土伊朗语文献之册页。正背书，每页 6 行字，分上下栏书写，为七言诗体。年代在 9—10 世纪。参：Thilo 1991，163—165，图 20—21；荣新江 1998b，314；Nishiwaki 2001，135；Mikkelsen 2004，213—220；王媛媛 2005，54；王丁 2005，2—3、9—10，图 3—4。

Ch.217（T II T 1260）《占死丧法》（拟）　12 行，部分行前有朱笔三角勾记，系推人上计及合死不合死法的表格的一部分。吐峪沟遗址出土。中国国家图书馆善本部藏有向达 1937 年所获照片。参：荣新江 1998b，314；Nishiwaki 2001，95；荣新江 2005，274；余欣（待刊稿）。

Ch.243（T III T 514）+ Ch 286（T II 1178）《太玄真一本际经》卷八　13 行。楷书精写，有乌丝栏。吐峪沟遗址出土。参：荣新江 1998b，314；西胁常记 1999，49，61（图 2）；荣新江 1999a，138；Nishiwaki 2001，130—131；西胁常记 2002，115—116，图 31—32；王卡 2004，207。

Ch.258（T II T 1319）**摩尼教赞美诗**　存一叶，正背书，各 6 行，纸叶高度与另一摩尼教文献残叶（Ch.174）相同，中间有折痕，折缝上下各有一孔，似为装订所用。折缝前为五言诗，后为七言诗，可见中间有缺叶。字极小，楷书，木笔所写。背面为同一文献，折缝前为七言诗，后为五言诗。因纸面上有土，有些文字释读困难，背面尤甚。吐峪沟遗址出土。参：Thilo 1991，165—170，图 22—23；Sundermann 1991，171—174；Sundermann 1996，103—119；荣新江 1997c，542；荣新江 1998b，314；林悟殊 1998，48—49；Nishiwaki 2001，134—135；Mikkelsen 2004，213—220；张广达 2004，358；王媛媛 2005，53—55；林悟殊 2005，127；王丁 2005，2—3、9—10，图 1—2。

Ch.316（T III T 618）**古籍**　正背书，各 4 行，楷书不工，正背面字体一致，文字有朱笔句读和改订，有乌丝栏。内容为文学作品。吐峪沟遗址出土。参：荣新江 1998b，314；Nishiwaki 2001，138。

Ch.316（T Ⅲ T 618）古籍　正背书，各 4 行，楷书不工，正背面字体一致，文字有朱笔句读和改订，有乌丝栏。内容为文学作品。吐峪沟遗址出土。参：荣新江 1998b，314；Nishiwaki 2001，138。

Ch.329（T Ⅱ T 2084）为天子祈愿文　11 行，字小而佳，楷书，间有行书。下半纸残。吐峪沟遗址出土。参：Nishiwaki 2001，110—111，图 22。

Ch.349r（T Ⅱ T 2052），Ch.1002r（T Ⅱ T 1005）道经　前者 4 行，后者 12 行，刻本，有朱笔句读。吐峪沟遗址出土。参：荣新江 1998b，314—315；西胁常记 1999，49，62（图 3）；Nishiwaki 2001，132—133；西胁常记 2002，118—120，图 35—36。

Ch.349v，Ch.1002v《太上洞玄灵宝无量度人上品妙经》卷一　前者 6 行，后者 8 行，末行有朱笔点记，有上下栏。时间应先于正面的刻本。参：荣新江 1998b，314—315；西胁常记 1999，49，62（图 3）；Nishiwaki 2001，132—133；西胁常记 2002，118—120，图 35—36。

Ch.353r（T Ⅲ T 161）道经　6 行。吐峪沟遗址出土。参：小曾户洋 1996，644；荣新江 1998b，314。

Ch.353v 咒（？）　3 行。参：荣新江 1998b，314。

Ch.354（T Ⅱ T 3032）+Ch.483（T Ⅱ D 136）《杂医方》（拟）　正背书，各 3 行，总 12 行，字体一致。参：小曾户洋 1996，644；荣新江 1998b，314—315；Nishiwaki 2001，87；马继兴 2002，157—158；余欣（待刊稿）。

Ch.396（T I D）医方书　8 行，楷书不佳，有朱笔改订。高昌故城出土。参：小曾户洋 1996，644；荣新江 1998b，314；Nishiwaki 2001，86，图 15；马继兴 2002，157—158。

Ch.422（T Ⅱ T 2071）《妙法莲华经》卷七　8 行，题记："使持节侍中都督南□（徐）□□□骑大将军开府仪同□□□郡开国公萧道成，□（普）□□□。"吐峪沟遗址出土。参：KCBT I，113，205，图 11/13，34/48；唐长孺 1983a，190—191；藤枝晃 1987，9；Drège 1989，87；

池田温 1990，91—92；王素 1997，136，Nos.255—256；荣新江 1998b，314；姚崇新 1999，55；Nishiwaki 2001，113。

Ch.444（T II T 1940）《一切经音义》卷一二《贤愚经音义》（玄应） 6 行，楷书精写，有栏。吐峪沟遗址出土。参：石塚晴通 1992，55；西胁常记 1997b，85，图 13；荣新江 1998b，314；Nishiwaki 2001，101；西胁常记 2002，49—50，图 6；徐时仪 2005，9、42、92。

Ch.468r（T II D 287）《发病书》（拟） 6 行，小字，有朱点。内容与敦煌写本 P.2856《推十干病法》略同，据以定名。高昌故城出土。参：荣新江 1996a，83；荣新江 1998b，314；Nishiwaki 2001，92；余欣（待刊稿）。

Ch.468v 唐西州籍 2 行。参：Thilo 1970，89—90，图 7；池田温 1979，256；TTD II，A，74—75，190；B，128；荣新江 1998b，314；Nishiwaki 2001，64。

Ch.525（T II D 376）某年六月廿日残状 4 行。高昌故城出土。参：荣新江 1998b，315；Nishiwaki 2001，80。

Ch.571r（无原编号）残帐 5 行。参：荣新江 1998b，315；Nishiwaki 2001，77。

Ch.608v 沙州归义军酒破历 6 行，应系高昌回鹘时期传入吐鲁番的敦煌文书。参：荣新江 1996a，83；荣新江 1998b，315；Nishiwaki 2001，74—75。

Ch.610r（T II T 1290）书仪 4 行。吐峪沟遗址出土。参：Nishiwaki 2001，143。

Ch.610v 残文 3 行。参：Nishiwaki 2001，58，图 5。

Ch.640r（T III 1750）《千字文》 4 行。参：Nishiwaki 2001，54—55。

Ch.640v 杂写 3 行。

Ch.652（T III T 262），Ch.1214（T II 1785）《一切经音义》卷二三《显扬圣教论音义》（玄应） 分别存 10 行、17 行。吐峪沟遗址出土。参：石塚晴通 1992，55；西胁常记 1997b，87—88，图 13；荣新江 1998b，315—316；Nishiwaki 2001，102；西胁常记 2002，50—53，图 7—8；张娜丽 2003，21—22；Kudara 2005，115；徐时仪 2005，7，10，42；张娜丽 2006，363。

Ch.657（ＴⅡ1057）书牍　3 行，大字草书。也似判文。参：荣新江 1998b，315；Nishiwaki 2001，145。

Ch.693（ＴⅢ292.1）不来人名录　4 行，人名旁有竖线签记。当是元代或清代文书。参：荣新江 1998b，315；Nishiwaki 2001，83。

Ch.696v（ＴⅡ1218）回鹘人音注汉文难字　6 行，字拙，有朱栏。参：高田时雄 1996；荣新江 1998b，315；Nishiwaki 2001，50；Takata 2004，337—339，图 10；高田时雄 2005，32—33、43（图 10）。

Ch.698v（ＴⅢ1032）天公主愿文　3 行。参：荣新江 1998b，315；Nishiwaki 2001，111。

Ch.734（ＴⅡ1578）《春秋后语》卷一《秦语上》（卢藏用注）　5 行，写本四边均残，字极工整，大字正文，双行小注，内容为商君（公孙鞅）故事。背面无字，原本为正规书籍。在夹住残片的玻璃板左上角，有标签题"史记"；左下角又有一标签题"商君传"，表明最早（二战前？）整理此卷的人认为是《史记·商君列传》写本残片，Nishiwaki 2001 从之。对比敦煌写本 P.5523 和 P.5034，残卷之大字正文系《春秋后语》卷一《秦语》，对比《太平御览》、《战国策》注所引《春秋后语》注文，知为卢藏用注。中国国家图书馆善本部藏有王重民 1935 年所获照片，装照片的封袋上题"史书（不知名），疑是春秋后语"。参：荣新江 1998b，312、315；荣新江 1999b，71—73+附图（北京图书馆藏旧照片）；Nishiwaki 2001，58；荣新江 2005，269。

Ch.768（无原编号）小奴牒　4 行。参：荣新江 1998b，315；Nishiwaki 2001，69—70。

Ch.773r（ＴⅡ1510）解梦书　8 行，楷体，有折栏。参：荣新江 1998b，315；Nishiwaki 2001，90，图 13。

Ch.773v《庄子疏·齐物论篇》（成玄英）　9 行，字在行楷之间，颇佳，文字方向与正面倒置，有乌丝栏。参：荣新江 1998b，315；西胁常记 1999，50—51，64（图5）；Nishiwaki 2001，129；西胁常记 2002，116—118，图 34。

Ch.781r（T II B 60）清朝文书　5 行。葡萄沟废寺遗址出土。参：荣新江 1998b，315；Nishiwaki 2001，72。

Ch.809（T III 304）高昌回鹘某年三月初四日支用麦迷子帐　正背连续书写，正面 7 行，背面 6 行，其字不似汉人所写，或系蒙元时期高昌回鹘文书，人名多似蒙文音译。参：荣新江 1998b，315；Nishiwaki 2001，75，图 14。

Ch.842v（T III 62.1000）《推十二支死后化生法》（拟）　6 行，约 7 世纪中—8 世纪末。字不佳。右边沿字迹被剪去少半，而正面佛典完整，知此抄写年代较正面为早。参：西胁常记 1997b，80，图 11；荣新江 1998b，315；Nishiwaki 2001，93；西胁常记 2002，43—44，图 2；余欣（待刊稿）。

Ch.924r（无原编号）佛教文学作品　10 行，楷体，字颇佳，有多处墨笔改订之处。

Ch.924v 唐西州租田课布历（？）　9 行，字草难识，提到"拓萄（葡萄园）"，所交布匹数旁有朱笔点记。参：池田温 1979，491；荣新江 1998b，315；Nishiwaki 2001，66，图 1。

Ch.925（无原编号）元代书札　正背面接写，正面 9 行，背面 2 行，纸极粗恶。参：荣新江 1998b，315；Nishiwaki 2001，143，图 27。

Ch.935（T III 2023）《太上洞玄灵宝升玄内教经》卷二　2 行，楷书精写，有乌丝栏。相同内容见敦煌写本 P.2445《升玄内教经》，卷数据万毅《敦煌本升玄内教经试探》（《唐研究》1，1995，71—73）的考证。参：荣新江 1997b，396；荣新江 1998b，312、315；西胁常记 1999，48，60（图 1）；山田俊 1999，275；荣新江 1999a，138；Nishiwaki 2001，130；西胁常记 2002，113，图 29；王卡 2004，124。

Ch.937（T III M 225）残帐　5 行，与 Ch.173、Ch.3892 似为同一文书。木头沟遗址出土。参：荣新江 1998b，315；Nishiwaki 2001，76。

Ch.938r（T II T 1132）《汉书》卷四〇《张良传》　5 行，字体在楷

书与行书之间，有乌丝栏。背为《史记·仲尼弟子列传》。检《西域考古图谱》所刊大谷探险队所得吐鲁番文书，其下卷经籍类（5）-（1）和（2）图所刊写本，也是一面为《史记·仲尼弟子列传》，另一面是《汉书·张良传》，两相对照，字体形制全同，必为同一抄本无疑，两件所书文字末行相同，上下相差约7字或12字。德藏卷原编号表明为德国第二次吐鲁番探险队在吐鲁番吐峪沟所得。据《图谱》，大谷队所得残片出土地标为"库木吐喇"，即库木土喇（Kumtura）石窟，在古代龟兹国范围（今库车西北）。两说不同，必有一误。参：荣新江1998b，312，315；Nishiwaki 2001，58—59，图6；荣新江2004，41—43。

Ch.938v《史记》卷六七《仲尼弟子列传》 5行，行书，无栏。参：荣新江1997b，396；荣新江1998b，312，315；Nishiwaki 2001，58，图6；荣新江2004，41—43。

Ch.1028r（无原编号）相保名籍 5行，字体拙恶，应是回鹘或元代时期文书。参：荣新江1998b，315；Nishiwaki 2001，82—83。

Ch.1028v 残帖 1行。参：荣新江1998b，315；Nishiwaki 2001，72。

Ch.1034（T II T 301）唐天宝年间交河郡蒲昌县（？）籍 8行，有朱印三方，前两字不可释读，前人疑为"蒲昌县之印"（5.2 cm×5.2 cm）。吐峪沟遗址出土。参：Thilo 1970，92，图12；池田温1979，259；TTD II，A，80—82，183；B，133；荣新江1998b，315；Nishiwaki 2001，65；陈国灿2002b，314—315。

Ch.1036r（T II T）《张文仲疗风方》 12行，唐写本，大字正文，双行小注。原有标签题"药方文"。吐峪沟遗址出土。参：黑田源次1935，634—635；万斯年1947b，74—86；罗福颐1952，卷4，No.31；三木荣1964，158；马继兴1988，173—175；宫下三郎1992，503；小曾户洋、真柳诚1993，1218—1220；小曾户洋1996，640—642；上山大峻1997，203（图）；荣新江1998b，315；Nishiwaki 2001，88；马继兴2002，158。

Ch.1036v《本草经集注》卷四《虫兽部》 12行，楷书，字极佳。朱墨杂书，大字正文，双行小注。原有标签题"药性论"。参：黑田源次 1935，648—649；万斯年 1947b，86—100；罗福颐 1952，卷2，No.28；三木荣 1964，153；渡边幸三 1987，248—265；马继兴 1988，384—386；宫下三郎 1992，493；小曽户洋 1996，640；上山大峻 1997，202（图）；荣新江 1998b，315；真柳诚 2000，135—143，图5；Nishiwaki 2001，88；马继兴 2002，158；Mayanagi 2005，315—317，图 13.5。

Ch.1044r（T III Š 67），Ch.2432r（T III Š 94）《春秋经传集解》昭公二十二年　前者存 9 行，后者存 6 行，楷书精写，朱笔句读，大字正文，双行小注，为唐人精写本。两件正面均为《春秋经传集解》昭公二十二年文字，背面同为占卜书，知原为同一写本。中国国家图书馆善本部藏有王重民 1935 年所获 Ch.2432r（T III Š 94）照片，显示现存该卷右下角已经残去大小约八个字。参：荣新江 1997b，395；荣新江 1998b，312，316，318；Nishiwaki 2001，36—37；荣新江 2005，269。

Ch.1044v，Ch.2432v 占卜书　前者 9 行，后者 3 行。参：荣新江 1998b，316，318；Nishiwaki 2001，90。

Ch.1045（T II 1784）+Ch.2402（T II 6764）唐永泰三年（767）（？）西州田租（？）簿　16 行，大字，秀美整洁，人名上有朱笔或墨笔勾勒或点记。参：池田温 1979，501；关尾史郎 1992，38—43；荣新江 1998b，316；Nishiwaki 2001，66—67，图 9；陈国灿 2002b，330。

Ch.1046r（T II 4042）唐西州安西坊配田亩历　9 行，此为唐西州高昌县官府规定安西坊内人户或寺观按日分配田亩数，后有典杨某的合计记录，但其性质不甚明了，年代必在天宝二年三月以后。原分三列记个人、寺院、宫观下段数，有朱笔勾勒，下部残缺。参：荣新江 1998b，316；荣新江 1999a，132；Nishiwaki 2001，73，图 13。

Ch.1046v 西州官府残帐　9 行，大字楷书，颇工整。参：荣新江 1998b，316；Nishiwaki 2001，77。

Ch.1052（无原编号）唐西州籍　5 行，户籍废弃后，为佛寺僧人用来写经，其户籍文字间隙倒书"般若波罗蜜经一卷"，下题"七级寺僧智德"。参：Thilo 1970，90，图 8；土肥义和 1969，107；池田温 1979，236；TTD II，A，48—49，212—213；B，100；荣新江 1998b，316；Nishiwaki 2001，61—62。

Ch.1064（T II M 1046），Ch.1103（T III M 1371.1），Ch.1875（T III M 1047）**杭州信实徐铺招贴** 各 5 行。木头沟遗址出土。参：陈国灿 1995，41（Ch 1103）；荣新江 1998b，316，317；Nishiwaki 2001，153。

Ch.1072v（T II D 1 f），Ch.1106v（T II T 1921），Ch.1150v（T II D 236），Ch.2437r（T II D 1 a），Ch.3533r（T II D 1 d），Ch.3715r（T II D 1 b）**《切韵》** 分别存 5 行、11 行、3 行、4 行、7 行、7 行，刻本，均系正面《增一阿含经》的背面裱纸。中国国家图书馆善本部藏有王重民 1935 年所获 Ch.2437r（T II D 1 a）、Ch.3533r（T II D 1 d）、Ch.3715r（T II D 1 b）照片，据补原编号。参：魏建功 1948；姜亮夫 1955；上田正 1973；周祖谟 1994，777—782；荣新江 1997a，269；荣新江 1998b，312、316、318、320；Nishiwaki 2001，45—47；Takata 2004，333—337；荣新江 2005，270；高田时雄 2005，27—31。

Ch.1192（T II 1513）**麹建犟写经题记** 5 行，隶书，极整洁。题记："盖闻积财灵府，终获如意之宝；寄饭神钵，必蒙□□□□。□（建）威将军、领宿卫事麹建犟，仰感诚言，誓心弥陀，□（敬）□（写）□（楞）伽经一部。即请僧转读、校定已讫，遮诵习者获无□□□，证彼岸之果。冀已（以）斯福，又愿七世先灵考妣，往魄□□，□□法忍。又愿弟子舍身、受身，受持正法，广利众生。"此当为麹氏高昌时期写经题记。参：池田温 1990，163；王素 1997，221，No.578；荣新江 1998b，316；Nishiwaki 2001，114—115，图 23。

Ch.1212（T II 1063）**唐开元十年（722）西州高昌县籍** 4 行，有"高昌县之印"（5.3×？cm），印于正面纸缝上。参：Thilo 1970，85—86，图 1；土肥义和 1969，121；池田温 1979，250；TTD II，A，63，198；B，119；荣新江 1998b，316；Nishiwaki 2001，62—63；陈国灿 2002b，232—233。

Ch.1215v（T I D）**写经题记**　10 行，大字，不佳。提到"阿郎都督""阿郎从儿"，似回鹘时期文献。参：荣新江 1998b，316；Nishiwaki 2001，124。

Ch.1216（T II 1980）**《一切经音义》卷一五《僧祇律音义》（玄应）**　14 行。参：石塚晴通 1992，55；西胁常记 1997b，88—89，图 14；荣新江 1998b，316；Nishiwaki 2001，103；西胁常记 2002，53—54，图 9；张娜丽 2003，21—22；Kudara 2005，115；徐时仪 2005，11、42；张娜丽 2006，363。

Ch.1221r（T II T 3048）**书仪（？）**　5 行，文字较大，不佳。吐峪沟遗址出土。参：荣新江 1998b，316；Nishiwaki 2001，142。

Ch.1221v **回鹘人音注汉文难字**　5 行。参：高田时雄 1996；荣新江 1998b，316；Nishiwaki 2001，53；Takata 2004，337—339，图 9；高田时雄 2005，32—33、42（图 9）。

Ch.1234r（T III T 418）**唐西州籍（附：《千字文》）**　5 行，户籍废弃后，学童在户籍文字空隙处习书《千字文》。吐峪沟遗址出土。参：Thilo 1970，91，图 10；池田温 1979，256—257；TTD II, A, 74—75, 189；B, 128；荣新江 1998b，316；Nishiwaki 2001，57、64。

Ch.1245v（T II T 4004）**道教文献**　6 行，字体较草。参：荣新江 1998b，316；西胁常记 1999，51—52，65（图 6）；Nishiwaki 2001，133-134；西胁常记 2002，121—122，图 38。

Ch.1246r（T III T 381），Ch 343r（T II T 1950），Ch 323r（无原编号），Ch 2917r（T III T 408），Ch 1577r（T III 1192）**《切韵》**　以上残片据字体及正背面的内容，均属于同一写本，分别存 2 行、3 行、3 行、7 行、11 行。吐峪沟遗址出土。参：Nishiwaki 2001，42—44，图 3；Takata 2004，333—335，图 1；高田时雄 2005，24—27，37（图 1）。

Ch.1256（T III 291）**府兵名籍**　正背书，各 2 行，记火长康天忠以下十人名。正面字较大，背面字较小，颇整严。参：荣新江 1998b，316；Nishiwaki 2001，83—84，图 10。

Ch.1282（T II 1768）**占卜书**　3 行。参：荣新江 1998b，316；

Nishiwaki 2001，97。

Ch.1298v（TⅢT 638）《春秋经传集解》昭公三十一年至三十二年 5行，楷书精写，并有朱笔句读，有乌丝栏。"经"字书于栏外，大字正文，双行小注。为唐抄本。参：荣新江 1997b，396；荣新江 1998b，312、316；Nishiwaki 2001，36。

Ch.1331r（TⅡ346）《周易》注（？） 4行，正背书。参：Nishiwaki 2001，35。

Ch.1363r（TⅢ1058 Yar Choto）摩尼教文献 3行。交河故城出土。参：王丁 2005，1—19，图 8。

Ch.1431（TⅡ1915）僧人书札（？） 4行，贝叶长方形纸叶，上下略残。字体工整，有涂抹。参：Nishiwaki 2001，144。

Ch.1433r（TⅡT）《绝观论》 10行，大字，不佳。吐峪沟遗址出土。参：西胁常记 1997a，136—138、139（附图）；荣新江 1998b，316；Nishiwaki 2001，110；西胁常记 2002，136—138，图 43；荣新江 2003，60—61。

Ch.1433v 唐开元十三年（725）西州籍 7行，前 2 行年代上有朱印痕迹，印文不清。参：Thilo 1970，87—88，图 4；土肥义和 1969，124；池田温 1979，252；TTD Ⅱ，A，64 -65，196—197；B，120；冻国栋 1993，407—408；荣新江 1998b，316；冻国栋 1998，87；Nishiwaki 2001，63；陈国灿 2002b，245。

Ch.1455（TⅡ1155）唐至德二载（757？）交河郡户口损益帐（？） 4行，前后均残，存 5 行，记每户人口姓名、年龄、丁中、现在或身死等情况。中国国家图书馆善本部藏有王重民 1935 年所获照片，有原编号 TⅡ1 D 65，今已不存。参：池田温 1979，262；唐长孺 1983，68；TTD Ⅱ，A，87—88，180；B，136；冻国栋 1993，414—415；荣新江 1998b，316；冻国栋 1998，89—90；Nishiwaki 2001，66，图 8；陈国灿 2002b，317；荣新江 2005，270—271。

Ch.1458a（TⅡ1410），Ch.1458b（TⅢD 318），MIK Ⅲ 4633a（TⅠ），MIK Ⅲ 4633b1（TⅠ），MIK Ⅲ 4633c（TⅠ），MIK Ⅲ 4638a，

MIK III 7482，MIK III 7483（T III M 235），MIK III 7773c（T I T），MIK III 9441 蒙速速（蒙速思）家族供养图　刻本，供养人像旁有题名。参：Gabain 1976，203—207，图 1；Franke 1977，33—40；北村高 1987，83—105；北村高 1993，9—12；荣新江 1998b，317；党宝海 2000，139—152。

Ch.1459r（T II Y 54）《相子生月宿法》（拟）　8 行，楷书不精，以朱笔分段。第 3 行有篇题"（上残）辰真宿法第六"。与 Ch.1644 或为同一书。交河故城出土。参：荣新江 1998b，317；Nishiwaki 2001，94，图 17；余欣（待刊稿）。

Ch.1459v 岁星图　1 行，中绘一命盘，中央题"岁星图"，有褐红色线从岁星图引向四周的地支，正北顺时针依次为：子酉戌亥丑申卯午巳辰寅未，左一行题："首者多官事。"或许与正面是同一文献。参：荣新江 1998b，317；Nishiwaki 2001，94，图 17；余欣（待刊稿）。

Ch.1467（T II D 406）占卜书　5 行。高昌故城出土。参：荣新江 1998b，317。

Ch.1479（T II T 1638）某人牒为附贯产业事　3 行。吐峪沟遗址出土。参：荣新江 1998b，317；Nishiwaki 2001，70。

Ch.1499（T II 1763）残帐　2 行，字体粗大。唐代文书。参：荣新江 1998b，317；Nishiwaki 2001，77-78。

Ch.1500（T III T 506）佛经目录　7 行，楷书精写，有乌丝栏。残存纸之下半。吐峪沟遗址出土。参：荣新江 1998b，317；Nishiwaki 2001，126。

Ch.1512r（T II D 183）《具注历日》　8 行。高昌故城出土。参：荣新江 1997b，396；荣新江 1998b，312、317；Nishiwaki 2001，89；余欣（待刊稿）。

Ch.1533r（T II T 1565）残文　6 行，字体在楷书行书之间。右边右一纸条为后来所贴。吐峪沟遗址出土。参：Nishiwaki 2001，141。

Ch.1533v 书信　4 行。参：Nishiwaki 2001，143—144。

Ch.1538（T II Y 54）《切韵》　正背书，各三行。内容系增订本

《切韵》的摘录，为高昌回鹘时期写本。交河故城出土。参：荣新江 1998b，317；Nishiwaki 2001，48；Takata 2004，333—337，图 4；高田时雄 2005，31—32、39（图 4）。

Ch.1577v，Ch.2917v，Ch.323v，Ch.343v，Ch.1246v《尔雅音义》释木、释虫、释鱼、释鸟　以上残片据字体及正背面内容，均属于同一个写本，分别存 11 行、8 行、3 行、3 行、3 行。参：荣新江 1998b，314，316—319；Nishiwaki 2001，40—41，图 2。

Ch.1617r（T II T 3072）《李老君周易十二钱卜法》　6 行。小字，不佳，有乌丝栏。吐峪沟遗址出土。参：小曾户洋 1996，645；荣新江 1998b，317；Nishiwaki 2001，95—96；马继兴 2002，158；余欣（待刊稿）。

Ch.1617v《推十二时得病轻重法》（拟）　3 行。其性质属发病书，抄写内容与敦煌文书 S.1468 近似。有些学者认为是医方书。

Ch.1634（T III 1117）占卜书　15 行，文字拙恶，纸上有残孔多处，文字无法卒读。参：荣新江 1998b，317；Nishiwaki 2001，95，图 18。

Ch.1635（无原编号）易卦占　正背面形式相同，正面 10 行，背面 13 行。页左上角有卦图，四周有小字说明，上下及后面是大字占词。现在的玻璃板上有旧标签，题"易经"，实际非《易经》本身，而是易卦占卜书。中国国家图书馆善本部藏有向达 1937 年所获照片。参：荣新江 1998b，317；Nishiwaki 2001，96，图 19；荣新江 2005，273。

Ch.1644r（T III T 133）《推九天行年灾厄法》（拟）　11 行，字不佳，大字正文，双行小注，有乌丝栏。中间有篇名"（上残）看行道法第十（下残）"。与 Ch 1459 或为同一书。吐峪沟遗址出土。参：荣新江 1998b，317；Nishiwaki 2001，94；余欣（待刊稿）。

Ch.1644v《占釜鸣法》（拟）　3 行，文字与正面不同，亦无乌丝栏。参：荣新江 1998b，317；Nishiwaki 2001，94；余欣（待刊稿）。

Ch.1649r（T II 1970）唐西州柳中县（？）籍　7 行，残存朱印痕迹，前人疑为"柳中县之印"（5.2 cm × ? cm）。户籍废弃后，被人用来写占卜书。参：Thilo 1970，89，图 6；池田温 1979，256；TTD II，A，73—74，190；B，128；荣新江 1998b，317；Nishiwaki 2001，63—64。

Ch 1649v《产妇反支月忌法》（拟） 7 行，与正面占卜文字不同。参：荣新江 1996a，83；荣新江 1998b，317；Nishiwaki 2001，97；余欣（待刊稿）。

Ch.1685r（T III T 177）奉请诸神文 6 行，字工整，不佳。有朱笔句读。吐峪沟遗址出土。参：荣新江 1998b，317。

Ch.1744（T III T 399）《玉篇·部目》 6 行，刻本。吐峪沟遗址出土。参：荣新江 1998b，317；Nishiwaki 2001，49。

Ch.1815v（T II T 1137）唐西州高昌县籍 3 行，有"高昌县之印"（5.4 cm × 5.5 cm）。背面佛典左上角亦有残印痕。参：Thilo 1970，90—91，图 9；土肥义和 1969，119；池田温 1979，240；TTD II，A，54—55，206；B，106；荣新江 1998b，317；Nishiwaki 2001，62。

Ch.1830（T II 1829）《占地动·日月蚀法》 17 行，正背书，字不佳，有不整齐之墨栏。上部可以与出口常顺藏 331 甲、乙（《高昌残影》图 LVII）直接缀合。或为《太史杂占历》的一部分。参：荣新江 1998b，317；Nishiwaki 2001，91；西胁常记 2002，140—165，图 45—46；宇野顺治、古泉圆顺 2004，44—63；Nishiwaki，2004，40—48，图；余欣（待刊稿）。

Ch.1874（T III T 440）《龙龛手鉴》卷一 7 行，刻本。吐峪沟遗址出土。参：Nishiwaki 2001，49，图 4。

Ch.1891（T II T 1008）《金光明经》卷三 20 行，有延昌三十七年（597）高昌王题记："延昌卅七丁巳岁十月十六日，使持节大将军□（大）□□希近时罗枏跂弥砲伊和（利）地屠庐悌随□□□。稽首归命常住三宝。盖闻万行殊修，功□□善绵，故留芳纤芥之恶，婴于果（累）劫，故仰寻□□明有部异。受持者拔六趣之屋，诚诵者除三□□部护持，国作（祚）永除（隆），蕃〔□〕维茂。七祖先灵，内外□□身康强，四大宁吉，时和岁□（丰）。□□□"吐峪沟遗址出土。参：KCBT I，153，图 24/28；池田温 1990，151；王素 1997，217，

No.556；荣新江 1998b，317；姚崇新 1999，62；Nishiwaki 2001，114。

Ch.1892（T II 1585）《妙法莲华经》卷一　14 行，有显庆元年（656）张欢伯题记："□□向流三男。是以全法半唱，□□徒二入正，莫不皮纸骨笔，□□之愿。白衣弟子张欢伯，□□启六蔽昏情，执八正而□□，敬写《法华经》一部。愿读□□者知究竟之性。法界苍生，□□成佛果。显庆元年五月。"参：KCBT I，57，图 11/12；池田温 1990，201，No.539；荣新江 1998b，317；Nishiwaki 2001，117；陈国灿 2002b，55。

Ch.1956（T II B 66）清人名录　12 行，纸墨较新，写人名、年龄、籍贯，从地名来看，应是清代文书。葡萄沟废寺遗址出土。参：荣新江 1998b，317；Nishiwaki 2001，85，图 15。

Ch.1981r（T III T 1258）音韵书　13 行。吐峪沟遗址出土。参：Nishiwaki 2001，53。

Ch.1981v 杂写　2 行。参：Nishiwaki 2001，150。

Ch.1986r（T II T 1274）习字　2 行，大字，先朱书，后墨书，只有六字可识。吐峪沟遗址出土。参：荣新江 1998b，317；Nishiwaki 2001，146。

Ch.1986v 医方书　5 行，楷书，有乌丝栏，但文字写出栏外。参：荣新江 1998b，317；Nishiwaki 2001，86；马继兴 2002，158—159；余欣（待刊稿）。

Ch.1991（T I D/T IV K 95－100a, b）《切韵》　正背书，正面 7 行，背面 6 行。韵目衔接，知原为册子本。有朱笔点记，又数字用朱笔，前人影印件没有显示，故此摹本也有遗漏。原卷上有编号 T I D，表明为高昌故城出土，但又有 T IV K 95-100a, b，则为库车地区出土，未知孰是。参：武内义雄 1935；刘复等 1937；万斯年 1947a，53—54；上田正 1973；周祖谟 1994，71、825—827；荣新江 1998b，317；Nishiwaki 2001，43—44；Takata 2004，333—335，图 2；高田时雄 2005，24—27、37（图 2）。

Ch.2010（T III T 221）《太山经》一卷　10 行，楷书工整，笔迹

较粗。首尾均题"太山经一卷",中间八行文字,下部残缺。吐峪沟遗址出土。参:荣新江 1996a,83;西胁常记 1998,20—23、24(图 2);荣新江 1998b,318;Nishiwaki 2001,107;西胁常记 2002,104—107,图 27。

Ch.2011(ＴⅡＴ 1286)**占卜书** 正背书,正面 4 行,背面 5 行。字不佳,有乌丝栏。吐峪沟遗址出土。

Ch.2033(ＴⅢＴ 637)**唐人书牍** 5 行,行书。吐峪沟遗址出土。参:荣新江 1998b,318;Nishiwaki 2001,144。

Ch.2067(ＴⅡ 1836)**某年十一月十八日高氏为故夫请僧转经疏** 10 行。参:Nishiwaki 2001,125,图 24。

Ch.2068(ＴⅡＤ 61)**《礼记·坊记》** 11 行,正楷书写,大字正文,双行小注,字极精,"民"字缺笔,为唐抄本。高昌故城出土。中国国家图书馆善本部藏有王重民 1935 年所获照片,据补原编号。参:荣新江 1998b,311—312、318;Nishiwaki 2001,36;荣新江 2005,269。

Ch.2132v(无原编号),Ch.2286v(ＴⅢ 62.1007),Ch.3623v(ＴⅢ 62),Ch.3761(无原编号),Ch.3903v(无原编号)**《新唐书》卷一七一《石雄传》** 此五残片用作废纸,裱在刻本《增一阿含经》背,分别存 2—7 行不等,五碎片缀合后,大体可复原成刻本一页,当属某宋元版中一残页,俟考。参:荣新江 1997b,396;荣新江 1998b,312、318;Nishiwaki 2001,59—60。

Ch.2177(无原编号)**斋文** 9 行,字体拙劣,有栏而不遵,存一纸下半。参:荣新江 1998b,318;Nishiwaki 2001,112。

Ch.2241(ＴⅠＤ 1013)**《玉篇·部目》** 12 行,刻本。高昌故城出土。中国国家图书馆善本部藏有王重民 1935 年所获照片,据补原编号。以照片所摄刻本与原件相比较,下端失掉一角,所缺恰好是下栏边框的刻线,据旧照片,知此刻本框高 23.5 cm。参:冈井慎吾 1937,33—43;上田正 1973;高田时雄 1989,168—169;荣新江 1997a,269;荣新江 1998b,318;Nishiwaki 2001,48;荣新江 2005,269;高田时雄 2005,323—325。

Ch.2254r（T II T 2040）《诗经·小雅·鱼藻之什》 14 行，隶书，字颇佳，为六朝写本无疑。有乌丝栏，每首诗以栏外墨点标识起始，章后无章名句数，不同于《毛诗》写本。以今本校对，文字颇多异体。吐峪沟遗址出土。参：荣新江 1997b，395；荣新江 1998b，311、318；Nishiwaki 2001，35，图 1。

Ch.2259（无原编号）+ Ch.71（T II 1359）+ Ch.3122（T II T 1318）《一切经音义》卷五《摩诃摩耶经·如来方便善巧咒经音义·胜鬘经音义》（玄应）20 行。参：石塚晴通 1992，55；西胁常记 1997b，89—91，图 14；荣 新 江 1998b，318、314、319；Nishiwaki 2001，102—103，图 21；西胁常记 2002，54—58，图 10—12；徐时仪 2005，6、42。

Ch.2313（T III Y）佛经目录 5 行，残存下半。交河故城出土。参：荣新江 1998b，318；Nishiwaki 2001，127。

Ch.2316（T II D 298）《切韵》 5 行，刻本。高昌故城出土。参：荣新江 1998b，318。

Ch.2369（T III T 332）回鹘人音注汉文难字 5 行，刻本。吐峪沟遗址出土。参：高田时雄 1996；荣新江 1998b，318；Nishiwaki 2001，52；Takata 2004，337—339，图 8；高田时雄 2005，32—33、42（图 8）。

Ch.2378（T II T 1443）《□（枵）子赋》 5 行，字体不佳。大谷文书 3506 有"枵子赋一首"，仅存题目。吐峪沟遗址出土。参：荣新江1998b，318；Nishiwaki 2001，138。

Ch.2401r（T II T 2070）《太上洞玄灵宝三十二天尊应号经》（拟）10 行，楷书精写，有乌丝栏。吐峪沟遗址出土。参：大渊忍尔 1978，359；大渊忍尔 1979，874；荣新江 1998b，318；西胁常记 1999，49、60（图 1）；Nishiwaki 2001，132；西胁常记 2002，114，图 30；王卡2004，128—129、283。

Ch.2401v 高昌回鹘本□岳目主都督与天公主发愿文 9 行，字草，颇难辨认。参：荣新江 1998b，318；Nishiwaki 2001，111，图 20。

Ch.2403（T II 1976）**唐西州高昌县典周建帖山头等烽为差人赴苇所知更事** 8行，字行草间。参：荣新江 1996a，83；荣新江 1998b，318；Nishiwaki 2001，71—72，图 12；陈国灿 2002b，54。

Ch.2404（无原编号）**唐西州领钱历** 8行，字体相同，但墨色不同，当系不同时间所书，内容属于同一文书。纸上有朱色痕迹，或原本有朱印。记有"钱贰阡文，买布送北庭张僧政"，当为西州文书。参：荣新江 1996a，83；荣新江 1998b，318；Nishiwaki 2001，74。

Ch.2405（T II 1 D 61）**唐开元二十三年（735）西州高昌县顺义乡籍** 6行，前后均残，上部亦残约四字，下部前二行不残，但后二行残半，残存本文 5 行，中间纸缝上尚存有"顺义乡"和"开"字，有"高昌县之印"，前人定名为"唐开元年间西州高昌县顺义乡籍"。中国国家图书馆善本部藏有王重民 1935 年所获照片，较现存原件多出三行文字，且下部保存完好，纸缝处有"开元贰拾叁年籍"，故据以定名。又，旧照片上有原编号 T II 1 D 61，今已不存。高昌故城出土。参：Thilo 1970，87，图 3；土肥义和 1969，122；池田温 1979，252；TTD II，A，67—68，195；B，123；荣新江 1998a，140—146+ 图一、二（北京图书馆藏旧照片）；荣新江 1998b，318；Nishiwaki 2001，62；陈国灿 2002b，268—269；荣新江 2005，270。

Ch.2519（T II T 1340）**符咒** 4行，前写八卦，后为解释。吐峪沟遗址出土。参：荣新江 1998b，318；Nishiwaki 2001，129。

Ch.2521+Ch 2836（均无原编号）**萧道成写经题记** 2行，题记："使持节侍中都督南徐兖北徐□（兖）□（青）□（冀）□（六）州诸军事骠骑大将军开府仪同三司录尚书事南徐州刺史竟□（陵）□（郡）□（开）□（国）公萧道成，普为一切，敬造供养。"参：KCBT I，205—209，图 33；Drège 1989，87；池田温 1990，91—92；荣新江 1998b，318；姚崇新 1999，55；Nishiwaki 2001，113—114。

Ch.2547r（T III T 195）**《御注孝经疏·五刑章》（元行冲）** 3行，楷书不精，大字正文，双行小注。文字相当于《五刑章》部分残文，与今本相校，注文略有不同。吐峪沟遗址出土。参：荣新江 1998b，312、

318；Nishiwaki 2001，37。

Ch.2547v 残文　2 行，只存二字。参：荣新江 1998b，319；Nishiwaki 2001，79。

Ch.2695（无原编号）残帐　2 行。参：Nishiwaki 2001，79。

Ch.2696（T II T 1446）写经题记　3 行，题记："（前残）七世父母▢▢▢宿命。愿如来拔护，常在▢▢▢笔恶手拙，字具而已。惠。"吐峪沟遗址出土。参：荣新江 1998b，319；Nishiwaki 2001，115—116。

Ch.2757（无原编号）+Ch.3582（T III M 144）回鹘人音注汉文难字　分别存 3 行、5 行，正背书。参：高田时雄 1996；荣新江 1998b，319—320；Nishiwaki 2001，51；Takata 2004，337—339，图 5；高田时雄 2005，32—33，40（图 5）。

Ch.2910（无原编号）《推死丧四邻妨忌法》（拟）　4 行，字不佳，有栏。参：荣新江 1998b，319；Nishiwaki 2001，93；余欣（待刊稿）。

Ch.2922r（T II S 21）《千字文》　正背书，各 3 行。大字，粗俗，有界栏，有朱笔点断。胜金口遗址出土。参：荣新江 1998b，319；Nishiwaki 2001，53—54。

Ch.2923（T II 1818）唐某年十二月廿七日典孙秀牒　4 行，字草，有朱点。典孙秀又见 Ch.2404 唐西州领钱历。参：荣新江 1998b，319；Nishiwaki 2001，69。

Ch.2931r（T II T 1566）《礼赞文》并回鹘文音注词汇　7 行。在汉文礼赞文之行间书写对音回鹘文词汇。吐峪沟遗址出土。参：Raschmann & Takata 1993，391—396，图 2；Wang 2004，373；高田时雄 2005，204—210+ 图 1。

Ch.2993r（无原编号）《推行年禄命法》（拟）　4 行。参：荣新江 1998b，319；Nishiwaki 2001，93；余欣（待刊稿）。

Ch.2993v 曲子词（？）　4 行。参：荣新江 1998b，319。

Ch.3002r（T III 20.1）散花乐　5 行，大字，不佳。参：荣新江 1998b，319。

Ch.3002v 习字　3 行。参：荣新江 1998b，319。

Ch.3004r（T II 1107）《千字文》 6 行，习书，有朱笔改订处。参：Nishiwaki 2001，56，图 5。

Ch.3004v 牒尾判词 3 行。参：荣新江 1998b，319；Nishiwaki 2001，68—69。

Ch.3009（T III 1120）（1）《祭宅文》（2）《佛说安宅神咒经》10 cm×18 cm，10 行，前 4 行是祭宅文，5 行以后是《佛说安宅神咒经》，背面接书，5 行。两篇文献的字体不同。《佛说安宅神咒经》的个别文字与《大正藏》本略有不同。参：荣新江 1998b，319；Nishiwaki 2001，112；余欣（待刊稿）。

Ch.3010（T III T 630）曲子词 9 行，文字不佳。吐峪沟遗址出土。参：荣新江 1998b，319。

Ch.3023（T II 3099）道经（？） 6 行，楷书精写，有乌丝栏。参：荣新江 1998b，319；西脇常记 1999，50，63（图 IV）。

Ch.3060（无原编号）残牒尾 3 行，有朱笔划线。参：荣新江 1998b，319；Nishiwaki 2001，81。

Ch.3095r（T II T 1007）《太上洞玄灵宝升玄内教经》卷七 11 行，楷书精写，有乌丝栏。"世"字缺笔，"民"字不讳，唐初写本。吐峪沟遗址出土。参：西脇常记 1995，46—47、54（图）；荣新江 1997b，396；荣新江 1998b，312、319；西脇常记 1999，48；荣新江 1999a，138；山田俊 1999，189—207、274；西脇常记 1999a，138；Nishiwaki 2001，130；西脇常记 2002，110—113，图 28；王卡 2004，124。

Ch.3124（T II Y）书状 正背书，各 4 行，均为书信，但不知是否属于同一信件。字草，墨淡。交河故城出土。参：荣新江 1998b，319；Nishiwaki 2001，144。

Ch.3138r（T III T 132），Ch.3218r（无原编号）《杂医方》（拟）分别存 4 行、2 行，楷书精写，有折栏，以朱笔分段。吐峪沟遗址出土。参：小曾户洋 1996，645；荣新江 1998b，319；Nishiwaki 2001，85—86；马继兴 2002，159；王丁 2005，9，图 9—10。

Ch.3138v，Ch.3218v 摩尼教《惠明布道书》（Sermon of Light-

Nous）分别存 3 行、2 行，楷书，有乌丝栏。"民"字缺笔，唐写本。因为正面医方折栏折在字上，说明摩尼教经典先于医方。参：Yoshida 1997，35—39；荣新江 1998b，319；Mikkelsen 2000，21—22；Nishiwaki 2001，135—136；Mikkelsen 2004，213—220，图 1—2，彩版37—38；王媛媛 2005，54；Kudara 2005，116；王丁 2005，3，9，图5—6。

Ch.3145（无原编号）占卜书 9 行。

Ch.3148（T II T 3004）《推得病日法》（拟） 6 行，大字，不佳。吐峪沟遗址出土。参：荣新江 1998b，319；Nishiwaki 2001，96—97；余欣（待刊稿）。

Ch.3164v（T III 1085）《文选》李善注卷三五张景阳《七命》 6行，楷书，大字正文，双行小注，字极工整，不讳"治"字，当为初唐写本。背面为《金刚经》，字大而不规整，抄写年代后于《文选》，因此目前之正背面与原本的正背正相反。俄藏 Дх.1551（《俄藏敦煌文献》第 8 卷，上海古籍出版社，1997 年，228 页），也是《文选》李善注的张景阳《七命》部分，与 Ch.3164 背的字体、格式完全一致，两残片间只相差约一行文字，当是同一写本无疑。中国国家图书馆善本部藏有王重民 1935 年所获照片，其上的原编号 T III 1085，与现在留存的T II 1068 不同，因据改。参：荣新江 1997b，396；荣新江 1998b，313，319；饶宗颐 2000，3，52；Nishiwaki 2001，138；西脇常记 2002，227；荣新江 2005，273。

Ch.3199r（T II 1566）回鹘人音注汉文难字 5 行，刻本。参：高田时雄 1996；荣新江 1998b，319；Nishiwaki 2001，51—52；Takata 2004，337—339，图 6；高田时雄 2005，32—33、41（图 6）。

Ch.3219r（T III T 373.50）勘经本卷帙缺少条记 12 行，记《般若经》《四分律》《俱舍论》《杂阿含》情况。吐峪沟遗址出土。参：荣新江 1998b，319；Nishiwaki 2001，127，图 26。

Ch.3219v 残文 1 行，大字写"和""十"二字。参：Nishiwaki 2001，151。

Ch.3235r（T II D 343）受戒僧名录　14行。高昌故城出土。参：荣新江1998b，319；Nishiwaki 2001，66。

Ch.3245r（T III D 83.100）《慈悲忏音字》卷七—八　正背各8行。刻本《慈悲道场忏法音字》。高昌故城出土。参：KCBT I，181—182，图28/37，29/38；高田时雄1985，134—150、148（图A）；中村菊之进1990，56；高田时雄1990，329—343；Nishiwaki 2001，49—50；高田时雄2005，159—203、184（图1）。

Ch.3300r（无原编号）《具注历日》　6行。

Ch.3316（T II T 4006）《风角占候》（拟）　正背书，各6行，楷体，有朱点分段。背面为一饼图案，中间残存字迹为"□占八方风图"，周围文字呈放射状，正东逆时针方向阅读。吐峪沟遗址出土。参：荣新江1997b，396；荣新江1998b，312、319；Nishiwaki 2001，96；余欣2005；余欣（待刊稿）。

Ch.3330r（T II 1948）《具注历日》　10行，字不佳，亦无栏。参：荣新江1997b，396；荣新江1998b，312、319；Nishiwaki 2001，89。

Ch.3332r（T II T 1288）诗（？）　6行。吐峪沟遗址出土。参：Nishiwaki 2001，140。

Ch.3332v 诗（？）　10行。参：荣新江1998b，320。

Ch.3362（T II D 302）籴粮帐　4行，木笔书，似元代文书。高昌故城出土。参：荣新江1998b，320；Nishiwaki 2001，75—76。

Ch.3429（T I D）残文书　2行。高昌故城出土。参：荣新江1998b，320；Nishiwaki 2001，79—80。

Ch.3456（无原编号）粮食帐　4行，黄麻纸，极薄。草书，有朱笔点记。参：荣新江1998b，320；Nishiwaki 2001，82。

Ch.3457r（T III 2034）（1）唐西州籍（2）《千字文》　6行，户籍废弃后，学童在户籍文字空隙上习书《千字文》。参：Thilo 1970，91，图11；池田温1979，257；TTD II，A，74—75，189；B，129；荣新江1998b，320；Nishiwaki 2001，57、64。

Ch.3457v 残文　4行，字较草，有朱笔点记和涂抹痕迹。

Ch.3458（无原编号）残文书　2行，黄麻纸，极薄，上有贴附纸片。草书。参：荣新江1998b，320；Nishiwaki 2001，81。

Ch.3506（T III M 144）明永乐五年（1407）丁亥岁（1407）《具注历日》　9行，刻本，前、后和下部均残，顶端有一小截粗墨线边框。原由细线隔为四栏：现存上栏有"末伏"注记；其下一栏为日序、干支和六甲纳音；再下一栏为建除和二十八宿之历注；再下一栏为吉凶宜忌等选择事项。年代据邓文宽考订。木头沟遗址出土。参：荣新江1997b，396；荣新江1998b，312、320；邓文宽2001，263—268；Nishiwaki 2001，88—89，图16；邓文宽2002，255—261+图版。

Ch.3586（无原编号）占卜书?　3行，正背书。王丁认为是契丹文残片，中间夹写回鹘文字。参：Nishiwaki 2001，97—98；Wang 2004，371—379，图1，2，彩版47—50。

Ch.3605（无原编号）《切韵》　4行。参：荣新江1998b，320；Nishiwaki 2001，48；Takata 2004，333—335；高田时雄2005，24—27。

Ch.3629（T II D）曲子词　3行，字体不佳。前后有余白，似表明所抄为只曲。高昌故城出土。参：荣新江1998b，320。

Ch.3693r+Ch.3699r+Ch.2400r+Ch.3865r（均无原编号）《幽通赋注》　分别存21行、16行、8行、24行。正文存"形气发〔于根柢兮，柯叶汇而零〕茂。恐冈（魍）魉〔之责景兮，羌未得其〕云已。犁（黎）〔淳耀于高辛兮，芈〕强大于南氾；〔嬴取〕威于伯仪兮，姜本〔支乎〕三趾；既人（仁）〔得其信然〕兮，仰天路而同轨。东屳虐而歼仁兮，〔王合位乎〕三五。〔戎女烈而〕丧孝兮，伯祖归于龙虎；〔发〕还师以成性兮，重醉行〔而自耦〕"。若干字缺文，今为补足。此赋注语甚长，现存起于子辂死事，当是正文"溺招路以从己兮"句下者，"子辂"即"子路"。李善注博引曹大家、应劭、项岱、晋灼、韦昭、张晏及《汉书》音义各说，皆不见于此注，不知出自谁氏，亦非今本《汉书注》，可能是《幽通赋》古注单行本，或已佚某《汉书》古注。参：荣新江1997b，396；荣新江1998b，312、320；饶宗颐2000，8、108—111；Nishiwaki 2001，136—138，图28；西胁常记2002，225—263，

图 49—52。

　　Ch.3693v+Ch.3699v+Ch.2400v+Ch.3865v 古诗　分别存 11 行、17 行、9 行、25 行，诗钞系将原卷上下翻转过来抄写，文字与正面颠倒，但顺序与正面相同。参：荣新江 1998b，320；柴剑虹 1999，107—116；柴剑虹 2000，345—354；徐俊、荣新江 2002，1—13；Nishiwaki 2001，139—140，图 29。

　　Ch.3698（Ｔ II 1315）《尚书・虞书・大禹谟》　7 行，大字正文，双行小注，楷书，有朱笔句读，墨笔改订。系孔传《古文尚书》，即隶古定本。中国国家图书馆善本部藏有王重民 1935 年所获照片，上有原编号作 T II 1315，因据改。参：顾颉刚、顾廷龙 1996，168—169；荣新江 1997b，395；荣新江 1998b，311、320；Nishiwaki 2001，35；荣新江 2005，268—269。

　　Ch.3716（Ｔ II Y 62）+Ch/U.8152v（Ｔ II Y 23.15）《千字文》　此为册子本，上部用粗线装订。封面为题记，文字如下："天禧年十三，岁次辛未冬月之伴分廿三日，交河胜泉都通，兹无头《千字文》，有头实（？）将来，学习敬口执诵，不祸（获）咎。""年""月""日"用武周新字，但字体拙劣，并非武周时所写，而应是高昌回鹘时期的抄本。右边空白处书粟特文回鹘语 5 行。以下六叶抄《千字文》，从"《千字文》，敕员外散骑侍郎周兴嗣次韵"，到"似兰斯馨"，每叶 5 行，分上下栏书写，字体粗恶。纸系利用唐人所写《佛名经》背面，经文已装订在内，说明已经废弃经文。Ch/U.8152v 有尾题："〔千〕字文一卷了毕也。（中缺）月十四日余胜泉都通受也。"此叶也是用唐人写经横折而成两页，但所用佛经与 Ch.3716 不同。交河故城出土。中国国家图书馆善本部藏有向达 1937 年所获 Ch.3716（Ｔ II Y 62）照片。参：Sundermann & Zieme 1981，193，图 5；Thilo 1981，201—205，图 5；高田时雄 1985，135，146；荣新江 1996a，91，n.84；西胁常记 1997b，98—108，图 18－20；荣新江 1998b，320；森安孝夫 2000，133；Nishiwaki 2001，55—56；西胁常记 2002，70—83，图 23/1—8；Moriyasu & Zieme 2003，465；荣新江 2005，275，图 3；高田时雄 2005，163。

Ch.3725r（T II Y 41）《耆婆五藏论》6 行，楷书，有乌丝栏。陈明考订俄藏敦煌文献中的 Дх.9170、Дх.9178、Дх.9882、Дх.9888、Дх.9935、Дх.9936、Дх.10092（《俄藏敦煌文献》14）以及 Дх.12495 残片（同上书 16）等八件残片与此残片是同一组文书。交河故城出土。参：黑田源次 1935，662—663；万斯年 1947b，101—102；罗福颐 1952，卷 1，No.21；三木荣 1964，156；马继兴 1988，36—37；宫下三郎 1992，498；王淑民等 1995，46—51；小曾户洋 1996，642—643；荣新江 1998b，320；李勤璞 1998，87；Nishiwaki 2001，87；马继兴 2002，159；陈明 2002，100—108；陈明 2005，157—167。

Ch.3725v《诸医方髓》6 行，字体与正面相同，当是同一人所抄，有乌丝栏。参：黑田源次 1935，664—665；万斯年 1947b，102—104；罗福颐 1952，卷 1，No.22；三木荣 1964，158；马继兴 1988，497—498；宫下三郎 1992，503；小曾户洋 1996，642—643；荣新江 1998b，320；Nishiwaki 2001，87—88；马继兴 2002，159；陈明 2002，100—108；陈明 2005，157—167。

Ch.3799（无原编号）习字 10 行，残存三纸片，纸极薄。字大且工整，有朱记。所抄文献有《庄子·逍遥游篇》《礼记·月令篇》。参：荣新江 1998b，320；Nishiwaki 2001，98—99，图 20。

Ch.3800，Ch.3801（均无原编号）习字 分别存 3 行、4 行，前者写"香入幽"三字三行，后者写"月明孤斟"四字四行。两残片习字所抄为苏轼《雷州杂诗》五首之三，全诗如下："下居近流水，小巢依岭岑。终日数椽间，但闻鸟遗音。炉香入幽梦，海月明孤斟。鹡鸰一枝足，所恨非故林。"上有贴纸，有"翼""天"二字，似为 Ch.3799 同一写本分离的残片。参：荣新江 1998b，320；Nishiwaki 2001，145—146。

Ch.3810（T II 1063）唐开元十年（722）西州高昌县宁昌乡籍 4 行，纸缝有三印，文曰"高昌县之印"（5.3 cm × 5.3 cm）。背面有 3 行文字，向内贴之纸片，似辩词。参：Thilo 1970，86，图 2；池田温 1979，250；TTD II，A，63，197；B，119；荣新江 1998b，320；Nishiwaki

2001，63；陈国灿 2002b，233。

Ch.3821v（ T Ⅱ 1497）《剃头良宿吉日法·洗头择吉日法》 20行，系剪断佛典而写。同类文献见俄藏 Дх.1064、Дх.1699、Дх.1700、Дх.1701、Дх.1702、Дх.1703、Дх.1704（《俄藏敦煌文献》7）。参：荣新江 1998b，320；Nishiwaki 2001，92；西胁常记 2002，166—180，图 47；余欣（待刊稿）。

Ch.3841（ T Ⅱ T）唐《吏部留司格》（？） 16行，原编号 T Ⅱ T，现已无存，但有 "Toyoq"，即吐峪沟遗址出土。楷书精写，有折栏。中国国家图书馆善本部藏有向达 1937 年所获照片。参：那波利贞 1957，330—331；TTD I，1978-1980，A，45—46，91，B，106；刘俊文 1989，270—275；《释录》2，574；荣新江 1998b，320；Nishiwaki 2001，61，图 7；陈国灿 2002b，175；荣新江 2005，274。

Ch.3887（无原编号）占卜书 3行。参：荣新江 1998b，320；马继兴 2002，159；Nishiwaki 2001，80。

Ch.3892（无原编号）残帐 2行，与 Ch 173、Ch 937 似为一文书。参：Nishiwaki 2001，76—77。

Ch.3934r（无原编号）《历代法宝记》 3行，字体不佳。参：西胁常记 1997a，138—139；荣新江 1998b，320；Nishiwaki 2001，110；西胁常记 2002，138—139，图 44；荣新江 2003，61。

Ch.5509（ T Ⅱ T 1000）《妙法莲华经》卷一 46行，题记："盖闻一乘妙理，法界传通，十二部经，金口所演。况复□□岭真空之教，王〔□〕灭罪之文，火宅方便之言，险□□善权之说，莫不受持顶戴，即福利无边，书□□弘宣，还生万善。今有佛弟子比丘惠德、齐□□欢德、赵永伯、范守□、赵众洛、范阿隆、赵愿洛、宋客仁、□□洛、赵延洛、张君信、索绪子、张憧信、范历德、赵隆轨、王儁□□、刘常洛、范慈隆、赵武隆、张丰洛、张定绪、张君德、范□□、范进住、赵隆子、竹根至、刘明伯、赵恶仁、范黑眼等，敬人□□往劫，重正法于此生，弃形命而不难，舍珍财而转□□遂。即人人割宝□□珍，敬写《法华》一部。其经□□耳闻消烦荡秽，心念口诵证寂灭乐。用斯 □□ 愿合社七祖魂灵，觐奉世雄；见在尊重 □ 灭（？）儿，自身福备，家口善兹，小果悟大，真常 □□，倍加福佑。外道归正，龙鬼兴慈，有识 □□，□□ 唅灵，俱沾圣道。"吐峪沟遗址出土。参：KCBT I，56，图 10/11；池田温 1990，194，No.526；Nishiwaki 2001，121—122；陈国灿 2002b，89。

Ch.5555va《切韵》3 行。此系裱纸残片。参：荣新江 1998b，321；Nishiwaki 2001，47；Takata 2004，333—337，图 3；高田时雄 2005，27—31、38（图 3）。

Ch.5555vb《切韵》7 行，裱于《增一阿含经》背面。纸叶两边有回鹘文杂写。参：荣新江 1997a，269；荣新江 1998b，312、321；Nishiwaki 2001，47。

Ch.5606，Ch.5611a，Ch.5616（原编号共作 T III 315）广德三年（765）二月交河县连保请举常平仓粟牒 这组牒文原有五件，现仅存三件，分别编作 Ch.5606（B14/1,2）、Ch.5611a（B9）。参：仁井田陞 1936，92—93；仁井田陞 1937，318—322；仁井田陞 1962，59、673—676，图版 14—17；堀敏一 1986，457—459；张弓 1986，119—121；TTD III，A，34—35，B，31—33；李锦绣 1995，755；堀敏一 1996，388—390；Nishiwaki 2001，71 陈国灿 2002b，329。

Ch.5608 = B11（T II Y 59）(1)残文书尾(2)书信(3)安什件牒(4)僧惟静牒 此为四张残纸贴在一起的残片，前面是支付谷物的残文书尾部(1)，后有余白。纸缝后残存一行书信文字(2)。然后又是纸缝，系安什件牒，告宋谦、安羯搓等人负钱物不还事(3)。与上述文书倒置的纸片，是僧惟静牒，仅存底部残文，后有大字判文(4)。交河故城出土。参：Nishiwaki 2001，69，图 11。

Ch.5646（无原编号）《三百六十应感天尊辅化秘箓》清代刻本。参：Nishiwaki 2001，134；刘屹 2006，498。

Ch.6001v（T II T 1537）承阳二年（426）十一月籍 存 10 行。参：西胁常记 1997b，80—82，图 11；关尾史郎 1998，253—265；Nishiwaki 2001，61；TTD supplement，A，160；B，5；西胁常记 2002，

44—46，图 3；关尾史郎 2005。

Ch/U.6100v（T Ⅲ 1153）+ Ch/U.6101v（T Ⅲ 173.119） 回 鹘 高 昌某寺土地簿（？） 13 行，用汉语、回鹘语双语书写。参：森安孝夫 1991，50；Moriyasu & Zieme 1999，75—83，图 Ⅳ—Ⅶ；Nishiwaki 2001，73—74；Moriyasu 2004，56。

Ch/U.6124r（T Ⅱ 1035），U.5797r（T Ⅲ 215－500） 汉 文 回 鹘 语双语契约 分别存 2 行、5 行，每行前有对应的汉文，如"地及论 课""达干"等。参：森安孝夫 1991，50；Moriyasu & Zieme 1999，89—91，图 10；Nishiwaki 2001，78；Moriyasu 2004，56。

Ch/U.6377r（T Ⅰ α x 7），U.284r（T Ⅲ M 249 500），Mainz 168r（无 原编号）《某年具注历日》 5 行，避"丙"讳为"景"，表明其为唐写本， 而形制则与五代、宋的历日接近，可能为唐末高昌所用具注历日。高昌故 城 α 遗址出土。参：荣新江 1998b，321；Nishiwaki 2001，89—90。

Ch/U.6779r（T Ⅱ Y 14 f）+U.564b（T Ⅱ D 85）+U.564a（T Ⅱ D 85）+Ch/U.7111（T Ⅱ Y 14）+U.564c（T Ⅱ D 85），U.560r（T Ⅱ Y 19, Nr.7）《尔雅·释天至释地》（郭璞注） 册子本，每页 6— 8 行不等，参：荣新江 1997b，393；荣新江 1998b，321；Nishiwaki 2001，39。

Ch/U.6780（T Ⅱ 2052）《千字文》 5 行。参：Nishiwaki 2001，54。

Ch/U.6781（T Ⅲ M 236.501）回鹘人音注汉文难字 5 行。木头沟 遗址出土。参：高田时雄 1996；荣新江 1998b，321；Nishiwaki 2001，50；Takata 2004，337—339，图 7；高田时雄 2005，32—33、41（图 7）。

Ch/U.6782d（T Ⅱ Y 18.36）+Ch/U.7447（T Ⅱ Y 18.1），Ch/U.7449+ Ch/U.6784（T Ⅱ Y 17.2）+Ch/U.7279（T Ⅱ Y 17.1），Ch/U.6782d （无原编号），Ch/U.7448（T Ⅱ Y 18.2），Ch/U.8063（T Ⅱ D 85.501），Ch/U.8093（T Ⅱ D 85）《一切经音义》卷六《妙法莲华经音义》（玄 应） 中国国家图书馆善本部藏王重民 1935 年所获照片中，有一个 55 行的卷子，原编号 T Ⅱ Y 181 10，其第 22—27 行上半叶的 6 行文字， 即现存的 Ch/U.6782d 残片，其他部分惜已残失。这个卷子所抄的内容

为玄应的《一切经音义》卷六《妙法莲华经音义》，以大字写原文，用略微小一点的字单行作注，当是较晚（回鹘）时期的抄本。属于同一抄本的其他残片还有 Ch/U.6788+Ch/U.7447，可以直接上下缀合，相当于《一切经音义》卷六《妙法莲华经音义》第一卷，分别存 8 行、6 行。Ch/U.7449+Ch/U.6784+Ch/U.7279 三件大体上可以上下缀合，分别存 9 行、6 行、4 行，只是 Ch/U.7449 和 Ch/U.6784 间尚有两个字的空缺，内容相当于《一切经音义》卷六《妙法莲华经音义》第三卷。Ch/U.6784+Ch/U.7279 残片与王重民所获旧照片可以直接缀合，内容从《一切经音义》卷六《妙法莲华经音义》第三卷直到第八卷。Ch/U.7448 残片，可以和旧照片的尾部缀合，5 行，内容为《一切经音义》卷六《妙法莲华经音义》第八卷。原在前苏联保存的德藏吐鲁番写本经由莱比锡民族学博物馆转归德国国家图书馆收藏的 Ch/U.8063、Ch/U.8093 两件写本，分别存 5 行、16 行，也是同一写本的《一切经音义》卷六《妙法莲华经音义》。参：荣新江 1997a，269；荣新江 1997b，393—394；西胁常记 1997b，83—85，92—96，图 12，15—16；荣新江 1998b，321；Nishiwaki 2001，103—106；西胁常记 2002，47—49，59—62，65—66，图 4—5，13—14，16—19；张娜丽 2003，21—22；荣新江 2005，271—274，图 2；徐时仪 2005，42，45；张娜丽 2006，363。

Ch/U.6783（T III T 363）《尔雅音义·释虫》第十五　4 行。吐峪沟遗址出土。参：荣新江 1998b，321；Nishiwaki 2001，41—42。

Ch/U.6785（T II Y 61）+Ch/U.6944（T II Y 61）符咒　3 行，正背书。页边有回鹘文。交河故城出土。参：TTT VII，73—74，图 5；Eberhard 1936，96；西胁常记 1999，52，66（图 7）；荣新江 1998b，321；Nishiwaki 2001，128—129；西胁常记 2002，123，图 40—41；BTT XXIII，182—183，图 192—193，195—196。

Ch/U.6786（T II 61）符咒　4 行，正背书。页边有回鹘文。参：TTT VII，73，96，图 5；西胁常记 1999，52，66（图 7）；荣新江 1998b，321；Nishiwaki 2001，128；西胁常记 2002，122—123，图 39；

BTT XXIII，182—183，图 188，190。

Ch/U.6787（T I α）**字书** 4 行。高昌故城 α 遗址出土。参：荣新江 1998b，321；Nishiwaki 2001，49。

Ch/U.7110（无原编号）**佛曲** 13 行。部分文字与敦煌写本 S.2092vb 佛曲残文略同。

Ch/U.7296（T I α 31）+Ch/U.6925（T I 1002）**《千字文》** 8 行，字大，不佳，有栏。参：Nishiwaki 2001，55。

Ch/U.7309（T III 2047）**藏经欠本目录** 7 行，楷书精写。参：荣新江 1998b，321；Nishiwaki 2001，126—127。

Ch/U.7466（T III M 219.100），Ch/U.8158（T II 1002），Mainz 71（T I 233）**《御制缘识》卷三（宋太宗）** 分别存 6 行、4 行、6 行。刻本，页边有"御制缘识卷第三 第四张 卒字号"。中国国家图书馆善本部藏有向达 1937 年所获 Ch/U.8258、Mainz 71v 照片。木头沟遗址出土。参：Gabain 1967，15，图 6；中村菊之进 1990，56、59；西胁常记 1997b，97—98，图 17；荣新江 1998b，321；百济康义 1999，11；Nishiwaki 2001，100—101；西胁常记 2002，67—70，图 20—22；荣新江 2005，274。

Ch/U.7525（T II Y 46a），Ch/U.7526（无 原 编 号），Ch/U.7527（无原编号）**宋端拱三年（990）沙州邓守存等户口受田簿** 分别存 11 行、9 行、13 行，Ch/U.7525+ Ch/U.7526+ Ch/U.7527 为同一受田簿的三个残片，系高昌回鹘时期传入之敦煌文书，有"归义军节度使之印"。交河故城出土。参：Thilo 1968，303—310，图 1-3；池田温 1979，665—666；TTD II，A，105—106，163—166；B，155—157；饶宗颐 1992，161—162；陈国灿 1996，226—233；荣新江 1998b，322；Nishiwaki 2001，67—68；陈国灿 2002a，316—321。

Ch/U.7724a-b（无原编号）**《大唐西域记》卷一〇**

MIK III 43（T I Chotscho, Ruine α）**《正法华经》卷一〇** 39 行，隶书。有北凉神玺三年（399）题记："魏（巍）隆大道，玄通无津。庤廓幽微，眺睹叵闻。至人精感，锐然发真。三光俱盛，干灬（坤）改新。□□无际，含气现民。显矣世尊，明德感神。神玺三年七月十七日，张施于冥安县中写讫，手拙，具字而已，见者莫咲（笑）也。若脱漏，望垂珊（删）定。三光驰像，机运回度。丈夫失计，志意错虞。一计不成，亦为百虞。"高昌故城 α 寺遗址出土。参：Härtel et al. 1986，403；池田温 1990，78；1991，No.3；饶宗颐 1992，161—162；荣新江 1996b，314—315；王素 1997，75—76，No.23；荣新江 1998b，322；Drège 1999，46—47；Nishiwaki 2001，112—113；王素 2005，18—19。

MIK III 99（T II Čiqtim 1）乙丑年十一月诸人取大麦录 7 行，元代文书，乙丑年大概为 1325 年。七克台遗址出土。参：池田温 1991，No.8；荣新江 1998b，322；Drège 1999，47；Nishiwaki 2001，75。

MIK III 113（T II）《佛说宝雨经》卷二 长卷子，首残尾完，存 15.5 张纸，共 311 行。尾部下边略残，全卷已托裱。楷书精写，有乌丝栏。尾题后有 29 行译经题记，记该经为大周长寿二年（693）九月三日在佛授记寺译，后为译场列位，文字与敦煌写本 S.2278《佛说宝雨经》卷九和奈良东大寺圣语藏写本同书卷二题记基本相同。此本用武周新字，当是官颁之本。参：池田温 1991，No.5；荣新江 1996b，315；荣新江 1996c，13；荣新江 1998b，322；Drége 1999，47—48；Nishiwaki 2001，118。

MIK III 172 天册万岁二年（696）壹月四日关 2 行，用武周新字，只残尾部二行。参：荣新江 1996b，316；荣新江 1998b，322；Nishiwaki 2001，68，图 10。

MIK III 520r（Turf.）《文选》卷四、卷五 白文无注本，当是原三十卷本《文选》旧观。行书，存扬雄《羽猎赋》《长杨赋》，潘岳《射雉赋》，班彪《北征赋》，曹大家《东征赋》，潘岳《西征赋》，文字起"亶观夫剽禽之（蹻）"句，讫于《西征赋》"冠沐猴而（纵火）"句，约存 240 行。上半及中间多有破损缺失，共十残片。吐鲁番出土。参：Härtel et al. 1982，152；池田温 1991，No.4；西胁常记 1997b，33—66，图 2—10；荣新江 1998b，312—313，322；饶宗颐 2000，2，22—28；Nishiwaki 2001，136；西胁常记 2002，185—223，图 48/1—16。

MIK III 4779a（T I D 2152）占卜书 3行。高昌故城出土。

MIK III 4779b（T I D 2152）占卜书 4行。高昌故城出土。

MIK III 4938（T I）《具注历日》 5行，九宫图部分，存二十八宿图。参：荣新江1997b，384；荣新江1998b，322；Nishiwaki 2001，90—91；华澜2004，323—325。

MIK III 6338（T II Y 38）《具注历日》 3行，正背书。背面为具注历日开头部分，正面是九宫图，从内向外依次绘十二宫、星图、二十八宿。交河故城出土。参：Eberhard 1936，84—87，图6；夏鼐1979，46—47，图版13；荣新江1997b，384；荣新江1998b，322；Nishiwaki 2001，91；华澜2004，323—325。

MIK III 7484r（T III S 96）《太上洞玄灵宝无量度人上品妙经》 楷书正体，有界栏。背面纸缝处钤有"凉州都督府之印"，同一印鉴又见Дх.111+Дх.113《老子道德经》写本（《俄藏敦煌文献》7，319—320）、P.4634+S.1880+S.11446+S.3375《永徽东宫诸府职员令》、P.2819《公式令》、P.4745《吏部格》或《吏部式》残卷（TTD I，1980，22，29，46），说明此卷为天宝年间官颁写经。背面为白描画稿，有三人角力图，又绘一建筑物中坐佛，旁边有婆罗谜文字及杂写。胜金口遗址出土。参：荣新江1997b，384；荣新江1998b，312，323；西胁常记1999，51，64（图V）；荣新江1999a，138—139；Nishiwaki 2001，131；西胁常记2002，120，图37；王卡2004，24，101。

Tu.57v（T I D〔μ〕） 唐西州籍（？）

参：Nishiwaki 2001，65。

U.3887r（T I D 1031）《推得病日法》（拟） 3行。背面为白画，一妇人（供养人？）坐像，一童子持旗乘龙像，下有一行小字"子水兑□"。高昌故城出土。参：Nishiwaki 2001，93；余欣（待刊稿）。

附：参考文献与缩略语

百济康义1999.《マインツ资料目录——旧西ベルリン所藏中央アジア

出土汉文佛典资料》，《龙谷纪要》21—1，1—23 页。

北村高 1987.《蒙速思一族供养图について》，《神女大史学》5，83—105 页。

北村高 1993.《关于蒙速思家族供养图》，《元史论丛》5，中国社会科学出版社，9—12 页。

柴剑虹 1999.《德藏吐鲁番北朝写本魏晋杂诗残卷初识》，《庆祝吴其昱先生八秩华诞敦煌学特刊》，文津出版社，107—116 页。

柴剑虹 2000.《敦煌吐鲁番学论稿》，浙江教育出版社，345—354 页。

陈国灿 1995.《吐鲁番出土元代杭州裹贴纸浅析》，《武汉大学学报》1995 年第 5 期，41—44 页。

陈国灿 1996.《德藏吐鲁番出土端拱三年（990）归义军都受田簿浅释》，《段文杰敦煌研究五十年纪念文集》，世界图书出版公司，226—233 页。

陈国灿 2002a.《敦煌学史事新证》，甘肃教育出版社，301—326 页。

陈国灿 2002b.《吐鲁番出土唐代文献编年》，新文丰出版公司。

陈明 2002.《俄藏敦煌文书中的一组吐鲁番医学残卷》，《敦煌研究》2002 年第 3 期，100—108 页。

陈明 2005.《异药殊方——出土文书与西域医学》，北京大学出版社。

池田温 1979.《中国古代籍帐研究》，东京大学出版会。

池田温 1990.《中国古代写本识语集录》，东京大学东洋文化研究所。

池田温 1991.《トルファン古写本展》解说，朝日新闻社。

大渊忍尔 1978.《敦煌道经目录编》，福武书店。

大渊忍尔 1979.《敦煌道经图录编》，福武书店。

党宝海 1999.《吐鲁番出土金藏考——兼论一组吐鲁番出土佛经残片的年代》，《敦煌吐鲁番研究》4，北京大学出版社，103—125 页。

党宝海 2000.《十三世纪畏吾儿蒙速家族供养图考》，《欧亚学刊》2，中华书局，139—152 页。

邓文宽 2001.《吐鲁番出土〈明永乐五年丁亥岁具注历日〉考》，《敦煌吐鲁番研究》5，北京大学出版社，263—268 页。

邓文宽 2002.《敦煌吐鲁番天文历法研究》，甘肃教育出版社。

冻国栋 1993.《唐代人口问题研究》，武汉大学出版社。

冻国栋 1998.《关于唐代前期的丁口虚挂》，《魏晋南北朝隋唐史资料》16，武汉大学出版社，85—91 页。

渡边幸三 1987.《中央亚细亚出土本草集注残简に对する文献学的研究》，《本草书の研究》，大阪，248—265 页。

冈井慎吾 1937.《重松教授将来の切韵及び玉篇の写真につきて》，《斯文》19—9，33—43 页。

高田时雄 1985.《ウイグル字音考》，《东方学》70，134—150 页。

高田时雄 1989.《敦煌本〈玉篇〉·补遗》，京都大学教养部《人文》35，162—172 页。

高田时雄 1990.《ウイグル字音史大概》，《东方学报》（京都）65，329—343 页。

高田时雄 1996.《回鹘字音补正（提要）》，中国敦煌吐鲁番学术讨论会论文，兰州。

高田时雄 2005.《敦煌·民族·语言》，钟翀等译，中华书局。

宫下三郎 1992.《敦煌の本草医书》，池田温编《敦煌汉文文献》（《讲座敦煌》），东京，489—506 页。

顾颉刚、顾廷龙 1996.《尚书文字合编》，上海古籍出版社。

关尾史郎 1998.《承阳备忘——〈吐鲁番出土文书〉札记再补》，《东洋史苑》50·51，253—265 页。

关尾史郎 2005.《从吐鲁番带出的（五胡）时期户籍残卷两件——柏林收藏的 Ch6001v、圣彼得堡收藏的 Дx.08519v》，中国新疆吐鲁番学第二届国际学术研讨会论文，吐鲁番，2005 年 26—30 日。

黑田源次 1935.《普鲁西学士院所藏中央亚细亚出土医方书四种》，《支那学》7—4，633—665 页。

华澜 2004.《简论中国古代历日中的廿八宿注历——以敦煌具注历日为中心》，《敦煌吐鲁番研究》7，中华书局，410—421 页，图误置在337 页。

姜亮夫 1955.《瀛涯敦煌韵辑》，上海。

堀敏一 1986.《唐户令乡里·坊村·邻保关系条文の复元をめぐって》，《中村治兵卫先生古稀记念东洋史论丛》，东京：刀水书房，449—467页。

堀敏一 1996.《中国古代の家と集落》，东京：汲古书院。

李锦绣 1995.《唐代财政史稿》上卷，北京大学出版社。

李勤璞 1998.《〈耆婆五藏论〉研究——印中医学关系的一个考察》，《文史》45，85—94页。

林悟殊 1998.《敦煌摩尼教〈下部赞〉经名考释》，《敦煌吐鲁番研究》3，北京大学出版社，45—51页。

林悟殊 2005.《中古三夷教辨证》，中华书局。

刘复等 1937.《十韵汇编》，北京。

刘俊文 1989.《敦煌吐鲁番唐代法制文书考释》，中华书局。

刘屹 2006.《书评：王卡〈敦煌道教文献研究：综述·目录·索引〉》，《敦煌吐鲁番研究》9，492—500页。

罗福颐 1952.《西陲古方技书残卷汇编》，影写本，五卷。

马继兴 1988.《敦煌古医籍考释》，江西科学技术出版社。

马继兴 2002.《当前世界各地收藏的中国出土卷子本古医药文献备考》，《敦煌吐鲁番研究》6，北京大学出版社，129—182页。

那波利贞 1957.《唐钞本唐格の一断片》，《神田博士还历记念书志学论集》，东京，330—331页。

饶宗颐 1992.《柏林印度艺术博物馆藏经卷小记》，《九州学刊》4—4，161—162页。

饶宗颐 2000.《敦煌吐鲁番本文选》，中华书局。

仁井田陞 1936.《吐鲁番出土の唐代法律史料数种》，《史学杂志》47—10，79—102页。

仁井田陞 1937.《唐宋法律文书の研究》，东方文化学院东京研究所。

仁井田陞 1962.《中国法制史研究——奴隶农奴法·家族村落法》，东京大学出版会。

荣新江 1996a.《海外敦煌吐鲁番文献知见录》，江西人民出版社。

荣新江 1996b.《柏林印度艺术博物馆藏吐鲁番汉文佛典札记》，《华学》
　　2，中山大学出版社，314—317 页。

荣新江 1996c.《吐鲁番出土〈武周康居士写经功德记碑〉校考——兼谈
　　胡人对武周政权之态度》，《民大史学》1，中央民族大学出版社，
　　6—18 页。

荣新江 1997a.《王延德所见高昌回鹘大藏经及其他》，《庆祝邓广铭教授
　　九十华诞论文集》，河北教育出版社，267—272 页。

荣新江 1997b.《柏林通讯》，《学术集林》卷十，380—397 页。

荣新江 1998a.《〈唐开元二十三年西州高昌县顺义乡籍〉残卷跋》，《中
　　国古代社会研究——庆祝韩国磐先生八十华诞纪念论文集》，厦门
　　大学出版社，140—146 页。

荣新江 1998b.《德国吐鲁番收集品中的汉文典籍与文书》，饶宗颐编
　　《华学》3，紫禁城出版社，309—325 页。

荣新江 1999a.《唐代西州的道教》，《敦煌吐鲁番研究》4，北京大学出
　　版社，127—144 页。

荣新江 1999b.《德藏吐鲁番出土〈春秋后语〉残卷考释》，《北京图书馆
　　馆刊》1999 年第 2 期，71—73 页＋附图。

荣新江 2003.《唐代禅宗的西域流传》，《田中良昭博士古稀记念论
　　集·禅学研究の诸相》，大东出版社，59—68 页。

荣新江 2004.《〈史记〉与〈汉书〉——吐鲁番出土文献札记之一》，《新
　　疆师范大学学报》2004 年第 1 期，41—43 页。

荣新江 2005.《中国国家图书馆善本部藏德国吐鲁番文献旧照片的学术
　　价值》，国家图书馆善本特藏部敦煌吐鲁番学资料研究中心编《敦
　　煌学国际研讨会论文集》，北京图书馆出版社，267—276 页＋图
　　1—3。

三木荣 1964.《西域出土医药关系文献总合解说目录》，《东洋学报》47，
　　139—164 页。

森安孝夫 2000.《欧洲所在中央アジア出土文书·遗品の调查と研究》，

《东方学》99，122—134。

山田俊 1999.《唐初道教思想史研究——〈太玄真一本际经〉の成立と思想》，平乐寺书店。

上山大峻 1997.《敦煌写本本草集注序录·比丘含注戒本》（上山大峻责任编辑），法藏馆。

上田正 1973.《切韵残卷诸本补正》，东京。

石塚晴通 1992.《玄应〈一切经音义〉的西域写本》，《敦煌研究》1992年第 2 期，54—61 页。

《释录》2＝唐耕耦等编《敦煌社会经济文献真迹释录》2，全国图书馆缩微复制中心，1990 年。

唐长孺 1983.《唐西州诸乡户口帐试释》，唐长孺编《敦煌吐鲁番文书初探》，武汉大学出版社，126—216.

土肥义和 1969.《唐令よりみたる现存唐代户籍の基础的研究（上）》，《东洋学报》52—1，90—125 页。

万斯年 1947a.（译）《唐钞本韵书及印本切韵之断片》，《唐代文献丛考》，开明书店，51—72 页。

万斯年 1947b.（译）《中央亚细亚出土医书四种》，《唐代文献丛考》，开明书店，73—105 页。

王丁 2005.《柏林吐鲁番特藏中的一件出自交河的汉文摩尼教文书》，2005 年 3 月京都大学人文科学研究所演讲稿，1—19 页。

王卡 2004.《敦煌道教文献研究：综述·目录·索引》，中国社会科学出版社。

王淑民等 1995.《敦煌吐鲁番出土古本五脏论的考察》，《中华医史杂志》1995—1，46—51 页。

王素 1997.《吐鲁番出土高昌文献编年》，新文丰出版公司。

王素 2005.《略谈选堂先生对于吐鲁番学的贡献》，《敦煌吐鲁番研究》8，中华书局，13—21 页。

王媛媛 2005.《新出汉文〈下部赞〉残片与高昌回鹘的汉人摩尼教团》，《西域研究》2005—2，51—57 页。

王媛媛 2006.《从波斯到中国：摩尼教在中亚和中国的传播（公元 3—11 世纪）》，北京大学博士论文。

魏建功 1948.《十韵汇编资料补并释》，《国立北京大学五十周年纪念论文集》，北京。

武内义雄 1935.《唐钞本韵书と印本切韵との断片》，《文化》2—7。

西胁常记 1995.《ベルリン所藏トルフアン文书二则》，《名古屋学院大学外国语学部论集》6—2，45—55 页。

西胁常记 1997a.《关于柏林所藏吐鲁番收集品中的禅籍资料（裘云青汉译本）》，《俗语言研究》4，136—138、139 页及附图。

西胁常记 1997b.《ベルリン・トルフアン・コレクション汉语文书研究》，作者自刊本。

西胁常记 1998.《ベルリン・トルフアン・コレクションの伪经〈新菩萨经〉〈劝善经〉について》，《京都大学总合人间学部纪要》5，17—24 页。

西胁常记 1999.《ベルリン・トルフアン・コレクション道教文书》，《京都大学总合人间学部纪要》6，47—66 页。

西胁常记 2002.《ドイツ将来のトルフアン汉语文书》，京都大学学术出版会。

夏鼐 1979.《从宣化辽墓的星图论二十八宿和黄道十二宫》，《考古学与科技史》，科学出版社，29—50 页 + 图版 10—13。

小曾户洋 1996.《中国医学古典と日本——书志と传承》，塙书房。

小曾户洋、真柳诚 1993.《トルフアン出土の医方书——张文仲の遗方》，《汉方の临床》40—9，1218—1220 页。

徐俊、荣新江 2002.《德藏吐鲁番本晋史毛伯成诗卷校录考证》，蒋寅、张伯伟编《中国诗学》7，1—13 页。

徐时仪 2005.《玄应〈众经音义〉研究》，中华书局。

姚崇新 1999.《试论高昌国的佛教与佛教教团》，《敦煌吐鲁番研究》4，北京大学出版社，39—80 页。

余欣 2005.《柏林藏吐鲁番方术文献研读札记之一——Ch.3316〈占风

法〉与中国古代天文气象杂占的源流》，中国新疆吐鲁番学第二届国际学术研讨会论文，吐鲁番，2005 年 26—30 日。

余欣（待刊稿）《柏林国家图书馆藏吐鲁番文献经眼录》，2005 年。

宇野顺治、古泉圆顺 2004《復元：トルファン出土二十八（七）宿占星书》，《龙谷大学佛教文化研究所纪要》43，44—63 页。

张弓 1986.《唐朝仓廪制度初探》，中华书局。

张广达 2004.《唐代汉译摩尼教残卷——心王、相、三常、四处、种子等语词试释》，《东洋学报》（京都）77，336—376 页。

张娜丽 2003.《西域发见の文字资料——"大谷文书"中の诸断片について》，《学菀》753，13—35 页。

张娜丽 2006.《西域出土文书の基础的研究——中国古代における小学书·童蒙书の诸相》，汲古书院。

真柳诚 2000.《三卷本〈本草集注〉と出土史料》，《药学史杂志》35—2，135—143 页。

中村菊之进 1990.《トウルファン出土の大藏经》，《密教文化》172，39—69。

周祖谟 1994.《唐五代韵书辑存》，台北：学生书局。

BTT XXIII= P. Zieme, *Magische Texte des uigurischen Buddhismus*, Brepols 2005.

Drège, J. -P. 1989. "Review of *Katalog chinesischer buddhistischer Textfragmente* I–II", *Orientalistische Literaturzeitung* 84.1, pp.84–88.

Drège, J. -P. 1999. " On Some Minor Collections of Chinese Manuscripts and Xylographs from Central Asia in European Libararies",《敦煌文薮》（上），新文丰出版公司，39—60 页。

Eberhard, W. 1936. " Sinologische Bemerkungen zu den türkischen Kalenderfragmenten", *TTT VII*, pp. 83–99.

Franke, H. 1977. "A Sino-Uighur family portrait: notes on a woodcut from Turfan", *Canada-Mongolia Review*, IV.1, pp. 33–40.

Gabain, A. von, 1967. " Die Drucke der Turfan-Sammlung", *SDAW*, 1967–1, pp. 5−40+14pls.

Gabain, A. von, 1976. " Ein chinesisch-uigurischer Blockdruck", *Tractata Altaica.Denis Sinor, Sexagenario Optime de Rebus Altaicis Merito Dedicata*, Wiesbaden, pp. 203−207+3pls.

Härtel, H. et al. 1982. *Along the Ancient Silk Routes, Central Asian Art from the West Berlin State Museums,* New York.

Härtel, H. et al. 1986. *Museum für Indische Kunst Berlin,* Stuttgart und Zurich.

KCBT I = Thilo, T. *Katalog chinesischer buddhistischer Textfragmente* I (with G.Schmitt, BTT VI), Berlin 1975.

Kudara, K. 2005. *Chinese Buddhist Texts from the Berlin Turfan Collections,* 3 (*Chinesische und manjurische Handschriften und seltene Drucke*. Teil 4), Stuttgart: Franz Steiner Verlag.

Mayanagi, M. 2005. "The three juan edition of *Bencao jizhu* and excavated sources", *Medieval Chinese Medicine: The Dunhuang medical manuscripts*, Ed. Vivienne Lo & Christopher Cullen, London and New York: Routledge Curzon, pp. 306−321.

Mikkelsen, G. 2000. "Work in Progress on the Manichaean *Traité/Sermon on the Light-Nous* in Chinese and its Parallels in Parthian, Sogdian and Old Turkish", C. Benjamin & D. Christian eds., *Realms of the Silk Roads: Ancient and Modern*, Turnhout: brepols, pp. 13−29.

Mikkelsen, G. B. 2004. "The Fragments of Chinese Manichaean Texts from the Turfan Region", *Turfan Revisited*, Berlin, pp. 213−220.

Moriyasu, T. 2004. *Die Geschichte des uigurischen Manichäismus an der Seidenstraße. Forschungen zu manichäischen Quellen und ihrem geschichtlichen Hintergrund*, Wiesbaden.

Moriyasu, T. & P. Zieme 1999. "From Chinese to Uighur Documents",《内陆アジア言语の研究》XIV, pp. 73−102.

Moriyasu, T. & P. Zieme 2003. "Uighur Inscriptions on the Banners from

Turfan Housed in the Museum für Indische Kunst, Berlin", Appendix I to *Central Asian Temple Banners in the Turfan Collection of the Museum für Indische Kunst, Berlin. Painted Textiles from the Northern Silk Route*, by Chhaya Bhattacharya-Haesner, Berlin: Dietrich Reimer Verlag, pp. 461–474.

Nishiwaki, T. 2001. *Chinesische Texte vermischten Inhalts aus der Berliner Turfansammlung (Chinesische und manjurische Handschriften und seltene Drucke.* Teil 3), Stuttgart: Franz Steiner Verlag.

Nishiwaki, T. 2004. "A Divination Text Regarding Solar Eclipses, Lunar Eclipses and Earthquakes Based on the Correlation with Days in the Twenty Eight Lunar Mansions", *Turfan Revisited—The First Century of Research into the Arts and Cultures of the Silk Road*, eds. D. Durkin-Meisterernst et al., Berlin: Dietrich Reimer Verlag, pp. 240–248.

Raschmann, S. -Ch. & Takata, T. 1993. "Ein chinesischer Turfan-Text mit uigurischen phonetischen Glossen", *AoF* 20, 1993, pp. 391–396+2pls .

Sundermann, W. 1991. Anmerkungen zu: Th. Thilo, " Einige Bemerkungen zu zwei chinesisch-manichaischen Textfragmenten der Berliner Turfansammlung", *Ägypten, Vorderasien, Turfan*, Berlin, pp. 171–174.

Sundermann, W. 1996. "Iranian Manichaean Texts in Chinese Remake: Translation and Transformation", *Cina e Iran*, Firenze, pp. 103–119.

Takata, T. 2004. "The Chinese Language in Turfan with a Special Focus on the *Qieyun* Fragments", *Turfan Revisited—The First Century of Research into the Arts and Cultures of the Silk Road*, eds. D. Durkin-Meisterernst et al., Berlin: Dietrich Reimer Verlag, pp. 333–340.

Thilo, T. 1968. "Fragmente chinesischer Haushaltsregister aus Dunhuang in der Berliner Turfan-Sammlung", *Mitteilungen des Instituts für Orientforschung*, XIV, pp. 303–313.

Thilo, T. 1970. "Fragmente chinesischer Haushaltsregister der Tang-Zeit in der Berliner Turfan-Sammlung", *Mitteilungen des Instituts für*

Orientforschung, XVI, pp. 84-106.

Thilo, T. 1981. "Ein chinesischer Turfan-text aus der Zeit der Qara-qitay", *Scholia*, Wiesbaden, pp. 201-205.

Thilo, T. 1991. "Einige Bemerkungen zu zwei chinesisch-manichäischen Textfragmenten der Berliner Turfan-Sammlung", *Ägypten Vorderasien Turfan*, eds. H. Klengel & W. Sundermann, Berlin, pp. 161-170.

TTD I = Yamamoto, T., O. Ikeda & Y. Okano. *Tun-huang and Turfan Documents concerning Social and Economic History*, I. Legal Texts (A)(B), Tokyo 1978-1980.

TTD II = Yamamoto, T. & Y. Dohi. *Tun-huang and Turfan Documents concerning Social and Economic History*, II. Census Registers (A)(B), Tokyo 1985.

TTD III =Yamamoto, T. & O. Ikeda. *Tun-huang and Turfan Documents concerning Social and Economic History*, III. Contracts (A)(B), Tokyo 1987.

TTD supplement =Yamamoto, T. et al. *Tun-huang and Turfan Documents concerning Social and Economic History*, supplement (A)(B), Tokyo 2001.

TTT VII = Rachmati, G. R., "Türkische Turfan Texte". VII, *APAW*, Berlin 1936, Nr.12, pp. 3-124.

Wang, Ding 2004. "Ch 3586 - ein khitanisches Fragment mit uigurishen Glossen in der Berliner Turfansammlung", *Turfan Revisited*, Berlin, pp. 371-379.

Yoshida, Y. 1997. "On the Recently Discovered Manichaean Chinese Fragments", *Studies on the Inner Asian Languages*, XII, pp. 35-39.

（完稿于 2006 年 9 月 4 日，2007 年 1 月 8 日修订，原载《华学》第九、十辑，上海古籍出版社，2008 年，854—877 页。）

中国国家图书馆善本部藏
德国吐鲁番文献旧照片的学术价值

柏林德国国家图书馆和国家博物馆分馆之一印度艺术博物馆中，收藏有 1902—1914 年四次德国吐鲁番探险队从新疆吐鲁番、焉耆、库车、巴楚等地攫取的各种语言的写本、印本和考古文物及艺术品，由于第二次世界大战前德国经济问题和二战本身的破坏，德国吐鲁番收集品中的许多文献和文物被转卖、盗窃和炸毁，不少珍贵文献和文物现已不知所在。在这种情况下，目前保存下来的战前拍摄的德藏吐鲁番收集品的旧照片，特别是那些已经毁坏或不知去向的材料的照片，有些就成为我们今天唯一可以依据的原始文献，值得特别重视。在中国国家图书馆善本部里，就收藏有王重民、向达先生 30 年代从柏林带回来的吐鲁番文献照片，其中王重民先生所摄，皆为德藏四部书的精品，有些原卷已毁，所以弥足珍贵。今值国家图书馆及北京大学举办"纪念王重民先生诞辰一百周年暨敦煌写本文献研究、遗书修复、数字化技术国际研讨会"之际，特将这些照片加以整理，展示给大家，说明这些旧照片的珍贵之处，并表彰王重民、向达两位先生对敦煌吐鲁番文献研究的丰功伟绩。

一、旧照片的来历

国家图书馆计藏有两组德国吐鲁番文献的照片，它们应当是奉北平图书馆（后称北京图书馆、中国国家图书馆）赴法、英调查整理敦煌文献的王重民先生（1903—1975）和向达先生（1900—1966）带回来的①，他们两人分别于 1935 年和 1937 年短暂走访过柏林。

一组照片原在北京图书馆分馆的敦煌吐鲁番资料中心，现该中心已并入国家图书馆善本部，并且从文津街搬到白石桥。这组照片计 21 张（除去正负片翻印的重复部分），与大量的王重民先生从巴黎拍回的伯希和所获敦煌卷子照片放在一起，其中主要内容都是四部古籍，所以基本上可以判定是王重民先生带回来的，以下称之为"王重民所获照片"。1996 年 6—8 月我到柏林调查德国吐鲁番探险队所获汉文资料前，在北图分馆见到这组照片，以后结合柏林所见原件，写过一两篇文章，后因忙于其他事情，对于这组照片一直没有做彻底的整理。

另一组照片原为北平图书馆所藏，现存国家图书馆善本部，和敦煌遗书原卷放在一起。这组照片共计 26 张，有正片和负片所洗两套，以所拍文献计，则为 20 种，原题作"柏林学士院藏古写本影片"，现已装订成册，原题不见。这组文书以版刻佛经和文书为主，从内容看，更应当和向达先生的研究旨趣有关，因此推测是向达先生带回来的，故以下暂称之为"向达所获照片"。这组照片是我 1996 年 8 月从柏林回来以后才承蒙李际宁先生的好意而见到的，因为德藏吐鲁番文献没有系统的图版公布，所以有些还无法和原卷勘合，但其中非佛教文献的现状都可以对比。

王重民先生是 1935 年 8 月 3—14 日短暂访问柏林的，他在十天的时间里主要是查阅太平天国文献和善本书，他的《柏林访书记》记录的主要是太平天国文献、明钞本《华夷译语》、《正统道藏》，而没有涉及吐鲁番文献②，但他写过德藏吐鲁番文献中《刘涓子鬼遗方》（原本已

---

① 关于王、向两位先生带回的敦煌文献的价值，请参看国家图书馆敦煌吐鲁番资料中心《王重民、向达所拍英法敦煌照片在学术史上的意义——以国家图书馆敦煌吐鲁番资料中心所藏名人手稿为中心》，"国际敦煌学学术史研讨会"论文集，北京理工大学，2002 年 8 月 25—28 日，395—401 页。

② 原载《国闻周报》第 12 卷第 42 期，1935 年 10 月；收入王重民《冷庐文薮》下，上海古籍出版社，1992 年，781—798 页。该文最后有《凉王大且渠安周造像修寺碑》短跋。

佚，王重民所获照片中有存本）的跋文 ①，说明他也曾留意过那里的吐鲁番文献。德藏吐鲁番文献编号过万，即使是汉文文献也有七千号之多，王先生在十天之内是不可能找到所有他所喜欢的四部书的，而他能拍回这样珍贵的一组四部书照片，应当是得到了徐乐教授（Prof. H. Huller）、西门华德教授（Prof. Dr. W. Simon）和葛玛丽博士（Dr. Amemarie von Gabain）提供的帮助 ②。其中葛玛丽博士正是一直从事德藏吐鲁番文献研究的优秀学者，当时正在研究回鹘文《玄奘传》③，因此，很可能是葛玛丽帮助王重民先生选择所要看的材料。王先生对这些材料做了初步比定，王重民所获照片的封袋上，都写有题名，可能即王先生比定的结果。但除了《刘涓子鬼遗方》外，王先生后来没有来得及做其他文献的研究。

向达先生是 1937 年去柏林的，他的研究范围和葛玛丽更为接近 ④，应当也受到热情款待，因此获得了相当重要的一组文献照片，特别是早期印刷品资料。但向达先生回国后没有来得及就这些文献做出专题研究。

二、旧照片所摄文献的存佚及现状

以下根据我 1996 年对德藏吐鲁番文献的调查和前人研究成果，将这两组照片加以整理，主要工作是确定存佚与否，对证出现存者的新编号，比定未定名的文献名称，揭示其价值，给出已有的研究成果。

以下文书的先后排列按旧照片在国家图书馆的保存现状为序。

---

① 载《大公报图书副刊》第 119 期，1936 年 2 月 29 日。
② 见《柏林访书记》，《冷庐文薮》下，781 页。
③ A. von Gabain, "Die Uigurische übersetzung der Biographie Hüen-tsangs I", *Sitzungsberichte der Preuss Akad. Phil-hist Kl*, Berlin 1935, pp. 151–180.
④ 葛玛丽后来撰写过《吐鲁番收集品中的印刷品》（Die Drucke der Turfan-Sammlung），载 *SDAW*, 1967–1, pp. 5–40+14pls.

1. 王重民先生所获照片：

（1）《尚书·虞书·大禹谟》

德藏吐鲁番文献残片都夹在两块厚厚的玻璃板中间，上面贴有锯齿形的长方形纸签，标有考古编号或定名。二战后一些纸签脱落，原编号也就不得而知了。汉文文书的主体后来为东德科学院收藏，重编为Ch.的号码。

本件原编号为 T II 1315[①]，现编号为 Ch.3698。照片原题"古文尚书·大禹谟"。内容系孔传《古文尚书》，即隶古定本。楷书，大字正文，双行小注，有朱笔句读，墨笔改订。残片以大字正文计，存7行，但上下亦残，边上有火烧痕迹。1996年刊顾颉刚与顾廷龙合编《尚书文字合编》中，收有此残卷照片，题"吐鲁番所出唐写本，残。德国柏林普鲁士博物馆藏本照片"[②]，不知是否是王重民先生提供。

（2）《礼记·坊记》

原编号为 T II D 61，因为贴编号的纸签已经脱落，所以德国国家图书馆新刊西胁常记所编目录于原编号亦付阙如[③]。现编号 Ch.2068。照片原题"礼记·坊记"。正楷书写，大字正文，双行小注，字极精，"民"字缺笔，为唐抄本，背面五字，惜只残一纸的下半。

（3）《春秋后语注》

原编号 T II 1578，现编号 Ch.734。夹住此残片的玻璃板上，有两个旧标签，用铅笔分别写着"史记"和"商君传"，当是早期整理者所题。王重民先生所获照片上，也有此二签，并另有签题作"史书"，封袋上

[①] Tsuneki Nishiwaki, *Chinesische und manjurische Handschriften und seltene Drucke* Teil 3. *Chinesische Texte vermischten Inhalts aus der Berliner Turfansammlung*, Stuttgart: Franz Steiner Verlag, 2001（以下简称"西胁常记目录"），p. 35 记编号作 T II 1310，与照片上标签所题不同。

[②] 《尚书文字合编》，上海古籍出版社，1996年，168—169页图版。又附录475—476页有王重民致顾颉刚信，记应顾氏要求翻拍巴黎敦煌本《尚书》事。

[③] Nishiwaki, *Chinesische Texte vermischten Inhalts aus der Berliner Turfansammlung*, p. 36.

题"史书（不知名），疑是春秋后语"。经核《史记》卷六八《商君列传》，相应文字与残卷不同。我后来确定其正文与敦煌本孔衍《春秋后语》卷一《秦语》文字正同，而敦煌本无注文，此小注，当为唐人卢藏用的注文①。因此本卷应当定名为《春秋后语注》。此卷楷书精写，有乌丝栏，背面无字，当是唐写本卢藏用注本原貌。

（4）《春秋经传集解》昭公二十二年

原编号 T III Š 94，现编号 Ch.2432。照片题"春秋经传集解昭公廿二年"。楷书精写，朱笔句读，为唐人精写本。可惜的是，照片所示的右下角，大小约八个字，现在的卷子已经残去，多亏照片尚存这几个字。又，Ch.1044 也是《春秋经传集解》昭公二十二年文字，背面同为占卜书，知两件原为同一写本。王重民先生因时间匆促，没有得见此本。

（5）《玉篇·部目》

原编号 T I D 1013②，现编号 Ch.2241。照片原题"玉篇·部目"。此为印本一叶，与原件相比较，下端失掉一角，所缺恰好是下栏边框的刻线，若没有旧照片，不易确定此刻本框高 23.5 cm。

（6）刻本韵书残叶

原编号 T I D 1015，现柏林藏卷中未见，应当是战时遗失。此卷原编号标签上写有"广韵"二字，旧照片题"切韵"。据周祖谟先生的研究，这件韵书为五代刻本，在分立韵目方面有些与《广韵》相同，但有些分韵比《广韵》更细，但韵次依《切韵》之旧规。周祖谟《唐五代韵书辑存》曾刊出影本，应当就是根据王重民所获照片影印，但清晰度远不如国家图书馆所存原照③。

---

① 荣新江《德藏吐鲁番出土〈春秋后语〉残卷考释》，《北京图书馆馆刊》1999 年第 2 期，71—73 页＋附图。按，Nishiwaki, *Chinesische Texte vermischten Inhalts aus der Berliner Turfansammlung*, p. 58 仍定名为《史记·商君列传》，不足取。

② Nishiwaki, *Chinesische Texte vermischten Inhalts aus der Berliner Turfansammlung*, p. 48 所著录的原编号缺"1013"。

③ 周祖谟《唐五代韵书辑存》，学生书局，1994 年，775 页，编号误作"TIL 1015"。

（7）增字本《切韵》

原编号 T IV K 75，现编号 Ch.2094。正背书写，均为增字本《切韵》，以下（7）至（11）原照片均已比定为《切韵》。1935 年 2 月，较王重民先生早几个月前访柏林的武内义雄氏，也曾见到这件写本，并抄录发表①。周祖谟《唐五代韵书辑存》有据王重民照片所做正背面的影本，不够清晰，可以参考其摹写本②。

（8）刻本《切韵》

原编号不明，现柏林藏卷中未见，当已佚。从照片来看，两页叠压在一起，尚未揭开，一横一竖，一页完整，一页也几近完整，今天失去，十分可惜，好在有王重民照片，并早已收入周祖谟《唐五代韵书辑存》，得以广为学界所知③。

（9）刻本《切韵》

这一张照片的左边一残页，原编号 T II D 1 a④，现编号 Ch.2437；右边一页原编号 T II D 1 b⑤，现编号 Ch.3715，均为《切韵》刻本残页。周祖谟《唐五代韵书辑存》已收录影本⑥。

（10）刻本《切韵》

原编号 T II D 1 c，现原本不知所在。周祖谟《唐五代韵书辑存》有影本⑦。

（11）刻本《切韵》

原编号 T II D 1 d⑧，现编号 Ch.3533。周祖谟《唐五代韵书辑存》有

① 武内义雄《唐钞本韵书と印本切韵との断片》，《文化》第 2 卷第 7 号，1935 年；收入《武内义雄全集》第 10 卷；万斯年译《唐钞本韵书及印本切韵之断片》，《唐代文献丛考》，开明书店，1947 年，52—53 页。
② 周祖谟《唐五代韵书辑存》，236、238—239 页。
③ 同上，777 页下部为图版，779 页为摹本。
④ Nishiwaki, *Chinesische Texte vermischten Inhalts aus der Berliner Turfansammlung*, p. 45 原编号仅作 T II D 1。
⑤ 同上，45 页记现已无原编号。
⑥ 周祖谟《唐五代韵书辑存》，777 页上半为图版，780、782 页有摹本。
⑦ 周祖谟《唐五代韵书辑存》，778 页。
⑧ Nishiwaki, *Chinesische Texte vermischten Inhalts aus der Berliner Turfansammlung*, p. 45 记现无原编号。

影本和摹本 ①。

（12）唐开元二十三年（735）西州高昌县顺义乡籍

原编号 T II 1 D 61，此号今已不存②；现编号 Ch.2405。文书的现状是前后均残，上部亦残约四字，下部前二行不残，但后二行残半，残存本文 5 行，中间纸缝上尚存有"顺义乡"和"开"字，前人据以定名为"唐开元年间西州高昌县顺义乡籍"③。王重民先生所获旧照片所摄原文书，比现存的原件前面多出 3 行文字，且左下部保存完好，纸缝处有完整的"开元贰拾叁年籍"字样，可以据以定名为《唐开元二十三年（735）西州高昌县顺义乡籍》④。

（13）唐至德二载（757）（？）交河郡户口损益帐（？）

原编号 T II 1 D 65，此号今已不存⑤；现编号 Ch.1455。原照片题"户籍"。前后均残，存 5 行，记每户人口姓名、年龄、丁中、见在或身死等情况。1979 年，池田温先生最早整理，并拟上述题目，录文见《中国古代籍帐研究》⑥。以后成为中国学者利用时的唯一史料来源⑦，而不知北图实际上早就藏有该卷清晰影本。

（14）《刘涓子鬼方》

无原编号，原本今已无存，所幸王重民先生所获照片摄有一叶正背面，其背面第 4 行上有第九卷尾题"刘涓子鬼方卷第九"，第 5 行则为

---

① 周祖谟《唐五代韵书辑存》，778、781 页。

② Nishiwaki, *Chinesische Texte vermischten Inhalts aus der Berliner Turfansammlung*, p. 62.

③ T. Thilo, "Fragmente chinesischer Haushaltsregister der Tang-Zeit in der Berliner Turfan-Sammlung", *Mitteilungen des Instituts fur Orientforschung*, XVI, 1970, p. 87, 图 3；池田温《中国古代籍帐研究》，东京大学出版会，1979 年，252 页；T. Yamamoto & Y. Dohi, *Tun-huang and Turfan Documents concerning Social and Economic History*, II. Census Registers, Tokyo 1985, A, pp. 67–68, 195; B, p. 123.

④ 荣新江《〈唐开元二十三年西州高昌县顺义乡籍〉残卷跋》，《中国古代社会研究——庆祝韩国磐先生八十华诞纪念论文集》，厦门大学出版社，1998 年，140—146 页。Nishiwaki, *Chinesische Texte vermischten Inhalts aus der Berliner Turfansammlung*, p. 62 仍题"唐〔开元年间〕西州高昌县顺义乡籍"，似未见拙文。

⑤ Nishiwaki, *Chinesische Texte vermischten Inhalts aus der Berliner Turfansammlung*, p. 66.

⑥《中国古代籍帐研究》，262 页。

⑦ 有关研究文献请参看陈国灿《吐鲁番出土唐代文献编年》，新文丰出版公司，2002 年，317 页。

第十卷全称"刘涓子甘伯济治秣陵令已用省验方卷第十"（图1）。1935年10月，即获得该卷照片两个月后，王重民先生作跋，考证此即《唐志》著录的"龚庆宣《刘涓子男方》十卷"，指出"男"当为"鬼"之讹①。当时王先生所能参考的图书有限，实则此书最早著录于《隋书·经籍志》，两《唐书》、《崇文总目》等都有记录，南宋时只存五卷，现仅有一卷留存。龚庆宣系南齐人，本书完成于永元元年（499）。这一叶两面为唐抄本，颇为珍贵②。

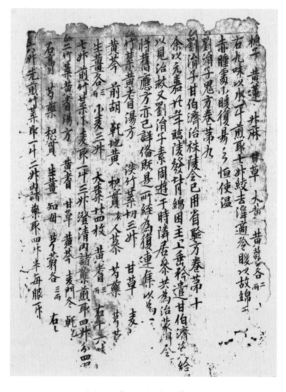

图1 《刘涓子鬼方》

---

① 王重民《刘涓子鬼方跋》，《大公报图书副刊》第119期，1936年2月29日。写作时间据刘修业《王重民1935—1939年英德意诸国访书记》，《文献》1991年第4期，204页。

② 参看马继兴《敦煌古医籍考释》，江西科学技术出版社，1988年，137—138页。

（15）不知名类书

原编号 T III M Q 23，原本今已无存。本卷楷书精写，大字正文，有双行小注。王重民所获照片题为"不知名类书"，惜尚不能比定。

（16）玄应《一切经音义·佛本行集经音义》

原编号 T III M 131，原本今已无存。照片原题"玄应一切经音义·佛本行集经音义"。共存 17 行，格式谨严，为唐朝抄本。从形式上来看，与现存的 Ch.444、Ch.1214、Ch.652、Ch.1216、Ch.2259、Ch.71、Ch.3122 各残片属于同一类写本[①]。此片所存文字最多，可惜原本已经遗失。

（17）玄应《一切经音义》卷六《妙法莲华经音义》

原编号 T II Y 181 10，是一共三拍、计 55 行的卷子（图 2），在德藏吐鲁番文献中算是"长卷"了。非常遗憾的是原卷主体已不知所在，只有第 22—27 行上半叶的 6 行文字保存下来，现编号作 Ch/U.6782d，原编号已经不存[②]。这个卷子所抄的内容照片已题作"一切经音义·妙法莲华经音义"，即玄应的《一切经音义》卷六《妙法莲华经音义》，以大字写原文，用略微小一点的字再单行作注，格式与上面（16）所提到的诸写本不同，当是较晚（回鹘）时期的抄本。1996 年我在柏林看到这个卷子只剩 Ch/U.6782d 一小片，不禁愕然。所幸发现了和这个卷子属于同一抄本的其他一些断片，它们因为太零碎而没有被王重民先生一起摄回。这些卷子的关系是：

Ch/U.6788、Ch/U.7447 可以直接上下缀合，相当于《一切经音义》卷六《妙法莲华经音义》第一卷。

Ch/U.7449、Ch/U.6784、Ch/U.7279 三件大体上可以上下缀合，只是 Ch/U.7449 和 Ch/U.6784 间尚有两个字的空缺，内容相当于《一切经音义》卷六《妙法莲华经音义》第三卷。

Ch/U.6784+Ch/U.7279 残片可以与王重民所获旧照片直接缀

---

① 这些残片的图版见西胁常记《ドイツ将来のトルファン汉语文书》，京都大学学术出版会，2002 年，49—58 页，图 6—12。

② Nishiwaki, *Chinesische Texte vermischten Inhalts aus der Berliner Turfansammlung*, p. 105.

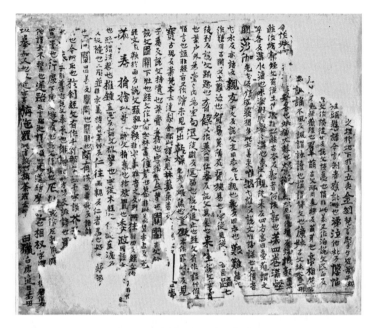

图 2a 玄应《一切经音义》卷六

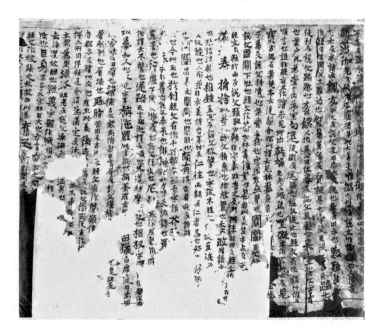

图 2b 玄应《一切经音义》卷六

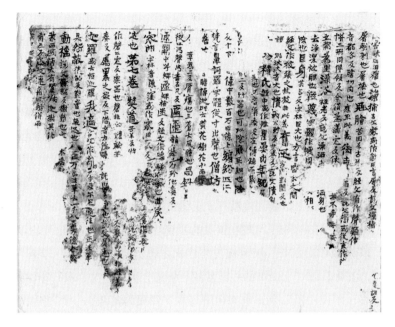

图 2c　玄应《一切经音义》卷六

合，内容从《一切经音义》卷六《妙法莲华经音义》第三卷直到第八卷。

Ch/U.7448 残片，可以和旧照片的尾部缀合，内容为《一切经音义》卷六《妙法莲华经音义》第八卷[①]。

因为这个卷子的背面是一部回鹘文经典，因此德国柏林勃兰登堡科学院吐鲁番研究组的茨默（P. Zieme）教授对我的这项比定非常感兴趣，所以我就把缀合的结果，绘成示意图，并加英文说明，提供给他将来研究背面的回鹘文文献时使用。他和我最感遗憾的是旧照片所摄原卷的损失，也可惜王重民先生当年没有把背面的回鹘文拍下

---

① 我曾在《王延德所见高昌回鹘大藏经及其他》（《庆祝邓广铭教授九十华诞论文集》，河北教育出版社，1997 年，269 页）和《德国"吐鲁番收集品"中的汉文典籍与文书》（饶宗颐编《华学》第 3 辑，紫禁城出版社，1998 年，321 页）中简要提示这些残片。详细的著录和图版见西胁常记《ドイツ将来のトルファン汉语文书》，59—66 页，图 13—19。

来。我在《柏林通讯》一文中，曾将这些残片的关系略加交代，并提示了王重民所获照片的重要性[①]。遗憾的是至少与 Ch/U.6782d 有如此重要关联的旧照片，在新出版的德国藏吐鲁番汉文写本目录中却不置一词[②]。

在我离开柏林后，有一箱原在前苏联保存的德藏吐鲁番写本经由莱比锡民族学博物馆转归德国国家图书馆收藏，其中新编号为 Ch/U.8063、Ch/U.8093 的两件写本，也是和旧照片同一写本的《一切经音义》卷六《妙法莲华经音义》[③]。

（18）《文选》李善注本卷三十五张景阳《七命》

原编号 T III 1085，与现在留存的原编号作 T II 1068 不同[④]，不知何故；现编号 Ch.3164v。王重民先生已比定出此卷为《文选》李善注本卷三十五张景阳《七命》的一叶残片。楷书，大字正文，双行小注，字极工整，不讳"治"字，当为初唐写本。背面为《金刚经》，字大而不规整，抄写年代后于《文选》，因此目前之正背面与原本的正背正相反。后来我注意到孟列夫等编《苏联科学院亚洲民族研究所藏敦煌汉文写本注记目录》第一册著录的 No.2859（Дх.1551）[⑤]，也是《文选》李善注的张景阳《七命》部分，与 Ch.3164 背的字体、格式完全一致，两残片间只相差约一行文字，当是同一写本无疑。

2. 向达先生所获照片

（1）《唐律·擅兴律》

原编号 T IV K 70+71，现编号 Ch.991。1978—1980 年东洋文库出

① 《学术集林》卷一〇，远东出版社，1997 年，393—394 页。

② Nishiwaki, *Chinesische Texte vermischten Inhalts aus der Berliner Turfansammlung*, p. 105.

③ 西胁常记《ドイツ将来のトルフアン汉语文书》，47—49 页，图 4—5。

④ Nishiwaki, *Chinesische Texte vermischten Inhalts aus der Berliner Turfansammlung*, p. 138.

⑤ 汉译本《俄藏敦煌汉文写卷叙录》下，上海古籍出版社，1999 年，473 页。图版已收入《俄藏敦煌文献》第 8 卷，上海古籍出版社，1997 年，228 页。

版的山本达郎、池田温、冈野诚合编《敦煌吐鲁番社会经济文书》第 1 集《法制文书》，首次发表了德国方面提供的照片，并做了录文，他们还提到东洋文库存有 50 年代嶋崎昌氏带回来的模糊照片[①]。由此，这个《唐律》写本始为学界所知。对比向达先生所获照片，与现在的文书原件完全相同。这个写本大概因为使用时间较长，纸色呈黑褐色，且纸面有土，故此照片往往不清晰。向达先生或许是第一个判定这个文书价值的人，但因为中国学术受到战争和政治的影响，这个照片也就一直没有人理睬了。

（2）占卜书

原编号不明，现编号 Ch.1635。正背面形式相同，左上角有卦图，四周有小字说明，上下及后面是大字占词。现在的玻璃板上有旧标签，题“易经”，实际非《易经》本身，而是易卦占卜书。正背面照片各一张，与现在的原件保存状态相同。

（3）刻本佛经扉画

原编号不明，存佚与否尚无从比定。刻本。

（4）佛教文献

原编号 T IV K 70+71，存佚与否尚无从比定。在现编号中与此相同编号有 Ch.852、Ch.991、Ch.2063、Ch.2293v，但 Ch.852、Ch.2293v 行数不对，Ch.991、Ch.2063 的纸形不符。

（5）佛典残片

原编号 T III 62，存佚与否尚无从比定。相同的原编号残片中，Ch.2792、Ch.2623 纸形不符，Ch.3597 行数不对。刻本，存 7 残行。

（6）玄应《一切经音义》卷六《妙法莲华经音义》

原编号 T II Y 18，现编号 Ch/U.6788，与 Ch/U.7447 可以直接缀合。此即上述王重民所获照片第（17）组文书的一个断片。王重民没有拍摄，而为向达所得。照片所摄与原件相同。

---

① T. Yamamoto, O. Ikeda & Y. Okano, *Tun-huang and Turfan Documents concerning Social and Economic History*, I. Legal Texts, Tokyo 1978–1980, A, pp. 26, 121; B, p. 16.

（7）不知名类书

原编号 T Ⅲ M Q 23，现已无存。此即上述王重民所获照片第（15）项所著录者。值得注意的是，与 1935 年王重民所获照片相比，1937 年向达所得的这幅照片显示，原卷的右下角已经缺少，可知德藏文书在战前已经有断残的情况，所幸断掉的残片没有遗失，而且也为向达先生摄回，即下述第（16）的小残片。

（8）唐吏部留司格（？）

原编号 T Ⅱ T，现编号 Ch.3841。1932 年 5 月访问柏林的那波利贞氏最早发现此卷，并在 1957 年发表录文[①]。后图版、录文收入山本达郎、池田温、冈野诚合编《敦煌吐鲁番社会经济文书》第 1 集《法制文书》[②]。以后广为学界所利用。

（9）宋太宗《御制缘识》卷三

原编号 T Ⅰ 233，现编号 Mainz 71v，是二战埋藏后一度保存在美因茨科学与文学研究院的吐鲁番收集品，现已移藏柏林国家图书馆，但编号仍用 Mainz。此件为刻本，存 6 行，页边有"御制缘识卷第三　第四张　卒字号"，是研究大藏经版本的很好资料。西胁常记氏有简单记录[③]。

（10）《不空羂索神变真言经》卷三十

原编号不明，不知是否即 T Ⅱ M 155.1019，现编号 Ch/U.8143，此本仅到经名，缺前面两行文字。而照片所示刻本，前有护法神王像，后题"不空羂索神变真言经卷第三十"及《千字文》编号"男"，又存译者题名、品名和第一行残文。

（11）佛典断片

刻本两片，原编号 T Ⅲ T 81，现编号 Ch.2142 和 Ch.3005。内容为

---

① 那波利贞《唐钞本唐格の一断片》，《神田博士还历记念书志学论集》，平凡社，1957，330—331 页。
② *Tun-huang and Turfan Documents concerning Social and Economic History*, I. Legal Texts, A, pp. 45–46, 91; B, p. 106.
③ 西胁常记《ドイツ将来のトルファン汉语文书》，69—70 页，图 22。

422

《妙法莲华经》卷四，相当于《大正藏》第 9 卷 33 页上栏 23—29 行和同页中栏 10—15 行。两者版式相同，一叶 6 行，一行 15 字。

（12）佛典断片

原编号 T III 15，存佚与否尚无从比定。刻本，一叶 5 行，有句读。

（13）佛典断片

原编号 T III M 186，存佚与否尚无从比定。刻本，一叶 6 行。系科文。

（14）占卜书

原编号 T II T 1260，现编号 Ch.217。照片所摄与原件相同。

（15）古籍写本残片

照片模糊，细审其文字，似是本草书一类古籍。存佚与否尚无从比定。

（16）不知名类书

即上述第（7）项残卷断裂下来的左下角残片。

（17）佛敕唵字符

原编号 T II D 308，刻本。存佚与否尚无从比定。

（18）宋太宗《御制缘识并序》

原编号 T II 1002，现编号 Ch./U.8158，刻本，系前苏联返还的吐鲁番文献，与现存原件照片比较[1]，没有任何损坏。在向达先生之前，出口常顺氏 1933 年曾得影本，现藏东洋文库。

（19）《千字文》及天禧题记

原编号 T II Y 62，现编号 Ch.3716。共八叶，向达先生所获照片计八拍。第一叶为题记（图 3）："天禧年十三，岁次辛未冬月之伴分廿三日，交河胜泉都通，兹无头《千字文》，有头实（？）将来，学习敬口执诵，不祸（获）咎。""年""月""日"用武周新字，但并非武周时所写，而应当是高昌回鹘时期的抄本。以下七叶抄《千字文》，从"千字文，敕员外散骑侍郎周兴嗣次韵"，到"似兰斯馨"。与现存原卷的情形相同[2]。

---

① 西胁常记《ドイツ将来のトルファン汉语文书》，67—68 页，图 20。

② 参看西胁常记《ドイツ将来のトルファン汉语文书》，71—75 页，图 23/1—8。

图 3 天禧写《千字文》题记

（20）增字本《切韵》

原编号 T IV K 75，现编号 Ch.2094。与王重民先生所获照片第（7）项相同，此不赘述。

三、旧照片的价值

以上王重民先生所获 18 种文献和向达先生所获 20 种文献，反映了两人的兴趣有相同的地方，也有不同的地方。王先生比较注重中国传统的四部古籍，同时也兼取户籍等重要的世俗文书；向先生则注重早期的佛教印刷品，也兼顾四部书和唐朝法制文献；因此两人所得照片只有极少数重合。今天我们已经可以了解全部德藏吐鲁番汉文文献的情形，从德藏文献的总体来看这些照片，我们不能不赞叹王、向两先生当年的眼力，也应当感激为他们两位提供帮助的葛玛丽博士等人。

今天来看，这些照片在以下几个方面仍然具有非常重要的学术价值：

第一，一些照片所摄的原件，由于战争等原因，现已无存，这些照片可能是我们看到这些吐鲁番古代文献的唯一依据。可以确定的这类文献有：刻本韵书残叶（T I D 1015）、刻本《切韵》（无原编号）、刻本《切韵》（T II D 1 c）、《刘涓子鬼方》（无原编号）、不知名类书（T III M Q 23）、玄应《一切经音义·佛本行集经音义》（T III M 131）。

第二，有些写本原件现在虽然留存，但已比照片所摄多少不等地有所缺失，如《春秋经传集解》昭公二十二年（T III S 94）缺了 8 个字；唐开元二十三年（735）西州高昌县顺义乡籍（T II 1 D 61）缺少近一半文字，特别是残掉了重要的"开元贰拾叁年籍"字样，以致前人定名不得确诂；而玄应《一切经音义》卷六《妙法莲华经音义》（T II Y 181 10），长 55 行，现仅存 Ch/U.6782d 一小片，计半截 6 行文字；这些照片上所保存的文字无疑为我们的研究提供了丰富的素材。

第三，有些写本的原编号现已无存，但在照片上有的还依稀可见。因为原编号往往提供给我们残片出土的地点信息，因此对于历史学研究尤其重要，所以事情虽小，有时价值颇大。比如《礼记·坊记》的原编号为 T II D 61，我们可以据知此件是德国第二次吐鲁番探险队从高昌城中得到的。又如《春秋经传集解》昭公二十二年原编号 T III Š 94，当为焉耆硕尔楚克（Šorchuq）出土，而新编德藏文书目录作 T III S 94[1]，则使人们认为是胜金口（Sängim）出土物了。

第四，从我所能掌握的资料来看，这些照片基本上都是和原件一样大，除了十分清晰外，这对于我们研究这些文献本身有时非常重要，比如研究佛经刻本的版式，大小就是首先要注意的因素。

第五，现在敦煌学界越来越关注敦煌学的学术史，这当然应当包括吐鲁番文献的整理和研究。这些照片也是我们了解王重民、向达两位先

[1] Nishiwaki, *Chinesische Texte vermischten Inhalts aus der Berliner Turfansammlung*, p. 36.

生学术生涯的重要依据，我曾在《敦煌学十八讲》中说过："向、王两先生的英法之行，一方面为中国的敦煌学准备了素材，另一方面则为北大的敦煌学补充了人才。此后，向、王两位先生成为北大乃至中国敦煌学研究的领军人物。"① 现在我可以说：向、王两位先生也为中国的吐鲁番研究准备了珍贵的素材，他们也应当是最早接触并研究德藏吐鲁番文献的中国学者。

总之，通过上面的论证，说明国家图书馆不仅收藏有丰富多彩的敦煌写本原卷，而且拥有一批琳琅满目的德藏吐鲁番文献照片，这些照片所拍摄的吐鲁番文献，有的已经在二战中损毁，照片成为这些文献的唯一印证。

附记：特别感谢国家图书馆善本部的张志清、孙学雷、李际宁、林世田诸位先生提供并同意我发表这些吐鲁番照片资料，感谢李德范、申国美、史睿、黎知谨诸位女士先生在图片查阅和扫描等方面提供的帮助。

（2003 年 8 月 24 日完稿，原为提交 2003 年 9 月 16—18 日国家图书馆举办的"纪念王重民先生诞辰一百周年暨敦煌写本文献研究、遗书修复、数字化技术国际研讨会"论文。载于国家图书馆善本特藏部敦煌吐鲁番学资料研究中心编《敦煌学国际研讨会论文集》，北京图书馆出版社，2005 年，267—276 页。）

---

① 北京大学出版社，2001 年，174 页。

黄文弼先生与甘藏吐鲁番文献

黄文弼先生是中国吐鲁番文书和高昌历史研究的先驱者之一，他在1928—1930年之间，作为北京大学的代表，参加西北科学考查团，对吐鲁番盆地和塔里木盆地的古代遗址做了系统的考古调查和发掘，也沿途收集了不少文献资料。早在考察刚刚结束的1931年，他整理出版了《高昌砖集》[①]《高昌陶集》[②]，以后又陆续出版了《罗布淖尔考古记》[③]《吐鲁番考古记》[④]《塔里木盆地考古记》[⑤]等，对于其调查、发掘的经过，以及所获资料做了详细的解说和考释，并把自己所获的几乎所有文献和文物照片刊布出来，为学者使用。

我们从黄文弼先生的日记和论著中可以知道，他沿途也从其他人手中看到不少文献材料，其中一些黄文弼经眼的吐鲁番文献，今天收藏在甘肃省博物馆中。

甘肃省博物馆除收藏大量的敦煌写本外，也有少量的吐鲁番文献。1987年，秦明智先生发表《新疆出土的晋人写本潘岳书札残卷考述》一文，对其中所藏四片东晋书札残叶做了校录和研究，即所谓"潘岳书札"。秦先生在文章中还提到，甘博所藏吐鲁番文献原为民国年间新疆

① 《高昌砖集》，西北科学考查团理事会，1931年；第二版，科学出版社，1951年。
② 《高昌陶集》，西北科学考查团理事会，1931年；第二版，科学出版社，1951年。
③ 《罗布淖尔考古记》，国立北平研究院史学研究所、中国西北科学考察团，1948年。
④ 《吐鲁番考古记》，中国科学院，1954年；第二版，科学出版社，1958年。
⑤ 《塔里木盆地考古记》，科学出版社，1958年。

省财政厅厅长徐谦（字益珊）所藏，1958 年由其次子徐懋鼎先生捐赠，包括潘岳书札、天山县田亩帐、如意元年杂写，以及 1930 年 2 月 15 日黄文弼先生在乌鲁木齐时写给益珊厅长的信，均粘贴在一个厚纸本上①。

2010 年 3 月 30 日，笔者与徐俊先生一道访问甘肃省博物馆，承蒙俄军馆长的关照，得以见到秦先生所说的厚纸本，甘博对此册内容做了编号，其目如下：1 书札残页（东晋）；2（A）羊绢交易帐（唐），2（B）出卖驼毛等物帐（唐）；3（A）武周西州天山县田亩帐（唐），3（B）武周如意元年（692）高待义杂写（唐）。另外，甘博提供的目录中还有：4《论语》残纸；5（A）《诗经》残片，5（B）书信残片，但我们没有见到这三件写本的实物。

一、《延和八年（609）索众保墓砖》

黄文弼先生书信，前面附有吐鲁番出土延和八年（609）索众保墓砖文字，后面信文主要是考释该方墓砖的内容，用上海文明书局制笺。现先把书信照录如下（图 1）：

益珊厅长台鉴：日前趋谒，领
益良多。承借六朝残卷，已抄毕，特奉还。
尊藏墓表，首书延和八年，按中历改元
延和者有二，一为魏太武帝，一为唐睿宗，然
魏只三年，唐只五个月，与此文不符。又此砖出吐
鲁番，为故高昌国地，隋仁寿二年麹伯雅改
元延和，则延和八年即隋大业五年，其岁
朔均为己巳，与此正合，故疑延和为高昌年
号。且表书虎牙将军、殿中中郎将，皆故高

---

① 《敦煌学辑刊》1987 年第 2 期，53—61 页。

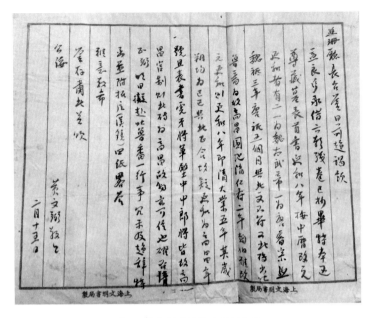

图 1　黄文弼致徐谦（益珊）信

昌官制，则此砖为高昌故物，亦可信也。确否请
正。弼明日拟赴吐鲁番一行，事冗未及趋辞，特
函并附拓片（汉镜）四纸，略答

雅意，敬希
鉴存，肃此并颂
公绥。　　　　　　黄文弼　敬上
　　　　　　　　　二月十五日

　　据秦明智先生上引文，此系黄文弼先生 1930 年第二次考察吐鲁番
之前在迪化时所写，说明黄文弼所见徐谦（益珊）旧藏吐鲁番文献和墓
砖，均为 1930 年以前出土。黄先生用另纸抄录这方墓砖，现粘贴在上
述书信的前面，今照录如下（图2）：

　　吐鲁番出现古砖文

429

延和八年己巳岁正月己巳日朔十六日甲
申，新除虎牙将军，更迁殿中中郎将，
追赠殿中将军，故敦煌索氏众保，春
秋七十三，殡葬斯墓。

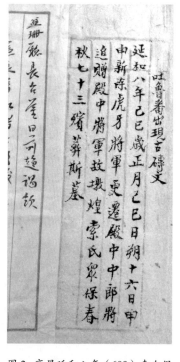

图 2　高昌延和八年（609）索众保
墓志录文

黄文弼在书信中正确地判断出这方墓志的"延和八年"为高昌国纪年，但这件延和八年（609）正月十六日的索众保墓志原件迄今不知所在，是否在甘肃省博物馆，亦不可知。笔者检索了收录高昌墓志最全的目录：关尾史郎、清水はるか编《吐鲁番出土汉文墓志集成（稿）——高昌郡·高昌国篇》，这方墓志的文字，也从未见后人提到过[①]。所幸墓砖文字，基本完整，为研究麹氏高昌国官制，补充一件资料。

按照侯灿等先生对于高昌国将军称呼的研究，索众保的虎牙将军是属于第八等级的戎号，后来转为戍卫系统第六等级的殿中中郎将，最后去世时追赠为戎号第五等级的殿中将军[②]。

索众保其人，又见吐鲁番阿斯塔那第 520 墓出土文书《高昌付官、将、兵人粮食帐》（二）第 4—5 行"永安虎牙索众保拾陆斛"[③]。按阿斯塔那 520 墓出土有《高昌延和六年

---

① 参看关尾史郎、清水はるか编《トゥルファン出土汉文墓志集成（稿）——高昌郡·高昌国篇》，新潟大学人文学部东洋文化史研究室，2009 年。
② 关于高昌官制，参看侯灿《麹氏高昌王国官制研究》，作者《高昌楼兰研究论集》，新疆人民出版社，1990 年，1—72 页。
③ 唐长孺主编《吐鲁番出土文书》壹，文物出版社，1992 年，315 页；唐长孺主编《吐鲁番出土文书》三，文物出版社，1981 年，28 页。

（607）碑儿随葬衣物疏》①，而《高昌付官、将、兵人粮食帐》写于《高昌延昌二十年（580）计月付麦帐》的背面②，年代应当在580—607年之间。从年代上看，这里的"永安虎牙索众保"应当就是延和八年墓砖的主人。由此也可以判定索众保的虎牙将军名号，得自580—607年之间，应当是比较靠前的时间。这件《高昌付官、将、兵人粮食帐》提到"永安常侍阿菌"、"田地李（名残）"、"安乐虎牙婆居罗"、"高宁常侍浮图（残）"等官人、将军③，说明索众保是出身永安的将军。永安为麹氏高昌王国的一个县，在安乐县南面，入唐后降为乡，属于交河县。据木纳尔102号墓出土《唐宋武欢墓志》："显庆元年（656）二月十六日葬于永安城北。"④则永安今地当在木纳尔墓地以南的地方。

又，阿斯塔那第24号墓出土文书《高昌司空□子等田帐》（一）第3行记："将德勇下：田婆居罗二半六十步，王头六子三，索众保三亩六十步。"⑤本墓出土有《高昌延昌西岁屯田条列横截等城葡萄园顷亩数奏行文书》，整理者据文中提到麹伯雅、麹绍徽等人物年代，考证西岁最有可能是丁酉年（577）⑥。因此，这里的索众保，应当和延和八年墓主是同一人。

《麹氏高昌延和八年索众保墓砖》的文字不多，但仍然为我们提供了一些高昌国史的信息。此墓砖文字赖黄文弼先生抄录而得以保存下来，实属难得。但黄先生当时行色匆匆，可能没有来得及录副，就直接把抄本还给了徐益珊。我们在黄文弼先生的论著中没有看到他对这件延和八年的高昌墓砖做什么研究，包括上述的《高昌砖集》是专门收录高昌墓砖的著作，我们也没有找到相关记录，略感遗憾。

① 《吐鲁番出土文书》壹，311页；《吐鲁番出土文书》三，21—22页。
② 《吐鲁番出土文书》壹，312—316页；《吐鲁番出土文书》三，23—30页。
③ 《吐鲁番出土文书》壹，314—316页；《吐鲁番出土文书》三，26—30页。
④ 荣新江、李肖、孟宪实主编《新获吐鲁番出土文献》，中华书局，2008年，103页。
⑤ 唐长孺主编《吐鲁番出土文书》贰，文物出版社，1994年，171页；《吐鲁番出土文书》五，文物出版社，1983年，7页。
⑥ 《吐鲁番出土文书》贰，168—169页；《吐鲁番出土文书》五，2—4页。

二、《唐某年西州天山县籍》及学生习字

黄文弼先生在赴西北考察途中，常常与地方各级军政要员打交道，也从这些人手中看到不少资料，除了要给收藏者做一些解读工作外，黄文弼先生也把所见资料抄录下来，以备将来研究之需。上面信函中提到的已抄毕的"六朝残卷"，就是秦明智先生专门撰文介绍的"潘岳书札"

图 3a "潘岳书札"

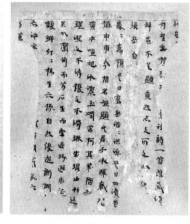

图 3b "潘岳书札"

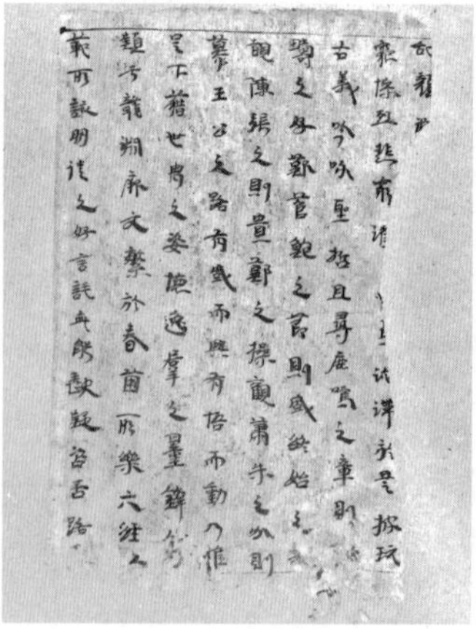

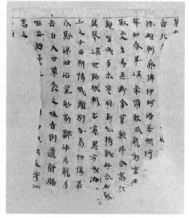

图 3c "潘岳书札"

图 3d "潘岳书札"

（图 3 ）。书札写于浅黄色麻纸上，现已被分割四片，通高 24—24.5 cm，宽度分别是 17 cm、20.5 cm、15.5 cm、19.2 cm，总计存 43 行、460 余字。秦明智先生据文中"岳白"云云，考证为晋人潘岳书札，可以信从。黄文弼先生虽然早已抄录了潘岳书札，但后来也没有见到他做什么研究，也可能是他自己发掘所得的材料已经够多，所以没有来得及整理发表而已。

粘在同一册页上的还有《唐某年西州天山县籍》，甘肃省博物馆现编号 58.0070，文书存 5 行。前后均残，已折叠剪作腰带之用，其中间两折用浓墨涂黑，系腰带外侧，文字也被遮住。从残存形制上看，当出自墓葬。上钤有朱印，据印痕可以定为"天山县之印"[1]，故此可知为唐西州文书。背面有如意元年（692）学生习字，用武周新字，据唐朝户籍州县留五比（15 年）的规定，此户籍年代在仪凤二年（677）或之前。现录所存文字如下（图 4）：

（前缺）

1 　　　　应受田叁拾陆亩　　　　　　　　　□□□□□□

2 　　　　　　　　　　　　　　　　廿　□□□□□□

3 一段二亩永业^{常田}　城南一百步　　东主薄□□□□□□至道

4 一段一亩永业^{部田}_{四易}　城西七里　　东刘□□□□□□至荒

5 　　　　　　　　　　　　　　　　□□□□□□□张未

（后缺）

户籍是研究唐代经济史和敦煌吐鲁番文书的学者历来最关心的材料，池田温《中国古代籍帐研究》[2]、唐耕耦等《敦煌社会经济文献真迹

---

① 新疆维吾尔自治区博物馆、西北大学历史系考古专业《1973 年吐鲁番阿斯塔那古墓群发掘简报》，原载《文物》1975 年第 7 期，此据新疆社会科学院考古研究所编《新疆考古三十年》，新疆人民出版社，1983 年，111 页；孙慰祖、孔品屏《隋唐官印研究》，上海书画出版社，2014 年，168 页。

② 池田温《中国古代籍帐研究 概观·录文》，东京大学出版会，1979 年。

图 4　唐某年西州天山县籍

释录》[①]、山本达郎等《敦煌吐鲁番社会经济史文书集》第 2 卷《户籍》及第 4 卷《补编》[②]等书,对敦煌吐鲁番出土户籍文书有全面的收集整理。这一件虽然只有五行文字,但将来也会加入到户籍合集的大家庭当中去,特别是武周以前的西州户籍保存很少,所以对于户籍文书格式、文字的研究,也有一定参考价值。另外,西州天山县在吐鲁番盆地西南缘,县治在今托克逊(Toqsun),其周边没有听说发现过文书。过去吐鲁番阿斯塔那 67 号墓曾出土《武周西州天山县南平乡籍》[③],北京大学图书馆和中国国家博物馆藏民国初年出土的《唐开元二十九年(741)西州天山县南平乡籍》[④]。据吐鲁番出土文书《唐神龙三年(707)正月高昌县开觉等寺手实记》所记“城西六十里南平城”[⑤],南平城在高昌故城西六十里的地方。又据 1979 年 1 月吐鲁番县五星公社出土的《唐永徽五年(654)十月令狐氏墓志》,南平县治在今吐鲁番县城南约 7.5 公里处的公商(Gunshang)古城遗址[⑥]。这里出土文书不多,是目前所知仅有的两种,从这点也可以

---

① 唐耕耦、陆宏基《敦煌社会经济文献真迹释录》第 1 辑,书目文献出版社,1986 年。

② T. Yamamoto, & Y. Dohi, *Tun-huang and Turfan Documents concerning Social and Economic History*, II. Census Registers (A)(B), Tokyo 1985; T. Yamamoto, et al. *Tun-huang and Turfan Documents concerning Social and Economic History*, supplement (A)(B), Tokyo, 2001.

③ 唐长孺主编《吐鲁番出土文书》叁,文物出版社,1996 年,440—441 页;唐长孺主编《吐鲁番出土文书》七,文物出版社,1986 年,298—300 页。

④ 荣新江《唐开元二十九年西州天山县南平乡籍残卷研究》,《西域研究》1995 年第 1 期,33—43 页。图版见北京大学图书馆、上海古籍出版社合编《北京大学图书馆藏敦煌文献》第 2 册,上海古籍出版社,1995 年,226—227 页;《中国历史博物馆法书大观》第 11 卷《晋唐写经·晋唐文书》,柳原书店、上海教育出版社,1999 年,182 页。

⑤ 《新获吐鲁番出土文献》,52—53 页。

⑥ 参看柳洪亮《唐天山县南平乡令狐氏墓志考释》,《文物》1984 年第 5 期,78—79 页。

说此件天山县户籍的价值。

文书背面是如意元年（692）学生高待义习字，存8行，系学生利用废弃的唐西州天山县籍背面来习字，文字有武周新字，所习多为官文书用语，现照录如下（图5）：

（前缺）

1　□头□□□□□□黄龙泉雪□□□□

2　牒检案连如前，谨牒。　牒得户曹参军

3　牒得户曹参军牒称，去五月五日内分付

4　如意元年　月　日　学生高待义辞

5　县县学　学在官兴。检，检案连如前。

6　县司，待义家宅，总在新兴，今收刈时

7　至，使往人人拾，恐官府点检不到，望请

8　□□□□□□□□□□□□□□□□□

（后缺）

在目前残存的纸片上，密密麻麻地写了很多字，似乎都出自一个人的手笔，应当就是第4行的"学生高待义"的手笔。第1行残，第2行"牒检案连如前，谨牒"是一般官文书末尾的套话，后面的"牒得户曹参军"以及第2行的"牒得户曹参军牒称，去五月五日内分付"，又是一般牒文书的开头部分，所以这是作为学而优则仕的学生常常要练习的文字。第4行"如意元年　月　日"，没有填写月份数和日期数，也是一种模拟，最后用"辞"，正是符合学生的"庶人

图 5　唐如意元年（692）学生高待义习字

曰辞”的规定。后面一些文字虽然不成句，但透露了一些信息。特意写"县学"，似说明高待义是县学的学生。"检案连如前"则又是文书中的常用语。

"县司，待义家宅，总在新兴，今收刈时至，使往人人拾，恐官府点检不到，望请（后残）"，这好像是高待义给县衙门写的一份辞文，是说他家住新兴，现在遇到收割时间，县司命令人人都要去收拾庄稼，但待义住在新兴，不在点检的当地（天山？），如果找不到人，特请县司宽容，云云。新兴是吐鲁番古代地名，相当于今天的胜金乡所在[①]，位于高昌城北面，与天山县相去很远。我们不知道高待义为何家住新兴，却在较远的地方（天山县）上学。但可能也正是因为他在天山县上学，所以才能得到废弃的天山县户籍，用作习字之稿纸。

虽然内容简单，但古代学童努力学习，希望出仕为官的情形，跃然纸上。

无论如何，黄文弼等西北科学考查团的队员们，在中国非常艰苦的岁月里，筚路蓝缕，开拓了中国西北史地、吐鲁番学研究等新天地，通过他们的身体力行，以各种方式保存了古代珍贵的历史文献，也推动了许多学科领域的发展。今天，笔者只是借助走访甘肃省博物馆所见黄文弼先生的一封书信，以及连带的吐鲁番出土文书，略加申说，目的是希望发掘散在各地的西北科学考查团的珍贵资料，为他们的先驱行动唱赞歌；同时，也为我们今天的"丝绸之路"研究，注入更大的活力。

（2017年12月18日完稿，提交12月23—24日"北京大学与丝绸之路——中国西北科学考查团九十周年高峰论坛"，2018年3月5日改定。原载《西域文史》第12辑，科学出版社，2018年，51—58页。）

[①] 荣新江《从吐鲁番出土文书看古代高昌的地理信息》，《陕西师范大学学报》2016年第1期，18页。

日本散藏吐鲁番文献知见录

　　所谓"日本散藏吐鲁番文献"，是指比较集中且已经整体发表的吐鲁番文献之外的收藏。具体而言，京都龙谷大学图书馆收藏的"大谷文书"、奈良宁乐美术馆收藏的"唐蒲昌府文书"（包括与之属于同组的私藏蒲昌府文书），分别已由《大谷文书集成》《宁乐美术馆藏蒲昌府文书》比较完整地刊布出来，大谷文书后来还数字化上网，更方便使用。1996 年，笔者曾将此前调查日本所藏敦煌吐鲁番文献的结果，汇入《海外敦煌吐鲁番文献知见录》（江西人民出版社 1996 年版）。匆匆二十年过去了，有些收藏仍然没有公开，如东京静嘉堂文库所藏，因此学界相关的研究进展不大；本文也不再重复。而有些富有的收藏，如东京书道博物馆和大阪杏雨书屋，原来基本上秘不示人，近年来在学者的推动下，公布了全部所藏照片，嘉惠学林，我们由此可以得知这些收藏中吐鲁番文献的整体情况。本文主要考察书道博物馆和杏雨书屋两家所藏，兼及其他。以下依《知见录》的顺序叙述。

一、东京国立博物馆

　　关于东京国立博物馆收藏的吐鲁番文书，笔者在《海外敦煌吐鲁番文献知见录》中做过详细的考察[①]，主要是吐鲁番出土《树下人物图》背

[①] 荣新江《海外敦煌吐鲁番文献知见录》，江西人民出版社，1996 年，166—169 页。

面裱糊的《唐开元四年（716）西州柳中县高宁乡籍》和《唐开元年间西州交河县名山乡差科簿》，这是现存西州户籍和差科簿中较长的一件，历来受到研究者的重视，池田温先生已录出全部文字，并且和书道博物馆所藏同样的《高宁乡籍》和《名山乡差科簿》缀合起来 [1]，山本达郎、土肥义和编《敦煌吐鲁番社会经济资料集》第 2 卷也有图版和录文 [2]。热海美术馆收藏的《树下美人图》，原为大谷探险队收集品，与东京国立博物馆的画卷应是同出自吐鲁番某个墓葬，是同组的屏风画，但其背面的《开元四年籍》和《差科簿》早已不知所在 [3]，希望仍然保存在天壤之间。

二、书道博物馆

关于书道博物馆藏品的来历，以及直到 1996 年之前的编目、研究情况，笔者在《海外敦煌吐鲁番文献知见录》第六章第四节《书道博物馆》中，曾做了详细的分类叙述。1996 年，陈国灿先生《东访吐鲁番文书纪要》（三）一文，依据《书道博物馆所藏经卷文书目录附解说》，将书道博物馆所藏确属吐鲁番出土的文献进行了编目 [4]，这一目录后来增补修订为陈国灿、刘安志主编《吐鲁番文书总目（日本收藏卷）》的书道博物馆部分 [5]。然而，书道博物馆经营管理不善，最后私家无法继续，转归东京都台东区。2000 年"台东区立书道博物馆"正式重新开馆，

[1] 池田温《中国古代籍帐研究》，东京大学出版会，1979 年，243—247、286—290 页。

[2] T. Yamamoto and Y. Dohi, *Tun-huang and Turfan Documents concerning Social and Economic History*, II Census Registers, Tokyo: Toyo Bunko, 1984–1985, (A), pp. 74, 133–134; (B), pp. 115, 207–208.

[3] 东野治之《传トルファン出土树下美人图について》，《佛教艺术》第 108 号，1976 年，53—64 页。

[4] 武汉大学历史系魏晋南北朝隋唐史研究室编《魏晋南北朝隋唐史资料》第 14 辑，武汉大学出版社，1996 年，153—166 页。

[5] 武汉大学出版社，2005 年，487—551 页。

原来蚊蝇满室的旧楼，变成窗明几亮的新馆。更让学界感激不尽的是，经过矶部彰教授等人的不懈努力，他主编的大型图录《台东区立书道博物馆中村不折旧藏禹域墨书集成》一函三巨册（以下简称《中村集成》）于 2005 年出版，收录了全部书道博物馆藏敦煌吐鲁番文献的彩色照片，虽然是"非卖品"，但学术界很快都可以利用这些珍贵的资料了[①]。

虽然书道博物馆所藏的一些重要典籍、佛经题记、官私文书已经有图版和录文发表，如王树枏《新疆访古录》、中村不折《禹域出土墨宝书法源流考》、《书苑》杂志的第 6 卷第 9 号和第 7 卷第 2 号两辑书道博物馆藏西域出土写经专号、金祖同《流沙遗珍》等，但《中村集成》首次提供了书道博物馆所藏敦煌吐鲁番文献的全部清晰图片，让我们得以全面把握这批多数为早期出土于吐鲁番的文献材料，比如那些清末王树枏、梁玉书收集并已装裱在一个卷子上的写经断片，数量非常之多，有的"写经残卷"中甚至多达数百片残片，这些都是吐鲁番佛教研究的基本材料。认识到这一点，笔者曾嘱托研究生包晓悦根据《中村集成》，利用大藏经电子数据库，比定断片，重编成《日本书道博物馆藏吐鲁番文献目录》[②]，出版后将会提供给学界极其丰富的文献信息。

对比前人已经刊布的书道博物馆收藏文献，《中村集成》刊布的文献中仍有不少属于首次发布，或是图版的首次面世，引起学者们研究的热潮。以下检取其中比较重要的文献略作介绍，间提示笔者的意见。

新材料中最引人注目的恐怕是编号 SH.130 的一个卷轴，卷首题签"吐鲁番出土唐人墨迹，宣统辛亥嘉平月，素文所藏，四十四"，可知为晚清新疆财务清理官梁玉书旧藏，其上共粘贴有 18 块大小不等的残片，总宽 30 cm、长 29 cm，《中村集成》定名为"月令"[③]。经吴丽娱、

[①] 矶部彰编集《台东区立书道博物馆中村不折旧藏禹域墨书集成》，文部科学省科学研究费特定领域研究东亚出版文化研究总括班，2005 年（以下简称《中村集成》）。参看梶浦晋的书评，《敦煌吐鲁番研究》第 10 卷，上海古籍出版社，2007 年，414—417 页。

[②]《吐鲁番学研究》2015 年第 2 期，96—146 页；2016 年第 1 期，132—156 页；2017 年第 1 期，125—153 页。

[③]《中村集成》中，284—287 页。

陈丽萍、王三庆、朱玉麒诸位的整理和考释，其内容包括梁武帝《会三教》《天安寺疏圃堂》诗（M15—17 行 +J46—47 行 +J43—45 行 +K1—2 行），梁简文帝《侍游新亭应令》《经琵琶峡》《汉高庙赛神》诗（K3—8 行 +E1—4/5 行），古诗文杂钞（M1—14 行），唐玄宗御制《初入秦川路逢寒食》诗残片（A1—3 行），而篇幅最长的是一篇唐人的《朋友书仪》，其又可分为四个部分：（1）E6—11 行、G、H、J1—4 行衔接、I、O；（2）J5—39 行；（3）J39—42 行、F1—9 行衔接；（4）F10—13 行、L、D 衔接。书仪之外，间有杂写，为唐抄本。此外还有一片残名簿（B1—4 行），年代亦属唐朝[1]。其中的唐玄宗诗，朱玉麒将其与英国图书馆藏 Or.8212/599（Kao.094.b）缀合，后者存 3 行，为残片上半部分，据斯坦因的记录，为高昌故城出土[2]。

属于道教经典的写本也很重要，有包晓悦比定的《老子道德经序诀》（SH.174-2-50+ SH.174-2-58）[3]、《老子道德经》（SH.174-3-2）[4]、《洞玄灵宝长夜之府九幽玉匮明真科》（SH.174-5-103）[5]，周西波比定的《洞真太一帝君太丹隐书洞真玄经》（SH.176-86）[6]。前三件据所裱册页的题签，可以知道为鄯善吐峪沟出土[7]，故此被原收藏者当作佛经断片；

① 王三庆《〈中村不折旧藏禹域墨书集成〉"月仪书"研究》，《庆贺饶宗颐先生九十五华诞·敦煌学国际学术研讨会论文集》，中华书局，2012 年，660—665 页；吴丽娱、陈丽萍《中村不折旧藏吐鲁番出土〈朋友书仪〉研究：兼论唐代朋友书仪的版本与类型问题》，黄正建主编《中国社会科学院敦煌学回顾与前瞻学术研讨会论文集》，上海古籍出版社，2012 年，163—195 页；又刊《西域研究》2012 年第 4 期，87—104 页；王三庆《再论〈中村不折旧藏禹域墨书集成·月令〉卷之整理校勘及唐本"月仪书"之比较研究》，《成大中文学报》第 40 期，2013 年，33—76 页。

② 朱玉麒《吐鲁番文书中的玄宗诗》，朱玉麒主编《西域文史》第 7 辑，科学出版社，2012 年，63—75 页。

③ 两片分别裱于《六朝写经残字册（二）》叶八与叶一〇，《中村集成》下，100—101 页。

④ 裱入《六朝经残纸册（三）》，《中村集成》下，102 页。

⑤ 裱于《北凉写经残纸册（五）》叶一六，《中村集成》下，113 页。以上三件比定见包晓悦《日本书道博物馆藏敦煌吐鲁番"写经残片册"的文献价值》，《文献》2015 年第 5 期，44—47 页。

⑥ 裱于《流沙碎金册》叶一五，《中村集成》下，126 页。周西波《中村不折旧藏敦煌道经考述》，《敦煌学》第 27 期，2008 年，97 页。

⑦ 锅岛稻子《中村不折旧藏写经类收集品》，《中村集成》下，359 页。

最后一件被周氏当作敦煌道经残片，但它所在的册页，书道博物馆的《旧目》称"收新疆出土真迹残片九九种"，所以更可能的是吐鲁番出土的道经断片。北朝隋唐时，吐鲁番是佛教圣地，道经经典相对较少，所以更显得珍贵，对于笔者曾经讨论的唐朝西州的道教问题可做补证材料①。

属于中原传统典籍的，有《前汉纪·孝武皇帝纪》（SH.174-1-47+SH.174-1-48），出自吐峪沟，从书法看，应是高昌郡时期写本②。此前1980—1981年吐鲁番柏孜克里克千佛洞也曾出土《前汉纪·孝武皇帝纪》，从书法看写本时代稍早③。有意思的是，两篇荀悦《汉纪》的写本，所抄内容都是有关西域的部分，这恐怕不是巧合。此外，对于敦煌吐鲁番学界来说，属于新材料的还有唐"向者逞高才"诗文残片（SH.169）④、别本《开蒙要训》（SH.168-5）⑤、唐人习字（SH.129）⑥。

大量的佛教典籍文献，为我们认识高昌地区佛教历史以及佛典构成和传播等问题提供了很好的研究素材。有些是此前吐鲁番佛教文献中所未见的，如属于藏外佛典的《法王经》（SH.174-5-22）⑦和《大乘二十二

---

① 荣新江《唐代西州的道教》，《敦煌吐鲁番研究》第4卷，北京大学出版社，1999年，127—144页。

② 裱于《北凉写经残字册（一）》叶一二，《中村集成》下，95页。比定见包晓悦上引文，38—40页。

③ 此卷最初定名为《汉书·西域传》，见吐鲁番地区文物管理所《柏孜克里克千佛洞遗址清理简报》，《文物》1985年第8期，54—55页；柳洪亮《新出吐鲁番文书及其研究》，新疆人民出版社，1997年，127页。新疆维吾尔自治区吐鲁番学研究院、武汉大学三至九世纪研究所编《吐鲁番柏孜克里克石窟出土汉文佛教典籍》始定名为"晋写本东汉荀悦撰《前汉纪·前汉孝武皇帝纪》"，文物出版社，2007年，330页。参看余欣《写本时代知识社会史研究——以出土文献所见〈汉书〉之传播与影响为例》，荣新江主编《唐研究》第13卷，北京大学出版社，2007年，469页；收入余欣《中古异相：写本时代的学术、信仰与社会》，上海古籍出版社，2011年，36页。

④ 《中村集成》下，63页。

⑤ 《中村集成》下，60页；张新鹏《大谷文书别本〈开蒙要训〉残片考》，《敦煌研究》2014年第5期，84—85页。

⑥ 《中村集成》中，280—283页；赵贞《中村不折旧藏〈唐人日课习字卷〉初探》，《文献》2014年第1期，38—48页。

⑦ 裱于《北凉写经残纸册（五）》叶五，《中村集成》下，110页。包晓悦上引文，42页。

问本》（SH.174-2-95）[①]，前者为唐朝伪经，历代大藏经未收，敦煌曾发现汉文和粟特文写本，吉田豊教授也在吐鲁番出土的大谷文书中找到它的粟特文断片，但汉文写本则是吐鲁番第一次发现；后者为吐蕃占领敦煌初期滞留敦煌的长安西明寺学僧昙旷答吐蕃赞普问题的著述，不知何时传到吐鲁番地区。

书道博物馆藏卷中，还有不少世俗文书，不过早为学者所知，所以内容上并不新鲜，但这次有如此清晰的彩色照片发表，也将会推动相关文书的进一步深入研究。

三、静嘉堂文库

笔者 1990 年曾走访静嘉堂文库，对其所藏吐鲁番文献做了详细的调查，并撰写《静嘉堂文库藏吐鲁番资料简介》一文，对于藏卷内容和原藏者梁玉书（素文），做了详细的介绍和考索[②]。陈国灿、刘安志根据笔者所获照片做了比定工作，收入《吐鲁番文书总目（日本收藏卷）》[③]。近年来，西胁常记氏又论证其中大量版刻佛典残片实际上出自《契丹藏》[④]。

静嘉堂文库所藏，应当是梁玉书藏卷中比较零碎的部分，其中也有一些佛典之外的材料，但都比较残缺，笔者在上述文章中已经录文并介绍了《春秋左氏传·昭公二十五年》（杜预集解）、《论语·颜渊第十二》（何晏集解本），还有一些发愿文类残片。但文书的价值有时候并不是由文字多少而确定的，这里所藏一件《唐贞元十一年（795）正月录事残

---

① 裱于《六朝写经残字册（二）》叶一九，《中村集成》下，103 页。包晓悦上引文，40—41 页。
② 《敦煌吐鲁番学研究论集》，书目文献出版社，1996 年，176—188 页；又收入拙著《海外敦煌吐鲁番文献知见录》，183—193 页。
③ 《吐鲁番文书总目（日本收藏卷）》，512—561 页。
④ 西胁常记《静嘉堂文库藏汉语版本断片について》，《文化史学》第 69 号，2013 年，145—195 页。

牒文》，就是迄今所知最晚的带有唐朝年号的吐鲁番文书，因此对于唐朝西州政权的权力转移问题，是一件难得的记录 [1]。

四、有邻馆

对于京都藤井氏有邻馆所藏文书，陈国灿、施萍婷二位先生和笔者都做过调查并分别写有报告 [2]，陈国灿、刘安志先生在《吐鲁番文书总目（日本收藏卷）》中，也附录了该馆所藏所有已知文书的目录 [3]。据笔者考察，过去一般认为是吐鲁番文书的有邻馆藏长行马文书，更可能是来自敦煌发现的经帙，或许是唐朝时期就带到敦煌而被佛僧当作废纸裱糊到经帙里面了，而敦煌文书发现以后，藏家把经帙拆开，获得了这样一组文书。从内容来看，有关长行马的文书更多的是属于唐朝的北庭文书，而不是西州文书，有邻馆藏其他唐代文书虽然不是长行马文书，但有明确地理标识者，也基本上是北庭文书，因此我们还是把这些看作沙州人从北庭带到敦煌的文书更为合适，而不应看作吐鲁番文书。

1990 年 11 月，东京"古典籍下见展观大入札会"展出了一卷《唐人书写草书经》，可能是有邻馆所藏，因为它和其他同时展观的写卷上都有"长尾雨山箱书"字样，而这些写卷可以确定是有邻馆所藏。该卷上有王树枏庚戌年（1910）所写题跋，称："草字残经一纸，出吐鲁番，其中多言绝欲、知足、精修之法，夹行为畏吾儿字。畏吾儿书多见佛经

① 参看荣新江《摩尼教在高昌的初传》，柳洪亮主编《吐鲁番新出摩尼教文献研究》，文物出版社，2000 年，215—230 页。
② 陈国灿《东访吐鲁番文书纪要》（一），《魏晋南北朝隋唐史资料》第 12 期，1993 年，40—45 页；收入作者《论吐鲁番学》，上海古籍出版社，2010 年，145—152 页；施萍婷《日本公私收藏敦煌遗书叙录》（二），《敦煌研究》1994 年第 3 期，90—100 页；收入作者《敦煌习学集》，甘肃民族出版社，2004 年，384—398 页；荣新江《海外敦煌吐鲁番文献知见录》，194—199 页。
③ 《吐鲁番文书总目（日本收藏卷）》，595—602 页。

卷子纸背及夹行之中，岂其时纸贵而缺与？"[①] 可知确为吐鲁番出土，但目前此卷是否经古书会转售出去，不得而知。

五、日本国立国会图书馆

日本国立国会图书馆所藏主要是敦煌写经，施萍婷先生进行过调查和编目[②]，笔者也有简单介绍[③]。其中有一个卷轴（编号 WB.32-29），题"西域法宝遗韵"，其中有 68 片残佛经，上有王树枏题跋两则[④]，当是吐鲁番出土。

六、国立历史民俗博物馆

设立于千叶县的日本国立历史民俗博物馆，收藏有一件唐仪凤二年（677）西州北馆厨牒文。此件文书曾经在 1990 年 11 月的东京"古典籍下见展观大入札会"上陈列，笔者在《海外敦煌吐鲁番文献知见录》中，曾根据荒川正晴先生提供的跋文信息，知道是梁玉书旧藏，可能是来自藤井有邻馆[⑤]。此后，大津透先生根据"古典籍下见展观大入札会"的图录，把这件文书放到书道博物馆和大谷文书中一组北馆厨牒文书群中去研究[⑥]。2014 年 4 月，笔者与朱玉麒教授拜访大津透先生，得知此

---

① 此题跋已见王树枏《新疆访古录》卷一"六朝草书残经"条下，叶十二背至叶十三正。参看朱玉麒《王树楠吐鲁番文书题跋笺释》，《吐鲁番学研究》2012 年第 2 期，78—79 页，九号。

② 施萍婷《日本公私收藏敦煌遗书叙录》（三），原载《敦煌研究》1995 年第 4 期，51—70 页；作者《敦煌习学集》，409—423 页。

③ 荣新江《海外敦煌吐鲁番文献知见录》，215—217 页。

④ 参看朱玉麒《王树楠吐鲁番文书题跋笺释》，97 页，四五号。

⑤ 荣新江《海外敦煌吐鲁番文献知见录》，190 页。

⑥ 大津透《唐日律令地方财政管见——馆驿·驿传制を手がかりに》，《日本律令制论集》上卷，吉川弘文馆，1993 年，387—440 页；收入作者《日唐律令制の（转下页）

件现已入藏千叶县国立历史民俗博物馆，编号 H－1315－20。后来朱玉麒前往该馆，获得包括跋文在内的所有图版，并录出跋文全部内容。原件裱在一卷轴中，外有原题签"唐仪凤二年北馆厨残牒，吐鲁番出土，素文珍藏"，与梁玉书藏卷规制完全相同。卷首有甲寅（1914）五月顺德罗惇曧题记，后有姑藏段永恩跋，称："右唐高宗仪凤二年北馆厨残牒，出吐鲁番三堡。与余前观晋卿方伯所藏为弍纸，惜土人割裂，多售价耳。"[①] 这里所说的晋卿方伯所藏，即现存书道博物馆的王树枏旧藏品。段跋后还有安吴胡璧城、顺德罗惇曼短跋，没有什么特殊的内容。

七、东京大学附属图书馆

东京大学附属图书馆中收藏有装裱成两个卷轴的吐鲁番出土残片。编号为 A00 4033（A－3）的一卷有题签："各种残经，出鄯善县吐峪沟，素文珍藏。七号。"表明原为梁玉书的收藏。其所藏不论卷轴还是函册，都按顺序编号，此为其第七号藏品。题作"各种残卷"的这一卷内共裱存 14 残片，余欣《东京大学附属图书馆藏吐鲁番出土文献考略》一文做了整理编目，其中有《佛说佛名经》《佛说十地经》《妙法莲华经》《大般涅槃经》《放光般若经》《金光明经》《五千五百佛名经》，以及梵文写经、回鹘文佛教愿文和《摩利支天经》，其中有三则王树枏题记[②]。

编号为 A00 4034（A－3）的一卷有题签："高昌佛迹，宣统庚戌

（接上页）财政构造》，岩波书店，2006 年，243—296 页。按，此文书的图版早就为羽田亨所摄，收藏在京都大学羽田纪念馆中，张娜丽曾有调查记录，见所撰《羽田亨博士收集西域出土文献写真とその原文书——文献の流散とその递传・写真摄影の轨迹》，《（筑波大学人文社会科学研究科）论丛——现代语・现代文化》第 5 号，2010 年，12—14 页。

① 朱玉麒《段永恩与吐鲁番文书的收藏与研究》，王三庆、郑阿财编《2013 敦煌、吐鲁番国际学术研讨会论文集》，成功大学中国文学系，2014 年，45—46 页。

② 《敦煌研究》2010 年第 4 期，98—105 页。朱玉麒转录跋文并略加考释，见所撰《王树楠吐鲁番文书题跋笺释》，97—98 页，四六号。

（1910），素文珍藏。□□（五号？）。"同为梁玉书旧藏，或为其第五号藏品，其中裱有 22 件残片。余欣《东京大学附属图书馆藏吐鲁番出土文献考略》对这些残片做了比定，其中包括《佛说佛名经》、回鹘文印本《摩利支天经》和印本《无量寿宗要经》，值得注意的是，其中还有唐朝历日残本、波斯语和粟特语摩尼教经典、西夏文印本佛经，虽然比较零碎，但吉光片羽，十分难得，其上有王树枏四则跋文，分别提示历书、回鹘文、西夏文残片[1]。余欣的文章收入其所著《中古异相:写本时代的学术、信仰与社会》时，还附有几幅彩色照片，可见藏品原状。

八、杏雨书屋

　　属于大阪武田科学振兴财团的杏雨书屋，收藏有大量敦煌、西域出土文献。2009 年 3 月开始，杏雨书屋编集出版《敦煌秘笈·影片册》，共 9 册，刊布了一直秘不示人的所藏全部资料，其中前 432 号为著名的李盛铎旧藏敦煌写本。第 433 号以后的文献主要应当是羽田亨收集的敦煌写本，但也有少量吐鲁番出土文书，其中比较重要的有:

　　羽 561 号的包首题签:"唐时物价单残纸，吐鲁番出土，素文珍藏"，裱纸有题记:"右唐人物价表，有交河都督府印，当时物直犹可考见，殊可宝也。甲寅五月惇龘。"可见又是梁玉书旧藏吐鲁番出土文书，后转售日本，归杏雨书屋收藏。卷轴中裱有 19 件残片，都是属于《唐天宝二年交河郡市估案》的部分断片，这一文书学者们早已在大谷文书找到过更多的残片。杏雨书屋这些断片曾被羽田亨教授摄影，打算研究，其去世后照片归京都大学文学部所管的羽田亨纪念馆收藏，1990—1991 年笔者在京都时曾快速浏览，未及措意[2]。后池田温先生抄出，与

---

[1] 余欣著录文字，见《敦煌研究》2010 年第 4 期，105—107 页；朱玉麒转录并考释跋文，见所撰《王树楠吐鲁番文书题跋笺释》，85—86 页，二〇号。
[2] 荣新江《海外敦煌吐鲁番文献知见录》，218 页。

他曾经花费大量工作缀合的大谷文书残片综合起来，做了仔细的研究[①]。杏雨书屋公布这组残片文书的彩色图版后[②]，片山章雄教授又续有讨论[③]。目前看来，有必要对包括旅顺博物馆藏同一文书残片的所有《交河郡市估案》做一透彻的整理和研究。

另外，羽 609 为一残经装裱的卷轴，原题签"六朝写经残卷，晋卿珍藏"，知为王树枏旧藏，有其所写跋文，称"此卷为儿子禹敷在吐鲁番税局时所得"[④]。此卷后为清野谦次购得，辗转入藏杏雨书屋。卷中裱贴有四段残经，分别是《大般涅槃经》卷三〇至三一、《大智度论》卷二九、《大般涅槃经》卷二五、《增一阿含经》卷三三[⑤]。

羽 620 为两纸官文书[⑥]，一为《唐开元二年闰二月一日典蒲洪率牒》，一为《唐开元二年六月某日府某牒》，从其前后"连庆示""付司玉示"及纸缝所押"玉"字，知应当是西州蒲昌府文书，与宁乐美术馆、辽宁省档案馆所藏为同组文书，也应当是吐鲁番文书。其中后者（羽620-2）的原件曾经在 2010 年 4 月 19—24 日武田科学振兴财团举办的"第 54 回杏雨书屋特别展示会"上陈列，并收入展览图录，题作"折冲府仗身等牒"[⑦]。速水大氏《杏雨书屋所藏〈敦煌秘笈〉中的羽 620-2 号文书》一文已经考证此为蒲昌府文书之一，并推测羽 620-1 也同样是蒲昌文书[⑧]。其结论完全正确，但未见他正式发表论文。

羽 719 残纸片上，用摩尼文字写有中古波斯语摩尼教赞歌，为吉田

① 池田温《盛唐物价数据をめぐって——天宝二年交河郡市估案の断简追加を中心に》，创价大学《シルクロード研究》创刊号，1998 年，69—90 页。
② 杏雨书屋编《敦煌秘笈·影片册》第 7 册，2012 年，284—288 页。
③ 片山章雄《杏雨书屋"敦煌秘笈"中の物价文书と龙谷大学图书馆大谷文书中の物价文书》，《内陆アジア史研究》第 27 号，2012 年，77—84 页。
④ 见朱玉麒《王树楠吐鲁番文书题跋笺释》，94 页，三九号。
⑤ 杏雨书屋编《敦煌秘笈·影片册》第 8 册，2012 年，201—206 页。
⑥ 杏雨书屋编《敦煌秘笈·影片册》第 8 册，269—272 页。
⑦《第 54 回杏雨书屋特别展示会"敦煌の典籍と古文书"》，杏雨书屋，2010 年，11 页。
⑧ 速水大《杏雨书屋所藏〈敦煌秘笈〉中の羽 620-2 文书について》，土肥义和编《内陆アジア出土 4 ～ 12 世纪の汉语——胡语文献の整理と研究》科研费报告书，东洋文库，2011 年，32—35 页。

豊教授比定[1]。一般来说，这里的摩尼教文献应当出自吐鲁番盆地。

九、上野淳一藏卷

晋写本《三国志·吴志·虞翻陆绩张温传》，存字 80 行，吐鲁番出土，原为王树枏所得，存于其子禹敷处。1924 年为白坚所得，11 月白氏撰有跋文，称"此卷出自新疆鄯善土中，今年秋至都"[2]。白坚邀王树枏、罗振玉撰写跋文，并用西洋法影印，奉送同好。王氏跋文颇长，撰写于乙丑（1925）元旦，考证此本与今本《三国志》不同之处 33 事，以证古本价值，是王氏跋文中少有的一篇研究文字[3]。王氏跋文且称："此卷旧藏儿子禹敷，后归日本某君，白坚甫以重资购得之。"恐怕并非事实，实际上此卷白坚购自王树枏，并让王、罗题跋，以增其值。罗振玉跋写于乙丑三月，只有 6 行文字，称"传世卷轴之最古者，莫逾于是"[4]。罗氏之子罗福成也于同年撰有短跋，称此卷"今年出土于新疆省吐鲁番，为予友白君坚发见，遂以重值得之，珍如拱璧"[5]。1930 年，白坚将此卷售予日人武居绫藏。同年 8 月，内藤虎次郎（湖南）为武居氏藏卷撰写跋文，在王树枏基础上再加考证古今本异同，并指出白坚后来又将另外一件十行本《三国志·吴志·虞翻传》转售给中村不折，当为

---

[1] 杏雨书屋编《敦煌秘笈·影片册》第 9 册，2013 年，152—153 页。参看吉田豊《敦煌秘笈中のマニ教中世ペルシア语文书について》，《杏雨》第 17 号，2014 年，324—317 页。

[2] 白坚跋文发表于《支那学》第 3 卷第 11 号，1925 年，83 页；高田时雄《李滂と白坚——李盛铎旧藏敦煌写本日本流入の背景》，《敦煌写本研究年报》创刊号，2007 年，24 页转录。

[3] 全文见朱玉麒《王树楠吐鲁番文书题跋笺释》，94—96 页。

[4] 罗跋见武居绫藏影印本《古本三国志》，昭和六年（1931）刊。1926 年，罗振玉曾将此卷影印于所编《汉晋书影》（增订版），笔者未见。

[5] 罗氏跋文发表于《支那学》第 3 卷第 11 号，1925 年 8 月，82—83 页；高田时雄《李滂と白坚——李盛铎旧藏敦煌写本日本流入の背景》，24 页转录。

此卷前面所接部分①。1931 年，收藏者武居绫藏将原本影印在《古本三国志》卷轴中，后附王树枏、罗振玉、内藤虎次郎诸氏上述跋文，并撰《古本三国志邦文解说》，叙述此卷来历，并对比钱大昕《三国志》考异来说明此本价值。1932 年武居绫藏去世，此卷后来归创办《朝日新闻》的上野氏家族收藏。1976 年日本每日新闻社编印的《重要文化财》第 19 卷刊出卷尾部分图版，收藏者为上野淳一氏（No.121）。据京都国立博物馆赤尾荣庆先生 2001 年 11 月之前赴上野家调查后的研究，此卷轴有郑孝胥 1925 年题签"三国志残卷"，在罗振玉和内藤湖南题跋的中间，还有乙丑三月谢无量的题跋②。此后，依据本卷所用的相关研究成果颇多，片山章雄先生做过很好的整理归纳③。

总之，日本是吐鲁番出土文献收藏的大国，除了大谷探险队直接掘得的大量文书收藏在龙谷大学外，书道博物馆、宁乐美术馆等处都有相当可观的藏品，而且其他数量不多但价值不菲的藏卷也随处有之，相信还有不少吐鲁番文献秘藏于私家，有待有识之士继续调查。

（2016 年 4 月 12 日完稿，原载《浙江大学学报》2016 年第 4 期，18—25 页。）

---

① 此跋收入《湖南文存》卷五，以及《内藤湖南全集》第 14 卷，筑摩书房，1976 年，129—130 页；高田时雄《李滂と白坚——李盛铎旧藏敦煌写本日本流入の背景》，24—25 页转录。
② 赤尾荣庆《上野コレクションと罗振玉》，高田时雄编《草创期の敦煌学》，知泉书馆，2002 年，75—77 页，口绘 3。
③ 片山章雄《吐鲁番・敦煌发见の〈三国志〉写本残卷》，《东海史学》第 26 号，1992 年，33—42 页。汉译载《文教资料》2000 年第 3 期，137—157 页。

欧美所藏吐鲁番文献新知见

　　与敦煌文献相比，吐鲁番文献的来源复杂，分别来自吐鲁番盆地多处遗址，有城址，也有石窟（千佛洞），还有墓葬，大多数比较零碎。吐鲁番文献的内容虽然也是以佛典居多，但其他宗教如摩尼教、景教的文献也不在少数，而且世俗文书也丰富多彩，年代从十六国时期的高昌郡时代甚至更早，经高昌国、唐西州，到高昌回鹘和元朝统治下的畏兀儿王国时期，都有留存。

　　吐鲁番出土文献的流散情况也比敦煌文献复杂。目前所知，数量较多的吐鲁番文献收藏在德国国家图书馆、英国图书馆、芬兰国家图书馆、日本龙谷大学图书馆、书道博物馆、中国国家博物馆、新疆维吾尔自治区博物馆、吐鲁番博物馆、旅顺博物馆，而少量的收集品则分散在多家中外博物馆、图书馆，甚至私人手中。

　　到大约 2006 年为止，一些比较集中的文献已经做过系统的整理和刊布，比如日本龙谷大学图书馆藏大谷文书、英国国家图书馆藏斯坦因所获吐鲁番文书、日本奈良宁乐美术馆藏蒲昌府文书、中国国家博物馆藏黄文弼文书、旅顺博物馆藏大谷探险队所获文书，以及新疆博物馆、新疆文物考古研究所与吐鲁番博物馆所藏解放后出土吐鲁番文献等，都整理出版过图文对照的合集，或随考古报告而刊布。

　　就欧美所藏吐鲁番出土文献的情况而言，笔者曾在《海外敦煌吐鲁番文献知见录》中做了一些介绍[①]。在《知见录》完稿后，笔者又有幸多

---

① 江西人民出版社，1996 年。

次走访德、英、美、俄等国，对各地吐鲁番文献的收藏和研究状况有了一些新的了解，在《欧美所藏吐鲁番出土汉文文献：研究现状与评介》一文中做了补充 ①。最近十多年来，又陆续发表了一些相关成果，以下就新获知吐鲁番文献的馆藏情况加以介绍，并对其文献价值略作阐述。

一、德国国家图书馆和亚洲艺术博物馆

德国的国家图书馆（Staatsbibliothek Preussischer Kulturbesitz）和亚洲艺术博物馆（Museum für Asiatische Kunst der Staatlichen Museen zu Berlin）是世界上收藏吐鲁番出土文献最多的机构之一，其来源是 20 世纪初由格伦威德尔（Albert Grünwedel）和勒柯克（Albert von Le Coq）率领的德国四次吐鲁番考察队的收集品。德藏吐鲁番出土文献数量巨大，内容丰富，自被带回柏林之日起，就有各科专家分别加以整理，迄今未曾中断。我们这里只涉及汉语文献。

2005 年，百济康义所编《柏林藏吐鲁番收集品中的汉文佛教文献》第 3 卷得以刊行 ②。这是"柏林吐鲁番文献丛刊"中《汉文佛典残片目录》第 1—2 卷的延续，主要著录《汉文佛典残片目录》第 1—2 卷中未比定的德藏吐鲁番文献 Ch 和 Ch/U 编号的佛典，虽然还没有把这两个编号的佛典残片全部比定，但已经相当可观了。笔者在 2007 年编成《吐鲁番出土文书（欧美收藏卷）》③，汇集了前人研究成果和自己在柏林检阅原件的收获。另外，从事德藏吐鲁番出土文献中的非佛典文献编目工作的西胁常记，2014 年又出版了所编《柏林吐鲁番收集品中的汉文

---

① 新疆吐鲁番地区文物局编《吐鲁番学研究：第二届吐鲁番学国际学术研讨会论文集》，上海辞书出版社，2006 年，37—41 页。

② K. Kudara, *Chinesische und manjurische Handschriften und seltene Drücke, 4. Chinese Buddhist Texts from the Berlin Turfan Collections*, vol. 3, ed. by Toshitaka Hasuike and Mazumi Mitani, Stuttgart: Franz Steiner Verlag, 2005.

③ 武汉大学出版社，2007 年。

印本目录》①。目前，大部分德藏吐鲁番汉文文献的图版都已经在 IDP 网站（http://idp.bl.uk/）上公布，因此相关的研究论著也不断涌现。

这些非佛教文献的内容丰富而庞杂，包括摩尼教赞美诗和发愿文、道教经文、儒家典籍、音韵书、医方书、占卜书、籍帐，等等，史书中还有《史记》和《汉书》的残片。它们为研究西域的经济文化、社会风俗、民间信仰等提供了宝贵材料，各类文献大多已得到研究利用②。印本大多数是大藏经的刻本残片，少量属于世俗文献。

德国吐鲁番收集品主要来自寺院的图书馆，因此典籍类较多，这些典籍写本有的就是寺院的正式藏书，有的则因背面抄写佛经而留存，其中经部有《毛诗·小雅·采薇—出车》、《诗经·小雅·鱼藻之什》、《毛诗正义》③、《尚书·虞书·大禹谟》④、《礼记·坊记》、《御注孝经·五刑章》（唐玄宗）、《春秋经传集解》、《尔雅·释天至释地》（郭璞注）⑤、《尔雅音义》《玉篇》《切韵》⑥、《一切经音义》⑦、《龙龛手鉴》⑧；

---

① T. Nishiwaki, *Chinesische und manjurische Handschriften und seltene Drücke, 7. Chinesische Blockdrucke aus der Berliner Turfansammlung*, Stuttgart, 2014.

② 部分比较集中的研究，如关于音韵书，参高田时雄《敦煌·民族·语言》，钟翀等译，中华书局，2005 年；关于医方书，参马继兴《当前世界各地收藏的中国出土卷子本古医药文献备考》，《敦煌吐鲁番研究》第 6 卷，北京大学出版社，2002 年，129—182 页。

③ 西胁常记《〈毛诗正义〉写本残卷：消えたベルリンの一残卷と日本に传世する七残卷》，《文化史学》第 67 号，2011 年，29—64 页；石立善《德国柏林旧藏吐鲁番出土唐写本〈毛诗正义〉残叶考》，《诗经研究丛刊》2013 年第 2 期，63—84 页。

④ 许建平《吐鲁番出土文献中的〈尚书〉写本》，高台县委等编《高台魏晋墓与河西历史文化研究》，甘肃教育出版社，2012 年，208—217 页；许建平《吐鲁番出土〈尚书〉写本辑考》，《敦煌吐鲁番研究》第 16 卷，上海古籍出版社，2016 年，249—276 页。

⑤ 张娜丽《吐鲁番本〈尔雅注〉について》，土肥义和编《敦煌·吐鲁番出土汉文文书の新研究》（修订版），东洋文库，2013 年，365—389 页。

⑥ 张新朋《吐鲁番出土四则〈切韵〉残片考》，《汉语史学报》第 14 辑，2014 年，117—125 页。

⑦ 张娜丽《敦煌トルファン出土〈玄应音义〉写本について——中国国家图书馆藏王重民所获写真·旅顺博物馆藏断片として》，相川铁崖古稀记念书学论文集编集委员会《相川铁崖古稀记念·书学论文集》，木耳社，2007 年，245—258 页。

⑧ 秦桦林《德藏吐鲁番文献〈龙龛手鉴·禾部〉残页小考》，《文献》2011 年第 3 期，29—36 页。

史部有《史记》卷六七《仲尼弟子列传》、《汉书》卷四〇《张良传》、《春秋后语》卷一《秦语上》(卢藏用注)、《大唐西域记》①、《历代法宝记》,刻本《新唐书》②;子部有《耆婆五藏论》《诸医方髓》《本草经集注》③《张文仲疗风方》《刘涓子鬼方》,还有各类占卜文书,如《占地动·日月蚀法》、《京氏易占》(拟)④、《解梦书》⑤,还有不知名类书⑥;集部有古诗集⑦《幽通赋注》单行本⑧《文选》李善注⑨、诗歌习字⑩;还有一些道经,如《庄子齐物论疏(成玄英)》《灵宝经目录》《太上洞玄灵宝无量度人上品妙经》《太上洞玄灵宝升玄内教经》《太玄真一本际

① 刘安志《德藏吐鲁番所出〈大唐西域记〉残卷跋》,《百年敦煌文献整理研究国际学术讨论会论文集》上,杭州,2010 年 4 月 9—13 日,420—421 页;余欣《〈大唐西域记〉古写本述略稿》,《文献》2010 年第 4 期,30—44 页。

② 林晓洁《德藏吐鲁番出土宋版〈新唐书〉残片小考》,《文献》2009 年第 4 期,35—46 页。

③ 叶红潞、余欣《敦煌吐鲁番出土〈本草集注〉残卷研究述评》,《中医研究》2005 年第 6 期,57—60 页;Mayanagi Makoto, "The three juan edition of *Bencao jizhu* and excavated sources", *Medieval Chinese Medicine: The Dunhuang medical manuscripts*, Ed. Vivienne Lo & Christopher Cullen, London and New York: Routledge Curzon, 2005, pp. 306–321.

④ 翟旻昊《德藏吐鲁番出土 Ch.1635 文书研究》,《敦煌研究》2013 年第 5 期,92—98 页。

⑤ 余欣《中国古代占风术研究——以柏林吐鲁番文献 Ch.3316 为中心》,高田时雄主编《唐代宗教文化与制度》,京都大学人文科学研究所,2007 年,87—114 页;陈昊《德藏吐鲁番文书"推三阵图法"古注本考释》,《文献》2009 年第 4 期,17—25 页;游自勇《德藏吐鲁番文书〈推十二支死后化生法、推建除日同死法〉考释》,《国学学刊》2010 年第 4 期,84—90 页;岩本笃志《敦煌吐鲁番"发病书"小考——ロシア·ドイツ藏文献の试释と〈占事略决〉との比较を通して》,《立正大学文学部论丛》第 136 号,2013 年,75—107 页。

⑥ 胡鸿《柏林旧藏吐鲁番出土"不知名类书"残卷的初步研究》,《敦煌吐鲁番研究》第 12 卷,上海古籍出版社,2011 年,441—449 页。

⑦ 许云和《德藏吐鲁番本"晋史毛伯成"诗卷再考》,收入作者《汉魏六朝文学考论》,上海古籍出版社,2006 年,62—75 页;又《德藏吐鲁番本"晋史毛伯成"诗卷再考》,《西域研究》2008 年第 1 期,99—107 页。

⑧ 许云和《德藏吐鲁番本汉班固〈幽通赋〉并注校录考证》,收入作者《汉魏六朝文学考论》,26—62 页;徐畅《德藏吐鲁番出土〈幽通赋注〉写本的性质、年代及其流传》,《吐鲁番学研究》2013 年第 2 期,30—60 页。

⑨ 李昀《吐鲁番本〈文选〉李善注〈七命〉的再发现》,朱玉麒主编《西域文史》第 9 辑,科学出版社,2014 年,135—154 页;李昀《旅顺博物馆藏〈金刚经〉注疏小考——附李善注〈文选·七命〉补遗》,王振芬主编《旅顺博物馆学苑》,吉林文史出版社,2016 年,88—111 页。

⑩ 林珊《德藏吐鲁番文献中的宋诗习字残片》,《文献》2009 年第 4 期,26—34 页。

经》等①,甚至摩尼教文献,如《惠明布道书》《下部赞》②、发愿文③。因为佛典往往用公文书的背面抄写,因此也有不少文书得以留存下来,如户籍④、田亩簿、兵役名籍、契约、各种牒状⑤,等等,内容涵盖面广。

原本属于德藏吐鲁番文书的日本大阪四天王寺出口常顺藏卷,在1978年藤枝晃整理出版图录后,藤枝晃继续主持读书班,整理释读,于2005年出版《吐鲁番出土佛典之研究:高昌残影释录》⑥。这批文书中包括高昌《吉凶书仪》《祭法书》《廿八宿日占日月蚀、地动法》《太上洞玄灵宝业报因缘经》《道德经河上公注》等,以及户籍、牒状之类的公私文书,与德藏文书有的可以直接缀合。

二、俄罗斯科学院东方文献研究所

俄罗斯吐鲁番收集品数量也不在少数,波波娃在《俄罗斯科学院东方文献研究所西域收藏品中的汉文文献研究》有简要介绍⑦,她对其中一

---

① 刘屹《天尊的降格与道教的转型——以德藏吐鲁番道教文献 Ch.349、Ch.1002 为例》,《吐鲁番学研究》2011 年第 1 期,77—88 页;刘屹《德藏吐鲁番双语文书残片 Ch/So 10334 (T I α)v 的道教内容考释》,渡边义浩编《第四回日中学者中国古代史论坛论文集・中国新出资料学の展开》,汲古书院,2013 年,257—264 页。参看赵洋《唐代西州道经的流布》,《中华文史论丛》2017 年第 3 期,163—192 页。

② 王媛媛《新出汉文〈下部赞〉残片与高昌回鹘的汉人摩尼教团》,《西域研究》2005 年第 2 期,51—57 页。

③ 王丁《柏林吐鲁番特藏中的一件出自交河的汉文摩尼教文书》,高田时雄主编《唐代宗教文化与制度》,京都大学人文科学研究所,2007 年,41—66 页。

④ 关尾史郎《从吐鲁番带出的(五胡)时期户籍残卷两件——柏林收藏的 Ch6001v 与圣彼得堡收藏的 Дx08519v》,新疆吐鲁番地区文物局编《吐鲁番学研究:第二届吐鲁番学国际学术研讨会论文集》,上海辞书出版社,2006 年,180—190 页。

⑤ 孙丽萍《德藏文书〈唐西州高昌县典周达帖〉札记》,《西域研究》2014 年第 4 期,101—104 页。

⑥ 藤枝晃主编《トルファン出土佛典の研究:高昌残影释录》,法藏馆,2005 年。

⑦ 波波娃、刘屹主编《敦煌学:第二个百年的研究视角与问题》(*Dunhuang Studies: Prospects and Problems for the Coming Second Century of Research*),圣彼得堡,2012 年,205—208 页。

件吐鲁番文书的考释，也见于另一篇文章《俄罗斯科学院东方文献研究所藏 SI O/32 (4112) 号与 Дх.18923 号文书考释》^①。

2008 年，艾尔米塔什博物馆和东方文献研究所为纪念亚洲博物馆创建 190 周年共同举办了"千佛洞：俄国在丝绸之路上的探险"（Caves of Thousand Buddhas: Russian Expeditions on the Silk Road）大型展览，同时出版了《千佛洞：俄国在丝绸之路上的探险展览图录》，其中包括一些吐鲁番出土文书的精品，彩版印刷，十分精美^②。这个展览的部分展品在 2009 年移到日本京都，在京都国立博物馆举办了"丝绸之路古文字巡礼——俄国探险队收集文物"展，也包含同样的一批吐鲁番文书^③。

《俄藏敦煌文献》收录一些零散的文献，而第 17 册中收录的 Дх.17015—17435 号，就是克罗特科夫收集的部分吐鲁番汉文文献^④，其中主要是刻本佛典，具有版本学、文献传播史的价值。其实，克罗特科夫收集品的重头，是在 SI. Kr. 编号下的回鹘文文书中，其中包括大量的汉文写本^⑤，这部分的缩微胶卷由日本东洋文库拍摄入藏，近年来我有机会走访俄罗斯科学院东方文献研究所，看到部分非佛教文书，又在日本东洋文库，翻检了所有文书的缩微胶卷。此外，各国学者在研究回鹘语文书时也发表了一些汉文写本，可资参考。

俄藏吐鲁番文献中有不少重要的文本，如与德藏写本可以缀合的《礼记·坊记》《一切经音义》《耆婆五脏论》《诸医方髓》及《文选》李

---

① I. Popova, "Remarks on the Documents SI O/32〔4112〕and Дх.18923 of the IOM RAS Collection"，高田时雄编《涅瓦河边谈敦煌》（*Talking about Dunhuang on the Riverside of the Neva*），京都大学人文科学研究所，2012 年，21—38 页。

② *The Caves of One Thousand Buddhas. Russian Expeditions on the Silk Road. On the Occasion of 190 Years of the Asiatic Museum. Exhibition Catalogue*, St. Petersburg: The State Hermitage Publishers, 2008.

③ 京都国立博物馆编《シルクロード文字を辿って——ロシア探検隊収集の文物》，京都国立博物馆，2009 年。

④ 俄罗斯科学院东方学研究所圣彼得堡分所、俄罗斯科学出版社东方文学部、上海古籍出版社合编《俄藏敦煌文献》第 17 册，上海古籍出版社，2001 年。

⑤ 梅村坦《ペテルブルグ所蔵ウイグル文書 SI 4bKr. 71 の一解釈——人身売買および銀借用にかかわる文書》，《内陆アジア言語の研究》XVII，2002 年，203—221 页＋图版 III—IV。

善注本^①，表明两地收集品存在密切关联；另外，还有《史记》、高昌国编年史^②、唐律令抄本^③、《黄石公三略》^④、《针灸甲乙经》^⑤、《淮南子》^⑥、前秦拟古诗等其他地方未见收藏的文献。文书部分则有《前秦建元十三年（377）买婢契》《建元十四年（378）买田契》《高昌石垂渠诸地现种青苗历》，都是珍贵的公私文书，而《武周大足元年（701）西州高昌县顺义乡籍》残卷，与龙谷大学藏大谷文书、旅顺博物馆藏吐鲁番文书、书道博物馆藏卷、芬兰马达汉收集品属于同一户籍文本，是一件难得的多国藏品拼合成一件文书的佳例^⑦。

三、美国普林斯顿大学葛斯德东方图书馆

美国普林斯顿大学的葛斯德东方图书馆（Gest Oriental Library, Princeton University）收藏有少量出自吐鲁番的文书，陈怀宇把这组吐鲁番文书做了系统的整理，撰成《普林斯顿葛斯德图书馆藏敦煌吐鲁番汉

---

① 罗国威《俄藏 Dx1551〈文选·七命〉残卷考》，程章灿编《中国古代文学文献学国际学术研讨会论文集》，凤凰出版社，2006年，231—233页；李昀《吐鲁番本〈文选〉李善注〈七命〉的再发现》，135—154页；李昀《旅顺博物馆藏〈金刚经〉注疏小考——附李善注〈文选·七命〉补遗》，88—111页。

② 吴震《俄藏"揖王入高昌城事"文书所系史事考》，《吐鲁番学研究》2001年第2期，1—8页；王素《关于俄藏"揖王入高昌城事"文书的几个问题》，《吐鲁番学研究》2009年第2期，19—26页。

③ 史睿《新发现的敦煌吐鲁番唐律、唐格残片研究》，《出土文献研究》第8辑，上海古籍出版社，2007年，213—219页。

④ 刘景云《西凉刘昞注〈黄石公三略〉的发现》，《敦煌研究》2009年第2期，82—87页；藤井律之《Дx17449〈夹注本黄石公三略〉小考》，《敦煌写本研究年报》第5号，2011年，115—127页。

⑤ 王杏林《关于俄藏敦煌文献 Дx.2683、2683、Дx.11074 残片的定名》，《敦煌学辑刊》2010年第4期，110—113页；王兴伊、段逸山《新疆出土涉医文书辑校》，上海科学技术出版社，2016年，308—311页。

⑥ 藤井律之《西陲发现淮南子时则训小考》，《敦煌写本研究年报》第3号，2009年，133—145页。

⑦ 何亦凡、朱月仁《武周大足元年西州高昌县籍拾遗复原研究》，《文史》2017年第4辑，197—214页。

文写本》长文，2010 年发表在葛斯德图书馆的馆刊上，公布了全部彩色照片，并做了录文和详细的解题[①]。此外，他还另撰《普林斯顿所见罗氏藏敦煌吐鲁番文书》一文，介绍了一件没有入藏普大的吐鲁番文书[②]。

1996 年末，笔者有幸走访葛斯德图书馆，看到了所有的吐鲁番文书，也订购了一些照片。葛斯德的吐鲁番文书数量不多，但其中有一些是其他地方没有的收藏，如一组考试策问答卷，是十分珍贵的唐朝教育史料[③]；还有一些比较有研究价值的文书，如高昌郡时期的随葬衣物疏[④]、唐开元二十三年（735）告身、唐天宝八载（749）一组官文书[⑤]，都是很有价值的材料。

四、芬兰国家图书馆

有关马达汉（Carl Gustav Emil Mannerheim）收集的吐鲁番文书，也有若干进步。1999 年，哈伦（H. Halén）发表《马达汉男爵对古代中亚写本的猎取》一文，对马达汉在吐鲁番的交河和高昌故城所获数以千计的汉文写本做了简要介绍，指出其中除了常见佛典外，还有早期的高昌郡写经、两件高昌王写经，以及佛经注疏和疑伪经。至于非佛教文书，数量很少，只提到一件带有朱印的官府文书[⑥]。

---

① Chen Huaiyu, "Chinese Manuscripts from Dunhuang and Turfan at Princeton's Gest Library", *The East Asian Library Journal* 14/2, 2010, pp. 1–208.
② 载《敦煌学》第 25 辑，乐学书局，2004 年，419—441 页。
③ 刘波《普林斯顿大学藏吐鲁番文书唐写本经义策残卷之整理与研究》，《文献》2011 年第 3 期，10—28 页。
④ 王璞《普林斯顿大学葛斯德图书馆藏高昌郡时代缺名衣物疏考》，《吐鲁番学研究》2009 年第 2 期，63—70 页。
⑤ 凌文超《普林斯顿大学葛斯德图书馆藏两件天山县鸜鹆仓牒考释》，《吐鲁番学研究》2009 年第 2 期，79—88 页。
⑥ H. Halén, "Baron Mannerheim's Hunt for Ancient Central Asian Manuscripts", *Studia Orientalia*, 87, 1999, pp. 109–116; also in *C. G. Mannerheim in Central Asia 1906–1908*, ed. by P. Koskikallio and A. Lehmuskallio, Helsinki: National Board of Antiquities, 1999, pp. 47–51.

2008—2009 年，西胁常记两次前往赫尔辛基，对马达汉收集的吐鲁番文献做了调查，撰写了《关于马达汉收集品》一文，提示其中有价值的佛典、道经和世俗文书，并编制了简要的目录[①]。学界由此得窥马达汉收集的吐鲁番文献的全貌。北京大学历史系硕士生付马于 2010—2011 年赴赫尔辛基大学进修期间，笔者也托他对马达汉收集品进行调查，获得不少重要的信息。近年，赫尔辛基大学图书馆改名为芬兰国家图书馆，马达汉收集品仍归芬乌协会管理。

这批吐鲁番文献虽然主要是佛典，但也有非常值得关注的非佛教文献，如道教的《老子道德经序诀》，可以与旅顺博物馆藏卷缀合；道经有《太上洞玄灵宝智慧本愿大戒上品经》。此外还有前面提到的武周大足元年户籍及其他户籍残片。

从 20 世纪 80 年代初开始，我就一直努力收集、整理散落各地的吐鲁番出土文献。我关于欧洲所藏敦煌吐鲁番文书的第一篇报告《欧洲所藏西域出土文献闻见录》，就是刊发在《敦煌学辑刊》上的[②]。今逢《辑刊》百期华诞，特就有关欧美所藏吐鲁番文书的新知见，略加条理，以表庆贺，兼分享同好。

（2018 年 6 月 7 日完稿，原载《敦煌学辑刊》2018 年第 2 期，30—36 页。）

---

① 西胁常记《マンネルヘイム・コレクションについて》，氏著《中国古典时代の文书の世界——トルファン文书の整理と研究》，知泉书馆，2016 年，169—285 页。
② 《敦煌学辑刊》1986 年第 1 期，119—133 页。

中国散藏吐鲁番文献知见录

　　迄今为止，我们对于敦煌文献的流传和收藏情况已经有了比较清楚的了解，但对于吐鲁番出土文献的流散史，却还远远没有全面清晰的把握。这一方面是因为吐鲁番文献的散出情形远较敦煌复杂，在敦煌藏经洞开启之前，吐鲁番各个遗址的出土文献就已经开始流传开来；另一方面敦煌文献主要来自藏经洞，后来才有北区出土的文书，而吐鲁番文献则来自盆地多处遗址，有城址，也有千佛洞，文献比较零碎，而且大多数不是正式的考古发掘，而是被挖宝人和盗宝者攫取、贩卖或掠夺而流落他方。因此，对于流散的吐鲁番文献的调查，要比敦煌文献的追踪困难得多。此外，一些原本是属于同一探险队的收集品，如所谓大谷文书、德国吐鲁番收集品，由于资金、战争等原因，造成再次分散，一些藏品流落出来，形成更小的收集品。笔者多年来一直追踪调查海内外所藏敦煌吐鲁番文献，在敦煌文献的收藏情况比较清晰之后，更多地注意到吐鲁番文献的收藏情况，特别是一些小的收藏。本文所说的"散藏"，就是指比较集中而且数量较多的收集品之外的藏品。比较集中的收集品，是指日本龙谷大学图书馆所藏大谷文书、德国国家图书馆和亚洲艺术博物馆所藏德国吐鲁番探险队收集品、英国国家图书馆所藏斯坦因所获吐鲁番文书、日本奈良宁乐美术馆藏蒲昌府文书、中国国家博物馆藏黄文弼文书、旅顺博物馆藏大谷探险队所获文书，以及新疆博物馆、新疆文物考古研究所与吐鲁番地区博物馆所藏解放后出土吐鲁番文献等。本文集中报告有关中国所藏吐鲁番文献小规模收集品的调查情况。随着近二三十年敦煌吐鲁番研究的进步，笔者调查中的许多文书已经有专家做了相关的专题研究，这些研究论著从专业的角度提示了文书的价值，极大地丰富了我们的调查内涵。我们相信，这些散藏文书的重新汇聚，必将有助于今后吐鲁番文献的整理与研究，并为更广阔领域的学者提供有价值的文献信息。

以下为便于核查，依据收藏单位或个人的汉语拼音顺序加以论述。

一、北京大学图书馆

与敦煌文书相比，北大图书馆所藏吐鲁番文书不多，只有两种，但价值却很高。

一种是《北凉高昌郡高昌县都乡孝敬里赀簿》的草稿。这种《赀簿》是在每户户主的名下，先登录上一次和本次造《赀簿》之间没有发生转移的田地类型和数量，再登录产权转移的土地情况，所登记的每一块土地都详细标注田地所在的位置、田地类型和具体数量。这是现存高昌郡时期重要的社会经济史料。北大图书馆所藏两件残片，一为鞋面，一为鞋底，均正背书写，另有题签云："晋人书西陲田赋残劄，新城王氏旧藏，吐鲁番出土。荔秋属，北溟题。"可知是吐鲁番出土文书，原为新疆布政使王树枏收藏，后归"荔秋"，严北溟题题署。从文书剪成纸鞋的样子推测，当是来自吐鲁番地区的古代墓葬。

这一珍贵的文书，过去只有宿白先生在内部发行的教材中做过简单介绍。朱雷先生慧眼独具，根据这一线索，早在 1980 年就探访北大图书馆，并考释发表，正确地判定其为《北凉赀簿》，对于此文书价值的彰显，贡献最多[①]。此后，町田隆吉、关尾史郎诸氏在朱雷先生论文基础

---

① 朱雷《吐鲁番出土北凉赀簿考释》，原载《武汉大学学报》1980 年第 4 期，33—43 页；收入作者《敦煌吐鲁番文书论丛》，甘肃人民出版社，2000 年，1—24 页；又收入《朱雷敦煌吐鲁番文书论丛》，上海古籍出版社，2012 年，1—25 页。

上，又有校订和阐发①。经过朱雷先生等的整理，这件文书成为研究北凉时期高昌社会经济的基本史料，相关研究也有不少②。目前，这一珍贵文书已收入北京大学图书馆、上海古籍出版社合编《北京大学图书馆藏敦煌文献》第 2 册，新编 D214 号③。

北大图书馆藏第二种吐鲁番文书，是《唐开元二十九年（741）西州天山县南平乡籍》，背面为《礼忏文》，现断为三残片。1988 年，笔者因执《敦煌吐鲁番文献研究论集》编辑之役，从张玉范女史《北京大学图书馆藏敦煌遗书目》一文得知这件文书的存在，承其好意，抄录了户籍及背面文字，据户籍登记特征，初步判定为西州户籍。1990 年发表的张玉范《北京大学图书馆藏敦煌遗书目》，著录了这三件户籍残片④。同年，笔者应池田温先生之邀，在东京大学东洋文化研究所讲演，据该文书背面的《礼忏文》复原三残片的接合关系，并据纸缝的记载和文书特征，判定为唐开元二十九年西州籍。随后得见史树青先生重刊周肇祥编《艺林旬刊》，方知早在 1929 年 7 月 1 日，这三个断片已经刊布在该刊第 55 期⑤。更为惊喜的是，1928 年 10 月 11 日出版的该刊第 29 期⑥，还发表了同组文书另一片，可以与北大残片缀合，而且纸缝上书写着"天山县南平乡"。至此，可以将四残片全部缀合，并据纸缝文字定名为"唐开元二十九年西州天山县南平乡籍"。笔者因此撰文考释，指出此户籍不论作为天山县南平乡籍，还是作为开元二十九年籍，在唐朝

① 町田隆吉《吐鲁番出土"北凉赀簿"をめぐつて》，《东洋史论》第 3 号，1982 年，38—43 页；关尾史郎《"北凉年次未详（5 世纪中顷）赀簿残卷"の基础的考察》（上），《西北出土文献研究》第 2 号，2005 年，42—56 页。

② 裴成国《吐鲁番新出北凉计赀、计口出丝帐研究》，《中华文史论丛》2007 年第 4 期，65—103 页；荣新江《吐鲁番新出前秦建元二十年籍的渊源》，土肥义和编《敦煌·吐鲁番出土汉文文书的新研究》，东洋文库，2009 年，201—212 页。

③ 北京大学图书馆、上海古籍出版社编《北京大学图书馆藏敦煌文献》第 2 册，上海古籍出版社，1995 年，238—239 页，附录 30 页，彩版 12。

④ 北京大学中国中古史研究中心编《敦煌吐鲁番文献研究论集》第 5 辑，北京大学出版社，1990 年，560 页。

⑤ 无名氏《唐开元户籍残本之二》，《艺林旬刊》第 55 期，1929 年 7 月 1 日，第 1 版。

⑥ 无名氏《唐天山县户籍残本》，《艺林旬刊》第 29 期，1928 年 10 月 11 日，第 4 版。

户籍研究上都有重要的价值 ①。后来带学生参观中国历史博物馆通史陈列，发现《艺林旬刊》第 29 期所刊残片，竟赫然在目。1928 年时，这些残片属于赵星缘所藏，跋文称"清季出土鲁番胜金口废城"，确定是吐鲁番文书。后来残片分别入藏北大图书馆和中国历史博物馆（今中国国家博物馆），前者现编为 D205 号，图版见《北京大学图书馆藏敦煌文献》第 2 册 ②；后者刊布于《中国历史博物馆藏法书大观》第 11 卷 ③。这一结果，也为山本达郎等所编《敦煌吐鲁番社会经济资料集补编》所接受 ④。

此外，北大图书馆还藏有一些回鹘文残片，应当也有吐鲁番出土物。

二、重庆博物馆

重庆博物馆藏有两卷吐鲁番出土写经，其一为梁玉书旧藏，上有王树枏庚戌（1910）十二月十七日《题高昌所得唐人写经残卷》诗 ⑤。另一卷为杨增新旧藏。两卷有杨铭《杨增新等所藏两件吐鲁番敦煌写经》的介绍 ⑥，并著录于《重庆市博物馆藏敦煌吐鲁番写经题录》中 ⑦。

---

① 荣新江《〈唐开元二十九年西州天山县南平乡籍〉残卷研究》，《西域研究》1995 年第 1 期，33—43 页。

② 《北京大学图书馆藏敦煌文献》第 2 册，226—227 页，附录 29 页，背面在前，正面在后，均已据笔者考订缀合。

③ 杨文和主编《中国历史博物馆藏法书大观》第 11 卷《晋唐写经・晋唐文书》，柳原书店、上海教育出版社，1999 年，182、237 页。

④ T. Yamamoto et al. *Tun-huang and Turfan Documents concerning Social and Economic History*, supplement, Tokyo: Toyo Bunko, 2001, (A), p. 35; (B), p.39.

⑤ 朱玉麒曾录全文，见所撰《王树楠吐鲁番文书题跋笺释》，《吐鲁番学研究》2012 年第 2 期，86 页，二一号。

⑥ 《西域研究》1995 年第 2 期，42—45 页。

⑦ 《敦煌吐鲁番研究》第 6 卷，北京大学出版社，2002 年，353—358 页。

三、冯国瑞旧藏

冯国瑞先生字仲翔，早年毕业于清华大学国学研究院，后多年在甘肃工作，为陇上著名学者，也富于收藏。其曾收藏有《唐开元十三年西州都督府牒秦州残牒》《唐天宝八载（749）交河郡柳中县常平正仓请裁欠粮牒》，以及六朝唐人写经若干种，但原件今不知所在。笔者曾有缘获见《唐开元十三年西州都督府牒秦州残牒》的照片，并出示给池田温先生，希望能从日本找到原本线索。池田先生据照片对该文书及相关材料做了考释①。笔者其时执《敦煌吐鲁番研究》编辑之役，因请陈国灿先生审阅池田先生文。陈先生在该文《读后记》中，过录了甘肃省图书馆所藏 1958 年冯国瑞关于此文书的部分跋语，提供了非常宝贵的信息②。冯氏关于开元十三年残牒和《唐天宝八载交河郡柳中县常平正仓请裁欠粮牒》以及《新疆吐鲁番发现六朝唐人写经》三则跋文的全文，收藏在甘肃省图书馆西北文献资料库，今已由刘雁翔先生过录发表③，让我们得知冯氏对所藏文书和佛经的内容所做的提要和考释。我们非常希望将来能在甘肃省图书馆等处找到冯国瑞收藏吐鲁番文献的原件。

四、甘肃省博物馆

甘肃省博物馆除收藏大量的敦煌写本外，也有少量的吐鲁番文献。

---

① 池田温《开元十三年西州都督府牒秦州残牒简介》，《敦煌吐鲁番研究》第 3 卷，北京大学出版社，1998 年，105—126 页。

② 陈国灿《读后记》，《敦煌吐鲁番研究》第 3 卷，1998 年，126—128 页。

③ 刘雁翔《冯国瑞敦煌写经吐鲁番文书题跋叙录》，《敦煌学辑刊》2008 年第 3 期，60—64 页；又《冯国瑞敦煌写经及吐鲁番文书题跋叙录》，颜廷亮主编《转型期的敦煌语言文学》，甘肃人民出版社，2010 年，381—386 页。按两文除题目有一字之差外，内容均同。

据甘博提供的资料，该馆藏有五个编号的文书，其中三个编号各有两种文献，其目如下：

1. 书札残页（东晋）
2.（A）羊绢交易帐（唐）
　（B）出卖驼毛等物帐（唐）
3.（A）武周西州天山县田亩帐（唐）
　（B）武周如意元年高待义杂写（唐）
4.《论语》残纸
5.（A）《诗经》残片
　（B）书信残片

其中的东晋书札残页，裂为四块，即所谓"潘岳书札"，秦明智撰《新疆出土的晋人写本潘岳书札残卷考述》，对其做了校录和研究①。据秦先生文，甘博所藏吐鲁番文书，都是 20 世纪 50 年代征集来的。其中潘岳书札和天山县田亩帐、如意元年（692）杂写以及 1930 年 2 月 15 日黄文弼先生在乌鲁木齐时给益珊厅长的信，粘贴在一个厚纸本上，原为民国初新疆省财政厅厅长徐谦（字益珊）所藏，1958 年由其次子徐懋鼎先生捐赠。

笔者曾于 2010 年 3 月 30 日与徐俊先生一道访问甘博，承蒙俄军馆长的关照，得以见到秦先生所说的厚纸本。徐俊先生校录了"潘岳书札"，笔者则过录了天山县田亩帐和如意元年杂写，所谓"天山县田亩帐"，应当是一件户籍，残存 4 行文字，上有印痕，当为"天山县之印"。黄文弼先生书信，前面附有吐鲁番出土延和八年索众保墓砖文字，后面信文主要是考释该方墓砖的内容。

五、辽宁省档案馆

按照一般的情况，中国的档案馆收藏的都是明清以来的档案，更多

---

① 《敦煌学辑刊》1987 年第 2 期，53—61 页。

的是民国和解放后的档案。正是因为如此，一篇名为《唐代档案》的文章引起了笔者的注意，仔细拜读，这里所谓的"唐代档案"，实际上是六件吐鲁番出土文书，原为罗振玉收藏，被携带到伪满洲国的沈阳，捐献给省立奉天图书馆。1948年沈阳解放后，转归东北图书馆（今辽宁省图书馆）；1969年后，转入辽宁省档案馆收藏[1]。笔者根据《唐代档案》一文发表的黑白图片，对这六件文书做了初步考释，发现其中五件是和日本奈良宁乐美术馆所藏唐蒲昌府文书为同组的开元二年文书，另外一件是唐西州诸寺法师名簿[2]。之后，陈国灿先生从辽宁省档案馆获得更为清晰的彩色照片，对这些吐鲁番文书做了进一步的考释研究[3]。

六、上海博物馆

上海是中国东部地区最大的文化都会，许多学者、文人、收藏家汇聚其间，因此在具有一定规模的敦煌文献收藏单位中，上海博物馆的收藏也颇为可观。但是有关吐鲁番文书的收藏，则并不丰富，除去有些不好判断出土地的佛经之外，明确可以说是属于吐鲁番文书者，就是一件《唐开元十六年西州都督府请纸案卷》文书。这卷《请纸案卷》的主体部分，现在收藏在日本龙谷大学图书馆，为大谷探险队所得，其他残片见于黄文弼所获吐鲁番文书，不知何故，《案卷》的一件散落到上海，为上博收藏，编号为"上博31"。这件文书的图版首次刊布在1987年香港中文大学文物馆印行的《敦煌吐鲁番文物》展览图录中[4]。小田义

① 辽宁省档案馆《唐代档案》，《历史档案》1982年第4期，2—5页。
② 荣新江《辽宁省档案馆所藏唐蒲昌府文书》，《中国敦煌吐鲁番学会研究通讯》1985年第4期，29—35页。
③ 陈国灿《辽宁省档案馆藏吐鲁番文书考释》，《魏晋南北朝隋唐史资料》第18辑，2001年，87—99页；又载《吐鲁番学研究》2001年第1期，3—14页；收入作者《论吐鲁番学》，上海古籍出版社，2010年，164—177页。
④ 高美庆编《敦煌吐鲁番文物》，上海博物馆、香港中文大学文物馆，1987年，21、70页。

久指出它应当出自吐鲁番哈拉和卓古墓①。笔者根据大谷光瑞的行踪,怀疑此件也是大谷文书的组成部分,而被大谷光瑞带到上海②。现在,这件文书的彩色和黑白图版已经正式发表③,《请纸案卷》整体也有了从书法和文书制度方面的比较透彻的研究④。上博藏卷虽然是一个案卷的一小部分,但却是这件对于唐朝公文制度、纸张用途等方面的研究极其重要的文书不可缺失的组成部分。

上博 13 号《佛说首楞严三昧经》卷下,题签云:"晋人写经,颇具汉魏遗法,陶庐老人得之吐鲁番三堡土中,稀世之宝耶?"有甲寅(1914)十月王树枏题跋,称"宣统二年得之吐鲁番三堡土中",并以之赠冯公度⑤。

七、上海图书馆

上海图书馆和上海博物馆一样,是上海地区敦煌文书的收藏大户,其中也有一些吐鲁番文献。1986 年,吴织、胡群耘发表所编《上海图书馆藏敦煌遗书目录》⑥,使人略窥上图藏卷的大致内涵,但没有图版,

---

① 小田义久《大谷文书と吐鲁番文书について》,《龙谷大学佛教文化研究所所报》第 11 号,1988 年,1—3 页;又《大谷文书と吐鲁番文书の关连について》,《东アジア古文书の史的研究》,刀水书房,1990 年,129—146 页。

② 荣新江《海外敦煌吐鲁番文献知见录》,江西人民出版社,1996 年,158 页。

③ 上海古籍出版社、上海博物馆编《上海博物馆藏敦煌吐鲁番文献》第 1 册,上海古籍出版社,1993 年,彩版 23,257—259 页。

④ 毛秋瑾《〈唐开元十六年(728)西州都督府请纸案卷〉研究》,孙晓云、薛龙春编《请循其本:古代书法创作研究国际学术讨论会论文集》,南京大学出版社,2010年,201—212 页;雷闻《吐鲁番出土〈唐开元十六年西州都督府请纸案卷〉与唐代的公文用纸》,樊锦诗、荣新江、林世田主编《敦煌文献·考古·艺术综合研究——纪念向达先生诞辰 110 周年国际学术研讨会论文集》,中华书局,2011 年,423—444 页。

⑤ 《上海博物馆藏敦煌吐鲁番文献》第 1 册,111—113 页。朱玉麒所录王树枏跋文,见所撰《王树楠吐鲁番文书题跋笺释》,94 页,三八号。

⑥ 《敦煌研究》1986 年第 2—3 期连载。

不得其详。1999 年 6 月，上海图书馆与上海古籍出版社合编的《上海图书馆藏敦煌吐鲁番文献》大型图录四册由上海古籍出版社出版，给学界带来丰富的研究素材，包括其中的吐鲁番文献。

上图第 021 号《妙法莲华经》卷六，有高昌义和五年（618）题记："义和五年戊寅岁十月十一日，清信女夫人和氏伯姬，稽首归命常住三宝。"① 因为题记文字早在上述《上海图书馆藏敦煌遗书目录》中就有录文，所以学界并不陌生。孟宪实、姚崇新《从"义和政变"到"延寿改制"——麹氏高昌晚期政治史探微》一文，曾推测题记中的"夫人和氏伯姬"，很可能是高昌王国晚期曾一度取代麹氏而执掌高昌王权的政变首脑之妻②。现在可以看到全卷照片，原卷各品题下，有朱书"和夫人经"，这是敦煌吐鲁番写经中十分少见的做法，也说明这位和夫人非同一般。该卷楷体字较一般写经浓重端庄，显然是高昌地区精心抄写的佛经之一。不论从性质，还是书法，这卷都值得珍重。

上图第 019 号《天宝八载（749）公文》虽然字数不多，但却是原本属于唐朝西州的一组文书中的一件③。文书中提到的"府罗及"和"〔仓曹〕参军庭兰"，又见于斯坦因（A. Stein）在阿斯塔那墓地所获吐鲁番文书、普林斯顿大学葛斯德图书馆藏吐鲁番文书等，这组文书据陈国灿先生考证，应当都是属于《唐天宝八载西州仓曹检勘诸仓仓粮案卷》，其中普林斯顿藏卷之一的纪年是"天宝八载三月廿四日"，亦有"府罗及（陈录作'通'）"和"仓曹参军庭兰"署名④。因此，上图的这件所谓"公文"，应当是同组案卷中的一件，应当定名为"唐天宝八载西州仓曹检勘诸仓仓粮案卷"。

---

① 上海图书馆、上海古籍出版社编《上海图书馆藏敦煌吐鲁番文献》第 1 册，上海古籍出版社，1999 年，彩版 7，136—150 页。
② 《敦煌吐鲁番研究》第 2 卷，北京大学出版社，1996 年，163—188 页。
③ 《上海图书馆藏敦煌吐鲁番文献》第 1 册，133 页。
④ 陈国灿《美国普林斯顿所藏几件吐鲁番出土文书跋》，《魏晋南北朝隋唐史资料》第 15 辑，1997 年，113—114 页。

八、首都博物馆

首都博物馆收藏有一批敦煌吐鲁番写卷，笔者曾经在旧馆搬迁之前的 2002 年 1 月 17 日、2005 年 2 月 25 日，两度与王素先生应邀前往检阅其收藏，其结果由学生余欣整理成文，三人联名发表，题曰《首都博物馆藏敦煌吐鲁番文献经眼录》及《续》篇 [1]。因为时间匆忙，无法做细致的比定工作，有些题记也没有来得及抄录，还有部分残卷没有过目。可喜的是，经过很长时间的努力，北京燕山出版社最近即将刊布全部首都博物馆所藏敦煌吐鲁番写卷。笔者有幸帮忙校读叙录，得见所有写本清晰照片。其中，可以比较确定为吐鲁番写卷者，只有一个编号的三个残片。

编号为 32.559 的佛经残片卷子，引首题："两朝遗墨，辛亥季夏，素文题签。"此卷裱佛经残片三段，今比定为《妙法莲华经》卷三、《妙法莲华经》卷二、《摩诃般若波罗蜜经》卷十六。后有辛酉（1921）冬十月宋伯鲁跋，称："自敦煌石室开后，一时梵笺流传，几于家手一编。长少白将军惜其散佚，汇而送都，于是得之者绝少。余从将军游西域，与襄臣同在幕府，故吉光片羽，亦得什袭而藏。然当时写者，皆经生辈，略具点画。至于精工若欧虞，殊不多觏。故余亦不甚惜之。此襄臣所藏，久别来京中，出以见示。书不必佳，然自是旧物，不易致，此后恐益寡。襄臣之宝此也，岂不宜哉！辛酉冬十月，醴泉宋伯鲁。" [2] 宋伯鲁所称从长庚（少白）游西域，与襄臣同在幕府。而题签者素文即梁玉书，时任新疆清理财务官。考虑到这相关人物都在新疆为官，故此本卷当出自吐鲁番。

---

[1] 《首都博物馆论丛》第 18 期，北京燕山出版社，2004 年，166—174 页；《首都博物馆论丛》第 21 期，北京燕山出版社，2007 年，126—137 页。

[2] 朱玉麒君录文，谨此致谢。

九、永登县博物馆

甘肃永登县博物馆藏有若干敦煌吐鲁番写卷，其中有一卷轴题签作"六朝敦煌经壹卷"，有段永恩跋称："壬子（1912）夏六月立秋前十日，晋三司马卸迪化篆务，又为检收行李，接署吐鲁番厅事。偶于箧中觅得六朝及唐写经残卷，嘱余装池，为之题跋，以作他日纪念。"[1]按，张晋三名华龄，1912年7月由迪化县知县调任吐鲁番厅同知；翌年改任吐鲁番县知事，至1914年年底卸任。据此可知，虽然题签作"敦煌经卷"，但实际上是吐鲁番出土写本。卷轴中裱残经四种，分别编作005—008号，内容已比定为《大般涅槃经》卷三九、《金刚般若波罗蜜经》、《妙法莲华经》卷六、《妙法莲华经》卷三，每种后均有段永恩跋[2]。

十、中国国家博物馆

中国国家博物馆（原中国历史博物馆，以下简称"国博"）也收藏有不少敦煌吐鲁番文书，相对来说，吐鲁番文书的收藏似乎更多一些，这一方面是因为曾经到吐鲁番进行考察的黄文弼先生所获文书后来入藏中国历史博物馆，另一方面是因为王树枏、梁玉书、段永恩、罗振玉、吴宝炜、罗惇曧、周肇祥、唐兰等著名收藏家旧藏的吐鲁番写经和文书也陆续进入该馆。这些文书除了黄文弼所获在他本人所著《吐鲁番考古

---

① 朱玉麒《段永恩与吐鲁番文书的收藏与研究》，王三庆、郑阿财编《2013敦煌、吐鲁番国际学术研讨会论文集》，成功大学中国文学系，2014年，35—36页。

② 苏裕民、谭蝉雪《永登县博物馆藏古写经》，《敦煌研究》1992年第2期，81—84、88页；段文杰主编《甘肃藏敦煌文献》第3卷，甘肃人民出版社，1999年，卷首彩图4页、326—330页；《叙录》，364页。

记》中基本上刊布外，其他资料则外界所知不多，直到 1994 年出版史树青主编《中国历史博物馆藏法书大观》（以下简称《大观》）第 12 卷《战国秦汉唐宋元墨迹》①和 1999 年出版同书第 11 卷《晋唐写经·晋唐文书》②，学者们才比较全面地了解了国博收藏的吐鲁番文书的基本情况。

国博藏的吐鲁番写经部分，分别来自几个藏家，大多数写经在私家收藏时已经装裱成卷，《大观》第 11 卷在解题中影印了原藏家的题签和跋文，让我们得以获知原本收藏的一些情况。

1. 吴宝炜旧藏所谓"八段残经长卷"（未记题签）。据卷尾吴宝炜（字宜常）跋，这八段写经残片是陈秋白得于新疆，后经其侄陈壬林手，转售予吴宝炜。1964 年，历博自庆云堂购入。八件残片《大观》均予刊布，除一件不知名外，有《法华经》三、《涅槃经》二、《放光般若经》和《金光明经》各一件。

2. 梁玉书旧藏《六朝写经残卷》（《大观》称"十四段残经长卷"），签题下有"素文先生珍藏，晋卿题签"字样。卷首有王树枏（字晋卿）、潘震、吴宝炜跋文，卷中有吴宝炜、王树枏、宋小濂跋③。据卷首吴宝炜跋，此卷为梁玉书（字素文）得自新疆，梁氏在北京售出时，多数为白某"贩售东瀛"，吴氏只得其中三卷。本卷裱残经十四段，《大观》选印十三件，内容有《法华经》《佛说温室洗浴众僧经》《涅槃经》《摩诃般若经》《优婆塞戒经》《贤愚经》等。吴氏跋文中所说的"白某"，即白坚，民国年间曾将包括敦煌吐鲁番写卷在内的许多珍贵文物倒卖到日本④。

3. 梁玉书旧藏《北凉以来写经残卷》（《大观》称"五段残经长

---

① 史树青总主编《中国历史博物馆藏法书大观》第 12 卷《战国秦汉唐宋元墨迹》，吕长生主编，柳原书店、上海教育出版社，1994 年 12 月。

② 史树青总主编《中国历史博物馆藏法书大观》第 11 卷，杨文和主编，柳原书店、上海教育出版社，1999 年 1 月。

③ 朱玉麒曾录其中王树枏跋文，见所撰《王树楠吐鲁番文书题跋笺释》，83—84 页，一六号。

④ 参看高田时雄《李滂与白坚——李盛铎旧藏敦煌写本日本流入的背景》，《敦煌写本研究年报》创刊号，2007 年，1—26 页。

卷"），签题下小字题"出吐鲁番，素文珍藏"，卷尾有郭鹏、翁廉和吴宝炜跋，应当也是吴宝炜与白某所争得的三卷之一。所裱五件残经，《大观》选印其四，有《摩诃般若经》二、《十诵律》和《金刚经》各一件。以上梁玉书旧藏两卷，都在 1964 年由吴宝炜后人转售给历博。

4. 段永恩旧藏《六朝以来写经碎锦》（《大观》简称"碎锦册"）。签题为段永恩（字季承）自署，册中裱有其任职新疆期间所得文书、写经等，有段氏题跋四则[①]。《大观》选印八种，可比定为《法华》《涅槃》，其他均未比定，说明册中多是残片，但共有多少片不明。

5. 王树枏旧藏所谓"三段写经长卷"（未记题签），卷前有王树枏跋[②]，尾有吴昌绶、汪律本跋。吴跋称残经得自吐鲁番鄯善。汪跋写于癸丑（1913）初冬，时该卷已为程均孙所有。三段残经分别是《增一阿含经》《贤愚经》《摩诃般若经》。

以上五个长卷所裱残经，是清末任职新疆的官员王树枏、梁玉书、段永恩、陈秋白等所得，主要出土地当在吐鲁番。过去我们知道，王树枏的藏品后来多数辗转入藏日本书道博物馆；梁玉书旧藏吐鲁番残卷，笔者在日本静嘉堂文库见到装裱成册的八函，又在古书店图录上看到一个素文珍藏的卷轴装写经，北京图书馆（国家图书馆）也藏一函[③]，它们的装裱形式与国博所藏《六朝写经残卷》和《北凉以来写经残卷》完全相同。《大观》在编辑时，把这些原裱贴在卷中的残片抽出，按年代顺序重编，计有 1—35/43 号，从晋、北凉到北朝，这对于辨识书法演变的源流颇有帮助。

国博所藏的吐鲁番文书，主要是黄文弼在吐鲁番考古时所获和罗振玉旧藏。黄文弼所获已印入《吐鲁番考古记》[④]，虽然图版质量欠佳，但基本上都发表了；罗振玉旧藏，过去也都由罗氏本人印入《贞松堂藏西

---

① 朱玉麒整理本，见所撰《段永恩与吐鲁番文书的收藏与研究》，38—40 页。
② 朱玉麒所录王树枏跋文，见所撰《王树楠吐鲁番文书题跋笺释》，88 页，二五号。
③ 荣新江《海外敦煌吐鲁番文献知见录》，183—193 页。
④ 黄文弼《吐鲁番考古记》，北京中国科学院，1954 年；二版，1958 年。

陲秘籍丛残》[①]；这两部分，这里不再赘述。

其他的吐鲁番文书虽然零散，但不乏珍品。属于高昌郡时代的《建平六年（442）田地县催诸军到府状》，十分完整，对于研究高昌郡军政体制等都极有参考价值。文书上钤"周肇祥所鉴定"印，早在1934年5月就由周氏影印在《艺林月刊》第53期。可惜这个杂志纸质不佳，一些图书馆不让人随便翻阅，所以学界很少有人见到其真迹。唐长孺先生在开始研究高昌郡行政制度时，曾转录此件文书，但因为没有见到原件或照片，致使两次发表，都没能给出准确的录文[②]。现在清楚照片在《大观》中发表[③]，学者们可以正确使用，新版《山居丛稿》已经订正相关录文[④]。

罗惇㬊（号复堪）旧藏的《唐人真迹》两卷，从某种意义上来说价值更大。两卷装裱形式相同，大字书"唐人真迹"，下小字写"出鄯善县，复堪珍藏"，分别标"第一卷"和"第二卷"。第一卷中三纸，一为《定远道行军大总管牒》（《大观》第37号），存字15行，记开元五年（717）奉定远道行军大总管可汗文，自西州差人至军，判补盐泊都督府表疏参军事[⑤]，于西域史研究至关重要。另外两件残片（《大观》第49—50号），审其内容，应当也是同一组文书的残片[⑥]。第二卷也裱有三纸，都是关于开元十三年长行坊的同组文书（《大观》第23—25号）[⑦]。这两组文书，都是首次发表，为此前讨论西域史、长行坊者所未见，故此引起研究者的注意[⑧]。此二册《唐人真迹》和罗振玉的《敦煌石室唐北庭都

---

① 罗振玉编《贞松堂藏西陲秘籍丛残》，上虞罗氏刊行，1939年。
② 唐长孺《从吐鲁番出土文书中所见的高昌郡县行政制度》，《文物》1978年第6期，19页，改行处所有误；后收入作者《山居存稿》，中华书局，1989年，357—358页，漏掉最后一行字。
③ 《中国历史博物馆藏法书大观》第11卷，彩图Ⅵ，图123—124页，文220页。
④ 唐长孺《山居丛稿》，中华书局，2011年，370页。
⑤ 《中国历史博物馆藏法书大观》第11卷，图176—177页，文235页。
⑥ 《中国历史博物馆藏法书大观》第11卷，图193—194页，文239—240页。
⑦ 《中国历史博物馆藏法书大观》第11卷，图150—153页，文229—230页。
⑧ 刘安志《跋吐鲁番鄯善县所出〈唐开元五年（717）后西州献之牒稿为被悬点入军事〉》，《魏晋南北朝隋唐史资料》第19辑，2002年，210—225页；收入作者《敦煌吐鲁番文书与唐代西域史研究》，商务印书馆，2011年，177—205页。

护府户籍文牒丛残》册子，都是唐兰先生 1948 年在北京购得，1982 年由唐兰后人捐赠给历博。

罗惇曧旧藏中还有一首《唐三时词》,鄯善出土 [1]。此类俗文学作品,也比较难得。

国博所藏吐鲁番文书中还有一件《唐开元二十九年西州天山县南平乡籍》,与北大图书馆藏 D205 号可以缀合,相关情况见上北大图书馆部分。据《大观》,此文书是唐兰旧藏,1982 年由唐兰后人捐赠历博。

至于佛经、文书之外的吐鲁番出土典籍类的残卷,主要收入《大观》第 12 卷《战国秦汉唐宋元墨迹》。其中主要是黄文弼《吐鲁番考古记》刊布过的《白雀元年衣物疏》《文选序》《尚书·大禹谟》《毛诗·简兮》《孝经·三才章》。

十一、中国国家图书馆

从清末的京师图书馆,到民国时期的北平图书馆,到解放后的北京图书馆和中国国家图书馆,这里都是中国敦煌文献的最大藏家。除了收获清廷调运的敦煌藏经洞劫余遗书外,该馆也陆续征集、收购和获得国家调拨了许多写卷,其中也包括一些吐鲁番文献。目前,所有该馆所藏"敦煌遗书"都已公布,其中明确为吐鲁番的资料有以下六个编号。

BD13792（原编号善 5177）《大智度论》卷五一,写卷题签:"六朝北凉写经残叶,计六十二行,宣统辛亥九月十八日,澄斋。"是王树枏作为礼物赠给恽毓鼎（字薇孙,一字澄斋）的,有王氏 1911 年致恽毓鼎书信及恽氏 1915 年题跋 [2]。恽氏跋文对吐鲁番发现《且渠安周碑》的年代首次给予正确判断,笔者曾抄出讨论 [3]。原卷影印于中国国家图书馆

---

[1]《中国历史博物馆藏法书大观》第 11 卷,图 195—196 页,文 240 页。
[2] 朱玉麒《王树枏吐鲁番文书题跋笺释》,91—92 页录有王树枏跋全文,三三号。
[3] 荣新江《且渠安周碑与高昌大凉政权》,《燕京学报》新 5 卷,北京大学出版社,1998年,68 页。

编《国家图书馆藏敦煌遗书》第 112 册，国家图书馆出版社，2011 年，334—346 页；条记目录，129 页。

BD13799（原编号简 71482）吐鲁番出土文献残卷册页，封题"刻经蒙字剩纸杂存，宣统孟秋，素文珍藏"，知为梁玉书旧藏，字体及封皮装裱形制与静嘉堂藏本完全一致[1]。册内装裱吐鲁番所出残片 168 片，约一半为汉文刻本佛经，一半为回鹘文写本，有段永恩跋文一则[2]。影印本见《国家图书馆藏敦煌遗书》第 112 册，379—384 页；条记目录，134—137 页。

BD14741 为册页装，内裱 12 残片，多出吐鲁番文书，有乙卯（1915）三月罗振玉跋，称："此册为药雨先生（方若）所藏。计《佛名经》三纸、雕本二纸、写本五纸、畏吾文二纸，乃故高昌故虚出土。"据考，残片内容有《佛名经》卷一、刻本《妙法莲华经》卷六、刻本《金光明最胜王经》卷五、刻本《大般若波罗蜜多经》卷二六一、《大般涅槃经》卷三五、《贤劫经》、草书写经、回鹘文文献。原件影印入《国家图书馆藏敦煌遗书》第 133 册，33—48 页；条记目录，6—8 页。

BD14915（原编号新 1115），有佛经残卷一轴，其上粘贴《大般涅槃经（北本）》卷二三、《摩诃般若波罗蜜经》卷七、《大般涅槃经（北本）》卷三八残卷，有王树枏分别写于庚戌（1910）十一月七日和甲戌（1934）仲冬的两条题记，后者提到："余所藏六朝卷子，凡有年号、人名者，多落于顾巨六、白坚甫之手。缘一时困乏，糊口维艰，割爱出售，亦不得已之举也。此数纸，亦北凉残卷，贾人将首尾割裂，零售分销，而年号、人名，遂不可考矣！"此为八十四岁老人对所藏吐鲁番经卷售予顾鳌（字巨六）、白坚（字坚甫）之事的自我表述，十分珍贵[3]，此三段北凉写经残卷为王树枏剩余之物。另有宋育仁 1914 年题跋 1 则，称此残卷出土自鄯善吐峪沟。影印于《国家图书馆藏敦煌遗书》第 135

---

[1] 荣新江《海外敦煌吐鲁番文献知见录》，193 页，注 20。
[2] 朱玉麒整理本，见所撰《段永恩与吐鲁番文书的收藏与研究》，41—42 页。
[3] 笔者调查时曾过录王树枏跋全文，朱玉麒整理本见所撰《王树楠吐鲁番文书题跋笺释》，84—85 页，一七号。

册，174—178 页；条记目录，12—13 页。

BD15158（原编号新 1358）《大般若波罗蜜多经》写卷，卷轴外题签"唐经真迹卷，友字第十五号"，有辛亥（1911）端午王树枏跋，称为芸初（李凤池）所藏。另有梁玉书题跋一则，云系辛亥冬刘谟出此属题①。影印本见《国家图书馆藏敦煌遗书》第 140 册，46—48 页；条记目录，5 页。

BD15370《贤愚经》卷一（原编号新 1570），背面为通卷回鹘文，尤为珍贵。卷轴外题签："唐人写经残卷，高昌出土，素文珍藏。第九号。"知原为梁玉书旧藏，有王树枏题跋，已断定背面为"此畏吾儿书也"②。笔者 1990 年代后半调查北京图书馆所藏敦煌遗书时，曾见此卷轴内夹有陈寅恪致袁同礼信札一封，对回鹘文卷做了简要的考证③。笔者后来将此回鹘文长卷信息告知新疆博物馆伊斯拉菲尔·玉素甫馆长和她的女儿迪拉娜，迪拉娜就以此作为她在中央民族大学跟从耿世民先生攻读博士学位的研究对象，并且取得了非常满意的成果④。现此卷图版已收入《国家图书馆藏敦煌遗书》第 143 册，155—165 页；条记目录，7—8 页。

十二、中国科学院图书馆

中国科学院图书馆也收藏有《北凉赀簿》三件，与北大图书馆所藏为同组文书，两处所藏五件原本是分属不同人先后所造的两份赀簿。

科图三件系购自"二孟斋"，据称原出吐鲁番胜金口。其照片和部

---

① 笔者曾录王树枏、梁玉书跋全文，朱玉麒整理王氏跋文见所撰《王树楠吐鲁番文书题跋笺释》，90—91 页，三〇号。

② 笔者调查时曾录王树枏跋全文，又见朱玉麒《王树楠吐鲁番文书题跋笺释》，91 页，三一号。

③ 笔者曾将此信复印件及录文提供给陈寅恪先生女公子陈美延女史，她随即将其收入《陈寅恪集·书信集》，三联书店，2001 年，5 页。

④ 此卷的转写、汉译、注释收入迪拉娜·伊斯拉菲尔《吐鲁番发现回鹘文佛教新文献研究》，民族出版社，2014 年。

分录文，最早在 1958 年由贺昌群先生发表，但因为没有相关参考资料，当时定名为"赀合文书"，年代为高昌国末期到唐初 ①。以后，池田温、堀敏一诸氏又做了进一步的考订，年代均放在高昌国时期，名称沿贺氏之说 ②。直到 1980 年，朱雷先生结合北大图书馆所藏，才正确判定出这件文书的年代和性质 ③。相关情况已见上述北大图书馆部分，此不赘述。

附：赵星缘藏卷

其实，早在 1928 年 7 月 11 日出版的周肇祥编《艺林旬刊》第 19 期上，就刊布了一件《北凉赀簿》的若干残片，原为粘贴在一个鞋底上的若干残片，只有正面图版，可惜没有背面照片 ④。20 世纪 90 年代初史树青先生在天津古籍出版社重刊《艺林旬刊》，这组文书才为学界所知。王素先生即刻撰文整理，确定也是《北凉赀簿》，但却是与北大、科图藏不同的另外一件赀簿 ⑤。《艺林旬刊》刊布的文书为赵星缘所藏，但目前不知所在。

迄今为止，中国一些博物馆、图书馆所藏敦煌吐鲁番文献还没有公布，其中是否有散藏吐鲁番文献尚不清楚，相信还有不少资料有待调查。

（2016 年 2 月 23 日完稿，原载本书编委会编《敦煌吐鲁番文书与中古史研究：朱雷先生八秩荣诞祝寿集》，上海古籍出版社，2016 年，26—39 页。）

---

① 贺昌群《汉唐间封建的土地国有制与均田制》，上海人民出版社，1958 年，106 页。
② 池田温《〈西域文化研究〉第二〈敦煌吐鲁番社会经济资料（上）〉の批评と介绍》，《史学杂志》第 69 卷第 8 号，70—74 页，文书录文收入其《中国古代籍帐研究》，东京大学出版会，1979 年，310 页；堀敏一《均田制の研究》，岩波书店，1975 年，303—306 页。
③ 上引朱雷《吐鲁番出土北凉赀簿考释》，《武汉大学学报》1980 年第 4 期。
④ 退翁（周肇祥）《北凉文状》，《艺林旬刊》第 19 期，1928 年，第 4 版。
⑤ 王素《吐鲁番出土北凉赀簿补说》，《文物》1996 年第 7 期，75—77 页。

05

综述与书评

德国探险家勒柯克其人其事
——《新疆地下的文化宝藏》中译本序

这是一本介绍 20 世纪初叶德国"吐鲁番探险队"第二、三次到新疆考察的通俗读物，作者勒柯克（Albert von Le Coq）是这两次考察的主角。在第二次探险过程中，他任队长；第三次探险前期，也是队中主力，但在第三次探险中间，由于身体不适，勒柯克提前回国。书中以他的活动为主，所以对第三次考古探险活动的描述不全，却随着他本人的经历，记录了一段其他队员所没有的翻越喀喇昆仑山的惊险故事，更有可读性。

这本书原为德文，1926 年在德国莱比锡出版，题为《新疆希腊化遗迹考察记》（*Auf Hellas Spuren in Ostturkistan*）。强调新疆的希腊化遗迹，是贯穿勒柯克全书的主观意旨，因为他是从西方文化来看待新疆古代文化遗产的。两年后，这本书就由巴威尔（A. Barwell）译成英文，题为《新疆的地下文化宝藏》（*Buried Treasures of Chinese Turkestan*），在英国伦敦出版。英译本的名字更符合实际情况，而且英语读者更多，理所当然，英译本也就更为畅销。

1934 年，郑宝善据英译本译成中文，题为《新疆之地下宝库》，由南京蒙藏委员会出版。这个本子流传不广，现在已经很难看到。而且，作者对新疆的小地名全用音译，时过境迁，这些译名今天看起来已十分费解，如译胜金口为"山奈阿盖子"，译柏孜克里克为"巴塞克利克"，译七康湖为"支堪考耳"，译吐峪沟为"杜窑克"，译克孜尔为"开塞"，译名都没有附原文，即使重印，今天的读者也很难把握。

大约同时，向达先生也翻译了此书，题作《勒柯克高昌考古记》，显然是想和他所译的《斯坦因西域考古记》成为姊妹篇。但从现存的稿本看，全书尚未译完，已译的部分也有许多专有名词空缺待补。和《斯坦因西域考古记》一样，向达先生译本也是使用的半文言文，对今天的一般读者不太习惯。中华书局曾有意出版，但最终未果。

南开大学陈海涛君，曾师从兰州大学杜斗城先生治河西史地，且留心中西文化交流史迹。数年前来京收集资料，提到他正翻译勒柯克此书，因而鼓励他早日完成。陈君利用业余时间，奋力完成。又得到精于西北考察史的王冀青先生和吐鲁番史的杨富学先生之助，反复修改，克臻完善。笔者因执编校之役，校读一过，略缀数语，聊作序言。

所谓"德国吐鲁番考察队"，是德国柏林民俗学博物馆（Museum für Völkerkunde）在德皇和军火大王克虏伯等人的资助下，在1902—1903、1904—1905、1906—1907、1913—1914年间所派出的四次新疆考古探险队，虽然名为"吐鲁番考察队"，实际发掘古物的地点是以吐鲁番盆地为中心，东到哈密，西到喀什，包含了整个丝绸之路北道的古代遗迹。考察队对新疆丝绸之路北线所经过的主要遗址都做了调查和发掘，获得大量写本、刻本、绢纸绘画、雕像等，并用切割的方法剥取了大量的石窟壁画。其所获古代文物，用勒柯克在本书中的统计，共有：第一次46箱，每箱重37.5公斤；第二次103箱，每箱重100—160公斤；第三次128箱，每箱重70—80公斤；第四次156箱，每箱重70—80公斤。也就是说，能运走的都运走了。

四次吐鲁番考察队所获资料最初入藏于柏林民俗学博物馆，第二次世界大战期间分藏在各地，二战后分别归东、西德国所有。东德所藏以文献为主，后均入藏于东德科学院历史与考古中央研究所（Zentralinstitut für Alte Geschichte und Archaologie）。西德所藏的一批文献材料，于1947年转移到美因茨（Mainz）收藏，约有数百卷，后归入德国国家图书馆（Staatsbibliothek Preussischer Kulturbesitz）东方部（Orientabteilung），而藏在各处的文物资料则归印度艺术博物馆（Museum für Indische Kunst, SMPK）收藏。东德、西德统一后，凡文献材料一律归德国国家图书馆收藏；文物材料一律归印度艺术博物馆收藏。

在 19 世纪末 20 世纪初活跃在中国西北地区的探险家中，勒柯克虽然没有斯文·赫定和斯坦因有名，但也算是一位极富冒险精神的人。

勒柯克 1860 年出生在柏林，是个制酒商人的儿子，家境富裕。他不认真读书，由于某种原因而被学校开除。之后，被先后送到英国和美国，受商业训练，同时钻研医术。27 岁时，他回到德国，加入他祖父创立的勒柯克酒业公司。他对经商没有兴趣，13 年后，他卖掉了这家公司，移居柏林，进入东方语言学校学习阿拉伯语、突厥语、波斯语，以后又学习梵语，受到较好的东方学训练。1902 年，他已经 42 岁时，进入柏林民俗学博物馆印度部工作，而且是不领薪水地白干。

然而，作为一个后来以探险家而闻名的他，此时加盟柏林民俗学博物馆，不论是有意的还是无意的，一个富有历史意义的时刻正等待着他。当时，格伦威德尔正率领德国第一次吐鲁番考察队奔赴新疆。一年后，探险队带着丰富的收集品和大量考古信息回到了柏林，并且立刻着手准备第二次吐鲁番考察活动。1904 年，由于第一次考察队队长格伦威德尔身体不适，而另一位队员胡特（G. Huth）已经去世，勒柯克作为博物馆的无薪人员，被选为第二次吐鲁番考察队的队长，带领切割壁画的能手巴图斯一道东行。勒柯克在第二次和接下来的第三次吐鲁番考察队中的探险生涯，特别是他押运探险队收获品的行李翻越喀喇昆仑山的惊险遭遇，读者可以在本书中领略一二。

勒柯克还是德国第四次吐鲁番考察队的队长。当他着手准备这次探险时，由于清王朝的覆灭，新疆政局处在混乱之中，德国外交部警告勒柯克不要轻举妄动。但是，在库车精美壁画的诱惑下，勒柯克和巴图斯不听劝告，签下生死书，不计后果地于 1913 年 5 月奔赴新疆，在库车和巴楚地区大规模发掘和揭取壁画，于 1914 年 1 月回国。他此行的探险行记是《新疆的土地和人民：德国第四次吐鲁番考察队探险报告》（ *Von Land und Leuten in Ostturkistan: Berichte und Abenteuer der 4. deutschen Turfanexpedition* ），1928 年在莱比锡出版。

　　勒柯克想把一切可以运走的文化宝藏都运走，他的理由是"当地农民的无知、伊斯兰教徒的愚昧和地震的破坏"（见霍普科克的导言），为此他在本书中用了相当多的篇幅生动地描写当地农民在许多方面的无知，也带着强烈的宗教偏见来诬蔑伊斯兰教徒，他还在几处和一些图版的说明里，特别标出哪些洞窟在他走后的地震中坍塌。

　　然而，即使是他的上司格伦威德尔，也不赞同勒柯克的做法，因此两人之间产生了不少的矛盾，在本书的自白中我们不难看出一些真相。格伦威德尔曾要求勒柯克保护木头沟的寺庙遗址（柏孜克里克石窟），原封不动地留给他来处理。但后来因为格伦威德尔没有及时赶来，勒柯克便对这里进行了大规模的切割式发掘。他的挖宝式"考古"，使得后来的英国考古探险家斯坦因也不敢恭维。斯坦因在一封给朋友的信中说道："德国曾以独特的方式挖掘过（吐鲁番的遗址），并且所有地方都挖掘得很彻底。……大寺院、庙宇都是用学术盗宝者的方式挖掘的，简直没有使用任何考古学周密仔细的方法。"（《斯坦因：考古与探险》中译本288页）

　　勒柯克大概没有想到中国人还会有一天能够读到他的书，所以在书中详述了"拥有像希腊罗马神话中大力神赫尔克里斯般神力的巴图斯大师"切割壁画的方法和过程。从今天的道德准则来看，不论是东方人还是西方人，都不能容忍勒柯克和巴图斯对待新疆地下宝藏的残暴手段。

　　勒柯克以当地人为和自然的破坏为他掠夺宝藏的理由，但是我们细读他本人的书就可以发现，他是动用了大量民工才攫取到那些最为精美的壁画、雕像、写本的，按照清朝和民国年间新疆当地的挖宝人的能力，是不可能把它们全都破坏的。凡是到过克孜尔和库木吐喇石窟的人，都可以细心地看到，窟顶上紧挨着巴图斯割掉的菱形方格图案的另外一些图画，经过这么多年的地震和"人为破坏"，依然完整无缺。我们不否认当地的一些人为和自然的破坏，但勒柯克和巴图斯把精美的壁画切割成块，难道不是一种人为的破坏吗？

　　陈寅恪先生说敦煌藏经洞宝藏的流失是"吾国学术之伤心史也"，新疆地下宝藏的流失同样是我国学术的伤心史。遗憾的是，清朝末年的新疆官吏，对这些攫取宝藏的西方探险家们熟视无睹，任其随心所欲，甚者还派人协助。在勒柯克这本书中，唯一可见的一则有关的记载，是在阿图什考察三仙洞时，勒柯克曾说："在没有获得当地清朝官吏（道台）的批准之前，我们被禁止在任何地方进行挖掘，即使他们对此并没有任何兴趣。"显然，勒柯克知道自己的行动是非法的，但可悲的是执法者却没有真正地执法。

勒柯克对待新疆地下文化宝藏的态度，是探险家式的，是找宝和挖宝式的，而不是严格意义的考古。

和勒柯克对待新疆文物的粗鲁相比，勒柯克在学术研究上却是细心的，由于他的刻苦精神和勤奋写作，留下了他历次考察探险的行记，而且把所获得的精美艺术品，汇印成大型图录：《高昌：普鲁士王国第一次吐鲁番考察重大发现品图录》（*Chotscho: Facsimile-Wiedergaben der wichtigeren Funde der ersten königlich preussischen Expedition nach Turfan in Ost-Turkistan*, Berlin 1913），收录了第二次德国吐鲁番考察队在吐鲁番盆地，特别是高昌故城的收获。《中亚艺术与文化史图鉴》（*Bilderatlas zur Kunst und Kulturgeschichte Mittel-Asiens*, Leipzig 1925），是把中亚艺术与其他文化作比较研究的图录著作。他和瓦尔德施密特（E. Waldschmidt）合编的七卷本《中亚古代晚期的佛教文物》（*Die buddhistische Spätantike in Mittelasien*, I–VII, Berlin 1922–1933），展现了新疆古代石窟和寺院昔日灿烂的文化色彩。

勒柯克通晓多种东方语言，并且从现代维吾尔语进入到古代回鹘语，成为整理研究德国吐鲁番考察队所获回鹘语文献的主要人物。早在 1908 年，他就发表了《亦都护城发现的回鹘文摩尼教残卷》（"Ein manichäisch-uigurisches Fragment aus Idiqut-Schahri", *SPAW*, 1908, pp. 398–414），解读了新发现的回鹘文摩尼教文献，这些摩尼教文献实为 20 世纪学术史上的重大发现，引发了迄今久盛不衰的摩尼教研究热潮。此后，他又接连发表《吐鲁番发现的东突厥语文献——吐鲁番绿洲吐峪沟和亦都护城发现的如尼东突厥文写本残卷》（"Köktürkisches aus Turfan. Manuskriptfragmente in köktürkischen 'Runen' aus Toyoq und

Idiqut-Schähri［Oase von Turfan］", *SPAW*, 1909, pp. 1047–1061），《新疆吐鲁番发现的突厥文基督教与摩尼教写本残卷》（"Ein christliches und ein manichäisches Manuskriptfragment in türkischer Sprache aus Turfan［Chinesisch-Turkistan］", *SPAW*, 1909, pp. 1202–1218），《新疆吐鲁番发现的摩尼教徒忏悔罪过书》（*Chuastuanift, ein Sündenbekenntnis der manichäischen Auditores. Gefunden in Turfan [Chinesisch-Turkistan]*, Berlin, 1910［*APAW*, 1910, Anhang 4］）等，涉及古代新疆历史、宗教、文化诸方面。他的《高昌突厥语摩尼教文献集》三篇长文（"Türkische Manichäica aus Chotscho", I, II, III, *APAW*, 1911–6; 1919–3; 1922–2），系统刊布了吐鲁番出土的古突厥语摩尼教文献，成为此后研究高昌摩尼教的主要史源。

勒柯克其人其事，并不可能在一篇短序中交代全面，以上仅仅从作为探险家、盗宝者、学者三个方面，略加介绍。

对于 100 年后的中国年轻人来说，这部书和同时代的斯文·赫定、斯坦因的著作一样，充满了丰富多彩的探险故事。在这些不顾性命的西方探险家身上，我们可以看到一种不畏艰难的精神，感受到当年西方学术敏锐的触觉。对于安土重迁的中国人来说，我们需要有像勒柯克、斯坦因这样的探险家，他们既富有探险的精神，也做好了充分的学术准备。勒柯克的书，既是一部探险游记，又是一部颇有参考价值的学术著作。

（1998 年 5 月 21 日完稿，原载《人民政协报》1998 年 11 月 9 日第三版《学术家园》［摘要发表］；阿尔伯特·冯·勒柯克著，陈海涛译《新疆地下的文化宝藏》，新疆人民出版社，2013 年。）

欧美所藏吐鲁番出土汉文文献：
研究现状与评介

　　有关欧美所藏吐鲁番出土文献的基本情况，笔者已经在《海外敦煌吐鲁番文献知见录》（江西人民出版社 1996 年版）中做了介绍。在《知见录》完稿后，笔者又有幸多次走访德、英、美、俄等国，对于各地吐鲁番文献的收藏和研究状况有了一些新的了解。本文就是在笔者调查和阅读的基础上，对最近十多年来的研究状况做一个概要介绍，兼或有笔者对有关研究成果的评论。

1. 德国国家图书馆 (Staatsbibliothek Preussischer Kulturbesitz) 与印度艺术博物馆 (Museum für Indische Kunst, SMPK)

　　这两处收藏有德国吐鲁番探险队所得吐鲁番各种语言的文献异常丰富，有关伊朗语、突厥回鹘语文献的研究成果也层出不穷，但有关汉文文献的编目、上网工作较慢，与其丰富的收藏相比，已有的研究成果还很欠缺。

　　德国学者梯娄（Thomas Thilo）曾主持编写了两卷《汉文佛典残片目录》[1]，这是东德和日本学者合作的结果。两德统一后，德国方面没有研究吐鲁番汉文佛典的人才，佛典的编目工作主要由日本龙谷大学的百济康义教授负责，多年来，他一直从事这些非常破碎的佛教文献的编目

---

[1] *Katalog chinesischer buddhistischer Text fragmente*, I–II, Berlin 1975, 1985.

工作，做出了巨大的贡献。他曾把二战后收藏在美因茨、现归德国国家图书馆的佛典残片编了一个简要目录，即《美因茨资料目录——原西柏林所藏中亚出土汉文佛典资料》①，这一部分是德藏吐鲁番佛典中比较而言内容稍微多的残片，所以值得注意。而百济康义生前没有出版德藏吐鲁番汉文佛典断片的第三卷目录，只有一本《柏林所藏新疆出土汉文文献总目》（试行本）②，是一份简要的对照目录，但其中给出了不少过去没有比定过的佛典的《大正藏》编号和位置，这无疑是近年来电子佛典对于吐鲁番佛典残片编目工作帮助的结果。我们希望日本和德国方面能够把百济康义先生的工作继续完成，早日出版正式的《汉文佛典残片目录》第三卷（或许还有第四卷）。

至于德藏吐鲁番文献中的非佛典文献的编目工作，德国方面委托给京都大学的西胁常记先生，他从 1995 年开始陆续发表一些相关的研究文章，以下是笔者所见的篇目：（1）《柏林所藏吐鲁番文书二则》③，（2）《关于柏林所藏吐鲁番收集品中的禅籍资料》④,（3）《柏林吐鲁番收集品中汉语文书研究》⑤,（4）《柏林吐鲁番收集品中的伪经〈新菩萨经〉〈劝善经〉考》⑥,（5）《柏林吐鲁番收集品中的道教文书》⑦,（6）《一件有关日月食及地震与二十八宿关系的占卜文书》⑧。这些有关《新菩萨经》

① 《マインツ资料目录——旧西ベルリン所藏中央アジア出土汉文佛典资料》,《龙谷纪要》第 21 卷第 1 号，1999 年，1—23 页。
② 《ベルリン所藏东トルキスタン出土汉文文献总目录》（试行本），龙谷大学佛教文化研究所西域研究会，2000 年。
③ 《ベルリン所藏トルフアン文书二则》,《名古屋学院大学外国语学部论集》第 6 卷第 2 号，1995 年，45—55 页。
④ 裴云青汉译本，《俗语言研究》第 4 期，1997 年，136—138、139 页及附图。
⑤ 《ベルリン・トルフアン・コレクション汉语文书研究》，作者自刊本，1997 年 5 月。
⑥ 《ベルリン・トルフアン・コレクションの伪经〈新菩萨经〉〈劝善经〉について》,《京都大学总合人间学部纪要》第 5 卷，1998 年，17—24 页。
⑦ 《ベルリン・トルフアン・コレクション道教文书》,《京都大学总合人间学部纪要》第 6 卷，1999 年，47—66 页。
⑧ "A Divination Text Regarding Solar Eclipses, Lunar Eclipses and Earthquakes Based on the Correlation with Days in the Twenty Eight Lunar Mansions", *Turfan Revisited—The First Century of Research into the Arts and Cultures of the Silk Road*, eds. D. Durkin-Meistererernst et al., Berlin: Dietrich Reimer Verlag, 2004, pp. 240–248.

《劝善经》、道经经典、禅籍、《日月蚀·地震占书》等研究成果，后来汇入他的专著（7）《德国探险队所获吐鲁番汉语文书》[①]，其中还包括有关《文选无注本》《幽通赋》、玄范《注三藏圣教序》的整理。他对于非佛典断片的编目工作成果，也已出版（8）《柏林吐鲁番收集品中的汉文文献》[②]。

对于德藏吐鲁番文献，日本学者还有一些论著涉及，比较集中的讨论有吉田豊《新发现的汉文摩尼教文献残片》[③]，关尾史郎《"承阳"备忘——〈吐鲁番出土文书〉札记再补》[④]，森安孝夫与茨默合撰《从汉文到回鹘文文书》[⑤]，宇野顺治、古泉圆顺《吐鲁番出土"二十八（七）宿占星书"的复原》[⑥]。

笔者在1996年6—8月间，在柏林德国国家图书馆、印度艺术博物馆、柏林科学院吐鲁番研究所，系统翻阅了德藏吐鲁番文献，并陆续就其中笔者所关心的典籍和文书做过一些探讨，或者在有关的研究中利用了德藏文献，现罗列于下，请读者指正：（1）《柏林印度艺术博物馆藏吐鲁番汉文佛典札记》[⑦]，（2）《吐鲁番出土〈武周康居士写经功德记碑〉校考——兼谈胡人对武周政权之态度》[⑧]，（3）《王延德所见高昌回鹘大藏经及其他》[⑨]，（4）《柏林通讯》[⑩]，（5）《〈唐开元二十三年西州高昌县顺义

---

① 《ドイツ将来のトルファン汉语文书》，京都大学学术出版会，2002年。

② Tsuneki Nishiwaki, *Chinesische Texte vermischten Inhalts aus der Berliner Turfansammlung* (*Chinesische und manjurische Handschriften und seltene Drucke* Teil 3), Stuttgart: Franz Steiner Verlag, 2001. 关于此目，参看T. Thilo 的书评，载 *Orientalistische Literaturzeitung* 97.3, 2002, pp. 424−426.

③ Y. Yoshida, "On the Recently Discovered Manichaean Chinese Fragments", *Studies on the Inner Asian Languages*, XII, 1997, pp. 35−39.

④ 《东洋史苑》第50·51合并号，1998年，253—265页。

⑤ T. Moriyasu and P. Zieme，"From Chinese to Uighur Documents"，《内陆アジア言语の研究》XIV，1999年，73—102页。

⑥ 《复元：トルファン出土"二十八（七）宿占星书"》，《龙谷大学佛教文化研究所纪要》第43集，2004年，44—63页。

⑦ 《华学》第2辑，1996年，中山大学出版社，314—317页。

⑧ 《民大史学》第1辑，1996年，6—18页。

⑨ 《庆祝邓广铭教授九十华诞论文集》，河北教育出版社，1997年，267—272页。

⑩ 《学术集林》卷十，1997年，380—397页。

乡籍〉残卷跋》①,（6）《德国"吐鲁番收集品"中的汉文典籍与文书》②,（7）《唐代西州的道教》③,（8）《德藏吐鲁番出土〈春秋后语〉注本残卷考释》④,（9）《唐代禅宗的西域流传》⑤,（10）《〈史记〉与〈汉书〉——吐鲁番出土文献札记之一》⑥,此外,我和徐俊先生合撰《德藏吐鲁番本"晋史毛伯成"诗卷校录考证》⑦,也是同类的研究成果。在我调查德藏吐鲁番文献过程中,也包括对德藏吐鲁番文献旧照片的追踪,这项工作的成果见拙文《中国国家图书馆善本部藏德国吐鲁番文献旧照片的学术价值》⑧。

我也曾把一些德藏吐鲁番文献的照片或者录文,按照它们的内容交给相关的专家进行研究,这些研究成果包括（1）党宝海《吐鲁番出土金藏考——兼论一组吐鲁番出土佛经残片的年代》⑨,（2）党宝海《十三世纪畏吾儿蒙速速家族供养图考》⑩,（3）邓文宽《吐鲁番出土〈明永乐五年丁亥岁具注历日〉考》⑪,（4）陈明《俄藏敦煌文书中的一组吐鲁番

---

① 《中国古代社会研究——庆祝韩国磐先生八十华诞纪念论文集》,厦门大学出版社,1998 年,140—146 页。

② 饶宗颐编《华学》第 3 辑,紫禁城出版社,1998 年,309—325 页。

③ 《敦煌吐鲁番研究》第 4 卷,北京大学出版社,1999 年,127—144 页。

④ 《北京图书馆馆刊》1999 年第 2 期,71—73 页 + 附图。

⑤ 《田中良昭博士古稀记念论集·禅学研究の诸相》,大东出版社,2003 年,59—68 页。

⑥ 《新疆师范大学学报》2004 年第 1 期,41—43 页 +4 图。

⑦ 蒋寅、张伯伟编《中国诗学》第 7 辑,2002 年,1—13 页。

⑧ 国家图书馆善本特藏部敦煌吐鲁番学资料研究中心编《敦煌学国际研讨会论文集》,北京图书馆出版社,2005 年,267—276 页 + 图 1—3。

⑨ 《敦煌吐鲁番研究》第 4 卷,北京大学出版社,1999 年,103—125 页。

⑩ 《欧亚学刊》第 2 辑,2000 年,139—152 页。有关此图的前人研究成果,见 A. von Gabain, "Ein chinesisch-uigurischer Blockdruck", *Tractata Altaica. Denis Sinor, Sexagenario Optime de Rebus Altaicis Merito Dedicata*, Wiesbaden, 1976, pp. 203–207+3pls; Herbert Franke, "A Sino-Uighur family portrait: notes on a woodcut from Turfan", *Canada-Mongolia Review*, IV.1, 1977, pp. 33–40; 北村高《蒙速思一族供养图について》,《神女大史学》第 5 号,1987 年,83—105 页; 北村高《关于蒙速思家族供养图》,《元史论丛》第 5 辑,中国社会科学出版社,1993 年,9—12 页。

⑪ 《敦煌吐鲁番研究》第 5 卷,2001 年,263—268 页; 收入邓文宽《敦煌吐鲁番天文历法研究》,甘肃教育出版社,2002 年。

医学残卷》①,（5）饶宗颐编《敦煌吐鲁番本文选》②,（6）马继兴《当前世界各地收藏的中国出土卷子本古医药文献备考》③,（7）华澜《简论中国古代历日中的廿八宿注历——以敦煌具注历日为中心》④。另外，柴剑虹先生根据自己的考察和我提供的图版，撰有《德藏吐鲁番北朝写本魏晋杂诗残卷初识》⑤。

德藏吐鲁番文书主要来自寺院和洞窟，所以典籍较多，这是它的价值所在，但要发掘出这些残片的文献价值，一方面要对残片本身作细致的研究，另一方面要从整个吐鲁番文献来加以对比考察，但由于德藏吐鲁番汉文写本迄今没有出版全部图版，除 Ch/U 编号者外，也没有上网，这使得目前大多数学者的研究还是挖宝式的，希望这一状况能够尽快改观。

2. 英国图书馆（The British Library）

斯坦因第三次中亚探险所获汉文文献中，有不少是得自吐鲁番的寺院和墓葬，其中既有典籍，也有文书。早期到英国考察敦煌文献的东西方学者较多，因此英藏吐鲁番汉文文献的整理研究成果要比德藏文献多得多。1953 年出版的马伯乐《斯坦因第三次中亚探险所获汉文文书》⑥，把其中较为完整的文献做了系统的整理，并刊布了部分文书的图版，推动了英藏吐鲁番文献的研究。日本学者在整理户籍⑦、法制文书⑧、契

---

① 《敦煌研究》2002 年第 3 期，100—108 页。
② 中华书局，2000 年。
③ 《敦煌吐鲁番研究》第 6 卷，2002 年，129—182 页。
④ 《敦煌吐鲁番研究》第 7 卷，中华书局，2004 年，410—421 页，图误置在 337 页。
⑤ 《庆祝吴其昱先生八秩华诞敦煌学特刊》，文津出版社，1999 年，107—116 页；收入柴剑虹《敦煌吐鲁番学论稿》，浙江教育出版社，2000 年，345—354 页。
⑥ H. Maspero, *Les documents chinois de la troisieme expedition de Sir Aurel Stein en Asie Centrale*, London 1953.
⑦ 池田温《中国古代籍帐研究》，东京大学出版会，1979 年；T. Yamamoto & Y. Dohi. *Tun-huang and Turfan Documents concerning Social and Economic History*, II. Census Registers (A)(B), Tokyo, 1985.
⑧ T. Yamamoto, O. Ikeda & Y. Okano. *Tun-huang and Turfan Documents concerning Social and Economic History*, I. Legal Texts (A)(B), Tokyo, 1978–1980.

约①、题记②、道教典籍③《法华经》④等方面,都尽可能地收罗了英藏吐鲁番文献资料。1989年,兰州大学郭锋先生在英国期间,整理了马伯乐刊布以外的文书残片,出版《斯坦因第三次中亚探险所获甘肃新疆出土汉文文书——未经马斯伯乐刊布的部分》一书⑤。1990年,武汉大学陈国灿教授利用日本东洋文库所藏图片,重新整理了这批文书,形成《斯坦因所获吐鲁番文书研究》一书⑥。利用这些文书来研究唐代史的文章仍不断发表,比较集中讨论文书的如孙继民《吐鲁番所出〈唐尚书省牒〉残卷考释》⑦、荒川正晴《斯坦因所获"蒲昌群文书"的检讨——以 Ast Ⅲ. 3/07-08、037 号文书的分析为中心》⑧、又《北庭都护府的轮台县与长行坊——以阿斯塔那 506 号墓出土长行坊有关文书的检讨为中心》⑨、大津透《唐西州高昌县粟出举帐断简研究——斯坦因所获吐鲁番文书管见》⑩,等等。

作为英藏吐鲁番文献的"决定版",就在这个月,我们盼望已久的沙知、吴芳思编著《斯坦因第三次中亚考古所获汉文文献(非佛经部分)》一书,终于在上海辞书出版社出版⑪,丰富的内容、收录的完备、

---

① T. Yamamoto & O. Ikeda. *Tun-huang and Turfan Documents concerning Social and Economic History*, Ⅲ. Contracts (A)(B), Tokyo, 1987.

② 池田温《中国古代写本识语集录》,东京大学东洋文化研究所,1990 年。

③ 大渊忍尔编《敦煌道经目录编》,福武书店,1978—1979 年。

④ 兜木正亨编《敦煌法华经目录》,灵友会,1978 年。

⑤ 甘肃人民出版社,1993 年。参看拙撰书评,《唐研究》第 3 卷,北京大学出版社,1997 年,572—575 页。

⑥ 武汉大学出版社,1994 年。参看拙撰书评,《唐研究》第 3 卷,575—577 页。此书近有台湾版,未见。

⑦《敦煌研究》1990 年第 1 期,85—90 页。

⑧《スタイン将来"蒲昌群文书"の检讨——Ast Ⅲ. 3/07-08、037 号文书の分析を中心にして》,《西北史地》1990 年第 2 期,23—44 页。

⑨《北庭都护府の轮台县と长行坊——アスターナ 506 号墓出土长行坊关系文书の检讨を中心として》,《小田义久博士还历记念东洋史论集》,龙谷大学东洋史学研究会,1995 年,93—126 页。

⑩《唐西州高昌县粟出举帐断简について——斯坦因所获吐鲁番文书管见》,《古代中世史科学研究》(上),吉川弘文馆,1998 年,477—511 页。

⑪ 上海辞书出版社,2005 年 8 月。承蒙张晓敏先生的帮助,笔者在第一时间得以先睹为快,在此特表谢意。

准确的校录、图文对照的编排、精美的印刷，都可以看作是已出版的大型敦煌吐鲁番文书合集中的精品。到此为止，经过马伯乐、池田温、陈国灿、沙知等先生多年的努力，现在我们已经拥有了这批吐鲁番文献的清晰照片和准确的录文，而沙知、吴芳思的新著，必将大大推动学界对于英藏文献的利用，我们期待着由此而引发出来的更多领域的研究成果。

3. 俄罗斯科学院圣彼得堡东方学研究所（Institute of Oriental Cultures of Russian Academy of Science）

根据俄国探险队在吐鲁番的活动之早和活动之频，一般人推想这里一定收藏有不少吐鲁番文献。但俄藏吐鲁番文献知多少，迄今仍然是一个谜，这是笔者随同陈国灿、柴剑虹等先生 2005 年 7 月在圣彼得堡东方学研究所和埃米塔什博物馆调查后得到的一个强烈的印象。因为俄藏中亚各地所获文献数量庞大，而且大多数是按照语言分别编号收藏的，有些没有详细的出土地编号，久而久之也就不清楚它们的来历了；有些汉文文献因为另一面有回鹘、粟特或其他文字，而归入其他收集品系列，迄今尚没有得到整理，外界也就无从得知详情。不过，可喜的是，1898—1918 年任俄国驻乌鲁木齐总领事的克罗特科夫（N. N. Krotkov, 1869—1919）收藏的部分吐鲁番汉文文献，却随着《俄藏敦煌文献》的出版而首次面世，此即编作 Дх.17015—17435 号的残卷[①]，其中主要都是刻本佛典，从版本上来看有不少有价值的材料。参加俄藏敦煌文献整理出版工作的府宪展先生，对这批吐鲁番文献做了整理和研究，可惜他编的目录尚未发表[②]。

在俄藏敦煌文献的编号中，还有一些零散的吐鲁番文书，陈国灿先生《〈俄藏敦煌文献〉中吐鲁番出土的唐代文书》对此有所辑录[③]，但这

---

① 《俄藏敦煌文献》第 17 册，上海古籍出版社，2001 年。
② 稿本。陈国灿教授见示，谨此致谢。
③ 《敦煌吐鲁番研究》第 8 卷，中华书局，2005 年，105—114 页。

些只是从内容上看是有关西州的，是否出土于吐鲁番则没有确凿的证据。

在俄藏回鹘、粟特文等类文献的收藏中，一定尚有一些汉文文献，我们希望整理这些文献的学者在刊布胡语文献的同时，也把汉文一面刊布出来，其实有不少汉文佛典对于胡语一面的缀合是很有帮助的[①]。

4. 赫尔辛基大学图书馆 (The Helsinki University Library)

有关芬兰所藏吐鲁番文献的研究没有太多的进步，2002 年出版的《曼涅尔海姆在中亚（1906—1908 年）》的展览图录中，有 Harry Halén《曼涅尔海姆男爵对古代中亚写本的猎取》一文，对其在吐鲁番的交河和高昌古城所获数以千计的汉文写本做了简要介绍，其中除了《法华经》《华严经》《阿弥陀经》《金光明经》《涅槃经》《金刚经》等常见佛典外，还有 4 世纪中叶所写《摩诃僧祇律》（No.27）和《妙法莲华经》（No.35），两件 591 年奉高昌王之命而写的《仁王般若经》（Nos.22、63），一件《阿弥陀经》不知名注本（No.38），一件《大乘起信论注》（No.143），以及《梁朝傅大士颂金刚经》（No.161）。非佛教文书很少，有一件是带有朱印的官府文书（No.37）[②]。

因为芬兰藏吐鲁番文献是委托给百济康义先生从事整理工作的，他的不幸早逝使这项研究工作中断，希望日本学者有人能够继续做下去，尽早发表有关文献的图版或采用上网的方式公布。

5. 美国普林斯顿大学葛斯德图书馆（Gest Library, Princeton University）

这里所藏的与敦煌文献混在一起的一些吐鲁番文书，布里特

---

① 参看百济康义、ヴェルナー・ズンダーマン、吉田豊《イラン语断片集成・大谷探检队收集・龙谷大学所藏中央アジア出土イラン语资料》解说编、图版编，法藏馆，1997 年。

② In *C. G. Mannerheim in Central Asia 1906–1908*, ed. by P. Koskikallio and A. Lehmuskallio, Helsinki: National Board of Antiquities, 1999.

（Judith Ogden Bullitt）《普林斯顿收藏的敦煌写本残卷》一文做过简单介绍①，但作者不是专门研究吐鲁番文献的人，所以有些说明不够准确，而所刊布的图版也是不全的，一件完整的文书往往只发表了局部。陈国灿先生《美国普林斯顿所藏几件吐鲁番出土文书跋》一文，根据该文所刊布的照片，对其中一些文书做了精细的研究，也说明了这组文书的价值②。

1996 年末，我曾有幸走访葛斯德图书馆，看到了所有的吐鲁番文书，也订购了一些照片，但因为种种原因，所得资料不够全面，所以一直也就没有进行系统的整理工作。好在我以前的学生陈怀宇君到普大攻读宗教学博士学位，利用余暇把这组吐鲁番文书做了系统的整理，已撰成《普林斯顿葛斯德图书馆藏敦煌吐鲁番汉文写本》一文，将发表在《葛斯德图书馆馆刊》上③。这批文书来自罗寄梅旧藏，陈怀宇还整理了罗氏所藏的敦煌吐鲁番文献残片④，可以和葛斯德藏卷作为一组文献来考察。

据我的考察，葛斯德的吐鲁番文书数量不多，但其中有一些是其他地方没有的收藏，如一组考试策问答卷；有些是比较有研究价值的文献，如西凉衣物疏；都值得深入研究。

总体来看，如果我们把吐鲁番出土文献分为作为书籍的文献（Literature）和作为公私使用的文书（document）的话，那么欧美所藏的吐鲁番残卷以文献居多。文献当中，当然以孤本文献或者是文献的流传史最重要，如德藏《幽通赋注》、《春秋后语》卢藏用注本、"晋史毛伯成"诗卷，都是传世文献和敦煌写本中所没有的孤本；而吐鲁番发现

---

① J. O. Bullitt, "Princeton's Manuscript Fragments from Tun-Huang", *The Gest Library Journal*, III, 1-2, 1989, pp.7-29.
②《魏晋南北朝隋唐史资料》第 15 辑，武汉大学出版社，1997 年，109—117 页。
③ Chen Huaiyu & N. N. Tomasko, "Chinese Manuscripts from Dunhuang and Turfan at Princeton's Gest Library", *The East Asian Library Journal*, 14/2, 2010, pp. 1-208.
④《敦煌学》第 25 辑（潘重规先生逝世周年纪念专辑），2004 年，419—441 页。

的道教经典，吐鲁番或库车出土的一面写《史记》、一面写《汉书》的残片，都是文献或思想传播史的重要印证资料。但是，对于这些残片来说，更加重要的研究应当建立于对所有吐鲁番文献的整体认识上，这就需要我们把所有文献经过整理、缀合、定名、研究，积少成多，通过对大量的文献不同残卷的多少、来历、时代等方面的分析，来考察从高昌郡，经高昌国、唐西州，到西州回鹘时代吐鲁番文献的整体面貌，包括佛教和其他宗教的信仰比重，精英文化与大众文化的传播与流通等问题。

十多年来，为了汇集各国所藏吐鲁番文献资料的整个信息，我与武汉大学陈国灿教授、朱雷教授一起，分工进行《吐鲁番文书总目》的编纂工作，现在日本藏卷已经由武汉大学出版社出版，笔者负责的欧美收藏卷也即将完稿，希望这项尽可能全面的吐鲁番文献内容总录，能够为今后吐鲁番文献的综合研究，提供一些指南和奠基的工作，也热切盼望读者批评指正。

（2005 年 8 月 16 日完稿，原载新疆吐鲁番地区文物局编《吐鲁番学研究：第二届吐鲁番学国际学术研讨会论文集》，上海辞书出版社，2006 年，37—41 页。）

书评：《中国历史博物馆藏法书大观》第 11 卷《晋唐写经·晋唐文书》、第 12 卷《战国秦汉唐宋元墨迹》

　　《中国历史博物馆藏法书大观》（以下简称《大观》）是史树青先生总主编的一套以书法为主体的文物图集，柳原书店的日文版分三期陆续在东京印行，共 15 卷。上海教育出版社的中文版尚在编印中。由于是在日本出版的高价图书，所以在中国国内不易见到。笔者先是在香港访学时，从饶宗颐先生处获见 1994 年底出版的第一期五卷，后又得东友伊藤敏雄先生和留学大阪的张铭心君帮助，得见盼望已久的第 11 卷《晋唐写经·晋唐文书》。本书印制精美，内容更是美不胜收，有许多资料系首次披露，披览一过，大饱眼福。

　　我们都知道，中国历史博物馆（简称历博）是收藏中国文物首屈一指的大馆。《大观》几乎囊括了历博所藏历代书法的精品。同时，历博也是敦煌吐鲁番文献的重要收藏单位，这里除了藏有学者们普遍知道的黄文弼所获吐鲁番文书外，还藏有罗振玉、王树枏、梁玉书、段永恩、吴宜常、罗惇曧、周肇祥、唐兰等著名收藏家旧藏的写经和文书，林林总总，蔚为大观。这里只是从敦煌吐鲁番研究的角度加以评述。

　　《大观》第 11 卷（杨文和主编，东京柳原书店与上海教育出版社，1999 年 1 月，242 页）收录的晋唐写经和文书，全部是敦煌吐鲁番出土的资料，许多是第一次与读者见面，虽说不是历博藏敦煌吐鲁番文献的全部，但菁华已在其中。杨文和先生的《序说》，从书法史的角度，利用写经和文书，概述了晋唐间书体的变化、时代和地区特征以及社会下层的书法水准问题。正是因为编者审视书法作品的角度较宽，所以本书才得以把大批文书资料包含进来。

第 11 卷的内容分"晋唐写经"和"晋唐文书"两组，分别按时代先后顺序排列资料，从晋或北凉一直到唐。前者有 49 件，除一件道经外，都是佛典断片；后者 51 件，主要是唐朝的官文书。书前有彩色图版八幅，然后每件写本选取若干黑白图版，长卷写经只取部分，残卷或文书则整幅刊布，书后是杨文和先生《解说》的日文翻译，间有译者的注释。

本书《晋唐写经》部分，分别来自几个藏家，大多数写经在私家收藏时已经装裱成卷，《大观》将卷中残片抽出，按年代顺序重编，计有 1—35、43 号，从晋、北凉到北朝，对于辨识书法演变的源流，颇有帮助。但从敦煌吐鲁番研究的角度，这里把写经和文书残卷仍然还原到旧藏者装裱的原状来加以评述，以便了解其来历和同组文书的情况。好在《大观》把原藏家的题签和跋文大都影印在解题当中，可以让读者获取更多的信息。

1. 吴宝炜旧藏所谓"八段残经长卷"（未记题签）。据卷尾吴宝炜（字宜常）跋，这八段写经残片是陈秋白得于新疆，后经其侄陈壬林手，转售予吴宝炜。1964 年，历博自庆云堂购入。八件残片《大观》均予刊布，除一件不知名外，有《法华经》三、《涅槃经》二、《放光般若经》和《金光明经》各一件。

2. 梁玉书旧藏《六朝写经残卷》（《大观》称"十四段残经长卷"），签题下有"素文先生珍藏，晋卿题签"字样。卷首有王树枏（1852—1936，字晋卿）、潘震、吴宝炜跋文，卷中有吴宝炜、王树枏、宋小濂（1864—1926）跋。据卷首吴宝炜跋，此卷为梁玉书（字素文）得自新疆的名迹之一，梁氏在北京售出时，多数为白某"贩售东瀛"，吴氏只得其中三卷。本卷裱残经十四段，《大观》选印十三件，内容有《法华经》《佛说温室洗浴众僧经》《涅槃经》《摩诃般若经》《优婆塞戒经》《贤愚经》等。

3. 梁玉书旧藏《北凉以来写经残卷》（《大观》称"五段残经长卷"），签题下小字题"出吐鲁番，素文珍藏"，卷尾有郭鹏、翁廉和吴宝炜跋,应当也是吴宝炜与白某所争得的三卷之一。所裱五件残经,《大观》选印其四,内容有《摩诃般若经》二、《十诵律》和《金刚经》各一件。以上梁玉书旧藏两卷,都在 1964 年,由吴宝炜后人转售给历博收藏。

4. 段永恩旧藏《六朝以来写经碎锦》(《大观》简称"碎锦册")。签题为段永恩(字季承)自署,册中裱有其任职新疆期间所得文书、写经等。《大观》选印八种,可比定者为《法华》《涅槃》,其他均未必定,说明册中多是残片,但共有多少片不明。

5. 王树枬旧藏所谓"三段写经长卷"(未记题签),卷前有王树枬跋,尾有吴昌绶、汪律本跋。吴跋称残经得自吐鲁番鄯善。汪跋写于癸丑(1913)初冬,时该卷已为程均孙所有。三段残经分别是《增一阿含经》《贤愚经》《摩诃般若经》。

以上五个长卷所裱残经,是清末任职新疆的官员王树枬、梁玉书、段永恩、陈秋白等所得,主要出土地当在吐鲁番,但也不排除库车等地的可能性。过去,由于王树枬有《新疆访古记》,而他的藏品后来多数在日本书道博物馆中,所以人们对王树枬旧藏知之较多。但对梁玉书、段永恩诸氏旧藏,则不得其详。1990 年,笔者在日本调查敦煌吐鲁番文献期间,曾在静嘉堂文库见到八函装裱成册的梁玉书旧藏吐鲁番残卷,又在古书店图录上,看到"素文珍藏"的卷轴装写经(见拙著《海外敦煌吐鲁番文献知见录》,江西人民出版社,1996 年,183—193 页),两处的装裱形式与历博所藏《六朝写经残卷》和《北凉以来写经残卷》完全相同,北京图书馆也藏有同样的"素文珍藏"卷册。《大观》没有影印段永恩藏册子的外观,不知与其他日本、中国所藏段氏旧藏品是否同一模式。之所以要确定这些装裱形式,是因为这些早期装裱的长卷,往往可以提供给我们装裱的年代下限,从而确定它们是何时来自何处,这对于散藏敦煌吐鲁番文献的真伪判别十分重要。

6. 周肇祥、罗振玉等旧藏卷。本卷第 36—42、44—49 号是敦煌藏经洞出土写经,多是常见的长卷佛经。其中三件有"周肇祥曾护持"长方印,知是周氏旧藏;第 47 号最后一件《大般若经》卷二八卷首,有周肇祥题跋，考证卷上所钤"报恩寺藏经"和"三界寺藏经"印，举合肥蒯若木藏《乾德三年沙州三界寺道真给女弟子张氏戒牒》为证，颇有见地。此二印图版清晰，周肇祥跋文录文不误，惜《解说》分别误作"报国寺藏经印"和"三藏界寺藏经印"。最后一件《太玄真一本际经》，曾刊罗振玉《贞松堂藏西陲秘籍丛残》，知为罗氏旧藏。其他几件，不知哪件属于周氏，哪件属于罗氏，还是得自他氏。第 48 号智慧山写本《瑜伽师地论》，大中十年四月法成讲经的记录。

本书《晋唐文书》部分，主体是黄文弼在吐鲁番考古时所获文书和罗振玉旧藏文书，其他零散文书，有的十分重要。

黄文弼所获吐鲁番文书，已为学界广泛利用，但 50 年代印刷的《吐鲁番考古记》图版质量欠佳。《大观》图版往往大于《考古记》，而且十分清楚，极便利用。经与《考古记》核对，除了几件残片和非唐朝文书外，《大观》均予收录，可惜《考古记》图 35《伊州刺史残纸》一件虽然较残，但不论从书法还是从内容上看，都不应当删除。此外，本书还收录了《李明达借麦粟契》（48 号），原为黄文弼得自沙雅通古斯巴什故城，收入《塔里木盆地考古记》，已为编者指出。但另一件黄文弼所获文书，即《押官杨思礼请取状》（27 号），编者记为"吐鲁番盆地出土"而未给出处，实际上此件出自拜城克孜尔石窟，见黄文弼《新疆考古发掘报告》（文物出版社，1983 年）90 页，图版 66。

罗振玉旧藏，经与《贞松堂藏西陲秘籍丛残》核对，属于唐朝文书的部分也大多收在《大观》当中，如开元年间的长行马文书，即在其中。

其他零散文书，有《建平六年田地县催诸军到府状》，上钤"周肇祥所鉴定"印。这件文书十分完整，对于研究高昌郡的历史极有参考价值。过去，我们从唐长孺先生《从吐鲁番出土文书中所见的高昌郡县行政制度》（《文物》1978 年第 6 期）获见此文书的录文，但唐先生的录文在随文章收入《山居存稿》（中华书局，1989 年）时，却又有所不同。后来看到《艺林月刊》第 53 期（1934 年 5 月）所刊照片，方知唐先生所据当时他人提供的抄件，但第一次发表的抄件改行处所有误。第二次发表时更正了改行处所，但漏了最后一行字。现在有清楚照片已经发表，但唐先生已经仙逝,希望以后再版《山居丛稿》时订正相关录文。

零散文书中最重要者,要数罗惇曧(号复堪)旧藏的《唐人真迹》两卷。两卷装裱形式相同,大字书"唐人真迹",下小字写"出鄯善县,复堪珍藏",分别标"第一卷"和"第二卷"。第一卷中三纸,一为《定远道行军大总管牒》(本书37号),存字15行,系有关开元五年(717)奉定远道行军大总管可汗文,自西州差人至军,判补盐泊都督府表疏参军事,于西域史研究至关重要。同卷所裱残片两件(49—50号),审其内容,应当也是同一组文书的残片。罗惇曧旧藏《唐人真迹》第二卷,也裱有三纸,都是关于开元十三年长行坊的同组文书(23—25号)。这两组文书,都是首次发表,弥足珍贵。此二册《唐人真迹》和罗振玉的《敦煌石室唐北庭都护府户籍文牒丛残》册子,都是唐兰先生1948年在北京购得,1982年由唐兰后人捐赠给历博。

还有一件值得一提的文书是《天山县南平乡户籍》(42号),编者只提到文书是唐兰旧藏,1982年由唐家捐赠历博,而未列任何参考文献,并定年代为开元二十六年。审其图版,与《艺林旬刊》第29期(1928年10月11日)所刊《唐天山县户籍残本》图版完全一样。笔者曾撰《〈唐开元二十九年西州天山县南平乡籍〉残卷研究》(《西域研究》1995年第1期),将此文书与北京大学图书馆藏另外三件残文书缀合成一片,复原出《唐开元二十九年西州天山县南平乡籍》,当时不知《旬刊》所揭这件文书的所在。1997年末,笔者率学生参观历博新布置的"中国通史展览",无意中发现此件文书赫然在目,当时无暇细观,以后曾专程往访,却只见说明牌,而不见原文书,不禁为之怅然。现在自《大观》中重见此文书,又不胜欣喜若狂。

先期出版的《大观》第12卷《战国秦汉唐宋元墨迹》(吕长生主编,同上出版社,1994年12月,229页),收入了属于典籍类的敦煌吐鲁番文献。其中有黄文弼《吐鲁番考古记》刊布过的《白雀元年衣物疏》《文选序》《尚书·大禹谟》《毛诗·筒兮》《孝经·三才章》,还有罗振玉旧藏的《老子》《开蒙要训》《太公家教》《占书》《周公卜法》《书仪》《尺牍》《题旃文》《渔歌子》《天成元年(926)日历》,均曾收入《贞松堂藏西陲秘籍丛残》。这些典籍不是黄文弼所获和罗振玉旧藏典籍的全部，前者可能由于从书法角度取材的结果，后者则因为罗氏旧藏后来分散，并非都在历博。值得指出的是，敦煌吐鲁番文献研究已经取得了相当的进步，本书编者似乎没有充分吸收。罗振玉旧藏部分，《大观》题名悉依《贞松堂藏西陲秘籍丛残》，有些应当订正，如第 52 号《尺牍》第二、三纸和第 53 号《题旄文》，实际都是杜友晋《新定书仪镜》（见赵和平《敦煌写本书仪研究》，新文丰出版公司，1993 年，303—374 页）；第 55 号《天成元年日历》，早经王重民先生指出即同光四年历（《敦煌本历日之研究》，《东方杂志》第 34 卷第 9 期，1937 年，15—16 页；又见《敦煌遗书论文集》，中华书局，1984 年，122 页），藤枝晃《敦煌历日谱》将此卷与 P.3247 背缀合，原有标题曰"大唐同光四年具［注］历一卷"（《东方学报》京都第 45 册，1973 年，413 页），全卷录文见邓文宽《敦煌天文历法文献辑校》（江苏古籍出版社，1996 年）387 页以下。

本书新刊的资料，是敦煌藏经洞所出《文选·五等论》写本，钤有"书潜经眼"，说明傅增湘先生曾经看过。据徐俊先生见告，此卷与北图、敦煌研究院藏《文选》属于同一写本，有关情况，详见他的《敦煌吐鲁番本文选》书评（《敦煌吐鲁番研究》第 5 卷）。

我们应当感谢中国历史博物馆的编辑者和日本方面的翻译者与出版社，为学术界提供了如此精美和丰富的敦煌吐鲁番写经和文书资料。这些资料一方面有助于我们对敦煌吐鲁番写本、晋唐书法演变、唐代历史的研究，另一方面也提供了散藏敦煌吐鲁番文献流传的重要线索，补充了敦煌学和敦煌吐鲁番文献流散史的重要篇章。然而，《大观》毕竟是从书法的角度取材，有取就有舍，有些长卷也无法整卷刊出。在中国国家图书馆和各地大大小小敦煌吐鲁番文献收集品陆续整体公布的今天，我们更希望历博能够全面公布所藏的敦煌吐鲁番资料，完整的资料将会提供给读者更多的信息，更好的材料，历博也会得到更佳的赞誉。

（2000 年 8 月 29 日完稿，原载《敦煌吐鲁番研究》第 5 卷，2001 年，332—337 页。）

王素《高昌史稿·统治编》评介

王素先生的《高昌史稿·统治编》已由文物出版社于 1998 年 9 月精印出版，这是作者计划撰写的约 200 万字的大著《高昌史稿》的第一编，其他四编分别是《交通编》《政制编》《经济编》和《文化编》，据说有的已经完成，有的还在撰写当中。

《高昌史稿·统治编》由六章组成：第一章《姑师与车师前国（先秦至西汉中期）》，第二章《高昌壁垒（西汉中期至西晋）》，第三章《高昌郡〔上〕（前凉至段氏北凉）》，第四章《高昌郡〔下〕（西凉至沮渠氏北凉流亡政权）》，第五章《高昌国〔上〕（阚氏、张氏、马氏）》，第六章《高昌国〔下〕（麹氏王国）》，后附《高昌统治年表》。

自 20 世纪初以来，吐鲁番盆地各个古代遗址中出土了大量的文物和文献资料，为高昌历史的研究提供了远较其他西域古国要丰富得多的资料。特别是解放后阿斯塔那和哈喇和卓墓地出土的大批世俗文书，其有关高昌郡和高昌国时期的文书含量，要比此前所有国内外吐鲁番考古队所得的总和还要多得多。随着刊布这批文书的《吐鲁番出土文书》的陆续出版，极大地推动了高昌郡和高昌国时期的高昌历史的研究，如果我们能够全面地阅读二十年来中外学者有关高昌政治、经济、文化史的大量论著，我们对高昌历史的认识要较二十年前不知进步多少倍。然而，迄今为止，由于出土文书往往支离破碎，学者们的研究举步维艰，大多数成果都是以论文的形式发表，因此很难给人以全面的高昌历史的认识。

　　王素先生自 1981 年开始就参加了由唐长孺先生领导的"吐鲁番文书整理小组"，以后又负责四卷本《吐鲁番出土文书》图录的编辑工作，有机会接触原件，因此在研究高昌历史文书方面，有得天独厚的条件。由于他很早就萌发了撰写《高昌史稿》的念头，所以他在研究发表有关高昌史的单篇论文的同时，一方面全面把握传世文献材料中的高昌历史资料，另一方面大力收集 20 世纪初以来中外学者有关高昌史的大量研究成果。翻检该书，可以看出作者在这两方面的准备是十分充分的，特别是对高昌国史的研究作出很多贡献的日本学者的论著，大约都没有漏过作者的眼光。

　　因为《吐鲁番出土文书》是按墓葬为单位来编排文书的，所以要以此为主要根据来进行高昌史的研究，还需要作相当多的准备。作为《高昌史稿》的前期准备工作，王素先生首先完成了三部资料性的著作：1.《吐鲁番出土文书人名地名索引》（文物出版社 1996 年版），与李方女士合编。通过对十卷本《吐鲁番出土文书》的彻底翻检和细心对证，把文书中的所有人名和地名（包括最小单位的地名，如寺名）统编起来，其中包括对残名、简称、译名的统一和考订。王素先生负责《吐鲁番出土文书》前五册的编辑，也就是高昌郡和高昌国时期的文书，这样一来，就可以掌握出现在不同文书中的同一人名和地名的所在了。2.《吐鲁番出土高昌文献编年》（新文丰出版公司 1997 年版），王素先生在这本书中，把几乎所有属于高昌史的出土文书都作了系年的工作，从西晋泰始九年（273）间到麹氏高昌延寿十七年（640）前后的文书，原有纪年者按顺序排列，没有纪年的也根据其他情况作了大致的断代。在每一件文书下面，编者还给出有关该文书的已刊研究成果。3.《魏晋南北朝敦煌文献编年》（新文丰出版公司 1997 年版），与李方女士合编。本书以敦煌资料为主，实际上包括了甘肃地区出土的简牍、文书、石刻等所有出土文献材料，从蜀汉章武元年（221）到六朝末年（589），跨越整个魏晋南北朝时期。由于这段时期高昌有时属于凉州政权，有时虽然独立，却仍然与河西地区有着政治、经济、文化的不可分割的关联。以上两书的编辑，显然是《高昌史稿》的另一项准备，即史料编年的工作。

目前已经出版的《高昌史稿·统治编》，虽然不是《高昌史稿》的全部，但从中可以清楚地看出作者在以上准备的基础上所取得的突出成就。

高昌位于今天新疆吐鲁番盆地，既是中原王朝向西拓展的出口，也是北方游牧汗国控制西域的跳板；其地又正当东西交通的孔道，可以从东西贸易中获取丰厚的利益，因此自古以来就是周边强大势力的争夺对象。而吐鲁番盆地土地肥沃，四周是山，形成一个天然的王国形势。因此，自有文献记载以来，这里就常常是独立王国的立脚点，同时又往往被周边较大的国家或部族所控制，使得高昌历史上政权的转移较其他地方要频繁得多，而且其间也充满了复杂的各种矛盾，有待史学家去清理。《高昌史稿》以《统治编》开头，是作者深思熟虑的结果，因为只有"给高昌的统治历史勾勒出一个较为清楚的轮廓"，才能够在此基础上来探讨其他问题。作者的这一选题，无疑是正确的选择。

面对纷纭复杂的高昌政权转移的历史，学者们间的意见并不一致，特别是高昌郡时期和高昌国初期文书中的一些不见记载的年号的归属问题，仍有较大的争论。作者综合前人的研究成果，利用传世文献和出土文书，加以判断，或是阐明自己的意见，使我们能够较清楚地把握高昌权力转移的时间以及相关的统治者的顺序和世系等问题。因为中日学者有关吐鲁番出土文书中年号问题的讨论文章较多，争论也较大，所以作者用了相当多的篇幅去阐述前人的研究成果和判别是非。正如作者在序言中所说，这种做法实际上是"希望在前贤辛勤耕耘的基础上，将高昌统治历史的研究，推向一个新的起点"。也就是说，作者把复杂的研究史加以清理，为人们今后的研究提供一个新的起点。同时，作者在书中本着史学工作者的谨慎态度，对于一些无法论定的问题，暂付阙如，不作定论，以待新史料的出现。

作为第一部系统的高昌史，用较多篇幅来叙述前人的研究成果是必要的，但这样做往往会淹没掉作者的一些新的看法。其实，本书中不乏王素先生多年来研究成果的总结和提高，有的还是最新的论说。例如，作者在第二章中讨论高昌壁的得名时，认为高昌壁最初应当是敦煌县高昌里派出的士卒之居地，所以名为"高昌"，并举敦煌汉简和《西凉建初十二年（416）敦煌郡敦煌县西宕乡高昌里户籍》为证。这一说法值得注意。同一章中对高昌壁和高昌垒的性质和年代的区分，也是治高昌史者所忽略的问题。在第四章中，作者细心分析北凉建置年号的规律，对沮渠氏北凉和阚爽政权统治高昌郡的年代，提出较前人更为精确的判断。作者还根据"龙兴"年号的意义，来说明阚爽政权的性质已由郡府政权转变为国家政权。在第五章中，作者根据在新疆博物馆所见《建初七年苏娥奴枢铭》原件，判断出其干支纪年是"乙亥"，因而断定这是495年文书，从而使张氏高昌国的建立和灭亡的年代都得到落实。

《高昌史稿·统治编》是第一部系统论述先秦至唐初高昌政治史的著作，作者充分掌握了考古文物、出土文书、传世文献和前人研究成果，加之自己深入细致的研究，使这部著作达到了国际一流的水平。

笔者虽然也留意高昌历史，但用力不如王素先生勤，有些问题尚不明了，如车师王国的地位、高昌国的产生，以下提出来讨论。

按照笔者的理解，作者所说的"高昌"，从地理范围上讲，是指整个吐鲁番盆地。但是在研究某一时段的高昌历史时，却不免受材料的局限，而把高昌的地理概念局限在吐鲁番盆地的东面，即狭义的高昌城周边地域范围之内。具体来讲，本书第一章讲姑师和车师前国，时段为从先秦到西汉中期。此后第二、三、四章，分别讨论高昌壁垒（西汉中期至西晋）和高昌郡（前凉至沮渠氏北凉流亡政权），其间没有给车师前国任何位置，从题目看，似乎车师前国自西汉中期以后就不复存在了。其实车师前国一直存在到公元5世纪中叶才最终被沮渠安周灭掉，此前虽然记载很少，但偶尔还是不时地见于中原王朝的记载，说明它仍然支撑着吐鲁番盆地的半边天。但由于汉文材料大多出自汉人较为集中的高昌城及其附近地区，所以使得高昌史的研究从很早时候起就有了一种重高昌而轻车师的情况。近年来，车师王国首都交河城北发现大型竖穴墓，有附葬墓和殉马坑，反映了车师王国统治阶级的一些文化面貌（见新疆文物考古所等编《交河故城——1993、1994年度考古发掘报告》，东方出版社1998年版）。我们相信，随着交河考古材料的进一步公布和考古事业的继续深入，作为高昌史的重要组成部分的车师历史，必将引起人们的更多关注。

以高昌城为中心而成立的高昌国，一般都是从柔然杀沮渠安周，立阚伯周的460年算起，本书也是这样处理的。这样作与大多数史籍记载相应，当然是没有问题的。然而，从高昌郡到高昌国是个渐进的过程。第一个以高昌城为据点而独立于河西或中原王朝的割据政权，是阚爽政权。史籍中，有的说他是"高昌太守"（《魏书·高昌传》），有的说是"高昌城主"（《宋书·大且渠蒙逊传》），还有的说是"高昌国"之"王"或"主"（《梁书·高昌传》），最后一种说法往往不为人们所取，但王素先生以为不可轻易怀疑。更重要的是，他根据阚爽的"龙兴"年号应是开国君主所用一点，来说明阚爽政权很可能经历了从郡府到国家再到郡府的变化。如果这个论点成立，则高昌国的端倪在阚爽时代（435—442年）就已出现。

事实上，高昌国的真正基础是接下来的沮渠无讳和安周兄弟的大凉政权建立的。本书作者不同意把沮渠氏的高昌政权算作是高昌王国，因为他们建号"凉"或"大凉"，因此把它叫作"北凉流亡政权"，并仍然放在高昌郡下讨论。但事实上，沮渠无讳、安周兄弟虽然以"大凉"为号召，但从来没有再回到河西去反抗北魏的统治；刘宋的诏书也已经改授安周为戊己校尉，将其定位在高昌；更重要的是安周灭掉车师国，统一了吐鲁番盆地，将高昌从一郡五县的郡府规模，扩大到三郡八县的王国建制，为此后高昌国奠定了基础。从实际出发，阚、张、马、麴氏类型的高昌国应当从沮渠氏时代就正式开始了。笔者旧作《吐鲁番的历史与文化》（胡戟、李孝聪、荣新江《吐鲁番》，三秦出版社1987年版）和近作《〈且渠安周碑〉与高昌大凉政权》（《燕京学报》新5期，1998年），对此略有论说，但不够全面。《高昌史稿·统治编》所列举的史实，为此提供了重要的论据。

此外，有些个别问题的补充意见，条列于下，供读者参考：

第57—58页关于二争车师问题，作者对汉武帝悔过诏的转述略有失真。关于这一战事的全景描述和分析，可参看田余庆先生《论轮台诏》（原载《历史研究》1984 年第 2 期，收入作者《秦汉魏晋史探微》，中华书局，1993 年，28—57 页）。

第 77 页关于戊己校尉的"寄治"说，笔者《吐鲁番的历史与文化》的主要根据是劳榦《汉代的西域都护与戊己校尉》，《史语所集刊》第 28 本上，1956 年，491—493 页。此条似为作者偶一失检。

第 377 页以《高昌延和十二年（613）五月四日解显武墓表》为延和纪年最晚的文书，柳洪亮《新出吐鲁番文书及其研究》70 页（新疆人民出版社 1997 年版）又刊出《高昌延和十二年六月十三日呈刺薪奏》，较上件稍晚，但不影响作者的结论。

第 359 页以下有关高昌与隋、唐王朝及突厥、铁勒的关系问题，还应参看郑学檬《隋和高昌王朝关系考察》，载《祝贺胡如雷教授七十寿辰中国古史论丛》（河北教育出版社，1995 年，23—38 页）。新近出版的吴玉贵《突厥汗国与隋唐关系史研究》（中国社会科学出版社 1998 年版），也有一些篇幅提供了高昌历史的更为广阔的背景和一些尚未引人注意的材料（如麹文泰续娶华容公主宇文氏事）。

通读本书，错字极少，从校对上讲，是目前出版物中难得的精品。作者精心选印了 8 幅图版，都是很能说明问题的真迹，可惜的是，我们在正文中却没有见到相应的参见说明，这无疑降低了图版的价值。最后，作为一部内容上已经达到国际一流水平的著作，最好能够附有便于与国际接轨的英文目录，因为高昌原本是世界史上的高昌，高昌历史也早已是一门国际化的学问了。

（1999 年 2 月 2 日完稿，原载《历史研究》1999 年第 3 期，186—188 页。）

柳洪亮《新出吐鲁番文书及其研究》评介

  1959—1975 年间吐鲁番出土的文书，由于唐长孺等先生的努力，已经全部出版了录文本《吐鲁番出土文书》十册（文物出版社，1981—1991 年）和图录本《吐鲁番出土文书》四册（文物出版社，1992—1996 年）。这批文书的整理公布，不论对北朝隋唐史，还是对敦煌吐鲁番研究，都起到了巨大的推动作用。但这并非是解放后新出吐鲁番文书的全部。

  柳洪亮先生著《新出吐鲁番文书及其研究》（新疆人民出版社 1997 年 4 月版）一书，由三编组成。第一编是文书录文，收录了现藏吐鲁番博物馆的几组吐鲁番出土文书：（1）未及收入上述《吐鲁番出土文书》的 66TAM360 墓文书，（2）1979—1986 年间发掘的 TAM382—391 墓出土文书（其中 390 墓未出文书资料），（3）其他零散发现的文书，包括 1968 年交河城出土、1981 年吐峪沟出土、1980—1981 年柏孜克里克石窟出土文书。三组中数量以第二部分最多。第二编是考古发掘简报，即上述 382 号墓、383 号沮渠蒙逊夫人墓、1986 年发掘的 384—391 号墓、360 号墓、柏孜克里克石窟以及阿斯塔那古墓群发现之"桃人木牌"的简报，大多数已在《文物》《考古》等刊物上发表过，现在集中起来，便于读者了解文书原来的形态和同组的文物情况。第三编是柳洪亮先生对其中重要文书的专题研究论文，现列举其篇目，并提示相关研究成果如下：（1）《吐鲁番出土文书中的缘禾纪年及有关史实》，（2）《吐鲁番出土文书中"建平"、"承平"纪年索隐——北凉且渠无讳退据敦煌、高昌有关史实》，据新出文书，讨论"缘禾""建平""承平"的纪年问题，并据以解说当时的史实。对于柳洪亮先生的有关看法，王素先生在《高昌史稿·统治编》（文物出版社 1998 年版）中已有肯定或商榷意见，此不赘述。（3）《吐鲁番文书中所见高昌郡官僚机构的运行机制——高昌郡府公文研究》，（4）《吐鲁番出土文书中所见十六国时期高昌郡的水利灌溉》，由于新出文书中有相对较多的高昌郡时期的文书，作者对高昌郡的官僚机构和水利灌溉事业的研究，颇有新意。（5）《新出麴氏高昌历书试析》，是对吐鲁番出土麴氏高昌历书原本的考订。此件十分珍贵，为此前所未见的材料。邓文宽先生又据柳洪亮先生提供的照片，撰《吐鲁番新出"高昌延寿七年历日"考》（《文物》1996 年第 2 期），做了更精细的考订。本文在旧稿基础上，依邓氏所考有所改订。（6）《安西都护府初期的几任都护》，据有关初期安西都护的文书，提出了安西都护府首次迁移龟兹的年代在显庆三年（658）的重要结论，并考订了初期的几任都护的在位年份。笔者曾撰《新出吐鲁番文书所见西域史事二题》（《敦煌吐鲁番文献研究论集》第 5 辑，1990 年），对此有所补充。（7）《"西州之印"印鉴的发现及相关问题》，据目前所见唯一的"西州之印"文书，来讨论唐朝占领西州初期的史事。（8）《〈大唐西域记〉传入西域的年代及有关问题》，据吐峪沟新出写本，揭示了《西域记》成书后迅速传入西域的事实。（9）《交河故城出土唐写本〈孝经〉残卷跋》，是交河所出零散写本，为我们认识唐朝的地方教育提供了素材。这些文章虽然都已刊布过，但与文书收录在一起，有助于读者了解部分文书的价值。

　　本书的主体是十座墓葬出土的文书，编者按《吐鲁番出土文书》的编纂方式，以墓为单元，按年代先后，分成高昌郡时期、高昌国至唐西州时期和唐西州时期三段排列，校录和注释的方法也同于上书。这些文书虽然有些已在上述考古发掘简报或专题研究论文中发表，但尚有不少是首次露面，而系统全面地公之于众，这也是第一次。我们特别应当感谢编者的是，本书的后一半，刊布了所有文书的照片，只可惜质地欠佳，有些可以为进一步研究这些文书提供原样，有些则模糊不清。

陈国灿先生的序言，已经就沮渠蒙逊夫人彭氏、缘禾纪年的确定、高昌国赋役制、唐朝分番上烽、元朝吐鲁番与内地的经济交往等方面，揭示了所刊文书的历史价值。相对而言这批文书的总数虽然不多，但却包括一组北凉时期的文书，为研究高昌郡的军政制度均提供了新史料。简单的彭氏衣物疏及随葬实物，与史籍所记大凉承平年间的饥馑情形正相印证。属于麹氏高昌国的文书比重最大，也有不少值得探讨的资料，如交通、寺院、气候等方面。唐朝文书则为均田制、户籍制、府兵制研究提供了新素材，其中还有一件已刊文书中比较少见的关于致仕的文书。散出文书多为典籍，有《孝经》《大唐西域记》《汉书》《广弘明集》和佛经题记，加上墓葬出土的《论语郑氏注》，也为古籍整理提供了新材料。相信本书与《吐鲁番出土文书》一样，将会成为学者们经常使用的史料书。

作为史料，文书录文的正确与否关系到对史料的理解和运用。本书的校录者在这方面做出很大的成绩，使残乱的纸片变成了可读的文书。但正像所有敦煌吐鲁番文献的初录本一样，本书的校录也还存在着一些可商榷之处。在本书出版以前，笔者有幸在1996年5月间，承蒙柳洪亮先生的关照，与中美吐鲁番考察队其他成员一起，在吐鲁番博物馆看到了几乎所有文书的原件，并抄录了部分文书。现据当时抄录的文字，与本书相应部分校勘如下：

46页2行，"清"原作"倩"，误字，似应出校。7行"只"当作"隻"。

49页9行，"八"字与同文书其他文字不同，笔画粗大，显为另一人所书。同样的文书，见《吐鲁番出土文书》壹所刊《高昌追赠宋怀儿虎牙将军令》，其中有填写文字，末署"廿四日"之"四"，也是粗笔大字，而整理者同样没有措意。实际此字反映了麹氏高昌国国王的王令也有如同后来唐朝敕书"进画"那样的制度，即臣下起草令文后，送进宫中，由高昌王写下日数，然后颁行（参看雷闻《从S.11287看唐代论事敕书的成立过程》，《唐研究》第1卷，1995年，328页）。虽然其制较唐朝简略，但做法大体相同。因此，这里的"八"字，当出自高昌王手笔，本文书为我们研究高昌国的官文书制度，提供了珍贵的原始材料。

52 页 5 行，与 4 行"患"字并列处漏"行"字。

70 页 6 行"原"应作"石"。

86 页 2 行，大字"三幅（番）"上，仍可见"分"字。其下应排双行小字，其中"四十"当作"卌"，阙字"□□"应作"人别"。

100 页 1 行，"□□领□□"的前二缺字，视其他户籍文书当作"授甲"，"领"字当作"頭"，后二缺字的第一字或当为某一九姓胡的姓，如"康""曹"之类，后一字为"阿"，"阿父师"为粟特人名译音。例见李方、王素编《吐鲁番出土文书人名地名索引》（文物出版社 1996 年版）18 页。

101 页 11 行，"课户见输"上，应加阙字符号。

108 页 1 行，"等"似应作"廿日"。本行上部，应加阙字符号。2 行上部也应加阙字符号。3 行下部，应加阙字符号。4 行"从"及上一字当作"具足"，□似是"州"字。故此一句应当标点为"点检具足，勿使搅恶，到州……"5 行，"如遇"当作"知过"，即点检前件器仗具足后，到州中请长官过目。本行末纸残，应加缺字符号。6 行，"付"当作"仰"，"劾"当作"部"，部领即押运。7 行，"王愿住"后当补一□，或为"牒"字。

111 页 1 行，□当作"住"，善住为唐人常用名；"死"当作"配"，"仗"下仍可见"身"字残划，仗身为唐朝色役名。此行文字的误释，导致编者给本文书定名为"唐邓善□等死仗文书"，意义不明，似应定名为"唐配役文书"。又，下录同墓第五件文书为残名籍，原件与这件配役文书一样，都有泼墨痕，且同用为鞋样，故当为同组文书，可放在一个标题下。2 行□□当作"张隆"，行末似可释读出"安"字。5 行行末可补"勒"字。

114 页 1 行，□当作"伏"；2—3 行间，小字"数"下有"具"字。

以上是笔者据原卷录文所作的修订意见，因为有些图版模糊，无法核定，敬希作者和读者指正。笔者当时没有时间据原件一一过录文书，因此尚有不少文书有待校订。

118—120 页《孝经》未记编号，注文称 1968 年出土于交河故城遗址，现亦用作交河故城旅游宣传折页的配图。此卷有上下栏，楷书，原有朱笔（？）句读，录文应当保留；又原卷已裂为三段，亦未说明。据笔者在京见过的同一文书照片，上有编号作 68TGI:1，当是原始编号，或许现已脱落。应当指出的是，据同一组照片，同一批文书共九个号码，现据照片编号标目于下：

68TGI:2	索蒲桃书	68TGI:3(a)	某人辞
68TGI:4	习字	68TGI:5	残契
68TGI:6	替人名录	68TGI:7	田亩文书
68TGI:8(a)	残片	68TGI:9	小残片二十件

这些文书大概因为太残而未收入本书。本件不知何故未写编号，而且我们也不知道 TGI 这个编号的确切含义是什么。

126 页以下为柏孜克里克千佛洞出土文书，仅录 4 件。据考古发掘简报，这批文书共 804 件，其中汉文写印本 530 件，其他为回鹘文、婆罗谜文、粟特文、西夏文写本或印本，这是有别于墓葬文书的石窟寺文书，亦极富研究旨趣，希望能够早日全部整理公布。

另外，此书有一些体例和繁简不一的问题，如▨号一般是整理简牍时的缺文号，本书凡例称"不识或无法排版者，以▨表示"，有些地方又作"▢"，颇为别扭。专有名词的标线，本书均标在名词右侧，按整理古籍的通例，当在左侧。又，文字繁简不一，如"墓誌"的"誌"作"志"，"屍体"的"屍"作"尸"，"後来"的"後"作"后"，姓氏之"范"作"範"，均应在再版时改正。

（1999 年 2 月 2 日完稿，原载《敦煌吐鲁番研究》第 4 卷，北京大学出版社，1999 年，586—590 页。）

《旅顺博物馆藏新疆出土汉文佛经选粹》评介

本书由旅顺博物馆、龙谷大学共编，京都法藏馆 2006 年 3 月版，计 262 页。日文名《旅顺博物馆藏卜ルフ了ン出土汉文佛典断片选影》，把旅顺博物馆所藏汉文佛典的出土地限制在吐鲁番，似乎不如汉文书名更为确切，因为虽然大谷探险队所获汉文佛典的主要来源是吐鲁番盆地的各个遗址，但也有出自焉耆、库车等地的资料。

本书之所以在日本京都出版，是因为这是旅顺博物馆和龙谷大学的一项合作研究成果，因此，由项目的主持人旅顺博物馆馆长刘广堂先生和龙谷大学名誉教授上山大峻先生共同主编。笔者虽然列名项目参加者的名单，实际上并没有参加具体的工作，也没有对本书的编纂做出任何贡献，这里想借书评的形式，介绍这本图录的学术成绩，兼补充若干意见。

众所周知，旅顺博物馆收藏有日本大谷探险队在新疆吐鲁番等地发掘、购买的大量古代写本、刻本文献残片，仅汉文佛典就有约 26000 件，虽然大多数是残片，但从其年代跨度和文献内涵来看，都可以说是相当丰富的历史文化遗产。这些资料除了 1915 年出版的香川默识编《西域考古图谱》上、下二卷（国华社）、1912—1913 年出版的橘瑞超编《二乐丛书》发表过一些文献的图版外，大多数没有公布过，而且也很少有敦煌吐鲁番研究方面的学者有机会前往考察研究。1992 年，笔者与方广锠博士曾陪同龙谷大学上山大峻、小田义久、木田知生三位先生访问旅顺博物馆，看到部分文献残片，但时间短暂，没有做任何研究。

早年，这些新疆出土汉文文献曾经由大谷探险队的主要成员橘瑞超从事整理工作，大概是他按照自己的分类标准，把汉文佛典断片分类裱贴在 52 个蓝色封皮的册子中，被称为"蓝册"或"蓝皮册"，类别有《法华经》《涅槃经》《般若经》等已比定的断片，还有许多没有比定的大大小小的残片，简单题作"经贴""木版经""经文残片"等。另外一些更小的残片，则装在 16 个纸包中保存。这些纸包中的残片，内容既有佛典，又有文书。1992—1996 年间，王珍仁、刘广堂、孙慧珍三位先生合作，陆续整理了一些文书残片，发表了《旅顺博物馆藏新疆出土的古文书》（一）至（七）①，其中如户籍、交河郡市估案等残片，颇引起研究者的关注，但由于只有很少的照片曾经在龙谷大学佛教文化研究所·西域研究会印行的非正式出版物《旅顺博物馆藏新疆出土文物研究文集》（1993 年 3 月）上发表，所以并没有受到广泛的关注和研究。

本书主要取材于"蓝册"中的汉文佛典残片，可以说是旅顺博物馆藏新疆出土文献的首次大量公布，大致按年代顺序刊布图版，没有做释文工作。因为大部分内容是佛典，所以读者可以据后面所附图版目录与《大正藏》对照表，即可从《大正藏》中看到相关部分的文字。但所收写本残片中，也有相当数量的残片没有收入《大正藏》，这些主要是一些佛经注疏、疑伪经、禅宗典籍和日常应用的佛教文献，其实是更有研究价值的文献，值得做相应的录文。因为读者虽然可以据图版录出相关文字，但总不如据原件校录的文字可靠。

书后有简要的解题，提示旅顺博物馆收藏品的来历、现状、编号、年代等问题，并参考前人研究成果，提示了一些文献的学术价值。更详细的一些解说，可以参考作为同一项目研究成果而由旅顺博物馆与龙谷大学共同编印的《旅顺博物馆藏新疆出土汉文佛经研究论文集》（非卖品，2006 年）所收相关论文。

---

① 《新疆文物》1992 年第 4 期，116—121 页；1994 年第 1 期，13—20 页；1994 年第 2 期，99—107 页；1995 年第 1 期，61—69 页；1995 年第 2 期，29—39 页；1996 年第 2 期，81—86、88 页。

以下按图版顺序，参考解题和论集所述，提示一些笔者认为值得关注的写本或刻本：

2—3 页元康六年（296）写本《诸佛要集经》。我们知道，《西域考古图谱》下卷所刊这个写本是目前所知吐鲁番（包括敦煌）写本中最古老的一件，因此价值连城。笔者曾经以为《图谱》所刊元康六年写经就藏在旅顺博物馆[①]，害得龙谷大学的研究人员专程到旅顺博物馆去调查，结果没有找到。可喜的是，通过这次旅顺博物馆与龙谷方面的合作调查，竟然找到了 14 件属于同一个元康六年写经的残片，甚至有一件（LM20-1456-16-15）竟然与《图谱》所刊可以缀合。

6 页所刊 LM20-1455-14-12 残片，编者定为"春秋注释"，值得进一步考释。

154 页以下多为疑伪经，如《佛说像法决疑经》《佛说善恶因果经》《佛说救疾经》《佛说法王经》《佛说要行舍身经》《佛说天地八阳神咒经》《禅门经》等，我们从敦煌文献中已经知道这些疑伪经的存在并熟悉了它们的内容，特别是它们在研究中国古代民间宗教上的价值。不过过去所看到的吐鲁番写本中，疑伪经并不多，因此把这些文本置于高昌国和唐西州的吐鲁番地域中来思考问题，就有了不同的学术意义，它们必将在我们研究吐鲁番的民间宗教和庶民生活上，提供难得的信息。

174 页的 LM20-1455-07-01，编者比定为《前汉纪》，如果这个比定不误，则为吐鲁番（含敦煌写本）的古籍抄本提供了前所未见的一种，值得珍视。我们知道吐鲁番写本中有《汉书》写本，一件是德藏 Ch.938 号[②]，一件是吐鲁番地区博物馆藏 80TBI:001 号[③]，这显然是当地

---

① 荣新江《中国所藏吐鲁番文书及其对中古史研究的贡献》，《敦煌学》第 21 辑，1998 年，43 页。这是误解了王珍仁、孙慧珍两位先生《旅顺博物馆藏新疆出土的汉文文书概况》中所说的"这批佛教写经文书中年代较早的作品，是已被专家认定的元康六年（公元 297 年）的写经"（《新疆文物》1994 年第 4 期，50 页）。现在从《选粹》得知，《西域考古图谱》所刊元康六年写本已佚，但旅顺博物馆藏有同一写本的其他一些残片。

② 荣新江《〈史记〉与〈汉书〉——吐鲁番出土文献札记之一》，《新疆师范大学学报》2004 年第 1 期，41—43 页。

③ 柳洪亮《新出吐鲁番文书及其研究》，新疆人民出版社，1997 年，127、473 页。

文人阅读汉史的主要依据。如果东汉荀悦的《前汉纪》也传到吐鲁番，则有助于我们思考中古时代的学术传播问题。

191 页以下是刻本佛典，有"契丹版"（契丹藏）、"开宝藏"《大般若波罗蜜多经》（LM20-1487-03-05）、"金藏"以及一些单刻本。这一成果主要应当是京都大学竺沙雅章先生做出的，所以我们应当特别关注竺沙先生的相应研究论文《西域出土的印刷佛典》①。这些残片的比定，更加丰富了我们对于"契丹藏"的认识，以及对契丹与高昌回鹘关系的认识。关于"金藏"，中村菊之进《吐鲁番出土的大藏经》②、党宝海《吐鲁番出土金藏考——兼论一组吐鲁番出土佛经残片的年代》③，都曾比定出一些残片，现在又可以增加旅顺藏卷了，但同样精熟于佛经版本的李际宁先生对一些比定有不同的看法④。

200 页 LM20-1498-17-01 写经题记："清信士左卫将军田地太守出提麴孝亮（后缺）。"编者的解题已经提到，这位麴孝亮就是《魏书》卷一〇一《高昌传》所记永平元年（508）入朝于魏的高昌王麴嘉的兄子，而且官职"左卫将军、田地太守"也完全吻合，这是非常难得的，唯题记中的"出提"，不明其意。

201 页 LM20-1467-32-05 是高昌王麴乾固写经题记。

202 页 LM20-1454-11-07 残片只有"康家一切经"五字，前有较多的余白，表明是很正规的写经尾部。笔者曾在研究大谷探险队所获《武周康居士写经功德记》碑文时，联系到《西域考古图谱》佛典附录 5—3 所刊写有"康家一切经"的残片。感谢本项目研究者新发现了又一件"康家一切经"并联系到拙文所论述的康家写经问题，这无疑为康居士发愿抄写大量佛经提供了新的印证。

---

① 《西域出土の印刷佛典》，《旅顺博物馆藏新疆出土汉文佛经研究论文集》，118—134 页。

② 《トウルフアン出土の大藏经》，《密教文化》第 172 号，1990 年，39—69 页。

③ 《敦煌吐鲁番研究》第 4 卷，北京大学出版社，1999 年，103—125 页。

④ 李际宁《关于旅顺博物馆吐鲁番出土木刻本佛经残片的考察》，《旅顺博物馆藏新疆出土汉文佛经研究论文集》，230—244 页。

202 页图版所刊 LM20-1457-20-01 为《唐律疏议》，笔者再次高兴地看到，这正是 2003 年笔者据所见旧照片发表的《唐律疏议·贼盗律》的残片，它是和大谷 5098+大谷 8099 可以缀合的写本，见拙文《唐写本〈唐律〉〈唐礼〉及其他》的考证[1]。解题根据拙文做了说明和录文（这或许可以看作是笔者间接参加本项目的研究成果），但这个缀合写本发表时，山本达郎等编《敦煌吐鲁番社会经济文书集·补编》已经出版[2]，未及收入这个与今本《唐律》的文字并不相同的写本。

同页刊布的另外两个小残片，编号为 LM20-1507-0988 和 LM20-1507-1176，编者已经指出是"唐律"，但未深入考察。今检《唐律疏议》，知两残片在卷三《名例律》以下一段当中（以下划线表示写本现存部分）："诸工、乐、杂户及太常音声人，犯流者，二千里决杖一百，一等加三十，留住，俱役三年；犯加役流者，役四年。【疏】议曰：此等不同百姓，职掌唯在太常、少府等诸司，故犯流者不同常人例配，合流二千里者，决杖一百；二千五百里者，决杖一百三十；三千里者，决杖一百六十；俱留住，役三年。'犯加役流者，役四年'，《名例》云：'累徒流应役者，不得过四年。'故三年徒上，止加一年，以充四年之例。若是贱人，自依官户及奴法。"[3] 虽然残片很小，仍值得珍视，对比已经发表的吐鲁番出土《唐律》写本，此无疑代表一个新的抄本，而且字体工整，当为官颁精抄写本。

203 页刊布 10 件道教经典残片，其中 LM20-1453-18-05 为《洞玄元始五老赤书玉篇经》卷下，LM20-1465-02-03、LM20-1498-36-02+LM20-1498-32-04+LM20-1498-32-05 为《太上洞玄灵宝升玄内教经》，与大谷文书 4395 属于同一写本。另外，右

① 荣新江《唐写本中的〈唐律〉〈唐礼〉及びその他》（森部丰译），《东洋学报》第 85 卷第 2 号，2003 年，2—8 页。

② T. Yamamoto, et al. *Tun-huang and Turfan Documents concerning Social and Economic History*, supplement (A)(B), Tokyo, 2001.

③ 长孙无忌等撰《唐律疏议》，刘俊文标点本，中华书局，1983 年，74 页，第 28 条。

下角图版所示为《太上业报因缘经》(编号 LM20-1467-20-03)残片，存 7 行，此即《西域考古图谱》上卷佛典四八所刊写本。208 页所刊 LM20-1470-22-01 则是和《图谱》下卷所刊大谷文书 8104 可以缀合的唐写本《洞渊神咒经》卷六残片。此外，还有三件没有比定的道经。笔者 1999 年发表《唐代西州的道教》时，曾搜罗当时已发表的吐鲁番出土唐代道教文献写本[①]，这次发表的旅顺博物馆藏卷，从外观上看都是盛唐写经，更加可以印证我们对道教在唐代西州流行的特征。

209 页上栏图版是库车出土《法华义记》第一，《西域考古图谱》下卷佛典五一与旅顺博物馆藏 LM20-1467-28-03 可以缀合。

209 下栏图版是吐峪沟出土之《大智度论》卷第廿一尾部，《西域考古图谱》下卷佛典附录四-二和旅顺博物馆藏 LM20-1467-31-01 上下可以缀合，后有较大的空白，存题记一行，曰"西州司马麴仕悦供养"。原本《图谱》所示残卷只存"麴"字以上文字，这次我们得以看到麴仕悦的全名。诚如解题所说，麴仕悦是高昌国到西州政权转变时期的地方名族，其名见于已出吐鲁番文书，如 72TAM155:58/1、58/2《高昌延寿四年（627）闰四月威远将军麴仕悦奏记田亩作人文书》[②]，其时他是高昌国"威远将军"，从本件来看，他已经成为唐朝所立西州的司马，继续人生仕途。李方女史曾据池田温先生据《图谱》所录"西州司马麴□"[③]，推测麴某即永徽二年至麟德元年任安西都护、西州刺史和都督的麴智湛下属，故此姑将此人任职时间系于永徽二年至麟德元年间[④]。然而，在近年新出吐鲁番文书中，仕悦见于《唐残文书》（2004TBM107:3-1）和《唐永徽五年（654）至六年（655）安西都护府

---

① 《敦煌吐鲁番研究》第 4 卷，北京大学出版社，1999 年，127—144 页。
② 唐长孺主编《吐鲁番出土文书》壹，文物出版社，1992 年，425 页。
③ 《中国古代写本识语集录》，东京大学东洋文化研究所，1990 年，255 页，726 号。
④ 李方《唐西州上佐编年考证——唐西州官吏考证（二）》，《敦煌吐鲁番研究》第 2 卷，北京大学出版社，1997 年，190 页。

户曹关为安门事》（2006TZJI:197）[1]，后者是永徽五年前后安西都护府文书，因此推测麴仕悦为安西都护府上佐，若然，麴仕悦同时也是西州司马，则可能在安西都护府在西州时，西州司马可能就是安西都护府司马。

（2006 年 10 月 11 日完稿，原载《敦煌吐鲁番研究》第 10 卷，上海古籍出版社，2007 年，409—413 页。）

---

[1] 荣新江、李肖、孟宪实主编《新获吐鲁番出土文献》中的录文与解题，中华书局，待刊。

书评：K．Kudara，*Chinese Buddhist Texts from the Berlin Turfan Collections*，vol．3

　　20 世纪初叶德国四次"吐鲁番探险队"的收集品中，有大量写本和刻本佛教文献残片。由于这些残片大多数比较零碎，比定起来十分困难，又由于德藏文献在第二次世界大战前后的辗转迁移，许多文献分藏于原东、西两德国境内，所以给整理研究带来很大的不便。近年来，这种情况有了很大的改观。一方面是《大正新修大藏经》的电子化，使得现在比定《大正藏》所收佛典成为一项不太困难的事情了，即使不是佛教文献的专家，也可以胜任大多数佛典残片的比定工作。另一方面是两德的统一，使得原本散藏的许多吐鲁番文献现在都已经归并到德国国家图书馆或印度艺术博物馆收藏，给据原卷的整理研究工作带来很大的方便。

　　1975 年，原东德科学院出版了《柏林吐鲁番文献丛刊》第 6 种《汉文佛典残片目录》第 1 卷[①]；十年以后的 1985 年，又出版了《丛刊》第 15 种《汉文佛典残片目录》第 2 卷[②]；充分体现了对于德藏吐鲁番佛典残片整理研究的艰难历程。在佛典残片的比定上，东德的学者得到了日本学者的大力帮助。两德统一后，德国方面负责吐鲁番汉文文献整理工作的梯娄（Thomas Thilo）先生不再从事吐鲁番的研究，而是专心于他

[①] G. Schmitt & T. Thilo, *Katalog chinesischer buddhistischer Text fragmente* I (*Berliner Turfantexte* VI), Berlin, 1975.

[②] T. Thilo, *Katalog chinesischer buddhistischer Text fragmente* II (*Berliner Turfantexte* XIV), Berlin, 1985.

的长安研究。德藏汉文佛典的编目工作主要由日本龙谷大学的百济康义（Kudara Kōgi）教授负责，多年来，他把相当多的精力放在这些非常破碎的佛教文献上面，并在助手的帮助下，于 2000 年编成一本《柏林所藏新疆出土汉文文献总目》（试行本）[①]，这是一份简要的对照目录，但其中给出了不少过去没有比定过的佛典的《大正藏》编号以及所在的卷数和页码。另外，他还把二战后收藏在美因茨科学院的佛典残片单独编了一个简要目录，即《美因茨资料目录——原西柏林所藏中亚出土汉文佛典资料》[②]，这显然是他编纂整个德藏吐鲁番汉文佛典目录的阶段性成果。

现在我们在此评介的这本百济康义编《柏林藏吐鲁番收集品中的汉文佛教文献》第 3 卷（*Chinese Buddhist Texts from the Berlin Turfan Collections*, vol. 3, by K. Kudara, edited by Toshitaka Hasuike and Mazumi Mitani, Franz Steiner Verlag Stuttgart, 2005），是作为《德国东方写本目录丛刊》（*Verzeichnis der Orientalischen Handschriften in Deutschland*, 12/4）第 12 辑第 4 种《汉文和满文写本与刻本目录》第 4 分册（*Chinesische und manjurische Handschriften und seltene Drucke*. Teil 4）而出版的，但这里的第 3 卷却是上述《柏林吐鲁番文献丛刊》中《汉文佛典残片目录》第 1—2 卷的延续。从编排方法和内容上，则明显是《柏林所藏新疆出土汉文文献总目》（试行本）的模式。

本目录主要著录《汉文佛典残片目录》第 1—2 卷中未比定的德藏吐鲁番文献 Ch 和 Ch/U 编号的佛典，虽然还没有把这两个编号的佛典残片全部比定，但已经相当可观了，这是本书的最大贡献。对于每一条目的著录内容，包括新编号、旧编号（或指出无旧编号）、尺寸、行数、《大正藏》的编号，相关部分的《大正藏》卷数和页码，简明扼要。相对于前面两卷来看，著录的内容要简单得多。由于目前德藏吐鲁番文献正以相对快的速度上网，本书所著录的 Ch 和 Ch/U 编

[①]《ベルリン所藏東トルキスタン出土漢文文献総目録》（试行本），龙谷大学佛教文化研究所西域研究会，2000 年。

[②]《マインツ资料目录——旧西ベルリン所藏中央アジア出土漢文佛典资料》，《龙谷纪要》第 21 卷第 1 号，1999 年，1—23 页。

号的所有残片，现在都已经上网（http://www.bbaw.de/bbaw/Forschung/
Forschungsprojekte/turfanforschung 或 http://idp.bbaw.de），研究者可以很
方便地看到原卷的许多细节，如字体等方面，因此这样简明的著录其实
是节省阅读时间的一种很好的处理方式。

　　和《汉文佛典残片目录》第1—2卷一样，本目录给出了每个佛典
残片与《大正藏》文本的比定结果，即给出该残片所在的《大正藏》的
卷数、编号、页码和行数，这对于研究者是非常方便的一种做法，因为
《大正藏》是随处可以找到的通行的大藏经版本。但是，这样一来，我
们无法知道原佛典的卷数，从学术研究的角度来讲，如果能够对于所见
到的佛典卷数一目了然，或许会在这里或那里得到一些启发。

　　本书的编排方式是按照编号顺序著录的，这样对于读者对照图版来
浏览非常方便。这和《汉文佛典残片目录》第1—2卷的分类编排有所
不同，从文献编目的要求来说，似乎是有点退步。但德藏吐鲁番佛典残
片数量较多，不可能毕其功于一役，所以即使是已经出版的两本分类
《汉文佛典残片目录》，也不能提供给读者全部残卷的分类景象。这种分
类目录，也可以等待所有佛典断片基本比定完毕以后再做，但在这种反
映阶段性成果的按编号顺序编纂的目录中，最好有一个分类索引。

　　德藏吐鲁番汉文文献的编目工作，是京都大学教授藤枝晃先生开创
的一项德、日双方长期的合作计划，其中佛典文献的比定工作，主要由
京都龙谷大学的佛教学专家负责，因为龙谷大学收藏有大谷文书，其中
不少是和德藏文献同样的吐鲁番出土佛典残片，他们对于这些残片的比
定已经积累了丰富的经验，也能够从中发现问题。

　　在这个长期的合作中，百济康义教授大概是贡献最大的一位，可惜
的是他操劳过度，不幸去世，在 2004 年离开了我们，享年 58 岁。笔者
1990 年第一次去日本访学，就是承蒙百济先生的邀请，在日本龙谷大
学西域文化研究所半年期间，蒙他多方照拂，收获极多。同时，我对百
济先生的学术，也得以略窥一二。虽然他主要研究领域为回鹘文佛典，
非我所能评说，但为表哀思，这里仍希望对他的学术成就，略加介绍。

　　百济先生出身于佛教部，因此对于汉文佛典非常熟悉，他同时

又精通回鹘文，因此比定出一些译自汉文的回鹘文佛典，特别是他对一些晚期汉文佛典译本的比定工作，对于精通回鹘文并熟悉梵文佛典的西方学者来说，百济先生的成果是非常引人注目的。比如他把邦格（W. Bang）和葛玛丽（A. von Gabain）刊布而没有比定的吐鲁番出土回鹘文佛典①，考证出是慈恩大师窥基（632—682）的《妙法莲华经玄赞》②，这个成果被译成德文发表③；同样的贡献，还有他对《阿毗达磨俱舍论》注释书《金花抄》的比定和考释，也译成德文发表④。他还进而比定了瑞典人种学博物馆和法国集美博物馆所藏《妙法莲华经玄赞》⑤，另外，他还发表过《ウイグル译〈圆觉经〉とその注释》⑥等，比定出不少新的回鹘文佛教典籍。

百济先生对于敦煌吐鲁番研究的另一个巨大的贡献，是从 20 世纪 80 年代以来对于欧亚各地收藏的敦煌吐鲁番出土佛典的调查与研究。除了德藏吐鲁番汉文佛典编目和回鹘文佛典的研究外，他先后调查了斯德哥尔摩的瑞典人种学博物馆、芬兰赫尔辛基大学图书馆、法国巴黎吉美博物馆、土耳其伊斯坦布尔大学图书馆、日本京都藤井有邻馆、天理大学天理图书馆等处收藏的敦煌吐鲁番文献，有的他写有简要的介绍，如《马达汉收集品中的中亚发现汉文佛教写本》⑦，《伊斯坦布尔大学图书

---

① "Türkische Turfan-Texte. V: Aus buddhistischen Schriften", *SPAW*, 1931, XIV, pp. 336+ 2 Tafeln.

② 《ウイグル译〈妙法莲华经玄赞〉》（1），《佛教学研究》第 36 号，1980 年，49—65 页。

③ K. Kudara, "Uigurische fragmente eines kommentars zum Saddharma-puṇḍarīka-sūtra", J. P. Laut & K. Röhrborn (ed.), *Der türkische Buddhismus in der japanischen Forschung*, Wiesbaden, 1988, pp. 35-55.

④ "Über den Chin-hua-ch'ao genannten kommenter des Abhidharmakośastra", *ibid*., pp. 27-33.

⑤ 《〈妙法莲华经玄赞〉のウイグル译断片》，护雅夫编《内陆アジア・西アジアの社会と文化》，东京，1983 年；185—207 页；《ギメ美术馆所藏〈妙法莲华经玄赞〉のウイグル译断片》，《龙谷纪要》第 12 卷第 1 号，1990 年，1—30 页。

⑥ 《龙谷纪要》第 14 卷第 1 号，1992 年，1—23 页。

⑦ "Chinese Buddhist Manuscripts from Central Asia in the Mannerheim Collection", *Proceedings of the Thirty-First International Congress of Human Sciences in Asia and North Africa*, II, ed. T. Yamamoto, Tokyo, 1984, pp. 995-997.

馆藏新疆出土文献》^①；有的他编撰有目录，如《瑞典人种学博物馆藏回鹘文写本草目》^②，以及他与土耳其学者 Osman Sertkaya 合编的《伊斯坦布尔大学图书馆藏中亚写本残片草目》^③。他还发表了不少有关这些收藏地的回鹘文和汉文佛典的考释成果。

百济先生多年活跃在国际学术界，是推动敦煌吐鲁番国际合作研究的重要一员。比如他和德国研究吐鲁番出土回鹘文文献的专家茨默（Peter Zieme）先生长期的合作，就结出丰硕的成果，包括他们合撰的有关《阿含经》《慈恩传》《佛说温室洗浴众僧经》《无量寿经》的论文^④，以及一本有关元代回鹘文佛典《观无量寿经》的专著^⑤。另外，他还和 K. Röhrborn 合作整理回鹘文《金光明经》^⑥，与 A. Temir 和 K. Röhrborn 合作整理回鹘文本《阿弥陀经》^⑦。更值得表彰的是他和德国研究吐鲁番出土粟特语文献的专家宗德曼（W. Sundermann）先生之间的合作，他凭借对汉文佛典的熟悉，将宗德曼先生用德文、英文译出的应当是译自汉文的粟特文佛典比定出来，然后合作撰写考释文章^⑧。这一合

---

① 《イスタンブル大学图书馆藏东トルキスタン出土文献》,《东方学》第 84 册，1992 年，1—12 页。

② *A Provisional Catalogue of Uigur Manuscripts preserved at the Ethnographical Museum of Sweden*, Kyoto, 1980, unpublished.

③ *A Provisional Catalogue of Central Asian Fragments Preserved at the Library of Istanbul University*, Istanbul, 1987, unpublished.

④ "Uigurische Āgama-Fragmente(1)–(2) ", *AoF*, 10, 1983, pp. 269–318; 17, 1990, pp. 130–145; "Uigurische Āgama-Fragmente (3) ",《龙谷大学佛教文化研究所纪要》34, 1995, pp. 23–73; "Fragmente zweier unbekammter Handschriften der uigurischen Xuanzang-Biographie", *AoF*, 11. 1, 1984, pp. 136 –148; "Chinesisch-alttürkische Fragmente des *Schwitzbad-Sūtras*", *AoF*, 15 –1, 1988, pp. 182 –191; "Two New Fragments of the Larger *Sukhāvatīvyūhasūtra* in Uigur",《内陆アジア言语の研究》12, pp. 73–82.

⑤ ペーター・ツィーメ、百济康义《ウイグル语の观无量寿经》, 永田文昌堂，1985 年。

⑥ "Zwei verirrte Blätter des uigurischen *Goldylanz-Sūtras* im Etnografiska Museum, Stockholm", *ZDMG*, 132/2, 1982, pp. 336–347.

⑦ A. Temir, K. Kudara & K. Röhrborn, "Die lttürkischen Abitaki-Fragmente des Etnografya Müzesi, Ankara", *Turcica* 16, 1984, pp. 13–28.

⑧ "Fragmente einer soghdischen Handschrift des *Pañcaviṃśatisāhasrikā-prajñāpāramitā-sūtra*", *AoF*, 15, 1988, pp. 174–181; "Fragmente einer soghdischen Handschrift des *Viśeṣacinta-brahmaparipṛcchā-sūtra*", *AoF*, 18, 1991, pp. 246–263; "Ein (转下页)

作不仅结出许多成果，为我们认识吐鲁番粟特佛教增进了知识，同时也为粟特文佛典的解读找出一条可行的方法。

（2006 年 10 月 8 日完稿，原载《敦煌吐鲁番研究》第 10 卷，上海古籍出版社，2007 年，426—430 页。）

（接上页）weiteres Fragment einer soghdischen Übersetzung des *Bhaiṣajyaguruvaiḍūryapra-bhātathayata-sūtra*", *AoF*, 19, 1992, pp. 350‑358.

书评：T．Nishiwaki，*Chinesische Blockdrucke aus der Berliner Turfansammlung*

  2014 年出版的西胁常记（T. Nishiwaki）《柏林吐鲁番收集品中的汉文印本目录》（*Chinesische Blockdrucke aus der Berliner Turfansammlung,* Stuttgart: Franz Steiner Verlag, 2014）一书，是作为《德国东方写本目录丛刊》（*Verzeichnis der Orientalischen Handschriften in Deutschland*）的第 12 卷《汉文与满文写本与印本》（*Chinesische und manjurische Handschriften und seltene Drücke*）第 7 分册而出版的。此前 2002 年出版了西胁常记《柏林吐鲁番收集品中的汉文文献目录》[①]；2005 年出版了百济康义《柏林藏吐鲁番收集品中的汉文佛教文献目录》第 3 卷[②]，本书可以说是对德藏吐鲁番出土佛典刻本残片的专门目录。这些刻本残片有些已经著录于施密特（G. Schmitt）和梯娄（T. Thilo）所编两卷《汉文佛教文献残卷目录》[③]和百济康义上引目录中，但从印本的角度重新彻底编个目录，显然很有必要。

[①] T. Nishiwaki, *Chinesische und manjurische Handschriften und seltene Drücke, 3. Chinesische Texte vermischten Inhalts aus der Berliner Turfansammlung,* Stuttgart: Franz Steiner Verlag, 2001. 参看 T. Thilo 的书评，载 *Orientalistische Literaturzeitung* 97.3, 2002, pp. 424−426.

[②] K. Kudara, *Chinesische und manjurische Handschriften und seltene Drücke, 4. Chinese Buddhist Texts from the Berlin Turfan Collections,* vol. 3, ed. by Toshitaka Hasuike and Mazumi Mitani, Stuttgart: Franz Steiner Verlag, 2005. 参看荣新江书评，载《敦煌吐鲁番研究》第 10 卷，上海古籍出版社，2007 年，226—430 页。

[③] G. Schmitt & T. Thilo, *Katalog chinesischer buddhistischer Textfragmente* I−II (*BTT* VI, XIV), Berlin, 1975−1985.

德国吐鲁番探险队、日本大谷探险队、英国斯坦因、中国黄文弼都多少不等地从吐鲁番的佛寺或石窟遗址获得过刻本佛典，1980 年以后吐鲁番博物馆在柏孜克里克石窟、交河故城等地也陆续有所发现。这类刻本佛经早就受到大藏经版本专家的注意，最早加以探讨的可能是 1956 年发表的小川贯弌《吐鲁番出土的印刷佛典》一文 [①]，其时所见虽然有限，但指出契丹藏的存在，可谓卓见。比较系统地加以探讨的有 1990 年发表的中村菊之进《吐鲁番出土的大藏经》，他根据当时能够见到的图版，从千字文编号、界栏、行数等多个方面，来判断这些残片原本是属于《开宝藏》《契丹藏》《金藏》，以及江南系统的某种大藏经，此外可能还有单刻的《大般若经》[②]。1999 年，党宝海发表《吐鲁番出土金藏考——兼论一组吐鲁番出土佛典残片的年代》，据已刊图版，特别是当时未刊的 1980—1981 年柏孜克里克石窟出土刻本佛典图片，判定出一批佛典残片属于《金藏》，并在据《金藏》影印的《中华大藏经》中确定了位置，还讨论了茨默（P. Zieme）刊布的戊申年（1248 年或 1308 年）刊刻的回鹘文佛典（U 4791）[③]，据佛典中提到的"中都弘法寺"，认为刻经的年代在 1188 年的金大定二十八年 [④]。对此，中村健太郎《回鹘文〈成宗铁穆耳即位纪念佛典〉出版的历史背景》一文以 U 4688 所记铁穆耳即位第二年即 1295 年为刻印回鹘文佛典的开始，因此茨默刊布的回鹘文佛典只能是 1308 年的戊申年，当时已经扩入大都的"中都"一名仍在使用 [⑤]。

此后，旅顺博物馆与日本龙谷大学合作整理馆藏新疆出土汉文佛经残片，这是原大谷探险队的收集品，主要来自吐鲁番地区。作为这项成果之一的《旅顺博物馆藏新疆出土汉文佛经选粹》，于 2006 年出版，其

① 小川贯弌《吐鲁番出土の印刷佛典》，《印度学佛教学研究》第 4 卷第 1 号，1956 年，28—37 页。
② 中村菊之进《トルファン出土の大藏经》，《密教文化》第 172 号，1990 年，51—52 页。
③ P. Zieme, "Donor and Colophon of an Uigur Blockprint", *Silk Road Art and Archaeology* 3, 1995/1996, pp. 409-424.
④ 《敦煌吐鲁番研究》第 4 卷，北京大学出版社，1999 年，103—125 页。
⑤ 中村健太郎《ウイグル文〈成宗テムル即位纪念佛典〉出版の历史的背景》，《内陆アジア言语の研究》XXI，2006 年，49—91 页。

中刊布了部分刻本佛典残片[①]。日本方面参加这一项目的有来自京都大学的竺沙雅章先生，他此前已经对宋元版大藏经做过系统的研究[②]，也曾考察过与吐鲁番出土藏经类同的黑水城、敦煌莫高窟北区两地出土的刻本大藏经[③]，因此对旅博藏大藏经残片有比较全面的看法。2006年，他发表《西域出土的印刷佛典》，指出旅博所藏的刻本佛典，绝大多数是《契丹藏》残片，有1640件之多，占全部的95%；其他《开宝藏》有1件，《金藏》17件，江南藏经两三件，其中1件可能是《毗卢藏》。他还指出，其他吐鲁番收集品中有江南的《崇宁藏》和《碛砂藏》残本[④]。与此同时，李际宁先生发表《关于旅顺博物馆藏吐鲁番出土木刻本佛经残片的考察》，则相对谨慎地讨论这一问题，指出旅博藏有江南刻本、《契丹藏》《金藏》以及其他未知藏经，具体只比定了几件刻本残片[⑤]。此外，王丁发表《初论〈开宝藏〉向西域的流传——西域出土印本汉文佛典研究》（二）一文，在前人基础上，专门汇集了可以比定的《开宝藏》残片，包括德藏、俄藏残片中的新比定[⑥]。

西胁常记先生也一直关注吐鲁番发现的刻本佛典，他在研究两德统一后东德"返还"到柏林的吐鲁番文献时，就特别关注到版刻佛经，在《返还文书研究1——"返还文书"及其一览》所附《返还文书一览表》中，已经一一注出刻本佛典属于《契丹藏》《开宝藏》等情况[⑦]；在《返

① 旅顺博物馆、龙谷大学共编《旅顺博物馆藏新疆出土汉文佛经选粹》，法藏馆，2006年。

② 竺沙雅章《宋元佛教文化史研究》，汲古书院，2000年，269—360页。

③ 竺沙雅章《黑水城出土の辽刊本について》，《汲古》第43号，2003年，20—27页；又《莫高窟北区石窟出土的版刻汉文大藏经本》（徐冲译），刘进宝、高田时雄主编《转型期的敦煌学》，上海古籍出版社，2007年，365—373页。

④ 竺沙雅章《西域出土的印刷佛典》，载旅顺博物馆、龙谷大学共编《旅顺博物馆藏新疆出土汉文佛经研究论集》，龙谷大学佛教文化研究所·西域研究会，2006年，118—134页。

⑤ 旅顺博物馆、龙谷大学共编《旅顺博物馆藏新疆出土汉文佛经研究论文集》，230—244页。

⑥ 国际佛教学大学院大学、京都大学人文科学研究所、南华大学编《佛教文献と文学》，东京，2008年，67—96页。

⑦ 西胁常记《返还文书研究1——"返还文书"とその一览》，作者《中国古典社会における佛教の诸相》，知泉书馆，2009年，3—32页。

还文书研究 2——"返还文书"所见的吐鲁番版本概观》中，对返还文书中的《开宝藏》《契丹藏》和江南某藏的佛典断片做了详细说明，兼及返还文书之外的德藏版刻佛典，特别强调《契丹藏》的比重之大，并据《开宝藏》续刻的北宋新译经而纳入《契丹藏》的经本，讨论了传播路线问题①。他还在《元初的一枚印刷佛典扉绘与供养图》中，将出口常顺藏 502 与德藏 MIK III 7773a 等缀合为佛典扉绘，并与 MIK III 4633a 等孟速思（蒙速速）家族图拼合起来，较前人又有进步②。他新编的《印度美术馆藏吐鲁番汉语断片草目》《伊斯坦布尔大学图书馆所藏汉语吐鲁番文书一览表》，也都包含佛典版刻和扉绘的内容③。以上各篇文章，都收入西胁氏 2009 年出版的《中国古典社会中佛教的诸相》一书中④。此书还收录有关吐鲁番、敦煌文献的三篇研究论文：一篇是《出口收集品中的一断片考》，把出口常顺所获吐鲁番文书——《高昌残影》第 327 号原定为《法华玄赞疏》的写本残片，比定为《契丹藏》中的辽僧诠明《法华经玄赞会古通今新抄》，而诠明曾劝希麟撰《续一切经音义》，此《音义》及同时代的成均所撰《龙龛手鉴》都有吐鲁番写本或刻本发现，表明了辽朝佛教对吐鲁番的影响⑤。另一篇是《〈佛母经〉的传承》，汇集敦煌、吐鲁番发现的这种疑伪经写本，并据笔者《归义军史研究》关于 9 世纪末到 11 世纪初疑伪经作为民众佛教的特色而流行的看法，提供了新的印证⑥。还有一篇《唯识关系新史料》，据新比定的辽僧诠明的《上生经疏

---

① 西胁常记《返还文书研究 2——"返还文书"から见たトルファン版本の概观》，作者《中国古典社会における佛教の诸相》，33—96 页。

② 西胁常记《元初の一枚の印刷佛典扉绘と供养图》，作者《中国古典社会における佛教の诸相》，153—174 页。

③ 西胁常记《インド美术馆藏トルファン汉语断片目录》《イスタンブール大学图书馆所藏汉语トルファン文书一览表》，分载作者《中国古典社会における佛教の诸相》，97—111、135—151 页。

④ 西胁常记《中国古典社会における佛教の诸相》，知泉书馆，2009 年。

⑤ 西胁常记《出口コレクションの——断片によせて》，原载《立命馆文学》第 598 号，2007 年，254—261 页；收入作者《中国古典社会における佛教の诸相》，113—134 页。

⑥ 西胁常记《〈佛母经〉の传承》，クリスティアン・ウィッテリン与石立善编《东アジアの宗教と文化》，2007 年，题《〈佛母经〉小论》；收入作者《中国古典社会における佛教の诸相》，175—202 页。

科文》《弥勒上生经疏会古通今新抄》和唐长安青龙寺僧道氤的《御注金刚般若波罗蜜经宣演》，讨论中原唯识之学经敦煌传到吐鲁番的情形①。

2010 年 12 月，西胁常记完成《俄罗斯克罗特科夫搜集汉语版本研究》，对 1898—1918 年间任俄国驻乌鲁木齐总领事克罗特科夫（N. N. Krotkov）收集的吐鲁番佛典刻本的来源，对照可与缀合的德藏吐鲁番残片加以推测，并对残片内容做了新比定，最后编制了 Дх.17015—Дх.17435 新的目录②。2013 年 11 月，西胁常记发表《静嘉堂文库藏汉语版本断片考》，在笔者调查和《吐鲁番文书总目（日本收藏卷）》的基础上，论证其中大量版刻佛典残片实际上出自《契丹藏》，并讨论了《契丹藏》的扉绘问题③。此外，2012 年 11 月，西胁常记还发表《一枚回鹘文印刷佛典扉绘》，指出茨默在上引文中同时刊布的与回鹘文佛典（U 4791）有密切关系的佛典扉绘 MIK III 23 上贴附的《大般若波罗蜜多经》卷一八四，虽然是《金藏》的蝴蝶装形式，但可以看作是入元以后弘法寺用金版重印的本子，他赞成中村健太郎的戊申为 1308 年观点，并用俄藏 Дх.17433 "大朝国庚戌年……燕京弘法大藏局印造记"为证，认为这个庚戌显然是国号称 "大朝" 时期的 1250 年，他对粘贴在一起的扉绘的年代也做了推断④。此外，他还有《行琳集〈释教最上乘秘密藏陀罗尼集〉考》，利用房山石经版《契丹藏》比定出 6 片吐鲁番残片⑤。上述文章都收入西胁氏 2016 年出版的《中国古典时代的文

---

① 西胁常记《唯识关系新史料》，原载《文化史学》第 64 号，2008 年，109—137 页；收入作者《中国古典社会における佛教の诸相》，203—231 页。

② 西胁常记《ロシア・カロトコフ搜集汉语版本について》，原载《文化史学》第 66 号，2010 年，33—41 页；收入作者《中国古典时代の文书の世界——トルファン文书の整理と研究》，知泉书馆，2016 年，117—167 页。

③ 西胁常记《静嘉堂文库藏汉语版本断片について》，原载《文化史学》第 69 号，2013 年，145—195 页；附目录收入作者《中国古典时代の文书の世界——トルファン文书の整理と研究》，85—115 页。

④ 西胁常记《一枚のウイグル文印刷佛典扉绘》，原载《文化史学》第 68 号，2012 年，95—109 页；收入作者《中国古典时代の文书の世界——トルファン文书の整理と研究》，321—335 页。

⑤ 西胁常记《行琳集〈释教最上乘秘密藏陀罗尼集〉をめぐって》，作者《中国古典时代の文书の世界——トルファン文书の整理と研究》，301—320 页。

书的世界——吐鲁番文书的整理与研究》一书中，作为第二编。此书还包括一篇重要的文章，就是《关于马达汉收集品》一文。2008 年 9 月和 2009 年 7 月，西胁常记两次前往赫尔辛基，对 1906—1908 年赴中亚考察的马达汉（C. G. E. Mannerheim）收集的吐鲁番文献做了调查，2009 年 11 月发表此文，提示其中有价值的佛典、道经和世俗文书，并编制了简要的目录^①。此批收集品中没有刻本，但却有不少重要的文献。

笔者在此详细介绍西胁常记关于吐鲁番版刻佛典的研究历程和收获，目的是说明他用德文出版的这本《柏林吐鲁番收集品中的汉文印本目录》产生的学术背景，以及作为先行的研究。这本德文《目录》前面有一篇长篇序论，系统介绍吐鲁番出土汉语大藏经的诸版本。这篇序论的日文改订本，即收入《中国古典时代的文书的世界——吐鲁番文书的整理与研究》一书，作为第一编。作者首先对汉文大藏经的各种版本做了概述，然后详细阐述吐鲁番残片所见的各种版刻藏经，包括各个藏经的雕印经过、卷数、版式、行款、字体、扉绘，以及其他特征，还有现存状况，最后是各个收集品中已经比定出来的吐鲁番残片的例证，数量较少的如《开宝藏》，则全部罗列；对于《金藏》，还特别区分出蝴蝶装本、带印造记的断片、元朝弘法藏本。对于吐鲁番残片中占比重最大的《契丹藏》，他介绍了应县木塔发现的残卷和房山石经的石本，并对照俄藏、德藏吐鲁番残卷，复原其版式。在前人发现的江南雕印的藏经零本基础上，罗列了可能是江南系藏经的德藏残片编号。最后一节讨论各种版本流入吐鲁番的路径和扉绘的流传问题^②。这篇文章可以说是迄今为止有关吐鲁番佛典版本来源的最为系统、全面的论说，勾画出吐鲁番藏经的大致面貌。

① 西胁常记《マンネルヘイム・コレクションについて》，原载《文化史学》第 65 号，2009 年；后附目录收入作者《中国古典时代的文书の世界——トルファン文书の整理と研究》，169—285 页。

② 西胁常记《トルファン出土汉语大藏经の版本について》，部分先期刊载于《文化史学》第 66 号，2010 年，42—57 页；收入作者《中国古典时代的文书の世界——トルファン文书の整理と研究》，3—51 页。此外，作者还有一篇《トルファン汉语文书と大藏经》，《禅研究所纪要》第 40 号，爱知学院大学禅研究所，2011 年，19—37 页。

作者在上述研究的基础上，在《柏林吐鲁番收集品中的汉文印本目录》中，除了比定大量前人未曾比定出的佛典名称外，还一一确定指出是属于《开宝藏》《契丹藏》《金藏》等版本，可以说这本目录在德藏吐鲁番文献的整理上，以及在吐鲁番出土佛典版本鉴定上，都进了一大步。笔者 1996 年在柏林通览全部吐鲁番汉文残片，抄录了非佛教文献。到了 2007 年主编出版《吐鲁番文书总目（欧美收藏卷）》时，手边没有图版（其时还没上网），所以把没有人比定的佛典，都定名为"佛典残片"。此次对照这本《柏林吐鲁番收集品中的汉文印本目录》，发现相当一部分前人没有定名的残片，都由西胁先生定出了具体名称，没有比定的是极少数的，可见其贡献之大。而且，他还把俄藏以及和德藏关系密切的出口常顺、伊斯坦布尔大学藏卷纳入同组或缀合的考虑范围。当然，对于英国图书馆、静嘉堂文库、吐鲁番博物馆和旅顺博物馆保存的大量残片，没有做同类的工作，而且这些馆藏的图版还没有全部公布。

本书是按照《大正藏》的顺序著录佛典残片的，根据本书，我们可以知道德藏吐鲁番文献中有哪些版刻的佛典，以下按本书编号顺序依次列出目录名称，读者可据以看出各个佛典残片的数量：0001—0023《长阿含经》，0024《佛般泥洹经》，0025—0235《中阿含经》，0236《佛说顶生王故事经》，0237《解夏经》，0238《十支居士八城人经》，0239—0265《杂阿含经》，0266—0285《别译杂阿含经》，0286—0476《增壹阿含经》，0477—0480《须摩提女经》，0481《玉耶经》，0482《佛本行集经》，0483《佛说众许摩诃帝经》，0484—0485《大庄严论经》，0486《贤愚经》，0487《出曜经》，0488—0674《大般若波罗蜜多经》，0675《摩诃般若波罗蜜经》，0676《道行般若经》，0677—0678《金刚般若波罗蜜经》，0679《佛说五十颂圣般若波罗蜜经》，0680—0824《妙法莲华经》，0825《添品妙法莲华经》，0826《不退转法轮经》，0827—0837《大方广佛华严经》，0838《大方广总持宝光明经》，0839《大宝积经》，0840《大方广三戒经》，0841《佛说如来不思议秘密大乘经》，0842《法镜经》，0843《胜鬘狮子吼一乘大方便方广经》，0844《佛说阿弥陀经》，0845—0852《观世音菩萨授记经》，0853—0855《集一切福德三昧经》，0856—0857《大方等无想经》，0858《大方等大集经》，0859—0861《佛说佛名经》，0862《佛说观弥勒菩萨上生兜率天经》，0863《优婆夷净行法门经》，0864—0867《阴持入经》，0868—0870《金光明经》，0871—0939《金光明最胜王经》，0940《大乘密严经》，0941—0944《正法念处经》，0945《大毗卢遮那成佛神变加持经》，0946《佛说一切如来真实摄大乘现证三昧大教王经》，0947—0949《佛说一切如来大秘密王未曾有最上微妙大曼拏罗经》，0950—0952《佛说瑜伽大教王经》，0953《佛说幻化网大瑜伽教十忿怒明王大明观想仪轨经》，0954—0956《苏悉地羯罗供养法》，0957《佛说大乘圣无量寿决定光明王如来陀罗尼经》，0958—0960《大佛顶如来密因修证了义诸菩萨万行首楞严经》，0961《佛说大威德金轮佛顶炽盛光如来消除一切灾难陀罗尼经》，0962—0963《佛说大白伞盖总持陀罗尼经》，0964—0966《佛母大孔雀明王经》，0967《大云轮请雨经》，0968《广大宝楼阁善住秘密陀罗尼经》，0969—0971《大方广佛华严经入法界品四十二字观门》，0972《金刚光焰止风雨陀罗尼经》，0973—0977《观自在大悲成就瑜伽莲花部念诵法门》，0978—0979《不空罥索神变真言经》，0980—0991《圣妙吉祥真实名经》，0992《妙吉祥平等秘密最上观门大教王经》，0993—0995《佛说灌顶七万二千神王护比丘咒经》，0996《陀罗尼杂集》，0997《大方等陀罗尼经》，0998—0999《大金刚香陀罗尼经》，1000—1002《摩诃僧祇律》，1003—1023《四分律》，1024《十诵律》，1025—1028《根本说一切有部毗奈耶》，1029《根本说一切有部苾刍尼毗奈耶》，1030《根本说一切有部毗奈耶药事》，1031《金刚般若波罗蜜经破取著不坏假名论》，1032《弥勒菩萨所问经论》，1033《阿毗达磨品类足论》，1034—1038《阿毗达磨大毗婆沙论》，1039《阿毗昙毗婆沙论》，1040《舍利弗阿毗昙论》，1041《阿毗昙心论经》，1042—1067《阿毗达磨俱舍论》，1068—1070《阿毗达磨俱舍释论》，1071—1073《阿毗达磨顺正理论》，1074—1076《阿毗达磨藏显宗论》，1077《瑜伽师地论》，1078《菩萨善戒经》，1079《大乘庄严经论》，1080《大乘起信论序》，1081《释摩诃衍论》，1082—1092《慈悲道场忏法》，1093《慈悲水忏法》，1094—1095《阿育王经》，1096—1097《马鸣菩萨传》，1098《法苑

珠林》，1099—1101《诸经要集》，1102《开元释教录》，1103—1108《梁
朝傅大士颂金刚经》，1109—1112《佛说天地八阳神咒经》，1113—1114
《佛说高王观世音经》，1115《大唐中兴三藏圣教序》，1116—1118《御制
缘识并序》，1119《大随求启请》，1120《重广水陆道场加持》，1121《随
愿往生集》。以下是佛经扉绘，1122—1135 是护法神王，1136—1139 是
护法神王及楞严大师图，1140—1146 是释迦说法图，1147—1157 是释
迦说法图及孟速速（孟速思）一家供养图，1158—1164 是未定名佛典扉
绘，1165 是《法华经》变相图，1166 是佛典变相图。其他还有，1167
魔除佛符，1168—1169《上生经疏》科文，1170—1171《大佛顶如来密
因修证了义诸菩萨万行首楞严经》科文，1172 某经科文，1173《梵网经
卢舍那佛说菩萨戒品》科文，1174 佛典表纸，1175"弥勒来时等经"杂
刻，1176 密教经典，1177—1260 是未比定佛典残片。此后是非佛教文献
的版刻：1261《龙龛手鉴》，1262—1272《切韵》，1273—1274《玉篇》，
1275—1376《三百六十应感天尊辅化秘箓》，1277—1281《新唐书》卷
一七一《石雄传》，1286《具注历》。

从 2015 年开始，笔者参与整理旅顺博物馆藏新疆（主要是吐鲁番）
出土文献残片的工作，总数 26 000 余片文献中，版刻占有相当的比重，
而且这部分十分残破，多是小碎片，比定起来十分不易。2020 年 10 月
我们出版了《旅顺博物馆藏新疆出土汉文文献》32 册，以及 3 册《总
目索引》，第一步先把图片公布出来，并做了定名和简要的解题、索
引[①]。目前我们比定出的版刻佛典与上述德藏重合的有：《长阿含经》《中
阿含经》《杂阿含经》《增壹阿含经》《大般若波罗蜜多经》《摩诃般若波
罗蜜经》《妙法莲华经》《佛说观弥勒菩萨上生兜率天经》《金光明最胜
王经》《广大宝楼阁善住秘密陀罗尼经》《摩诃僧祇律》《阿毗达磨俱舍
论》《阿毗达磨顺正理论》《阿育王经》《梁朝傅大士夹颂金刚经》《大唐
龙兴三藏圣教序》。我们比定出但没有见于德藏的佛典刻本残片有（按

---

① 王振芬、孟宪实、荣新江主编《旅顺博物馆藏新疆出土汉文文献》（32 册），中华书
　局，2020 年 10 月；又《旅顺博物馆藏新疆出土汉文文献·总目索引》（3 册），中华
　书局，2020 年 10 月。

字母顺序):《阿毗达磨发智论》《不空罥索神咒心经》《大方广圆觉修多罗了义经》《大唐三藏圣教序》《大通方广忏悔灭罪庄严成佛经》《大智度论》《佛说弥勒下生成佛经》《佛说普门品经》《佛说无常经》《佛说最上根本大乐金刚不空三昧大教王经》《光赞经》《合部金光明经》《金光明最胜王经疏》《礼忏文》《沙弥罗经》《圣多罗菩萨梵赞》《新集藏经音义随函录》《诸经日诵集要》①。这样的结果可能是德国探险队和大谷探险队发掘的地点不同造成的，重复过少也可能是我们的工作还不到家。无论如何，将来不同收集品的缀合是摆在我们面前的一项重要工作②，缀合之后，才能把残片回归原本的佛寺之中；归入佛寺之中，才能看出高昌回鹘时期佛典的结构。

　　这本目录编纂细致，但参考文献方面还是略有遗漏，如对于《新唐书》刻本残片，没有参考林晓洁《德藏吐鲁番出土宋版新唐书残片小考》③、秦桦林《敦煌、吐鲁番、黑水城出土史籍刻本残页考》④，两文对于理解这个版刻很有帮助。

　　（2021 年 1 月 26 日完稿，原载《敦煌吐鲁番研究》第 20 卷，上海古籍出版社，2021 年，392—399 页。）

---

① 我们把一些仿照刻本而写的文本没有纳入印本系列里面，参看陈耕《刀笔殊途——旅顺博物馆藏新疆出土佛经"单刻本"实为写本考论》，王振芬、荣新江主编《丝绸之路与新疆出土文献：旅顺博物馆百年纪念国际学术研讨会论文集》，中华书局，2019 年，341—369 页。
② 几年来，片山章雄、小口雅史在推进各国收集品的缀合方面也有不少贡献，参看小口雅史、片山章雄《在ヘルシンキ・マンネルヘイム断片ユレクションの調查と成果概要》，《西北出土文献研究》第 11 号，2013 年，37—50 页；又《在欧吐鲁番出土文字资料の断片接续から见えるもの——ヘルシンキ・マンネルヘイム断片コレクションを主たる素材として》，《唐代史研究》第 18 号，2015 年，27—40 页；片山章雄《トゥルファン地域の佛典断片と诸国の探检队》，《东海史学》第 50 号，2016 年，41—55 页。
③《文献》2009 年第 4 期，35—46 页。
④《敦煌研究》2013 年第 2 期，60—62 页。